UNDERSTANDING INTERNATIONAL CONFLICTS:
An Introduction to Theory and History

국제분쟁의 이해 ^{개정판}
이론과 역사

조지프 나이 Joseph S. Nye, Jr. 지음
양준희·이종삼 옮김

한울
아카데미

LONGMAN CLASSICS IN POLITICAL SCIENCE

Understanding International Conflicts

An Introduction to Theory and History

Seventh Edition

Joseph S. Nye, Jr.

Harvard University

New York San Francisco Boston
London Toronto Sydney Tokyo Singapore Madrid
Mexico City Munich Paris Cape Town Hong Kong Montreal

Understanding International Conflicts

An Introduction to Theory and History
by Joseph S. Nye, Jr.

언제나처럼 아내에게,
존과 벤과 댄에게,
터퍼, 한나, 세이지, 에이버리, 콜, 매기, 엘리, 브룩, 몰리에게 바친다.

개정판 옮긴이 서문

『국제분쟁의 이해』라는 책이 출판된 지도 거의 10년이 되었다. 이 책을 처음 번역했을 때 나는 이 책이 국제정치를 연구하는 학생과 일반 독자에게 상당한 도움이 될 수 있겠다고는 예상했다. 하지만 나이 교수가 거의 매년 개정판을 출간하고, 그것이 나에게 압박이 되어 돌아오는 상황은 상상도 하지 못했다. 어떤 일을 할 때 항상 그 순간에는 열정과 사명감으로 불타지만 어느 정도 시간이 지나면 게으름과 능력의 부족으로 헐떡거리는 나에게 나이 교수의 근면성과 이 책의 성공은 반갑기도 하지만 고통스러운 현실이기도 했다. 매년 개정판을 번역해달라는 출판사의 '압박'과 동료들의 따가운 눈총은 나에게는 무거운 짐이었다. 차일피일 미루던 번역 일이 엊그제 같은데 벌써 10년 가까운 세월이 흘렀다. 나에게만 맡겨두었다면 아마도 절대 끝내지 못했을 개정판이 이종삼 선생님의 도움으로 마침내 완성되었다. 이 선생님을 비롯한 도서출판 한울의 관계자 여러분께 깊은 감사의 말씀을 전하고 싶다.

마지막으로 오랜 세월 이 책의 개정판을 기다린 독자 여러분께 진심으로 사과드린다. 이 빚을 자신의 책을 통해 갚을 수 있는 날이 올 수 있도록 노력할 것을 약속드리며 모든 분들의 이해를 부탁드린다.

2009년 8월 19일

양 준 희

초판 옮긴이 서문

짧은 기간이나마 국제정치를 가르치면서 내가 느껴온 가장 큰 문제는 학생들이 국제정치를 쉽게 이해할 수 있는 교재가 거의 전무하다는 것이었다. 현재 대부분의 국제정치 소개서는 영어보다 한국말이 더 어려운 대학원 수준의 책들이거나 모든 주제를 망라한 백화점식의 책들이 주류를 이룬다고 해도 과언이 아닐 것이다. 이런 상황 때문에 나는 교재 없이 강의를 진행하거나 어려운 교재를 중심으로 강의를 할 수밖에 없었고, 그로 인해 많은 학부생들이 혼란과 고통을 겪었을 것으로 짐작된다. 이런 문제는 특히 전쟁과 평화의 문제를 다루는 강의에서 더욱 심각했는데, 그것은 서구의 전쟁의 역사와 국제정치이론을 접목시킨 책이 거의 전무했기 때문이다. 이것은 어쩌면 매우 아이러니한 상황이라고도 할 수 있다. 왜냐하면 국제정치이론의 대부분은 전쟁과 평화의 문제를 중심으로 만들어졌고 실증적 역사에 기초하지 않은 국제정치이론은 존재할 수 없기 때문이다. 하지만 한국 학계는 역사적 논의보다는 (신)현실주의, (신)자유주의, 포스트모더니즘, 구성주의 등등 (메타)이론적 논의와 현대의 국제정치상황에만 심취해 있는 것이 현실이다. 그리고 역사적 분석이 없는 국제정치이론들과 너무나 방대하여 초점이 없는 역사서들 사이에서 고민하던 나에게 다가온 책이 바로 나이 교수의 『국제분쟁의 이해(Understanding International Conflicts)』였다.

사실 이 책은 나이 교수의 다른 저서들과 비교할 때 국제정치학계에서는 상대적으로 덜 알려진 책이다. 왜냐하면 이 책은 진지한 학문적 저술을 목표로 한 것이 아니라 학부생들을 위해 쓰인 책이기 때문이다. 하지만 이 책은 나와 다른 많은 교수들의 고민을 해결해줄 수 있는 아주 훌륭한 책이라고 생각한다. 방대한 역사적 사건들을 국제정치이론의 틀을 사용하여 간결하고 쉽게 설명해주고 있기 때문이다. 특히 이 책이 다루고 있는 펠로폰네소스전쟁, 제1, 2차 세계대전, 냉전과 종식, 중동전쟁과 걸프전, 정보화시대와 기술혁명 등의 주제는 한국의 국제정치학계에서 잘 다루어지지 않았다는 점에서 매우 유용하다. 또한 간결하면서도 깊이 있고 재미있다는 점에서 학생들뿐만 아니라 일반인들에게도 많은 도움을 줄 것이다.

그렇다고 해서 이 책이 단점이 없는 것은 아니다. 우선 현실주의, 자유주의, 구성주의 세 시각을 통해 국제정치를 설명하지만 어떤 시각이 국제정치를 가장 잘 설명해주는지에 대한 치열하고 명확한 대답이 없다. 어떤 점은 현실주의가, 다른 점은 자유주의가, 또 다른 점은 구성주의가 적절하다고 설명하는 그의 주장은 혹자에게는 절충주의로 비난받을 수도 있다. 이는 국제정치를 개인, 국가, 체제의 세 가지 차원에서 분석할 때도 발생하는 문제로서, 좀 더 깊은 고민이 필요하지 않았나 하는 생각이 들게 하는 부분이다. 그러나 방대한 역사적 사례와 다양한 이론적 틀을 간결하게 다룸으로써 학부생들이 국제정치를 이해할 수 있게 하려는 그의 목적을 생각할 때 위에 지적한 문제들은 한 권의 책에서 너무나 많은 것을 요구하는 것이 될 수 있다.

이 책의 번역은 나의 모든 학문적 작업이 그렇듯이 급작스럽게 결정되고 시간에 쫓기면서 완성되었다. 따라서 많은 이들이 본의 아니게 고생을 많이 했다. 먼저 나에게 끊임없이 닦달을 받아야 했던 도서출판 한울의 편집부 여러분께 감사한다. 또한 이 책의 그림, 도표 등을 정리해준 최규정 조교를 비롯한 국제관계·지역학과 조교들과 이 책을 번역하도록 나에게 동기를 제공한 국제관계학과 학생들에게 고마움을 전하고 싶다. 또한 부모님을 포함한 나의 가족에게 깊이 감사드린다. 이 책의 번역을 핑계로 첫째인 수승이를 비롯해 형보다 어떤 면에서는 더 '강적'인 둘째 수신이를 돌보는 아버지의 의무로부터 잠시나마 해방되었고, 그 짐은 고스란히 다른 가족에게 전가되었다. 참으로 감사하다는 말을 하지 않을 수 없다. 마지막으로 자신의 본업을 전폐하다시피 하면서까지 나의 부족한 번역을 수정해준 아내에게 고맙다는 말을 전하고 싶다. 나이 교수의 말을 인용하자면 이 번역은 많은 면에서 나의 번역이자 동시에 그녀의 번역이라고 할 수 있다. 하지만 궁극적으로 모든 오역과 실수는 나의 몫이다.

2000년 12월

양 준 희

추천사

 조지프 S. 나이(Joseph S. Nye)는 공동시장, 국제정치경제학, 국제제도, 미국 외교정책, 핵무기 억제, 그리고 국제도덕론 연구에 중요하고 창의적인 학문적 기여를 해왔다. 언론에서 그는 '소프트파워'의 개념을 개발하고 그 용어를 만들어낸 사람으로 가장 잘 알려져 있다. 이 '소프트파워'라는 용어는 현재 그것을 누가 창안했는지도 모르는 수많은 시사해설가들에 의해 널리 사용되고 있다.

 교육자로서는 드물게 나이 교수는 학문에서만큼 행정관료로서도 출중했다. 1977년부터 1979년까지 그는 국무부의 안보지원·과학·기술 담당 부차관으로 일했으며 국가안보위원회의 핵무기 비확산 담당 그룹을 이끌었다. 그때 그는 자신이 맡은 부서를 핵 확산이라는 특별한 이슈에 대한 날카로운 예지는 물론 세계정치에서의 상호의존성과 국제권력에 대한 최첨단 지식을 가진 곳으로 만들었다. 1994년과 1995년에 국방부 국제안보 담당 차관보로 있었을 때는 자기의 전문적인 정치학 지식을 활용하여 미국과 일본 사이에 새로운 제도적 관계를 수립함으로써 그 시절의 악성 무역분쟁들을 완화하는 데 기여했다. 나이 교수가 이 두 번의 근무기간을 끝낸 후 정부 최고훈장을 받은 사실은 정치학이 한 대가의 손으로 현실 정치세계에 통찰력을 제공했음을 말해준다. ≪포린 어페어스(Foreign Affairs)≫지나 그 밖의 다른 곳에서 그의 예리하고 설득력 있는 시평을 읽은 사람들은 누구나 확실하게 이에 공감할 것이다.

이 책 『국제분쟁의 이해』는 독창적인 연구서나 정책비망록, 또는 특집기사 모음집이 아니라 세계정치에 관한 간결한 교과서이다. 창의성이 풍부한 학자들은 세계정치에 관한 중요한 이슈를 다룰 때 간혹 현학적이 되는 경향이 있으며, 정책입안자들은 종종 알쏭달쏭하거나 상투적인 말로 이야기한다. 나이 교수는 그렇지 않다. 읽어보면 누구나 알겠지만, 여러분의 손에 들린 이 책은 명료하고 솔직하며 간결하다. 나이 교수는 이 책에서 많은 문헌들을 활용하고 있지만 독자들에게 혼란을 주지 않고 요점으로 바로 직행한다. 세계정치에 관한 나이 교수의 글을 읽는 것은 조 디마지오의 외야수 플레이를 보거나 요요마의 첼로 연주를 듣고 있는 것과 같다. 그는 어려운 것을 쉽게 보여준다.

내가 언급한 것을 평가하는 가장 좋은 방법은 이 책을 읽는 것이다. 독자들은 이 책에서 실제 상황들을 아주 적절하게 응용하고 있는 명확한 개념정의와 논증을 볼 것이다. 이 개념정의와 논증은 둘 다 우리가 살고 있는 세상과 그것이 왜 관련이 있는지를 보여주는 실제 사건들에 관한 논의와 연결되어 있다. 400쪽 남짓한 이 책에서 나이 교수는 고전적인 세력균형에서 냉전까지, 개입에서 세계화와 정보화혁명까지 폭넓게 다루고 있으며, 논법이 간결하여 훨씬 더 많은 것을 체득하게 한다. 나는 학생들이 이 책을 읽은 후 '다 알게 되었다'라고 생각하지 말고 이들 이슈에 대해 더 생각하고 철저하게 연구하도록 자극을 받길 원한다. 다행히 이 책은 세계정치를 구성하는 매혹적인 현상들에 대해 학생들이 계속 탐구할 수 있도록 방법을 제시하고 있다.

나이 교수와 나는 40년 동안 친구였으며 거의 그 기간만큼 공동저술을 해왔으니, 독자들은 이 칭찬의 말들을 의미 깊은 것으로 받아들이길 주저할지도 모른다. 공교롭게도 나는 금년에 프린스턴대학교의 우드로윌슨 공공 및 국제문제 전공 대학원생들에게 이 책을 가르치고 있다. 혹자는 이 대학원생들이 대체로 이 책을 그들의 격에 맞지 않는 학부용 교과서로 여기리라고 예상할지도 모르겠다. 그러나 내가 그들에게 그 점을 물었을 때, 그들은 한결같이 이 책이 매우 유용했다고 말했으며 나이 교수의 문장이 명료하고 간결하다고 칭찬했다. 한 학생은 "우리가 읽은 어떤 장에서도 군더더기 문장을 보기 힘들었습니다"라고 했다. 나는 아주 독창적인 지식과 논쟁적인 정책 토론들을 망라한 독서 자료들을 가진 한 강좌에서 이 책이 핵심적인 텍스트로서 자리 잡고 있다고 단언할 수 있다.

이 책의 제6판 추천사에서 호프만(Stanley Hoffmann) 교수는 이 책이 "어떤 사건이 유발할 수 있는 이슈의 다양한 측면과 많은 주장들을 아우르고" 있기 때문에, 그리고 "인간애, 상식, 신중함, 성실함이 나무랄 데 없이 녹아 있기" 때문에 훌륭한 책이라고 썼다. 이 책은 세계정치에 관한 것뿐 아니라 그것을 생각하는 방법, 이를테면 그것이 전 세계 수십억 사람들의 삶에 얼마나 중요한지를 차분히, 합리적으로, 그리고 예리한 감각으로 생각하는 방법에 관해 많은 것을 가르쳐준다.

로버트 O. 코헤인(Robert O. Keohane)
프린스턴대학교 국제문제 담당 교수

서문

정치학과 국제관계는 근년에 들어 학구적인 이론과 실제 세계의 정치 및 정책 사이의 간극이 점점 커지고 있다는 비판을 들어왔다. 정책입안자들(그리고 학생들)은 점점 줄어들고 있는 것에 대해 점점 더 많은 말을 하고 있는, 허튼소리로 가득한 텍스트들에 대해 불평하고 있다.

사실상 이론은 피할 수 없다. 우리는 목적을 달성하기 위해 실체를 단순화하고 해명하는 수단은 물론, 적어도 원인과 결과에 대한 원초적인 감각이 필요하다. 내가 지난 한 시간 동안 여러분에게 무슨 일이 있었는지를 설명하라고 한다면 여러분은 그것을 단순화시키거나 60분간의 일들을 상세하게 재현해야 할 것이다. 그리고 내가 여러분에게 무언가를 요구한다면, 여러분은 어떤 행동이 그것을 충족시킬 수 있을지에 대한 어떤 생각이 필요할 것이다. 문제는 이론이 실제와 관련이 있는지 여부가 아니라, 어떤 이론인가, 그리고 행하는 사람들이 불가피하게 활용하고 있는 이론의 기원과 한계에 대해 얼마나 알고 있는가 하는 것이다. 실행하는 사람들 대부분은 학구적인 이론과의 직접적인 접촉을 회피하는 것으로 보이며, 학구적인 많은 사람들은 실행을 경시하고 다른 학구적인 사람들을 위해 글을 쓴다. 최근에 ≪포린 폴리시(Foreign Policy)≫지가 선정한 가장 영향력 있는 스물다섯 명의 학자 중 겨우 네 명(두 명은 미국 정부에, 다른 두 명은 유엔에)만이 최고 수준의 정책을 집행하는 직위에 있었다.

『국제분쟁의 이해』는 이 이론과 실제 사이의 간격을 메우기 위해 기획되었다. 이 책의 내용은 내가 10년 이상 하버드대학교의 핵심 교육과정의 일부로 가르친 교양강좌에서 발전시켜온 것이긴 하지만, 또한 워싱턴의 3개 국가안보부서(국무부, 국방부, 국가정보위원회)에서 5년간 차관보급 정책입안자로 근무하면서 쌓은 지식에 근거한 것이기도 하다. 그 세계에서 나는 이론과 실제가 서로 크게 기여하고 있다는 사실을 알았다. 이 책의 목표는 학생들이 냉전 이후 더욱 부각된 자유주의이론과 구성주의이론으로 관심을 돌리기 전에 전통적인 현실주의 시각에 대해 견실한 기초를 다질 수 있게 함으로써 그들에게 국제정치의 복잡성을 알게 하려는 데 있다. 나는 학생들이 국제정치의 기본 용어들을 실질적으로 이해할 수 있도록 어려운 개념들을 역사적 사례들과 함께 명확한 용어로 제시하고자 했다.

20세기 전반부에 강대국들은 거의 5,000만 명의 생명을 앗아간 파괴적인 대전쟁을 두 번이나 벌였다. 또한 20세기 후반은 냉전, 지역분쟁, 핵무기의 위협으로 점철되었다. 왜 그와 같은 전쟁들이 일어났는가? 그와 같은 일들은 또다시 일어날 수 있는가? 아니면 경제적·생태적 상호의존의 증대와 초국가적·국제적 제도들의 성장 및 민주주의적 가치의 확산이 신세계질서를 만들어낼 것인가? 세계화와 정보화혁명은 이 새로운 세기의 국제정치에 어떤 영향을 미칠 것인가? 그 어떤 훌륭한 선생도 위의 질문들에 확실하게 대답할 수는 없다. 그러나 우리는 학생들이 미래에 펼쳐질 일들에 대해 그들 스스로 대답할 수 있도록 도움을 줄 현실주의, 자유주의, 구성주의라는 주요 접근법들에서 얻어지는 개념적 도구들을 제공할 수는 있다. 그것이 이 책의 목적이다.

이 책의 특징

이 책은 학생들에게 필요한 개념이나 역사가 모두 담겨 있는 완벽한 교과서는 아니다. 그보다는 국제정치라는 복잡하고 혼란스러운 영역에 대해 어떻게 생각해볼 수 있는가를 제시하는 책이라고 할 수 있다. 이 책은 역사적 사실에 대한 완전한 해설로서가 아니라, 이론과 역사의 상호작용에 접근하는 방식에 관한 책으로 읽어야 한다. 이론도 역사도 각기 그 자체만으로는 불충분하다. 이해란 단순히 사실들의 나열에서 나온다고 믿는 역사가들은 그들이 일부의 사실만을 선택한다는 숨겨진 원칙에 솔직하지 못한 것이다. 추상적 이론의 미로에 빠져 격리된 채 그들의 정신적 창조물이 현실이라고 착각하는 정치학자들도 그와 똑같은 실수를 범한다. 역사와 이론 사이를 왔다 갔다 하는 것만이 그와 같은 실수를 피하는 길이다. 이 책은 이론과 역사 사이의 그러한 대화의 한 사례이다. 이 책은 추천도서 및 연구논제들과 함께 결합될 때 교양강좌에서, 혹은 동일한 내용을 독학하려는 개별 독자들에게 중요한 실마리를 제공할 수 있다. 또는 어떤 강좌의 보조텍스트로서, 국제정치에 대한 접근방법의 한 사례로서 이용될 수 있을 것이다. 각 장에는 강사와 학생들 모두에게 도움을 주기 위해 연표, 학습문제, 읽을 자료를 넣었다.

어떤 텍스트들은 윤리론을 무시하고 있지만, 국제관계에서 우리가 어떻게 행동해야 하는지에 대한 규범적인 이론은 분석적인 이론만큼이나 중요하다. 윤리의 문제는 이 책 전체에서 논하고 있지만 특히 1장, 5장, 6장에서 집중적으로 다루었다. 이 책과 비슷한 많은 텍스트들이 경질(硬質)의 군사력과 경제력에만 초점을 맞추고 있다. 나는 억압하고 매수하는 권력과 마음을 끌고 설득하는 권력을 구별하기 위해 내가 발전시킨 개념인 소프트파워에 대한 검토를 포함시킴으로써 권력에 대한 이 같은 이해를 넓히고 있다. 소프트파워는 정보화시대에 그 중요성이 점점 더 커지고 있는, 그리고 미국의 외교정책에서 과거 어느 때보다 더 필요한 차원이다. 이 개념은 2장에서 소개하지만, 이 책 전체에 걸쳐 활용하고 있으며 7장, 8장, 9장에서는 정보, 세계화, 거버넌스에 새로운 요소로 상당히 상세하게 소개했다. 거기서 나는 국가 간 갈등의 세계에서의 고전적인 세력균형과, 로버트 코헤인과 내가 발전시킨 '복잡한 상호의존'의 개념과 실행을 구별하고 있다.

이 개정판의 새로운 점

이 제7개정판은 1장에서 구성주의 이론을 새로운 각도로 검토하고, 3장에는 제1차 세계대전에 관한 신규 자료를 추가했다. 5장에는 냉전에 관한 검토를, 6장에는 이라크전쟁을 포함한 중동분쟁에 관한 새로운 자료를 추가했다. 7장과 8장에는 유엔을 비롯한 국제기구에 대한 추가 자료와 세계화 및 정보화혁명의 영향에 대한 논의를 더했다. 8장과 9장의 여러 새 항목에서는 지구적 안보에 대한 초국가적 위협(테러리즘, 핵기술 확산, 지구적 기후변화, 대유행병, 사이버전쟁), 인권과 민주주의를 위한 지원, 그리고 국제법과 국제적 정당성의 규준들을 유지할 필요성을 다루었다. 9장에서는 세계화의 독특성과 한계는 물론 다른 형태의 지구적 거버넌스에 대한 전망을 논했다.

이 책은 또한 아프가니스탄과 이라크전쟁, 중국의 세계적인 강국으로서의 부상, 비정부기구(NGO), 초국가적 협력, 테러리스트 네트워크, 기타 국제 문제에서의 비국가행위자들의 역할 증대 등 국제무대에서 최근 전개되고 있는 일들을 반영하기 위해 내용을 수정하고 갱신했다. 또한 각 장에 제시한 '더 읽을 자료'는 새로운 개정판들과 고전적인 참고문헌들을 보완하기 위한 더 최근의 텍스트들로 갱신했다. 마지막으로 연표들과 권말의 용어 해설을 갱신했다.

감사의 글

오랜 세월 동안 나는 이따금씩 이 강좌를 스테판 해거드(Stephan Haggard), 옌콩(Yuen Khong), 마이클 만델바움(Michael Mandelbaum), 피터슨(M. J. Peterson)과 같은 젊은 동료들과 함께 가르쳤다. 나는 그들 모두로부터 많은 것을 배웠고 그들의 많은 아이디어를 분명히 무의식적으로 도용해왔다. 대학원 시절부터 나를 가르쳐주고 지속적으로 영감의 원천이 되어준 스탠리 호프만(Stanley Hoffmann)에 대해서도 마찬가지이다. 그에게, 그리고 우정만큼이나 많은 아이디어들을 베푼 로버트 코헤인(Robert Keohane)에게 감사드린다. 데이비드 드레슬러(David Dressler)와 찰스 마이어(Charles Maier)와 어니스트 메이(Ernest May)는 원고에 대해 의견을 제시하여 도움을 주었다. 원고를 읽고 적극적으로 논평을 해준 다른 이로는 마이애미대학교의 드레이어(June Teufle Dreyer), 콜로라도대학교 콜로라도스프링스분교의 골든(Kathie Stromile Golden), 앤더슨대학교의 넬슨(J. Douglas Nelson), 조지타운대학교의 샴보(George Shambaugh), 사우스웨스트텍사스주립대학교의 미널카닌(Edward S. Minalkanin), 위스콘신대학교 매디슨캠퍼스의 바넷(Michael Barnett), 노던콜로라도대학교의 칼루(Kelechi Kalu), 유타대학교의 리먼(Lehman), 에모리대학교의 라이터(Dan Reiter), 듀크대학교의 피버(Peter D. Feaver), 브라운대학교의 멜란슨(Richard A. Melanson), 이스트

캐롤라이나대학교의 윌리엄스(John Williams), 노스캐롤라이나주립대학교의 그리핀 (Clifford Griffin), 펜실베이니아주립대학교의 하우제닉(Christopher Housenick), 워싱턴 대학교의 젠슨(Nathan Jensen), 메어리워싱턴대학교의 라러스(Elizabeth Larus), 그리고 오클라호마주립대학교의 바스탈(Theodore Vastal)이 있다. 나는 또한 빈 어거(Vin Auger), 피터 피버(Peter Feaver), 메릴 케슬러(Meryl Kessler), 션 린-존스(Sean Lynn-Jones), 팜 메츠(Pam Metz), 존 오웬(John Owen), 기디언 로즈(Gideon Rose), 고든 실버스타인(Gordon Silverstein)과 같은 지도자과정 조교들로부터 많은 것을 배웠다. 베로니카 매클루어(Veronica McClure)는 나의 글을 옮기고 수정해준 훌륭한 동료였다. 많은 면에서 이 책은 나의 책인 동시에 그녀의 책이라고 할 수 있다. 리처드 우드 (Richard Wood), 댄 필포트(Dan Philpott), 재커리 카라벨(Zachary Karabell), 칼 나긴(Carl Nagin), 닐 로젠도르프(Neal Rosendorf), 알렉스 스케이코(Alex Scacco), 매트 코헛(Matt Kohut), 션 미스코(Sean Misko)는 이전의 판본들을 내는 데 도움을 주었다. 마르셀 디쉬(Marcel Dietsch)는 이 제7판을 준비하는 데 훌륭한 지원과 지혜로운 판단을 해주 었다. 이들의 도움을 받은 것은 나로서는 행운이었다. 세월이 지나는 동안 학생들로부 터도 많은 것을 배웠다. 모두에게 깊이 감사한다.

조지프 나이(Joseph S. Nye, Jr.)

차례

자료 출처(Credit)

사진

23쪽: Alinari/Art Resource. 41쪽: With permission of the Royal Ontario Museum © ROM. 71쪽: Bettmann/Corbis. 85쪽: Reuters/Corbis. 109쪽: Imperial War Museum. 126쪽: Imperial War Museum. 133쪽: Hulton Archive/Getty Images. 149쪽: Bettmann/Corbis. 163쪽: Bettmann/Corbis. 175쪽: Bettmann/Corbis. 187쪽: Bettmann/Corbis. 223쪽: Bettmann/Corbis. 238쪽: Bettmann/Corbis. 251쪽: Fabrizio Bensch/Corbis. 289쪽: Jim Young/Reuters/Landov. 305쪽: Jonathan Drake/Bloomberg News/Landov. 345쪽: Frank Whitney/Getty Images. 349쪽: Xinhua/Landov. 379쪽: Patrick Gely/Imapress/The Image Works. 404쪽: Paul Souders/Corbis. 412쪽: David Leeson/Dallas Morning News.

기사

30쪽: "1910: The Unseen Vampire of War": Excepted from "From Our December 13 Pages, 75 Years Ago", *International Herald Tribune*, December 13, 1985. Copyright 1985 *International Herald Tribune* and The New York Times Syndicate, Reprinted by permission. 210쪽: Excerpted from George Kennan, "The Source of Soviet Conduct", *Foreign Affairs*, 25:4(July 1947), p. 581. Reprinted by permission of Foreign Affairs, July 1947. Copyright 1947 by the Council on Foreign Relations, Inc. 211쪽: "American Intervention in Vietnam": Excerpted from Irving Hower and Michael Walser, "Were We Wrong About Vietnam?" *The New Public*, August 18, 1979, p. 18. Reprinted by permission of *The New Republic*. Copyright 1979, The New Republic Inc. 316쪽: "Ecological and Economic Interdependence": Excerpted from "North-South Divide is Marring Environmental Talks", *The New York Times*, March 17, 1992, p. 8. Copyright 1992 by the New York Times Company. Reprinted by permission. 320쪽: "Sensitivity Interdependence": Excerpted from "German Shift Felt in Japan", *The New York Times*, February 26, 1990, p. D1. Copyright 1990 by The New York Times Company. Reprinted by permission.

지도

129쪽: Reprinted with permission from Brian Catchpole, *A Map History of the Modern World* (Oxford Heinemann Publishers Ltd., 1982), p. 13. 137쪽: Reprinted with permission from Brian Catchpole, *A Map History of the Modern World* (Oxford Heinemann Publishers Ltd., 1982), p. 15. 156쪽: Reprinted with permission from Brian Catchpole, *A Map History of the Modern World* (Oxford Heinemann Publishers Ltd., 1982), p. 27. 169쪽: Reprinted with permission from Brian Catchpole, *A Map History of the Modern World* (Oxford Heinemann Publishers Ltd., 1982), p. 69. 176쪽: Reprinted with permission from Brian Catchpole, *A Map History of the Modern World* (Oxford Heinemann Publishers Ltd., 1982), p. 73. 198쪽: Reprinted with permission from Brian Catchpole, *A Map History of the Modern World* (Oxford Heinemann Publishers Ltd., 1982), p. 83. 201쪽: Reprinted with permission from Brian Catchpole, *A Map History of the Modern World* (Oxford Heinemann Publishers Ltd., 1982), p. 123. 273쪽: Reprinted with permission from Brian Catchpole, *A Map History of the Modern World* (Oxford Heinemann Publishers Ltd., 1982), p. 197.

1장
세계정치에 일관된 분쟁의 논리가 있는가

펠로폰네소스전쟁에서 전시한 아테네인들을 기념하는 대리석 부조.

세계는 날로 좁아지고 있다. 메이플라워호가 대서양을 건너는 데는 3개월, 1924년 찰스 린드버그(Charles Lindbergh)가 비행기로 그곳을 횡단하는 데는 33시간이 걸렸다. 50년 후에 콩코드는 그것을 세 시간에 해냈다. 탄도미사일은 30분밖에 걸리지 않는다. 21세기 초의 대서양 횡단비용은 1950년의 3분의 1에 불과하며, 뉴욕과 런던 간의 통화비용은 20세기 중반에 들던 비용에 비하면 극히 미미한 수준이다. 지구적인 인터넷 통신은 거의 동시적이고, 그 전송비용은 무시해도 좋을 정도이다. 아시아의 환경운동가 또는 아프리카의 인권운동가는 지금, 한때 정부나 초국적기업들 같은 거대 조직만이 가질 수 있었던 정보전달능력을 갖고 있다. 반면 다소 암울한 쪽으로 기술하자면, 핵무기는 개인뿐만 아니라 경우에 따라 모든 인류를 위협한다는 점에서 어떤 학자가 '중복죽음(double death)'이라고 지칭한 전쟁의 새로운 차원을 열었다. 그리고 2001년 9월 뉴욕과 워싱턴에서 있었던 테러공격이 말해주듯이, 한때 정부만이 행사하던 파괴적인 무력이 과학기술의 발전으로 인해 비국가행위자들의 손에도 들어가고 있다. 거리 단축의 효과 때문에 아프가니스탄과 같은 멀리 떨어진 가난한 나라들의 상황이 갑자기 미국과 유럽에 큰 영향을 미치게 되었다.

하지만 국제정치에서 그 무엇인가는 시대를 초월하여 변화하지 않고 있다. 투키디데스(Thucydides)가 2,500년 전에 묘사한 스파르타와 아테네의 펠로폰네소스전쟁은 1947년 이후 아랍과 이스라엘 간의 분쟁과 섬뜩할 만큼 유사하다. 21세기 초의 세계는 연속성과 변화의 기이한 혼합물이다. 국제정치의 어떤 면은 투키디데스 시대 이래로 변한 것이 없다. 국가 간 정치에는 모종의 호전성의 논리, 안보의 딜레마가 따라다닌다. 동맹, 세력균형, 그리고 전쟁과 협상 중 어느 쪽을 정책으로 선택할 것인가의 문제는 몇 천 년이 지난 지금도 남아 있다.

반면에 투키디데스는 핵무기나 에이즈 또는 지구온난화에 대해 우려해야 할 필요가 없었다. 국제관계를 연구하는 학생들의 과제는 변화와 아울러 연속성을 이해하기 위해 과거를 근거로 하되 거기에 얽매여서는 안 된다는 것이다. 우리는 전통적인 이론을 배워 그것을 현 상황에 적용해야 한다. 이 책의 첫 여러 장들은 여러분들에게 정보화혁명, 지구화, 상호의존 현상들, 그리고 후반부의 여러 장에서 논의하는 초국가행위자들을 평가하기 위한 역사적·이론적 배경을 제공할 것이다. 나는 정부에서 근무한 경험을 통해 고대의 세계정치도, 아주 새로운 차원의 세계정치도 절대로 무시할 수 없다는 점을 알았다.

만약 개별 국가들이 소멸한다면 국제정치는 변화하겠지만, 그렇다고 세계정부가 곧 나타날 것 같지는 않다. 그리고 초국적기업, 비정부기구, 테러리스트그룹과 같은 비국가행위자들이 정부에 새로운 도전이 되고 있지만, 그들이 국가를 대신하는 것은 아니다. 이 지구상의 200여 개에 가까운 다양한 국가에 사는 사람들은 그들의 자주 독립과 독자적인 문화, 고유한 언어의 사용을 원하고 있다. 사실 민족주의와 개별 국가에 대한 요구는 사라지기는커녕 오히려 커졌다. 새로운 세기에 국가의 수는 줄어들기보다는 더 늘어날 가능성이 크다. 세계정부가 전쟁이라는 문제를 자동적으로 해결할 수 있는 것은 아니다. 오늘날 대부분의 전쟁은 내전 혹은 인종 간의 전쟁이다. 1989년 냉전이 종식된 이후부터 21세기가 시작될 때까지 세계 78곳에서 116개의 무력 분쟁이 일어났다. 그중 7개는 국가 간 전쟁이었고 20개는 외국이 개입한 내전이었다.[1] 사실 19세기의 가장 피비린내 나는 전쟁은 서로 으르렁대던 유럽 국가들 사이에서 일어난 것이 아니라 다름 아닌 중국의 태평천국의 난과 미국의 남북전쟁이었다. 우리는 한동안 경쟁하는 공동체와 개별 국가들의 세계에서 계속 살아갈 것이고, 그것이 우리의 앞날에 무엇을 의미하는지를 이해하는 것은 중요한 문제이다.

국제정치란 무엇인가

세계가 항상 개별국가체제로 나뉘어 있었던 것은 아니다. 몇 세기에 걸쳐 세 가지 기본적인 형태의 세계정치가 존재했다. '세계제국체제(world imperial system)'에서는 하나의 정부가 그와 접촉한 대부분의 세상을 지배했다. 서구에서 그것의 가장 대표적인 예는 로마제국이다. 16세기의 스페인, 17세기 후반의 프랑스도 로마제국과 유사한 패권을 추구했지만 실패했다. 19세기에 대영제국은 전 세계에 걸쳐 식민지를 가졌으나 그런 영국조차도 다른 강대국과 함께 세계를 공유해야 했다. 수메르, 페르시아,

---

1 Mikael Eriksson and Peter Wallensteen, "Armed Conflict, 1989~2003", *Journal of Peace Research* 41:5(September 2004), p. 626.

중국 같은 고대의 세계제국은 사실은 지역적 제국에 불과했다. 그들은 전 세계를 지배한다고 생각했지만 실은 소통의 결여로 다른 제국과의 분쟁이 없었을 뿐이다. 변방에 있는 야만족과의 전쟁은 있었지만 그런 전쟁을 개략적이라도 동등한 제국 간의 전쟁에 비길 수는 없었다.

국제정치의 두 번째 기본 형태는 로마제국 멸망 이후 서구에서 보편적인 체제였던 '봉건체제'이다. 이 체제하에서는 개인의 충성과 정치적 의무가 영토적 경계만으로 정해지지는 않았다. 개인은 지방영주에게 충성을 다할 의무를 가지지만 동시에 먼 곳의 귀족이나 주교는 물론 로마에 있는 교황에 대해서도 의무를 가질 수 있었다. 정치적 의무의 내용은 대체로 자신의 상급자에게 무슨 일이 일어나는지에 따라 결정 되었다. 예컨대 통치자가 결혼을 하게 되면 결혼 상대방에게 줄 결혼지참금 때문에 그 지역과 지역 시민들의 의무가 재조정되기도 했다. 지배자의 운명에 따라서 프랑스 인으로 태어난 마을 주민이 갑자기 플랑드르인 또는 심지어는 영국인으로 변하기도 하는 것이다. 도시와 도시 연맹도 경우에 따라서는 특이한 준독립적 지위를 가지고 있었다. 이러한 봉건적 상황에 기초한 크고 작은 무수한 전쟁들은 우리가 생각하는 근대의 영토전쟁과는 사뭇 다른 것이었다. 그 전쟁들은 각 영토 사이에서뿐만 아니라 그 안에서도 발생할 수 있었고, 서로 얽혀 있었으며, 비영토적 충성심이나 비영토적 분쟁과도 연관되어 있었다.

국제정치의 세 번째 기본 형태는 봉건체제보다는 응집력이 있지만 더 상위의 정부가 존재하지는 않는 국가들로 구성된 '무정부국가체제(anarchic state system)'이 다. 고대 그리스 또는 15세기 마키아벨리 시대 이탈리아의 도시국가들이 그 사례에 포함된다고 할 수 있다. 무정부국가체제의 또 다른 예는 그 응집력이 지배적 가문의 통제에서 비롯되는 왕조적 영토국가로, 기원전 5세기의 인도나 중국에서 그 선례를 찾을 수 있다. 거대한 영토적 왕조는 유럽에서 1500년경 재출현했고 그와 함께 도시국 가나 지역들의 느슨한 연맹은 자취를 감추기 시작했다. 1648년 베스트팔렌(Westfalen) 평화체제는 마지막 종교적 대전쟁이자 근대국가들의 첫 번째 전쟁이라고 불리는 30년 전쟁을 종식시켰다. 돌이켜보면 베스트팔렌조약은 주권영토국가를 국제체제의 가장 지배적인 형태로 신성화한 이정표였다고 할 수 있다.

따라서 오늘날 우리가 국제정치를 논할 때는 대체로 이 영토국가체제를 의미하며,

'국제정치'는 보편적인 주권이 존재하지 않고 국가들 위에 군림하는 지배자도 없는 정치라고 정의한다. 국제정치는 자구체제(self-help system)이다. 17세기 영국의 철학자인 토머스 홉스(Thomas Hobbes)는 그런 무정부체제를 자연상태(state of nature)라고 불렀다. 어떤 이에게는 자연상태라는 단어가 목장에서 소떼들이 평화롭게 풀을 뜯는 장면을 연상시킬 것이다. 그러나 그것은 홉스가 말하는 의미와는 전혀 다르다. 서부시대에 보안관이 없는 텍사스 마을, 1970년대에 정부가 붕괴된 후의 레바논, 또는 1990년대의 소말리아를 생각해보라. 홉스의 자연상태는 친절하지 않다. 질서를 강요할 수 있는 상위의 지배자가 없기 때문에 벌어지는 만인의 만인에 대한 전쟁상태인 것이다. 홉스의 유명한 선언과 같이, 그런 세상에서 삶은 비열하고, 야만적이고, 짧을 가능성이 높다.

그 결과 국내정치와 국제정치는 법적·정치적·사회적으로 차이가 있다. 국내법은 대체적으로 지켜지며, 이를 지키지 않은 범법자들은 경찰과 사법부가 강제로 처벌한다. 그러나 국제법은 대등한 법적 체제들을 전제로 하고 있고 그것을 집행할 수 있는 보편적인 체제도 없다. 국제법을 집행할 수 있을 정도의 힘을 가진 국제경찰은 존재하지 않는다.

무력은 국내정치와 국제정치에서 다른 역할을 한다. 질서가 잘 잡힌 국내정치체제에서는 정부가 무력을 정당하게 사용할 수 있는 독점권을 가지고 있다. 반면 국제정치에서는 무력을 사용하는 데 어느 누구도 독점권을 가지고 있지 않다. 국제정치는 자구의 영역이며 어떤 국가는 다른 국가보다 무력이 강하기 때문에, 무력에 호소할 위험은 언제나 존재한다. 무력 사용의 가능성을 없애버리지 않는 한, 남는 것은 불신과 의심뿐이다.

국내정치와 국제정치는 그 기저에 흐르는 공동체의식에도 차이가 있다. 질서가 잘 잡힌 국내사회에서는 보편적인 공동체의식이 존재하며, 그것은 공통된 충성, 정의관, 정당한 권위에 대한 가치관을 낳는다. 그러나 국제정치에서는 분리되어 있는 민족들에게 공동의 충성심 같은 것은 없다. 지구적 공동체라는 모종의 의식조차 미약하다. 사람들은 종종 무엇이 옳고 정당한가에 대해서도 의견이 일치하지 않는다. 그 결과 '질서'와 '정의'라는 두 가지 기본적인 정치적 가치에 대한 관점들에 너무나 큰 차이가 나타난다. 그런 세계에서는 대부분의 사람들이 국제정의보다는 국가정의를 앞세우기 마련이다. 법과 윤리는 국제정치에서 일정한 역할을 하지만 공동체의 규범에 대한 의식이 없기 때문에 국내정치에서처럼 구속력을 가지지는 못한다.

혹자는 '세계제국', '봉건체제', '무정부체제'라는 세 가지 기본 체제 중에서 21세기에는 새로운 봉건체제로 점진적 진화를 하든지, 아니면 가능성은 적지만 미국식 세계제국에 직면하게 될 것이라고 추측하기도 한다. 우리는 이 문제를 마지막 장에서 살펴볼 것이다.

무정부체제에 대한 다른 견해

국제정치는 더 상위의 정부가 없다는 점에서 무정부상태이다. 그러나 정치철학계조차도 자연상태가 얼마나 가혹한가에 대해서는 견해가 갈린다. 내전으로 파괴된 17세기 영국에서 글을 쓴 홉스는 불안, 힘, 생존을 강조했다. 그는 인류를 부단한 전쟁상태에 있는 것으로 묘사했다. 반세기 후, 사정이 나아진 영국에서 글을 쓴 로크(John Locke)는 자연상태에 공동의 주권자가 없는 것은 사실이지만, 사람들이 관계를 발전시킬 수 있고 친교를 나눈다는 점 때문에 무정부상태가 홉스의 생각만큼 위험하지는 않다고 주장했다. 자연상태에 대한 이 두 가지 견해는 국제정치에 대한 최근의 두 가지 견해의 철학적 전신으로, 그중 하나는 더 비관적이고 다른 하나는 더 낙관적인데, 바로 국제정치에 대한 '현실주의적' 시각과 '자유주의적' 시각이다.

'현실주의'는 국제정치사상의 지배적인 전통이었다. 현실주의자에게 국제정치의 주요 문제는 전쟁과 무력의 사용이며 주요 행위자는 국가이다. 이 입장은 현대 미국에서는 리처드 닉슨(Richard Nixon) 대통령과 그의 국무장관이었던 헨리 키신저(Henry Kissinger)의 글과 정책으로 대변된다. 현실주의자는 국가들의 무정부체제라는 가정에서 시작한다. 예를 들어 키신저와 닉슨은 미국의 힘을 극대화하고 다른 국가가 미국의 안보를 위협할 수 있는 능력은 최소화하는 것을 도모했다. 현실주의자에 의하면 국제정치의 처음과 끝은 다른 국가들과 상호작용하는 개별 국가이다.

'자유주의'로 불리는 다른 전통은 18세기 프랑스의 몽테스키외(Baron de Monte-squieu), 독일의 칸트(Immanuel Kant), 그리고 19세기 영국의 벤담(Jeremy Bentham)과 밀(John Stuart Mill)의 철학에서 그 근원을 찾을 수 있다. 현대 미국에서 그 예는 정치학자이자 대통령이었던 윌슨(Woodrow Wilson)의 글과 정책에서 발견할 수 있다.

자유주의자는 지구적 사회가 국가들과 함께 기능하고 그들을 위한 상황의 일부를 구성하는 것으로 본다. 무역은 국경을 넘어 이루어지고, 사람들은 서로 교류하며(유학생의 경우처럼), 유엔과 같은 국제기구는 국제정치에서 순수한 무정부상태라는 현실주의의 관점으로는 다 설명되지 않는 환경을 만들고 있다. 자유주의자는 현실주의가 국가를 세력균형을 위해 굴러다니는 단단한 당구공처럼 묘사하는 것에 불만을 표시한다. 그런 묘사는 사람들이 국경을 넘어 친교를 나누고 국제사회가 엄연히 존재하는 점을 무시하고 있기 때문에 불충분하다. 현실주의자가 국내정치와 국제정치의 차이를 과장하고 있다는 것이다. 현실주의 시각이 그려내는 홉스의 전쟁상태는 극단적인 상황에만 초점을 맞추고 있기 때문에 경제적 상호의존의 증대와 초국가적인 지구적 사회의 발전을 간과하고 있다.

그에 대해 현실주의자는 홉스를 인용하며 반박한다. "궂은 날씨가 끊임없는 비를 의미하지 않듯이 전쟁상태가 끊임없는 전쟁을 의미하지는 않는다."[2] 런던 사람들이 화창한 4월에도 우산을 가지고 다니듯이 무정부체제에서의 전쟁가능성은 평화시기에도 국가들이 무장을 하게 만든다. 현실주의자는 과거 자유주의의 빗나간 예측들을 지적한다. 예를 들면 1910년에 스탠퍼드대학의 총장은 국가들이 전쟁비용을 감당할 수가 없기 때문에 앞으로 전쟁은 불가능하다고 말했다. 여러 저술들은 전쟁이 무용해졌으며 문명이 전쟁을 눌렀다고 선언했다. 경제적 상호의존, 노동조합과 지식인의 연대, 자본의 흐름 등 모든 것이 전쟁을 불가능하게 만들었다는 것이다. 물론 이와 같은 예측은 1914년에 철저하게 빗나갔고 현실주의자들이 지지를 받았다.

그러나 역사도 논쟁도 1914년에서 멈추지는 않았다. 1970년대에는 증가하는 경제적·사회적 상호의존이 국제정치의 본질을 바꾸고 있다는 자유주의의 주장이 부활했다. 1980년대에 로즈크랜스(Richard Rosecrance)는 국가에게는 힘을 증강시킬 수 있는 두 가지 길이 있는데, 하나는 무력으로 영토를 정복하는 것이고 다른 하나는 평화적으로 무역을 하는 것이라고 했다. 그는 일본을 예로 들었다. 일본은 1930년대에 영토점령을 시도했고 그 결과 제2차 세계대전의 재앙을 맛보았다. 그러나 그 후 일본은 무역으로 세계 2위의 경제대국(공식 환율로 계산하여)이 되었으며 동아시아의 강국이

---

2 Thomas Hobbes, *Leviathan*, C. B. MacPherson(ed.)(London: Penguin, 1981), p. 186.

되었다. 일본은 강력한 군사력이 없이도 성공했다. 로즈크랜스와 현대의 자유주의자들은 이 같은 사실을 기초로 국제정치의 본질이 변하고 있다고 주장했다.

몇몇 신자유주의자들은, 생태적 상호의존이 급격히 증가함으로써 먼 장래에는 국내정치와 국제정치의 차이점들이 흐려지고 인류는 국경 없는 세계로 발전할 것이라고 믿는다. 예를 들어 대기 상층부의 오존이 감소하여 피부암이 발생한다면 국경에 관계없이 누구나 그 영향을 받을 것이다. 이산화탄소가 증가하여 온난화 현상이 일어나 양극의 얼음이 녹는다면 해수면의 상승이 모든 해안국가에 영향을 미칠 것이다. 에이즈나 마약과 같은 몇몇 문제도 국경을 너무나 쉽게 넘어버리기에 우리가 전혀 다른 세계와 맞닥뜨릴지도 모른다. 프린스턴대학의 포크(Richard Falk) 교수는 이와 같은 초국가적 문제와 가치가 지난 400년 동안을 지배해온 국가중심체제를 변화시킬 것이라고 주장한다. 초국가적인 힘이 베스트팔렌조약을 와해시키고 있으며 인류는 새로운 형태의 국제정치를 향해 발전하고 있다는 것이다.

1990년에 현실주의자들은 이에 대해 "그런 말을 사담 후세인에게 해보라"며 대응했다. 이라크는 이웃 소국인 쿠웨이트를 침공함으로써 무력과 전쟁이 상존하는 위험임을 보여주었다. 그에 대한 자유주의자의 반론은 중동정치는 예외라는 것이었다.

1910년: 전쟁이라는 보이지 않는 흡혈귀

전쟁을 종식시킬 다른 이유가 없더라도 전쟁이 초래할 경제적 파탄은 문명국가들이 곧 제정신을 차리게 할 것이다. 스탠퍼드대학 총장인 데이비드 스타 조던(David Starr Jordan)은 터프츠대학에서 "국가들이 비용을 감당할 수 없으므로 장래에 전쟁은 불가능하다"라고 말했다. 그는 유럽에서 전쟁으로 인한 부채는 260억 달러에 달하는데, "모두가 보이지 않는 흡혈귀에게 진 빚이며 국가는 절대 이를 스스로 지불하지 않을 것이고 불쌍한 국민들만 매년 9,500만 달러라는 세금을 내고 있다"라고 말했다. 평화 시기에 군국주의라는 짐은 이미 빚더미에 올라 있던 일등 국가들의 힘을 고갈시키고 있다. 대전쟁의 명백한 결과는 완전한 파산일 것이다.

— ≪더 뉴욕 월드≫[3]

---

3 The New York World, "From Our Dec. 13 Pages, 75 Years Ago", *International Herald Tribune*, December 13, 1985.

그들은 시간이 흐름에 따라 세계가 무정부상태의 주권국가체제를 넘어서고 있다고 주장한다. 국제정치의 본질과 그 변화의 방향에 대한 위와 같은 상반된 견해가 조만간 해소되지는 않을 것이다. 현실주의자는 연속성을 강조하는 반면 자유주의자는 변화를 강조한다. 양쪽 모두 현실주의의 우세를 인정하기는 하나 그런 우세가 절대적인 것이라고 생각하지는 않는다. 자유주의자는 현실주의자를 두고 과거에 사로잡혀 변화를 보지 못하는 냉소주의자들라고 한다. 이에 대해 현실주의자는 자유주의자를 유토피아적 몽상가라고 부르며 그들의 견해를 '지구적 잠꼬대(globaloney)'라고 칭한다.

누가 옳은가? 둘 다 옳고 둘 다 그르다. 명쾌한 대답은 좋기야 하겠지만 정확하지도 않고 재미도 없다. 연속성과 변화의 혼합은 현 세계의 특징이며 종합적인 하나의 설명에 도달하는 길을 가로막는다.

국제정치는 인간의 변화무쌍한 행동이 개입되기 때문에 절대로 물리학과 같을 수 없다. 국제정치에는 결정론적인 막강한 이론이 없다. 더욱이 현실주의와 자유주의 시각만이 존재하는 것도 아니다. 지난 세기의 대부분의 기간에 마르크스주의는 많은 사람에게 설득력 있는 대안이었다. 원래 마르크스(Karl Marx)와 엥겔스(Friedrich Engels)가 창안하고 그 후 다른 이론가들에 의해 발전하고 적응한 마르크스주의는 자본주의국가들의 국내 경제구조에 초점을 맞추고 있다. 경제계급, 생산 및 소유 관계에 대한 집중은 때때로 경제적 환원주의 또는 유물사관으로 불렸다. 마르크스주의자들은 그들의 분석을 경제적 동기와 자본주의적 세계화에 국한시켰으며, 그래서 민족주의, 국가의 힘, 지정학을 과소평가했다. 외교의 중요성과 세력균형에 충분한 주의를 기울이지 않아 국제정치를 잘못 이해하고 그릇된 예측을 하고 말았다. 하지만 1991년 구소련이 붕괴하기 이전에도, 주요 자본주의국가 간의 평화와 몇몇 공산국가들 간의 전쟁을 설명하는 데 실패한 마르크스주의이론은 설득력에서 이미 뒤지고 있었다. 예컨대 1978년에는 베트남이 캄보디아를 침공했고, 1979년에는 중국과 베트남이 전쟁을 벌였으며, 1969년에는 중국과 소련 사이에 충돌이 있었다.

1960~1970년대에는 '종속이론(dependency theory)'이 인기였다. 종속이론은 세계시장의 '중심(center)'에 있는 부유한 국가가 세계를 지배하면서 '주변부(periphery)'에 있는 빈곤한 국가들의 발전을 막을 것이라고 예측했다. 제1세계 국가들과 제3세계 국가들 사이의 지구적인 경제적·정치적 분할은 또한 남북 분할로도 불렸는데, 그것

은 역사적 제국주의와 자본주의적 세계화의 특성 둘 다의 결과였다. 종속이론은 경제적 불평등의 몇 가지 구조적 원인을 설명하는 데 도움이 되긴 했지만, 1980~1990년대에 동아시아의 주변국인 한국, 싱가포르, 말레이시아가 중심국가인 미국과 유럽보다 고속으로 성장하는 것을 설명하지 못하면서 설득력을 잃어버렸다. 상실되기 시작한 종속이론의 설득력은, 1970년대 종속이론가들의 학문적 지도자였던 페르난도 엔리케 카르도소(Fernando Henrique Cardoso)가 1990년대에 브라질의 대통령으로 당선된 다음 세계시장에 대한 의존을 증가시키는 자유주의정책으로 입장을 선회하면서 그 종지부를 찍었다.

1980년대에는 현실주의, 자유주의 양쪽의 분석가들이 모두 미시경제이론과 유사한 더 연역적인 이론을 만들고자 시도했다. 케네스 월츠(Kenneth Waltz) 같은 '신현실주의자'들과 로버트 코헤인(Robert Keohane) 같은 '신자유주의자'들은 국제체제에 의해 제재를 받는 합리적 행위자로서의 국가라는 모델을 발전시켰다. 신현실주의자와 신자유주의자는 이론의 단순성과 정밀함을 고양시켰지만, 그 대가로 고전적 현실주의와 자유주의 이론들의 풍부한 복잡성(complexity)들을 대부분 잃어버리고 말았다. "1980년대 말에 가서는 계속되어오던 풍부한 이론적 논쟁이 국가 중심의 합리적 모델 안에서의 상대적으로 좁은 불일치로 축소되었다."[4]

좀 더 최근에는 '구성주의자'들로 지칭되는 다양한 그룹의 이론가들이 현실주의와 자유주의는 세계정치의 장기적 변화를 적절히 설명하지 못한다고 주장했다. 예컨대 어느 쪽도 냉전의 종식을 제대로 예측하거나 설명하지 못했다는 것이다. 구성주의자들은 국제정치의 실체와 담론 모두를 구성하는 개념과 문화의 중요성을 강조한다. 그들은 이해관계의 근본적인 주관성과, 그것이 변화하는 정체성에 대해 갖는 연관성을 강조한다. 여러 유형의 구성주의자들이 있지만, 그들은 모두 두 주요 이론인 현실주의와 자유주의가 세계의 진정한 모습과는 거리가 멀다는 것에, 그리고 그것들이 지금 어떤 상태인지에 대해서뿐 아니라 장차 어떻게 될 것인지에 대해서도 설명할

---

4 Miles Kahler, "Inventing International Relations: International Relations theory After 1945", in Michael W. Doyle and G. John Ikenberry(eds.), *New Thinking in International Relations Theory* (Boulder, CO: Westview, 1977), p. 38.

필요가 있다는 것에 의견이 일치하고 있다. 구성주의자들은 정체성, 규범, 문화, 국가적 이해관계, 그리고 국제적인 거버넌스에 관한 중요한 문제들에 초점을 맞춰왔다.[5] 그들은 지도자들과 다른 사람들이 물질적 이해관계뿐 아니라 정체성, 도덕성, 그리고 사회나 문화가 적절히 고려하는 것에 대한 그들의 감각에 의해 동기가 부여된다고 믿는다. 그리고 그러한 규범은 시간이 지나면서 변화한다. 무정부상태는 전체적으로 합법적인 권위가 없는 상태이지만 국가가 그 자신과 다른 국가들에 대해 가지고 있는 인식과 규범에 따라 변화하는, 우정에서 적의에 이르는 무정부상태의 스펙트럼이 있다. 또는 웬트(Alexander Wendt)의 말을 빌리면, 무정부상태는 국가들이 만드는 것이다. 미국인들이 영국의 핵폭탄 500개보다 북한의 핵폭탄 한 개를 더 우려하는 이유도 그 때문이며, 지난 세기에 두 번이나 일어났던 프랑스와 독일 사이의 전쟁이 오늘날에는 더 이상 일어나지 않을 것으로 생각되는 것도 그 때문이다.[6]

신현실주의자와 신자유주의자는 국가가 그들의 국가적 이해를 위해 행동하는 것을 당연한 일로 생각하지만, 이 이해가 어떻게 구체화되는지 또는 시간이 지남에 따라 어떻게 변화하는지에 대해서는 거의 말을 하지 않는다. 반면 구성주의자는 지도자나 국민들, 각 문화권이 자신들의 선호를 변화시키고 정체성을 형성하며 새로운 행동을 배워나가는 과정을 조사하기 위해 다양한 분야와 학문들을 끌어들인다. 예를 들어 한때는 대다수의 국가들이 19세기에 있었던 노예제도와 남아프리카공화국의 인종차별을 용인했으나 후에는 반대하는 쪽으로 돌아섰다. 구성주의자들은 왜 변화가 이루어졌는가, 사상들은 어떤 역할을 했는가, 언젠가는 전쟁이라는 관습도 그처럼 없어질 것인가, 주권국민국가라는 개념은 어떻게 될 것인가 등에 주목한다. 구성주의자들의 눈에 비친 세계는 부족이나 국가, 비정부기구와 같은 정치적 실체들로 가득 차 있다. 주권국가가 지배적인 개념으로 자리 잡은 것은 최근의 몇 세기 동안뿐이다. 구성주의자는 우리의 이론뿐만 아니라 우리의 삶에 의미를 갖는 국가, 주권 등의 개념이

---

5 Emanuel Adler, "Constructivism in International Relations: Sources, Contributions, Debates and Future Directions", in Walter Carlsnaes, Thomas Risse, and Beth Simmons(eds.), *Handbook of International Relations* (Thousand Oaks, CA: Sage, 2003).

6 Ian Hund, quoting Alexander Wendt, "Constructivism", in Christopher Reus-Smit and Duncan Snidal, *Oxford Handbook of International Relations* (Oxford: Oxford University Press, 2008).

불변의 실재로서 '저편에(out there)' 있는 것이 아니라 사회적으로 구성된 것임을 지적한다. 안보개념을 예로 들면, 그것은 보통 결정적인 이해관계에 대한 위협이라는 면에서 정의된다. 전통적인 국제관계이론은 국가들 간의 폭력이나 전쟁이라는 측면에서 안보를 생각했지만, 오늘날의 세계에서 인간의 안보는 7장과 8장에서 보게 될 것처럼 경제적 또는 생태학적 대재앙에 의해서도 위협당하는 것으로 규정된다.

페미니스트 구성주의자들은 더 나아가 세계정치의 주요 수단인 전쟁의 언어와 이미지들이 성별(性別)에 의해 많은 영향을 받아왔다고 주장한다. '페미니즘'은 전통적인 안보관념이 냉전의 종식으로 이전의 지배력을 일부 잃었을 때인 1990년대 초에 하나의 비판적인 접근법으로서 세력을 키웠다. 페미니즘은 사회적 절차, 하류층 문제, 초국가적 조직에 관심을 기울이고 국가 간 관계에 대한 기존의 제한적인 관심을 거부함으로써, 세계정치를 더 포괄적으로 연구하고 "국가의 정체성과 이익뿐 아니라 핵심적인 사회구성원들의 정체성과 이익이 지구적 수준으로 형성되는 과정"[7]을 연구하는 데 목적을 두고 있다. 그들은 성별 사이의 불균형을 강조한다. 예를 들어 193개국 중 단지 12개국만이 여성을 국가수반으로 하고 있다는 것이다. 또한 페미니스트 비평가들은 여성과 어린이들의 '수출'이나 인신매매, 전쟁 도구로서의 강간과 같은 세계화의 문제적인 모습을 조명한다.

구성주의는 일종의 접근법이다. 구성주의는 현실주의와 자유주의라는 두 가지 전통적인 이론을 특징짓는 과학적 법칙의 추구를 거부하고 불확실한 일반화를 모색하며 종종 설명의 한 형태로서 깊이 있는 묘사를 한다. 오늘날 세계정치에서 가장 중요한 논쟁의 일부는 주권, 인도적 개입, 인권과 집단 학살과 같은 용어의 의미를 중심으로 전개되고 있으며, 구성주의자들은 이러한 이슈에 대해 전통적인 이론들보다 더 많은 말을 하고 있다.[8] 구성주의는 현실주의와 자유주의라는 전통적인 이론에 대해 유용한 비판과 중요한 보완을 모두 제공한다. 때로는 다소 허술하게 공식화되거나 예측력이 부족하기도 하지만, 구성주의 접근법은 두 주요 이론이 종종 간과하는

---

7 Jacqui True, "Feminism", in Scott Burchill and Andrew Linklater(eds.), *Theories of International Relations*, 3rd ed.(New york: Palgrave Macmillan, 2005), p. 233.

8 Michael Barnett, "social Constructivism" in John Baylis and Steve Smith(eds.), *The Globalization of World Politics*, 3rd ed.(Oxford: Oxford University Press, 2005), p. 260.

부분에 주의를 환기시키고 있다. 다음 장에서 보겠지만 정체성과 이익의 변화가, 당면한 목표를 추구하는 도구적 합리성을 넘어 어떻게 때로는 국가정책에 미묘한 변화를, 때로는 국제 문제에 중대한 변화를 가져오는지를 묻는 것은 중요한 일이다. 구성주의자는 도구적 합리성의 실행 이전에 어떻게 선호(preferences)와 인식이 형성되는가를 이해할 수 있도록 도와준다. 그런 면에서 구성주의 사상은 두 주요 이론에 상치된다기보다는 보완적이다. 다음 장에서 장기적인 변화를 이해하는 문제를 설명하고 마지막 장에서 다시 이 문제로 돌아올 것이다.

위싱턴에서 국무부와 국방부 차관보로 재직하며 미국의 외교정책 수립에 도움을 주고 있었을 때, 나는 현실주의, 자유주의, 구성주의라는 세 가지 유형의 견해 모두로부터 도움을 받았다. 다른 방식으로, 또한 다른 상황에서이기는 했지만 그들 모두가 유용했다. 간혹 실용적인 사람들은 도대체 우리가 왜 이론 따위로 속을 썩여야 하는지 의아해한다. 이론은 우리가 잘 모르는 영역을 이해할 수 있게 해주는 지도라는 말이 그에 대한 대답이 될 것이다. 지도가 없으면 우리는 길을 잃기 쉽다. 우리가 상식을 이용할 뿐이라고 생각할 때조차 대체로 우리의 행동을 인도하는 암묵적인 이론이 있다. 우리는 그것이 무엇인지를 모르거나 잊고 있을 뿐이다. 우리가 우리를 인도하는 이론을 더 잘 인식할수록, 우리는 그것의 강점과 약점을 더 잘 이해하고 잘 활용할 수 있다. 영국의 경제학자인 케인스(John Maynard Keynes)가 언젠가 말했듯이, 이론이 필요 없다고 생각하는 실제적인 사람들은 대체로 그들이 잘 알지조차 못하는 과거의 어느 3류 글쟁이의 말을 따르고 있는 것이다.[9]

기초적 요소

'행위자', '목표', '수단'은 국제정치를 이론화하는 데 기본적인 세 가지 개념이다. 그러나 그것들은 변화하고 있다. 국제정치의 전통적인 현실주의 시각에서 유일한 중요 '행위자'는 국가였고 강대국만이 중요했다. 그러나 이것이 변하고 있다. 지난 반세기 동안 국가의 수는 엄청나게 증가했다. 1945년에는 세계에 약 50개 국가가

---

9 John Maynard Keynes, *The General Theory of Employment, Interest and Money* (London: Macmillan, 1936), p. 383.

있었는데 21세기 초에는 그것이 무려 네 배로 늘어났다. 국가의 수적 증가보다 더욱 중요한 사실은 '비국가행위자(nonstate actors)'의 부상이다. 예를 들어 오늘날 거대 다국적기업들은 국경에 구애를 받지 않고, 때로는 어떤 국민국가보다도 더 많은 경제적 자원을 장악한다(표 1.1 참고). 적어도 12개 다국적기업의 1년 매출은 전 세계 국가의 절반이 넘는 국가들의 GDP보다도 많다.[10] 쉘(Shell), IBM, 월마트의 매출은 헝가리, 에콰도르, 세네갈의 GDP보다 많다. 이와 같은 다국적기업들은 군사력과 같은 형태의 무력은 갖지 못하지만 그들의 목표는 국가의 목표와 밀접하게 연관되어 있다. 경제적인 면에서 벨기에에게 IBM은 예전의 식민지였던 부룬디보다도 중요하다.

중동지역을 논할 때 전쟁 중인 국가나 외부세력의 개입을 상정하지 않는 것은 당연히 어리석은 일이나 다양한 비정부행위자를 포함시키지 않는 것 또한 매우 부적절한 일일 것이다. 쉘, 브리티시 페트롤리엄(British Petroleum), 엑슨 모빌(Exxon Mobile) 같은 다국적 석유회사들은 비국가행위자의 한 유형이고, 다른 유형의 비국가행위자들도 많다. 유엔과 같은 커다란 정부 간 기구들도 있고, 아랍연맹이나 OPEC처럼 더 작은 것들도 있다. 국제적십자사와 국제앰네스티를 비롯한 비정부기구들도 있다. 또한 터키, 시리아, 이란, 이라크에 살고 있는 쿠르드족이나 중동과 코카서스 지방 전역에 흩어져 있는 아르메니아인처럼 다양한 종류의 초국가적 인종그룹도 있다. 테러리스트그룹, 마약 카르텔, 마피아 등은 국경을 초월하여 존재하며, 그들은 종종 그들의 자원을 몇 개 국가에 분산시킨다. 국제적 종교운동들 — 특히 중동과 북아프리카의 정치적 이슬람교 — 은 어디까지를 비국가행위자에 포함시킬 것인가 하는 문제에 새로운 차원을 열고 있다.

문제는 국가가 중요한가 아니면 비국가적 단체가 중요한가가 아니라(대체로는 국가가 더 중요하다), 새롭고 복잡한 연합들이 어떻게 전통적인 현실주의적 견해가 밝혀주지 못하는 방식으로 지역정치에 영향을 미치는가이다. 지금의 국제정치에서 국가는 중요한 행위자이기는 하지만 그렇다고 국가만의 독무대는 아니다.

---

10 매출과 GDP는 다른 척도이며, 이것은 기업의 역할을 다소 과장하는 측면이 있다. 그렇다 하더라도 이 비교는 흥미롭다.

표 1.1 2007년 일부 다국적기업들의 매출액	
	(단위: US $)
월마트(미국)	3,510억
로열 더치 쉘(영국/네덜란드)	3,190억
제너럴 모터스(미국)	2,070억
도요타(일본)	2,050억
다이믈러 크라이슬러(독일/미국)	1,900억
제너럴 일렉트릭(미국)	1,680억
토탈(프랑스)	1,680억
지멘스(독일)	1,070억
IBM(미국)	910억
네슬레(스위스)	800억
소니(일본)	710억

자료: "포춘 글로벌 500", ≪포춘≫.

표 1.2 2006년 일부 국가들의 추정 GDP(구매력 평가)	
	(단위: US $)
미국	13조 1,000억
중국	10조 2,000억
인도	4조 2,000억
일본	4조 2,000억
독일	2조 6,000억
브라질	1조 7,000억
러시아	1조 7,000억
인도네시아	9,480억
아르헨티나	6,090억
남아프리카공화국	5,880억
사우디아라비아	3,660억
베트남	2,630억
이라크	880억
과테말라	610억
알바니아	200억
자메이카	130억
에리트레아	50억

자료: CIA 월드 팩트북(2007).

'목표'는 어떤가? 전통적으로 무정부체제에서 국가의 가장 주요한 목표는 군사적 안보였다. 오늘날에도 국가들은 당연히 군사적 안보에 신경을 쓴다. 그러나 종종 경제적 부(표 1.2 참조), 마약 밀매, 에이즈의 확산과 같은 사회적 문제 또는 생태계의 변화에도 똑같이, 혹은 더 많이 신경을 쓴다. 더욱이 위협이 바뀌면서 안보의 정의도 바뀌고 있다. 국가가 추구하는 목표는 군사적 안보만이 아니다. 전쟁의 가능성이 희박한 미국과 캐나다의 관계를 살펴보면, 한 캐나다 외교관의 말처럼, 두려운 것은 미국이 1813년에 그랬듯이 캐나다를 침략하여 토론토를 점령하는 것이 아니라 텍사스에 있는 컴퓨터가 토론토를 미국과 관련이 없는 것으로 프로그램화하는 것이다. 이것은 무정부체제에서 전통적인 국가들의 안보딜레마와는 상당히 다른 것이다. 이라크가 1990년 8월에 쿠웨이트를 침공했을 때 쿠웨이트가 깨달은 것처럼 경제적인 힘이 군사적 안보를 대체하지는 않았지만, 적어도 국가가 다양한 목표를 추구함에 따라 국제정치의 의제는 더욱 복잡해졌다. 인도주의와 인권문제가 더욱 중요해졌으며, 일부 분석가들은 국가안보보다 개인의 안보에 주의를 돌리고 있다.

목표가 변함에 따라 국제정치의 '수단' 또한 변하고 있다. 현실주의적 견해에 의하면 군사적 힘만이 진정으로 중요한 유일한 수단이다. 영국의 역사가인 테일러(A. J. P. Taylor)는 1914년 이전의 세계를 서술하면서 강대국을 전쟁에서 승리할 수 있는 국가라고 정의했다. 지금도 국가들은 당연히 무력을 사용한다. 그러나 지난 반세기 동안 무력의 역할에는 변화가 있었다. 많은 국가들, 특히 강대국들은 무력으로 그들의 목표를 달성하는 데 예전보다 훨씬 더 많은 비용이 든다는 것을 알게 되었다. 하버드대학의 호프만(Stanley Hoffmann) 교수가 지적하듯이 군사적 힘과 실질적인 목표달성과의 고리가 느슨해진 것이다.

그 이유는 무엇인가? 하나는 군사력의 궁극적 수단인 핵무기의 사용이 불가능하기 때문이다. 핵무기의 수는 5만 개가 넘지만 1945년 이후로는 사용된 바가 없다. 핵무기가 초래하는 재앙과 합리적인 정치적 목표의 부조화가 지도자들이 핵무기를 사용하는 것을 기피하게 하는 것이다. 다시 말해서 군사력의 궁극적 형태가 실질적인 목적들을 위해 전쟁에 사용되기에는 그 대가가 너무나 큰 것이다.

재래식 전력도 민족의식이 강한 국민들에게 사용할 때는 소요비용이 더욱 증가했다. 19세기에 유럽 국가들은 근대적인 무기로 무장한 소수의 병사들로 다른 대륙을 정복했고, 약간의 주둔군으로도 식민지를 다스릴 수 있었다. 그러나 국민이 사회적으로 동원되는 시대에는 강한 민족의식을 가진 점령지 국민을 다스리기란 힘든 일이다. 1960~1970년대에 미국은 베트남에서, 1980년대에 소련은 아프가니스탄에서 이 사실을 깨달았다. 베트남과 아프가니스탄이 핵무기를 보유한 초강대국들보다 강해진 것은 아니었다. 그러나 미국이나 소련이 민족주의가 강한 국민들을 지배하는 데 들어가는 비용은 너무나 컸다. 민족주의시대에 외세의 지배는 값비싼 대가를 치러야만 가능하다. 19세기에 영국은 소수의 병력과 공무원들로 인도를 다스릴 수 있었지만 오늘날의 세계에서는 불가능하다.

무력의 역할의 세 번째 변화는 바로 내부적 제약과 관련된다. 시간이 흐르면서 특히 민주국가에서는 반군국주의적인 윤리의식이 강해졌다. 그와 같은 의식이 무력의 사용을 완전히 저지하지는 못했지만 정치적으로 위험한 선택을 하기 위해 지도자가 치러야 하는 비용을 값비싼 것으로 만들었다. 특히 규모가 크거나 기간이 길 때는 더욱 그렇게 되었다. 때때로 민주국가는 전쟁으로 인한 사상자를 용납하지 않을 것이라고도 하지만, 이는 지나치게 단순한 생각이다. 예컨대 미국은 1990년 걸프전을 계획할 때 약 1만 명의 사상자를 예상했지만, 국가적 이해관계가 별로 없었던 소말리아나 코소보전쟁에서는 사상자를 내지 않으려고 했다. 그리고 무력 사용이 다른 나라들에게 부당하거나 불법적으로 비친다면, 이는 민주국가의 정치지도자들에게 큰 타격을 줄 수 있다. 무력이 무용하지는 않으며, 폭력적인 비국가행위자들은 국가들보다 그러한 도덕적 관심에 덜 속박되기도 한다. 그러나 과거에 비해 무력은 대부분의 국가들에게 사용하기에 더 값비싸고 까다로운 것이 되었다.

마지막으로 몇몇 이슈들은 단순히 군사적 힘으로는 해결이 불가능하다는 것을 지적하지 않을 수 없다. 미국과 일본의 경제적 관계를 예로 들어보자. 1853년에 페리 제독은 일본 항구에 군함을 끌고 가 일본이 개항을 하지 않으면 공격하겠다고 위협했다. 이와 같은 행동은 지금의 미일 무역분쟁을 해결하는 데 그다지 유용하지도 않고 정치적으로도 용납될 수 없는 방식일 것이다. 따라서 무력은 국제정치에서 결정적 수단으로 남아 있기는 하지만 유일한 수단은 아니다. 경제적 상호의존, 교류, 국제기구, 초국적 행위자의 활용이 때로는 무력보다도 더 큰 역할을 한다. 무력이 국가적 수단으로 무용한 것은 아니다. 2001년 9월에 미국을 공격한 테러리스트 집단

에게 은신처를 제공했던 탈레반 정부를 몰아내기 위한 아프가니스탄에서의 군사행동
이나, 2003년 사담 후세인 정부를 타도하기 위해 미국과 영국이 무력을 사용한 것이
그 예이다. 그러나 이라크에서는 전쟁에서 이기기는 쉬워도 평화를 얻기는 어려웠다.
군사력만으로는 테러리즘으로부터 나라를 지키기에 충분하지 않은 것이다. 군사력은
국제정치에서 궁극적인 수단으로 남아 있지만, 그 비용과 효율성의 변화는 오늘날의
국제정치를 더 복잡하게 만들고 있다.

　　그럼에도 안보라는 기본적인 게임은 계속된다. 일부 정치학자는 세력균형이 대체
로 16세기의 스페인, 루이 14세 치하의 프랑스, 19세기 대부분 기간의 영국, 20세기의
미국 등 주요국 혹은 패권국에 의해 결정되었다고 주장한다. 결국 가장 강력한 국가는
도전을 받게 되어 있으며 그 도전이 거대한 화마, 패권전쟁 내지는 세계대전으로
발전하는 것이다. 세계대전이 끝난 후 새로운 조약은 새로운 질서의 틀을 만든다.
1713년의 위트레흐트조약, 1815년의 빈 회의, 1945년 이후의 유엔체제가 그것이다.
아테네와 스파르타의 패권투쟁 이래로 국제정치에 근본적으로 아무것도 변한 것이
없다면, 어떤 새로운 도전이 또 다른 세계대전을 유발할 것인가? 아니면 패권전쟁의
악순환은 끝났는가? 성장하고 있는 중국은 미국에게 도전할 것인가? 핵기술이 세계
대전을 너무 파괴적인 것으로 만들었는가? 경제적 상호의존성이 전쟁의 대가를
감당할 수 없게 만들었는가? 테러리스트와 같은 비국가행위자들이 각국 정부들을
서로 협조하게 만들 것인가? 지구적 사회가 전쟁을 사회적으로나 도덕적으로 상상할
수 없는 것으로 만들었는가? 우리는 그렇다고 희망할 수밖에 없다. 왜냐하면 차기의
패권전쟁은 아마도 종말이 될 테니까. 그러나 먼저 연속성의 경우를 이해하는 것이
중요하다.

펠로폰네소스전쟁

　　투키디데스는 사람들이 국제정치를 생각할 때마다 그 이론을 사용하는지조차 모르
면서 사용하는 현실주의이론의 아버지이다. 이론은 사실을 정리하기 위해 우리가
사용하는 필수불가결한 도구이다. 오늘날의 많은 정치가와 논설위원들은 투키디데스
를 들어보지는 못했더라도 현실주의이론을 사용한다. 투키디데스는 아테네의 최전성

기에 살았던 아테네 엘리트의 일원으로서 『펠로폰네소스전쟁사』에 묘사된 몇몇 사건들에 직접 참여했다. 현실주의자인 길핀(Robert Gilpin)은 "솔직히 말하자면, 우리가 20세기의 국제정치학도라고 하여 과연 투키디데스나 기원전 5세기의 사람들이 국가의 행위에 대해 알지 못했던 그 무엇인가를 알고 있는지 의심해보아야 한다"라고 말한다. 그는 스스로 다음과 같이 대답한다. "궁극적으로 국제정치는 아직도 투키디데스가 묘사한 것과 같이 묘사될 수 있다."[11] 길핀의 주장은 논쟁의 소지가 있지만 이를 논하기 전에 먼저 투키디데스의 주장을 알아야

▌투키디데스의 흉상.

한다. 현실주의이론을 소개하는 방법으로 역사의 가장 위대한 이야기 중 하나를 들려주는 것보다 더 좋은 것이 있을까? 그러나 많은 위대한 이야기들처럼, 펠로폰네소스전쟁 이야기도 한계를 가지고 있다. 그런 한계 속에서 우리가 펠로폰네소스전쟁에서 배울 점은 역사를 지나치게 단순하게 해석하는 것을 피하는 방법이다.

간략한 개괄

기원전 5세기 초반에 아테네와 스파르타(그림 1.1 참조)는 서로 협력하여 페르시아제국을 물리친(기원전 480년) 동맹국이었다. 스파르타는 육상 중심의 보수적인 국가로서 페르시아전쟁 승리 이후 내부지향적으로 돌아선 반면 아테네는 상업과 해양 중심의 국가로서 대외지향적으로 변모했다. 기원전 5세기 중반에 이르면 아테네는 50년간의 성장으로 인해 아테네 '제국'으로 발전했다. 아테네는 페르시아에 대항하여 에게 해 주변 국가들을 상호 보호하기 위해 델로스동맹(Delian League)을 형성했다.

---

11 Robert Gilpin, *War and Changes in World Politics* (Cambridge: Cambridge University Press, 1981), pp. 227~228.

반면 스파르타는 펠로폰네소스 반도에 있는 이웃국가들과 방위동맹을 맺었다. 페르시아의 위협으로부터 보호받기 위해 자발적으로 아테네를 선택한 국가들은 곧 아테네인들에게 세금을 내야 했다. 아테네의 힘의 증가와 아테네가 제국이 되는 것을 막으려는 움직임으로 인해, 페르시아전쟁에서의 승리로부터 약 20년 후인 기원전 461년에 새로운 전쟁이 발발했다. 기원전 445년경 제1차 펠로폰네소스전쟁이 종결되었고 30년의 평화를 약속한 조약이 체결되었다. 그리스는 더욱 중대한 제2차 펠로폰네소스전쟁이 일어나기까지 안정적인 평화를 누렸다.

기원전 434년에 이르러 에피담노스(Epidamnus)라는 주변부의 작은 도시국가에서 내전이 일어났다. 작은 조약돌이 눈사태를 일으키듯이 이 사건은 궁극적으로 펠로폰네소스전쟁으로 이어지는 연쇄적인 사건들을 유발했다. 제1차 세계대전을 논할 때도 보게 되듯이, 대규모의 분쟁은 종종 외딴 곳에서 벌어진 상대적으로 하잘것없는 위기로부터 발생한다.

에피담노스에서 민주주의자들은 나라를 어떻게 다스리느냐를 두고 과두정치 집정자들(oligarch)들과 싸움을 벌이게 되었다. 민주주의자들은 에피담노스를 세우는 데 기여한 코르키라(Corcyra)라는 도시국가에 도움을 청했고 거절당했다. 그 후 그들은 코린트(Corinth)라는 도시국가에도 도움을 청했는데 코린트인들은 이에 응했다. 이 사실에 코르키라인들은 분노했고 과거 식민지였던 에피담노스를 재정복하기 위해 해군을 파견하여 코린트 해군을 격파했다. 코린트가 격분하여 코르키라에 전쟁을

투키디데스

투키디데스는 기원전 431년에 펠로폰네소스전쟁이 발발했을 당시 20대 후반이었다. 이듬해에 페리클레스를 포함한 아테네 시민 몇 천 명의 목숨을 앗아간 전염병의 소용돌이에서 그는 살아남았다. 페리클레스는 델로스동맹의 창설자이고 그의 연설은 투키디데스의 책에 기록되어 있다. 기원전 424년에 스트라테고스(strategos: 군 지도자)로 재임하면서 그는 암필로폴리스의 트라키안이라는 도시를 스파르타의 공격으로부터 방어하라는 임무를 맡는다. 그는 도시를 구하는 데 실패했고 그로 인해 20년 동안 추방당했다. 그는 아테네에 돌아온 지 몇 년 후인 기원전 406년에 죽은 것으로 추정된다.

그림 1.1 고대 그리스.

선포하자 코린트의 공격을 두려워한 코르키라는 아테네에 도움을 청했다. 코르키라와 코린트 양쪽 모두 아테네에 사절단을 보냈다.

양쪽의 주장을 들은 아테네는 딜레마에 빠졌다. 그들은 10년간 지속된 휴전협정을 파기할 생각이 없었다. 그러나 만약 (펠로폰네소스인들과 가까운 사이인) 코린트가 코르키라를 정복하여 코르키라의 강력한 해군을 차지한다면, 그리스 도시국가의 세력균형은 아테네에게 불리한 형국이 될 것이었다. 아테네인들은 코르키라의 해군이 코린트인의 손에 들어가는 위험을 감수할 수 없다고 느꼈기에 '조금 참여하기로' 결정했다. 그들은 적은 노력으로 코린트에게 겁만 주기 위해 공격당하기 전에는 싸우지 말라는 명령과 함께 10척의 함선을 파견했다. 그러나 억지책은 실패했고 코린트는 공격을 감행했다. 코르키라에게 전황이 불리하게 전개되었을 때 아테네의 함대는 처음 의도했던 것보다 더 많이 싸움에 가담하게 되었다. 이 같은 아테네의 개입은 코린트를 분노하게 했고 이 때문에 아테네에게는 걱정이 생겼다. 특히 아테네는 아테네의 동맹도시이지만 역사적으로 코린트와 관계가 깊은 포티다에아(Potidaea)에서 코린트가 문제를 일으킬까봐 걱정했다. 스파르타는 코린트에게 아테네가 포티다에아를 공격하면 코린트를 돕겠다고 약속했다. 마침내 포티다에아에서 반란이 일어나자 아테네는 이를 진압하기 위해 군대를 파견했다.

그 시점에 스파르타에서는 일대 논쟁이 벌어졌다. 아테네인들은 스파르타에게 중립을 지키라고 호소했다. 코린트는 스파르타가 아테네의 힘이 커지는 것을 막지 못하고 있다고 경고하면서 전쟁에 참여할 것을 강력하게 요구했다. 또 다른 중요한 도시인 메가라(Megara)도 코린트에 동조했는데, 그것은 아테네가 평화조약을 위반하여 메가라의 무역을 금지했기 때문이었다. 스파르타는 고민에 빠졌지만 결국 전쟁을 선택했다. 아테네의 힘을 제어하지 못하면 그리스 전체가 아테네의 손에 넘어갈지도 모른다는 두려움 때문이었다. 스파르타는 그리스 도시국가 사이의 세력균형을 유지하기 위해 전쟁을 택했다.

아테네는 스파르타의 최후통첩을 거절했고 기원전 431년에 전쟁이 시작되었다. 아테네는 제국의 위대함에 도취되어 자신들의 도시와 사회제도에 대한 자부심과 애국심이 대단했으며 전쟁의 승리를 낙관했다. 전쟁 초기에는 교착상태가 이어졌다. 10년이 지난 후(기원전 421년)에 정전이 선언되었지만 불안정할 수밖에 없었고 전쟁은 다시 발발했다. 기원전 413년에 아테네는 매우 위험한 모험을 감행했다. 스파르타와 동맹관계에 있는 여러 그리스 식민지를 거느리던 이탈리아 남부의 시칠리아를 정복하기 위해 2개 함대와 보병을 출정시킨 것이다. 결과는 참담한 패배였다. 동시에 스파르타는 아테네의 멸망을 너무나 기뻐할 페르시아로부터 자금을 지원받았다. 시칠리아에서의 패전 이후, 아테네는 내부적으로 분열되었다. 기원전 411년에 과두정치 집정자들이 민주주의자들을 몰아냈으며, 400명의 과두정치 집정자들이 아테네를 지배하려고 했다. 위와 같은 일련의 사건으로 아테네가 멸망한 것은 아니지만 그 후로 아테네는 다시 회복하지 못했다. 기원전 410년 아테네는 해전에서 승리했지만 5년 뒤에는 스파르타가 해전에서 승리했고 기원전 404년에는 아테네가 스파르타에게 평화를 간청하는 상황에까지 이르렀다. 스파르타는 아테네에게 육상국가의 공격을 막기 위해 쌓은 긴 성벽을 허물라고 요구했다. 아테네의 패권이 무너진 것이다.

원인과 이론

펠로폰네소스전쟁은 극적이면서도 강렬한 이야기이다. 전쟁의 원인은 무엇인가? 그에 대한 투키디데스의 답은 매우 분명하다. 에피담노스 사건, 코르키라 사건 등은 진정한 원인이 아니라고 말한다. 전쟁을 불가피하게 만든 것은 아테네의 힘의 증가와 그것이 스파르타에게 가져다준 두려움이었다.

아테네로서는 선택의 여지가 있었을까? 선견지명이 있었다면 아테네는 이와 같은 재난을 피할 수 있었을까? 전쟁 초기에 아테네의 지도자였던 페리클레스(Perikles)는 그의 동료 시민들에게 흥미로운 해답을 제시했다. "아테네가 제국으로서의 위상을 유지하는 것은 옳고도 정당한 것입니다. 제국은 독재자와 같습니다. 제국을 가지는 것이 잘못된 일인지는 모르지만 그것을 포기하는 것은 확실히 위험합니다."[12] 달리 말하자면 페리클레스는 그의 시민들에게 선택의 여지는 없다고 말한 것이다. 아마도 그들은 제국의 위치에 있지 말았어야 했을 것이다. 하지만 한번 제국이 되고 나면 더 큰 위험을 감수하지 않고서 할 수 있는 일은 많지 않았다. 그래서 페리클레스는 전쟁을 지지했다. 반면 아테네인들 중에는, 기원전 432년에 스파르타 의회에서 스파르타인들에게 말한 아테네 사절단의 말에서 볼 수 있는 다른 의견을 가진 이들도 있었다. "예측할 수 없는 것이 얼마나 많은 역할을 하는지 생각해보십시오. 실제로 전쟁을 결정하기 전에 생각해보십시오. 전쟁이 장기전으로 가면 갈수록 더 많은 것들이 우연에 좌우됩니다."[13] 그것은 결과적으로 보면 좋은 충고였다. 왜 그 충고를 아테네인들 스스로는 받아들이지 못했을까? 아마도 아테네인들은 그들의 이성을 흐리게 한 감정적 애국심 내지는 분노에 휩싸여 있었을지도 모른다. 하지만 그보다

---

12 Thucydides, *History of the Peloponnesian War*, Rex Warner(trans.), M. K. Finley(ed.) (London: Penguin, 1972), p. 161.

13 Ibid., pp. 82~83.

더 흥미로운 추측도 가능하다. 어쩌면 아테네인들은 이성적으로는 행동했지만 안보딜레마(security dilemma)에 빠진 것일 수도 있다.

안보딜레마는 무정부상태라는 국제정치의 기본적 특성과 연관되어 있다. 무정부상태에서는 한 국가가 자국의 안보를 증진하기 위해 선택한 행위가 모든 국가들을 더욱 불안하게 만들 수 있다. 만약 한 국가가 다른 국가로부터 피해를 입지 않도록 힘을 키운다면, 다른 국가는 상대방 국가가 강해지는 것을 보고 그 국가로부터 피해를 입지 않기 위해 힘을 기를 것이다. 그 결과 각자의 힘과 안보를 증가시키기 위해 택한 독자적인 노력이 양쪽 모두를 더 불안하게 한다. 참으로 아이러니한 결과이기는 하나 그렇다고 양쪽 모두가 비이성적으로 행동한 것은 아니다. 양쪽 모두 분노나 자존심 때문이 아니라 상대방의 힘의 증가가 가져다주는 위협에 대한 두려움 때문에 그와 같은 행동을 하게 된 것이다. 어쨌든 위협을 느끼는 상황에서 방어를 강화하는 것은 당연하고 합리적인 행동이다. 국가들이 이 안보딜레마를 극복하기 위해 협동할 수는 있다. 즉 그들 모두가 방어를 강화하지 않겠다고 합의한다면 더 나은 상태에 도달할 수 있다. 그렇다면 국가들이 이렇게 서로 협력하는 것이 당연한 결론처럼 보이는데도 왜 그것이 이루어지지 못하는 것일까?

대답은 바로 '수인의 딜레마(Prisoner's Dilemma)'에서 찾을 수 있다. 안보딜레마는 수인의 딜레마의 한 특수한 형태이다. 수인의 딜레마 시나리오는 다음과 같이 진행된다. 경찰이 1년 징역을 선고받을 정도의 약간의 마약을 소지하고 있는 두 사람을 체포했다고 상상해보라. 경찰로서는 이들이 실제 마약중개인이라고 믿을 만한 합당한 심증은 있지만 유죄를 입증할 증거는 충분치 않다. 만약 마약중개인이라면 둘은 25년형도 받을 수 있는 상황이다. 경찰은 두 명 중 한 명이 상대방에게 불리하게 증언만 하면 그 상대방에게 최고형을 선고할 수 있다는 것을 안다. 경찰은 각자에게 다른 동료가 마약중개인이라고 증언만 하면 자유를 보장해주겠다고 제안한다. 동시에 경찰은 범인들에게 만약 둘 다 증언하면 두 명 모두 10년 징역을 선고받는다고 말한다. 경찰은 이렇게 함으로써 범인들이 스스로 적어도 10년은 복역하게 될 것이라고 계산하게 한다. 그러나 둘 다 증언하지 않는다면 그들은 각자 1년 동안만 감옥에 있고 곧 나와 마약을 다시 팔게 될 것이다.

용의자들은 다른 감옥에 수감하여 서로 대화를 나눌 수 없게 한다. 두 명의 수인은 동일한 딜레마에 빠지게 된다. 배신을 하여 동료를 25년 동안 감옥에 보내고 본인은 자유인이 되거나, 아니면 침묵을 지켜 1년 동안 복역하는 것이다. 그러나 두 명 모두 배신한다면 둘 다 10년을 살게 된다. 그들은 모두 다음과 같이 생각한다. '배신하는 것이 낫다. 그도 침묵하고 나도 침묵하면 1년을 감옥에서 보내게 된다. 그러나 만약 동료가 말을 한다면? 나도 함께 배신하면 10년이고 만약 나만 침묵하면 나는 25년을 감옥에서 보내고 그만 자유롭게 된다. 내가 멍청이가 되어버리는 것이다. 침묵함으로써 그를 돕기 전에 그가 배신하지 않으리라는 것을 어떻게 확신할 수 있겠는가?'

그것이 독립적인 선택을 하는 합리적 행위자의 기본적인 구조적 딜레마이다. 최선의 결과는 상대방을 배신하여 자유롭게 되는 것이다. 두 번째로 바람직한 결과는 두 명 모두 침묵하여 1년 동안 감옥에 있는 것이다. 그보다 나쁜 결과는 두 명 모두 배반하여 10년을 감옥에서 보내는 것이다. 최악의 상황은 상대방은 배신하고 자신은 멍청하게 침묵하여 25년을 감옥에서 보내는 것이다. 각자가 자신에게 최선이라고 생각하는 것을 택하면 그들은 10년을 감옥에 있게 된다. 최선의 결과를 선택하는 것, 즉 자유는 합리적 선호의 표현이다. 그러나 양자 모두 독립적으로 자신에게 최선인 결과를 선택하면, 최선의 결과보다는 나쁜 결과를 가지게 된다. 소통이 없는 상황에서 협력하기란 어렵다. 만약 양자가 서로 이야기를 나눌 수 있다면 침묵하자고 약속하여 1년만 감옥에 있을 수도 있을 것이다.

그러나 소통이 가능하다 하더라도 또 다른 문제가 있다. 그것은 믿음과 신뢰의 문제이다. 수인의 딜레마 비유를 계속하자면 두 용의자는 다음과 같이 말할 수 있다. "우리는 모두 마약중개상이다. 나는 그가 어떤 인간인지를 알고 있다. 이 약속을 한 후에 그 사람이 속으로 '잘 됐다. 그가 입을 열지 않도록 설득하는 데 성공했다. 이제는 배신당할 위험 없이 최고의 결과를 가질 수 있다'라고 말하지 않으리라고 어떻게 장담할 것인가." 그런 맥락에서 소통과 신뢰의 부재는 국제정치에서 국가들이 스스로 안보대책을 마련하도록 한다. 비록 그것이 모든 국가들을 상호불안의 상태로 몰고 갈 수도 있지만 말이다. 예컨대 한 국가는 다른 국가에게 다음과 같이 제안할 수 있다. "군사력을 증강시키지 마라. 그러면 우리도 증강시키지 않겠다. 그러면 양쪽 모두가 영원히 평화롭게 살 수 있다." 그러나 그런 제안을 받은 국가는 과연 그것을 믿을 수 있을지 의문을 가질 것이다.

기원전 432년의 아테네의 상황은 수인의 딜레마와 상당히 비슷하다. BC 5세기 중반에 아테네와 스파르타는 양자 모두 정전을 하는 것이 낫겠다는 데 동의했다. 에피담노스 사건이나 코르키라 및 코린트의 분쟁 후에도 아테네인들은 정전협정 파기를 꺼렸다. 코르키라인들은 다음과 같은 주장을 펼쳐 마침내 아테네인들을 설득했다. "헬라스(Hellas: 고대 그리스인들이 자기 나라를 부르던 이름)에는 상당한 해군력을 가진 도시국가가 셋이 있는데 그것은 아테네와 코르키라, 그리고 코린트입니다. 만약 코린트가 먼저 우리를 제압해서 우리 해군이 그들의 해군과 합쳐지는 것을 당신들이 방관한다면, 당신들은 코르키라와 펠로폰네소스의 연합해군을 상대로 싸워야 할 것입니다. 그러나 우리를 당신의 동맹으로 받아들인다면 당신들은 펠로폰네소스동맹과의 전쟁에서 우리와 함께 싸우게 될 것입니다."[14]

아테네는 조약을 지켜 펠로폰네소스인들과 협력하면서 코르키라의 설득을 물리쳤어야 했는가? 만약 아테네가 그렇게 하고서 펠로폰네소스인들이 배신하여 코르키라 해군을 손에 넣었다면 어떻게 되었을까? 그런 상황이 벌어지면 해군력의 균형은 2대 1이 되어 아테네에게 불리해졌을 것이다. 아테네인들은 펠로폰네소스인들이 약속을 지킬 것이라고 믿었어야 했는가? 아테네는 수인의 딜레마에서 상대방을 배신하는 것과 똑같이 조약을 파기했다. 투키디데스는 아테네가 왜 그런 선택을 했는지를 설명한다. "어떤 경우에도 펠로폰네소스인과의 전쟁은 피할 수 없었으리라는 것이 일반적인 견해였다."[15] 그렇다면 아테네는 코르키라의 막강한 해군력이 코린트의 손안에 들어가는 위험을 감수할 수 없었을 것이다.

필연성과 미래의 그림자

아이러니하게도 전쟁은 불가피하다는 믿음이 전쟁을 일으키는 데 중요한 역할을 했다. 아테네는 이왕 전쟁이 일어날 것이라면 해군력에서 2대 1의 우위를 가지는 것이 1대 2의 열세를 가지는 것보다 낫다고 느꼈다. 전쟁이 곧 일어날 것이며 피할

---

14 Ibid., p. 57.
15 Ibid., p. 62.

수 없다는 믿음이 그 결단에 결정적인 작용을 했다. 왜 그렇게 되었는가? 수인의 딜레마를 다시 한 번 생각해보자. 일견 배신을 선택하고 상대방을 멍청이로 만드는 것이 최선으로 생각될 수 있지만, 두 사람 모두가 그 상황을 알고 있는 것이 문제이다. 그러므로 만약 믿을 수만 있다면 침묵함으로써 협력을 하여 차선책을 택해야 한다. 하지만 단 한 번의 게임에서는 협력이 이루어지기가 힘들다. 게임을 계속하면 사람들은 협력을 배우게 되지만, 그것이 일회성 게임이라면 배신을 하는 사람은 상을 받고 상대방을 믿는 사람은 멍청이가 될 뿐이다. 정치학자인 액슬로드(Robert Axelrod)는 다른 전략들을 가지고 컴퓨터에서 수인의 딜레마를 실행해보았다. 그가 많은 게임을 한 후에 평균적으로 가장 훌륭한 결과를 얻은 전략은 '네가 한 대로 하겠다'는 '맞대응(tit for tat)' 전략이었다. 만약 상대방이 첫 번째 행동에서 배신을 하면 나도 배신을 한다. 또 배신하면 나도 또 배신한다. 만약 상대방이 협력을 택하면 나도 협력한다. 또 협력하면 나도 또 협력한다. 결국 그 게임에서 참가자들은 전체적인 이득을 계산하면 협력하는 법을 배우는 편이 낫다는 사실을 알게 된다. 그러나 액슬로드는 맞대응 전략이 게임을 오랫동안 지속할 기회가 있을 때, 즉 '미래의 그림자(shadow of the future)'가 길 때만 좋은 전략이라고 경고한다. 같은 사람들과 오랫동안 게임을 하게 되리라는 것을 안다면 협력하는 법을 배울 수 있다는 것이다.

　이상의 논의를 통해, 전쟁이 불가피하다는 믿음이 왜 국제정치에 부정적인지를 알 수 있다. 만약 당신이 전쟁을 피할 수 없다고 생각한다면 당신은 최후의 결정에 아주 가까이 있는 것이다. 최후의 결정에 이르면(생존이 걸릴지도 모르는 상황, 즉 이 게임을 영원히 계속할 수 없을지도 모르는 상황에 처하면), 상대방을 믿을 수 있을지 우려하게 된다. 당신은 상대방이 배신할 것이며, 자신만을 믿고 협력의 위험보다는 배신의 위험을 택하는 것이 낫다고 생각하게 된다. 그것이 바로 아테네인들이 선택한 길이다. 그들은 전쟁이 일어날 것이라고 예견했기 때문에 코린트와 스파르타를 믿을 형편이 아니라고 판단했다. 그것이 마지막 결정일 것 같다면, 그리고 전쟁이 불가피하다면 코르키라의 해군을 그들의 적이 아닌 아군으로 두는 편이 나았던 것이다.

　펠로폰네소스전쟁은 진정으로 필연적이었는가? 투키디데스는 인간의 본성에 대해 비관적인 견해를 가지고 있었다. 그는 "나의 책은 대중의 즉흥적 취향에 맞춰지기 위해서가 아니라 영원히 남겨지기 위해 쓰였다"[16]라고 말했다. 그의 역사서는 인간의 본성이 그때 이후로 줄곧 수인의 딜레마에 빠져 있음을 보여준다. 투키디데스는 모든 역사가들과 다를 바 없이 어떤 점은 강조한 반면 어떤 점은 무시하기도 했다. 투키디데스는 전쟁의 원인이 아테네의 힘의 증대와 그것이 스파르타에 가져다준 두려움이라고 결론지었다. 그러나 예일대학의 고전학자인 케이건(Donald Kagan)은 실제로는 아테네의 힘이 증대되고 있었던 것은 아니며, 기원전 431년 전쟁이 발발하기 전에 세력균형은 안정화되기 시작했다고 주장한다. 하지만 케이건은 스파르타가 아테네의 힘이 증대될까봐 노심초사하고 있었으며, 노예반란을 한층 더 두려워하고 있었다고 주장한다. 아테네와 스파르타는 모두 노예를 가진 국가였기에 전쟁을 하게 됨으로써 노예들에게 반란의 기회를 줄까봐 두려워했다. 차이라면 스파르타의 경우 헬롯(Helot)이라고 불리는 노예가 인구의 90%를 차지할 정도였으며, 기원전 464년에 그들의 반란을 경험했다는 것이다.

케이건이 볼 때는 전쟁의 직접적인 촉발원인이 투키디데스가 말하는 불가피성 인정론보다 중요하다. 예를 들어 코린트는 아테네가 개입하지 않을 것이라고 생각했다. 코린트인들은 부분적으로는 코르키라에 대해 너무나 분노한 나머지 아테네의 반응을 오판했다. 한편 페리클레스도 과민하게 반응했다. 포티다에아에게 최후통첩을 보내고 메가라를 응징하기 위해 무역을 막는 실수를 범한 것이다. 그런 정책적 실수는 스파르타인들이 결국 위험을 감수하고 전쟁을 해야 할지도 모른다고 생각하게 만들었다. 케이건은 아테네의 성장이 1차 펠로폰네소스전쟁의 원인이 되기는 했지만, 30년 평화조약이 그 불씨, 즉 아테네의 성장에 찬물을 끼얹었다고 주장한다. 그래서 2차 펠로폰네소스전쟁이 다시 시작되려면 "에피담노스 사건이라는 불씨가 완전히 젖거나 하지 않은 인화성 물질에 떨어져야 했다. 그 후에는 코린트인이 그 불씨에 계속하여 힘찬 부채질을 하고 더 나아가 메가라인, 포티다에아인, 아이기나인들과 스파르타의 주전파로부터 지원을 받아야 했다. 그 상황에서도 아테네인들이 결정적인 순간에 기름을 더 붓지 않았다면 그 불씨는 꺼졌을지도 모른다".[17] 다시

---

16 Ibid., p. 48.

17 Donald Kagan, *The Outbreak of the Peloponnesian War* (Ithaca, NY: Cornell University Press, 1969), p. 354. 아테네 팽창의 실체에 대한 다른 견해를 원한다면 G.E.M. de Ste. Croix, *The origins of the Peloponnesian War* (Ithaca, NY: Cornell University Press, 1972), pp. 60,

말하면 전쟁은 불가항력적인 힘에 의해 일어난 것이 아니라 어려운 상황에서 잇따른 악수(惡手)들로 인해 발생하는 것이다.

역사가의 시조 격인 투키디데스를 의심하는 것은 건방진 일일지도 모른다. 그러나 역사에서 정말로 필연적인 것은 거의 없다. 비록 항상 외부적인 제한이 있지만 인간의 행위는 자발적인 것이다. 마르크스는 인간은 역사를 만들 수 있지만 그들이 선택한 환경에서 만드는 것은 아니라고 말했다. 고대 그리스인들은 수인의 딜레마와 다름없고 투키디데스가 잘 묘사한 상황에 빠져 잘못된 선택을 했다. 안보딜레마는 전쟁가능성을 상당히 높였다. 그러나 가능성이 '상당하다는' 것과 '필연적이라는' 것은 엄연히 다르다. 아테네를 쑥밭으로 만든 30년 동안의 무제한적인 전쟁은 필연적이지는 않았다. 인간의 결정이 중요했다. 우연이라는 요소와 개인의 결정은 그것들이 더 큰 구조, 즉 수인의 딜레마와 유사한 불안전한 상황 내에 있다 하더라도 큰 차이를 낳는다.

현대를 사는 우리는 이 고대 역사로부터 어떤 교훈을 배울 수 있을까? 우리는 연속적인 것과 변화하는 것을 깨달을 필요가 있다. 국제정치의 어떤 구조적 특징은 사건을 다른 쪽이 아닌 어느 한쪽으로 이끄는 경향이 있다. 그것이 바로 안보딜레마와 수인의 딜레마를 이해해야 하는 이유이다. 그렇다고 해서 그와 같은 경향이 전쟁이 필연적임을 증명하는 것은 아니다. 자유에는 여러 등급이 있으며, 인간의 결정은 때로 최악의 상황이 발생하는 것을 저지할 수 있다. 무정부상태라는 구조가 협력을 방해하기는 하지만 그것은 국제정치에서도 가능하다.

또한 역사에 대한 단순하고도 천박한 유추는 경계할 필요가 있다. 냉전시대에 미국이 민주주의체제를 가졌고 해양기반국가였던 반면 소련은 대륙기반국가이고 강제노동수용소를 두고 있었다고 해서, 미국은 아테네이고 소련은 스파르타나 다름 없으며 엄청난 역사적 갈등이 재현될 수밖에 없다는 견해가 종종 인기를 끌었다. 그러나 그와 같은 천박한 유추는 아테네도 노예제를 유지한 국가로서 국내의 소요로 골치를 앓고 있었고 민주주의자들이 아테네를 항상 장악한 것도 아니라는 사실을 무시한 것이다. 더군다나 냉전시대와는 달리 펠로폰네소스전쟁에서 승자는 스파르타

201~203을 보라.

였다.

우리가 염두에 두어야 할 또 다른 교훈은 역사가의 선택이다. 누구도 자기 인생이나 전쟁의 전모는 물론 어떤 사건의 전모도 다 말할 수는 없다. 너무나 많은 일들이 일어나기 때문이다. 일어난 일을 일일이 묘사한다면 그 사건이 일어난 만큼의 시간이 걸릴지도 모른다. 따라서 역사가는 항상 요약한다. 역사를 쓰기 위해서는 그것이 지난 한 시간이나 하루의 역사라 할지라도 단순화해야 한다. 우리는 선택해야 한다. 우리가 전문가이든 비전문가이든, 우리가 선택하는 것은 당연히 우리의 가치, 성향, 의식 속에 있는 이론에 영향을 받는다.

역사가는 당대의 관심이 어디에 있는가에도 영향을 받는다. 투키디데스는 아테네인들이 전쟁의 교훈을 배우면서 페리클레스와 민주주의자들의 오판을 비난할까봐 우리가 수인의 딜레마로 표현한 그러한 상황을 강조했다. 전쟁의 이러한 구조적인 면은 상당히 중요하지만 그것은 이야기의 전부는 아니다. 투키디데스는 아테네와 페르시아의 관계, 메가라의 무역을 금지한 아테네의 법령 반포, 델로스동맹의 다른 국가들이 아테네에 바쳐야 할 세금을 인상한 것 등에 대해서는 많이 언급하지 않았다. 투키디데스의 역사는 고의적으로 오도하거나 편견을 가진 것은 아니지만, 시간이 지남에 따라 방대한 사실들에 던져지는 질문들이 변화하기 때문에 각 시대가 역사를 어떻게 다시 쓰곤 하는지를 보여주는 좋은 예이다.

역사를 선별적으로 볼 필요성이 있다고 하여, 그것이 모든 것은 상대적이고 역사는 부질없다는 의미는 아니다. 좋은 역사가와 사회과학자는 자신의 주제와 관련된 사실을 객관적으로 인용하면서 솔직하게 질문하기 위해 최선을 다한다. 그러나 그들과 그들의 학생이 인식해야 할 점은 선택된 것들이 어쩔 수 없이 이야기의 일부에 지나지 않는다는 것이다. 저자가 세심하고 객관적으로 사실을 확인하는지뿐만 아니라 어떤 질문을 하는지를 항상 물으라. 편견을 조심하라. 선택은 역사와 역사서술에서 매우 중요한 부분이다. 역사를 오해하는 병에 대한 처방은 적게 읽는 것이 아니라 더 많이 읽는 것이다.

윤리문제와 국제정치

일부 현실주의 정치학자들은 안보딜레마의 본질상 도덕적 관심이 국제분쟁에서 아무런 역할을 하지 못한다고 믿는다. 그러나 윤리는 국내정치에서와 같은 역할은 아닐지라도 국제정치에서 일정한 역할을 한다. 도덕적 주장은 투키디데스 시대 이래로 줄곧 활용되어왔다. 코르키라가 코린트를 상대하기 위해 아테네에 도움을 청하러 갔을 때, 그들은 윤리의 언어를 사용했다. "첫째, 당신들은 침략자가 아니라 침략의 희생자를 돕는 것이다. 둘째, 당신들은 영원히 우리의 감사를 받게 될 것이다."[18] 코르키라를 '보스니아'로, 코린트를 '세르비아'로 대체해보면 이러한 발언은 오늘날에도 사용될 수 있다.

도덕적 주장은 사람들을 감동시키거나 그 행동을 제약한다. 그런 의미에서 도덕은 현실적인 권력이다. 그러나 도덕적 주장은 또한 존중받지 못할 동기를 은폐하기 위한 프로파간다로 사용될 수도 있고, 힘이 더 강한 국가는 도덕적인 문제들을 무시할 수도 있다. 펠로폰네소스전쟁 중에 아테네는 반란을 제압하기 위해 멜로스 섬을 공격했다. BC 416년에 아테네의 대변인은 멜로스 사람들에게 싸우다 죽든지 항복하든지 둘 중 하나를 선택하라고 말했다. 멜로스 사람들이 자유를 위해 싸우겠다고 항의하자 아테네는 "강자는 가진 힘으로 할 수 있는 일을 하고 약자는 그들이 받아들여야 할 것을 받아들이는 법이다"라고 대답했다.[19] 간단히 말해 아테네인들은 현실세계에서는 도덕이 설 자리가 없다고 선언한 것이다. 힘이 정의를 만든다는 것이다. 이라크가 쿠웨이트를 침공하거나 미국이 그라나다 혹은 파나마를 침공하거나 인도네시아가 동티모르의 반란을 제압할 때 모두 어느 정도는 비슷한 논리를 사용했다. 그러나 현대에 와서는, 투키디데스가 아테네인들이 멜로스인들에게 한 것으로 기술한 말처럼 자신의 진의를 내놓고 공언하는 것은 점점 용납되기 힘들어지고 있다. 이것은 국제관계에서 도덕이 더 중요한 위치를 차지하게 되었음을 의미하는가? 아니면 단순히 국가들이 프로파간다에 더 능숙해졌다는 뜻인가? 국제정치가 국가들

---

18 Thucydides, *History of the Peloponnesian War*, p. 55.
19 Ibid., p. 402.

이 윤리적 문제에 관심을 더 기울일 정도로 극적으로 변한 것인가, 아니면 2,500년 전 아테네의 행동과 20세기 후반 이라크나 세르비아의 행동 사이에는 명백한 연속성이 있는 것인가?

도덕적 주장이라고 모두 같은 것은 아니다. 어떤 것은 다른 것보다 더 설득력이 있다. 우리는 그 주장들이 논리적이고 일관성이 있는지를 묻는다. 예를 들면 행동가인 필리스 슐라플라이(Phyllis Schlafly)가 핵무기는 신이 자유세계에 내리신 것이므로 좋은 것이라고 주장할 때, 우리는 그렇다면 왜 신이 스탈린의 소련과 마오쩌둥(毛澤東)의 중국에게도 핵무기를 주었는지 의문을 가져야 한다. 모든 도덕적 주장이 동등한 것은 아니다.

도덕적 주장을 판단하는 가장 기본적인 표준은 모든 이익을 같은 기준으로 평가하는 공평성이 있느냐이다. 당신의 이익이 나의 이익과 동등한 관심을 받을 만한 가치가 있다는 것이다. 하지만 서양의 정치문화에서는 이와 같은 공평성의 기준 안에서 도덕적 주장을 판단하는 데 두 가지 다른 전통이 있다. 하나는 18세기의 독일 철학자인 칸트로부터 내려오는 전통이고, 다른 하나는 벤담(Jeremy Bentham)과 같은 19세기 초반 영국의 공리주의자로부터 나온다. 이 두 가지 접근법의 예로, 당신이 어떤 가난한 마을에 들어갔는데 한 군인장교가 세 사람을 벽 앞에 나란히 세워놓고 쏘려고

중국의 부상

펠로폰네소스전쟁에 대한 투키디데스의 설명 이후, 역사가들은 신흥세력의 부상은 불확실성과 걱정을 수반한다는 것을 알았다. 늘 그런 것은 아니지만 종종 폭력적 분쟁이 따랐다. 세계에서 가장 인구가 많은 중국의 경제적·군사적 힘의 증대는 새로운 세기에 아시아와 미국의 외교정책에 중심적인 문제가 될 것이다. 왜 민주국가인 아테네가 조약을 깨고 전쟁에 휘말렸는가를 설명하면서 투키디데스는 분쟁이 필연적일 것이라는 예측의 힘을 지적한다. 그는 "어찌되었든 펠로폰네소스인들과의 전쟁은 일어나리라는 것이 일반적인 견해였다"라고 적고 있다. 중국과의 분쟁의 필연성에 대한 믿음은 유사한 자기실현적(self-fulfilling) 영향을 가질 수 있다.
　　　　　　　　　　　　　　　　　　　　　　　　　　　　－≪이코노미스트≫, 1998년 6월 27일[20]

---

20 Joseph S. Nye, Jr., "As China Rise, Must Others Bow?" *The Economist*, June 27, 1998, p. 23.

하는 모습을 직면했다고 상상해보라. "왜 이 농부들을 쏘려고 합니까? 전혀 악의가 없어 보이는데요"라고 당신이 묻는다. "어젯밤에 이 마을의 어떤 놈이 나의 부하를 쏘았소. 이 마을의 누군가가 범인이라는 것을 알고 있소. 그래서 본보기를 보여주기 위해 세 사람을 쏘는 것이오"라고 장교는 대답한다. 당신은 "그렇게 할 수는 없소. 무고한 사람을 죽이게 될 것이오. 만약 한 발이 발사되었다면 최소한 두 사람은 무고하고, 어쩌면 세 명 모두 무고할지도 모르오. 그렇게 해서는 안 되오"라고 말한다. 장교는 부하로부터 총을 빼앗아 당신에게 건네며 이렇게 말한다. "한 사람을 쏘시오. 그러면 나머지 두 사람을 자유롭게 풀어줄 것이오. 한 사람을 쏘면 두 사람을 구할 수 있소. 내전상태에서 혼자 깨끗하게 남아 있을 수는 없다는 교훈을 가르쳐주겠소." 당신은 어떻게 할 것인가?

영화 속의 람보라면 그 군대 전체를 소탕해버릴 수도 있을 것이다. 그러나 지금 당신이 처한 상황에서는 장교의 부하가 당신에게 총을 겨누고 있다. 결국 당신의 선택은 두 사람을 구하기 위해 무고한 한 사람을 죽이는 것과 총을 놓고 손에 피를 묻히지 않는 것 둘 중의 하나이다. 칸트 식 전통은 하고자 하는 일이 옳을 때만 해야 한다는 것으로, 자신이 악한 일을 범하는 것을 거절하라고 촉구한다. 공리주의적 전통은 두 사람을 구할 수 있다면 한 사람을 죽이라고 제안할 수도 있다. 만약 칸트 식의 해결을 선택했다면 죽는 사람의 숫자를 늘려보라. 가령 100명이 벽 앞에 서 있다거나, 테러리스트의 폭탄으로부터 도시 전체를 구할 수도 있다고 상상해보자. 당신은 자신의 손과 양심을 깨끗하게 지키기 위해 100만 명의 목숨을 구하는 일을 거부해야 할 것인가? 어떤 점에서 결과는 중요하다. 도덕적 주장들은 세 가지 방식으로 판단할 수 있는데, 하나는 관련된 동기 또는 의도는 무엇인가, 다른 하나는 사용된 방법은 무엇인가, 그리고 나머지 하나는 그 결과 혹은 종합적인 영향은 무엇인가이다. 비록 이런 차원들이 항상 잘 조화되는 것은 아니지만, 훌륭한 도덕적 주장은 세 가지 모두를 충족하려고 노력한다.

국제관계에서 윤리의 한계

윤리가 국내정치에서보다 국제정치에서 그 역할이 작은 데는 네 가지 이유가 있다. 첫째는 '가치'에 대한 국제적 합의가 약해서이다. 특정한 행위가 정당한가에 대해서는 문화적·종교적 관점에 따라 그 답이 다르다. 둘째, 국가는 개인과는 다르다. 국가는 추상적인 존재이고, 비록 국가의 지도자는 개인이라 할지라도 그 행동은 개인으로서의 행동과는 다르게 판단된다. 예를 들어 룸메이트를 구할 때는 대부분의 사람이 '살인하지 말라'라는 계명을 믿는 사람을 원한다. 그러나 그런 사람들도 '어떤 상황에서라도 사람을 죽이는 정책은 택하지 않을 것'이라고 공약하는 대통령 후보에게는 표를 찍지 않을지 모른다. 대통령은 시민의 이익을 보호하도록 시민으로부터 위임을 받은 자이고, 그렇기 때문에 특정한 상황에서는 무력을 사용해야 할 수도 있다. 자신의 영혼만 구하고 그의 국민을 보호하는 데 실패한 대통령은 훌륭한 수탁자가 아닐 것이다.

개인적인 도덕의 차원에서 희생은 도덕적 행위에 대한 최고의 증명이겠지만 지도자가 그의 국민 모두를 희생시켜도 좋을까? 펠로폰네소스전쟁에서 아테네인들은 멜로스의 지도자들에게 "저항하면 멜로스 주민들을 모두 죽이겠다"라고 말했다. 그런데도 멜로스의 지도자들은 저항했고 주민들은 학살당했다. 협상을 해야 했을까? 1962년에 케네디 대통령은 미국도 비슷한 미사일을 터키에 배치해두고 있는 상황에서 핵전쟁의 위험을 감수하면서까지 소련에게 쿠바에서 미사일을 철수하라고 강요해야 했을까? 위의 질문에 대한 사람들의 대답은 제각각일 것이다. 핵심은 개인이 국가의 지도자로서 행동할 때는 그들의 행위가 어느 정도 다르게 평가된다는 것이다.

국제정치에서 윤리의 역할이 작은 세 번째 이유는 인과관계가 복잡하기 때문이다. 물론 국내 문제에서도 어떤 행위의 결과들을 파악하기란 어려운 일이다. 그러나 국제정치에서는 국가 간의 상호반응 때문에 한 차원 더 복잡해진다. 또 하나의 차원이 결과를 정확하게 예측하는 것을 더욱더 어렵게 만드는 것이다. 이와 관련한 유명한 사례는 옥스퍼드대학의 토론클럽인 옥스퍼드유니온(Oxford Union)에서 1933년에 벌어진 학생들 간의 논쟁이다. 대부분의 학생들은 제1차 세계대전에서 2,000만 명의 사람들이 죽었다는 사실을 상기하며 왕과 국가를 위해 다시는 싸우지 않겠다는 결의에 찬성했다. 그러나 이를 듣고 있던 다른 누군가가 있었다. 바로 아돌프 히틀러였다. 그는 민주주의자들은 약하고 싸우려 하지 않기 때문에 그가 원하는 대로 몰아붙일 수 있을 것이라고 결론지었다. 결국 그는 지나치게 몰아붙였고, 그 결과는 왕이나 국가를 위해 다시는 싸우지 않겠다고 결의한 학생들이 원하지도 예상하지도 못한 제2차 세계대전이었다. 많은 사람들은 그 결의를 했음에도 결국 싸웠고 또한 죽었다.

좀 더 간단한 예로는 1970년대 초에 세계의 식량난을 우려하여 제기된 '햄버거 논쟁'을 들 수 있다. 미국의 여러 대학에서 많은 학생들이 다음과 같은 주장을 했다. "식당에 가면 고기 메뉴를 거부하라. 왜냐하면 1파운드의 고기는 전 세계의 굶주린 사람들에게 공급될 수 있는 8파운드의 곡물에 상당하기 때문이다." 많은 학생들은 햄버거를 먹는 것을 그만두었고 그 점에 대해 스스로를 대견해했다. 그러나 그것은 아프리카나 방글라데시의 굶주리는 사람들에게 조금도 도움이 되지 못했다. 왜 그랬을까? 미국에서 햄버거를 먹지 않음으로써 남은 곡물이 방글라데시에서 굶주리고 있는 사람들에게 도달하지 못한 것은 그들에게 곡물을 살 돈이 없었기 때문이다. 남은 곡물은 미국 시장에서는 단순히 잉여생산물에 지나지 않았고, 그것은 곡물가격의 하락과 그로 인한 곡물생산량의 감소를 의미할 뿐이었다. 방글라데시의 농민들을 돕기 위해서는 어느 정도라도 잉여곡물을 살 수 있도록 그들에게 돈을 주어야 했다. 학생들은 햄버거 거부캠페인을 시작하기는 했지만 그들의 선한 의도대로 결과를 실현하는 데 관련되는 복잡한 원인들을 파악하지 못함으로써 실패하고 말았다.

마지막 원인으로 국제사회의 제도들이 매우 취약하며 국내정치에서보다 국제정치에서 질서와 정의 간의 괴리가 더 크기 때문이라는 견해도 있다. 질서와 정의는 둘 다 중요하다. 국내체제에서는 질서를 당연하게 받아들이는 경향이 있다. 물론 때로는 시위자들이 그들이 생각하는 정의를 실현하기 위해 의도적으로 질서를 교란한다. 그러나 사회가 완전히 질서를 상실한다면 정의의 실현 또한 거의 불가능하다. 1980년대에 레바논에서 수많은 분파에 의해 벌어진 폭파 및 납치, 살인을 생각해보라. 아니면 오늘날 소말리아를 생각해보라. 어느 정도의 질서는 정의를 위한 선결조건이다. 국제정치에서 공동의 입법부, 중앙행정부, 강력한 사법부가 부재하다는 것은 정의에 우선되어야 할 최소한의 질서를 유지하는 것도 매우 어렵게 한다.

도덕의 역할에 관한 세 가지 견해

국제관계에서 윤리의 역할에 대해서는 대표적으로 세 가지 견해 그룹이 있다. 즉 '회의론자(skeptics)', '국가도덕주의자(state moralists)', 그리고 '세계주의자(cosmo-politans)'들이다. 비록 명확한 논리적 연관성은 없지만 세계정치에 대한 기술적인 분석에서 현실주의자로 볼 수 있는 사람들은 평가적 접근(evaluative approach)에서는 회의주의자 또는 국가도덕주의자인 경우가 많고, 자유주의적 분석을 강조하는 사람들은 국가도덕주의나 세계주의적 도덕관을 가지는 경향이 있다.

회의론자. 회의론자는 도덕적 범주가 국제관계에서 아무런 의미도 가지지 못한다고 말하는데, 그것은 질서를 보장해줄 수 있는 기구가 존재하지 않기 때문이다. 더욱이 공동체의식이 존재하지 않기 때문에 도덕적 권리와 의무도 있을 수 없다. 회의론자들은 멜로스인들의 호소에 대한 아테네의 응답이야말로 국제정치에서의 윤리에 관한 고전적인 진술이라고 말한다. "강자는 힘으로 할 수 있는 일을 하고 약자는 받아들여야 하는 것을 받아들인다." 힘이 정의를 만든다. 회의론자로서는 그 말 외에는 할 말이 없다.

철학자는 종종 '해야 함(ought)'(도덕적 의무)이 '할 수 있음(can)'(무엇인가 할 수 있는 능력)을 함축하고 있다고 말한다. 도덕은 선택을 요구한다. 만약 무엇인가가 불가능하다면 우리는 그것을 할 의무가 없다. 국제정치가 단순히 죽고 죽이는 영역이기만 하다면 아마 선택이란 없을 것이며 회의론자들의 주장도 정당화될 것이다. 그러나 국제정치의 영역에서도 단순한 생존 이상의 무언가가 존재한다. 국제정치에서 선택의 여지가 없는 척하는 것은 그저 위장된 선택의 한 가지 형식일 뿐이다. 엄밀하게 국가이익이라는 관점에서만 생각한다는 것은 가치관의 존재를 인정하지 않은 채 그것을 슬며시 들여오는 것이다. 한 프랑스 외교관은 나에게 "도덕적이란 곧 프랑스에게 좋다는 것이다"라고 말한 적이 있는데, 그것은 왜 프랑스의 이익만을 고려해야 하느냐는 어려운 선택을 회피하는 것이다. "나에게는 선택권이 없었다"라고 말하는 지도자는 실은 기꺼운 것은 아닐지 모르지만 선택권을 가졌던 경우가 많다. 국제정치에 어느 정도의 질서와 공동체가 존재한다면 — 달리 말해서 국제정치가 끊임없이 '죽고 죽이는' 것이 아니라면 — 선택의 여지는 분명히 있다. '아나키(Anarchy)'는 정부가 없다는 것이다. 그러나 그것이 필연적으로 혼란과 완전한 무질서를 의미하는 것은 아니다. 무정부상태에서도 중요한 선택이 가능하도록 충분히 질서를 보장해주는 기본적인 관습과 제도들이 있다. 세력균형이나 국제법, 국제조직들이 그에 해당한다. 이런 것들은 회의론자들의 설득력이 왜 부족한가를 이해하는 데 결정적인 역할을 한다.

토머스 홉스는 개인은 누구나 다른 이로부터 죽임을 당할 수 있는 '자연상태'에서 탈출하기 위해 리바이어던(leviathan) 또는 정부에게 보호를 대가로 자유를 내준다고 주장했다. 자연상태의 삶은 험악하고 야만적이고 짧기 때문이다. 그렇다면 왜 국가들은 슈퍼리바이어던(superleviathan)을 창조하지 않는가? 왜 세계정부는 없는가? 홉스에 의하면 그 이유는, 국제정치에서는 불안이 개인적 차원에서처럼 크지 않기 때문이다. 정부는 강자들이 원하는 것을 갖기 위해 저지르는 횡포로부터 개인을 어느 정도 보호하고, 국가 간 세력균형도 다소간 질서를 제공한다. 국가는 비록 전쟁의 가능성이 상존하는 적대적 상태 속에 있지만 '여전히 국민의 일상생활을 지탱한다'. 국제적 차원의 자연상태는 개인 간의 자연상태만큼 비참하지는 않다. 다시 말하면 홉스는 세력균형을 이루고 있는 국가들의 존재는 어느 정도 질서를 가능하게 할 만큼 국제적 무정부상태를 완화시킨다고 믿었다.

자유주의자들은 또한 국제법과 관습의 존재를 지적한다. 기본적인 수준에 불과할지라도 그와 같은 규칙이 있다는 것은 이를 위반하는 쪽에 짐을 지운다. 1990년의 걸프 사태를 생각해보라. 사담 후세인은 식민지시대에 이라크가 빼앗긴 영토를 되찾아오기 위해 쿠웨이트를 합병했다고 주장했다. 그러나 국제법은 그와 같은 이유로 다른 나라를 침공하는 것을 금하고 있기 때문에 대부분의 국가들은 후세인의 행위가 유엔헌장에 위배된다고 생각했다. 유엔 안보리에서 통과된 12개의 결의안은 사담의 행위가 국제적 규범에 명백하게 위배됨을 천명했다. 국제법과 규범은 사담이 쿠웨이트를 침공하는 것을 막지는 못했지만, 그가 국제사회에서 도움을 구하는 것을 어렵게 만들었고 쿠웨이트에서 그를 축출해낸 다국적군이 구성되도록 하는 데 공헌했다.

국제기구들 또한 소통을 마련하며, 협상에서 상호주의를 촉진하고 장려함으로써 초보적인 수준일지라도 어느 정도의 질서를 마련해준다. 이와 같이 대략이라도 소통이 계속되는 상황에서 국제정치는 회의론자가 주장하듯이 언제나 '죽고 죽이는' 것은 아니다. 지도자의 열정과 관심이 항상 안보와 생존에 집중되는 것은 아니다. 경제적·사회적·군사적으로 상호작용하는 많은 영역에서 협력이 (물론 분쟁도) 일어난다. 비록 정의에 대한 관념에 문화적인 차이가 있을지라도, 도덕적 주장은 국제정치에서도 존재하고 원칙들은 국제법 안에 간직되어 있다.

때로는 전쟁이라는 극한 상황에서조차 법과 도덕은 어떤 역할을 할 수 있다. 초대 기독교교회에서 기원하여 17세기 이후에 세속화된 '정당한 전쟁의 교의(just war doctrine)'는 무고한 시민을 살상하는 것을 금하고 있다. 이것은 '살인하지 말라'는 계명에서 시작된다. 그러나 만약 그것이 기본적이고 도덕적인 전제라면, 어떻게 어떤 살인은 정당화될 수 있는가? 절대적 평화주의자는 누구나 어떤 이유에서라도 누구도 죽여서는 안 된다고 주장한다. 대체로 이것은 칸트주의적 입장에 근거하지만 일부 평화주의자들은 여기에 "폭력은 더 큰 폭력을 낳는다"라는 결과주의자들의 주장을 덧붙인다. 하지만 때때로 폭력에 대한 대응에 실패함으로써 더 큰 폭력을 유발할 수 있다. 예컨대 부시 대통령이 9·11 사태를 그냥 감수했다고 해서 오사마 빈 라덴이 미국을 내버려두었을 것 같지는 않다.

　　평화주의와는 달리 '정당한 전쟁'의 전통은 의도, 수단, 행동의 결과에 대한 관심을 겸비한다. 그것은 누군가 당신을 죽이려 하는데도 방어를 하지 않는다면 결과는 악의 승리일 뿐이라고 주장한다. 스스로를 방어하지 않음으로써 선한 사람이 죽는다. 어떤 사람이 당장 죽임을 당할 위기에 처했다면 정당방위로 상대방을 죽이는 것이 도덕적일 수 있다. 그러나 우리는 죽여도 되는 사람과 죽여서는 안 될 사람을 구분해야 한다. 예를 들면 나에게 군인이 총을 들고 달려들면 정당방위로 그 군인을 죽일 수 있다. 그러나 그 군인이 총을 떨어뜨리고 손을 들며 '항복'을 외치는 순간 그는 전쟁포로가 되며 나에게는 그의 생명을 빼앗을 권리가 없다. 실제로 이것은 국제법에 명문화되어 있고 미국의 군법에서도 마찬가지이다. 미국 군인은 항복한 적을 쏘면 살인죄로 미국 법정에서 재판에 회부될 수 있다. 몇몇 미군 장교들은 베트남전쟁과 이라크전쟁에서 그와 같은 법률을 어긴 죄로 감옥에 갔다. 위해를 가하려 하지 않는 사람을 죽이는 것에 대한 국제적인 금지도 테러리즘이 왜 잘못인지를 설명하는 데 도움이 된다. 일부 회의론자들은 "한 사람의 테러리스트는 다른 한편에서는 자유의 투사"라고 주장한다. 하지만 정당한 전쟁의 교의 아래서는 자유를 위해 싸울 수는 있어도 무고한 시민을 대상으로는 할 수 없다. 비록 자주 어겨지기는 해도 어떤 규범들은 최악의 국제정치상황에서도 존재한다. 정의의 기본적인 의미들이 국제법에 담겨 있고 불완전하게나마 지켜진다는 사실은 전쟁상황에서는 선택의 여지가 없다는 회의론자들의 주장이 거짓임을 드러낸다.

국제정치에도 도덕을 위한 여지가 어느 정도 있기에 우리는 완전한 회의론을 거부할 수 있다. 도덕은 선택에 관한 것이고 의미 있는 선택은 생존의 조건에 따라 달라진다. 생존에 대한 위협이 크면 클수록 도덕적 선택의 여지는 없어진다. 펠로폰네소스전쟁을 시작하면서 아테네인들은 "진정으로 칭송받아야 할 사람들은 권력을 충분히 가지고 있음에도 상황에 의해 강요되는 것보다 더 많은 관심을 정의에 쏟는 사람"이라고 주장했다.[21] 불행하게도 아테네는 그 전쟁의 후반기에는 그러한 지혜를 상실했지만, 이것은 선택의 여지가 전혀 없는 상황이란 거의 없으며 국가안보와 위협의 정도라는 것도 종종 애매하다는 생각을 하게 한다. 회의론자들은 그 반대의 논지로 가장하면서 어려운 도덕적 선택의 부담을 회피한다. 이 모든 논의를 한 마디 격언으로 요약하자면 이렇게 표현할 수 있을 것이다. "인간은 말만으로 사는 것은 아닐 테지만 그렇다고 칼만으로 사는 것도 아니다."

기술적인 분석에서 현실주의적인 많은 저자와 지도자들은 국제정치에서의 가치관에 대한 견해에도 회의적이다. 그러나 모든 현실주의자가 완전한 회의론자는 아니다. 그중 일부는 도덕적 의무가 존재함을 인정한다. 그러나 여전히 질서가 우선이라고 주장한다. 평화는 비록 정의롭지 못한 평화일지라도 그 자체로서 최우선의 도덕이다. 전쟁의 무질서는 정의를 곤경에 빠뜨린다. 핵무기의 시대에는 더욱더 그렇다. 질서를 유지하는 가장 좋은 방법은 국가 간에 세력균형을 유지하는 것이다. 도덕 주장자들은 세력균형을 파괴한다. 예를 들어 미국이 민주주의나 인권을 세계에 전파하는 데 지나치게 집착하다 보면, 장기적으로는 더 많은 해악을 끼칠 무질서를 유발할지도 모른다.

현실주의자들의 주장은 어느 정도는 타당하다. 국제질서가 중요한 것은 사실이다. 그러나 그것은 정도의 문제일 뿐, 질서와 정의 사이에는 '교환(trade-offs)'이 따른다. 정의에 대한 걱정을 일단 접어두고 질서가 어느 정도까지 필요한지를 먼저 논해보자. 예컨대 1990년 소련이 발트 해의 공화국들을 탄압함으로써 많은 사람들이 죽었을 때, 일부 미국인들은 미국 정부에 소련과의 외교관계를 단절할 것을 요구했다. 그들의 생각으로는 미국은 외교정책에서도 민주주의와 인권이라는 가치를 표방해야

---

21 Ibid., p. 80.

했다. 비록 그것이 불안정과 군축회담의 종말을 의미하더라도 말이다. 다른 사람들은, 평화와 인권에 대한 관심이 중요하기는 하지만 핵무기의 통제와 군축 조약이 더 중요하다고 주장했다. 결국 미국 정부는 군축협상을 지속하기는 했으나 인권의 존중을 경제원조의 조건으로 결부시켰다. 국제정치에서 거듭하여 제기되는 문제는 절대적 질서 대 정의가 아니라, '특정한 상황에서 선택들을 어떻게 교환할 것인가'이다. 현실주의자들의 관점에는 적절한 점이 있지만, 그 어떤 정의보다도 질서가 우선되어야 한다는 것은 과도한 주장이다.

국가도덕주의자. 국가도덕주의자들은 국제정치가 특정한 규칙을 가진 — 그 규칙들이 항상 완벽하게 지켜지는 것은 아니지만 — 국가들의 사회에 기초하고 있다고 주장한다. 가장 중요한 규칙은 상대방의 국경을 넘어 관할권을 침범하는 것을 금하는 '국가주권'이다. 예를 들어 정치학자인 마이클 월저(Michael Walzer)는 국가 간의 경계는 도덕적으로 중요한 의미를 가지는데, 그것은 국가가 공동의 삶을 영유하기 위해 모인 개인들의 모든 권리를 대표하고 있기 때문이다. 따라서 국가의 주권과 영토보전을 존중하는 것은 개인에 대한 존중과 연관된다. 또 다른 국가도덕주의자들은 더 간단하게 주권을 존중하는 것은 질서를 보존하는 가장 좋은 방법이라고 주장한다. 시인 로버트 프로스트(Robert Frost)의 표현처럼 "좋은 울타리가 좋은 이웃을 만든다"는 것이다.

그러나 실제로 국가행위에 관한 이러한 규칙들을 위반한 사례는 매우 많다. 지난 수십 년 동안 베트남은 캄보디아를, 중국은 베트남을, 탄자니아는 우간다를, 이스라엘은 레바논을, 소련은 아프가니스탄을, 미국은 그라나다와 파나마를, 이라크는 이란과 쿠웨이트를, 미국과 영국은 이라크를 침공했다. 나토는 코소보(Kosovo)의 소수민족인 알바니아인들을 학대한다는 이유로 세르비아를 공습했다. 이상은 단지 몇 가지 사례를 든 것에 불과하다. 언제 상대방 국가의 주권을 존중해야 하는지를 결정하는 일은 오래된 난제이다. 1979년에 미국인들은 소련의 아프가니스탄 침공을 비도덕적인 일이라고 강력하게 비난했다. 소련은 이에 대해 미국이 1965년에 공산주의정부의 출현을 막기 위해 도미니카공화국에 2만 5,000명의 군사를 파견한 사실을 지적했다. 미국이 카리브 해에서 적대적 체제가 형성되는 것을 막고자 도미니카공화국에 개입한 막후의도와, 국경에 인접한 적대적 정부의 출현을 막으려고 아프가니스탄을 침공한 소련의 의도는 매우 흡사했다.

그 차이를 알기 위해서는 의도만이 아니라 더 깊이 살펴보아야 한다. 개입방법을 보면, 도미니카공화국에 대한 미국의 침공으로는 아주 적은 수의 사람이 죽었고 미군은 곧 철수했다. 아프가니스탄의 경우에는 많은 사람들이 죽었고 소련군은 아프가니스탄에 거의 10년을 머물렀다. 1990년대에 일부 비판가들은 이라크의 쿠웨이트 침공을 미국의 파나마 침공과 비교했다. 1989년 12월에 미국은 파나마의 독재자인 마누엘 노리에가(Manuel Noriega) 정부를 전복시키기 위해 군대를 파견했고, 1990년 8월에 이라크는 토후정권을 무너뜨리기 위해 쿠웨이트를 공격했다. 미국과 이라크 모두 불간섭의 원칙을 위반했다. 그러나 다시금 방법과 결과에서 차이가 있었다. 파나마의 경우 미국은, 정당하게 선출되었으나 노리에가의 독재로 출범하지 못했던 정부를 권좌에 앉혔다. 미국은 파나마를 합병하려 하지 않았다. 반면 이라크 정부는

개입

1979년 12월 아프가니스탄에서 다음과 같은 장면이 벌어졌다고 상상해보라.

소련에 대해 좀 더 독립적인 노선을 추구하는 아프가니스탄의 공산주의 지도자가 권력을 잡게 되었다. 이것은 소련 지도부의 걱정을 불러일으켰다. 왜냐하면 그들의 국경에 독립적인 체제가 들어서면 중앙아시아(소련의 중앙아시아를 포함한)에 문제가 일어날 수 있고, 작은 공산국가가 소련 제국에서 벗어나는 나쁜 선례를 남기게 되기 때문이다. 아프가니스탄 침공군을 지휘하는 소련의 장군이 곧 죽게 될 아프가니스탄 반군 지도자에게 왜 주권과 불간섭에 대한 국제적 원칙을 깨뜨려가며 이런 일을 했는지를 설명하고 있다고 상상해보라. "옳고 그름에 관한 한 중국과 다른 국가들은 우리 둘 사이에 차이가 없고 우리가 당신들을 공격하지 않으면 두려워서 그런다고 생각할 것이오. 그러므로 당신네 나라를 정복함으로써 우리는 제국의 규모뿐만 아니라 안보를 증진하게 될 것이오. 우리는 중앙아시아의 광대한 지역을 지배하고 있고 당신네 나라는 우리의 인접국가이며 다른 나라들보다 약하오. 따라서 당신네 나라가 우리 제국의 휘하에서 벗어나지 않게 하는 것은 매우 중요한 문제요."

이것은 투키디데스가 멜로스회담을 묘사했을 때 나오는 말로, '중국'을 더하고 '해양'을 '중앙아시아'로, '도서(島嶼)'를 '인접'으로 대체했을 뿐이다. 개입은 새로운 문제가 아니다!

쿠웨이트를 합병하려 했고 그 과정에서 많은 피를 흘렸다. 이러한 사항들이 파나마에 대한 미국의 개입이 모두 옳다거나 모두 그르다는 것을 의미하지는 않는다. 그러나 6장에서 보게 될 것처럼, 불간섭과 주권의 원칙을 단순하게 적용하면 종종 문제가 생긴다.

세계주의자. 정치이론가인 찰스 베이츠(Charles Beitz) 같은 '세계주의자들'은 국제 정치를 국가들의 사회뿐만 아니라 개인들의 사회로 본다. 세계주의자들은 정의에 대해 논할 때 개인을 위한 정의를 논해야 한다고 주장한다. 세계주의자들은 현실주의 자들이 전쟁과 평화에 너무 집착한다고 주장한다. 만약 현실주의자들이 분배의 정의, 즉 누가 무엇을 소유하는가에 초점을 맞추었다면 지구경제의 상호의존성에 주목했으리라는 것이다. 국경을 넘는 끊임없는 경제적 개입은 때로는 생사를 가름할 만한 결과를 가져온다. 예를 들어 만약 당신이 필리핀의 농부인데 치료될 수도 있었던 당신의 자식이 죽었고, 그 까닭이 현지 출신의 의대생이 월급이 많다는 이유로 미국에서 일하고 있기 때문이라면, 그것은 죽고 사는 문제인 것이다.

세계주의자들은 국경에는 도덕적 지위가 없다고 주장한다. 국경은 배분의 정의를 고려했을 때는 폐지되어야 할 불평등을 방어하고 있을 뿐이다. 현실주의자들(도덕적 회의론자와 일부 국가도덕주의자 둘 다를 포함하여)은 세계주의자들의 접근법이 엄청난 무질서를 낳을 수 있다며 그 위험성을 지적한다. 그 말을 그대로 받아들인다면, 재분배를 위한 급진적인 노력은 사람들이 자신의 부를 쉽게 포기하고 싶어 하지 않는다는 점 때문에 폭력적인 분쟁으로 발전하기 쉽다. 좀 더 제한적인 세계주의 주장들은, 사람들이 종종 — 가족, 친구, 이웃이나 국가, 어쩌면 초국가적 종교단체나 전 인류에 대해서도 — 복합적인 충성심을 가지고 있다는 점을 강조한다. 대부분의 사람들은 굶주리는 소말리아 어린이나 다르푸르(Darfur) 난민들의 사진을 보고 마음이 움직이는데, 그것은 약하지만 국가적인 차원을 넘는 공동체 의식이 존재함을 반증한다. 우리는 모두 인간인 것이다.

세계주의자들은 국제관계에서 평화시기뿐만 아니라 전쟁 중에도 도덕이 중요한 역할을 하는 배분적 정의의 차원이 있음을 상기시킨다. 질서를 파괴하지 않고도 인간의 기본적 필요와 인권을 지원하는 정책을 만들 수 있다. 그리고 가혹한 인권

침해의 경우, 집단학살을 금지하는 국제협약과 같은 국제법 속에 세계주의자의 견해가 포함되어왔다. 그 결과 정책입안자들은 윤리적 관심사들을 더 많이 의식하게 되었다. 예를 들어 클린턴 대통령은 자신의 최악의 실수 중 하나는 1994년에 르완다의 집단학살을 멈추기 위해 더 많은 힘을 쏟지 않았던 것이라고 말했는데, 그때 미국과 몇몇 나라들은 수단의 다르푸르 집단학살을 억제하려고 아프리카평화유지군을 지원했다.

국제적 도덕성에 대한 접근법에서, 회의론자는 정의를 위해 질서가 필요하다는 타당한 주장을 전개하지만 질서와 정의 사이에 교환관계가 있다는 점을 간과한다. 국가도덕주의자는 불간섭의 규칙을 가진 국가사회를 분석하면서 질서에 대한 제도적 접근을 말하지만, 어떤 개입이 정당화될 수 있는지에 대해서는 충분한 해답을 제공하지 않는다. 마지막으로 세계주의자는 개인사회에 초점을 두고 인류공동체에 대한 심오한 통찰을 하고 있지만, 재분배정책을 고집스럽게 추구함으로써 엄청난 무질서를 유발할 위험이 있다. 대부분의 사람들은 위의 견해들이 뒤섞인 입장을 가지고 있다. 그 입장의 명칭이 무엇인가보다는 이러한 접근법들 사이에 '교환'이 있다는 것이 더 중요하다.

국내정치와 국제정치의 차이점들 때문에 도덕을 국제정치에 적용하기는 더욱 어렵다. 그러나 단지 몇 개의 원칙이 있다고 하여 원칙이 없다고 단언하는 것은 비논리적이다. 우리는 국제정치에서 윤리를 어디까지 적용해야 할까? 그 대답은 신중해야 한다. 윤리적 판단만으로 모든 것을 결정하면 주권침해로 이어져 위험상황이 촉발될 수도 있다. 특히 대안이 의도하지 않은 비참한 결과를 가져올 수 있기 때문에 신중함은 미덕이 될 수 있다. 요컨대 잿더미 속에서 도덕이란 소용없는 일이다. 그러나 솔직히 국제정치에서 도덕을 무시할 수는 없다. 개개인은 사태를 파악한 후 판단하거나 교환을 할 때 스스로 결정을 내려야 한다. 국제분쟁의 영속적인 논리가 도덕적 선택의 의무를 면제해주는 것은 아니다. 비록 국제정치에서 도덕적 선택을 어렵게 만드는 특별한 상황이 있음을 이해할 필요는 있지만 말이다.

펠로폰네소스전쟁에서 구체적으로 나타났던 도덕적 딜레마와 안보딜레마는 독특한 것이었지만 많은 부분이 역사 속에서 반복되고 있다. 국제관계의 진화과정을 추적해가다 보면, 현실주의와 자유주의, 회의론자와 세계주의자, 다수 국가의 무정부체제와 국제조직들 사이의 긴장과 거듭 직면한다. 수인의 딜레마를 다시 마주할 것이며, 전쟁이라는 윤리적 수수께끼와 계속 씨름할 것이다. 세계무대에서 서로 다른 행위자들이 그들 시대의 위기에 어떻게 접근했고, 그들의 목표와 방법이 어떻게 변했는지를 볼 것이다. 서두에 언급한 것처럼 현대 국제정치의 특징인 어떤 특정 변수들은 투키디데스의 시대에는 아예 존재하지도 않았다. 핵무기뿐만 아니라 유엔이나 인터넷, 다국적기업, 카르텔도 없었다. 국제분쟁 연구는 역사와 이론을 결합시키는 부정확한 과학이라고 할 수 있다. 이론과 사례들을 통해 나아가면서, 우리는 무엇이 변했고 무엇이 변하지 않았는지를 기억하려고 한다. 그럼으로써 우리는 우리의 과거와 현재를 더 잘 이해할 수 있고, 미래라는 미지의 여울목을 더 잘 항해해나갈 수 있을 것이다.

펠로폰네소스전쟁 연표	
490년(이하 BC)	제1차 페르시아전쟁
480년	제2차 페르시아전쟁
478년	스파르타가 지도국의 지위를 상실함
476년	델로스동맹과 아테네제국의 형성
464년	스파르타에서 노예반란
461년	제1차 펠로폰네소스전쟁 발발
445년	30년 평화조약
445~434년	10년간의 평화
434년	에피담노스와 코르키라의 분쟁
433년	아테네, 포티다에아에 개입
432년	스파르타 의회, 전쟁을 논의
431년	제2차 펠로폰네소스전쟁 발발
430년	페리클레스의 장례식 연설
416년	멜로스회담
413년	시칠리아에서 아테네 패배
411년	아테네에서의 과두정치 집정자들의 반란
404년	아테네의 패배, 성벽을 허물도록 강요당함

학습문제

1. 국제관계에서 윤리적 고려는 어떤 역할을 해야 하는가? 그것은 어떤 역할을 하고 있는가? 우리가 다른 국가나 국민에 대한 도덕적 의무를 의미 있게 말할 수 있는가? 이라크에서 미국의 도덕적 의무는 무엇인가?
2. 국내정치와 국제정치 영역에서 도덕적 의무에 차이가 있는가? 멜로스회담을 볼 때 아테네는 윤리적으로 행동했는가? 멜로스의 원로들은 어떠했는가?
3. 현실주의란 무엇인가? 자유주의적 시각과는 어떻게 다른가? 구성주의는 현실주의와 자유주의에 무엇을 더했는가?
4. 투키디데스는 펠로폰네소스전쟁의 주요 원인으로 무엇을 꼽는가? 무엇이 직접적인 원인인가? 무엇이 근본적인 원인인가?
5. 어떤 종류의 국제관계이론이 투키디데스의 전쟁사 속에 함축되어 있는가?
6. 펠로폰네소스전쟁은 필연적이었는가? 그렇다면 왜, 그리고 언제부터 그러했는가? 필연적이지 않았다면 어떻게, 그리고 언제 전쟁을 막을 수 있었겠는가?

읽을 자료

1. Morgenthau, Hans, *Politics Among Nations* (New York: Knopf, 1989), Chapter 1.
2. Waltz, Kenneth, *Man, the State, and War* (New York: Columbia University Press, 1959), pp. 1~15.
3. Moravscik, Andrew, "Taking Preferences Seriously: A Liberal Theory of International Politics", *International Organization* 51:4(Autumn 1997), pp. 513~553.
4. Ba, Alice, and Matthew J. Hoffmann, "Making and Remaking the World for IR 101: A Resource for Teaching Social Constructivism in Introductory Classes", *International Studies Perspectives* 4:1(February 2003), pp. 15~33.
5. Strassler, Robert B.(ed.), *The Landmark Thucydides: A Comprehensive Guide to the Peloponnesian War*, Richard Crawley(trans.)(New York: Touchstone, 1996), pp. 1~49, 350~357.
6. Kagan, Donald. *The Outbreak of the Peloponnesian War* (Ithaca, NY: Cornell University Press, 1969), pp. 31~56, 345~356.

더 읽을 자료

Ackerly, Brooke A., Maria Stern and Jacqui True(eds.), *Feminist Methodologies for*

International Relations (Cambridge, Cambridge University Press, 2006).

Axelrod, Robert M., *The Evolution of Cooperation* (New York: Basic, 1984).

Bagby, Laurie, "The Use and Abuse of Thucydides", *International Organization* 48:1 (Winter 1994). pp. 131~153.

Baldwin, David, *Neorealism and Neoliberalism: The Contemporary Debate* (New York: Columbia University Press, 1993).

Barnett, Michael, "Social Constructivism", in John Baylis, Steve Smith and Patricia Owens (eds.), *The Globalization of World Politics: An Introduction to International Relations*, 4th ed.(Oxford and New York: Oxford University Press, 2008).

Beitz, Charles R., *Political Theory and International Politics* (Princeton, NJ: Princeton University Press, 1979).

Betts, Richard, "Should Strategic Studies Survive?", *World Politics* 50:1(October 1997). pp. 7~54.

Brown, Michael, et al., *Theories of War and Peace* (Cambridge, MA: MIT Press, 1998).

Bull, Hedley, *The Anarchical Society: A Study of Order in World Politics* (New York: Columbia University Press, 1997).

Caporaso, James A.(ed.), "Dependence and Dependency in the Global System", special issue, *International Organization* 32:1(Winter 1978).

Dessler, David, "Constructivism Within a Positivist Social Science", *Review of International Studies* 25(1999).

Doyle, Michael W., *Ways of War and Peace* (New York: Norton, 1997).

Doyle, Michael W., and G. John Ikenberry(eds.), *New Thinking in International Relations Theory* (Boulder, CO: Westview, 1997).

Elshtain, Jean Bethke, *Women and War*, 2nd ed.(Chicago: University of Chicago Press, 1994).

Fearson, Jame, and Alexander Wendt, "Rationalism vs. Constructivism", In Walter Carlneas, Beth Simmons and Thomas Risse(eds.), *Handbook of International Relations* (Thousand Oaks, CA, Sage, 2003).

Finnemore, Martha, and Kathryn Sikkink, "Taking Stock: The Constructivist Research Program in International Relations and World Politics", *Annual Review of Political Science* 4(June 2001), pp. 391~416.

Gaddis, John Lewis, *The Landscape of History: How Historians Map the Past* (New York: Oxford University Press, 2002).

Gilpin, Robert, *War and Change in World Politics* (Cambridge, England: Cambridge University Press, 1981).

Goldstein, Joshua S., *War and Gender* (Cambridge: Cambridge University Press, 2001).

Hinsley, F. H., *Power and the Pursuit of Peace* (London: Cambridge University Press, 1967).

Hoffmann, Stanley, *Duties Beyond Borders: On the Limits and Possibilities of Ethical International Politics* (Syracuse, NY: Syracuse University Press, 1981).

Hurd, Ian, "Constructivism", in Christian Reus-Smit and Duncan Snidal(eds.), *Oxford Handbook on International Relations* (Oxford: Oxford University Press, 2008).

Jervis, Robert, "Realism, Game Theory, and Cooperation", *World Politics* 40:3(April 1988), pp. 317~349.

Katzenstein, Peter J.(ed.), *The Culture of National Security* (New York: Columbia University Press, 1996).

Katzenstein, Peter J., Robert Keohane and Stephen Krasner, "International Organization and the Study of World Politics", *International Organization* 52:4(Fall 1998).

Keohane, Robert O.(ed.), *Neo-Realism and Its Critics* (New York: Columbia University Press, 1986).

Kissinger, Henry, *Diplomacy* (New York: Simon & Schuster, 1994).

Lapid, Yosef, and Freidrich Kratochwil(eds.), *The Return of Culture in International Relations Theory* (Boulder, CO: Lynne Rienne, 1996).

Levy, Jack S., *War in the Modern Great Power System, 1495~1975* (Lexington: University Press of Kentucky, 1983).

Mercer, Jonathan, "Anarchy and Identity", *International Organization* 49:2(Spring 1995), pp. 229~252.

Nye, Joseph S., "Theory and Practice in International Relations", in Christopher Reus-Smit and Duncan Snidal(eds.), *Oxford Handbook of International Relations* (Oxford: Oxford University Press, 2008).

Oneal, John, and Bruce Russett, "The Classical Liberals Were Right: Democracy, Interdependence, and Conflict, 1950~1985", *International Studies Quarterly* 41(1997). pp. 267~293.

Rawlsl, John, *The Law of Peoples* (Cambridge, MA: Harvard University Press, 1999).

Rosecrance, Richard N., *The Rise of the Trading State: Commerce and Conquest in the Modern World* (New York: Basic, 1986).

Rosenau, James N., *Turbulence in World Politics: A Theory of Change and Continuity* (Princeton, NJ: Princeton University Press, 1990).

Ruggie, John G., "What Makes the World Hang Together: Neo-Utilitarianism and the Social Constructivist Challenge", *International Organization* 52:4(1998). pp. 855~885.

Spruyt, Hendrik., *The Sovereign State and Its Competitors* (Princeton: Princeton University Press, 1994).

Waltz, Kenneth N., *Theory of International Politics* (Reading, MA: Addison-Wesley, 1979).

Smith, Steve, and Patricia Owens, "Alternative Approaches to International Theory", in John Baylis and Steve Smith(eds.), *The Globalization of World Politics*, 3rd ed. (Oxford, Oxford University Press, 2005).

Tiknor, Ann J., *Gender in International Relations* (New York, Columbia University Press, 1992).

Van Evera, Stephen, *The Causes of War* (Ithaca, NY: Cornell University Press, 1999).

Waever, Ole, "The Sociology of a Not-So-International Discipline: American and European Developments in International Relations", *International Organization* 52:4(1998), pp. 687~727.

Waltz, Kenneth N., *Theory of International Politics* (Reading, MA: Addison-Wesley, 1970).

Waltz, Michael, *Just and Unjust Wars* (New York: Basic, 1977), pts. 1 and 2.

Welch, David A., "Why IR Theorists Should Stop Reading Thucydides", *Review of International Studies* (July 2003), pp. 301~319.

Wendt, Alexander, "Anarchy Is What States Make of It: The Social Construction of Power Politics", *International Organization*, 46:2(Spring 1992), pp. 391~427.

Zacher, Mark, "The Territorial Integrity Norm", *International Organization* 55:2(2001).

2장

20세기 대전쟁의 기원들

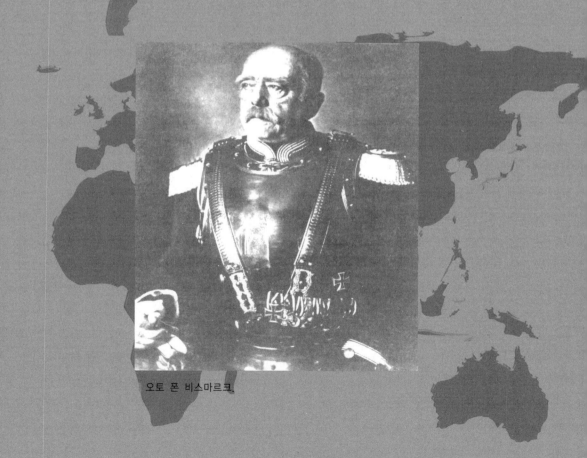

오토 폰 비스마르크.

국제체제와 원인의 차원

전쟁은 종종 국제체제에 의해 설명되나 대체 '국제체제'란 무엇인가? 사전적인 의미에서 '체제'는 서로 연관된 개체들의 하나의 세트이다. 국내정치체제는 대부분 대통령, 국회, 의회 등등 명백한 제도적 대상이 있기 때문에 확인하기가 쉽다. 반면 국제정치체제는 중앙집권의 정도가 약하고 국내체제만큼 명백하지도 않다. 유엔이 없더라도 국제체제는 존재한다. 국제체제에 국가만 있는 것은 아니다. 국제정치체제는 국가들 사이의 '관계의 패턴'이다.

그러나 국내정치체제의 제도적 구체성에 현혹되어서는 안 된다. 국내체제는 여론, 언론의 역할, 혹은 법에 명문화되지 않은 관습처럼 불명확한 것들까지도 포함하고 있다. 하지만 어떤 체제든 중요한 것은 전체의 패턴이 부분, 즉 우리가 1장에서 행위자, 수단, 목표로 정의한 구성물들의 총합보다 크다는 것이다. 체제는 체제를 구성하는 행위자들이 의도하지 않은 결과를 만들어낼 수 있다. 시장경제체제를 예로 들어보자. 완전시장에서 모든 기업은 이익을 극대화하려고 하지만, 시장경제체제는 경쟁을 창출하고 경쟁은 이익을 손익분기점까지 낮추는 역할을 하여 소비자에게 이익을 가져다준다. 기업가는 소비자에게 이익을 주려고 사업을 시작하는 것이 아닌데도 완전시장에서의 행위패턴이 그런 결과를 가져오는 것이다. 다시 말해서 체제는 체제 내의 행위자가 의도했던 것과는 상당히 다른 결과를 가져올 수 있다.

국제정치체제도 이와 유사하게 행위자가 원래 의도했던 바와 다른 결과를 초래할 수 있다. 예를 들면 1917년 볼셰비키가 러시아에서 정권을 잡았을 때 그들은 제1차 세계대전 이전의 국가 간 외교 전부를 부르주아들의 허튼수작으로 여겼다. 그들은 국가 간 체제를 아예 없애버릴 작정이었다. 혁명은 만국의 모든 노동자들을 묶고 국경을 없애버릴 것이다. 초국가적인 노동자의 단결이 국가 간 체제를 대체할 것이다. 실제로 트로츠키(Leon Trotsky)가 러시아의 외무성을 이끌게 되었을 때, 그는 그의 목적이 만국의 인민들에게 혁명적인 선언을 발표한 후 '문을 닫는 것'이라고 말했다. 그러나 볼셰비키는 그들의 행동이 국가 간 체제의 본질에 즉각 영향을 미치고 있음을 알아차렸다. 1922년에 이 새로운 공산주의국가는 독일과 라팔로조약을 체결했다. 그것은 제1차 세계대전 이후의 외교세계에서 거부당한, 추방당한 자들끼리의 동맹이었다. 그리고 1939년에 스탈린은 히틀러를 서쪽으로 향하게 하기 위해 이데올로기적으로 최대의 적인 그와 조약을 맺는다. 트로츠키의 초기 선언이나 환상에도, 소련의 행동은 곧 국제체제의 다른 행위자들의 그것과 비슷해져갔다.

국제체제 내에서 국가 간의 힘의 분포는 국가들의 행위 중 특정한 부분을 예측하는 데 도움을 준다. '지정학적' 전통에서는 장소와 근접성이 국가의 행동방향에 대해 많은 것을 가르쳐줄 것이라고 주장한다. 이웃들끼리는 서로 더 많이 접촉하고 잠재적으로 불화할 공산이 더 높기 때문에, 1816년에서 1992년까지 일어난 군사적 충돌의 절반이 이웃국가들 사이에서 시작되었다는 것은 놀랄 일이 아니다.[1] 만약 한 국가가 인접국가에 의해 위협을 받으면 '적의 적은 나의 친구다'라는 옛 격언에 따라 행동할 가능성이 높다. 이와 같은 패턴은 무정부체제에서는 늘 발견된다. 예를 들면 BC 3세기 이전, 인도의 저술가인 카우틸리아(Kautilya)는 인도대륙의 국가들이 이웃으로부터 자신을 보호하기 위해 멀리 떨어진 나라들과 동맹을 맺음으로써 체스판 같은 동맹패턴을 만들어내는 경향이 있다고 지적했다. 마키아벨리(Niccoló Machiavelli)는 15세기 이탈리아 도시국가들에서 같은 행위를 발견했다. 1960년대 초반, 서아프리카 국가들이 식민지 지배에서 벗어났을 때 아프리카의 단결을 둘러싸고 논의가 무성했다. 그러나 신생국가들은 곧 카우틸리아가 묘사한 고대 인도의 체스판 동맹패턴을 만들어내기 시작했다. 가나, 기니, 말리는 이데올로기적으로 급진적이었고, 세네갈, 아이보리코스트(코트디부아르), 나이지리아는 상대적으로 보수적이었다. 그들은 각기 이웃국가들의 힘에 대항하여 세력균형을 시도했다. 또 다른 사례는 베트남전쟁 이후 동아시아에서 나타난 패턴이다. 만약 소련이 검정색이라면 중국은 빨간색, 베트남은 검정색, 캄보디아는 빨간색이 될 것이다. 그야말로 완벽한 체스판 패턴이 전개되었다. 아이러니하지만 미국이 베트남전쟁에 개입한 것은 한 국가가 공산주의에 의해 전복되면 또 다른 국가가 넘어가고 그것이 반복되리라는 도미노이론 때문이었다. 미래를 조금만 더 내다볼 수 있었다면 미국은 동아시아에서의 게임은 도미노가

---

1 Paul R. Hensel, "Territory: Theory and Evidence on Geography and Conclict", in John A. Vazquez(ed.), *What Do We Know About War?* (New York: Rowman & Littlefield, 2000), p. 62.

아니라 체스였음을 깨달았을 것이고, 그랬더라면 전쟁에 개입하지 않았을 수도 있다. '적의 적은 친구다'라는 오랜 지정학적 전통에 기초한 체스판 패턴은 무정부상태에서 유용한 예측을 할 수 있도록 도와준다.

분석의 차원

체제는 국제정치에서 무엇이 일어나는가를 설명하는 유일한 방법은 아니다. 「인간, 국가, 그리고 전쟁(Man, the State, and War)」이라는 논문에서 월츠는 그가 '이미지(image)'라고 부르는 전쟁에 대한 세 가지 차원의 원인을 개인, 국가, 국제체제로 분류한다.

국제정치의 성격 자체가 개인보다는 국가를 함축하기 때문에 개인적 차원에서 국제정치를 설명하는 것은 대부분 불충분하다. 개인의 의도에 너무 초점을 맞추다 보면, 개인이 활동하는 더 큰 체제에 의해 촉발된 개인의 행동이 의도하지 않은 결과를 초래함을 보지 못할 수도 있다. 아프리카의 예를 들어보자. 만약 탄자니아의 초대 대통령이었던 줄리어스 니에레레(Julius K. Nyerere) 같은 아프리카 지도자들의 범아프리카연합을 향한 의도의 진실성에 주로 초점을 맞춘다면 무정부적 구조가 이 신생 아프리카국가들에 미치는 영향의 중요성을 간과하게 된다.

그러나 이것이 개인이 전혀 중요하지 않다는 뜻은 아니다. 오히려 그 반대이다. 페리클레스는 펠로폰네소스전쟁에서 중요한 변수였다. 2003년 이라크전쟁에서 조지

체제와 전쟁

마지막 전쟁 이후, 국제체제는 경직된 두 진영을 만들어냈다. 이와 같은 양극체제로 인해 유연성은 상실되고 불안은 증가되었다. 이 새로운 동맹 중 하나는 독재적인 육상세력을 중심으로 발전했고, 민주적 세력을 중심으로 하는 다른 하나는 해양패권을 가지고 통상 및 문화의 발전을 누렸다. 양쪽은 서로 이 분쟁에서 상대방이 결정적 우위를 가지게 될까봐 두려워했다. 아이러니한 것은 동맹관계에서 사소한 변화에 불과할 것 같던 작은 국가의 내전이 양 동맹의 불안감을 증가시켰고 실제로 전쟁을 촉발했다는 점이다.

이것은 펠로폰네소스전쟁, 제1차 세계대전, 냉전 중 어느 것에 대한 묘사일까?

부시(George W. Bush)가 그랬던 것처럼 1991년 걸프전쟁에서 사담 후세인은 결정적인 요소였다. 1962년 쿠바 사태에서 케네디와 흐루쇼프(Nikita Khrushchyov)는 핵전쟁을 눈앞에 두고 있었고 마지막 결정은 그들의 손에 달려 있었다. 그러나 왜 그들이 그와 같이 믿을 수 없는 상황에 빠졌는지를 개인적 차원에서 설명하기는 어렵다. 무엇인가 상황의 구조가 그들을 거기까지 몰고 갔다. 비슷한 맥락에서, 카이저 빌헬름 2세(Wilhelm II)나 히틀러 개인의 성격에 대해 아는 것은 제1, 2차 세계대전의 원인을 이해하는 데 필요하다. 그러나 그것은 충분한 설명이 되지는 못한다. 나중에 보겠지만, 빌헬름 2세가 그의 재상인 비스마르크(Otto von Bismarck)를 1890년에 사퇴시킨 것은 분명 제1차 세계대전의 한 요인이 되었다. 그러나 이것이 제1차 세계대전의 주된 원인이 빌헬름 2세에게 있음을 의미하는 것은 아니다.

월츠의 첫 번째 이미지의 또 다른 버전은 개개인의 특성보다는 '인간 본성'이라는 모든 개인에게 공통된 특징에서 그 답을 찾는다. 예를 들면 우리는 국제정치에 대해 칼뱅주의적 견해를 가짐으로써 전쟁의 궁극적 원인을 우리 안에 존재하는 악에서 찾을 수 있다. 그와 같은 시각은 전쟁을 인간 본성이 불완전한 탓이라고 설명한다. 그러나 그러한 설명은 왜 어떤 사악한 지도자는 전쟁을 하고 다른 지도자는 그렇지 않은지, 혹은 왜 어떤 훌륭한 지도자는 전쟁을 하고 다른 지도자는 그렇지 않은지를 말해주지 않는다. 인간 본성이라는 차원에서의 설명은 해답을 주지 못한다. 그러한 이론은 '과잉예측(overpredict)'을 한다. 즉 무엇인가를 설명하기는 하지만 너무나 많은 것을 설명해버린다. 제대로 구분을 짓지 못하는 이론은 설득력이 없다. 멈춰버린 시계는 하루에 두 번씩은 제대로 시간을 말해주지만 나머지 모든 시간에는 잘못된 시간을 가리키고 있다.

과잉예측은 분석의 두 번째 차원, 즉 국가나 사회의 본성에 기대어 국제정치를 설명하려는 어떤 노력들을 방해한다. 여기서도 비슷한 질문을 던질 수 있다. 특정한 사회형태가 전쟁의 원인이라면 왜 일부 '악한' 사회나 '악한' 국가는 전쟁을 하지 않는가? 그리고 왜 일부 선한 사회나 국가는 전쟁을 하는가? '선'과 '악' 대신 '민주주의', '공산주의', '자본주의' 등등, 당신이 가장 좋아하는 명칭을 집어넣어 보라. 예를 들어 제1차 세계대전 이후에는 민주주의가 전쟁가능성을 줄일 것이라는 믿음을 열렬히 지지하는 사람들이 많았다. 그러나 민주주의도 분명 전쟁을 할 수 있고 실제로 종종 전쟁을 한다. 사실 아테네도 민주주의체제였다. 마르크스주의이론가들은 모든 국가가 공산화되면 전쟁은 종식될 것이라고 주장했다. 그러나 역사적으로 분명히 공산주의국가 사이에도— 중국과 소련, 베트남과 캄보디아를 보라 — 군사적 충돌이 있었다. 따라서 민주주의가 되었든, 자본주의 또는 공산주의가 되었든 그 사회의 본질은 그 사회가 전쟁을 할 것인가 여부를 예측하는 데 충분한 근거가 되지 못한다.

'모든 국가가 민주주의국가라면 전쟁은 줄어들 것이다'라는 명제(나중에 더 자세히 논할 것이다)가 있다. 비록 민주주의국가가 독재국가와 전쟁을 하는 경우는 많지만, 사실 자유민주주의국가가 다른 자유민주주의국가와 전쟁을 벌인 경우는 찾아보기 힘들다. 이 경험적 사실의 원인이 무엇인지, 과연 그런 경향이 미래에도 유지될 것인지는 명백하지 않다. 하지만 적어도 그것은 분석의 이 두 번째 차원에서 조사해야 할 흥미로운 무엇인가가 있음을 말해준다.

두 번째(국가 또는 사회)와 세 번째(국제체제) 분석차원이 상호작용을 하면 종종 더 흥미로운 설명을 할 수 있다. 그러나 체제와 그 체제 안에 있는 국가의 본질 중 어느 것이 더 중요한가? 체제차원의 분석은 전체 체제가 국가의 행동을 어떻게 제한하는지를 보는, 즉 밖에서 안으로의 설명이다. 두 번째 차원은 국가 안에서 무슨 일이 일어나는지를 가지고 결과를 설명하는, 안에서 밖으로의 설명이다.

대부분의 경우 양쪽 모두에서 정보가 필요한데 어디에서 시작하는 것이 좋을까? 제일 좋은 방법은 가장 간단한 접근에서 시작하는 것이다. 간단한 설명으로 충분하다면 그편이 바람직하기 때문이다. 이것은 '간결함(parsimony)의 법칙', 또는 14세기 철학자 오컴(William of Occam)이 좋은 설명은 필요 없는 세부사항들을 깎아낸다고 말한 데서 비롯되어 '오컴의 면도날(Occam's razor)'이라고 불린다. 물론 적은 것으로 많은 것을 설명하는 능력인 간결함은 이론이 충분한지를 판단하는 기준의 하나일 뿐이다. 우리는 이론의 범위(얼마나 많은 행동을 설명할 수 있는가)와 그 설명의 적합도(얼마나 많은 미결사항과 예외들을 설명할 수 있는가)에도 관심이 있다. 그런데도 간결성은 우리가 어디에서 시작해야 할지를 가르쳐준다. 체제적 설명은 대체로 가장 간단하기 때문에 좋은 시작점이 될 수 있다. 만약 그것이 불충분한 것으로 증명된다면 체제의 단위들을 조사할 수 있고, 적절한 설명적합도를 얻어낼 때까지 복잡성을 더해나갈 수 있다.

체제: 구조와 과정

체제적 설명은 간단해야 할까 아니면 복잡해야 할까? 월츠 같은 몇몇 신현실주의 자들은 극단적으로 간결해야 한다고 주장하면서 구조에만 초점을 둔다. 반면 자유주의자와 구성주의자들은 월츠의 구조개념이 너무나 허술하여 설명할 수 있는 부분이 거의 없다고 반박한다. 체제의 두 가지 요소—구조와 과정—를 구별하여 고찰함으로써 논쟁을 이해하도록 하자. 체제에서 '구조'란 힘의 분배를 말하고, '과정'은 그 단위들의 상호작용이 갖는 패턴과 유형들을 말한다. 구조와 과정은 당연히 상호 간에 영향을 미치고 조사기간이 달라짐에 따라 변화할 수 있다. 그러나 구조가 더 기본적인 것이라고 할 수 있고 변화의 속도도 완만하다.

경제학자들은 시장의 구조를 묘사할 때 판매자의 힘의 집중양상에 초점을 둔다. 그런 방법에 의하면 독점체제(monopoly)에서는 하나의 거대한 판매자가 있고, 복점체제(duopoly)에서는 둘이 있으며, 과점체제(oligopoly)에서는 여럿이 있고, 완전시장에서는 광범위하게 분포되어 있다. 정치학자들도 이와 유사한 방법을 취하여 단 하나의 절대적 힘이 존재하는 국제체제구조를 '일극체제(unipolar)'라고 표현한다. '양극체제(bipolar)'하에서는 두 개의 힘의 중심, 즉 두 강대국이나 견고한 두 동맹체제가 국제정치를 지배한다. '다극체제(multipolar)'에서는 세 개 이상의 힘의 중심이 존재한다. 한편 어느 정도라도 대등한 국가가 다수 존재하면 힘이 분산된 분포상태라고 말한다.

앞에서 말한 경제학자들의 사례를 다시 들어보자. 완전시장에서 이익을 극대화하고자 하는 기업가는 궁극적으로는 소비자에게도 이득을 주게 되지만, 그런 결과가 창출된 원인은 완전시장이라는 시장구조에 의존했기 때문이다. 만약 시장이 독점체제나 과두체제였다면 결과는 전혀 달랐을 것이다. 대기업은 가격을 올리기 위해 생산을 감축함으로써 이익을 증가시킬 수 있다. 따라서 경제학자는 체제의 구조를 알 때 각 행위자의 행동방향과 이익을 보는 이가 누구인지를 더 잘 예측할 수 있다.

그와 비슷하게 정치분석가들은 국가의 행동과 전쟁경향성을 예측하기 위해 국제체제의 구조를 고찰한다. 일극체제는 국가들이 자신의 독립을 유지하기 위해 패권국가에 맞서 세력균형을 형성함으로써 혹은 신흥세력이 패권국가에 도전함으로써 붕괴되는 경향이 있다. 다극체제 또는 힘이 분산된 체제하에서는 세력균형을 이루기 위해 동맹이 형성되더라도 상대적으로 유연한 동맹이 될 것이다. 전쟁이 일어나더라도 상대적으로 좀 더 제한적일 것이다. 양극체제에서는 동맹이 더욱 견고하기 때문에 세계전쟁과 같은 대규모 분쟁의 가능성이 높다. 어떤 분석가는 "양극체제는 붕괴되거나 폭발한다"라고 말한다. 이것의 실례는 아테네와 스파르타가 각자의 동맹국에 대한 통제를 강화하면서 일어난 펠로폰네소스전쟁에서도 찾아볼 수 있다. 또한 1914년 이전, 유럽의 다극체제가 서서히 유연성을 상실하고 두 개의 강한 동맹체제로 고착되는 과정에서도 이것은 사실이었다. 그러나 다극체제인지 양극체제인지를 놓고 전쟁을 예측하는 것은 1945년 이후 중대한 예외를 인정하지 않을 수 없게 되었다. 냉전시대에 세계는 미국과 그 동맹국, 그리고 소련과 그 동맹국들로 구성되는 양극체제였지만, 소련의 몰락으로 그 체제가 붕괴되기까지 40년 이상 대전쟁은 없었다. 혹자는 핵무기의 출현이 세계대전을 꿈도 꿀 수 없게 만들었다고 말함으로써 국제체제의 구조에 대해 조야한 설명을 제공하지만 그것만으로는 충분하지 않다. 그리고 그런 설명은 국제체제의 구조가 1989년 냉전의 끝에서 변화한 타이밍과 방법에 대해서는 거의 알려주지 않는다.

체제의 구조를 분석하는 데 그치지 않고, 국가 간 상호관계의 정규적인 패턴이라고 할 수 있는 '과정'을 분석해보면 더 많은 것을 배울 수 있다. 구조와 과정이 어떻게 다른지를 간단히 말하자면 국제체제를 포커게임에 비유해보면 될 것이다. 포커게임의 '구조'는 힘의 분포, 즉 얼마나 많은 칩을 가지고 있으며 좋은 카드를 얼마나 많이 받았는가가 관건이다. 한편 포커게임에서 '과정'이란, 게임이 어떻게 진행되는가와 카드놀이를 하는 사람들 사이에서 이루어지는 상호작용의 유형들을 말한다. (규칙이 어떻게 결정되고 이해되었는가? 카드놀이를 하는 사람들이 허풍을 잘 떠는가? 규칙을 잘 지키는가? 사기수법을 쓰면 잡히는가? 등) 예를 들어 수인의 딜레마에서 죄수들이 서로 커뮤니케이션을 할 수 있게 된다면 그것은 게임의 본질이 변화됨을 의미할 것이다. 그와 마찬가지로 국가가 서로 커뮤니케이션을 함으로써 서로에게 이득이 될 수 있는 합의에 도달하거나 납득할 수 있는 규범 혹은 제도를 창출한다면 그것들은 국가전략리스트에 추가되며, 따라서 정치적 결과도 변화될 수 있다. 국제체제에서 과정은 다음의 세 가지 요소에 의해 결정된다. ① 체제의 구조(양극체제에서의 과정은 유연성이 떨어지는 경향이 있다), ② 구조를 둘러싸고 있고 국가들이 협력하는 동기

및 가능성을 결정하는 문화적·제도적 배경, ③ 국가가 그 목적과 수단에서 혁명적인
가 아니면 온건한가의 여부.

혁명적인 목적과 수단, 그리고 온건한 목적과 수단

국가의 목적은 국제적인 과정에 어떤 영향을 미치는가? 구성주의이론이 지적하는
바와 같이, 대부분의 체제는 적절한 행위를 규정하는 일정한 기본 법칙과 관습이
내포된 문화적 배경 속에 존재한다. 국가는 그 규칙과 관습에 도전할 수도 있고
그것을 받아들일 수도 있다. 국제체제는 강대국의 정체성과 목적에 따라 안정적인
과정을 가질 수도 있고 혁명적인 과정을 가질 수도 있다. 18세기의 역사를 예로
들면 당시 게임의 기본 법칙은 군주제의 정통성 — 군주의 신성한 권리 — 과 이들
군주제국가 간의 세력균형을 유지하는 것이었다. 1713년의 위트레흐트조약에서는
세력균형의 중요성을 명백하게 천명했다. 작은 전쟁들은 많았지만 체제를 붕괴시킬
만큼 큰 전쟁은 거의 없었다. 프로이센의 프리드리히 대왕(1740~1786)이 그의 이웃인
오스트리아의 여제 마리아 테레지아(Maria Theresa, 1717~1780)를 상대한 방식을 예로
들어보자. 1740년에 프리드리히는 테레지아에게 속한 슐레지엔 주를 원했다. 프리드
리히는 원대한 혁명적 목표를 가진 것은 아니었고 단지 영토확장을 목적으로 하고
있었을 뿐이었다. 그는 슐레지엔 사람들에게 독일어를 쓰는 빈의 독재자를 몰아내라
고 호소하여 테레지아에 대한 대중혁명을 선동하지는 않았다. 프리드리히도 독일어
를 쓰는 베를린의 독재자였던 것이다. 그는 슐레지엔을 원해 그곳을 점령하기는
했지만, 오스트리아나 군주제의 정통성이라는 기본 원칙을 손상시키는 어떤 행동도
하지 않으려고 조심했다.

이를 반세기 후의 프랑스혁명(1789~1799)과 비교해보자. 당시 프랑스에서 힘을
얻은 견해는 모든 군주들을 교수대나 단두대로 보내야 하고 권력은 국민에게서 나와
야 한다는 것이었다. 나폴레옹은 이 혁명적인 인민주권의 개념을 전 유럽에 전파했으
며, 나폴레옹전쟁(1799~1815)은 당대의 게임의 법칙과 세력균형에 대한 엄청난 도전
이었다. 18세기 중반 체제의 온건한 과정과 안정된 세력균형은 세기말로 가면서
혁명적 과정과 불안정한 세력균형으로 바뀌었다. 프랑스혁명과 같은 변화를 구조이
론에서는 '외부적 원인(exogenous)'으로 간주하는데, 그것은 그 이론 안에서는 그러한

변화를 설명할 수 없기 때문이다. 이는 현실주의적인 구조이론이 어떻게 구성주의적 작업에 의해 보완될 수 있는지를 보여주는 한 가지 사례이다.

국가는 목적뿐만 아니라 수단도 바꿀 수 있다. 체제의 과정은 국가가 사용하는 수단의 영향을 받는다. 안정적인 영향을 미치는 수단도 있고 불안정한 영향을 미치는 수단도 있다. 예를 들면 기관총과 같은 신무기의 개발은 제1차 세계대전을 특히 피비린내 나게 만들었다. 방법은 새로운 사회조직에 의해서도 변할 수 있다. 18세기 프리드리히 대왕의 경우, 그의 목적만 제한적이었던 것이 아니라 방법 또한 제한적이었다. 그의 용병은 충성심이 약했고 병참 여건도 좋지 않았다. 18세기의 군대 대부분은 종종 재무부가 사회의 소외계층에서 선발되는 군인들에게 지급할 금을 충분히 마련했을 때, 또는 식량을 쉽게 구할 수 있는 여름에 전투를 벌였다. 식량이나 금이 바닥났을 때 군인들은 부대를 이탈했다. 프랑스혁명은 사회의 전쟁조직을 오늘날 '징병제'라고 부르는 체제로 변모시켜놓았다. 구성주의자들이 지적하듯이, 사람들이 각성하여 스스로를 시민으로 보고 조국이라는 개념 앞에 모여들면서 병사들의 정체성 의식은 변화했으며 모두가 참여해야 한다는 정서가 퍼졌다. 전쟁은 더 이상 몇천 명의 용병들이 멀리 떨어진 곳에서 전투를 벌이는 일이 아니었다. 이제 전쟁에

구조와 과정

지도자들은 종종 힘과 그것의 분포와는 무관하거나 별로 관계가 없는 요소들을 가지고 유럽의 세력균형이 잘 유지되고 있는지 여부를 판단했다. 국가가 영위하는 서열과 지위, 명예와 위신, 동맹을 맺을 만한 가치, 국제 문제에서의 발언력 등이 그 예라고 할 수 있다. 그것은 세력균형이 변하지도 위협받지도 않는 상황에서 어떻게 위기가 일어날 수 있는지 혹은 일어났는지를 설명하는 데 도움을 준다. 그것은 어떻게 해서 무력 외교수단이 아닌 다른 것들, 즉 국제법이나 협력의 관습, 어떤 나라의 동맹을 억제하기 위한 동맹 등이 대항적 동맹 또는 봉쇄 연합 등과 같은 무력 외교수단보다 유럽의 균형을 증진하고 유지하는 데 더욱 보편적이고 유용했는지를 보여준다.

—폴 슈뢰더(Paul Schröder), 「19세기의 체제」[2]

---

2 Paul Schröder, "The Nineteenth Century System: Balance of Power or Political Equilibrium", *Swords & Ploughshares* 4:1(October 1989), p. 4.

모든 사람들이 개입하게 되었다. 이 대규모의 참여와 국민적인 지원은 구식 용병부대를 압도했다. 국가가 사용할 수 있는 수단의 변화는 18세기 국제체제의 과정을 변화시키는 데도 한몫했다.

19세기 체제의 구조와 과정

이 같은 구분은 20세기의 대전쟁들이 어떻게 19세기에 기원했는지를 이해하는 데 도움을 준다. 간결성 우선의 법칙에 따라 19세기 전반에 걸쳐 일어난 사건들을 설명하고자 한다면 신현실주의자들이 권하는 것과 같은 간명한 구조적 설명을 시도해야 할 것이다.

19세기 초에 나폴레옹은 유럽에서 프랑스가 패권을 쥐게 하려고 했으나 실패했다. 그의 노력은 결국 다른 국가들이 프랑스를 격퇴하기 위해 동맹을 구성하는 계기를 제공했다. 그가 성공했더라면 체제는 일극구조로 바뀌었을지도 모른다. 그러나 1815년 나폴레옹의 패배 이후 열린 빈 회의는 5개의 주요 국가, 즉 영국, 러시아, 프랑스, 프로이센, 오스트리아가 서로를 견제하는 예전의 다극체제를 복원시켰다. 프랑스혁명은 20년 동안 체제의 과정을 바꿨고 구조 또한 바꿀 뻔했지만 결국 유럽의 국가 간 체제구조를 일극체제구조로 만드는 데는 실패했다.

구조를 강조하는 현실주의자에게 큰 변화는 1870년 독일 통일과 함께 시작되었다. 19세기 초의 다극체제는 여전히 유지되었으나 중부 유럽의 권력 분포에 엄청난 변화가 있었다. 과거의 독일은 37개의 국가로 구성되어 있었고 다른 국가들이 빈번히 개입하는 그야말로 국제정치의 경기장이었다. 그러나 1870년 이후 독일은 통일된 행위자로 변신했다. 더욱이 독일의 위치는 유럽의 정중앙으로서 엄청난 지정학적 영향을 가져올 수 있었다. 구조적 관점에서 볼 때 통일 독일은 어쩌면 너무 강하거나 너무 약했다. 독일이 러시아와 프랑스를 모두 방어할 정도로 강하다면, 러시아나 프랑스를 따로따로 무너뜨릴 수 있을 정도로 강하다는 말이 된다. 반대로 독일이 러시아와 프랑스를 동시에 무찌를 수 없을 정도로 약하다면, 러시아와 프랑스가 연합하여 쳐들어올 수도 있었다.

그러나 중부 유럽의 신생 통일국가인 독일은 위대한 첫 재상 덕분에 불안정에 빠져들지 않았다. 그는 바로 비스마르크였다. 1870년에서 1890년까지 비스마르크는 기민한 외교로 독일의 인접국가들이 위협을 느끼지 못하게 하고, 체제의 정치적 과정이 구조적으로 심각하게 변화하는 것을 늦출 수 있었다. 그러나 비스마르크의 후계자는 그만큼 노련하지 못했다. 1890년 이후 유럽의 동맹체제는 하나는 독일을 중심으로 또 하나는 러시아와 프랑스를 중심으로 점점 견고해져 갔다. 동맹의 양극체제는 점차 더욱 고착되었고 마침내 1914년에 폭발했다.

19세기의 변화에 대한 이와 같은 구조적 설명에는 핵심적인 진실이 있으나 그것만으로는 충분한 설명이 될 수 없다. 우선 그것은 비스마르크와 같은 개인의 역할에 대해 설명하지 못하며, 다른 유럽 국가들이 왜 독일의 통일을 허용했는지를 이야기해주지 않는다. 왜 이웃국가들은 독일의 통일을 막으려고 하지 않았는가? 영국과 프랑스는 도전자의 등장에 직면하여 왜 이를 저지하지 않았는가? 그런 질문에 대답하자면 인식작용(perceptions)과 국내정치에 대해 먼저 논해야 한다. 구조적 설명은 유럽의 국제체제가 양극체제로 발전하기까지 왜 30년이 걸렸는지에 대해 대답해주지 않고, 잠재적으로 결정적이었던 지도자의 역할도 고려하지 않는다. 빌헬름 2세가 1890년에 비스마르크를 사퇴시키지 않았다면, 또는 비스마르크의 후계자들이 비스마르크가 중시했던 러시아와의 동맹을 고수했더라면(군주독재라는 이데올로기적 이해관계를 공유한다는 점에 호소하여) 양극체제의 진화를 피할 수 있었을지도 모른다. 아니면 비스마르크의 후계자들이 해군 경쟁을 벌임으로써 영국에 도전하지만 않았더라도 영국은 전쟁에 개입하지 않았을지도 모른다. 19세기 체제변화에 대한 구조적 설명은 많은 것을 제공함에도 너무나 편협하고 결정론적이다. 구조적 설명은 인간 선택의 역할을 없애버리고 제1차 세계대전이 1870년부터 필연적이었다고 간주한다. 구조적 설명은 시작의 단초가 될 수는 있지만 충분한 설명을 제공해주지는 못한다.

구성주의자들이 지적하는 바와 같이, 우리는 19세기 체제에서 과정 또는 관계패턴에 영향을 미친 유럽의 문화 및 사상의 변화들도 고려해야 한다. 국가의 목표와 수단이 변화함으로 인해 협동하고자 하는 동기 또한 변화되는 것을 발견할 수 있다. 19세기 전반에 걸쳐 강화된 민주주의와 민족주의 이데올로기는 국가의 목표에도 중대한 영향을 미쳤다. 국가와 통치자는 더 이상 동일한 존재가 아니었다. 루이 14세(1638~1715)의 "짐이 곧 국가다"라는 유명한 말도 더 이상 유효하지 않았다. 18세기에 프리드리히는 프로이센에서 그가 원하는 대로 할 수 있었다. 선거를 통해

임명된 장관이나 의원들은 그를 제약하지 못했다. 국내정치에서 민주화가 이루어짐에 따라 국제정치는 더 복잡해졌다. 나폴레옹은 다른 나라들에 민족주의를 요구하고 선동하면서 이 새로운 사상을 유럽에 전파했다. 나폴레옹전쟁은 유럽정치의 '구조'를 변화시키는 데는 실패했을지 모르지만 '과정'에는 분명 중대한 변화를 가져왔다. 오스트리아의 메테르니히(Metternich, 1773~1858) 공과 각국 대표들은 1815년 빈 회의를 통해 구질서를 회복하는 데 성공했으나, 그런 안정이라는 표면 아래에서는 1848년 혁명으로 분출된 민족주의와 민주주의의 용암이 부글거리고 있었다.

한 세기가 지나면서 국민과 지도자들 모두 스스로에 대한 인식을 달리하기 시작했다. 왕조적 군주제의 정통성에 대한 민족주의의 도전은 고전적 세력균형을 무시한 기이한 형태의 동맹으로 발전했다. 예를 들어 1866년에 오스트리아가 프로이센에게 공격당했을 때 프랑스는 오스트리아를 끝내 지원하지 않았으며, 구조적 시각에서 볼 때 그것은 장기적인 파급효과를 갖는 실수였다. 프랑스는 오스트리아가 점령한 이탈리아의 일부 지역에서 행해지는 민족주의 탄압을 반대하고 있었다. 비스마르크는 프로이센의 주도 아래 독일을 통일하기 위해 다른 독일 내 연방국가들의 민족주의를 이용했지만, 추후 그 민족주의는 프로이센의 행동에 오히려 방해가 되었다. 비스마르크가 1870년 전쟁에서 프랑스로부터 알자스-로렌을 빼앗은 일은 프랑스 내에서 민족적 증오를 유발하여 장래에 프랑스와 독일이 동맹파트너가 될 가능성을 없애버리고 말았다. 구성주의적 시각이 지적하는 바와 같이, 새로운 이데올로기들은 국가의 목표를 변화시켰으며 19세기 전반에 걸쳐 국제정치과정의 온건성을 희석시켰다.

방법 면에서도 변화가 있었다. 새로운 산업기술을 군사적 목적에 적용한 결과, 대규모이지만 유연성이 떨어지는 전쟁수단들이 만들어졌다. 세기 중반에 이르자 열차동원능력, 즉 일정한 장소에 많은 수의 군사력을 단숨에 집결시키는 능력이 전쟁에서 결정적 역할을 하게 되었다. 세기말에는 기관총과 참호가 등장하여 비스마르크가 1860년대에 아주 성공적으로 사용한 '짧고, 재빠르며, 제한적인 전쟁'이라는 개념을 웃음거리로 만들었다. 구조와 과정 모두 19세기 유럽의 국제체제 변화와 제1차 세계대전의 원인을 설명하는 데 도움을 준다. 우리는 더 간단하다는 이유로 신현실주의의 구조에서 출발했지만 결국 그것이 부분적인 설명밖에 제공하지 못한다는 것을 알게 되었다. 과정에 대해 구성주의적인 견지에서 관심을 가지는 것은 우리가 사회적 변화를 도외시하지 않게 해준다.

20세기 이후

19세기부터 존재해온 이른바 독일 문제는 1990년 동서독이 재통일되면서 논쟁의 무대에 다시 등장했다. 처음에 소련의 셰바르드나제(Eduard Shevardnadze) 외상은 독일의 재통일이 유럽의 세력균형을 아주 불안정하게 만들 것이라고 주장했다. 지도자들은 또다시 '얼마나 많은 독일어권 국가들이 있어야 유럽의 안정에 해가 되지 않는가?'라는 질문을 하게 되었다. 시대에 따라 그 질문에 대한 답은 달라졌다. 알다시피 1815년 빈 회의 때는 37개의 독일어권 국가가 있었다. 비스마르크는 독일제국이 하나가 아니라 둘이어야 한다고 생각했다. 그는 새로운 독일제국에 대한 프로이센의 지배력을 약화시킬 것을 우려하여 오스트리아가 새 제국에 포함되기를 원하지 않았다. 히틀러는 다른 해결책을 갖고 있었다. 그는 세계제국의 중심이 될 하나의 독일을 원했고 그런 그의 생각은 제2차 세계대전으로 이어졌다. 1945년 연합국의 승리는 궁극적으로 동독과 서독, 오스트리아 이렇게 세 개의 국가를 만들어냈다. 제2차 세계대전 말기에 어떤 프랑스인은 몇 개의 독일이 있어야 하겠느냐는 질문을 받고 빈정대는 투로 "나는 독일을 너무나 사랑하기 때문에 많으면 많을수록 좋습니다"라고 대답했다.

동유럽에서 소련의 몰락은 전후 정치의 양극체제를 종식시켰고 독일의 재통일을 가능하게 했다. 그러나 재통일로 인해 유럽의 심장부에는 인구가 8,000만 명에 달하는 유럽 최대의 경제국가가 새로운 근심거리로 떠올랐다. 독일인들은 새로운 역할을 추구할 것인가? 또다시 동쪽으로 그 다음에는 서쪽으로 진군할 것인가? 독일은 독일이 가장 강력한 영향력을 가졌던 동쪽의 국가들과 가까워질 것인가? 시카고대학의 정치학자인 미어셰이머(John Mearsheimer)는 그에 대해 '백 투 더 퓨처(back to the future)'라고 말했다. 그는 구조적 현실주의 분석에 입각하여, 현재 상황의 구조가 과거와 흡사하기 때문에 미래도 과거와 같을 것이라는 비관적인 결론을 내렸다.

그러나 실제상황은 다음 세 가지 면에서 과거와 달라졌다. 구조적 차원에서 보자면 미국이 유럽에 개입하고 있고 미국의 국토는 재통일된 독일 국토의 거의 4배이다. 구조주의자들은 미국이 계속 개입하지는 않을 것이라며 염려하고 있다. 냉전이 종식

▌1989년 베를린 장벽의 붕괴.

됨에 따라 미국은 고립주의로 선회할지도 모른다. 그러나 유럽의 국제정치과정에는 중요한 비구조적 변화도 있었다. 자유주의자들이 강조하는 새로운 제도들의 발전에 따라 엄청난 변화가 있었다. EU(유럽연합)는 독일과 다른 유럽 국가들의 통합을 전례 없이 강화하고 있다. 세 번째 변화는 체제차원의 변화가 아니라 국가차원의 변화이다. 구성주의자들은 독일의 국내정치에서 민주주의의 역사가 반세기가 넘으며, 대중의 가치의 변화가 전쟁국가를 복지국가로 바꾸어왔다고 지적한다. 1870년, 1914년, 1939년에 유럽 심장부에서 문제를 일으키던 독일은 민주주의국가가 아니었다. 구조적, 과정적, 국내적 접근법 중 어느 것이 유럽의 미래를 가장 잘 예측할 수 있을까? 이 세 가지 모두에 관심을 가져야 하지만, 지금까지는 과정적, 국내적 변화에 근거한 예측이 가장 훌륭해 보인다.

국내정치와 외교정책

체제차원의 분석에 아주 크게 의존하는 신현실주의는 국제체제 때문에 국가들이 비슷하게 행동할 것이라고 말한다. 체제 내 국가의 위치가 국가를 특정하게 행동하도록 할 것이고, 유사한 위치에 있는 국가들은 유사하게 행동한다는 것이다. 강대국은 일방적으로 행동하고 약소국은 또 다른 방식으로 행동할 것이다. 그러나 이런 설명만으로는 충분하지 않다. 체제차원의 간결한 분석은 충분하지 않은 경우가 많기에 체제 안의 각 단위에서 무슨 일이 일어나는지를 알아보아야 한다. 국가는 블랙박스가 아니며 국내정치는 중요하다. 결국 펠로폰네소스전쟁도 에피담노스에서 벌어진 과두정치 집정자들과 민주주의자들 간의 분쟁에서 시작된 것이다. 독일과 오스트리아-헝가리 제국의 국내정치는 제1차 세계대전의 발발에 중요한 역할을 했다. 냉전의 종식을 이해하려면 소련 내부에서 벌어진 중앙계획경제의 실패를 살펴보아야 한다. 그 외에도 국내정치가 중요한 역할을 한 사례는 쉽게 찾아볼 수 있지만 과연 이를 일반화할 수 있을까? 국내정치가 중요하다고 말하고 나서 더 이상 할 말이 있을까?

양대 주요 이론인 마르크스주의와 자유주의는 주로 국내적 차원의 분석, 그리고 유사한 국내사회를 갖고 있는 국가들은 유사한 행동을 보일 것이라는 명제에 기초하고 있다. 외교정책을 예측하기 위해서는 그 국가의 국내제도를 살펴보라는 것이다. 마르크스주의자는 전쟁의 원인은 자본주의에 있다고 주장한다. 레닌의 견해에 의하면 독점자본은 전쟁을 추구한다. 그는 "제국주의국가 간의 동맹은 필연적으로 전쟁과 전쟁 사이에 존재하는 정전 기간에 불과하다"라고 했다.[3] 전쟁은 부의 불공평한 분배가 과소소비, 불황, 국내투자의 부족을 유발하는 자본주의사회의 본질에 의해 설명된다. 그 결과 자본주의는 해외시장에서 잉여상품을 팔고, 해외에 투자기회를 만들고, 천연자원에 대한 접근권을 얻어내는 제국주의적 팽창주의로 이어진다. 그러한 제국주의는 또한 더 큰 군사비 지출을 통해 국내경제를 활성화시킨다. 따라서 마르크스주의는 자본주의국가들 사이에서 군비경쟁과 분쟁이 일어날 것으로 예측한다. 그러나 뒤에서 보듯이 이 이론은 제1차 세계대전의 발발원인을 잘 설명해내지 못했다. 더욱이 20세기 후반의 역사에 대해서도 제대로 된 설명을 제공하지 못했다. 주요 자본주의국가인 유럽, 북미, 일본이 서로 평화를 유지하는 동안 소련, 중국, 베트남과 같은 공산주의국가들은 서로 군사적 충돌을 일으켰다. 이런 역사적 경험을

---

3 V. I. Lenin, *Imperialism: The Highest Stage of Capitalism* (New York: International Publishers, 1977), p. 119.

보면 자본주의가 필연적으로 전쟁으로 이어진다는 주장은 설득력이 없음을 알 수 있다.

19세기의 영미 사상계를 지배했던 철학적 흐름인 고전적 자유주의는 마르크스주의와는 정반대의 결론에 도달했다. 자본주의국가는 전쟁이 그들의 사업에 미치는 악영향 때문에 평화를 추구하는 경향이 있다는 것이다. 영국의 국제곡물무역을 500년간 통제해온 보호조치인 곡물법을 폐지하는 싸움을 성공적으로 이끌었던 리처드 콥든(Richard Cobden, 1804~1865)과 같은 자유무역주의자들이 고전적 자유주의의 한 갈래를 대변했다. 다른 맨체스터학파 경제학자들처럼 콥든은 전쟁을 벌이는 것보다 교역을 통해 번성하는 편이 낫다고 믿었다. 콥든은 우리가 더 부자가 되고 시민의 복지를 증진하는 데 관심이 있다면 평화가 최고라고 단언했다. 1840년에 그는 그러한 고전적 관점을 다음과 같이 표현했다. "우리는 세계를 전쟁에서 보호할 수 있다. 나는 세계가 무역을 통해 이를 이룰 수 있을 것이라고 믿는다."[4]

자유주의적 견해는 제1차 세계대전 직전 매우 고조되었다. 노먼 에인젤(Norman Angell)의 고전인 『위대한 환상(Great Illusion)』을 포함한 일련의 책은 대가가 너무나 값비싸기 때문에 전쟁이 일어날 가능성은 적어졌다고 주장했다. 제1차 세계대전 직전 고전적 자유주의의 낙관주의를 파악하기 위해 그 시대의 자선가들을 살펴보자. 철강왕 앤드루 카네기(Andrew Carnegie)는 1910년에 국제평화를 위해 카네기재단을 설립했다. 카네기는 그가 이 재단에 기부한 돈이 지속적인 평화가 실현된 후 어떻게 사용될지를 우려하여 유서에 이 부분에 대한 조항을 포함시켰다. 보스턴의 출판업자인 에드워드 긴(Edward Ginn)은 카네기가 곧 다가올 영구적인 평화의 이룩에 공헌했다는 찬사를 독차지할까봐 동일한 목적을 가진 세계평화재단을 만들었다. 그도 평화가 확고하게 이루어진 후에 남은 돈을 어디에 사용할지 걱정하여, 그 돈을 젊은 여성노동자들에게 저렴한 주택을 제공하는 데 쓰도록 했다.

이러한 자유주의 시각은 제1차 세계대전으로 신뢰를 심각하게 상실했다. 은행가와 귀족들이 국경을 넘어 빈번하게 접촉했고 노동자들 역시 초국적으로 접촉을 가졌으

---

4 Richard Cobden, quoted in Kenneth N. Waltz, *Man, the State, and War: A Theoretical Analysis* (New York: Columbia University Press, 1959), p. 104.

나 그 어느 것도 유럽 국가들이 서로 전쟁을 벌이는 것을 막지는 못했다. 통계적 분석은 국가의 전쟁 여부와 그 국가체제가 자본주의냐 민주주의냐의 여부 사이에서 어떠한 분명한 연관관계도 발견하지 못했다. 전쟁과 자본주의의 관계에 대해 고전적 마르크스주의와 자유주의는 상반된 견해를 가지고 있지만, 두 시각 모두 전쟁의 원인을 국내정치 특히 경제체제의 성격에서 찾고 있다는 점은 유사하다.

자유주의의 부활

두 번의 세계대전과 그 사이 시기의 집단안보체제의 실패로 자유주의이론은 신뢰를 잃었다. 제2차 세계대전 이후 국제정치에 관한 미국 내 대부분의 저술들은 현실주의적 색채를 강하게 띠었다. 그러나 초국가적·경제적 상호의존이 증가하면서 1960년대 후반과 1970년대에는 자유주의 이론에 대한 관심이 부활했다. 이러한 자유주의적 사고에는 세 가지, 즉 경제적·사회적·정치적 갈래가 있으며, 그중 정치적 갈래에는 제도와 관련된 부분과 민주주의와 관련된 부분이 있다.

경제적 갈래는 주로 무역에 초점을 둔다. 자유주의자에게 무역이 중요한 이유는 무역이 국가 간의 전쟁을 방지하기 때문이 아니라 국가가 국익을 정의할 때 전쟁이 갖는 비중을 더 줄이기 때문이다. 국가에게 무역은 군사적 승리가 아닌 경제적 성장으로 그들의 위상을 변화시킬 수 있는 길을 제공한다. 로즈크랜스는 그 예로 일본을 들었다. 1930년대에 일본이 시장에 접근할 수 있는 유일한 길은 대동아공영권을 만드는 것이었고, 이를 위해 일본은 이웃 나라들을 차례로 정복하고 무역을 강요했다. 1939년에 이미 시카고대학의 경제학자인 스텔리(Eugene Staley)는 1930년대에 일본이 보인 그러한 행동을 당대의 경제적 보호주의로 설명할 수 있다고 주장했다. 경제적 장벽이 정치적 국경을 따라 세워지면 영토의 소유가 경제적 기회와 동일한 것으로 여겨진다는 것이다. 전쟁을 피하기 위한 더 좋은 해결책은 군사적 성공 대신 개방된 무역체제에서 경제적 성장을 추구하는 것이다. 1930년대와는 달리 오늘날의 일본은 무역을 통해 세계 제2위의 경제대국(공식환율에 의해 산정)으로 발전했다.

현실주의자들은 일본이 이렇게 놀라운 경제성장을 할 수 있었던 이유는 누군가가 일본의 안보를 보장했기 때문이라고 대답한다. 실제로 일본은 소련이나 중국과 같은 주변의 핵 강대국들 사이에서 자국의 안보를 미국에 의존했다. 일부 현실주의자들은 소련이 사라짐으로써 동아시아에서 안보문제에 대한 미국의 개입은 사라질 것이며, 일본의 무역에 대해서도 장벽을 강화할 것이라고 예측하고 있다. 따라서 일본은 재무장할 것이고, 패권전이이론이 예측하는 것처럼 궁극적으로 일본과 미국 사이에 분쟁이 일어난다는 것이다.

반면 자유주의자들은 오늘날 일본의 국내사회는 1930년대와는 상당히 다르다고 반론을 펼친다. 부분적이기는 하나 경제적 기회가 있다는 이유 때문에 일본은 비군사적 사회이다. 가장 매력 있는 일자리를 잡을 기회는 군부가 아니라 기업계에 있다. 자유주의자들은 현실주의자들이 경제적 기회로 인해 변화하는 일본 국내 모습에 충분히 관심을 기울이지 않는다고 지적한다. 결과야 어떻든 자유주의의 경제적 주장은 무역이 전쟁을 저지하지는 못할지라도 적어도 국가가 그들의 기회를 바라보는 시각을 변화시키며, 나아가 전쟁에 대한 선호도가 낮은 사회구조로 인도할 수 있다는 것이다.

자유주의의 두 번째 형식은 사회적이다. 이 시각은 개인 대 개인의 접촉이 서로를 더 잘 이해하게 함으로써 분쟁이 줄어든다고 주장한다. 그와 같은 초국가적 접촉은 학생, 사업가, 관광객 등 다양한 차원에서 일어난다. 그것은 상대방을 덜 이방인으로 만들고 덜 증오하게 한다. 또한 분쟁의 가능성을 좀 더 낮출 수 있다. 그러나 이와 같은 견해를 뒷받침해주는 증거는 명확하지 않다. 은행가, 귀족, 노조간부들은 1914년에 광범위하게 접촉하고 있었음에도 그런 접촉이 서로가 군복을 입고 서로를 죽이는 사태를 막지는 못했다. 사회적 접촉이 서로에 대한 이해를 낳고 전쟁을 종식시키리라는 생각은 분명 너무나 단순하다. 하지만 서로를 이해하는 데 어느 정도 기여할 수는 있을 것이다. 지금의 서유럽은 1914년 당시와는 너무나 다르다. 유럽에서는 국경을 넘어 접촉이 계속되고 있으며 한 나라의 교과서 편집위원들은 다른 나라를 정당하게 대접하고자 노력한다. 유럽 사람들이 가진 유럽 내 타국 국민에 대한 이미지는 1914년 당시의 이미지와는 상당히 다르다. 여론조사에 따르면 유럽공동체 의식이 국가적 정체성과 공존하고 있다. 초국가적 사회는 민주주의국가의 국민들이 그들의 외교정책에서 원하는 것에 영향을 미친다. 1990년에 독일의 재통일에 대해 프랑스가 어떻게 반응했는지 주목해볼 가치가 있다. 외교전문가들의 마음속에는 불확실성과 불안의 앙금이 남아 있었으나, 여론조사에서는 대부분의 프랑스인들이 독일의 통일을 환영한 것으로 나타났다. 그와 같은 태도는 1914년 8월 당시와는 현저하게 대조적인 것이다.

자유주의의 세 번째 형식은 제도의 역할을 강조하는, 종종 '신자유주의'로 불리는 갈래이다. 왜 국제제도들이 문제가 되는가? 프린스턴대학 정치학자인 로버트 코헤인에 따르면, 제도는 기대를 구체화하는 정보와 틀을 제공한다. 제도는 사람들이 분쟁이 발생하지 않을 것이라고 믿게 해준다. 제도는 '미래의 그림자(shadow of the future)'를 커지게 하고 안보딜레마의 첨예함을 완화한다. 제도는 현실주의자가 주장하는 무정부상태의 영향을 줄인다. 홉스는 국제정치를 전쟁상태라고 보았다. 그는 흐린 날이 비가 올 가능성이 많음을 의미하듯 전쟁상태란 전투가 쉬지 않고 계속됨을 말하는 것이 아니라 전쟁을 하려는 경향이 상존하는 것이라고 말했다. 같은 맥락에서 그 말을 뒤집어보면 평화상태는 평화를 유지하려는 경향이란 뜻이 되고, 국제제도에 의해 무정부상태가 제한되고 안정을 찾을 때 사람들은 평화에 대한 기대를 진전시킬 수 있다.

제도는 기대를 네 가지 측면에서 안정시킬 수 있다. 첫째, 제도는 지속적인 느낌을 준다. 예를 들어 대부분의 서유럽 사람들은 EU가 지속되리라고 생각한다. EU는 내일도 존재할 것이다. 냉전이 종식되면서 많은 동유럽 정부들도 여기에 동의했고 가입을 위한 계획을 세웠다. 그런 느낌은 2004년 그들이 결국 EU에 가입하기도

현대 자유주의의 관점

1945년 이후의 세계에서 예전과 다른 흥미로운 점은 평화무역전략이 그 어느 때보다 더 많은 효과를 가져다준다는 것이다. 산업기술의 발달과 국제교역의 메커니즘으로 인해 국가는 국제정치에서 자국의 위상을 변화시킬 수 있고, 다른 국가들이 경제적 협력을 가능하게 하는 무역증진과 성장을 통해 이득을 보는 동안 동일한 이득을 볼 수 있다.

－리처드 로즈크랜스, 『교역국가의 부상』[5]

---

5 Richard Rosecrance, *The Rise of the Trading State: Commerce and Conquest in the Modern World* (New York: Basic, 1986), p. ix.

전에 그들의 행동에 영향을 미쳤다. 둘째, 제도는 상호주의의 기회를 마련한다. 만약 오늘 프랑스가 좀 더 이익을 보면 내일은 이탈리아가 좀 더 이익을 볼 것이다. 오랜 시간 거래를 하면 균형을 이룰 가능성이 높기 때문에 개별적인 계약에서 걱정할 필요는 적어진다. 셋째, 제도는 정보의 흐름을 제공한다. 누가 무엇을 하고 있는가? 이탈리아인들은 EU가 통과시킨 법령들을 실제로 지키고 있는가? 무역의 추세는 비슷한 편인가? EU의 기구들은 이 모든 것이 어떻게 작동하는지에 대한 정보를 제공한다. 마지막으로 제도는 분쟁을 해결할 수 있는 방법을 제공한다. EU에서 협상은 각료회의(Council of Ministers)와 유럽위원회(European Commission) 내에서 진행되고 유럽재판소 또한 존재한다. 그러므로 제도는 안정적인 평화의 증진에 대한 기대가 자랄 수 있는 환경을 만들어준다.

고전적 자유주의자들은 '도처에 평화가 만발하는' 장면을 기대한다. 오늘날의 자유주의자들은 제도와 안정적인 예측이 개발한 평화의 '섬'을 갈구한다. 정치학자인 칼 도이치(Karl Deutsch)는 그와 같은 지역을 국가 간의 전쟁은 상상도 할 수 없을 만큼 평화에 대한 안정적 기대가 강한 '다원적 안보공동체'라고 불렀다. 제도는 그와 같은 기대를 강화하는 데 도움을 주었다. 스칸디나비아 국가들을 예로 들자면 그들은 한때 서로 처절하게 싸웠다. 미국도 영국, 캐나다, 멕시코와 전쟁을 벌였다. 오늘날 그러한 일은 상상할 수조차 없다. 산업선진국들은 대개 평화를 추구하는 경향이 있으며 EU, NAFTA(북미자유무역협정), OAS(미주기구)와 같은 제도들은 평화지향적인 문화를 창출하고 협상을 위한 공론의 장을 제공한다. 안정에 대한 기대는 현실주의자들이 가정하는 '수인의 딜레마'에서 빠져나올 탈출구를 제공할 수 있다. 그 기대는 미래의 그림자를 커지게 하고 강화한다.

일부 현실주의자들은 EU의 자유주의적 제도들이 있음에도 유럽에서 안보딜레마가 재현되리라고 예상한다. 높은 기대 속에서 1992년 유럽통합을 맞이한 이후, 추가 통합에 대해서는 일부에서 반대가 일어났다. 특히 1999년에 사용하게 된 유럽 단일통화인 유로화에 대한 논란이 있었다. 영국 등은 EU에 더 이상의 권력을 양도하는 것은 개개 국가의 독립과 번영을 위협할 것이라고 우려했다. 새 유럽헌법을 제정하기 위한 2003년과 2004년의 노력이 난항에 봉착했으며, 2005년 프랑스와 네덜란드의 유권자들은 이 법안을 부결시켰다. 동시에 영국과 몇몇 나라들은 만약 그들이 EU에서 완전히 이탈하면, 연합에 남아 있는 독일, 프랑스, 이탈리아 같은 나라들이 경쟁에서 앞서 나갈까봐 걱정했다. 추가 통합에 대한 그러한 장애들이 있음에도, 중부 유럽의 옛 공산주의국가들은 EU에 가입하기 위해 몰려들었다. EU는 초대국이 되지는 않았지만, 그 제도는 유럽 국가들 사이의 관계를 변혁하는 데 도움을 주었다.

자유민주주의와 전쟁

자유주의자와 구성주의자들은 현실주의자들이 자유주의의 네 번째 갈래인 민주적 가치에 충분한 주의를 기울이지 않는다고 주장한다. 오늘날의 독일은 1870년, 1914년, 1939년 당시의 독일과는 다르다. 독일은 정당과 정부가 평화롭게 바뀌면서 반세기 이상 민주주의를 경험했다. 여론조사에서 독일 국민들은 국제정치에서 팽창주의적인 역할을 추구하지 않는 것으로 나타난다. 이에 따라 자유주의자들은 민주주의의 효과를 고려하지 않는 현실주의자들의 예측을 비판한다.

국내의 민주주의와 국가의 전쟁경향 간에 상관관계가 있는가? 이 문제를 다음의 논쟁을 통해 살펴보자. 1990년 6월 워싱턴의 평화협회(Institute of Peace)가 후원한 한 콘퍼런스에서 레이건 행정부의 두 전직 관료는 완전히 상반된 견해를 피력했다. 평화를 위한 국가기금(National Endowment for Democracy)의 총재인 칼 거슈먼(Carl Gershman)은 "민주적으로 구성된 사회는 당연히 외교관계에서도 평화적으로 행동할 것"이라고 주장했다. 이에 대해 군축국(軍縮局)의 전직 국장인 유진 로스토(Eugene Rostow)는 "민주적 국가가 전쟁을 하지 않는다는 생각은 전쟁으로부터의 구원을 위해 이상주의자들이 추구한 오래된 신화의 최근작일 뿐이다"라고 대답했다.[6]

물론 프리드리히 대왕이 1740년에 슐레지엔을 원했을 때나 1990년에 사담 후세인이 쿠웨이트를 침공했을 때처럼, 절대군주들은 그들의 국가를 손쉽게 전쟁으로 이끌 수 있다. 칸트와 다른 전통적인 자유주의자들이 지적한 바와 마찬가지로, 민주주의하에서 국민은 전쟁에 반대하는 투표를 할 수 있다. 그러나 민주주의국가라고 해서 국민들이 항상 전쟁에 반대표를 던지는 것은 아니다. 통계적으로 볼 때도 민주주의국가들은 다른 국가형태를 가진 나라들과 마찬가지로 많은 전쟁에 참여했다. 민주국가

---

6 U.S. *Institute of Peace Journal* 3.2(June 1990), pp. 6~7.

의 유권자들도 종종 전쟁을 선택한다. 고대 그리스에서 페리클레스는 전쟁을 위해 아테네의 시민들을 선동했다. 1898년에 미국의 유권자들은 주저하는 맥킨리(William McKinley) 대통령이 미국-스페인 전쟁을 택하게 했다. 2003년에 여론조사와 의회투표 결과는 이라크에 대한 부시 대통령의 전쟁요구를 지지했다. 비록 그 뒤 전쟁이 길어지면서 여론이 나빠지긴 했지만 말이다.

컬럼비아대학의 정치학자인 마이클 도일(Michael Doyle)은 "자유민주주의국가는 '다른 자유민주주의국가'와 전쟁을 벌이지 않는다"라는 명제를 주창했다. 이 명제는 칸트와 고전적 자유주의로부터 유추될 수 있기는 하지만 그보다는 다소 제한적인 것이었다. 민주국가들끼리 전쟁을 하지 않는다는 것은 하나의 상관관계이고 어떤 상관관계들은 거짓 원인(spurious causation)으로 판명될 수 있다. 화재와 소방차의 출현은 매우 높은 상관관계가 있지만 그렇다고 소방차가 화재를 일으켰다고 의심하지는 않는다. 한 가지 가능한 거짓 원인은 민주주의국가들은 경제부국인 경향이 있고, 이 경제부국들은 무역으로 관계를 맺고 있을 것이며, 무역자유주의의 시각에 따르면 그들은 서로 싸울 가능성이 낮다는 것이다. 그러나 양차 대전만 보아도 알수 있듯이, 이는 경제강국들도 종종 서로 전쟁을 벌였다는 역사적 사실에 부합하지 않는다. 자유주의자들은 전쟁의 정통성 문제가 위의 상관관계 이면에 감추어진 또다른 원인이라고 말한다. 민주국가의 국민들은 다른 민주주의국가들과 싸우는 것이 잘못이라고 생각하리라는 것인데, 그 이유는 다른 국가의 국민들이 동의할 권리를 가지고 있을 때 그들을 죽임으로써 분쟁을 해결하는 것은 무언가 잘못이기 때문이다. 더욱이 전쟁의 정당성에 대한 광범위한 공공의 논의가 있을 때는 전쟁을 일으키는 데 대해 의회가 견제와 균형의 기능을 더 강력하게 발휘할 수 있다. 히틀러나 사담 후세인 같은 독재적 악마가 아니라면 민주국가의 국민을 선동하기는 더욱 어려울 것이다.

비록 위의 자유주의이론들은 상세한 사례연구를 통해 특정한 경우에 실제로 어떤 일이 일어났는가에 대해 더 많은 조사를 할 필요가 있지만 적어도 희망을 가지고 있다. 전 세계에서 민주주의국가가 증가하면 적어도 그들 사이에서는 전쟁지향적인 경향이 감소할지도 모른다는 것이다. 그러한 견지에서, 지난 20년 동안의 추이는 고무적이었다. 냉전 종식 이후 2007년까지 민주주의국가의 수는 76개국에서 123개국으로 늘었으며, '자유'민주주의국가의 수는 53개국에서 90개국으로 늘었다. 그러나 궁극적인 정부 형태로서의 자유민주주의의 승리를 말하는 탈냉전승리주의(post-Cold War triumphalism)는 시기상조인 것으로 드러났다.

여기서 주의해야 할 부분이 있다. 민주주의평화이론은 민주주의로 전환하는 초기 단계에서는 실제와 다를 수 있으며, 민주주의로의 전환이 완료되지 않은 국가들에겐 들어맞지 않을지도 모른다. 몇몇 신생 민주국가들은 자유로운 언론, 행정부 권력에 대한 견제, 정규적 투표라는 자유주의적 국내정치과정이 부재한 '국민투표제적 민주국가(plebiscitary democracies)'일지도 모른다. 전화에 휩싸였던 크로아티아나 세르비아, 보스니아의 정부들은 선거를 통해 구성되기는 했지만 자유민주주의와는 거리가 멀다. 이는 1995년에 국경분쟁을 경험한 에콰도르와 페루의 경우도 마찬가지다. 따라서 민주주의의 성격이 중요한 문제로 보인다. 앞에서 이론화된 관계는 자유민주주의국가 간에 해당되는 것이지 모든 민주주의국가 간에 해당되는 것은 아니다. 민주주의국가의 수는 '대의민주주의(electocracy)'국가의 수보다 많다.

이 같은 조건을 명심하면서 민주주의평화이론에만 근거하여 외교정책을 권고하는

민주주의와 평화

민주주의를 위한 연합은 미국이 바라는 바입니다. 뭐니 뭐니 해도 민주주의는 훨씬 안정적이고 전쟁의 확률 또한 더 낮습니다. 민주주의는 시민사회를 강화합니다. 민주주의는 국민이 국경을 탈출하게 하기보다는 그들에게 자신의 집을 지을 수 있는 경제적 기회를 제공합니다. 민주주의 건설을 도우려는 우리의 노력은 우리가 이 멋진 시대를 우리의 적이 아닌 친구로 만들고자 할 때 우리를 더욱 안전하고 번영하게 할 것이며, 우리를 성공으로 이끌 것입니다.
 − 윌리엄 J. 클린턴 대통령, 1994년 9월 26일, 제49회 UN총회에서의 연설

미국의 자유는 점점 더 다른 나라에서의 자유의 성공에 의존하고 있으며, 우리 세계의 평화를 위한 가장 좋은 희망은 자유가 전 세계로 확대되는 것입니다. 미국의 결정적인 이해관계와 가장 깊은 신념이 이제 하나가 되었습니다. …… 그러므로 미국의 정책은 우리 세계에서 폭정을 종식시킨다는 궁극적인 목표 아래 모든 국가와 문화에서 민주주의 운동과 민주적 제도의 성장을 모색하고 지원하는 일이 될 것입니다.
 − 조지 W. 부시 대통령, 2005년 1월 20일, 제2기 대통령 취임사 일절

일을 삼가해야 할 것이다. 민주주의만으로는 테러리즘을 막을 수 없으며, 선거만으로는 평화를 보장할 수 없다. 클린턴 대통령과 부시 대통령이 내건 국제적인 민주주의의 증진(박스 글 참조)은 장기적으로 평화와 안보를 증진하는 데는 도움이 될지도 모르지만, 민주주의로의 전환은 초기 단계에서는 전쟁지향성을 높일 수도 있다.

국가이익의 정의

정부형태가 어떻든 "국가는 국익을 위해 행동한다". 이 말은 사실이기는 하지만 그 국가가 자신의 국가적 이익을 어떻게 정의하느냐를 알지 못하는 한 이 말로부터 많은 것을 알 수는 없다. 현실주의자들은 국가가 그들의 이익을 정의할 때 국제체제의 제약 때문에 선택의 여지가 거의 없다고 말한다. 기업이 완전시장에서 이익을 극대화하지 않고 이타적으로 행동하고자 할 때 오히려 생존하지 못하는 것처럼, 국가는 세력균형에 따라 그 이익을 정의하지 않으면 살아남을 수 없다. 그러므로 현실주의자에게 국제체제에서의 국가의 위상은 국가이익이 어떻게 정의되는가를 말해주고 그 국가의 외교정책을 예측하게 해주는 지표라고 할 수 있다.

자유주의자와 구성주의자들은 국익을 정의하는 요소는 국제체제 내에서의 국가위상 외에도 매우 많으며, 오히려 그것들이 국가의 선호와 국익이 어떻게 형성되는가에 대해 더욱 풍부하게 설명해줄 수 있다고 주장한다. 그들의 견해에 의하면 국익의 정의 중 많은 부분은 그 국가가 가지고 있는 사회와 문화의 유형에 의해 결정된다. 예를 들어 경제적 복지에 가치를 두고 무역에 역점을 두거나 다른 민주주의국가와의 전쟁을 정당하지 않다고 보는 국내사회는 국제체제에서의 위상이 비슷한 독재국가와는 국익을 매우 다르게 정의한다는 것이다. 자유주의자들에 의하면 국제체제의 온건성이 높아졌을 때, 바꿔 말해서 국제체제가 완전한 무정부상태가 아닐 때 그 차이는 더욱더 커진다. 제도와 소통의 통로들이 지속적인 평화에 대한 안정된 기대를 갖게 한다면 수인의 딜레마에서 벗어날 수도 있다는 것이다.

이와 같은 비권력적 동기는 국가가 그들의 이익을 어떻게 정의하는가에 영향을 미칠 수 있기 때문에 특정상황이 무정부상태라는 추상적 개념에 얼마나 가까운지를 파악하는 일은 중요하다. 만약 국제적 상황이 완전한 무정부상태라면, 다시 말해서 당신이 내일이라도 당신의 이웃에 의해 죽임을 당할 수 있다면 민주주의의 기회는 줄어들고 무역에 대한 선호도 줄어들 것이며, 그와 같은 요인들이 외교정책에도 영향을 미칠 것이다. 생존이 최우선의 과제이기 때문이다. 그러나 만약 국제체제가 제도 때문에, 그리고 평화에 대한 안정적 기대 때문에 부분적으로만 무정부상태에 근접하다면 국내의 사회·문화와 관련된 다른 요소들이 더 큰 역할을 할 가능성이 높다. 예컨대 현실주의적 예측은 중동의 경우에 적중할 가능성이 더 높고, 반대로 서유럽에서는 자유주의적 예측이 더 정확할 것이다. 상황배경을 알면 각 이론들의 예측이 얼마나 정확할지를 어림잡을 수 있다.

외교정책의 변수

비슷한 상황에 있는 국가들도 때로는 국익과 전략을 다르게 정의한다. 비스마르크, 빌헬름 2세, 그리고 히틀러는 독일의 안보딜레마에 대해 각자 다른 해결책을 내놓았다. 우리는 체제의 차이를 가지고 외교정책의 차이를 설명하지 못하면 국내적 원인에서 그 답을 찾곤 한다. 이 중 어떤 것들은 200여 개에 달하는 세계 각국 고유의 것이고 어떤 것들은 일반화될 수도 있다.

다양한 국내적 요소들은 때때로 국가들이 비슷한 행동을 하게 한다. 무역과 민주주의 외에 다른 요소들도 있다. 예를 들어 혁명이 있었는지 여부이다. 혁명지도자는 대개 이전 지도자의 외교정책과 기존의 국제체제까지도 부당한 것으로 간주한다. 이에 따라 혁명은 전 지역에 불안을 유발하곤 한다. 1790년대의 프랑스와 인접국가들 사이에, 1917년 이후의 러시아에서, 그리고 1980년에 이란과 이라크 사이에서 벌어진 상황처럼 혁명지도자들은 종종 그들의 이데올로기를 수출하려 하고 인접국가들은 이를 저지하려고 하기 때문이다. 혁명국가는 때로는 다른 나라를 침략하기도 하고 반대로 침략을 당하기도 한다. 이러한 경우에 비해 일반화가 좀 더 어렵기는 하지만, 국내적 통합이 취약한 국가들은 내부 문제를 외부에 투사하는 경향이 있다. 1914년 이전의 독일과 오스트리아가 그 예이다. 독일 지도자들은 국내의 사회민주주의에 대한 열정으로부터 주의를 다른 곳으로 돌리기 위해 대외팽창을 선택했다. 하지만 그런 국가들이 언제나 외부의 희생양을 찾으려는 경향이 있었던 것은 아니다. 미얀마와 같은 나라들은 국내적으로 잘 통합되지 않았지만 내부 문제에 골몰하고 있다.

관료들의 행위에서 규칙을 찾으려는 이들도 있다. 관료기관은 표준적인 운용절차들을 가지고 있고, 그것은 급속하게 변화하지 않기 때문에 어떤 분석가들은 외교정책과 군사적 관료기관의 타성을 고려하면 외교정책의 방향을 예측할 수 있다고 믿는다. 이 문제를 5장에서 쿠바 미사일 위기와 관련하여 다시 한 번 살펴볼 것이다. 1914년에 독일 군부는 분명 군사정책의 변화를 거부했다. 그러나 관료적 예측은 잘못된 결론을 낳을 수도 있다. 베트남에서 기동력이 뛰어난 비정규 게릴라군대에게 패배한 이후 미군은 걸프전에서 고도의 기동전술을 채택했고 승리했다. 관료들은 빨리 변하지 않을지는 모르지만 변할 수는 있다.

국제정치경제학을 전공하는 학자들은 세계경제를 국내의 이익과 연계시킴으로써 외교정책을 간결하게 설명할 수 있는 방법을 찾고 있다. 예를 들면 다음 장에서 독일의 경우를 통해서 보게 될 것처럼, 개방된 무역이 노동자, 지주, 자본 각각에 영향을 미치는 다양한 방식들이 정책에 예측가능한 영향을 미칠 수 있다. 더욱이 국내의 정치적 연합은 변화하는 국제적 기회와 압력에 따라 바뀔 수 있다.

외교정책행위의 다양한 변수들은 낮은 차원의 일반화밖에 만들어내지 못한다. 그것들은 완전한 예측이라기보다는 기껏해야 시험해야 할 가설에 불과하다. 국내정치는 중요하고 자유주의이론은 유용하지만 다른 방식으로, 다른 시기에, 다른 장소에서 유용하다.

가상사실

1990년 체코의 하벨(Václav Havel) 대통령이 미국 의회에서 연설을 했다. 불과 6개월 전만 해도 정치범의 신분이었던 그는 이렇게 말했다. "극작가인 나는 환상에 익숙합니다. 나는 모든 불가능한 것들을 상상해내고 그것들을 내 희곡 속에 써나갑니다. 그래서 감옥에 있다가 오늘 여러분 앞에 서 있는 이 놀라운 경험에도 적응할 수 있습니다. 그러나 무엇이 가능한지를 논하려고 하는 불쌍한 정치학자에게는 동정을 표하고 싶군요."[7] 소련이나 동유럽 사람들을 비롯하여 전 세계에서, 1989년에

---

7 Václav Havel, "Address to US Congress", Congressional Record, February 21, 1990, pp. S1313~1315.

소련제국이 무너지리라고 예측한 사람은 거의 없었다. 인간은 때로 놀라운 선택을 하며 인간의 역사는 불확실성으로 가득 차 있다. 다양한 원인과 분석차원들 속에서 어느 것이 중요한지를 어떻게 가려낼 수 있을까?

국제정치는 실험실 속의 과학과는 다르다. 다른 모든 조건을 동일하게 고정하고 변화하는 한 가지만 고찰한다는 것이 불가능하기 때문에 통제된 실험을 할 수 없다. 아리스토텔레스는 과학의 정확성은 가능한 범위 안에서만 추구되어야 한다고 말했다. 그럴듯하게 보일 뿐인 정확성을 추구하느니, 지나치게 정확하고자 노력하지 않는 것이 낫다. 국제정치에는 너무나 많은 변수가 있고 너무나 많은 변화가 동시에 일어나기 때문에 사건이 과대결정된다(overdetermined). 너무나 많은 원인이 있는 것이다. 그래도 분석가인 우리는 어느 원인이 그나마 더 강한 작용을 했는지를 알기 위해 원인들을 분류하고 싶어 한다. 다음 장에서 제1차 세계대전에 관해 살펴볼 때 알게 되겠지만, 이런 때 우리가 사용할 수 있는 한 가지 유용한 방법은 이른바 가상사실(Counterfactuals)이라고 하는 정신적 실험이다.

"가상사실은 사실과 반대되는 조건명제"이다. 임의의 주장을 규명하기 위한 사고실험으로 생각하면 더 쉽다. 국제정치에는 물리적인 실험실이 실제로 존재하지 않으므로 다른 모든 것은 불변이고 한 가지만 변화하는 상황을 가정한 다음 세상이 어떻게 보일지를 그려보자. 사실 우리는 가상사실을 매일같이 사용하고 있다. 많은 학생들이 "저녁을 너무 많이 먹지 않았더라면 이 글에 더 집중할 수 있었을 텐데"라고 말하고 있을지 모르겠다. 몇몇 학생들은 더 환상적인 가상사실을 사용할 수도 있다. "내가 학생식당에서 저녁을 거르지 않았더라면 그녀를 만나지 않았을 것이고 그랬다면 지금 내 인생이 훨씬 수월했을 텐데"라고 말이다.

역사가들은 종종 스스로 인정하지는 않지만, 역사의 원인을 파악하기 위해 이러한 과정을 더욱 정교하게 사용한다. 예를 들어 1890년에 빌헬름 2세가 비스마르크를 해임하지 않았다고 상상해보자. 그랬다면 제1차 세계대전의 발발가능성이 낮아졌을까? 비스마르크는 다른 국가들이 독일에게서 위협을 덜 느끼도록 유지함으로써 강화되어가는 두 동맹체제의 진로를 바꿀 수 있었을까? 이 경우에 가상사실은 특정한 개인이 구조적 요인에 비해 얼마나 중요했는지를 조사하기 위해 사용되었다. 제1차 세계대전과 관련된 또 하나의 가상사실이 있다. 만약 사라예보에서 프란츠 페르디난트(Franz Ferdinand)의 운전사가 운명의 교차로에서 우회전을 하지 않고 좌회전을 하여 오스트리아의 황태자가 암살되지 않았더라면 전쟁이 시작되지 않았을까? 이 가상사실은 우연의 역할을 조명하기 위한 것이다. 암살의 중요성은 어느 정도였는가? 암살사건이 없었더라도 동맹구조 안에 내재되어 있었던 전체적인 긴장 때문에 다른 불씨가 불을 붙였을 가능성이 높았을까? 아니면 외교정책에서 개인의 역할을 설명해주는 더 최근의 사례를 들어보자. 만약 2000년 미국 대통령 선거에서 박빙으로 승리를 거뒀던 부시 대신 앨 고어(Albert Gore)가 당선되었더라면 어떻게 되었을까? 일부 정치비평가들은 둘 중 누가 대통령이 되었더라도 2001년 9월 11일 알카에다의 공격 이후 테러리스트들에게 피난처를 제공한 아프가니스탄 탈레반 정부에는 무력을 사용했겠지만, 앨 고어의 경우 9·11 공격과의 관계가 확증되지 않은 이라크를 침공하지는 않았을 것이라고 말한다.

사실과 반대되는 조건을 설정해봄으로써 특정한 원인이 중요한지 그렇지 않은지를 조사할 수 있지만, 그와 같은 '조건부의 역사(iffy history)' 속에는 위험요소가 있음을 유의해야 한다. 가상사실을 잘못 다루면 그것은 오히려 역사의 의미를 파괴하고 우리를 잘못된 결론으로 인도할 수도 있다. 일단 어떤 일이 일어났다는 사실과 실제로는 일어나지 않은 다른 결말들을 동등하게 취급할 수는 없다는 뜻이다. 시간은 결정적인 차원이다. 역사적 사건은 '경로종속적(path dependent)'이라고 말할 수 있다. 즉 사건들이 일단 어떤 특정한 경로를 따라 시작되면 미래의 모든 가능성들은 결코 동등할 수 없다. 어떤 사건은 다른 것보다 일어날 가능성이 더 높다. 우리의 상상 속에서 이루어지는 가상사실의 실험이 유용한지를 판단하기 위해 다음의 네 가지 기준을 사용할 수 있다. 그것은 바로 타당성, 근접성, 이론, 사실이다.

타당성

유용한 가상사실은 타당한 선택의 배열 안에 있어야 한다. 이를 '공동입주가능성(cotenability)'이라고 부른다. 두 개의 조건이 동시에 존재하는 것을 가정하려면 타당성이 있어야 한다. 나폴레옹이 스텔스 폭격기를 가지고 있었다면 워털루 전투에서 이길 수도 있었다고 말하는 사람이 있다고 가정해보자. 그 사람은 그러한 가상사실이 군사적 기술의 중요성을 시험하기 위한 것이라고 말할지 모르나, 19세기 환경에서

20세기 기술을 상상한다는 것은 상식 밖의 일이다. 그 두 가지는 함께 존재할 수 없다. 웃자고 하는 말로는 좋을지 모르지만, 그런 말은 시대착오적이므로 가상사실적 사고를 유용하게 사용한 예라고 할 수 없다. 현실 속에서 그러한 조건은 절대로 동시에 존재할 수 없다.

시간상의 근접성

각각의 주요한 사건들은 인과관계의 긴 사슬 속에 존재하며, 대부분의 사건에는 복합적인 원인이 있다. 가정의 시점이 과거로 거슬러 올라가면 갈수록, 우리는 더 많은 원인들을 고정시켜야 한다. 의문의 사건(A)이 시간적으로 대상 사건(B)에 더 가까울수록 가정(A가 B를 유발했는가?)에 대한 대답은 '예'가 될 가능성이 높다. 클레오파트라의 코가 조금만 낮았더라면 안토니우스에게 덜 매력적으로 보였을 것이고 로마의 역사도 달라졌을 것이라는 파스칼(Blaise Pascal, 1623~1662)의 유명한 말을 생각해보자. 만약 로마제국의 역사가 달라졌다면 서유럽 문명의 역사도 달라졌을 것이다. 따라서 클레오파트라의 코 높이는 제1차 세계대전의 원인 중 하나가 된다. 이러한 추론은 아주 사소한 의미에서는 사실이 될 수 있을지도 모른다. 그러나 1914년 8월의 사건에는 수많은 사건과 원인들이 녹아들어가 있다. 클레오파트라의 코가 제1차 세계대전의 원인으로서 기여한 영향은 너무나 작고 동떨어져 있기 때문에 그런 식으로 전쟁의 원인을 증명하려는 것은 그저 유쾌한 장난이 될 뿐이다. 시간상의 근접성은 인과관계의 사슬 속에 있는 두 사건이 가까이에 있을 때 우리가 다른 원인들을 더 잘 통제할 수 있고 어떤 요인이 더 중요한지를 더 잘 가려낼 수 있음을 의미한다.

이론과의 관계

좋은 가상사실적 논리는 예전에 일어난 일에 대해 우리가 안다고 생각하는 것들의 정수(精髓)를 보여주는 기존의 이론에 기초해야 한다. 우리는 그 이론들에 설득력을 부여하는 모든 경우를 분석하며 어떤 가상사실이 신빙성이 있는지 확인해야 한다. 이론은 우리가 수많은 원인을 고찰하는 데 일관성과 조직적인 면을 갖게 하고, 우리가 무작위의 추측을 하지 않도록 도와준다. 예를 들어 '나폴레옹이 스텔스기를 가지고 있었더라면 워털루 전투에서 이겼을 것'이라는 가상사실의 배후에는 이론이 없다. 그 무작위성 덕분에 유쾌하기는 하지만 그러한 사고행위를 통해서 배울 것은 거의 없다.

그러나 우리가 냉전의 원인을 생각하고 있고, '1945년 당시 미국이 사회주의국가였다면'이라는 질문을 던졌다고 가정해보자. 그랬다면 과연 냉전이 벌어졌을까? 반대로 제2차 세계대전 이후 소련에 자본주의정부가 들어섰다면 냉전이 존재할 수 있었을까? 이와 같은 가상사실적 질문은 냉전이 근본적으로 이데올로기적 원인에 의해 일어났다는 이론을 조사한다. 대안이 될 만한 가설은 국제적 양극체제가 냉전을 불렀다는 것이다. 사실 제2차 세계대전 이후 국제체제에서 권력의 분포양상을 보면 미국이 사회주의국가였다 하더라도 어떤 형태로든 긴장이 있었을 것이라고 예측할 수도 있다. 이 가상사실적 논리는 비슷한 공산주의 이데올로기를 가진 국가들도 서로 전쟁을 벌였다는 사실을 지적함으로써 설득력을 얻을 수 있을 것이다. 이러한 가상사실은 세력균형이론과 이데올로기적 인과관계론을 평가할 수 있게 해준다. 이론과 연계된 가상사실은 정신적 실험이 더 광범위한 지식체계에 연계되기 때문에 일반적으로 더욱 흥미롭고 유용하다.

사실

효과적인 가설을 상상해내는 것만으로는 불충분하다. 가설을 사실과 연관지어 신중하게 조사해야 한다. 좋은 가상사실을 얻기 위해서는 나머지 사실을 정확하게 반영해야 하고 역사에 조심스럽게 접근해야 한다. 어떤 사고실험이 신빙성이 있는지를 조사할 때는 상수(常數)로 놓은 요소들이 사실에 부합하는지 유의해야 한다. 또한 우리는 동일한 사고실험에서 하나의 가상사실 위에 또 다른 가상사실 이론을 쌓지 않도록 주의해야 한다. 그러한 복합적 가상사실들은 너무 많은 요소가 한꺼번에 변하고, 실제 역사를 조심스럽게 조사함으로써 그 실험의 정확성을 판단할 수가 없기 때문에 혼란을 일으킨다.

요컨대 우리는 우리의 일상생활에서 가상사실을 자주 사용한다. 자연과학에서처럼 실험실이라는 환경이 존재하지 않는 국제정치에서 가상사실은 특히 유용하다. 그러나 어떤 가상사실은 다른 것보다 더 잘 구성되고 따라서 더 유용할 수 있기에 우리는 그것을 구성하는 데 신중해야 한다. 가상사실은 우리가 통제된 실험이 있을 수 없는 세계를 이해하고자 할 때 역사를 이론과 연계시키고 더 나은 판단을 할 수 있도록 도와준다.

일부 순수주의 역사가들은 '만약에 …… 했더라면'을 묻는 가상사실은 진정한 역사가 아니라고 말한다. 진정한 역사는 실제로 일어난 일뿐이라는 것이다. 그에게 '만약에 …… 했더라면'은 중요하지 않다. 그러나 그와 같은 순수주의자들은 우리가 무엇이 일어났는지뿐만 아니라 왜 일어났는지를 이해하고자 한다는 것을 간과하고 있다. 무엇인가가 '왜' 일어났는지를 알기 위해서는 무엇이 일어날 수 있었을지를 알 필요가 있고, 그것은 결국 가상사실이 필요하다는 말이 된다. 그래서 '역사란 단순히 무슨 일이 일어났는지 적어 내려가는 것'이라고 보는 역사가들이 없는 것은 아니지만, 대다수의 역사가들은 훌륭한 역사분석에는 훌륭한 가상사실적 분석이 필수불가결하다고 믿는다. 순수주의자들의 경고는 '나폴레옹의 스텔스기'처럼 조악한 가상사실을 피하는 데 도움을 줄 수는 있다. 그러나 다음 장에서 보게 될 것처럼, 어떤 가상사실적 분석이 사소하다고 말하는 것과 훌륭한 가상사실적 분석은 인과관계를 명확하게 인식하는 데 필수불가결하다고 말하는 것은 엄연히 다르다.

유럽 연표	
▶ 17세기	
1618~1648년	유럽 내 가톨릭과 프로테스탄트 국가 간의 분쟁인 30년 전쟁. 이 마지막 종교 대전쟁으로 독일은 황폐화됨
1643~1715년	루이 14세, 프랑스의 왕으로 재임
1648년	베스트팔렌조약, 30년 전쟁의 종결
1649~1660년	영국의 찰스 1세 참수와 크롬웰의 공화국
1652~1678년	해양패권을 차지하기 위한 영국-프랑스, 영국-네덜란드 전쟁
1660년	영국 스튜어트 왕조의 복원, 찰스 2세의 계승
1682~1725년	표트르 대제가 러시아의 서구화 시작
1683년	오스만제국의 빈 포위공격이 실패하다

1685년	루이 14세의 낭트칙령 무효선언, 프랑스의 프로테스탄트 박해
1688~1689년	영국 명예혁명
1688~1697년	아우크스부르크전쟁: 루이 14세에 대항한 전쟁

▶ 18세기

1700~1721년	대북방전쟁(Great Northern War): 러시아, 폴란드, 덴마크가 발트 해에서 스웨덴의 패권을 반대함. 러시아가 유럽의 강대국으로 등장
1701~1714년	스페인 왕위계승전쟁과 위트레흐트조약: 프랑스와 스페인 왕가의 영구적 분리. 프랑스의 힘이 더욱 쇠퇴
1707년	영국과 스코틀랜드의 연합으로 대브리튼(Great Britain) 형성
1740~1748년	오스트리아 왕위계승전쟁
1756~1763년	7년 전쟁: 이 식민지 전쟁을 통해 프랑스는 캐나다와 인도를 잃은 반면 영국은 세계의 주요 식민지국가로 등장
1775~1783년	미국 독립전쟁
1789~1799년	프랑스혁명
1799년	프랑스에서 나폴레옹이 쿠데타를 일으킴
1799~1815년	나폴레옹전쟁이 프랑스를 유럽대륙에서 가장 강력한 국가로 만듦

▶ 19세기

1801년	대영제국과 아일랜드의 합병으로 연합왕국(United Kingdom) 형성
1804~1814년	나폴레옹 1세, 프랑스의 황제로 재임
1806년	신성로마제국의 종말, 프란츠 2세가 황제의 권리를 포기
1810년	네덜란드왕국이 프랑스제국으로 편입됨
1812년	프랑스가 러시아를 침공함, 나폴레옹 군대의 몰락
1814~1815년	빈 회의, 유럽에서 왕정 부활
1815년	워털루 전쟁: 나폴레옹은 엘바 섬을 탈출했지만 영국과 프로이센 군대에게 패함
1833~1871년	독일의 통일

1837~1901년	영국의 빅토리아여왕시대, 산업 팽창과 번영의 시기
1848년	프랑스, 독일, 헝가리, 보헤미아에서 혁명이 일어남. 마르크스의 『공산당선언』 출간
1848~1916년	오스트리아 황제 프란츠 요제프의 재임기간, 1867년에 오스트리아–헝가리 제국의 통치자가 됨
1852~1870년	나폴레옹 3세, 프랑스 제2공화국의 황제로 재임
1854~1856년	크림전쟁: 영국과 프랑스가 러시아에 대항하기 위해 오스만제국을 지지
1855~1881년	러시아의 차르 알렉산드르 2세 재임
1859~1870년	가리발디에 의한 이탈리아의 정치적 통일과 문화적 민족주의의 성장
1861년	러시아 알렉산드르 2세가 농노를 해방함
1862~1890년	독일 재상 비스마르크가 독일제국을 일으킴
1864~1905년	러시아가 폴란드, 발칸, 중앙아시아로 팽창해나감
1867년	오스트리아–헝가리 제국 수립
1870~1871년	프랑스–프로이센 전쟁: 독일의 프랑스 침략. 프랑스 제3공화국 탄생
1870~1914년	유럽의 제국주의가 정점에 달함. 산업이 성장하고 노동운동 및 마르크스주의의 부상
1871년	파리 코뮌: 혁명의 중심지인 파리에서 시민들이 스스로 정부를 세워 국가와 전쟁을 벌임
1878년	베를린회의: 오스만제국의 대부분을 오스트리아, 러시아, 영국이 분할하여 가짐
1881년	러시아의 알렉산드르 2세 피살됨
1882년	독일, 오스트리아–헝가리, 이탈리아의 삼국동맹
1899~1902년	남아프리카공화국의 보어전쟁

▶ 20세기의 첫 10년

1904년	영국과 프랑스의 양국협상
1904~1905년	러일전쟁이 러시아의 패배로 끝남, 일본이 열강에 편입
1907년	러시아가 영국, 프랑스와 함께 삼국협상을 맺음

1. 빈 회의의 주요 목표는 무엇이었는가? 빈 회의는 전쟁 이전 유럽의 질서를 재현한 것인가 아니면 새로운 질서를 만들어낸 것인가?

2. 1815년에서 1848년까지 유럽체제의 성격은 무엇이라고 할 수 있는가? 그 성격은 18세기의 세력균형이나 19세기 후반의 국제체제와는 다른가? 다르다면 어떤 요소가 변화를 일으켰는가?

3. 유럽 체제에서 독일의 출현은 어떤 영향을 미쳤는가? 유럽에서 비스마르크의 전략은 무엇이었는가? 그의 관심은 세력균형을 이루는 것이었는가 아니면 이를 뒤집어엎는 것이었는가?

4. 왜 자유주의자들은 민주주의가 전쟁을 막을 수 있다고 생각하는가? 그들이 가진 시각의 한계는 무엇인가?

5. 월츠의 세 가지 이미지란 무엇인가? 그 이미지들은 어떻게 결합될 수 있는가?

6. 국제체제의 구조와 과정의 차이는 무엇인가? 과정이 어떻게 변화하는지를 이해하는 데 구성주의는 유용한가?

7. 가상사실적 역사란 무엇인가? 그것을 '이라크전쟁의 원인'과 같은 작금의 이슈를 다루는 데 활용할 수 있을까?

■■ 읽을 자료

1. Waltz, Kenneth, *Man, the State, and War: A Theoretical Analysis* (New York: Columbia University Press, 1959), pp. 1~15, 224~238.

2. Levy, Jack S., "Domestic Politics War", in Robert and Theodore K. Rabb(eds.), *The Origin and Prevention of Major Wars* (Cambridge, England: Cambridge University Press, 1989), pp. 79~99.

3. Detwiler, Donald, *Germany: A Short History* (Carbondale, IL: Southern Illinois University Press, 1989), pp. 104~148.

4. Ritter, Harry, "Counterfactual Analysis", in *Dictionary of Concepts in History* (New York: Greenwood Press, 1986), pp. 70~73.

5. Doyle, Michael, "Kant, Liberal Legacies, and Foreign Affairs", *Philosophy and Public Affairs* 12:3(Summer, 1983), pp. 205~235.

▪▪ 더 읽을 자료

Albrecht-Carrie, René, *A Diplomatic History of Europe Since the Congress of Vienna* (New York: Harper & Row, 1973).

Bartlett, C. J., *The Global Conflict: The International Rivalry of the Great Powers, 1880~1990* (London: Longman, 1994).

Blight, James G., and Janet M. Lang, *The Fog of War: Lessons from the Life of Robert S. McNamara* (Lanham, MD: Rowman & Littlefield, 2005).

Brown, Michael, and Sean Lynn-Jones(eds.), *Debating the Democratic Peace* (Cambridge, MA: MIT Press, 1996).

Bueno de Mesquita, Bruce, and David Lalman, "Empirical Support for Systemic and Dyadic Explanations of International Conflict", *World Politics* 41:1(October 1988). pp. 1~20.

Byman, Daniel, and Kenneth Pollack, "Let Us Now Praise Great Men: Bringing the Statesmen Back In", *International Security* 24:4(Spring 2001). pp. 107~146.

Craig, Gordon A., *Germany, 1866~1945* (New York: Oxford University Press, 1978).

Evangelista, Matthew, "Domestic Structure and International Change", in Michael Dolye and John Ikenberry(eds.), *New Thinking in International Relations Theory* (Boulder, CO: Westview Press, 1977).

Fearon, James D., "Counterfactuals and Hypothesis Testing in Political Science", *World Politics* 43:2(January 1991), pp. 169~195.

Ferguson, Niall, *The War of the World: Twentieth-Century Conflict and the Descent of the West* (Penguin Press, 2006).

Goldstein, Judith, and Robert O. Keohane, *Ideas and Foreign Policy* (Ithaca, NY: Cornell University Press, 1993).

Hoffmann, Stanley, "Liberalism and International Affairs", in *Janus and Minerva: Essays in the Theory and Practice of International Politics* (Boulder, CO: Westview Press, 1987), pp. 394~417.

Hopf, Ted, "Polarity, the Offense-Defense Balance, and War", *American Political Science Review* 85:2(June 1991), pp. 475~494.

Ikenberry, John, *After Victory: Institutions, Strategic Restraint, and the Rebuilding of Order After Major Wars* (Princeton, Princeton University Press, 2001).

Isaacson, Walter, and Evan Thomas, *The Wise Men: Six Friends and the World They Made* (New York: Simon & Schuster, 1986).

Jevis, Robert, *Perception and Misperception in International Politics* (Princeton, NJ: Princeton University Press, 1976).

Kennedy, Paul M., *Strategy and Diplomacy, 1870~1945: Eight Studies* (London: Allen & Unwin, 1983).

Keohane, Robert O., *After Hegemony* (Princeton: Princeton University Press, 1984).

Keohane, Robert O., and Joseph S. Nye, Jr., *Power and Interdependence: World Politics in Transition* (New York: Harper & Collins, 1989).

Kissinger, Henry A., *A World Restored: Metternich, Castlereagh, and the Problems of Peace, 1812~1822* (Boston: Houghton Mifflin, 1973).

Krüger, Peter, and Paul W. Schröder(eds.), *The Transformation of European Politics, 1763~1848: Episode or Model in Modern History?*(New York: Palgrave Macmillan, 2002).

Legro, Jeffrey, and Andrew Moravcsik, "Is Anybody Still a Realist?", *International Security*, 24(2)(1999), pp. 5~55.

Lipson, Charles, *Reliable Partners: How Democracies Have Made a Separate Peace* (Princeton, N: Princeton University Press, 2003).

Mansfield, Edward, and Jack Snyder, *Electing to Fight: Why Emerging Democracies Go to War* (Cambridge, MA: MIT Press, 2005).

Mearsheimer, John, "Back to the Future", *International Security* 15:1(Summer 1990). pp. 5~56.

_____, *The Tragedy of Great Power Politics* (New York: W. W. Norton, 2001).

Milner, Helen, *Interests, Institutions and Information* (Princeton: Princeton University Press, 1997).

Nye, Jr., Joseph S., "Neorealism and Neoliberalism", *World Politics* 40:2(January 1988), pp. 235~251.

Owen, John M., "How Liberalism Produces Democratic Peace", *International Security* 19:2(Fall 1994), pp. 87~125.

Rosato, Sebastian, "The Flawed Logic of Democratic Peace Theory", *American political Science Review* 97:4(November 2003), pp. 585~602.

Russett, Bruce, *Grasping the Democratic Peace: Principles for a Post-Cold War World* (Princeton, NJ: Princeton University Press, 1993).

Schroeder, Paul, "Historical Reality vs. Neorealist Theory", *International Security*, 19:1(Summer 1994). pp. 108~148.

Schroeder, Paul W.(ed.), *Systems, Stability, and Statecraft: Essays on the International*

History of Modern Europe (New York: Palgrave Macmillan, 2004).

Schweller, Randall, "Neo-realism's Status-Quo Bias: What Security Dilemma?", *Security Studies* 5(1996), pp. 90~121.

Taylor, A. J. P., *The Struggle for Mastery in Europe, 1848~1918* (Oxford, England: Clarendon Press, 1971).

Vasquez, John A.(ed.), *What Do We Know About War?* (New York: Rowman & Little-field, 2000).

Wolfers, Arnold, *Discord and Collaboration: Essays on International Politics* (Baltimore: Johns Hopkins Press, 1962).

Zakaria, Fareed, *The Future of Freedom: Illiberal Democracy at Home and Abroad* (New York: Northon, 2003).

Zelikow, Philip, and Condoleezza Rice, *Germany Unified and Europe Transformed: A Study in Statecraft* (Cambridge: Harvard University Press, 1997).

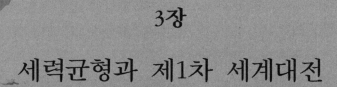

3장
세력균형과 제1차 세계대전

제1차 세계대전: 전투 이후.

세력균형

제1차 세계대전의 원인은 종종 국제정치의 주요 개념 중 하나인 세력균형 탓으로 돌려졌다. 세력균형은 가장 혼란스러운 개념 중 하나로, 온갖 종류의 것을 묘사하고 정당화하기 위해 막연하게 사용되어왔다. 18세기 영국의 철학자인 흄(David Hume)은 세력균형은 분별력 있는 정치의 불변의 법칙이라고 표현했다. 그러나 19세기의 자유주의자인 콥든은 세력균형을 "표현된 바 없었고, 표현될 수 없으며, 이해될 수도 없는 무(無), 즉 키메라(chimera)"라고 지칭했다.[1] 제1차 세계대전 당시 미국의 대통령이었던 우드로 윌슨은 세력균형을 사악한 원칙이라고 여겼다. 세력균형이 국민의 이해와 상관없이 지도자가 정치적 편의에 따라 국가를 마음대로 자를 수 있는 치즈처럼 다루도록 조장한다고 생각했기 때문이다.

윌슨은 또한 세력균형이 전쟁을 일으킨다고 믿었기 때문에 이를 더욱 혐오했다. 세력균형의 지지자들은 그것이 안정을 창출한다고 주장하지만 평화와 안정은 엄연히 다르다. 유럽에서 국가체제가 지속된 5세기 동안 강대국들은 119번의 전쟁에 연루되었다. 평화로운 시기는 드물었다. 그 기간의 4분의 3 동안 강대국 중 적어도 한 나라는 전쟁 중이었다. 그 119번의 전쟁 중 10번은 다수의 강대국들이 개입한, 우리가 패권전쟁 또는 세계대전이라고 부르는 대규모 전쟁이었다. 따라서 만약 세력균형이 5세기가 넘는 근대국가체제 기간에 평화를 잘 유지했느냐고 묻는다면 그에 대한 대답은 '아니오'가 될 수밖에 없다.

이런 대답은 그리 놀라운 일이 아니다. 국가가 세력균형을 이루는 것은 평화가 아니라 독립을 지키기 위해서이기 때문이다. 세력균형은 개별 국가의 무정부체제를 유지하는 데 도움이 된다. 모든 국가를 지킬 수 있는 것은 아니다. 예를 들면 18세기 말에 폴란드는 정말로 치즈처럼 나뉘었다. 폴란드의 이웃인 오스트리아, 프로이센, 러시아는 모두 커다란 조각 하나씩을 집어삼켰다. 좀 더 최근의 예를 들자면 1939년에 스탈린과 히틀러는 다시 폴란드를 분할하는 협상을 체결했고 발트 연안 국가들을

---

1 Richard Cobden, *The Political Writings of Richard Cobden* (London: Unwin, 1903, New York, Kraus Reprint, 1969).

소련에게 내주었다. 그 바람에 리투아니아, 라트비아, 에스토니아는 1991년까지 거의 반세기를 소련의 공화국으로 지내야 했다. 세력균형은 평화를 유지하지 못하고 국가의 독립도 항상 지켜온 것은 아니지만 국가의 무정부상태는 유지해왔다.

권력

세력균형을 이해하기 위해서는 권력과 함께 시작해야 한다. 권력은 사랑과 같이 경험하기는 쉽지만 정의를 내리거나 측정하기는 어렵다. 권력은 자기의 목적이나 목표를 달성할 수 있는 능력이다. 더 구체적으로 말하자면 권력은 원하는 결과를 내기 위해 다른 이들에게 영향을 미치는 능력이다. 예일대의 정치학자인 달(Robert Dahl)은 권력을 그것이 아니라면 하지 않았을 일을 상대방이 하게 만드는 능력이라고 정의한다. 그러나 우리가 다른 이의 행동 변화를 가지고 권력을 측정하자면 먼저 그들의 선호를 알아야 한다. 그렇게 하지 않을 경우에는 실수를 저지를 수 있다. 마치 여우가 덤불토끼를 가시덤불에 던지면서 토끼를 괴롭히고 있다고 생각하는 것처럼 말이다. 이와 같은 노력 없이 상대방 국민이나 국가가 어떻게 행동할 것인지 예측하기는 어렵다.

행위로서 권력을 정의하는 것, 즉 권력의 행위적 정의는 과거를 재구성하는 데 상당한 시간을 할애하는 분석가나 역사가에게는 유용할지도 모르지만 실용적인 정치가와 지도자에게는 너무 부질없는 것일 수도 있다. 상대방에게 영향력을 행사하는 능력은 특정한 자원의 소유 여부와 관련되어 있는 경우가 많기 때문에 정치적 지도자들은 대부분 이러한 방법을 사용하여 권력을 정의한다. 그 자원에는 인구, 영토, 천연자원, 경제적 규모, 군사력, 정치적 안정 등이 있다. 이와 같은 정의의 미덕은 권력을 행위적 정의의 방법보다 더 구체적이고, 측정가능하고, 예측가능한 것으로 만든다는 데 있다. 이와 같은 의미에서 권력은 이 국제적 포커게임에서 좋은 카드를 가지고 있음을 뜻한다. 포커의 기본적인 규칙은 상대방이 당신의 어떤 카드패도 이길 수 있다면 게임을 포기하라는 것이다. 만약 전쟁에서 질 것 같으면 아예 시작을 하지 마라.

그러나 어떤 전쟁은 결국에는 진 쪽에서 일으키는 경우가 있는데 이는 정치지도자가 때로는 위험을 감수하거나 실수를 저지른다는 것을 보여준다. 1941년의 일본과 1990년의 이라크가 그 예이다. 국제정치의 포커게임에서는 상대방의 카드패가 모두 보이지 않는 경우도 많다. 포커에서와 마찬가지로 허풍과 속임수가 있으면 결과는 크게 달라질 수 있다. 설사 속임수가 없다 하더라도 특정한 상황에서 가장 적절한 권력자원이 무엇인지 판단하는 데 실수가 있을 수도 있다. 예를 들어 1940년에 프랑스와 영국은 히틀러보다 더 많은 탱크를 가지고 있었지만, 히틀러는 더 우수한 기동력과 군사전략을 가지고 있었다.

우리가 권력을 자원의 관점에서 생각하다 보면 '권력의 전환(power conversion)'이라는 기본적인 문제가 제기된다. 능숙한 포커꾼은 나쁜 패를 가지고도 이기는 것처럼, 어떤 국가는 그들이 가지고 있는 자원을 효과적인 영향력으로 변환하는 데 다른 국가보다 더 뛰어나다. 권력의 전환이란 자원으로 판단되는 잠재적인 권력을 다른 국가의 변화된 행동으로 판단되는 현실적 권력으로 전환시키는 능력이다. 따라서 결과를 제대로 예측하려면 국가가 가지고 있는 권력자원뿐만 아니라 권력의 전환능력까지도 알아야 한다.

또 다른 문제는 특정한 상황에서 어떤 자원이 권력을 위한 최선의 기반을 마련해주는지를 결정하는 일이다. 권력자원은 항상 상황에 의존한다. 탱크는 습지에서는 효과적이지 않으며, 우라늄은 19세기에는 권력자원이 아니었다. 예전에는 권력자원을 판단하는 것이 더 쉬웠다. 예를 들면 18세기 유럽의 농경체제에서는 '인구'가 세금과 병력의 원천으로서 결정적인 권력자원이었다. 당시 인구 면에서는 프랑스가 서유럽을 압도했다. 이에 따라 나폴레옹전쟁(1799~1815) 이후 빈 회의(1815)에서 프로이센은 다른 전승국들에게 힘의 균형을 유지하기 위한 재건계획을 발표했다. 그 계획은 1805년 이후 프로이센이 상실한 영토와 인구, 그리고 그런 상실을 만회하는 데 필요한 영토와 인구를 다루고 있었다. 민족주의 시대 이전에는 그런 지역에 살고 있는 사람들이 독일어를 사용하지 않거나 프로이센인이라는 의식이 없어도 그다지 중요하지 않았다. 그러나 반세기가 지나자 민족적 정서는 매우 중요한 문제가 되었다.

19세기에 일어난 또 다른 변화는 신속한 이동을 가능하게 하는 산업과 철도시스템의 중요성이 커졌다는 것이다. 1860년대에 비스마르크의 독일은 속전속결을 위해 철도를 통한 병력이동이라는 신기원을 열었다. 반면 러시아는 언제나 유럽의 다른 국가들보다 많은 인구자원을 가지고 있었지만, 정작 그 인구를 동원하기는 어려웠다. 1914년에 독일이 러시아의 부상을 두려워한 이유 중 하나는 20세기 초 러시아 서부에 철도보급이 확대되었기 때문이다. 더욱이 유럽대륙에 철도체제가 확산되자 영국은 사치스럽게 해군력에만 집중할 수가 없게 되었다. 이제는 꼭 필요할 때만 군대를 투입하여 다른 강대국이 대륙을 지배하는 것을 막을 수 있는 시간적 여유가 없어진 것이다.

전쟁에 산업기술을 적용한 효과는 장기적이고 강력했다. 1945년 핵시대가 개막되면서 선진 과학과 기술은 더욱더 결정적인 권력자원으로 자리 잡았다. 그러나 핵무기의 힘은 너무나 무시무시하고 파괴적이어서 이를 실제로 사용하는 것은 제약을 받고 있다. 간단히 말해서 핵전쟁은 너무나 값비싼 대가를 요구한다. 사실 어떤 무력의 사용이 부적절하거나 대가가 너무 큰 경우는 아주 많다.

비록 무력을 직접적으로 사용하는 것이 어떤 국가그룹 사이에서는 금지되어 있다 하더라도 군사력은 막후에서 계속 중요한 역할을 할 것이다. 예를 들면 동맹국에 대한 위협을 억지하거나 페르시아 만에서 석유와 같은 중대한 자원에 대한 접근을 보장하는 미국의 군사적 역할은 방위력의 존재가 협상카드로 사용될 수 있음을 의미한다. 때로는 연관관계가 좀 더 직접적일 수도 있다. 7장에서 보겠지만, 그 연관관계는 공공연하게 언급되기보다는 지도자의 사고의 배경으로서 존재한다.

다른 국가를 강제로 변화시키는 것은 권력의 직접적 또는 명령적 활용방법이다. 그와 같은 '하드파워(hard power)'는 권유('당근') 또는 위협('채찍')에 의존한다. 그러나 더욱 부드러운(soft) 혹은 간접적인 방법으로 권력을 사용할 수도 있다. 어떤 국가는 국제정치에서 자신이 원하는 결과를 다른 국가가 따르고자 할 때, 또는 그런 결과를 가져오는 체제에 다른 국가들이 동의했을 때 성취할 수 있다. 따라서 세계정치에서 어젠다를 설정하여 다른 국가들의 마음을 끄는 것은 특정한 상황에서 직접적으로 다른 국가를 변하게끔 강제하는 것만큼이나 중요하다. 이런 측면의 권력 — 즉 다른 이가 당신이 원하는 것을 원하게 만드는 권력 — 은 마음을 끄는 행위 또는 '소프트파워(soft power)'라고 부를 수 있다. 소프트파워는 아이디어의 매력 또는 자신이 원하는 것을 다른 이들이 표현하게 하는 방식으로 정치적 의제를 설정하는 능력에 달려 있다고 할 수 있다. 10대 부모들은 만약 그들이 자식의 신념과 선호를 구축할 수 있다면 행동통제에만 의존했을 때보다 그들의 권력이 더 강해지고 장기적인 것이 됨을 알고 있다. 이와 비슷하게, 오래전부터 정치지도자와 구조주의 이론가들은 권력이 의제를 설정하고 논쟁의 틀을 결정하는 데서 나온다는 것을 인식하고 있었다. 선호를 형성하는 능력은 무형의 권력자원인 문화와 이데올로기, 제도와 관련되어 있는 경우가 많다.

소프트파워가 필연적으로 하드파워보다 효과적이거나 윤리적이지는 않다. 뒤틀려 있는 마음이 뒤틀린 팔보다 항상 나은 것은 아니다. 도덕적 판단은 힘을 사용하는 목적에 따라 달라진다. 예를 들어 테러리스트 지도자인 오사마 빈 라덴은 2001년의 공격을 수행한 그의 추종자들의 눈에는 소프트파워를 가진 것으로 비쳤다. 소프트파워는 자유주의이론보다는 현실주의이론과 관련이 있다. 월츠와 같은 신현실주의자들은 사상들의 역할에 별로 관심을 기울이지 않는 유물론적인 경향을 가지고 있다. 그들은 현실주의이론을 허약하게 만들 정도로 거의 노력을 기울이지 않았다. 투키디데스나 마키아벨리 또는 모겐소(Hans Morgenthau) 같은 고전적 현실주의자들은 사상을 권력의 원천으로서 절대로 경시하지 않았다. 현실주의자들 가운데 방어적인 현실주의자들은 국가가 안보의 극대화를 모색한다고 추정하는 반면, 공격적인 현실주의자들은 국가가 권력의 극대화를 모색한다고 추정한다.

권력은 그 원천이 유형의 것이든 아니든 원하는 결과를 얻기 위해 다른 이에게 영향을 주는 능력이다. 소프트파워는 종종 정부가 사용하기에 더 어려우며 성과가 더디게 나고 여러 가지로 효율적이지 못하다. 그러나 분석가들은 애써 그것을 부정한다. 예를 들어 1762년 프로이센의 프리드리히 대왕이 프랑스, 오스트리아, 러시아 연합군에게 거의 패배할 뻔했을 때, 그는 새 러시아 황제인 표트르(Pyotr III, 1728~1762)가 그를 경모한 나머지 자국 군대를 대프로이센연합군에서 철수시키는 바람에 구원을 받았다. 미국이 보기에 1917년의 영국은 독일보다 더 큰 소프트파워를 갖고 있었으며, 그것은 제1차 세계대전에서 미국이 영국 측에 가담하는 데 영향을 주었다. 더 최근의 사례로는 제2차 세계대전에서 유럽의 지지를 이끌어낸 프랭클린 루스벨트 대통령의 '네 가지 자유(언론과 발표의 자유, 신앙의 자유, 가난으로부터의 자유, 공포로부터의 자유)'에 대한 연설이 포함될 것이며, 냉전시대에 '라디오 자유유럽'을 통해 미국의 음악과 뉴스를 들은 철의 장막 안의 젊은이들과 다른 나라들을 끌어들이고 있는 최근 EU의 능력을 들 수 있을 것이다.

하드파워와 소프트파워는 서로 관련이 있기는 하지만 동일한 것은 아니다. 물질적 성공은 특정 문화와 이데올로기를 매력적으로 보이게 하고, 경제적·군사적 실패는 자신감의 상실과 정체성의 위기로 이어질 수 있다. 그러나 소프트파워가 하드파워에만 의존하는 것은 아니다(표 3.1 참조). 바티칸의 소프트파워는 19세기에 교황령의 영토가 줄어들었다고 해서 쇠퇴하지는 않았다. 캐나다, 스웨덴, 네덜란드는 비슷한 경제적·군사적 능력을 가진 국가들보다 더 많은 영향력을 가지고 있다. 제2차 세계대전 이후 소련은 유럽에서 상당이 큰 소프트파워를 가지고 있었으나 1956년의 헝가리 침공과 1968년의 체코 침공으로 이를 탕진했다.

오늘날에는 어떤 자원이 가장 중요한 권력의 원천이라고 할 수 있는가? 5세기에 걸친 근대국가체제를 살펴보면, 시대에 따라 각기 다른 권력자원이 결정적인 역할을 했음을 알 수 있다. 권력자원은 결코 정지상태에 있는 것이 아니며 지금 이 순간에도 계속 변화하고 있다. 더욱이 그것들은 세계 여러 곳에서 각양각색으로 나타난다.

표 3.1 주도국가와 주요 권력자원		
시기	주도국가	주요 권력자원
16세기	스페인	금괴, 식민지무역, 용병, 왕가의 혈통
17세기	네덜란드	무역, 자본시장, 해군
18세기	프랑스	인구, 농경산업, 공공행정, 육군, 문화, 소프트파워
19세기	영국	산업, 정치적 단결, 금융과 신용, 해군, 자유주의적 규범(소프트파워), 방어가 쉬운 섬의 입지
20세기	미국	경제규모, 과학적·기술적 지도력, 위치, 군사력과 동맹, 보편적 문화, 자유주의적 국제제도(소프트파워)
21세기	미국	기술지도국, 군사력과 경제규모, 초국가적 커뮤니케이션 허브(소프트파워)

정보화시대에 진입하여 민주적인 평화가 정착된 탈산업화사회들의 관계에서는 소프트파워가 더 중요한 역할을 하고 있다. 하드파워는 종종 현재 산업화가 이루어지고 있거나 전산업화단계에 있는 사회에서 더욱 중요하다.

7장과 8장에서 더 상세히 살펴보겠지만, 정보기반경제와 초국가적 상호의존의 시대에 권력은 점점 더 양도할 수 없고 실체적이지 않으며 강제성이 약한 경향을 갖는다. 전통적인 분석가들은 분쟁의 결과를 주로 누구의 군대가 이기는지를 기초로 하여 예측하려고 했다. 오늘날 초국가적 테러리즘에 대항한 전쟁과 같은 분쟁에서는 동시에 어느 쪽의 이야기가 이기는지가 중요하다. 하드파워는 핵심적인 테러리스트들과 싸우는 데 필요하지만, 여차하면 테러리스트들의 편에 서게 될 수도 있는 주민들의 마음을 얻기 위해 소프트파워를 이용하는 것이 똑같이 중요하다.

권력의 변화는 세계 모든 곳에서 동일하게 일어나지 않는다. 21세기에는 분명 정보와 제도의 힘이 더 큰 역할을 하겠지만, 중동이 증명하고 있듯이 군사적인 하드파워는 여전히 중요한 요소이다. 시장과 천연자원 모두와 관련하여 경제적 규모는 여전히 중요할 것이다. 현대 경제에서는 서비스 분야가 발전할수록 서비스업과 제조업의 구분은 계속 모호해질 것이다. 정보의 양은 더 방대해지고, 신속하고 유연하게 대응할 수 있는 조직적 능력이 중요한 자원이 될 것이다. 보편적이고 수출가능한 대중문화의 육성 못지않게 정치적 결속도 계속해서 중요성을 유지할 것이다.

변화하는 권력자원을 측정하기 어렵다는 점은 세력균형을 계산하는 지도자에게는 중대한 문제이다. 국제정치분석가들이 볼 때 이 세력균형이라는 용어가 다른 뜻으로 사용되면 혼란이 더해진다. 우리는 무절제하게 사용되는 같은 용어들 속에 담긴 개념들을 분석하여 명확하게 하려고 노력해야 한다. 세력균형은 적어도 다음의 서로 다른 세 가지 것을 가리킨다.

권력 분산으로서의 세력균형

첫째, 세력균형은 권력 분산을 의미한다. 누가 권력자원을 가지고 있는가? 가끔 사람들은 세력균형을 기존 권력의 분산을 유지하는 것, 즉 현상유지의 뜻으로 사용한다. 그런 맥락에서 1980년대에 일부 미국인들은 니카라과가 공산주의국가가 된다면 세력균형에 변화가 있을 것이라고 주장했다. 하지만 그와 같은 용어 사용은 명징한 것이 아니다. 만약 한 약소국이 다른 편에 가서 붙었다면 기존의 세력분포를 약간 변화시킬지는 모르지만 하찮은 변화에 불과할 것이며 세계정치에서 일어나고 있는 더 근원적인 변화들과는 대개 상관이 없을 것이기 때문이다.

이 용어는 또한 권력이 동등하게 분산되어 있는 특이한 (그리고 희귀한) 상황을 가리키기도 한다. 이 같은 용법은 균형을 잘 맞춘 저울을 연상시킨다. 몇몇 현실주의자들은 세력균형이 균등하게 분포되어 있으면 안정이 이루어진다고 주장한다. 그러나 다른 이들은 한쪽이 월등한 힘을 가지고 있어 다른 쪽이 감히 공격하지 못할 때 안정이 보장된다고 주장한다. '패권안정이론'은 세력의 불균형이 평화를 만들어낸다고 주장한다. 강력한 패권국가가 있어야 안정이 보장되고, 그 패권국가가 힘을 잃기 시작하고 새로운 도전자가 나타나면 전쟁의 가능성이 높아진다는 것이다. 투키디데스가 펠로폰네소스전쟁을 설명한 방식을 생각해보자. 아테네의 힘이 커지고 그것이 스파르타에게 공포를 안겨주었다는 논리는 이 패권전이이론과 잘 맞아떨어진다. 뒤에서 살펴보겠지만 제1차 세계대전의 경우도 마찬가지이다.

그러나 우리는 그와 같은 이론을 경계해야 한다. 왜냐하면 그 이론은 분쟁을 과대하게 예측하는 경향이 있기 때문이다. 1880년대에 미국은 세계 제1의 경제강국으로 떠오르며 영국을 추월했다. 1895년에 미국과 영국은 남미의 국경문제를 놓고 분쟁을 벌였고 그것은 전쟁으로 발전할 것처럼 보이기도 했다. 신흥도전자, 기존의 패권, 분쟁의 원인이라는 삼박자가 맞아떨어졌지만 1895년에 영미 간 대전쟁은 발발하지 않았다. 셜록 홈즈의 말처럼 우리는 짖지 않는 개에게서 중요한 단서를 얻을 수 있다. 이 경우에 영미 양국 간에 전쟁이 없었다는 사실은 다른 분쟁의 원인을 살펴볼 필요가 있다는 뜻이 된다. 현실주의자들은 오히려 영국에게는 독일의 부상이 직접적인 위험이었다고 지적한다. 자유주의자들은 같은 영어권에 속한 두 국가에서 민주적 성향이 증가한 점과, 기존 패권국과 신흥도전국 사이에 초국가적인 문화적 연계가 있었음을 지적한다. 세력균형이라는 단어가 담고 있는 첫 번째 의미에 대해 내릴 수 있는 최선의 결론은, 강대국들 간의 권력 분포가 불균등한 쪽으로 변하는 것은 전쟁과 불안정을 설명하는 유일한 요소는 아닐지라도 적어도 하나의 요소는 될 수 있다는 것이다.

정책으로서의 세력균형

세력균형이라는 용어의 두 번째 용법은 하나의 균형정책을 의미하는 것이다. 세력 균형은 국가들이 한 국가가 압도적인 힘을 얻는 것을 저지하기 위해 행동할 것이라고 예측한다. 이 예측은 오랜 역사를 가지고 있다. 1848년 영국 외상인 파머스톤 경(Lord Palmerston)은 영국에게는 영원한 우군도 영원한 적도 없다고 말했다. 영국은 영국의 이익만 생각한다는 것이다. 1914년 영국 외상인 에드워드 그레이 경(Sir Edward Grey)은 "전쟁을 원하지 않았지만 하게 되었다. 독일이 유럽 대륙을 지배하여 우위를 점하게 될 것을 우려했기 때문이다"라는 말을 남겼다. 1941년에 히틀러가 소련을 침공했을 당시 윈스턴 처칠 수상은 영국이 그가 몇 년 전만 해도 맹렬히 비난했던 스탈린과 동맹을 맺어야 한다고 말했다. 그는 "히틀러가 지옥으로 쳐들어갔다면 나는 의회에서 악마에 대해 적어도 호의적으로 말했을 것이다"라고 말했다.[2] 이러한 말들은 정책으로서의 세력균형을 보여주는 좋은 사례이다.

이러한 행동에 대한 예측은 다음의 두 가지 가정에 기초한다. ① 국제정치의 구조는 무정부국가체제이고, ② 국가는 무엇보다도 자신의 독립을 중시한다는 것이다. 세력균형정책은 국가가 필연적으로 권력을 극대화하기 위해 행동한다고 가정하지는 않는다. 사실 국가가 권력을 극대화하고자 한다면 전혀 다른 경로를 선택할지도 모른다. 국가는 누가 되었든 강해 보이는 쪽과 힘을 합해 승자의 전리품을 나눌 수 있는 '무임승차(bandwagon)'를 택할 수도 있는 것이다. 무임승차는 국내정치에서는 흔히 볼 수 있는 현상으로 많은 정치가들은 승산이 높은 대권주자에게 모여든다. 그러나 세력균형의 논리는 국가가 약하게 보이는 쪽으로 합류한다는 것인데, 그것은 특정국가가 패권을 가지는 것을 저지하기 위해서이다. 국제정치에서 무임승차는 패할 경우 독립을 상실하는 위험을 내포하고 있다. 1939년과 1940년에 무솔리니는 다소라도 승리의 과실을 얻기 위해 프랑스 공격에 가담했으나, 그 후 이탈리아는 점점 독일에 의존하게 되었다. 그것이 세력균형정책이 약한 쪽에 가세하라고 말하는

---

2 Winston Churchill, June 22, 1941, to his private secretary Sir John Colville, quoted in Robert Rhodes James(ed.), *Churchill Speaks: Winston Churchill in Peace and War: Collected Speeches 1897~1963* (New York: Chelsea, 1980).

이유이다. 세력균형정책은 약자를 돕는 정책이다. 당신이 강자를 돕는다면 당신을 배신하여 집어삼킬 수도 있기 때문이다.

국가는 무력을 증강시킴으로써 혼자서 세력균형을 이루려고 시도할 수도 있고, 패권국과 균형을 이루는 데 유용한 권력자원을 가진 다른 국가들과 동맹을 맺을 수도 있다. 이는 국제정치에서 매우 흥미롭고 설득력 있는 예측 중 하나이다. 오늘날의 중동이 좋은 예라고 할 수 있다. 6장에서 보게 될 것처럼, 1980년대 초반에 이란과 이라크가 전쟁에 돌입했을 당시 몇몇 비평가들은 모든 아랍 국가들이 호메이니(Ayatollah Khomeini)의 이란에 대항하여 바트(Ba'ath)당과 아랍군을 대표하는 사담 후세인의 이라크를 지지할 것이라고 생각했다. 이란은 페르시아 문화와 이슬람 종파 중 소수파인 시아파를 대표하고 있었기 때문이다. 그러나 시리아는 바트당 출신의 세속적인 정치지도자가 있었음에도 이란의 동맹국이 되었다. 왜? 바로 시리아가 인접국가인 이라크의 힘이 커지는 것을 원하지 않았기 때문이다. 시리아는 이데올로기적 선호와 상관없이 이라크의 힘을 견제하는 쪽을 선택했다. 이데올로기에 의해 국가의 행동을 예측하는 것은 종종 빗나간다. 반면 세력균형에 기초한 반직관적인 (counterintuitive) 예측이 올바른 결론이 되는 경우가 많다.

물론 예외가 없는 것은 아니다. 인간의 행동은 완벽하게 결정론적이지는 않다. 인간은 선택권을 가지고 있으며 예측대로만 행동하지도 않는다. 특정한 상황이 특정한 형태의 행동을 유발하는 경향이 있는 것은 사실이지만, 상세한 부분까지 모두 예측할 수는 없다. 복잡한 강의실에서 누군가가 '불이야' 하고 외치면 학생들이 출구를 향해 뛰어갈 것이라고 예측할 수는 있지만, 그 출구가 어느 출구가 될지는 예측할수 없다. 모든 사람들이 같은 출구를 선택하여 우르르 몰려들면 많은 사람들이 탈출할수 없게 될 수도 있다. 국제정치이론에도 중대한 예외가 있는 경우가 많다. 비록 '정책으로서의 세력균형'이 국제정치에서 가장 강력한 예측기(predictor) 중의 하나이기는 하지만, 그 기록은 완벽과는 거리가 멀다.

왜 국가들이 때로는 세력균형의 원리와는 반대로 약자가 아닌 강자 쪽에 가세하거나 아니면 자주노선을 취함으로써 독립을 잃을지도 모르는 위험을 감수하는가? 선택의 여지가 없다고 생각했거나 그들의 행동이 세력균형에 영향을 미치지 않으리라고 믿었기 때문일 수도 있다. 그렇다면 약소국은 중립이 어느 정도의 자유를 보장해주기를 바라면서 강대국의 세력범위 안으로 들어가야 한다고 결정할 수도 있다. 예를 들어 제2차 세계대전 이후 핀란드는 소련과의 전쟁에서 패배했고 게다가 유럽의 중심부에서 멀리 떨어져 있었다. 그런 상황에서 핀란드인들은 스스로 유럽의 세력균형의 일부가 되기보다는 중립을 취하는 편이 더 안전하다고 생각했다. 그들은 소련의 영향력 아래 있었으며, 그들이 할 수 있는 최선의 선택은 내정의 독자성을 위해 외교정책의 자주권을 내놓는 것이었다.

세력균형의 예측이 종종 맞지 않는 또 다른 이유는 위협에 대한 인식과 관련된다. 예를 들면 1917년 당시 각 국가들의 권력자원을 산술적으로 계산해보면 미국은 독일 쪽으로 가세해야 했다. 영국, 프랑스, 러시아는 세계 산업자원의 30%를 보유하고 있었던 반면 독일과 오스트리아의 자원은 19%에 불과했기 때문이다. 그러나 실제로는 그렇게 전개되지 않았다. 그것은 미국이 얼마간 독일을 군사적으로 미국보다 강하며 전쟁을 벌인 침략자라고 인식했기 때문이며, 또한 독일이 미국의 군사적 잠재력을 과소평가했기 때문이기도 하다.

위협에 대한 인식은 종종 그 위협이 얼마나 근접한 것인가에 의해 영향을 받는다. 한 나라는 전 세계를 기준으로 보면 약소국의 범주에 들지도 모르지만 그와 이웃하고 있는 특정 지역에서는 위협적인 존재가 될 수도 있다. 1890년대의 영국과 미국을 생각해보자. 영국은 미국과 전쟁을 벌일 수 있었음에도 유화정책을 폈으며, (미국이 해군력의 위상을 높일 수 있는 기회가 되었던) 파나마운하 건설을 포함해 많은 것들을 포기했다. 그 이유 중 하나는 영국이 멀리 떨어진 미국보다는 가까이 있는 독일을 더 걱정했기 때문이다. 미국은 독일보다 더 강한 국가였지만 영국인들의 눈에 어느 쪽이 더 위협적으로 보이는지를 결정하는 데 영향을 미친 것은 누가 더 가까이 있느냐 하는 것이었다. 근접성은 국제정치에서 1945년 이후의 동맹관계를 설명하는 데도 도움이 된다. 미국의 힘은 소련보다 강했다. 그런데도 왜 유럽과 일본은 미국에 대항하기 위해 소련과 동맹을 맺지 않았는가? 그 대답 중 하나는 '위협의 근접성'이다. 유럽과 일본의 시각에서 볼 때 소련은 직접적인 위협이었던 반면 미국은 멀리 있었다. 유럽과 일본은 멀리 떨어진 세력을 불러들여 인접한 이웃을 상대로 그 지역의 세력균형을 이루었다. 근접성이 종종 위협에 대한 인식에 영향을 미친다는 사실을 통해 권력자원을 단순히 산술적으로 따지는 것은 적절한 예측이 아님을 알 수 있다.

세력균형에 기초한 예측에서 또 다른 예외는 세계의 경제적 상호의존성이 증가되고 있다는 점과 관련이 있다. 세력균형정책에 따르자면 프랑스는 독일이 성장하는 것을 원하지 않아야 한다. 그러나 경제의 통합으로 인해 독일의 성장은 프랑스의 성장을 자극하고 있다. 그리고 프랑스의 정치가는 경제가 성장하면 재선될 가능성이 높다. 프랑스와 독일의 경제가 매우 상호의존적이기 때문에 독일의 경제성장을 방해하는 정책은 현명하지 못한 것이다. 경제적인 시각에서 볼 때, 세력균형정책을 단순하게 추구한다면 공동의 이익을 잃을 수도 있다.

마지막으로 이데올로기는 때때로 국가가 약자보다는 강자를 택하게 만든다. 투키디데스의 시대에도 민주적 도시국가는 아테네와, 과두제적 도시국가는 스파르타와 동맹을 맺을 가능성이 높았다. 1890년대에 영국이 미국에 대해 유화정책을 편 것이나 1945년 이후 유럽 국가들이 미국과 함께 민주주의국가들의 동맹을 구성한 것은 위험의 근접성이라는 요소뿐 아니라 이데올로기의 영향을 받았기 때문이다. 그러나 우리는 너무 많은 것을 이데올로기를 통해 예측하는 것을 경계해야 한다. 그런 예측은 엄청난 실수가 될 수도 있기 때문이다. 대다수의 유럽인들은 1939년 당시 스탈린과 히틀러가 이데올로기적으로 정반대편에 있기 때문에 같은 편이 될 수 없을 것이라고 믿었다. 그러나 스탈린과 히틀러는 이데올로기적 스펙트럼의 중간에 위치한 국가들을 상대로 세력균형의 고려에 기초해 동맹을 체결했다. 마찬가지로 1960년대에 미국은 중국, 소련, 베트남, 캄보디아를 그들이 공산주의국가라는 이유만으로 비슷하게 대응하는 오판을 저질렀다. 세력균형에 기초해 정책판단을 했더라면 미국은 이 공산국가들이 서로를 견제할 것이라고 예측(이는 미국이 궁극적으로 도달한 결론과 같았다)했을 것이며, 그 결과 좀 더 적은 비용으로 동아시아지역의 안정을 추구할 수 있었을 것이다.

다극체제로서의 세력균형

세 번째로 '세력균형'이라는 용어는 다극체제의 역사적 사례를 묘사하는 데 사용된다. 19세기의 유럽은 온건한 다극적 세력균형체제의 전형으로 일컬어졌다. 굴릭(Edward Gulick)과 같은 역사가는 18세기의 유럽체제를 가리킬 때 '고전적 세력균형'이라는 용어를 사용한다. 이와 같은 의미의 세력균형은 일반화된 게임의 규칙을 준수하는 몇몇 국가들을 필요로 한다. 세력균형이라는 용어에 대한 이러한 용법은 역사적 체제를 가리키는 것이기 때문에 여기서는 앞서 2장에서 소개한 국제체제의 두 차원인 구조와 과정을 가지고 살펴보기로 하자. 19세기의 다극적 세력균형체제가 1815년부터 1914년까지 근대국가체제에서 세계대전이 일어나지 않은 최장기간의 휴지기를 만들어낸 것은 사실이지만, 그 기간의 복잡한 역사를 지나치게 단순화하거나 낭만적으로 생각해서는 안 될 것이다(표 3.2 참조).

신현실주의자들은 19세기 유럽의 세력균형구조가 세기말로 나아가면서 점차 변화했다고 강조한다. 1815년에서 1870년까지는 5개의 주요 국가들이 어떤 한 나라가 대륙을 지배하는 것을 막으려고 동맹관계를 종종 이리저리 바꿨다. 1870년에서 1907년까지는 독일과 이탈리아가 통일된 이후 6개의 주요 국가가 있었지만, 그중 독일의 힘이 증가함에 따라 궁극적으로 그 세력균형체제 자체가 종말을 고하게 되었다. 그 이후 7년 동안은 삼국협상(영국, 프랑스, 러시아)과 삼국동맹(독일, 오스트리아-헝가리, 이탈리아)의 두 동맹체제가 견고한 블록을 형성하며 양극체제를 이루었고, 그 유연성의 상실이 바로 제1차 세계대전의 발발에 일조하고 말았다.

고전적 현실주의자들과 구조주의자들이 강조하는 과정 면에서 보면 19세기의 세력균형체제는 다섯 개의 시기로 나뉜다(표 3.3 참조). 빈 회의에서 유럽 국가들은 프랑스를 체제 안에 받아들이고, 각 행위자들이 평형을 이룰 수 있게 하는 일정한 게임의 규칙에 동의했다. 이 규칙들은 1815년에서 1822년까지 '유럽의 협조(Concert of Europe)'를 창출했다. 각 국가들은 분쟁을 해결하고 평형을 유지하기 위해 종종 만나고 서로 협력했다. 국가들은 각 국가 내의 정권이 바뀌어 정책이 불안정해지는 것을 방지하기 위해 다른 국가의 정권 유지에 일정하게 개입하는 데 동의했다. 이런 개입은 민족주의와 민주주의 혁명의 부상으로 더욱 어려워졌으나 협조는 1822년에서 1854

표 3.2 제1차 세계대전 이전 세력균형의 구조적 변화	
1815~1870년	느슨한 다극체제
1870~1907년	독일의 부상
1907~1914년	양극 동맹체제

년까지 간간이 계속되었다. 이런 협조체제는, 영토적 보상을 제공하거나 세력균형의 유지를 위해 무너진 정부를 복원하는 당시의 관행에 자유민족주의혁명들이 도전함으로써 19세기 중반에 붕괴하고 말았다. 구조주의자들은 당시 민족주의가 너무나 강력해져서 치즈를 자르듯 국가를 그렇게 쉽게 분할하는 것이 용납되지 않았다고 지적하고 있다.

19세기 세력균형체제의 세 번째 시기인 1845년에서 1870년까지는 갈등이 더욱 고조되었고 다섯 번의 전쟁이 있었다. 그중 첫 번째 전쟁인 크림전쟁은 러시아가 쇠락한 오스만제국을 밀어붙이는 것을 프랑스와 영국이 연합하여 저지한 고전적인 세력균형전쟁이었다. 그러나 나머지 전쟁들은 모두 이탈리아와 독일의 통일과 관련된 것이었다. 정치지도자들은 기존의 세력균형 규칙을 버리고 그들에게 유리한 목적을 위해 민족주의를 이용하기 시작했다. 예컨대 비스마르크는 이데올로기적인 독일 민족주의자가 아니었다. 그는 독일이 프로이센 군주의 통치하에 통일되기를 갈망했던 철저한 보수주의자였다. 그러나 이를 위해 그는 민족주의적 호소를 활용했으며 덴마크, 오스트리아, 프랑스와의 전쟁도 불사했다. 그는 그의 목표들을 달성하고 나서야 좀 더 보수적인 스타일로 복귀했다.

1870년에서 1890년까지의 네 번째 시기는 프로이센이 이끄는 신생 독일이 중요한 역할을 하는 비스마르크적인 세력균형의 시기였다. 비스마르크는 다양한 동맹파트너와 함께 유연하게 행동했으며, 프랑스가 해외식민지 쟁탈에 몰두하도록 유도함으로써 독일에게 빼앗긴 알자스-로렌을 잊고 지내기를 원했다. 그는 유럽의 세력균형이 베를린을 중심으로 이루어질 수 있도록 독일의 제국주의를 억제했다. 그러나 비스마르크의 후계자들은 그만큼 현명하지 않았다. 1890년부터 1914년까지 세력균형이

표 3.3 제1차 세계대전 이전의 세력균형 과정	
1815~1822년	유럽의 협조
1822~1854년	느슨한 협조
1854~1870년	민족주의 및 독일과 이탈리아의 통일
1870~1890년	비스마르크의 세력균형
1890~1914년	유연성의 상실

존재하기는 했으나 유연성은 점차로 약해졌다. 비스마르크의 후계자들은 프로이센과 러시아 간의 조약을 갱신하지 않았다. 독일은 해외 문제에 제국주의적으로 개입했고, 해양에서 영국의 패권에 도전했으며, 발칸지역 문제로 러시아와 맞서려고 하는 오스트리아를 저지하지 않았다. 이 같은 일련의 정책은 독일의 힘이 강해지는 것에 위협을 느낀 이웃 국가들에게 두려움을 더해주었으며, 국제체제를 양극화했고, 결국 제1차 세계대전을 초래하고 말았다.

동맹

다극체제로서의 세력균형은 동맹이라는 개념과 밀접한 관련이 있다. 동맹은 국가가 각자의 안보를 확보하기 위해 맺는 공식적 또는 비공식적 협정이다. 동맹은 군사적 이해를 동기로 하여 맺어질 수도 있다. 중간 규모의 두 국가는 동맹을 형성함으로써 더 큰 강대국의 위협으로부터 좀 더 안전해질 것이라고 결정할 수 있다. 전통적으로 군사동맹은 국제정치의 핵심문제 중 하나이다.

국가는 비군사적 이유로도 동맹을 맺을 수 있다. 앞에서 언급한 것처럼 이데올로기는 분쟁을 일으킬 수도 있지만, 종종 국가들이 연합하게 한다. 경제적 이해 또한 동맹을 맺는 이유 중 하나라고 할 수 있는데, 특히 순수하게 군사적인 문제가 줄어들고 있는 현대 세계에서는 더욱 그러하다.

동맹이 붕괴되는 이유는 그것이 형성되는 이유만큼이나 많다. 일반적으로 국가는 상대방이 각자의 안보에 관련이 없거나 위협이 된다고 인식하면 동맹관계를 단절한다. 한 국가의 통치체제가 변했을 때도 그런 일이 일어날 수 있다. 과거에는 두 국가의 이데올로기가 같았는데 현재는 대립되는 경우가 그에 해당한다. 1949년 이전에 중국에서 장제스 휘하의 민족주의자들이 정권을 장악했을 때 중국과 미국은 동맹국이었지만, 1949년에 공산주의자들이 정권을 잡자 양국은 적이 되었다. 물론 동맹관계가 종식되는 데는 다른 이유들이 있을 수 있다. 동맹국 중 한 국가가 더욱 강력해지는 경우가 그에 해당한다. 강해진 국가는 다른 국가를 경쟁상대로 볼 수 있고, 다른 국가는 강해진 그 국가를 위협적 존재로 인식하고 그에 대한 세력균형을 유지하기 위해 또 다른 동맹상대를 찾아 나설 수 있다.

비스마르크가 구축한 동맹체제의 특징은 유연성과 복잡성에 있었다. 유연성은 전체 체제가 무너지지 않도록 간간이 위기나 분쟁의 발생을 허용함으로써 결과적으로 세력균형체제의 안정을 가능하게 했다. 독일은 그 체제의 중심에 있었고 비스마르크는 몇 개의 공을 동시에 하늘로 던지는 곡예사와 같았다. 곡예사는 공이 하나 떨어져도 다른 공들은 떨어지지 않도록 하면서 몸을 굽혀서 떨어진 공을 주울 수 있다.

그러나 체제의 복잡성은 그 체제의 약점이기도 했다. 미숙한 후계자들이 비스마르크를 계승했을 때 동맹체제는 더 이상 유지될 수 없었다. 비스마르크는 프랑스가 아프리카의 식민지 쟁탈에 에너지를 쏟게 함으로써 독일과의 분쟁에 관심을 돌리지 못하게 했지만, 비스마르크 이후 1914년까지의 독일 지도자들은 동맹을 약화시켰으며 긴장을 고조시켰다. 빌헬름 2세는 러시아와의 협상을 갱신하는 대신 러시아가 프랑스, 그 후에는 영국과 동맹을 맺도록 방조했다. 한때 유연성을 자랑하던 다극적 동맹체제는 점차 유럽의 안정에 위험한 영향을 미칠 양대 동맹 블록으로 발전했다.

제1차 세계대전의 기원

제1차 세계대전은 약 1,500만 명의 생명을 앗아갔다. 솜(Somme) 전투에서만도 130만 명의 사상자가 발생했다. 이를 1866년에 비스마르크가 오스트리아를 격파할 당시 발생한 3만 6,000명이라는 사상자 숫자와 비교해보라. 미국은 한국과 베트남에서 각각 약 5만 5,000명을 잃었다. 제1차 세계대전은 참호, 철조망, 기관총, 포탄으로 유럽의 젊은 세대 하나를 없애버린 끔찍한 전쟁이었다. 그것은 인명을 앗아갔을 뿐만 아니라 독일, 오스트리아-헝가리, 러시아라는 3개의 제국을 소멸시켰다. 제1차 세계대전 전까지만 해도 세계 세력균형의 중심은 유럽이었다. 제1차 세계대전 이후 유럽은 여전히 중요했지만 이제는 미국과 일본이 주요한 행위자로 등장했다. 제1차 세계대전은 또한 1917년의 러시아혁명과 함께 20세기 내내 골칫거리였던 이데올로기 대결의 시작을 예고했다.

그와 같은 일이 어떻게 가능했는가? 1900년부터 1909년까지 독일 수상으로 재임한 뷜로 공작(Prince Bernhard von Bülow)은 전쟁 발발 직후 베를린의 수상 관저에서 그의 후임자였던 홀베크(Bethmann Hollweg)를 만났다. 뷜로는 당시 장면을 이렇게

▎제1차 세계대전 기간의 참호전.

묘사했다.

베트만은 방 한가운데 서 있었다. 내가 그의 얼굴을 잊을 수 있을까? 그 눈빛을?
어느 유명한 영국 화가의 그림에는 형언할 수 없는 고뇌의 눈빛을 가진 가엾은 속죄양이
나온다. 나는 그러한 고통을 베트만에게서 보았다. 우리는 잠시 아무 말도 하지 않았다.
마침내 내가 그에게 말했다. "음, 적어도 이 모든 일이 어떻게 일어났는지는 말해주게나."
그는 그의 길고 가는 팔을 하늘을 향해 쳐들고, 굼뜨고 피곤한 목소리로 이렇게 대답했다.
"오, 내가 알고만 있다면야!" 그 후에 전쟁의 책임소재에 대한 논쟁들을 접하면서 나는
종종 그 순간 베트만이 그 말을 하면서 서 있던 모습을 찍은 스냅사진을 만들어낼
수만 있다면 하고 바랐다. 그 사진은 그 불쌍한 사람이 절대로 전쟁을 원하지 않았다는
최고의 증거가 될 수 있었을 것이다.[3]

몇 세대에 걸쳐 역사가들은 제1차 세계대전의 기원을 조사하고 왜 전쟁이 일어났는
지를 설명하려고 시도했다. 뒤에서 보겠지만, 하나의 원인을 추출한다는 것은 불가능

3 Bernhard von Bülow, *Memoirs of Prince von Bulow 1909~1919* (Boston: Little, Brown
   1932), pp. 165~166.

해도 질문을 여러 차원으로 나누는 것은 가능하다. 이 차원들 각각에서 세력균형은 — 다극체제로서의, 그리고 분리된 국가들과 지도자 개인들의 정책으로서의 — 전쟁의 발발을 이해하는 데 결정적이다. 동맹체제의 유연성이 악화되었을 때 세력균형의 다극적인 성격도 약화되었고, 반대로 전쟁의 가능성은 증가했다.

분석의 세 가지 차원

대답의 일부는 분석의 세 가지 차원 각각에 있다. 간결성의 원칙은 우리가 가장 간단한 원인에서 시작하여 그것이 얼마나 많은 것을 설명할 수 있는지 살펴본 다음, 필요에 따라 더 복잡한 것으로 나아가도록 한다. 따라서 우리는 구조와 과정 모두를 포함한 체제 수준의 설명으로 조사를 시작하고, 국내사회의 차원으로, 마지막으로는 개인 차원으로 눈을 돌릴 것이다. 그다음에는 그러한 조각들이 제1차 세계대전을 설명하는 데 모두 들어맞는지 조사하기 위해 가상사실적 사고실험을 사용할 것이다.

구조적 차원에서는 두 개의 결정적 요소가 있었다. 바로 독일의 힘이 증가하고 동맹체제의 경직성이 강화된 것이었다. 독일의 성장은 그야말로 인상적이었다. 1890년에 독일의 중공업은 이미 영국을 제쳤고, 20세기 초에 독일의 GNP 성장속도는 영국의 두 배에 달했다. 1860년대에 영국의 산업생산량은 전 세계의 25%에 해당했으나 1913년에는 10%로 줄어들었고, 반면 독일의 생산량은 15%로 늘어났다. 독일은 그 산업능력의 일부분을 대규모 해군증강프로그램을 포함한 군사능력으로 전환시켰다. 1911년 독일의 '티르피츠계획(Tirpitz Plan)'의 전략적 목표는 세계에서 두 번째로 큰 규모의 해군을 만들어 세계열강의 대열에 올라서는 것이었다. 이 같은 팽창은 영국의 해군장관이었던 윈스턴 처칠을 놀라게 했다. 영국은 자신의 고립을 두려워하기 시작했고, 전 세계에 걸쳐 있는 대영제국을 어떻게 방어할 것인지 걱정했다. 그 두려움은 보어전쟁에서 독일이 남아프리카공화국의 네덜란드 정착인이자 세기말에 영국과 전쟁을 벌이고 있었던 보어인들에게 호의를 보이면서 더욱 악화되었다.

1907년 영국 외무성의 사무차관이었던 크로 경(Sir Eyre Crowe)은 영국 외교정책사에 유명한 기록을 남겼다. 그것은 바로 독일의 외교정책을 분석한 장문의 비망록이었다. 그는 독일의 정책이 불분명하고 혼란스럽기는 하지만, 영국이 한 국가가 유럽대륙을 지배하는 것을 허락해서는 안 된다는 점만은 분명하다고 결론지었다. 크로는 그런 영국의 대응은 자연의 법칙이나 마찬가지라고 주장했다.

독일의 힘의 증가에 대한 영국의 대응은 전쟁의 두 번째 구조적 원인에 일조했으며 그 원인이란 유럽에서 동맹체제의 경직성이 증가한 것이었다. 유럽 해안에서 멀리 떨어져 지리적으로 반쯤 고립된 위치에 있으면서 세력균형자 역할을 해온 영국은 1904년 프랑스와 동맹을 맺었다. 1907년 영국과 프랑스의 동맹관계는 확대되어 이미 프랑스와 동맹관계에 있던 러시아까지 포함하면서 삼국협상(Triple Entente)으로 알려지게 되었다. 삼국협상에 의해 포위되었다고 생각한 독일은 오스트리아-헝가리와의 관계를 더욱 강화했다. 동맹이 점점 경직되면서 외교의 유연성도 사라졌다. 비스마르크 시대 세력균형의 특징이었던 제휴상대의 변화는 더 이상 존재하지 않았다. 대신 주요 국가들은 양극을 중심으로 뭉쳤다. 동맹의 강화는 방어적 현실주의자들이 그들의 분석에서 강조하는 안보딜레마를 한층 악화시켰다.

그 과정에서 어떤 변화가 있었는가? 양극체제로의 구조적 변화는 19세기 세력균형 체제를 작동시킨 과정에 영향을 끼쳤다. 또한 구성주의자들은 20세기 초반 세력균형의 온건성이 상실된 데는 다른 세 가지 이유가 있다고 말할 것이다. 그 이유들은 몇몇 국가에서 공통적으로 발견되는 초국가적 인식들을 담고 있다. 그중 하나가 민족주의의 대두이다. 동유럽에서는 슬라브어를 쓰는 모든 민족이 단결하자는 운동이 있었다. 이 범슬라브운동(Pan-Slavism)은 슬라브계 인구가 많은 오스만제국과 오스트리아-헝가리 제국 모두에게 위협이 되었다. 독일에서는 슬라브 민족에 대한 민족적 증오가 생겨났다. 독일의 저자들은 튜턴-슬라브 전쟁이 필연적이라고 주장했고 독일의 교과서는 민족주의적 열기에 불을 붙였다. 민족주의는 노동자계급이 단결하는 사회주의보다 강력했고 은행가들이 단결하는 자본주의보다도 더 강력했다. 실제로 민족주의는 군주들 간의 가족관계보다도 더 강력한 것으로 드러났다. 전쟁 발발 직전에 빌헬름 2세는 러시아 황제인 니콜라이 2세(1868~1918)에게 쓴 편지에서 전쟁을 피하라고 호소했다. 빌헬름 2세는 그 편지에서 그의 사촌을 '친애하는 니키(Dear Nicky)'라는 애칭으로 불렀고, '당신의 윌리(Yours, Willie)'라는 애칭으로 서명했다. 빌헬름 2세는 같은 왕가의 일원인 오스트리아 황태자 프란츠 페르디난트(Franz Ferdinand)의 암살로 전쟁이 시작되려 하고 있었기 때문에 차르도 자신과 같은 방식으로 사태를 바라보기를 바랐다. 그러나 그 당시에는 어떤 의미에서 민족주의가 귀족

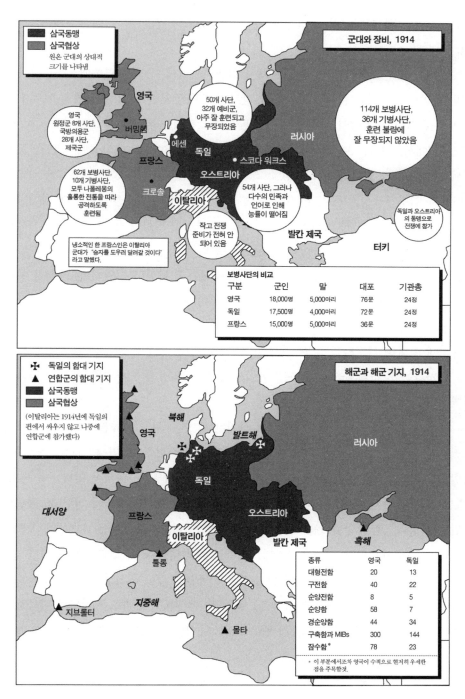

군대와 장비, 1914

삼국동맹
삼국협상
원은 군대의 상대적
크기를 나타냄

영국

영국
원정군 8개 사단,
국방의용군
28개 사단,
제국군

버밍햄

50개 사단,
32개 예비군,
아주 잘 훈련되고
무장되었음

에센

독일

스코다 워크스

러시아

114개 보병사단,
36개 기병사단,
훈련 불량에
잘 무장되지 않았음

프랑스

오스트리아

62개 보병사단,
10개 기병사단,
모두 나폴레옹의
훌륭한 전통을 따라
공격하도록
훈련됨

크로솔

이탈리아

54개 사단, 그러나
다수의 민족과
언어로 인해
능률이 떨어짐

독일과 오스트리아
의 동맹으로
전쟁에 참가

작고 전쟁
준비가 전혀 안
되어 있음

발칸 제국

터키

냉소적인 한 프랑스인은 이탈리아
군대가 "승자를 도우러 달려갈 것이다"
라고 말했다.

보병사단의 비교

구분	군인	말	대포	기관총
영국	18,000명	5,000마리	76문	24점
독일	17,500명	4,000마리	72문	24점
프랑스	15,000명	5,000마리	36문	24점

해군과 해군 기지, 1914

✠ 독일의 함대 기지
▲ 연합군의 함대 기지
삼국동맹
삼국협상

(이탈리아는 1914년에 독일의
편에서 싸우지 않고 나중에
연합군에 참가했다)

영국

북해

발트해

러시아

대서양

프랑스

독일

오스트리아

이탈리아

발칸 제국

흑해

툴롱

지중해

지브롤터

몰타

종류	영국	독일
대형전함	20	13
구전함	40	22
순양전함	8	5
순양함	58	7
경순양함	44	34
구축함과 MIBs	300	144
잠수함*	78	23

* 이 부분에서조차 영국이 수적으로 현저히 우세한
점을 주목할것.

그림 3.1 1914년 유럽의 군사적 세력균형.

또는 군주들의 연대보다 강력했고 가족의 전보도 전쟁을 막는 데는 아무 소용이 없었다.

20세기 초반 세력균형의 온건성이 상실된 두 번째 원인은 평화에 대한 지나친 자만이었다. 이것은 구성주의자들이 강조하는 사상의 변화의 중요성을 보여주는 한 사례이다. 40년 동안 강대국은 유럽에서 서로 전쟁을 벌이지 않았다. 1905~1906년 모로코에서, 1908년 보스니아에서, 1911년 다시 모로코에서, 1912년에는 발칸반도에서 전쟁 위기가 있었지만 모두 잘 처리되었다. 하지만 이러한 갈등을 해결한 외교적 타협은 실망감을 안겨주었다. 그 뒤로는 "왜 우리가 양보해야 하는가? 왜 상대방이 더 많은 것을 포기하게 하지 않았는가?"라고 질문하는 경향이 생겼다. 게다가 사회적 다윈주의가 점점 침투하고 있었다. 찰스 다윈의 적자생존이라는 개념은 몇 세대에 걸친 자연 종의 발생에 대한 통계적 개념으로서는 설득력이 있었지만, 그것이 인간 사회와 특별한 사건들에까지 잘못 적용된 것이다. 다윈의 사상은 '강자가 반드시 승리한다'라는 주장을 정당화하는 데 이용되었다. 강자가 반드시 승리한다면 무엇 때문에 평화를 걱정하겠는가? 전쟁이 장기전이 될 가능성은 희박하게 보였고, 많은 지도자들은 강자가 승리하는 단기적이고 결정적인 전쟁은 환영할 만한 변화라고 믿었다.

20세기 초반에 세력균형의 유연성이 상실된 세 번째 원인은 독일의 정책에 있었다. 크로가 말했듯이, 독일의 정책은 불분명하고 혼란스러웠다. 더 큰 힘을 추구하는 빌헬름 2세의 정책에는 몹시 서투른 면이 있었다. 독일은 '세계적 야망'을 가지고 있었다는 점에서는 다른 나라와 다를 바가 없었지만 한꺼번에 모든 국가를 적으로 만드는 방식으로 추구했다는 점에서는 차이가 있었다. 그런 정책은 1870년대나 1880년대에 비스마르크가 체제를 운영한 것과는 정반대였다. 빌헬름 2세는 지나치게 하드파워에 치중했고 소프트파워를 경시했다. 독일은 해군 군비경쟁을 시작함으로써 영국을 적으로 만들었다(그림 3.1 참조). 터키와 발칸반도 문제로 러시아와 반목했으며, 모로코의 보호령 문제를 둘러싸고 프랑스와 맞섰다. 빌헬름 2세는 충분히 겁을 주면 영국이 독일의 중요성과 우호관계의 필요성을 깨달을 것이라고 과신했으며, 충격요법을 써서 영국을 우방으로 만들려고 시도했다. 그러나 그런 시도는 희망과는 반대로 영국을 우선 프랑스의 품으로, 뒤이어 러시아와도 손을 잡도록 인도하는 결과를 낳고 말았다. 독일은 1914년이 되어서야 그와 같은 포위상태를 탈출해야 한다고 느꼈고, 이를 위해 의도적으로 전쟁의 위험을 감수하기에 이르렀다. 요컨대 민족주의의 성장, 지나친 자만, 사회적 다윈주의, 독일의 정책, 이 모두가 국제체제의 과정에서 온건성을 잃게 만들었고, 제1차 세계대전의 발발에 기여했다.

두 번째 분석차원은 제1차 세계대전 이전의 각국의 사회와 정치에서 무슨 일이 벌어지고 있었는지 조사한다. 그러한 분석 중에서 우리가 쉽게 부인할 수 있는 것은 전쟁이 자본가에 의해서 일어났다는 레닌의 주장이다. 레닌의 견해에 따르면 제1차 세계대전은 제국주의적 자본주의의 마지막 단계에 불과했다. 그러나 전쟁은 레닌의 예측과는 달리 식민지 주변부의 제국주의적 분쟁에서 시작되지 않았다. 영국이 남아 프리카공화국에서 이집트까지 아프리카대륙을 남북으로 가로지르는 종단정책을 추구하고, 프랑스가 아프리카대륙을 동서로 가로질러 식민지를 개척하는 횡단정책을 추구하면서 양국은 1898년에 수단의 파쇼다(Fashoda)에서 서로 대치했다. 만약 그때 전쟁이 일어났다면 역사는 레닌의 설명과 맞아떨어졌을 수도 있다. 그러나 전쟁은 그로부터 16년이 지난 후 유럽에서 발발했고, 전쟁 발발 이후에도 은행가와 기업가들은 전쟁을 강력하게 반대했다. 은행가들은 전쟁이 사업에 악영향을 미칠 것이라고 믿었다. 영국 외상인 그레이 경(Sir Edward Grey)은 영국이 크로의 조언을 따라야 하며 유럽에서 독일이 세력균형의 지배권을 얻는 것을 저지해야 한다고 생각했으나, 영국의 은행가들을 전쟁 선언에 찬성하도록 만드는 일이 걱정이었다. 이렇게 우리는 레닌의 주장은 쉽게 기각할 수 있지만 다른 두 가지 국내적 원인에 대해서는 좀 더 신중히 고려해야 한다. 하나는 쇠퇴하는 오스트리아-헝가리 제국과 오스만제국의 국내적 위기이고, 다른 하나는 독일의 국내정치 상황이다.

오스트리아-헝가리와 오스만은 다민족제국이어서 민족주의의 대두로 위기를 맞았다. 더욱이 오스만제국의 정부는 매우 취약하고 부정부패도 만연했으며, 몇 세기에 걸친 오스만의 지배에서 벗어나고자 하는 발칸 민족주의그룹에게는 손쉬운 상대였다. 1912년의 발칸전쟁을 통해 오스만제국은 축출되었지만, 발칸국가들은 이듬해에 그 전리품을 둘러싸고 서로 전쟁을 벌였다. 이러한 분쟁들은 발칸의 몇몇 국가들에게 오스트리아와도 전쟁을 벌일 수 있다는 자신감을 심어주었다. 오스만제국을 물리칠 수 있다면 오스트리아라고 왜 물리칠 수 없겠는가?

발칸국가들 중 세르비아가 선봉에 나섰다. 오스트리아는 이 같은 민족주의적 압력으로 제국이 분해되고 제국의 지위가 상실될까봐 염려했다. 결국 오스트리아는 세르비아와 전쟁을 하는데, 그것은 세르비아의 테러리스트가 페르디난트 황태자를 암살했기 때문이 아니라 오스트리아가 세르비아를 약화시키기를 원했으며 세르비아가 발칸 슬라브민족의 민족주의적 구심점이 되는 것을 막기 위해서였다. 1914년 오스트리아군 참모총장이던 콘라트(Conrad) 장군은 전쟁의 동기를 아주 명확하게 밝히고 있다. "오스트리아-헝가리는 암살에 대한 복수를 위해서가 아니라 다음과 같은 이유로 세르비아에게 칼을 들어야 한다. ······ 오스트리아는 숨통이 막힌 상태나 다름이 없으며 교살당하거나 멸망을 막기 위해 마지막으로 노력하거나 둘 중 하나를 선택해야 한다."[4] 민족주의에 의한 제국의 분열이 전쟁의 진정한 원인이었다. 페르디난트는 구실에 지나지 않았다는 것이다.

제1차 세계대전에 대한 국내 차원의 또 다른 중요한 설명은 독일의 국내정치에 관한 것이다. 독일 역사가 피셔(Fritz Fischer)와 그의 추종자들은 독일의 사회적 문제가

영국의 선전포고에 대한 빌헬름 2세의 반응

무덤 속의 에드워드 7세(빌헬름 2세의 외삼촌이자 1901년에서 1910년까지 재위한 전 영국 국왕)는 아직도 살아 있는 나보다도 강하다! 영국을 이길 수 있다거나 이런저런 사소한 방법으로 달랠 수 있다고 믿는 사람들이 있었다고 생각한다. ······ 이제는 이 총체적인 사기를 무자비하게 폭로해야 하고, (영국의) 얼굴에 씌운 기독교적 평화주의의 가면을 만인 앞에서 거칠게 찢어버려야 하며, 바리새인적인 위선에 찬 평화에 족쇄를 채워야 한다. 그리고 터키와 인도에 있는 우리의 외교관이나 관리인들은 가증스럽고 위선적이며 무원칙한 이 소매상인들의 국가를 상대로 맹렬한 반란을 일으키도록 무슬림 세계 전체에 불을 붙여야 한다. 그러면 우리가 피를 흘리며 죽게 되더라도 영국은 적어도 인도를 잃을 것이다.

－빌헬름 2세[5]

---

4 Baron Conrad von Hotzendorff, quoted in Sidney Fay, *The origins of the World War*, vol. 2(New York: Macmillan, 1929), pp. 185~186.

5 Kaiser Wilhelm II, quoted in Lebow, *Between Peace and War*, p. 139.

▌영국의 조지 5세는 제1차 세계대전이 발발하기 약 1년 전 그의 사촌인
독일의 카이저 빌헬름 2세의 결혼식에 참가하려고 포츠담을 방문했다.

전쟁의 주요 원인이었다고 주장했다. 피셔에 의하면 독일의 세계패권을 향한 노력은
독일 지도자들이 취약한 독일 사회의 분열에 대한 국내의 관심을 돌리기 위한 시도였
다. 그는 독일이 호밀과 철의 연합(Coalition of Rye and Iron)이라고 불리는 지주귀족과
몇몇 거대 산업자본가들의 국내적 연합에 지배되고 있었다고 본다. 이 지배연합은
국내 개혁 대신 해외에서의 모험을 제공하기 위해 팽창정책을 취했다. 빵 대신에
서커스를 제공한 것이다. 그들은 팽창주의를 사회민주주의의 대안으로 보았다. 국내
의 경제적·사회적 긴장은 제1차 세계대전의 원인을 설명하는 데 충분하지는 않지만,
1890년 이후 독일이 국제체제에 가한 압박의 한 가지 원천을 밝혀주고 있다.

첫 번째 분석차원인 개인의 역할이라는 문제는 어떤가? 제1차 세계대전 직전
각국의 지도자들은 매우 평범했다. 오스트리아─헝가리 제국의 황제인 요제프(Franz
Josef)는 지친 노인이었으며 콘라트 장군과 교활한 외무상인 베르히톨트 백작(Count

Berchtold)의 손에 놀아나고 있었다. 아이러니한 일이지만 사라예보에서 암살된 페르디난트 황태자는 정치적으로 자유주의적인 견해를 가지고 있었기 때문에 살아 있었다면 전쟁에 반대하는 세력이 되었을 것이다. 러시아 황제 니콜라이는 대부분의 시간을 국내의 변화를 저지하는 데 소모한 외로운 독재자였다. 그의 외무장관과 국방장관은 무능했으며, 병약하고 신경증적인 아내가 그에게 많은 영향력을 행사했다. 가장 주목할 만한 인물은 심한 열등감에 사로잡혀 있던 빌헬름 2세(1859~1941)였다. 그는 허세가 심했고 극도로 감정적인 허약한 남자였다. 그는 어떤 노련함이나 일관성도 없이 위험한 정책을 실행했다. 뷜로의 말을 인용해보자.

> 빌헬름 2세는 자신이 정말 결정적인 상황에서 받는 중압감을 견디지 못한다는 그 이유만으로도 전쟁을 원하지 않았다. 위험한 순간에 그는 정신이 불안정해지곤 하여 전투에서는 절대로 군대를 이끌 수 없었을 것이다. 그는 자신이 신경쇠약이라는 것을 잘 알고 있었다. 그의 위협적이고 강경한 연설들은 외국인들에게 그가 또 하나의 프리드리히 대왕이나 나폴레옹이라는 인상을 심어주기 위한 것에 불과했다.[6]

개인의 성격은 다른 결과를 낳았다. 지도자들, 특히 빌헬름 2세의 무엇인가는 전쟁의 중대한 원인으로 작용했다. 체제적, 사회적, 개인적 원인들 간의 관계는 그림 3.2에 나타나 있다.

전쟁은 불가피했는가

여러 원인이 있지만 그중 하나만으로도 충분할 경우, 우리는 그 상황이 과대결정되었다(overdetermined)고 한다. 제1차 세계대전이 과대결정되었다고 한다면 그것은 전쟁이 필연적이었음을 뜻하는 것인가? 대답은 '아니오'이다. 전쟁은 1914년에 실제로 발생하기까지는 필연적이지 않았다. 그리고 전쟁이 발발한 후에도 4년간이나 대량학살이 지속된 것은 필연적이지 않았다.

---

6 Richard Ned Lebow, *Between Peace and War: The Nature of International Crisis* (Baltimore: Johns Hopins University Press, 1981), p. 144.

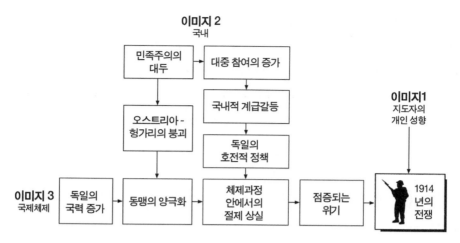

그림 3.2 제1차 세계대전의 원인들.

우리가 연구하는 어떤 사건의 원인을 시간의 근접성을 기준으로 세 가지로 나누어 보자. 가장 떨어져 있는 것은 근원적(deep) 원인이고, 그 다음이 중간(intermediate)원인이며, 사건에 임박한 것은 촉발(precipitating)원인이다. 비유를 하자면 방에 불이 어떻게 켜지는지를 생각해보라. 촉발원인은 당신이 스위치를 켰기 때문이고, 중간원인은 누군가가 건물에 배선을 했기 때문이며, 근원적 원인은 토머스 에디슨이 전기를 전송하는 방법을 발견했기 때문이다. 또 다른 비유로서 불이 어떻게 나는지를 생각해보자. 나무는 근원적 원인이고, 불쏘시개와 종이는 중간원인이며, 실제로 성냥을 긋는 것은 촉발원인이다.

제1차 세계대전에서 근원적 원인은 세력균형의 구조와 국내정치체제의 특정한 국면들이었다. 그중 특히 중요한 원인은 독일의 국력 증가, 양극화된 동맹체제의 발전, 민족주의의 대두와 쇠락하던 두 제국의 그에 따른 멸망, 그리고 독일 정치였다. 또한 중간원인은 독일의 정책, 평화에 대한 자만의 증가, 그리고 지도자의 개인적 특성이었다. 마지막으로 촉발원인은 세르비아의 테러리스트가 사라예보에서 페르디난트를 암살한 사건이었다.

돌이켜보면 모든 일들은 항상 필연적인 것으로 보인다. 실제로 암살사건이 없었더라도 다른 사건 때문에 전쟁은 발발했을 것이라고 말할 수 있을지도 모른다. 어떤 사람들은 촉발시키는 사건들은 버스와 같다고 말한다. 버스는 10분마다 온다. 그렇게 보면 사라예보에서의 구체적 사건은 그렇게 중요한 것이 아니다. 시간의 문제일 뿐 전쟁을 촉발하는 사건들은 필시 일어났으리라는 것이다. 이런 종류의 주장은 가상사실적 질문을 통해 검증할 수 있다. 그 시기의 역사를 상세하게 고찰하면서 '만약 …… 했더라면(what if)'과 '어떤 일이 일어날 수 있었을까?(what might have been?)'라는 질문들을 던져보는 것이다. 만약 사라예보에서 암살사건이 일어나지 않았다면 어떻게 되었을까? 만약 독일에서 사회민주주의자들이 정권을 잡았다면 어땠을까? 여기에는 개연성의 문제도 있다. 근원적 원인과 중간원인이 이미 주어진 상황에서는 전쟁의 가능성이 높다고 할 수 있다. 그러나 가능성이 높다고 해서 반드시 필연적이라고 할 수는 없다. 불의 비유를 다시 사용하면, 나무와 불쏘시개를 오랫동안 함께 놓아둔다고 하더라도 불은 붙지 않을 것이다. 성냥을 가져오기 전에 비가 왔다고 한다면, 사라예보사건과 같은 일이 있었더라도 전쟁의 불은 붙지 않았을지도 모른다.

1914년에 사라예보사건이 없었고 1916년까지도 위기가 없었다고 가정해보자. 어떤 일이 일어났을까? 한 가지 가능성은 러시아의 힘이 커짐에 따라 오스트리아에 대한 독일의 무모한 지원이 억제되었을지도 모른다는 것이다. 1914년에 전쟁을 촉발하는 데 가장 큰 역할을 한 독일의 두 지도자인 몰트케(von Moltke) 장군과 야고브(Jagow) 외상은 러시아와의 전쟁이 필연적이라고 믿었다. 그들은 독일이 동부전선과 서부전선 양쪽에서 동시에 전쟁을 수행할 경우 문제가 생길 것으로 보고, 다른 쪽과 전쟁을 벌이기 전에 먼저 한쪽을 굴복시켜야 한다고 판단했다. 러시아는 더 큰 나라였지만 기술적으로 낙후되어 있었고 운송체계도 불충분했다. 따라서 러시아는 2차 공격대상으로 미루어둘 수 있었다. 독일은 먼저 서부전선으로 진군하여 프랑스를 무찔러야 했다. 서부전선에서 승리한 다음 동부전선으로 선회하여 러시아를 천천히 무찌르는 것이다. 그것이 바로 슐리펜작전(Schlieffen Plan)이었다. 독일 참모본부가 수립한 이 전쟁계획은 벨기에를 순식간에 돌파하여(그 과정에서 벨기에의 중립은 침해된다) 프랑스를 격파하고 동부전선으로 전환한다는 내용을 골자로 하고 있었다.

하지만 이 전략은 1916년에 이르러서는 폐기되어야 했을지도 모른다. 러시아가 프랑스의 자금으로 철도를 건설하기 시작했기 때문이다. 1890년대에는 러시아가 모든 병력을 독일 쪽 전선으로 이동시키는 데 적어도 2~3개월이 걸렸다. 그것은 독일이 프랑스와 먼저 승부를 내기에 충분한 시간이었다. 그러나 1910년이 되자

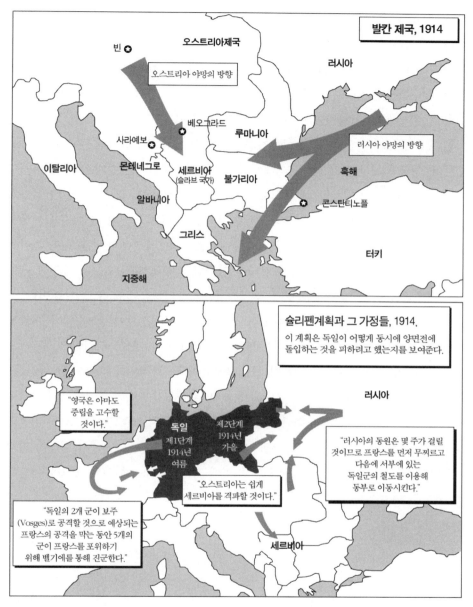

발칸 제국, 1914

오스트리아제국
빈
오스트리아 야망의 방향
러시아
베오그라드
사라예보
루마니아
러시아 야망의 방향
이탈리아
몬테네그로
세르비아
(슬라브 국가)
불가리아
흑해
알바니아
콘스탄티노플
그리스
터키
지중해

슐리펜계획과 그 가정들, 1914.
이 계획은 독일이 어떻게 동시에 양면전에 돌입하는 것을 피하려고 했는지를 보여준다.

"영국은 아마도 중립을 고수할 것이다."
러시아
독일
제1단계 1914년 여름
제2단계 1914년 가을
"러시아의 동원은 몇 주가 걸릴 것이므로 프랑스를 먼저 무찌르고 다음에 서부에 있는 독일군의 철도를 이용해 동부로 이동시킨다."
"오스트리아는 쉽게 세르비아를 격파할 것이다."
"독일의 2개 군이 보주 (Vosges)로 공격할 것으로 예상되는 프랑스의 공격을 막는 동안 5개의 군이 프랑스를 포위하기 위해 벨기에를 통해 진군한다."
세르비아

그림 3.3 전쟁 전 계획의 결함.

그 시간은 겨우 18일로 줄어들었다. 그리고 독일의 전략가들은 더 이상 시간적 여유가 많지 않다는 것을 깨달았다. 1916년에는 그 정도의 여유마저 없어졌을 것이고 독일은 양면전략을 포기했을지도 모른다. 결과적으로 일부 독일 지도자들은 1914년에 전쟁을 하는 것이 더 나중에 전쟁을 치르는 것보다 낫다는 생각을 가지고 있었다. 그들은 예방적인 전쟁을 수행하고 또 승리하기 위해 위기를 이용했다.

만약 1914년에 암살사건도 위기도 없었고 세계가 1916년까지 전쟁을 경험하지 않았다면, 독일은 양면전쟁의 위험을 감수할 수 없다고 판단하고 포기했을 수도 있다. 독일은 1914년 당시와 달리 오스트리아에게 백지수표를 주기 전에 더 신중을 기했을지도 모른다. 아니면 슐리펜작전을 포기하고 동부전선에만 주력했을 수도 있으며, 영국과 협상을 하거나, 공격해야 승기를 잡을 수 있다는 견해를 바꾸었을지도 모른다. 요컨대 2년 정도만 더 그대로 지냈더라면 러시아의 힘과 관련한 여러 가지 변화가 전쟁을 억지했을지도 모른다. 전쟁만 아니었더라면 독일의 산업은 계속 성장했을 것이다. 역설적이지만 영국의 역사학자인 A. J. P. 테일러의 추측처럼, 차라리 전쟁을 벌이지 않았다면 독일이 유럽의 패권국이 되었을지도 모른다. 독일이 너무 강해져서 프랑스와 영국이 독일에 맞서는 것을 포기했을지도 모르는 것이다.

전쟁 없이 2년만 더 시간이 흘렀더라면 영국의 국내정치에 어떤 일이 생겼을 것인가라는 가상사실적인 질문도 제기해볼 수 있다. 『자유영국의 기이한 죽음(The Strange Death of Liberal England)』이라는 책에서 영국의 역사가 데인저필드(George Dangerfield)는 영국 내부의 소요에 대해 논했다. 자유당은 아일랜드에서 철수하기로 결정했지만, 특히 북아일랜드의 보수주의자들은 철수를 강력하게 반대했다. 영국군 내부에서는 반란이 일어날 조짐까지도 보였다. 만약 얼스터(Ulster)에서 폭동이 전개되었다면 영국은 국내 문제에 몰두하는 바람에 프랑스나 러시아와의 동맹에 가담하지 못했을 가능성도 상당하다. 2년 동안만 평화가 더 지속되었다면 역사는 분명 많이 달라질 수 있었다.

어떤 종류의 전쟁인가

또 다른 가상사실적 질문은 전쟁이 일어났을 것인가 일어나지 않았을 것인가라는 문제보다는 어떤 종류의 전쟁이 일어났을 것인가라는 문제를 제기한다. 독일의 정책이 인접국가들에게 두려움을 주었고, 독일은 또 독일대로 인접국가들이 삼국협상에 포위되는 것을 두려워했으며, 결국 어떤 전쟁이 되었든 전쟁이 일어날 가능성이 그렇지 않을 가능성보다 높았던 것은 사실이다. 그러나 그 전쟁은 어떤 종류의 전쟁이

어야 했을까? 그것이 반드시 우리가 기억하는 제1차 세계대전이 될 필요는 없었다. 가상사실의 논리에 의하면 네 가지 종류의 전쟁이 가능했다.

하나는 단순한 국지전이다. 처음에 빌헬름 2세는 1908~1909년의 보스니아 위기가 재현될 것으로 생각했다. 그때 독일은 오스트리아에 대한 지원을 선택했고 그 덕분에 오스트리아는 발칸에서 러시아를 몰아낼 수 있었다. 1914년 7월 5일 빌헬름 2세는 오스트리아−헝가리에게 전적인 지원을 약속하고는 휴가를 떠나버렸다. 유람선에서 내려서 돌아왔을 때, 그는 오스트리아가 세르비아에 최후통첩을 보냄으로써 자신이 준 백지수표에 금액을 채워넣은 것을 보았다. 이것을 깨달은 빌헬름 2세는 전쟁이 확대되는 것을 막기 위해 지대한 노력을 기울였다. 그 증거가 앞에서 언급한 니키−윌리 전보(Nicky-Willie telegram)이다. 만약 그의 노력이 성공을 거두었다면 지금 우리가 알고 있는 역사는 제1차 세계대전이 아니라 1914년 8월 오스트리아−세르비아의 국지전이었을 것이다.

가상사실적인 두 번째 가능성은 단일전선의 전쟁(one-front war)이다. 러시아가 군대를 동원하자 독일도 군대를 동원했다. 빌헬름 2세는 몰트케 장군에게 전쟁 준비를 동부전선에 한정할 수 있겠느냐고 물어보았다. 몰트케는 불가능하다고 대답했다. 병력과 물자의 동원을 위한 타임테이블을 조금이라도 변경하는 것은 병참 면에서 악몽과도 같은 실패를 초래할 것이기 때문이었다. 그는 빌헬름 2세에게 만약 동원계획을 변경한다면 군대가 아니라 오합지졸의 군중을 얻게 될 것이라고 말했다. 그러나 제1차 세계대전이 끝난 후 독일군 철도사단의 스타프(von Staab) 장군은 동원 예정을 성공적으로 변경할 수 있었을지도 모른다고 시인했다. 빌헬름 2세가 그 사실을 알고 고집했더라면 전쟁은 단일전선으로 전개되었을지도 모른다.

세 번째 가상사실은 영국이 빠진 양면전쟁을 가정해보는 것이다. 즉 독일−오스트리아 대 프랑스−러시아의 전쟁인 것이다(그림 3.3 참조). 만약 전쟁의 변수가 된 영국의 참전이 없었더라면 독일은 승리했을 가능성이 높다. 비록 벨기에가 영국이 참전한 주요 원인은 아닐지라도, 독일이 벨기에를 공격하지 않았더라면 영국은 참전하지 않았을지도 모른다. 그레이 경이나 외무성의 일부 관리들에게는 독일이 대륙을 지배할 위험은 영국이 참전해야 할 주요한 이유였다. 그러나 영국은 민주주의국가였고 내각의 자유당은 분열되어 있었다. 좌파적 성향을 가진 자유당원들은 전쟁을 반대했지만, 독일이 벨기에를 휩쓸고 지나가면서 벨기에의 중립을 위반한 사건은 전쟁에 찬성하는 자유당원들이 전쟁에 반대하는 자유당원들의 저항을 누를 수 있게 했고 영국 내각의 분열을 복구시켰다.

마지막으로 네 번째 가상사실은 미국이 참전하지 않는 전쟁이다. 1917년에 미국이 개입하여 군사적 균형을 깨뜨리지만 않았다면 1918년 초에 독일은 전쟁을 승전으로 마무리할 수 있었을지도 모른다. 미국이 개입한 원인 중 하나는 독일이 연합군과 미국 상선들을 상대로 감행한 잠수함 공격이었다. 독일의 서투름이 원인이었다. 독일은 오늘날 짐머만 전보(Zimmerman telegram)로 불리는 메시지를 멕시코에 있는 독일 대사관에 보내면서 멕시코 정부가 미국에 맞서 동맹에 참여하도록 접근해보라고 지시를 내렸고, 전보를 가로채어 그 내용을 알게 된 미국은 이를 적대행위로 간주했다. 이런 요소들이 미국이 참전을 결의하도록 만들었다.

이상의 가상사실 분석은 1914년에 전쟁이 일어나지 않을 수도 있으며, 일어났다 하더라도 전 세계 세력균형의 심장부인 유럽을 파괴시킨 4년간의 대살육으로 끝나지는 않았을 수 있음을 보여준다. 요컨대 가상사실은 제1차 세계대전이 가능성은 있었지만 필연적이지는 않았음을 제시한다. 중요한 것은 인간의 선택인 것이다.

선택의 깔때기

역사는 그 경로에 종속된다. 시간이 흐르면서 사건들은 다가오고, 선택의 여지는 없어지며, 전쟁의 가능성은 높아진다. 그러나 지도자에게 허락된 선택의 깔때기는 다시 열릴지도 모르고 선택의 여지가 다시 생길 수도 있다(그림 3.4 참조). 만약 1898년 당시 유럽에서 어떤 전쟁이 일어날 가능성이 가장 높았느냐고 묻는다면, 그 대답은 아프리카에서 식민지분쟁으로 맞닥뜨렸던 프랑스와 영국 간의 전쟁이 될 것이다. 그러나 1904년 영국과 프랑스가 협상(Entente)을 형성하면서 양국의 전쟁가능성은 낮아졌다. 오히려 1905년 1차 모로코 위기와 1908년 보스니아 위기로 영국과 독일과의 전쟁가능성이 높아졌다. 그러나 1910년에 재미있는 사건들이 벌어졌다. 독일 수상인 홀베크는 영국과의 데탕트를 추구했다. 영국은 독일이 해군력을 제한하기만 한다면 유럽의 어떤 전쟁에서든 중립을 지키겠다는 암시를 주었다. 게다가 영국과 프랑스의, 아시아에서는 영국과 러시아의 식민지분쟁이 재현되면서 3국협상은 조만

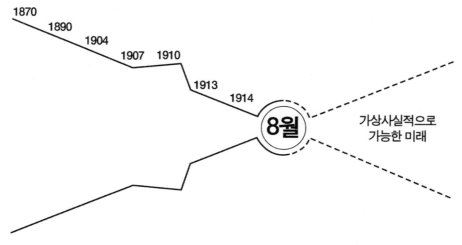

1870
1890
1904
1907 1910
1913
1914
8월
가상사실적으로
가능한 미래

그림 3.4 좁아지는 선택의 깔때기.

간 붕괴되거나 약화될 것처럼 보였다. 다시 말하자면 선택의 깔때기는 1910년에 다시 열리기 시작한 것이다.

그러나 1911년 2차 모로코 위기로 그 깔때기는 다시 닫히고 말았다. 프랑스가 모로코의 술탄을 돕기 위해 군대를 파견했을 때, 독일은 그 보상으로 프랑스령 콩고를 요구했고 모로코 해안의 아가디르(Agadir) 항으로 함대를 보냈다. 영국의 함대도 준비태세에 들어갔다. 프랑스와 독일의 은행가들은 전쟁에 반대하는 로비를 벌였고 결국 빌헬름 2세가 물러섰다. 하지만 일련의 사건은 여론을 들끓게 했으며 독일의 의도에 대한 두려움을 불러일으켰다.

비록 1912년과 1913년의 발칸전쟁과 오스트리아에 대한 압박의 증가가 1914년이 라는 역사적 무대를 만들었지만, 1912년에는 데탕트를 이끌어내기 위한 새로운 시도 도 있었다. 영국은 유명한 자유당 정치가인 홀데인 경(Lord Haldane)을 베를린에 보내 독일과 몇 가지 이슈에 대한 합의를 이끌어냈다. 또한 이 시점에서는 영국이 해군 군비경쟁에서 승리한 것이 명백해졌다. 선택의 깔때기가 막 다시 열리려는 찰나였다.

영국과 독일 간의 관계가 개선되고 있었음은 영국이 1914년 6월 대형 드레드노트 (Dreadnought)급 전함 4척을 공식 방문차 독일의 킬(Kiel)에 파견한 사실에서 분명하 게 드러난다. 만약 영국이 전쟁이 발발할 것이라고 생각했다면 적의 항구에 4개의 주력함을 보내는 일은 없었을 것이다. 그 시점에서 영국은 분명히 전쟁을 원하지 않았다. 사실 6월 28일에 세르비아의 테러리스트가 멀리 떨어진 사라예보라는 곳에서 오스트리아의 황태자를 저격했다는 소식이 날아들었을 때, 영국과 독일의 선원들은 킬의 부두를 함께 거닐고 있었다. 역사에는 놀라운 사건들이 존재하며, 재차 강조하지만 '개연적'인 것과 '필연적'인 것은 다르다.

역사의 교훈

이 역사에서 우리가 얻어낼 수 있는 교훈이 있는가? 역사의 교훈에 대해서는 유의할 필요가 있다. 유추는 우리를 잘못된 길로 인도할 수 있다. 실제로 제1차 세계대전에 대해서는 많은 신화가 창조되었다. 예를 들어 어떤 사람은 제1차 세계대전이 우연히 일어난 전쟁이었다고 주장한다. 제1차 세계대전은 전적으로 우연히 시작된 것은 아니었다. 오스트리아는 의도적으로 전쟁을 시작했다. 그리고 독일은 전쟁이 필요하다면 나중에 하는 것보다는 1914년에 하는 것이 낫다고 생각했다. 전쟁의 기간과 정도에 대한 오산이 있기는 했지만 그렇다고 그 전쟁이 우연한 사건이었다고는 말할 수 없다.

또 다른 사람들은 전쟁이 유럽의 군비경쟁으로 인해 발발했다고 주장했다. 그러나 1912년에 이르러 군비경쟁은 이미 영국의 승리로 막을 내렸다. 당시 유럽에서 군비 증강에 대한 염려가 있었던 것은 사실이지만, 전쟁이 군비경쟁에 의해 발발했다고 보는 것은 너무 단순한 생각이다.

한편 우리는 제1차 세계대전을 거시적으로 바라봄으로써 어떤 적절한 교훈들을 도출해낼 수 있다. 그중 하나는 구조나 힘의 분포뿐만 아니라 세력균형체제의 과정에도 관심을 기울여야 한다는 것이다. 여기서 구성주의는 일부 현실주의자들이 간과하는 중요한 부분을 지적해주고 있다. 온건성은 세력균형체제의 과정에서 나온다. 권력의 분산에 의해서는 안정이 보장되지 않는다. 또 다른 유용한 교훈은 다음 위기도 지난번의 위기와 동일한 패턴이 될 것이라고 믿는 안일함이나 평화에 대한 자만을 경계하라는 것이다. 분명 1914년의 상황은 1908년의 보스니아 위기와 달랐는데도 같을 것이라는 예측이 팽배했다. 또한 제1차 세계대전의 경험은 위기 시에도 안정적인 군사력을 가지는 것 — 사용하지 않으면 잃을 수밖에 없다는 감정을 갖지 않아도 되는 것 — 이 중요하다고 알려준다. 철도 타임테이블은 제1차 세계대전의 주요 결정요소는 아니었을지라도 정치지도자들이 외교에 시간을 할애하는 것을 더 어렵게 했다.

오늘날의 세계는 1914년 당시와 비교할 때 두 가지 면에서 중요한 차이가 있다. 하나는 핵무기의 등장으로 인해 대규모 전쟁이 훨씬 위험해졌다는 점이고, 다른 하나는 구성주의자들의 지적처럼 전쟁 이데올로기와 전쟁을 용인하는 태도가 훨씬 약해졌다는 것이다. 1914년에는 전쟁이 불가피하다고 생각되었다. 사회적 다원주의는 전쟁이 상쾌한 여름 소나기처럼 공기를 맑게 해줄 것이기 때문에 전쟁을 환영해야 한다는 주장으로 그런 숙명적인 견해를 더욱 증폭시켰다. 제1차 세계대전 전야의 분위기는 바로 그런 것이었다. 윈스턴 처칠의 『위기 속의 세계(The World in Crisis)』는 그 느낌을 잘 표현하고 있다.

그 당시에는 분위기가 이상했다. 국가들은 물질적 번영에 만족하지 못하고 내부적으로나 외부적으로나 투쟁의 길로 내달렸다. 종교가 쇠퇴하는 가운데 민족적 열정이 지나친 찬양을 받으며 온 세상의 표면 아래에서 잠복한 채 활활 타오르고 있었다. 거의 온 세상이 고통받기를 원하는 것으로 보일 지경이었다. 분명 곳곳의 사람들이 위험을 무릅쓰기를 갈망하고 있었다.[7]

그들은 위험을 감수했고 패배했다. 그것이 1914년의 교훈이다.

연표: 제1차 세계대전으로 가는 길	
1905~1906년	1차 모로코 위기: 독일이 프랑스를 밀어내려고 시도하면서 빌헬름 2세가 탕헤르(Tangiers)를 방문함 알헤시라스(Algeciras)회의에서 프랑스가 만족하는 방향으로 사건이 종료됨
1908년	1878년 이후 슬라브족의 땅이었던 보스니아와 헤르체고비나에

7 Winston Churchill, *The World Crisis* (New York: Scribner's, 1923), p. 188.

	대해 오스트리아가 합병을 선언함
	세르비아는 전쟁을 하겠다고 위협했으나 러시아의 지원이 없어 효과가 없었음
	독일이 오스트리아–헝가리를 지원함으로써 러시아를 억제함
1911년	제2차 모로코 위기: 독일이 프랑스의 모로코 점유를 인정하는 대신 다른 지역에서의 식민지를 양보하게 하기 위해 포함 판터 (Panther)를 아가디르(Agadir) 항에 보냄
1912년	1차 발칸전쟁: 불가리아, 세르비아, 그리스가 오스만을 물리치고 트라케(Thrace)와 살로니카(Salonika)를 얻음
	오스트리아–헝가리는 세르비아의 힘을 견제하기 위해 알바니아 의 건설을 지원
1913년	2차 발칸전쟁: 세르비아, 그리스, 루마니아가 불가리아를 물리치 고 영토를 확장
1914년	
6월 28일	사라예보에서 오스트리아 황태자 프란츠 페르디난트 부처가 피살
7월 5일	오스트리아가 세르비아와 싸우기 위해 독일에 지원을 요청하여 확답을 받음
7월 23일	오스트리아, 세르비아에게 가혹한 최후통첩을 보냄
7월 25일	오스트리아의 최후통첩을 세르비아가 (일부) 거부하고 러시아에 지원을 요청함
7월 26일	영국의 외무장관 에드워드 그레이 경이 위기를 해결하기 위해 회의를 제안함. 독일과 오스트리아가 이를 거부함
7월 28일	오스트리아가 세르비아에 선전포고함
7월 29일	오스트리아군이 베오그라드(Belgrade)에 포격을 가함
	러시아, 오스트리아에 대항하기 위해 동원령을 선포
7월 30일	러시아와 오스트리아가 총동원령을 선포
	프랑스군, 독일 국경에서 10km 후퇴
7월 31일	독일, 러시아에게 병력동원을 취소하라는 최후통첩
	러시아는 최후통첩을 무시함
8월 1일	독일, 러시아에 선전포고
	영국, 함대 동원
	독일군이 룩셈부르크를 침공함에 따라 프랑스 병력 동원
8월 2일	독일, 벨기에에 통로개방 요구
8월 3일	벨기에, 독일의 최후통첩을 거절
	독일, 프랑스에 선전포고

8월 4일   독일군이 벨기에를 침공
             영국, 독일에 선전포고

학습문제

1. 제1차 세계대전은 불가피했는가? 그렇다면 그 이유는 무엇이며 불가피해진 시점은 언제인가? 불가피하지 않았다면 언제 그리고 어떻게 대전을 회피할 수 있었는가?
2. 월츠의 이미지들은 제1차 세계대전의 기원에 어떻게 적용될 수 있는가?
3. 제1차 세계대전의 발발을 설명하는 데 다음 중 어느 것이 가장 중요한 요소였다고 생각하는가?
    a. 동맹체제
    b. 여론
    c. 군사적 독트린 또는 군사적 리더십(국가별로)
    d. 정치적 리더십(국가별로)
    e. 경제적 압박 또는 무력
    f. 오판
    g. 기타 요인
4. 투키디데스는 펠로폰네소스전쟁의 근본적 원인이 '아테네의 힘의 증가와 그것이 스파르타에 가져다준 두려움'이라고 주장한다. 제1차 세계대전의 원인에서 독일의 힘의 증가와 그것이 영국에 가져다준 두려움이 차지하는 비중은 어느 정도나 되는가? 러시아의 힘의 증가와 그것이 독일에 가져다준 두려움에 대해서도 같은 답을 하라.
5. 아주 약간이라 할지라도 제1차 세계대전은 '우연적'이었는가? 우연적인 전쟁이란 말이 타당한가? '의도하지 않은' 전쟁은 어떤가? 어떤 종류의 전쟁이 의도된 것인가?
6. 현실주의적, 자유주의적, 구성주의적 시각들은 제1차 세계대전의 원인을 이해하는 데 어떤 도움을 주는가?
7. 1914년의 교훈 중 오늘의 정책결정자들이 전쟁을 회피할 수 있도록 도움을 주는 것은 어떤 것인가?

읽을 자료

1. Gulick, Edward, *Europe's Classical Balance of Power* (New York: Norton, 1967), pp. 1~34, 184~218.

2. Joll, James, *The Origins of the First World War*(New York: Longman, 1984), pp. 9~147.

3. Kennedy, Paul, "The Kaiser and German Weltpolitik", in John C. G. Rohl and Nicholas Sombart(eds.), *Kaiser Wilhelm II: New Interpretations*, the Corfu Papers(Cambridge, England: Cambridge University Press, 1982), pp. 143~168.

4. Lowe, John, *The Great Powers, Imperialism and the German Problem, 1865~1925* (London and New York: Routledge, 1994), pp. 202~239.

5. Lieber, Keir A., "The New History of World War I and What It Means for International Relations Theory", *International Security* 32(2 Fall 2007), pp. 155~191.

▨ 더 읽을 자료

Albertini, Luggi, *The Origins of the War of 1914*, 3 vols(Oxford: Oxford University Press, 1952~1957).

Berenskoetter, Felix, and M. J. Williams(eds.), *Power in World Politics* (London: Routledge, 2007).

Christiansen, Thomas and Jack Snyder, "Chain Gangs and Passed Bucks", *International Organization* 44:2(Spring 1990), pp. 139~168.

Dangerfield, George, *The Strange Death of Liberal England* (New York: Capricorn Book, 1961).

Ferguson, Niall, *The Pity of War: Explaining World War I* (London: Basic, 1999).

Fischer, Fritz, *World Power or Decline: The Controversy Over Germany's Aims in the First World War* (New York: Norton, 1974).

Glaser, Charles, "The Security Dilemma Revisited", *World Politics 50* (I October 1997).

Howard, Michael, *The Causes of War and Other Essays* (Cambridge, MA: Harvard University Press, 1984).

Kennedy, Paul M., *The Rise of the Anglo-German Antagonism: 1860~1914* (London: Allen & Unwin, 1980).

Kupchan, Charles A., *The Vulnerability of Empire* (Ithaca, NY: Cornell University Press, 1994).

Lebow, Richard Ned, *Between Peace and War: The Nature of International Crisis* (Baltimore: Johns Hopkins University Press, 1981).

Maier, Charles S., "Wargames: 1914~1919", in Robert I. Rotberg and Theodore K. Rabb(eds.), *The Origin and Prevention of Major Wars* (New York: Cambridge University Press, 1989), pp. 249~280.

Miller, Steven, Sean M. Lynn-Jones and Stephen Van Evera(eds.), *Military Strategy and the Origins of the First World War* (Princeton, NJ: Princeton University Press, 1991).

Mombauer, Annika, *The Origins of the First World War: Controversies and Consensus* (London: Pearson, 2002).

Nye, Joseph. S., Jr., *Soft Power: The Means to Success in World Politics* (New York: Public Africa, 2004).

Organski, A. F. K., and Jacek Kugler, *The War Ledger* (Chicago: University of Chicago Press, 1980).

Rock, Stephen R., *Why Peace Breaks Out: Great Power Rapprochement in Historical Perspective* (Chapel Hill, NC: University of North Carolina Press, 1989).

Sagan, Scott, "1914 Revisited: Allies, Offense, and Stability", *International Security*, 11:2(Fall 1986), pp. 151~176.

Schroeder, Paul W., "World War One as Galloping Gertie: A Reply to Joachim Remak", *Journal of Modern History* 44:3(1972).

Snyder, Jack L., *Myths Of Empire: Domestic Politics and International Ambition* (Ithaca, NY: Cornell University Press, 1991).

Strachan, Hew, *The First World War* (New York: Macmillan, 1962).

Trachtenberg, Marc, *History and Strategy* (Princeton, NJ: Princeton University Press, 1991), chap. 2.

Tuchman, Barbara. *The Guns of August* (New York: Macmillan, 1987).

Tuner, L. C. F., *The Origins of World War I* (London: Edword Arnold, 1987).

Van Evera, Stephen, *Causes of War: Power and the Roots of Conflict* (Ithaca, NY: Cornell University Press, 1999).

Walt, Stephen, *The Origins of Alliances* (Ithaca, NY: Cornell University Press, 1987).

Williamson, Samuel R., "The Origin of World War I", in Robert I. Rotberg and Theodore K. Rabb(eds.), *The Origin and Prevention of Major Wars* (New York: Cambridge University Press, 1989), pp. 225~248.

Wilson, Keith, *Decisions for War, 1914* (New York: St. Martins, 1995).

4장

집단안보의 실패와 제2차 세계대전

1919년 베르사유조약을 체결하기 직전의 승전국 지도자들. 로이드 조지. 클레망소. 윌슨.

집단안보의 흥망성쇠

제1차 세계대전으로 인해 엄청난 사회적 혼란이 유발되었으며 무의미한 살육에 대한 혐오가 거세게 일어났다(표 4.1 참조). 많은 사람들이 세력균형의 정치가 전쟁의 주범이라고 지목했다. 제1차 세계대전 당시 미국 대통령이었던 우드로 윌슨은 전형적인 19세기 자유주의자로서 세력균형정책이 민주주의 원칙과 민족자결주의에 반하기 때문에 비도덕적이라고 생각했다. 윌슨은 "세력균형은 위대한 게임이지만 이제는 영원히 신뢰를 상실했다. 그것은 전쟁 이전에나 만연하던 사악한 구시대적 질서이다. 우리의 미래에 세력균형은 없어질 것이다"[1]라는 말을 남겼다.

윌슨의 주장에는 일리가 있다. 세력균형정책이 민주주의나 평화를 우선시하지 않는다는 점이 특히 그렇다. 앞서 보았듯이, 세력균형은 주권국가체제를 유지하는 방안이다. 국가는 다른 국가가 지나치게 강대해지는 것을 막기 위해 행동한다. 그로 인해 발생하는 세력균형은 그것이 독립을 유지하기 위한 길이라면 전쟁이나 민족자결원칙의 위반조차도 받아들인다. 그러나 제1차 세계대전은 너무나 파괴적이고 혼란스러웠으며 잔인했기에 많은 사람들이 더 이상 세력균형을 유지하기 위한 전쟁을 견딜 수 없다고 생각하기 시작했다. 그러나 세력균형이 아니라면 무엇이 그것을 대신할 것인가?

윌슨도 인정한 것처럼 주권국가를 소멸시키는 것은 불가능하지만, 국내정치에서처럼 법과 제도로 무력을 길들일 수는 있다. 자유주의적 해결책은 국내의 입법부나 사법부와 유사한 국제적 제도를 발전시켜 국제적 차원에서도 민주적 절차가 가능하게 하는 것이다. 당시 일부 자유주의자들은 제1차 세계대전이 민주주의를 실현하고 세상을 안전하게 만들기 위한 전쟁이었을 뿐만 아니라, 그다음에는 민주주의가 세상을 더 평화롭게 만들 수 있을 것이라고 생각했다. 1918년 1월 미국은 참전하는 이유에 대한 14가지 조항을 담은 성명서를 발표했다. 그중 열네 번째 조항이 가장 중요한 부분이었다. 그것은 "강대국이나 약소국이나 똑같이 정치적 독립과 영토적 자주권을

---

1 Woodrow Wilson, quoted in Ray S. Baker and William E. Dodd(eds.), *The Public Papers of Woodrow Wilson: War and Peace*, vol. 1(New York: Harper, 1927), pp. 181~182.

표 4.1 전쟁으로 인한 사망자 수, 1914~1918년	
국가	사망자 수(명)
오스트리아-헝가리	1,250,000
영국(제국 전체)	900,000
불가리아	100,000
프랑스	1,500,000
독일	1,750,000
이탈리아	600,000
루마니아	300,000
러시아	1,750,000
세르비아	50,000
오스만제국	30,000
미국	112,000

상호 보장하기 위해 구체적인 협약을 맺고 국가 간의 일반적 연합을 형성하는" 목표를 실현하는 것이었다. 요컨대 윌슨은 세력균형의 국제정치에서 집단안보에 기초한 국제체제로의 전환을 희망했다.

국제연맹

비판가들은 윌슨을 이상주의자로 칭했지만 그는 국제적 안보를 조직하는 길이야말로 국제정치에 실용적인 접근이라고 믿었다. 그는 단순히 서면협정과 조약을 체결하는 것만으로는 충분치 않음을 알았다. 협정을 이행하고 강제하기 위해서는 조직과 규칙이 필요했다. 그것이 바로 윌슨이 국제연맹이라는 아이디어를 절대적으로 믿은 이유였다. 도덕적 힘은 중요하지만 이를 뒷받침하기 위해서는 군사적 힘이 필요했다. 나아가 안보는 공동의 책임이어야 했다. 모든 비침략국이 단결하면 힘의 우위는 선의 편에 있을 것이며, 국제안보는 비침략국이 침략국에 대항하여 연합하는 공동의 책임이 될 것이다. 즉 평화는 분리될 수 없는 것이 될 것이다.

국가들은 그와 같은 새로운 집단안보체제를 어떻게 만들어낼 수 있는가? 첫째, 침략을 불법으로 규정하고 공격적 전쟁도 금지한다. 둘째, 모든 비침략국이 연합을 형성함으로써 침략을 억지한다. 만약 모든 국가가 전 세계 어느 곳에서든 짓밟히는 국가가 생길 때 그 국가를 돕겠다고 약속한다면, 힘의 우위는 비침략국 연합세력이 차지할 것이다. 셋째, 만약 그 억지가 실패하고 침략이 발생하면 모든 국가들이 침략국을 응징하는 데 동의한다. 이상의 집단안보의 원칙은, 국가들이 강력한 연합을 형성하여 침략을 막는다는 점과 억지가 실패할 경우 힘을 사용할 용의가 있다는 점에서 세력균형정책과도 유사하다.

그러나 집단안보의 원칙과 세력균형적 접근에는 세 가지 점에서 중요한 차이가 있다. 첫째, 집단안보에서 초점은 국가의 능력이 아니라 그 국가의 정책이 얼마나 호전적인지에 맞추어져 있다. 이 점은 어떤 국가라도 강력해지면 그에 맞서 동맹이 형성되는 세력균형의 정치와 대비된다. 세력균형의 정치에서는 초점이 국가의 능력에 있는 것이다. 둘째, 집단안보체제에서는 어느 국가가 침략국이 될지 모르기 때문에 동맹이 미리 형성되지 않는다. 세력균형에서는 동맹이 미리 형성되는 반면, 집단안보체제에서는 침략국이 나타나면 다른 모든 국가들이 그 침략국에 맞서는 구도가 형성되는 것이다. 셋째, 집단안보는 중립국이나 무임승차하는 국가가 없는 세계적이고 보편적인 체제로 고안되었다. 너무 많은 국가들이 중립으로 남으면 선의 연합군은 약하게 여겨질 것이고, 침략국을 억지하거나 처벌하는 능력도 약화될 것이다.

집단안보의 원칙은 제1차 세계대전을 종결지은 조약들 중 하나인 국제연맹규약에 구현되어 있다. 국제연맹규약의 몇몇 조항은 특히 주목할 만하다. 제10조에 의하면 국가들은 모든 회원국을 침략에서 보호할 것을 약속한다. 제11조에서는, 모든 전쟁 또는 전쟁의 위협이 모든 국가의 관심사라고 선언하고 있다. 제12조와 제15조에서 국가들은 분쟁을 중재에 맡기고 중재가 실패한 후 3개월이 경과된 후에 전쟁을 할 수 있다는 데 동의한다. 결정적인 조항인 제16조에는 국제연맹의 절차를 무시하는 그 어떤 전쟁도 국제연맹의 모든 회원국들을 상대로 한 전쟁으로 간주한다고 선언하고 있다. 전쟁을 시작하는 국가는 즉각적으로 경제적 제재를 받게 되고, 연맹위원회는 추가적인 군사적 수단을 권고할 수도 있다.

위의 조항들은 일견 간명한 것 같지만 불분명한 요소들이 있었다. 집단안보를 실행하기 위해서는 회원국들이 만장일치로 동의해야 했다. 따라서 모든 나라가 거부권을 가진 것이나 마찬가지였다. 국가들은 규약에 서명할 때는 제16조에 따르겠다고 동의했다. 그러나 실질적으로 어떤 제재를 가하고 그것을 어떻게 실행할지는 각 국가에게 달린 문제였다. 그들은 그 어떤 상위의 권위에도 구속되지 않았다. 따라서 국제연맹은 상위의 권위가 회원국들을 구속할 수 있는 세계정부를 향한 움직임은 아니었다. 그것은 국가 간 무정부체제의 종말이 아니라, 체제 내에서 제멋대로 날뛰는 국가가 있을 경우 모든 국가들이 그 국가를 집단적으로 훈육시키는 노력이라고 할 수 있었다.

집단안보에는 주권과 국제법이라는 서로 연관된 두 가지 개념이 개입되어 있다. 주권의 정의는 매우 간단하다. 그것은 '주어진 영토 안에서 법적으로 최고의 지위(legal supremacy)'이다. 국가도덕주의자(state moralist)들이 옹호해왔으며 국제연맹이 확고히 한 것처럼, 국가의 주권은 절대적이고 불가침의 영역에 있다. 한 국가의 정부는 자국의 영토 안에서 완전한 권력을 가진다. 그 권력을 제한할 수 있는 것은 국가 자신의 동의가 있을 때뿐이다. 달리 말하면, 한 국가가 자신의 영토 안에서 다른 국가가 어느 정도 영향력을 가지도록 하는 조약에 서명할 경우, 그것은 주권의 침해가 아니라 동의에 의한 제한이다. 따라서 국가들은 국제 안보와 국제법의 보장을 위해 국제연맹의 협정에 서명함으로써 국제사회에서 어느 정도의 주권을 자발적으로 포기하는 것이다.

윌슨 자신의 사상이자 국제연맹규약에 내재된 사상은, 국제법은 국내법에 우선하며 나아가 특정한 상황에서는 주권보다도 우선한다는 것이다. 1648년 베스트팔렌평화조약 이후 국제법의 기본 교의에 의하면, 국가의 주권은 그 국가가 국제법을 위반하여 처벌을 받는 경우를 제외한 나머지 경우에 인정된다. 집단안보는 국내법의 경찰과도 같은 것이다. 그러나 대다수 국민이 국내법을 받아들이는 것과 달리, 국제법을 받아들이는 국가는 많지 않았다. 많은 국가들이 국제법에 속박되기를 거부했으며 그것을 받아들이느냐의 문제는 강제적인 것이 아니라 자발적인 것으로 보았다.

미국과 국제연맹

국제연맹의 가장 큰 약점은 집단안보를 위해 어느 정도의 주권을 포기해야 한다는 데 대한 국가들의 거부감이었다. 단적인 예로 미국은 자신이 만든 국제연맹에 가입하지 않았다. 상원이 국제연맹의 창설에 대한 동의를 포함하고 있는 베르사유조약의 비준을 거부했던 것이다. 그 결과 집단안보체제는 가장 강력한 구성원이었을 국가가 빠진 채 작동되어야 했다.

미국은 상당 부분 국제연맹이 국제정치의 질서를 재정돈하려는 미국 자신의 자유주의적 계획이었음에도 왜 가입을 보류했을까? 제1차 세계대전 이후 대부분의 미국인들은 '일상'으로 돌아가고 싶어 했다. 많은 사람들은 그 일상을 국제적 사건에 말려들지 않는 것이라고 정의했다. 세계 문제에 미국이 개입하는 것을 반대하는 사람들은 미국의 이해관계를 서반구에 한정하기로 한 1823년의 먼로독트린과, 미국은 '얽매이는 동맹(entangling alliances)'을 피해야 한다는 조지 워싱턴(George Washington)의 경고에 주목했다. 국제연맹 가입 반대에 앞장선 인물인 매사추세츠 주 상원의원 로지(Henry Cabot Lodge)는 연맹규약 제16조가 미국의 주권은 물론 헌법이 정하고 있는 전쟁 선언에 대한 상원의 권한을 약화시키지 않을까 우려했다. 로지는 미국이 미국 국민의 의사나 상원의 결정이 아닌 집단안보를 실행하기 위한 연맹의 결정에 근거하여 미국과 무관한 전쟁에 휘말릴지도 모른다는 의심을 품고 있었다.

윌슨 대통령과 연맹가입 반대파의 논쟁은 때때로 이상주의자와 현실주의자의 충돌로 묘사되지만, 어찌 보면 서로 다른 형태의 미국식 도덕주의 사이의 논쟁일 수도 있다. 윌슨이 조건들에 대해 로지와 타협하기를 완강하게 거부한 것도 문제였다. 로지의 반대는 유럽의 세력균형에 대한 미국의 오래된 태도를 반영하고 있었다. 연맹가입에 반대하는 사람들은 유럽 국가들이 세력균형이라는 미명하에 비열한 정책들을 펼치고 있으며 미국이 그러한 게임에 적극적인 행위자가 되어서는 안 된다고 믿었다. 그러나 사실 미국이 19세기에 유럽의 세력균형을 무시할 수 있었던 것은

> 국제연맹에 대한 나의 구상은 바로 이것이다. 국제연맹은 전 세계 모든 사람들의 조직적이고 도덕적인 힘으로 운영될 것이며, 언제 어디에서든 악과 침략이 계획되거나 예측되면 이 양심의 서치라이트가 그것을 비추는 것이다.
> —우드로 윌슨[2]

---

2 Woodrow Wilson, quoted in Inis L. Claude, *Power and International Relations* (New York: Random, 1962), p. 104.

영국의 해군력에 무임승차할 수 있었기 때문이다. 그 때문에 다른 유럽 국가들은 서반구까지 와서 미국을 위협할 수가 없었다. 사실 미국은 유럽에 대해선 고립주의적 이었지만, 멕시코, 쿠바와 같은 중앙아메리카의 약한 이웃 국가들의 문제에 개입하는 데는 전혀 그렇지 않았다. 제1차 세계대전이 끝난 후 미국은 이러한 두 가지 형태의 도덕주의를 놓고 고민했고, 마침내 유럽의 세력균형에 대한 고립주의를 택하기로 결정했다. 그 결과 제1차 세계대전에서 세력균형을 깨뜨린 미국이 전후 질서에 대한 책임을 받아들이기를 거부하는 상황이 되었다.

초창기의 국제연맹

제1차 세계대전이 종료된 후에 프랑스가 가장 원한 것은 독일이 다시는 재기하지 못하도록 군사적으로 보장하는 것이었다. 미국이 국제연맹에 가입하지 않게 되자 프랑스는 영국에 안보의 보장을 요구했고, 독일의 재기에 대비한 군사적 대책을 세우고자 했다. 그러나 영국은 그와 같은 동맹이 독일을 미리 침략자로 규정해둔다는 점에서 집단안보의 기본 정신에 위배된다는 이유로 프랑스의 제안을 거절했다. 더욱 이 영국은 프랑스가 독일보다 강하다고 보았기에 전통적 세력균형 면에서도 동맹은 불필요하다고 보았다. 영국은 나폴레옹전쟁 이후 프랑스가 빈 회의를 통해 유럽의 협조체제에 다시 편입된 것과 마찬가지로 독일을 국제체제에 다시 통합시키는 것이 중요하다고 보았다. 전쟁의 흥분은 프랑스보다 영국에서 더 빨리 누그러졌고, 영국은 독일인들을 다시 협조체제의 과정 안으로 불러들여 달랠 때라고 생각했다.

이 같은 영국의 주장에도 프랑스는 제1차 세계대전 종료 후 부활한 폴란드와 기존 오스트리아–헝가리 제국에서 나온 유고슬라비아, 체코슬로바키아, 루마니아 같은 '소(小)협상국(Little Entente)'들과 동맹을 형성했다. 그러나 프랑스의 정책은 지나치게 욕심을 부리다가 모두 실패했다. 이런 동맹들은 집단안보 정신에 위배될 뿐만 아니라 세력균형 차원에서도 프랑스에 별 도움이 되지 않았던 것이다. 폴란드는 인접국가들과 우호적인 관계가 아니었으며, 볼셰비키혁명으로 배척당하고 있던 러시아를 대신할 수는 없었다. 거기다 소협상국들도 인종문제와 국내 분열로 인해 불안정했다.

제1차 세계대전으로 독일은 상당히 약화되었다(그림 4.1 참조). 독일은 2만 5,000평

그림 4.1 독일이 상실한 지역.

방마일의 영토와 그 땅에 사는 700만 명의 주민을 잃었다. 1919년 6월에 체결된 베르사유조약은 독일이 군대를 10만 명 규모로 감축하게 하고 공군의 보유를 금지했다. 조약은 전쟁의 책임을 독일에게만 돌리는 유명한 '전쟁책임조항(war guilt clause)'을 포함하고 있었다. 독일에게 책임이 있으므로 독일은 피해국들에게 배상을 해야 했다. 배상금은 독일인들이 볼 때 당시의 파괴된 경제상황에서는 이행이 불가능한 330억 달러였다. 독일인들이 배상금 지불 기한을 처음으로 넘겼을 때, 프랑스는 독일의 루르(Ruhr) 산업지대에 군대를 파견하여 배상금을 받을 때까지 주둔하려 했다. 독일은 소극적인 저항을 할 수밖에 없었고 중산층의 예금을 휩쓸어간 엄청난 인플레이션을 경험했다. 일련의 사건은 민주주의를 창출하려고 노력하던 바이마르공화국에 필요한 국내적 안정을 앗아갔다.

이탈리아는 파리평화조약이나 국제연맹에 단 한 번도 관심을 가지지 않았다. 이탈리아는 원래 독일 및 오스트리아-헝가리 제국과 동맹을 체결했으나, 연합국으로부터 더 좋은 보상을 받아낼 것이라는 기대 때문에 전쟁 초반에 편을 바꾸었다. 1915년에 체결된 런던의 비밀조약에서 이탈리아는 전후에 유고슬라비아가 되는 오스트리아-헝가리 제국의 일부 지역을 약속받았다. 이탈리아인들은 이 약속이 지켜질 것으로 기대했으나 윌슨은 전리품을 나누듯 영토를 나누어 가지는 구습에 반대했다. 게다가 1922년 무솔리니와 파시스트가 집권한 이후 그들의 외교정책 목표 중 하나는 로마제국의 영광을 구현하고 이를 완성하는 것이었다. 그 목표는 집단안보라는 새로운 비전에 부합하지 않았다.

시작부터 그런 상황이었으니 연맹이 무엇인가를 할 수 있었다는 것만으로도 대단한 일이었다. 그래도 1924년에서 1930년까지는 어느 정도 성공적이었다. 독일이 지불해야 할 배상금을 경감해주는 계획이 입안되었다. 1924년 각국 정부는 문제가 생길 경우 이를 중재에 붙여 평화적인 분쟁해결을 모색한다는 의정서에 서명했다. 무엇보다 중요한 것은 독일이 1925년 로카르노조약으로 국제연맹에 가입할 수 있게 되었으며, 연맹위원회에 독일의 자리가 마련되었다는 사실이다.

로카르노조약에는 두 가지 측면이 있었다. 서쪽으로, 독일은 프랑스 및 벨기에와의 국경을 침범하지 않겠다고 약속했다. 베르사유조약에 의해 독일은 1870년 전쟁에서 비스마르크가 빼앗은 알자스와 로렌을 프랑스에게 반환했으며, 라인 강을 따라 비무장지대를 둘 것을 약속했다. 로카르노조약은 그러한 결과들을 재확언했다. 동쪽으로, 독일은 폴란드, 체코슬로바키아와의 국경 변경을 추진하기에 앞서 중재를 거칠 것을 약속했다. 서쪽의 변경불가능한 국경과 동쪽의 협상가능한 국경이라는 두 조항 중 두 번째 조항은 위험신호로 간주되어야 했지만, 그 당시에는 그 정도 합의도 진일보한 것으로 생각되었다.

국제연맹은 그리스와 불가리아 간의 분쟁과 같은 사소한 문제들을 해결했고 군비축소에 대한 협의도 시작했다. 국제연맹은 1921년 미국과 영국, 일본이 해군력 감축에 동의한 워싱턴회의를 성사시킨 데 이어, 좀 더 광범위한 군축을 위해 준비위원회를 조직했다. 1932년 국제연맹은 마침내 (실은 뒤늦은 감이 있었지만) 세계회의를 위한 무대를 만들었다. 게다가 1928년에는 여러 나라들이 전쟁을 금지하는 내용의 켈로그-브리앙 조약(Kellog-Briand Pact) — 당시 미국과 프랑스 외무장관의 이름을 딴 것이다 — 을 체결한 바 있었다. 무엇보다 중요한 점은 국제연맹이 외교활동의 구심점이 되었다는 것이다. 미국과 러시아도 비록 회원국은 아니었지만 제네바에서 열리는 연맹회의에 참관인들을 파견하기 시작했다. 1929년 10월 세계경제가 붕괴하고 1930년 독일 선거에서 국가사회주의자당(National Socialist Party)이 승리하면서 장차 일어날 사건들의 전조가 나타났지만, 그래도 1930년 9월 국제연맹의 연례회의까지는 개선의 여지가 있어 보였다. 그러나 집단안보체제에 대한 그와 같은 낙관주의는 1930년대에 이르러 만주와 에티오피아에서 위기가 발생하면서 사라져버리고 말았다.

만주에서의 실패

만주에서의 위기를 이해하기 위해서는 먼저 일본의 상황을 이해해야 한다. 19세기 중반 제국주의적 침략의 잠재적 희생양이었던 일본은 19세기 후반에 성공적인 제국주의국가로 변신했다. 일본은 1904~1905년의 러일전쟁에서 러시아를 격파했고, 1910년에 한국을 식민지화했으며, 제1차 세계대전에는 연합국으로 참전했다. 제1차 세계대전이 끝난 후 일본은 국제사회에서 강대국으로 인정받기를 원했다. 하지만 유럽과 미국은 이에 반대했다. 1919년 파리의 평화회담에서 서구의 정부들은 국제연맹규약 안에 인종평등의 원칙을 두자는 일본의 제안을 거부했다. 이것은 미국 내부의 정치적 정서를 반영하고 있었다. 미국은 1920년대에 일본 이민자들을 배제하는 인종차별적 법안을 통과시킨 바 있었다. 유사하게 영국은 일본과의 상호조약(영일동맹)을 종결했다. 많은 일본인들은 그들이 강대국 클럽에 막 가입하려고 할 찰나 규칙이 변했다고 느꼈다.

만주 위기의 또 다른 행위자는 중국이었다. 1911년의 혁명으로 1644년 이후 중국을 지배해온 청 제국이 몰락한 다음 중국은 공화국 체제가 되었으나 경쟁적인 지방 군벌들 간의 내전으로 곧 혼란에 빠져들었다. 만주는 중국의 일부이기는 했지만 한 지방 군벌의 지배 아래 반(半)독립적인 지위를 유지했다. 공화국의 최고군사고문(chief military adviser)인 장제스(蔣介石, 1887~1975)와 국민당은 나라를 통일하고자 했으며, 19세기의 제국주의적인 아편전쟁을 시작으로 체결된 굴욕적이며 착취적인 일련의 불평등조약을 맹렬히 비난하기 시작했다. 국민당이 1920년대에 득세하자 중국과 일본 간의 마찰이 빈번해졌고 중국은 일본 상품에 대한 보이콧을 선언했다.

한편 일본에서는 군부와 민간 정파들 간의 정권 다툼이 전개되었다. 1920년대 후반에 시작된 세계적 경제위기에 섬나라인 일본은 극도로 취약했다. 그 틈을 타 군부가 득세했다. 일본 군부는 1904~1905년의 러일전쟁에서 군사주둔권을 얻어낸 만주철도를 따라 1931년 9월 일련의 사건을 조작했다. 이 만주철도 파괴행위는 일본군이 만주 전체를 집어삼키는 빌미가 되었다. 일본은 일본의 행동이 만주철도를 보호하기 위한 것이라고 말했지만, 한발 더 나아가 만주국이라는 괴뢰정부를 세우고 청나라의 마지막 황제인 푸이(溥儀)를 통치자로 앉혔다. 중국은 일본의 침략을 규탄해 달라고 국제연맹에 호소했지만, 일본은 일본군의 철수를 요구하는 결의안의 통과를 막았다. 같은 해 12월, 연맹은 만주사변을 조사하기 위해 영국의 리튼 경(Lord Lytton)을 단장으로 하는 위원단을 파견하는 데 동의했다. 1932년 10월, 마침내 리튼 경은 일본을 침략국으로 규정하고 일본의 평계가 정당화될 수 없는 개입이라는 내용의 보고서를 연맹에 제출했다. 그의 보고서는 국제연맹의 회원국들에게 만주국을 인정하지 말아야 한다고 권고하기는 했지만, 규약 제16조의 제재조치를 취하라고 요구하지는 않았다. 1933년 2월에 열린 국제연맹회의는 42대 1로 일본의 만주침략에 대한 리튼 경의 보고서를 승인했다. 반대표를 던진 한 국가는 바로 일본이었고, 곧 이어 일본은 연맹에서 탈퇴했다. 전체적으로 만주의 경우는 국제연맹의 절차가 느리고, 조심스러우며, 완전히 비효율적임을 보여주었다. 국제연맹은 이 만주사변에서 시험대에 올랐으며 그 시험에서 실패했던 것이다.

에티오피아에서의 대실패

국제연맹의 집단안보체제에 대한 최후이자 최대의 도전은 1935년 에티오피아에서 일어났다. 이번에는 제재가 가해지기는 했지만 그 결과는 또다시 실패였다. 이탈리아는 오랫동안 에티오피아를 합병할 궁리를 하고 있었다. 에티오피아는 홍해에 면하고 있는 에리트레아(Eritrea)의 이탈리아령과 인접해 있었을 뿐 아니라, 파시스트 정부는 19세기 제국주의 시대에 에티오피아를 식민지화하고자 한 이탈리아의 노력이 무산된 것을 대단한 굴욕으로 기억하고 있었다. 그들은 이와 같은 역사적 '잘못'을 바로잡아야 한다고 주장했다. 1934~1935년에 이탈리아는 에티오피아와 에리트레아 사이의 국경에서 여러 사건을 일으켰다. 에티오피아와 이탈리아 간에 체결된 평화조약, 이탈리아도 서명에 동참했던 전쟁을 금지한 켈로그-브리앙 조약, 그리고 국제연맹의 회원국으로서 3개월간 사전 중재를 약속한 규약 등이 있었는데도 그렇게 한 것이다.

1935년 10월 이탈리아는 에티오피아를 침략했다. 이탈리아의 공격은 명백한 침공이었고, 연맹위원회는 이탈리아에 제재를 가하기 위해 특별회의라는 절차적 수단을 이용함으로써 이탈리아의 비토를 피할 수 있었다. 침공 후 8일째 되는 날, 50개국이 참가한 회의에서 연맹은 회원국들에게 이탈리아에 네 가지 제재를 가할 것을 권고했다. 그것은 이탈리아에 대한 모든 군수물자의 수출 금지, 이탈리아에 대한 대출 금지, 이탈리아로부터의 수입 중단, 그리고 고무와 주석 등 다른 곳에서 쉽게 살 수 없는 물자의 수출 거부였다. 그러나 그 권고안은 다음 세 가지를 놓치고 있었다. 이탈리아는 여전히 철강, 석탄, 석유를 수입할 수 있었으며, 외교관계도 단절되지 않았고, 영국은 이탈리아가 에리트레아로 물자를 수송하는 통로인 수에즈운하를 사용하지 못하도록 막지 않았다.

왜 국제연맹 회원국들은 더 이상의 행동을 취하지 않았는가? 당시에는 그 정도의 제재만으로도 이탈리아를 에티오피아에서 철수시킬 수 있을 것이라는 낙관적 분위기가 일반적이었다. 이탈리아 경제는 이 제재로 분명히 타격을 받았다. 이탈리아의 수출은 전년도의 3분의 1로 줄어들었고 리라화의 가치가 하락했으며 금 보유량도 9개월 내에 고갈되리라는 분석이 나돌았다. 그러나 경제적 제재를 제외하면 무솔리니가 에티오피아에 대한 정책을 바꾸게끔 할 만한 제재는 가해지지 않았다. 영국과 프랑스는 유럽의 세력균형에 대한 염려 때문에 에티오피아 사태로 인한 분노를 누그러뜨렸다. 당시 독일이 이미 히틀러 치하에 들어가 다시 힘을 키우고 있었기 때문에 영국과 프랑스는 이탈리아를 소외시키지 않으려 했고 독일과 맞서는 연합에 이탈리아를 끌어들이는 것이 유용하다고 생각했다. 1934년 히틀러가 오스트리아를 병합하려는 것처럼 보였을 때, 무솔리니는 군대를 오스트리아 국경 쪽으로 보냈고 히틀러는 후퇴했다. 영국과 프랑스는 대독연합에 참가하도록 무솔리니를 설득할 수 있을 것으로 보았다.

전통적인 부류의 외교관들은 국제연맹의 집단안보체제 실현을 위해 분투하기보다는 이를 과거의 세력균형 접근법에 따라 재해석했다. 세력균형의 시각에서 볼 때 유럽의 중심부에 시급한 문제가 있는 상황에서 멀리 떨어진 아프리카에서 벌어진 분쟁에 개입하는 것은 말도 안 되는 일이었다. 전통적 현실주의자들은 멀리 떨어진 아프리카에서의 침공은 유럽의 안보에 위협이 되지 않는다는 견해를 피력했다. 이탈리아를 끌어들이기 위해서는 화해와 협상이 필요했다. 당연히 영국과 프랑스는 이탈리아에 대한 제재에서 꽁무니를 빼기 시작했다. 영국과 프랑스의 외무장관이던 호어 경(Sir Samuel Hoare)과 라발(Pierre Laval)은 1935년 12월에 만나 에티오피아를 이탈리아령과 국제연맹령으로 나누는 계획을 짰다. 이 사실이 언론에 보도되자 영국에서는 난리가 났고, 호어는 국제연맹과 집단안보를 팔아먹었다는 비난 속에 해임되었다.

그러나 3개월 이내에 영국의 여론은 다시 돌아섰다. 1936년 3월에 히틀러는 로카르노조약을 비난하며 독일군을 비무장지대인 라인란트(Rhineland)에 진군시켰다. 영국과 프랑스는 그 즉시 에티오피아에 대한 걱정을 지워버렸다. 그들은 어떻게 하면 유럽의 세력균형을 복원할 수 있을지를 논의하기 위해 이탈리아와 만났다. 결과적으로 유럽에서 세력균형을 이루는 것이 아프리카에서 집단안보교의를 지키는 것보다 우선시되었다. 1936년 5월 이탈리아인들은 에티오피아를 군사적으로 완전히 제압했고, 7월에는 제재도 해제되었다.

국제연맹에 파견된 아이티의 대표는 이 비극에 대해 명언을 남겼다. "크거나 작거나, 강하거나 약하거나, 가깝거나 멀거나, 백인이거나 흑인이거나, 언젠가 우리가 누군가의 에티오피아가 될 수 있음을 절대로 잊지 말자."[3] 그 후 몇 년 내에 대부분의 유럽 국가들은 제2차 세계대전에서 히틀러의 침략을 받았다. 집단안보에 대한 세계의 첫 번째 노력은 참담한 실패로 결말이 났다.

---

3 Quoted in F. P. Walters, *A History of the League of Nations* (London: Oxford University Press, 1952), p. 653.

제2차 세계대전의 기원

　제2차 세계대전은 3,500만~5,000만 명의 인명이 희생되었다는 점에서 다른 모든 전쟁을 압도한다. 무기류의 발전 또한 이 전쟁에서 주목할 부분이다. 탱크와 비행기는 제1차 세계대전에서 처음 도입되었지만 별다른 역할을 하지 못하다가 제2차 세계대전에서는 핵심적 역할을 했다. 레이더도 제2차 세계대전의 전환점이 된 영국 본토항공전 등에서 중요한 역할을 했다. 물론 전쟁의 끝에서는 원자폭탄이 핵 시대의 시작을 알렸다.

　제2차 세계대전은 한쪽의 무조건 항복으로 끝났다. 제1차 세계대전 때와는 달리 서방연합국들은 독일과 일본을 점령했고 점령기간에 그들의 사회를 바꾸어놓았다. '독일 문제'는 반세기 동안 독일을 분할함으로써 해결되었다. 제2차 세계대전은 또한 미국과 소련이 이전의 강대국들보다 훨씬 격한 갈등을 일으키는 양극체제를 낳았다. 대전 이후 유럽은 더 이상 세력균형의 중재자 역할을 할 수 없었다. 이제 유럽은 다소간은 1870년 이전의 독일처럼 외부세력들이 경쟁을 벌이는 지역이 되었다. 1945년 제2차 세계대전의 종결은 1989년까지 계속된 국제질서의 새로운 틀을 만들어냈다.

히틀러의 전쟁?

　제2차 세계대전(1939~1945)은 종종 '히틀러의 전쟁'이라고도 불린다. 그 말은 사실이기는 하지만 너무나 단순한 설명이다. 제2차 세계대전은 1918년에 유럽의 패권을 종식시킨 제1차 세계대전의 2막이었으며, 양차 대전 사이의 시기는 막간에 불과했다. 히틀러가 전쟁을 원하기는 했지만 그것은 우리가 알고 있는 제2차 세계대전과 같은 전쟁이 아니었다. 그는 단기간의 격렬한 전쟁, 즉 전격전(blitzkrieg)을 원했다. 제2차 세계대전이 단순히 히틀러의 전쟁이라고 할 수 없는 또 다른 이유는 태평양전쟁 때문이다. 히틀러는 (비록 성공하지는 못했지만) 일본이 영국의 식민지인 싱가포르를 공격하거나, 유럽의 소련군을 다른 곳으로 돌리기 위해 시베리아를 공격하도록 계속 종용했다. 일본은 어느 쪽도 택하지 않았다. 그 대신 일본은 진주만의 미군 기지를 공격함으로써 히틀러를 놀라게 했다. 태평양전쟁은 비록 제2차 세계대전의 일부이기는 하지만, 그 자체의 기원을 가지고 있었으며 지역적 패권을 획득하기 위한 전통적이

┃1939년 독일 제국의회가 히틀러에게 경의를 표하고 있다.

고 제국주의적인 시도에 가까웠다.

하지만 우리는 다른 원인들을 지나치게 강조해서는 안 된다. 일부 역사가들은 거의 히틀러에게 면죄부를 준다. 예컨대 A. J. P. 테일러는 히틀러가 끔찍한 사람이고 불쾌한 모험가인 면이 없지 않지만, 사실은 서구민주국가들의 유화정책이 만들어낸 힘의 진공 속으로 들어간 기회주의자에 불과하다는 주장을 했다. 그러나 테일러의 이 말은 지나치다. 예를 들어 1924년 히틀러가 쓴『나의 투쟁(Mein Kampf)』에 대해 테일러는 히틀러가 프랑스의 루르지방 침공에 분개하여 늘어놓은 증오의 장광설이라고 무시했지만, 히틀러는 그 책 안에 모종의 계획을 담고 있었다. 히틀러는 1928년 또 다른 책을 비밀리에 저술했으며 그 책에서도『나의 투쟁』에서 한 많은 주장들을 반복했다. 비록 상세한 계획은 아니었지만 그가 무엇을 지향하는지는 명백했다.

테일러는 '호스바흐 비망록(Hossbach memorandum)'도 너무 경시했다. 히틀러의 보좌관이었던 호스바흐 대령은 1937년 베르히테스가덴(Berchtesgaden)에서 열린 회

> 　　나는 이것이 히틀러가 과연 구체적으로 전쟁을 의도했는가라는 문제의
> 열쇠라고 생각한다. 그는 전쟁을 목표로 했던 것은 아니지만, 그가 국내에서
> 내전을 피했을 때처럼 기발한 속임수로 전쟁을 피할 수 없다면 전쟁은 일어나
> 고 말 것이라고 예측했다. 악의를 가진 사람들은 곧잘 다른 사람들도 자신과
> 같으리라고 생각한다. 히틀러는 그가 다른 사람들의 입장이었다면 취했을
> 행동들을 다른 사람들도 취할 것이라고 예측했다.
> 　　　　　　　　　－ 테일러(A. J. P. Taylor), 『제2차 세계대전의 기원』[4]

의에 대한 메모에서 히틀러가 독일의 우위가 사라지기 전에, 즉 1943년까지는 영토를
획득할 계획이라고 적고 있다. 히틀러는 동쪽에서 기회가 생기기만 하면 이를 포착해
야 한다는 것을 알고 있었고, 오스트리아와 체코슬로바키아는 그 최초의 목표였다.
테일러는 이 메모가 '공식' 비망록이 아니라며 무시했다. 그러나 그 후에 많은 사실들
이 밝혀졌다. 이제 우리는 히틀러가 그의 시간표와 목표를 공공연하게 말했다는
사실을 알고 있다. 전반적으로 호스바흐 비망록은 히틀러의 행동을 예언하고 있었다.

히틀러의 전략

　　1933년 히틀러가 권좌에 올랐을 때 그에게는 네 가지 선택의 여지가 있었지만
그는 그중 세 가지를 거부했다. 우선 히틀러는 독일의 약화된 국제적 지위를 받아들이
는 수동적 선택을 할 수 있었다. 아니면 경제적 성장에 의한 (제2차 세계대전 이후의
일본처럼) 팽창을 추구하고 산업 발전에 의해 독일의 국제적 영향력을 증가시킬 수도
있었다. 또는 그의 목표를 베르사유조약을 수정하는 데 국한함으로써 1918년에 독일
이 상실한 지역 중 일부를 돌려받는 길을 택할 수도 있었다. 마침 1930년대에 이르러
서구민주주의국가들은 제1차 세계대전의 모든 책임을 독일이 지게 하는 것은 불공평
하다고 느끼고 있었다. 그러나 히틀러는 위의 세 가지 전략을 모두 거부하고 그
대신 그가 독일봉쇄정책이라고 여겼던 것에서 벗어나기 위해 팽창정책을 선택했다.
그는 독일이 유럽의 한가운데에 끼어 영원히 포위된 채 살아갈 수는 없다고 생각했다.

---

4 A. J. P. Taylor, *The Origins of the Second World War*, 2nd ed. (Greenwich: Fawcett, 1961),
　p. 281.

독일은 땅이 필요했다. 그는 새로운 삶의 공간을 얻기 위해 동쪽으로 진군하고, 그의 기지를 확장하고, 궁극적으로는 세계에서의 더 큰 역할을 추구할 것이었다.

히틀러는 이 네 번째 선택을 네 단계로 추구해나갔다. 첫 단계에서 그는 매우 교묘한 외교적 책략으로 베르사유조약의 틀을 파괴하고자 했다. 1933년 10월에는 국제연맹과 국제연맹 군축회의에서 탈퇴했다. 그는 프랑스가 군축회의에서 군비를 감축하지 않으려 하기 때문에 독일은 연맹과 회의에 계속 참가할 수 없다면서 탈퇴의 모든 책임을 프랑스에게 돌렸다. 1934년 1월에는 폴란드와 조약을 체결함으로써 폴란드와의 '소협상'을 통해 동유럽의 작은 국가들과 연합하고자 한 프랑스의 시도를 방해했다. 1935년 3월에 히틀러는 독일 군대가 더 이상 10만 명으로 제한되어서는 안 된다고 주장하며 베르사유조약의 군비제한조항을 비난하고 나섰다. 동시에 그는 군대를 세 배로 증강하고 공군을 창설하겠다는 계획을 발표했다.

영국과 프랑스, 이탈리아는 히틀러의 행동에 대응하고자 (이탈리아의) 스트레사(Stresa)에서 회담을 가졌지만, 히틀러는 그들이 합의에 이르기 전에 영국에게 해군 군비협정에 대한 협상을 하자고 제안했다. 영국이 그 카드를 냉큼 받아들임에 따라 삼국은 스트레사회담에서 어떤 공동의 대응책도 세우지 못했다. 1936년 3월에 유럽의 관심이 에티오피아로 쏠리자 히틀러는 로카르노조약에 의해 비무장지대로 남은 라인란트에 군대를 진군시켰다. 그는 프랑스에게 그 책임을 전가했다. 프랑스가 소련과 협약을 맺음으로써 로카르노조약이 파괴되었다고 주장한 것이다. 그는 유럽의 다른 국가들이 그가 원하는 대로 베르사유조약을 수정하는 데 동의한다면 국제연맹에 돌아갈 수도 있다는 암시를 흘렸고, 그것은 서구민주주의국가들의 죄의식과 반신반의하는 마음을 이용한 영악한 책략이었다.

두 번째 단계(1936~1940년)에서 히틀러는 인접한 작은 국가들을 상대로 영토확장을 꾀했다. 1936년에 그는 1940년까지 전쟁 준비를 마칠 수 있도록 군비 증강을 위한 4개년 경제계획을 세웠다. 또한 이탈리아와는 추축국 협정(Axis Pact)을, 일본과는 반코민테른 협정(Anti-Comintern Pact)을 맺었다. [전 세계적으로 볼셰비키혁명을 선동하기 위해 레닌이 1919년에 창설한 공산주의인터내셔널(Communist International), 즉 코민테른은 1935년 스탈린의 지도하에 사회주의자와 무정부주의자, '부르주아 정당'까지 포함하는 반(反)파시스트 연합, 이른바 '인민전선(Popular Front)' 정부를 지지하는 노선으로 전환했다.]

또한 히틀러는 스페인에서 민주적으로 선출된 좌파 인민전선 정부를 상대로 전쟁을 벌이고 있던 파시스트들의 편에 가담했다. 히틀러는 스페인 내전(1936~ 1939)에 개입 하여 파시스트인 프랑코(Francisco Franco) 장군에게 육군과 공군을 지원한 것을 두고 볼셰비즘의 위협에 대항하여 서구세계를 보호한 일이라고 정당화했다. 1937년 히틀러의 조종사들이 무방비상태의 시민들에게 폭격을 가하고 게르니카(Guernica)의 바스크(Basque) 시 전체를 쑥대밭으로 만들었을 때 스페인은 독일의 군사력 시험장이나 다름없었다. 국제적인 항의가 제기되었는데도, 영국과 프랑스와 미국은 스페인공화국의 반프랑코파를 거의 지원하지 않았다. 이듬해에 오스트리아의 슈슈니크(Kurt von Schuschnigg, 1897~1977) 총리는 히틀러가 무력을 행사하기 전에 오스트리아 국민들이 독일과의 합병에 거부를 선언하기를 바라며, 오스트리아가 독일과 재결합해야 하는가에 대한 국민투표를 실시하고자 했다. 그러나 히틀러가 개입했다. 1938년에 독일군은 빈으로 진군했고 오스트리아의 독립은 막을 내렸다.

그 다음은 체코슬로바키아였다. 히틀러는 체코슬로바키아의 주데텐란트(Sudeten-land)에 있는 300만 독일인들의 민족자결을 내세워 체코슬로바키아를 위협했다. 체코슬로바키아와 독일의 국경지대인 이 지역은 군사적으로 매우 중요했다. 그곳에는 체코슬로바키아의 방어를 위한 자연적 경계선인 보헤미안 단층지괴(Bohemian massif)가 있었고, 이곳은 독일의 잠재적 공격으로부터 체코슬로바키아를 지키는 첫 방어선으로 최적의 장소였기 때문이다. 히틀러는 전후의 협정이 독일어를 사용하는 독일인들을 체코슬로바키아에 포함시킨 처사는 서구 국가들이 주장하는 민족자결주의의 위반이며 그들의 이율배반적인 모습을 보여주는 증거라고 주장했다. 그는 체코슬로바키아에서 독일어를 사용하는 지역이 체코슬로바키아를 떠나 조국 독일의 품으로 돌아올 수 있도록 허락할 것을 요구했다. 체코인들은 걱정이 된 나머지 일부 예비군을 동원했다. 그 동원령에 히틀러는 격노했으며 체코슬로바키아를 분쇄하겠다고 맹세했다.

이 일련의 사건은 유럽에서 전쟁이 발발하는 것을 원하지 않았던 영국을 경악하게 했다. 영국 수상인 네빌 체임벌린(Neville Chamberlain)은 전쟁을 막기 위해 세 차례나 독일을 방문했다. 체임벌린은 속으로 영국이 체코슬로바키아를 방어하는 것이 불가능하다고 믿었다. 거리도 멀고 대륙에는 영국 군대도 없었기 때문이다. 더욱 중요한 점은, 체임벌린이 체코슬로바키아에 전쟁을 치를 만한 가치가 있다고 생각하지 않았으며 영국이 전쟁 준비가 안 되어 있다는 사실을 알고 있었다는 것이다. 게르니카 폭격사건을 통해 드러났듯이, 공군력이 중요해지고 폭격에 대한 두려움 또한 커져가던 당시 상황에서 체임벌린은 영국에 공중전을 위한 대공방어 및 레이더 체제가 준비되어 있지 않다는 것을 알고 있었다. 이런 복합적인 이유 때문에 1938년 9월 체임벌린은 뮌헨에서 히틀러를 만났고 나머지 체코슬로바키아 영토에 손을 대지 않는 조건으로 주데텐란트만을 독일에 넘기기로 약속함으로써 체코슬로바키아의 분할에 동의했다. 히틀러는 약속했고, 체임벌린은 그 약속을 믿고 자신이 체코슬로바키아를 구했으며 '우리 시대의 평화(peace in our time)'를 이룩했다고 공언하며 영국으로 돌아갔다.

그 후 불과 6개월 만인 1939년 3월, 독일 군대는 나머지 체코슬로바키아 영토로 진군하여 수도인 프라하를 점령했다. 충격을 받은 영국은 히틀러가 더 많은 침략을 원하며 다음 목표는 폴란드일지도 모른다는 것을 그제야 깨달았다. 폴란드는 18세기에 분열되어 있다가 제1차 세계대전 이후 단일국가로 재탄생했으며, 발트 해 연안의 단치히(Danzig) 항에 이르는 회랑지대를 얻었다. 하지만 그 지역에는 독일어를 사용하는 상당수의 사람들이 살고 있었다. 이번에도 히틀러는 같은 수법을 썼다. 그는 폴란드 영토 안에 독일어를 쓰는 인구가 있는 것은 민족자결의 원칙과 베르사유조약을 위반하는 것이라고 주장했다. 이번에는 영국과 프랑스가 폴란드의 방어를 보장하겠다고 선언함으로써 히틀러를 저지하려고 했다.

그러자 히틀러는 이에 맞서 기막힌 외교적 쿠데타를 일으켰다. 서구를 볼셰비즘으

> 지금 폴란드는 내가 원하는 곳에 있다. …… 마지막 순간에 어떤 야비한 놈이나 다른 사람이 나에게 중재안을 내밀까봐 두려울 뿐이다.
>
> —아돌프 히틀러, 1939년 8월 27일[5]

---

5 Adolf Hitler, quoted in Gordon Craig, *Germany, 1866-1945* (New York: Oxford University Press, 1978), p. 712.

로부터 보호하겠다고 선언했던 히틀러가 1939년 8월에 갑자기 스탈린과 불가침조약을 맺은 것이다. 이 조약으로 히틀러는 서부전선에서 원하는 대로 할 수 있게 되었다. 조약은 폴란드의 분할에 대한 비밀의정서도 포함하고 있었다. 스탈린과 히틀러는 폴란드를 나누어 가지기로 합의했다. 히틀러는 1939년 9월 1일 폴란드와 전쟁을 시작함으로써 자신의 몫을 챙겼다. 그는 이번에는 뮌헨협정 때처럼, 영국의 개입으로 더 이상 침략하지 않겠다는 약속을 하고 대신 폴란드의 일부를 갖는 식의 타협을 원하지 않았다.

세 번째 단계는 짧았다. 1940년 히틀러는 대륙에서 군사적 지배권을 획득했다(그림 4.2 참조). 히틀러가 폴란드를 차지한 후 잠시나마 모든 것이 조용했다. 이 시기는 '가짜 전쟁(phony war)'의 시기로 불린다. 히틀러는 영국이 평화를 간청할 것이라고 보았다. 그러나 1940년 봄이 되자 영국이 군대를 노르웨이로 이동시킬지도 모른다는 우려가 고개를 들었다. 히틀러는 그의 군대를 먼저 보내 영국군의 노르웨이 상륙에 선수를 쳤다. 그다음에는 전격작전을 감행하여 네덜란드와 벨기에, 프랑스를 침공했다. 그의 탱크들이 울창한 아르덴(Ardennes) 숲을 돌파하는 데 성공함으로써 히틀러는 프랑스와 영국의 허를 찔렀다. 그는 프랑스와 독일의 국경 대부분에 걸쳐 있던 방어요새 마지노선(Maginot line)을 우회했다. 독일군은 영국군을 됭케르크(Dunkerque) 항구로 내몰았으며, 살아남은 병사들은 무기를 버리고 해협을 건너 철수했다. 1940년의 화려한 작전을 통해 히틀러는 소련의 서쪽 경계까지 이르는 광대한 유럽대륙의 지배자가 되었다.

네 번째 단계인 '과대팽창(overreaching)' 시기(1941~1945)에 히틀러는 전면전을 개시했다. 오랫동안 그는 동쪽으로 진군하여 소련을 치고 싶어 했다. 그러나 그전에 두 전선에서 동시에 전쟁을 벌일 가능성을 피하려면 먼저 영국을 처리해야 했다. 만약 독일이 공군력에서 우위를 점할 수만 있었다면 해협을 건너 영국을 침공할 수도 있었을 것이다. 그러나 히틀러의 공군은 영국 본토항공전에서 패배했다(1940년 7월~10월). 공군력에서 우위를 점할 수 없는 상황에서 히틀러는 난제에 봉착했다. 소련에 대한 공격을 연기해야 할 것인가?

히틀러는 스탈린을 빨리 무찌르고 다시 영국을 공격하면 된다는 생각으로 영국을 제압하지도 못한 상황에서 소련 공격을 결정했다. 더욱이 그는 소련을 공격하여

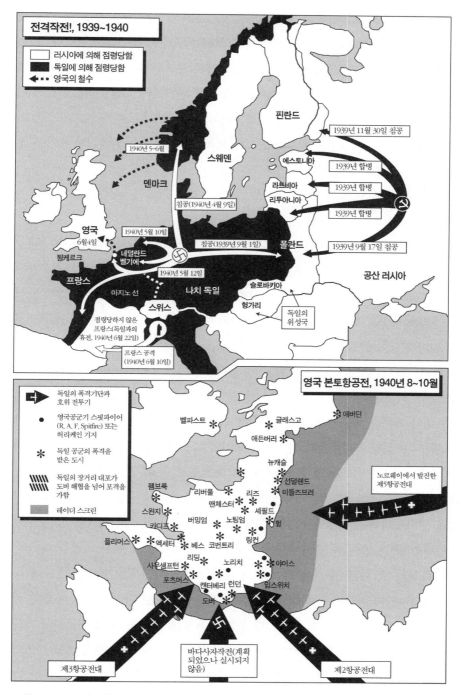

그림 4.2 1940년, 제2차 세계대전의 발발.

성공을 거두기만 하면 영국과 소련의 동맹가능성은 완전히 사라질 것이라고 기대했다. 1941년 6월 히틀러는 마침내 소련을 공격하는 중대한 실수를 저질렀다. 1941년 12월 일본이 진주만을 습격한 이후 그는 또 다른 큰 실수를 저질렀다. 바로 미국에 선전포고를 한 것이다. 히틀러는 일본에게 전쟁에 참가하라고 종용하고 있었기 때문에 일본을 전쟁의 포화 속에 묶어두려고 이렇게 했는지도 모른다. 그리고 그는 미국 선박에 대한 U-보트 작전을 개시했다. 그렇게 하여 히틀러는 제3제국의 종말을 부른 세계전쟁을 일으키고 말았다.

개인의 역할

제2차 세계대전을 일으키는 데 히틀러의 개인적 성향은 어떤 역할을 했는가? 그의 성향은 첫 번째 단계에서는 결정적인 요소가 아니었을지도 모른다. 서구민주주의국가들은 죄의식에 사로잡혀 있었으며, 약하고, 국내적으로 분열되어 있었기 때문에 영리한 독일의 민족주의자라면 누구라도 베르사유체제를 수정할 수 있었을 것이다. 그러나 유럽에서 독일에게 패권을 안겨다준 두 번째와 세 번째 단계에서는 히틀러의 작전, 대담성, 호전성이 결정적인 역할을 했다. 그는 종종 휘하의 신중한 장군이나 참모들의 의견을 무시했다. 히틀러는 전쟁을 원했고 위험을 각오하고 있었다. 세계전쟁으로의 확전과 패배를 가져온 네 번째 단계도 히틀러의 개인적 성향 중 두 가지 측면에서 초래된 부분이 많았다. 첫째, 승리가 계속될수록 히틀러의 욕심은 더 커졌다. 그는 자신이 천재라고 생각했지만 그 자만으로 인해 두 가지 결정적인 실수를 저질렀다. 바로 영국에 대한 전쟁을 끝내기 전에 소련을 공격한 것과, 미국에 선전포고를 함으로써 1933년부터 1945년까지 미국 대통령이었던 프랭클린 루스벨트에게 태평양전쟁뿐만 아니라 유럽의 전쟁에도 참가할 수 있는 빌미를 제공한 것이었다.

히틀러의 또 다른 큰 약점은 그의 인종차별적인 이데올로기였다. 그는 위대한 아리아 지배민족이라는 신화를 추구함으로써 아주 중요한 자산을 잃어버렸다. 예를 들어 독일이 소련을 처음 침공했을 때 우크라이나인을 비롯한 여러 민족들이 스탈린의 야만성에 반발하여 폭동을 일으켰다. 그러나 히틀러는 이 슬라브민족들을 스탈린과 싸우기 위해 동맹을 맺을 자격이 없는 열등한 민족이라고만 여겼다. 또한 그는 미국이 흑인과 유대인 때문에 허약한 것이라고 생각했다. 그는 루스벨트가 유대계 혈통인 점을 비웃곤 했다. 그는 미국의 다원주의가 힘의 원천이 될 수 있다는 것을 이해하지 못했다. 더욱이 히틀러는 자신의 반유대주의 때문에 핵무기를 개발하는 데 결정적 역할을 할 수 있는 과학자들을 축출했다. 요컨대 히틀러라는 개인의 리더십은 제2차 세계대전의 결정적 요인 중 하나였다. 전쟁의 내용과 결과 중 많은 부분이 히틀러의 편집광적인 성향에 좌우되었다.

체제와 국내적 원인

물론 다른 원인들도 있었다. 제2차 세계대전은 '히틀러의 전쟁' 이상의 것이었고 A. J. P. 테일러의 해석도 가치가 있다. 구조와 과정 양면에서 체제적인 원인들이 있었다. 구조적 차원에서 볼 때, 제1차 세계대전은 독일이라는 문제를 해결하지 못했다. 베르사유조약은 독일의 민족주의를 불러일으켰다는 점에서는 너무 가혹했고, 독일인들이 도전할 여지를 남겨두었다는 점에서는 너무 관대했다. 더욱이 미국과 소련이 너무 늦게까지 세력균형에 참가하지 않았기 때문에 독일이 추구한 팽창주의 정책이 사전에 저지될 수 없었다. 게다가 국제체제의 과정도 중용을 잃었다. 독일은 베르사유체제를 파괴하지 않을 수 없는 수정주의국가(revisionist state)가 되었다. 또한 파시즘과 공산주의 같은 거대 '주의(ism)들'의 성장은 1930년대에 증오를 불러일으키고 대화를 방해했다.

국내적 차원의 세 가지 변화 또한 매우 중요했다. 첫째, 서구민주주의국가들은 계급갈등과 이데올로기 분쟁으로 분열되어 있었다. 조율된 외교정책을 내놓는 일은 거의 불가능에 가까웠다. 심지어 1936년 이후 프랑스에서 사회주의자인 레옹 블룸 (Leon Blum)이 권좌에 오르자, 프랑스의 보수주의자들은 '히틀러가 블룸보다 낫다'는 슬로건을 내걸 정도였다. 1939년에 영국의 보수당 정부는 스탈린과 협정을 체결할 수 있을지 여부를 알아보기 위해 모스크바에 사절단을 파견했으나 사절단도 정부도 내부적으로는 모두 분열되어 있었다. 영국이 마음을 정하기 전에 히틀러가 한발 앞서갔다. 영국이 한발 늦었던 이유 중 하나는 공산주의자들과 상대하기 싫어하는 상류계급의 저항 때문이었다.

국내적 차원에서 전쟁의 두 번째 원인은 경제의 붕괴였다. 대공황은 모든 국가들이 그 충격파에 휘말렸으며, 또한 주요 자본주의국가들이 초국가적 무역과 자본흐름의 불균형을 처리하는 효과적인 국제경제 협조체제를 만들어내지 못한 데서 비롯되었다는 점에서 체제적인 것이었다. 공황은 국내정치와 계급갈등에도 강한 영향을 미쳤다. 대량실업은 정치적으로 불에 기름을 붓는 듯한 효과를 가져왔다. 공황은 독일에서 나치의 정권장악에 기여했으며, 반대로 서구민주주의국가의 정부들을 약화시켰다.

세 번째 국내적 요인은 미국의 고립주의정책이었다. 미국은 제1차 세계대전 종료와 함께 세계 제일의 경제강국으로 부상했으나, 그 위치에 걸맞은 책임을 받아들이려 하지 않았다. 1930년대의 대공황으로 각국은 국내 문제에 더 열중하게 되었고 고립주의는 더욱 강화되었다. 프랭클린 루스벨트 대통령은 그의 첫 재임기간에는 다른 미국인들과 마찬가지로 유럽에 거의 관심을 두지 않았다. 1936년에 재선된 후에야 루스벨트는 히틀러가 너무 강해지면 유럽을 장악하고 궁극적으로는 미국을 위협할 수도 있다는 점을 깨닫기 시작했다. 1937년부터 루스벨트는 유럽의 사건들에 대해 발언하기 시작했으나 여전히 미국 국민들은 개입을 원하지 않았다. 1940년 루스벨트

> 퓌러(Führer) ─ 국가적 굴욕의 충격과 정치적 붕괴로 마비된 국가에서 국가의 부활과 통일을 바라는 욕망이 빚어낸 통치가 준(準)메시아적으로 인격화된 형태 ─ 로서의 히틀러의 위상에 내재된 카리스마적인 성격은 본질적으로 '정상(normality)'적 또는 일상적인 것으로 안정화될 수 없었으며, 좀 더 온건한 독재로 흐를 수도 없는 것이었다. 그 체제의 핵심은 유럽 지배와 종족 정화를 통한 국가의 구원이라는 몽상적 목표에 있었다. 이것은 자기불멸적이고 강화된 급진주의를 의미했다. 체제가 지속되면 될수록 목표는 더욱 과대망상적이 되었고 파괴는 끝이 없었다. 그는 세계패권을 차지하기 위해 아주 강력한 연합국들을 상대로 동맹을 구축하는 도박을 벌였다. 그것은 체제의 붕괴와 독일의 파괴를 자초하는 가망 없는 도박이었다. 이것이 나치즘의 본질적인 비합리성이었다. 그러므로 히틀러의 카리스마적 지도력은 전례 없는 파괴력만이 아니라, 내재적인 자기파괴적 경향을 뜻하는 것이기도 했다. 이와 같은 의미에서 1945년 4월 30일에 이 독일 독재자가 자살한 것은 반가운 소식이었을 뿐만 아니라 제3제국의 논리적 귀결이기도 했다.
> ─ 이안 커쇼(Ian Kershaw), 「히틀러와 나치 독재정권」[6]

---

6 Ian Kershaw, "Hitler and the Nazi Dictatorship", in Mary Fullbrook(ed.), *German History Since 1800* (London: Edward Arnold, 1997), p. 336.

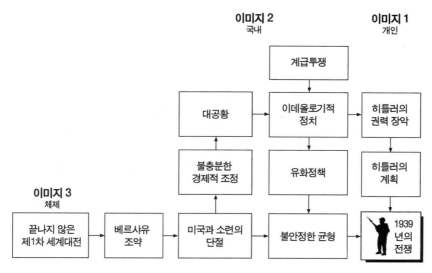

그림 4.3 제2차 세계대전의 행로.

는 영국으로부터 서반구에 있는 영국 영토 내 기지들에 대한 권리를 보장받는 대신 구축함을 제공했다. 1941년에 그는 영국이 히틀러에게 패하는 것을 막기 위해 의회를 설득하여 영국에 군수품을 제공하는 '무기대여(lend-lease)법'을 통과시켰다. 그러나 루스벨트는 국내 여론 때문에 히틀러에게 저항하는 데 제약을 받았다. 미국의 고립주의를 종식시킨 것은 일본의 진주만 공습과 뒤이은 히틀러의 선전포고라는 극약처방이었다.

국내적·개인적·체제적 요인들은 어떻게 맞아떨어지는가? 제2차 세계대전의 근원적 원인은 제1차 세계대전의 잔재인 체제적 원인이라고 할 수 있다. 중간원인은 대부분 국내적 요소로서 독일에서는 히틀러의 등장을 가능하게 하고 민주주의국가는 정치적·경제적으로 약화시킨 사회적·이데올로기적 혼란이라고 할 수 있다. 촉발원인은 아돌프 히틀러의 패권전략이다(그림 4.3 참조).

전쟁은 불가피했는가

제2차 세계대전은 불가피했는가? 아니다. 그러나 시간이 지날수록 전쟁이 불가피해질 가능성은 높아졌다. (로카르노조약 이후인) 1926년에는 전쟁가능성이 줄어들었지만, 선택의 깔때기는 1929년 대공황과 1933년 히틀러의 정권장악과 함께 1941년

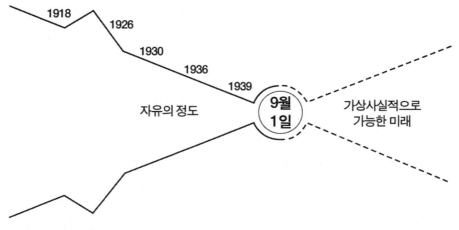

그림 4.4 전쟁은 불가피했는가?

전쟁이 전 세계로 번질 때까지 좁아졌다(그림 4.4 참조).

　제1차 세계대전에서 독일 문제를 해결하는 데 실패한 것은 1918년 당시에 이미 두 번째 전쟁의 가능성이 어느 정도 잠재되어 있었음을 의미한다. 1920년대에 서구민 주주의국가들이 독일을 달래고 응징의 수준을 낮추기로 결정했다면, 바이마르공화국 의 민주정부는 유지되었을지도 모른다. 또는 미국이 베르사유조약을 인준하고 세력 균형을 유지하기 위해 (1945년 이후처럼) 유럽에 머물렀다면, 히틀러는 권력을 잡지 못했을지도 모른다. 유럽에서 전쟁이 발생할 수는 있었겠지만 그 전쟁이 반드시 제2차 세계대전과 같은 세계적 전쟁이어야 할 이유는 없었을 것이다. 1930년대에 경제공황의 충격은 침공을 미화하는 이데올로기들의 부상을 부추겼고 따라서 전쟁의 가능성도 높아졌다.

　가상사실적으로, 영국과 프랑스가 독일에 맞서 1930년대 초반에 소련과 동맹을 맺었다고 가정해보자. 아니면 미국이 국제연맹에 가입하는 시나리오를 상상해보자. 히틀러의 부상은 억지되었거나 또는 지연되었을지도 모른다. 그는 초기와 같은 드라 마틱한 성공을 거두지 못했을지도 모르고, 실제로 몇 번이나 쿠데타를 계획했던 휘하 장군들에 의해 전복되었을지도 모른다. 그러나 이런 일들이 생기지 않았기 때문에 히틀러 개인의 성향과 전략이 결정적 촉발원인이 되었다. 1930년대 후반에 이르러 히틀러가 전쟁을 계획하기 시작하자 전쟁은 거의 필연적이 되었다. 그렇다고

▎1941년 12월 7일, 진주만이 폭격당하고 있다.

하더라도 어떤 역사가들은 프랑스와 영국이 1939년 9월에 공격을 시작하기만 했어도 독일을 무찌를 수 있었을 것이라고 믿고 있다.

태평양전쟁

태평양전쟁은 또 다른 원인들을 가지고 있었다. 일본은 동아시아에 주로 관심을 갖고 있었고 유럽의 사건에 깊이 관여하지 않았다. 1920년대의 일본은 민주주의와는 거리가 멀었지만 그래도 의회제도를 가지고 있었다. 그러나 1930년대에 들어서는 군부와 극우주의자들이 권력을 장악했다. 그들의 제국주의적인 팽창정책은 폭넓은 인기를 얻었다. 일본은 언제나 자국 경제에 필수적인 원자재를 지속적으로 확보하는 문제를 걱정했다. 대공황으로 일본의 무역상황이 악화되자, 일본인들은 그들이 처한 상황을 바꾸지 않으면 침울한 미래를 맞게 될까봐 두려워했다. 일본인들은 그들이 대동아공영권(자기 이웃국가들을 정복하는 것을 놀라울 정도로 완곡하게 표현했다)이라고

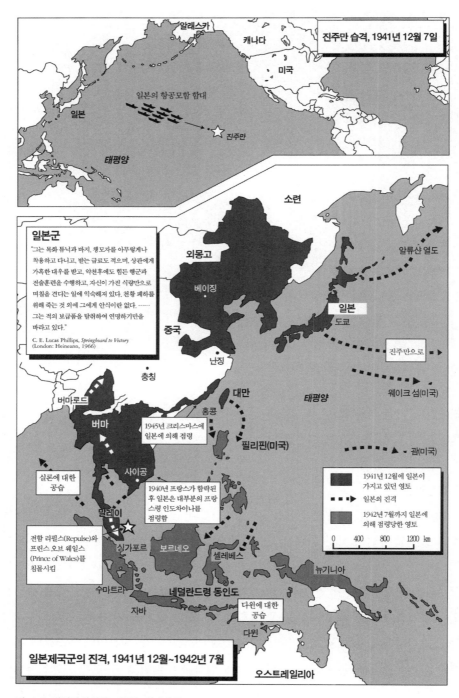

일본군

"그는 목화 튜닉과 바지, 챙모자를 아무렇게나 착용하고 다니고, 받는 급료도 적으며, 상관에게 가혹한 대우를 받고, 악천후에도 힘든 행군과 전습훈련을 수행하고, 자신이 가진 식량만으로 며칠을 견디는 일에 익숙해져 있다. 천황 폐하를 위해 죽는 것 외에 그에게 안식이란 없다. …… 그는 적의 보급품을 탈취하여 연명하기만을 바라고 있다."

C. E. Lucas Phillips, *Springboard to Victory* (London: Heinemann, 1966)

진주만 습격, 1941년 12월 7일

알래스카

캐나다

미국

일본의 항공모함 함대

일본

진주만

태평양

소련

외몽고

베이징

알류산 열도

일본

도쿄

진주만으로

중국

난징

웨이크 섬(미국)

충칭

대만

홍콩

태평양

버마로드

버마

1945년 크리스마스에 일본에 의해 점령

필리핀(미국)

괌(미국)

실론에 대한 공습

사이공

1940년 프랑스가 합락된 후 일본은 대부분의 프랑스령 인도차이나를 점령함

1941년 12월에 일본이 가지고 있던 영토

일본의 진격

1942년 7월까지 일본에 의해 점령당한 영토

0   400   800   1200 km

전함 리펄스(Repulse)와 프린스 오브 웨일스 (Prince of Wales)를 침몰시킴

말레이

싱가포르

보르네오

셀레베스

뉴기니아

수마트라

네덜란드령 동인도

자바

다윈에 대한 공습

다윈

일본제국군의 진격, 1941년 12월~1942년 7월

오스트레일리아

그림 4.5 태평양에서의 제2차 세계대전.

부르는 지역적 패권을 추구했다. 일본은 대동아공영권을 형성함으로써 태평양에서 여전히 주요 해양세력으로 남아 있는 영국과 미국의 위협에 저항할 수 있을 것이라고 믿었다.

일본은 먼저 중국을 발판으로 삼아 팽창했다. 중국을 상대로 한 야만적인 전쟁은 중국 국민당을 지원한 미국과 일본 사이에 외교적 마찰을 초래했다. 1940년 히틀러가 프랑스를 함락하자, 일본은 이를 틈타 동남아시아의 프랑스 식민지인 베트남과 캄보디아를 차지했다. 이 시점에서 일본의 팽창주의자들에게는 세 가지 선택의 여지가 있었다. 하나는 소련을 겨냥해 서쪽으로 진군하는 것이다. 이미 일본군과 소련군은 만주 국경을 경계로 전투를 벌인 경험이 있기 때문에 일부 사람들은 만주 국경지대에서 소-일 전쟁이 발발할 가능성이 가장 높다고 생각했다. 일본의 두 번째 선택은 남쪽으로 진군하는 것이다. 일본은 이미 동남아시아의 프랑스령 식민지를 획득했지만 가장 매력적인 포획물은 일본에게 필요한 석유가 풍부한 네덜란드령 동인도제도(오늘날의 인도네시아)였다. 세 번째 선택은 세 가지 선택 중 가장 위험한 것으로서 미국을 향해 동쪽으로 공격하는 것이다.

일본은 결국 두 번째와 세 번째 선택을 택했다. 1941년 12월 7일 일본은 미국을 겨냥하고 동쪽으로, 그리고 인도네시아와 필리핀을 겨냥하여 남쪽으로 공격의 화살을 돌렸다. 남쪽으로의 진군은 원자재를 얻기 위해서였지만 미국에 대한 공격은 그 동기를 설명하기가 까다롭다. 힘의 불균등이 전제된 상황에서 일본인들은 미국과의 전쟁에서 궁극적인 승리를 거두지는 못할 것을 알고 있었지만, 진주만에 대한 기습공격으로 미국의 사기를 저하시킴으로써 전면전이 발생하지 않기를 기대했다. 그 기대는 일본 측의 엄청난 오산이었으나 일본 정부는 아무것도 하지 않고 있다가는 분명 패배할 것이라고 생각했기 때문에 이쪽이 그보다는 나은 모험이라고 판단했다.

1941년 가을, 일본의 팽창주의자들은 더 이상 소련을 공격목표로 삼지 않게 되었다. 히틀러가 소련을 공격함으로써 일본에 대한 소련의 위협이 제거되었기 때문이다. 하지만 미국은 일본에 대한 석유 금수조치를 취하면서 일본의 남진을 막으려 하고 있었다. 루스벨트의 표현에 따르자면 "미국은 일본의 목에 올가미를 씌우고 가끔씩 흔들어 주려고" 했다. 당시 루스벨트의 국무차관보였던 애치슨(Dean Acheson)은 그 시도가 전쟁으로까지 가지는 않을 것이라고 말했다. 그는 "합리적인 일본의 지도자라면 누구라도 우리에 대한 공격의 결과는 오직 재앙뿐임을 알고 있을 것이기 때문"7이라고 말했다. 그러나 일본인들은 전쟁을 하지 않는다면 궁극적으로는 일본이 패망할 것이라고 느꼈다. 그들은 90%의 석유가 수입되고 있는 상황에서 석유 없이는 해군이 1년도 못 버틸 것이라고 계산했다. 따라서 그들은 서서히 목이 졸려 죽는 것보다는 전쟁을 하는 편이 낫다는 결론을 내렸다.

더욱이 미국은 일본의 석유공급에 제한을 가하면서 일본에게 중국에서 철수하라고 요구했다. 일본에게 그것은 그들의 경제적 후배지(後背地)와 단절되는 것이나 다름없었다. 한 일본 장교가 히로히토 천황에게 설명한 것처럼 당시 일본의 상황은 중환자와도 같았다. "수술은 비록 대단히 위험하긴 하지만 그래도 생명을 건질 수 있는 기회를 주는 것입니다."8 그들은 일본이 전쟁을 시작하는 것을 완전히 비이성적인 길로만 보지는 않았다. 가능한 대안 중에서는 그나마 전쟁이 최선의 선택으로 여겨졌던 것이다. 만약 독일이 영국을 무찌르고 미국이 일본의 기습공격으로 낙담한다면 평화협상이 가능할 것 같았다. 육군 참모본부의 부참모장인 츠쿠다는 당시 일본 지도자들의 비합리적인 분위기를 이렇게 표현하고 있다.

전쟁에 돌입한다면 전망은 대체로 밝지 않다. 우리는 모두 평화롭게 해결할 수 있는 방법이 없는지 생각하고 있다. "걱정하지 마라. 전쟁이 계속된다 하더라도 내가 모든 책임을 지겠다"라고 말하는 사람은 아무도 없다. 하지만 현 상태를 유지하는 것은 불가능하다. 결국 사람들은 어쩔 수 없이 전쟁을 해야 한다는 결론에 이르고 있다.9

물론 일본은 중국과 동남아시아에 대한 침략을 중단할 수도 있었으나, 그것은 팽창지향적이고 호전적인 일본 군부 지도자들에게는 상상도 할 수 없는 일이었다.

---

7 Dean Acheson, quoted in Scott Sagan, "The Origins of the Pacific War", in Robert I. Rotberg and Theodore K. Rabb(eds.), *The Origin and Prevention of Major Wars* (New York: Cambridge University Press, 1989), pp. 335~336.

8 Sagan, "The Origins of the Pacific War", p. 325.

9 Tsukuda, quoted in Scott Sagan, "Deterrence and Decision: An Historical Critique of Modern Deterrence Theory"(Ph.D. Thesis, Harvard University, 1983), p. 280.

결국 1941년 12월 7일 일본은 진주만을 폭격했다(그림 4.5 참조).

앞에서 본 세 가지 분석차원을 태평양전쟁에 적용하면 어떻게 될까? 개인의 역할은 유럽에서 히틀러의 경우보다는 분명 덜 두드러졌지만 정책결정자 개개인은 여전히 사건의 궤도에 영향을 미쳤다. 일본에서 팽창주의적인 장군과 제독들은 일본의 지역적 지배권을 확대하기를 원했으며, 서쪽으로는 중국, 남쪽으로는 싱가포르와 인도네시아와 필리핀, 동쪽으로는 태평양에 있는 미국의 영토를 획득하기 위한 팽창전쟁을 적극적으로 추구하고 있었다. 도조 히데키 같은 군부 지도자들은 정부 정책결정에 주도적인 역할을 했다. 그러나 도조가 지지했던 정책들은 다른 고위 군부나 민간 지도자들이 추구했던 정책과 동일한 것이었다. 히틀러도 독일 군부와 산업계의 지지를 얻고 있었지만 그는 대부분의 정책을 혼자서 결정했다. 하지만 일본에서는 상부의 힘이 독일에 비해 더 분산되어 있었으며, 정책들은 정치·군사지도자들의 합의의 결과라고 할 수 있었다.

개인의 역할은 미국의 정책을 결정하는 데도 중요한 요소였다. 프랭클린 루스벨트는 동남아시아에 대한 일본의 침략을 응징하기 위해 제재를 가할 용의가 있었지만, 의회와 미국 내의 많은 사람들은 루스벨트의 적극적이고 대결적인 외교정책을 거북해했다. 1940년과 1941년 당시 미국에는 아직도 고립주의적 정서가 강하게 남아 있었기 때문에 많은 이들이 국제정치에 대한 미국의 개입을 거부했다. 만약 몬태나의 상원의원이었던 휠러(Burton Wheeler)나 노스다코타의 나이(Gerald Nye), 캘리포니아의 존슨(Hiram Johnson) 같은 고립주의자들이 미국의 대통령이었다면, 미국은 일본의 침공에 맞서기보다는 달래려고 했을 수도 있고, 이에 따라 일본은 미국 공격의 필요를 전혀 느끼지 못했을 수도 있다. 물론 그 경우에도 일본의 침략을 저지하지는 못했을 것이며 일본은 서태평양에서 지역적 패권을 형성했을 것이다.

국내적이고 체제적인 원인 중에서 우리는 국내적 차원에서 일본 정부 내 군국주의의 심화가 전쟁의 가능성을 어떻게 더욱 높였는지를 살펴보았다. 1930년대의 유럽과 마찬가지로 일본과 미국 양국의 경제적 붕괴도 양국의 외교정책에 영향을 미쳤다. 일본은 더욱더 팽창주의적인 정책을 펼쳤고, 반면 미국은 1940년까지는 더욱 고립주의적인 정책을 펼쳤다. 더욱이 국민당의 중국은 1930년대까지 국내적으로 계속 무질서상태에 있었고, 그것은 팽창을 위한 일본의 공격에 중국을 더욱 취약하게 했다.

> 만약 우리가 일시적인 평화를 위해 국가정책의 일부를 포기함으로써 미국에 양보를 한다 해도 군사적으로 더욱 강력해진 미국은 우리에게 더 많은 요구를 할 것이 분명하며, 결국 우리의 제국은 미국의 발아래 엎드리게 될 것이다.
>
> — 일본의 1941년 정책회의 기록

자연히 일본의 국내정치에서 군국주의자들의 영향력은 더 커졌다.

체제적 차원에서 볼 때 베르사유조약은 중국에 대한 일본의 야심을 충족시켜주지 못했으며, 일본은 1930년대의 경제적 문제들로 인해 무역만으로는 필요한 원자재를 얻기가 더욱 어려워졌다. 그리고 이미 약해져 있던 국제연맹의 집단안보체제가 아시아에서 1931년부터 1933년 사이에 붕괴함에 따라 일본의 제국주의적 야망에 제재를 가할 수 있는 제도는 어느 것도 남아 있지 않았다. 유럽에서의 전쟁과는 달리 태평양전쟁의 근원적 원인과 중간원인들은 대부분이 일본의 팽창국가로의 전환, 미국의 고립주의로의 전환, 1930년대 중국의 무질서와 같은 국내적 요소들이었다. 촉발원인은 1941년 7월 일본에 전면적인 금수조치를 실행하기로 한 루스벨트의 결정과 이로 말미암아 12월 7일 미국을 공격하기로 한 일본군부의 결정이었다.

유화정책과 두 가지 종류의 전쟁

우리는 이상에서 어떤 교훈을 얻을 수 있는가? 혹자는 1930년대의 역사가 우리에게 주는 중요한 교훈이 '유화정책'의 폐해라고 말한다. 그러나 유화정책이 그 자체로 나쁜 것은 아니다. 그것은 외교의 고전적 수단이다. 유화정책은 세력균형이 경쟁국가를 이롭게 하는 방향으로 변하는 것을 허용하는 선택이다. 국가는 적국의 침략을 억지하거나 제한하기보다는 그 국가가 약간의 이득을 얻도록 허용하는 편이 낫다고 결정할 수도 있다. 펠로폰네소스전쟁 직전 코린트는 아테네에게 자신이 코르키라를 합병하는 것을 허용하라고 요구했다. 그러나 아테네인들은 코린트를 달래기를 거부하고 싸우기로 결정했다. 뒤이어 벌어진 상황을 생각해보면, 아테네가 코르키라 문제로 코린트와 싸우기보다는 코린트의 야망을 달래는 편이 더 나았을 것이라고 볼 수도 있다. 유화정책은 1815년 당시 전승국들이 패전국이지만 여전히 강력한 프랑스를 상대할 때 성공적으로 사용되었다. 1890년대에 영국은 강대해지고 있던 미국을 달랬다. 우리는 심지어 1920년대에 서방연합국들이 독일을 상대로 유화정책을 펼치는 것이 옳았다고 주장할 수도 있다. 양 대전 사이에서 가장 아이러니한 부분 중 하나는 독일을 달랬어야 할 1920년대에는 대결을 택하고 그들과 맞서 싸웠어야 할 1930년대에는 반대로 달랜 것이다.

히틀러에게 유화정책을 쓴 것은 잘못이었지만, 영국 수상 네빌 체임벌린은 뮌헨회의 문제로 알려진 것처럼 그렇게 겁쟁이는 아니었다. 그는 또 다른 세계전쟁을 피하고 싶었을 뿐이다. 1938년 7월에 그는 다음과 같이 말했다.

> 그 고통스러운 4년과, 인생의 절정기에 그 봉오리가 잘린 700만 명의 젊은이들과, 부상당하거나 불구자가 된 1,300만 명의 사람들과, 그 부모와 자식들의 불행과 고통을 생각하면, 전쟁에서 승자란 없으며 모두가 패자라고 말할 수밖에 없다. 그런 생각 때문에 나는 유럽에서 세계대전이 재현되지 않도록 최선을 다하는 것이 가장 중요한 의무라고 느낀다.[10]

체임벌린의 죄는 그의 의도가 아니라 상황을 올바로 판단하지 못한 그의 오만과 무지에 있다. 게다가 그 혼자서만 오판한 것도 아니었다.

제1차 세계대전과 제2차 세계대전은 종종 우연한 전쟁과 계획된 침략이라는 두 가지 완전히 다른 모델로 묘사된다. 제1차 세계대전은 때때로 적대행위의 의도하지 않은 악순환으로 그려진다. 분명 어느 정도는 유화정책으로 전쟁을 피할 수 있었을지도 모른다. 비록 독일의 요구들이 쉽사리 충족되지는 않았겠지만 말이다. 정치학자인 칼레오(David Calleo)의 말처럼 "배워야 할 교훈은 침략자를 경계할 필요가 있다는 것이라기보다는 신흥강대국에 대한 합리적인 순응을 거부하면 파괴적인 결과가 초래될 수 있다는 것이다."[11] 그러나 분명히 제2차 세계대전은 의도되지 않은 적대행위의

10 Neville Chamberlain, In *Search of Peace: Speeches 1937~1938* (London: Hutchinson, n.d.), p. 59.

11 David P. Calleo, *The German Problem Reconsidered: Germany and the World Order, 1870 to the Present* (Cambridge: Cambridge University Press, 1978), p. 6.

악순환이 아니었다. 히틀러의 계획된 침략을 억지하는 데 실패한 것이다. 그런 점에서 제2차 세계대전을 막기 위한 올바른 정책은 제1차 세계대전과는 정반대라고 할 수 있다. 독일에 대한 양보가 제1차 세계대전을, 그에 대한 억지는 제2차 세계대전을 막을 수 있었을지도 모르는데, 실제 정책은 그와 반대로 추구되었다. 제1차 세계대전의 재발을 막기 위한 1930년대 영국 지도자들의 행동은 오히려 제2차 세계대전의 발발을 조장했다. 또한 일본을 억지하기 위한 미국 지도자들의 노력은 태평양전쟁의 발발을 조장했다. 억지는 일본인들이 평화라는 대안이 전쟁을 무릅쓰는 것보다 낫지 않은 상황에 몰렸다고 느꼈기 때문에 실패하고 말았다.

물론 전쟁에 관한 위의 두 가지 모델은 너무나 단순하다. 제1차 세계대전은 단순한 우연이 아니었고, 제2차 세계대전 — 적어도 태평양전쟁 — 은 히틀러의 계획된 침략 이상의 것이었다. 요컨대 우리는 필요 이상으로 단순한 역사적 모델들을 경계해야 한다. 모델이 역사적 사실과 맞는지, 현재의 현실과 일치하는지를 항상 짚어보아야 한다. 마크 트웨인(Mark Twain)의 고양이 이야기를 염두에 두면 도움이 될 것이다. 뜨거운 난로 위에 앉아본 고양이는 다시는 뜨거운 난로 위에 앉지 않을 것이지만 그렇다고 찬 난로 위에 앉지도 않을 것이다. 제1, 2차 세계대전에 기초한 역사적 유추나 정치학 모델을 사용할 경우 어떤 것이 차고 뜨거운 난로인지를 알 필요가 있다.

연표: 양차 대전 사이의 일들	
1919년	베르사유평화회의 개최
	바이마르헌법 제정
1920년	국제연맹 탄생
1921~1922년	해군 군비감축에 관한 워싱턴회의
1922년	헤이그에 국제사법재판소 설립
	독일과 소련이 라팔로(Rapallo)조약 체결
	이탈리아에서 무솔리니가 정권을 장악
1923년	독일의 석탄공급불이행에 대한 대응으로 프랑스와 벨기에가 루르

	지방을 점령
	나치의 비어홀폭동이 실패로 끝남
1924년	배상에 대한 도즈안(Dawes Plan) 채택
	국제적 분쟁의 평화적 해결에 대한 제네바조약의 체결
1925년	로카르노회의와 조약 체결
1926년	독일, 국제연맹에 가입
1928년	켈로그-브리앙 조약 체결
1930년	런던군축회의
1931년	일본의 만주 침공
	오스트리아의 크레디트-안슈탈트(Credit-Anstalt) 은행 파산
	영국은행, 금본위체제 탈퇴
1932년	군축회의
	독일의 배상금에 대한 로잔회의
1933년	아돌프 히틀러, 독일 수상에 취임
	독일 의사당에 화재
	나치 독재를 허용하는 권능부여조례(Enabling Act) 통과
	독일, 군축회의 및 국제연맹에서 탈퇴
1934년	소련, 국제연맹에 가입
1935년	독일, 베르사유조약의 무장해제조항 부인
	프랑스와 러시아, 동맹을 형성
	영국과 독일, 해군 군비에 대해 합의
	이탈리아, 에티오피아를 침공
	호어-라발 조약 체결
1936년	독일, 로카르노조약을 비난하며 라인란트를 재점령
	이탈리아, 에티오피아전쟁에서 승리
	국제연맹, 정치적 도구로서의 신뢰를 상실
	로마-베를린 추축(axis)의 형성
	반코민테른 협정 체결
1936~1939년	스페인 내전
1937년	일본, 난징 및 기타 중국 도시에 대한 공격 개시
1938년	독일, 오스트리아를 공격하여 합병
	독일-체코 위기를 해결하기 위해 체임벌린이 베르히테스가덴 (Berchtesgaden), 고데스베르크(Godesberg), 뮌헨(München)에서 히틀러를 만남
1939년	체코슬로바키아의 위기

	독일, 체코슬로바키아 전토를 점령
	영국과 프랑스, 폴란드에게 보호를 약속하고 그리스와 루마니아
	에게도 보호를 보장함
	이탈리아, 알바니아를 공격
	독-러(몰로토프-폰 리벤트로프) 조약 체결
	독일, 폴란드를 침공
	영국과 프랑스, 독일에 선전포고
1940년	히틀러, 프랑스를 공격
	영국 본토항공전
	일본, 프랑스령 인도차이나 점령
1941년	히틀러, 소련을 침공
	일본, 진주만을 공습

▓▓ 학습문제

1. 제1차 세계대전 당시 정책결정자들은 어떤 '교훈'을 얻었는가? 그 교훈은 양 대전 사이의 시기에 그들의 행동에 어떤 영향을 미쳤는가?

2. 집단안보의 개념은 세력균형의 정치와 어떻게 다른가? 집단안보개념은 이상주의적인가? 그런 것이 아니라면 양 대전 사이의 시기에 어떻게 하면 집단안보가 더 잘 작동할 수 있었겠는가?

3. 제2차 세계대전은 불가피했는가? 만약 그렇다면 왜 그리고 언제 불가피해졌는가? 그렇지 않다면 전쟁을 언제, 어떻게 피할 수 있었겠는가?

4. 제2차 세계대전의 발발원인을 어느 정도까지 지도자들의 성향 탓으로 돌릴 수 있는가?

5. 오늘날의 정책결정자들이 전쟁을 피하는 데 도움을 줄 수 있는 양차 대전 사이 기간의 교훈은 어떤 것일까?

6. 일본이 미국을 공격한 것은 비합리적이었는가?

▓▓ 읽을 자료

1. Ross, Graham, *The Great Powers and the Decline of the European States System, 1919~1945* (London: Longman, 1983), pp. 109~126.

2. Bell, P. M. H., *The Origins of the Second World War in Europe* (London: Longman, 1986), pp. 14~38.

3. Sagan, Scott, "The Origins of the Pacific War", *Journal of Interdisciplinary History*,

18:4(Spring 1988), pp. 893~922.

4. Tayor, A. J. P., *The Origins of The Second World War* (London: Hamilton, 1961), pp. xi-xxviii, 102~109, 272~278.

5. Bullock, Alan, "Hitler and the Origins of the Second World War", in W. R. Louis(ed.), *The Origins of the Second World War: A. J. P. Taylor and His Critics* (New York: Wiley, 1972), pp. 117~145.

▚▚ 더 읽을 자료

Barkin, J. Samuel, and Bruce Cronin, "The State and the Nation: Changing Norms and the Rules of Sovereignty", *International Organization* (Winter 1944), pp. 107~130.

Barnhart, Michael A., *Japan Prepares for Total War: The Search for Economic Security: 1919~1941* (Ithaca, NY: Cornell University Press, 1987).

Bell, P. M. H., *The Origins of the Second World War in Europe* (London: Longman, 1986).

Bullock, Alan, *Hitler: A Study in Tyranny* (New York: Harper & Row, 1964).

Carr, E. H., *The Twenty Years' Crisis 1919~1939: An Introduction to the History of International Relations* (New York: HarperCollins, 1981).

Claude, Inis L., *Power and International Relations* (New York Random House, 1962).

Cohen, Warren, *Empire Without Tears: America's Foreign Relations, 1921~1933* (New York: Knopf, 1987).

Heinrichs, Waldo. Jr., *Threshold of War: Franklin D. Roosevelt and American Entry into World War II* (New York: Oxford University Press, 1988).

Hilderbrand, Klaus, *Foreign Policy of the Third Reich.* Anthony Fothergill(trans.), (Berkeley, CA: University of California Press, 1973).

Hughes, Jeffrey, "The Origins of World War II in Europe: British Deterrence Failure and German Expansionism", in Robert I. Rotberg and Theodore K. Rabb(eds.), *The Origin and Prevention of Major Wars* (Cambridge, England: Cambridge University Press, 1989), pp. 281~322.

Iriye, Akira, *The Origins of the Second World War in Asia and the Pacific* (London: Longman, 1987).

Jervis, Robert, Richard Ned Lebow and Janice Gross Stein, *Psychology and Deterrence* (Baltimore: Johns Hopkins University Press, 1985).

Kier, Elizabeth, *Imagining War: French and British Military Doctrine Between the Wars* (Princeton, NJ: Princeton University Press, 1997).

Lukacs, John, *Five Days in London, May 1940* (New Haven, CT: Yale University Press, 1999).

Macmillan, Margaret Olwen, *Paris 1919: Six Months That Changed the World* (New York: Random, 2002).

Middlemas, Keith, *The Strategy of Appeasement: The British Government and Germany* (Chicago: Quadrangle Books, 1972).

Reynolds, David, *From World War to Cold War: Churchill, Roosevelt and the International History of the 1940s* (New York and Oxford: Oxford University Press, 2006).

Ross, Graham, *The Great Powers and the Decline of the European States System, 1914~1945* (London: Longman, 1983).

Storry, Richard, *A History of Modern Japan* (Baltimore: Penguin, 1960).

Utley, Jonathan, *Going to War With Japan, 1937~1941* (Knoxville: University of Tennessee Press, 1985).

Walters, F. P., *A History of the League of Nations* (London: Oxford University Press, 1952).

Wolfers, Amold, *Discord and Collaboration: Essays on International politics* (Baltimore: Johns Hopkins University Press, 1962).

5장

냉전

1945년 얄타에서의 윈스턴 처칠, 프랭클린 루스벨트, 이오시프 스탈린.

20세기 전반부의 폭력성을 전제로 할 때, 20세기 후반 반세기 동안 가장 놀라운 점은 제3차 세계대전이 없었다는 사실이다. 그러나 실제 대전은 없었지만 강력한 적개심이 만연했던 시기, 즉 냉전이 있었다. 그 적개심은 너무나 강력해 많은 이들이 초강대국들 사이에 무력분쟁이 있으리라고 예측했다. 하지만 분쟁은 발생하더라도 주변부에서였고, 미국과 소련 간의 직접적 충돌은 아니었다. 냉전은 1947년에서 1989년까지 40년 동안이나 계속되었다. 냉전이 절정에 달한 것은 미국과 소련 사이에 진지한 협상이 거의 이루어지지 않았던 1947년부터 1963년까지의 시기였다. 1945년에서 1955년까지는 단 한 번의 정상회의도 없었다. 1952년에 모스크바 주재 미국 대사였던 조지 케넌(George Kennan)은 그가 미국 대사관에서 고립되어 지낸 기억을 제2차 세계대전 당시 베를린에 억류되어 있던 경험에 비유할 정도였다. 그러나 1970년대와 1980년대의 냉전 후반기에는 그전과는 상당히 달랐다. 미국과 소련은 빈번하게 접촉했고 군축에 대해 지속적인 협상을 벌였다. 1985년 고르바초프(Mikhail Gorbachev)가 정권을 잡은 이후 소련의 정책이 급변하면서 냉전 또한 너무나 빨리 종식되었다. 1989년 동유럽에서 소련의 패권은 무너졌고, 1991년에는 소련 자체가 해체되었다.

억지와 봉쇄

냉전에서 특기할 만한 것은 두 경쟁국가 간의 지속적인 긴장관계가 전쟁으로 끝나지 않았다는 점이다. 그 이유에 대한 설명은 여러 가지가 있고 뒤에서 논의할 것이다. 냉전은 그 예외적인 궤적 때문에 국제정치에 대한 독특한 시각을 제공하며, 국가의 외교정책에서 두 가지 선택, 즉 억지와 봉쇄라는 선택의 역동성을 보여준다.

억지는 두려움을 일으켜 어떤 행동을 그만두게 하는 것으로 냉전시대와 자주 관련되기는 하지만 국제정치에서 새로운 개념은 아니다. 역사 속에서 국가들은 다른 국가의 공격을 억지하기 위해 군대를 양성하고 동맹을 맺고 위협을 가했다. 냉전시대에는 핵무기가 출현하면서 초강대국들은 공격을 당한 후 방어를 하는 것보다는 위협을 통해 공격을 미리 단념시키는 쪽에 더 의존했다. 냉전시대의 억지는 미국과 소련의 핵무기 대량보유와 밀접한 관련이 있었지만 또한 세력균형 논리의 연장선에 있었다.

핵 위협에 의한 억지는 다른 초강대국이 우위를 점함으로써 그들 사이의 세력균형이 깨지는 것을 막으려는 시도이기도 했다. 앞으로 보게 되겠지만, 억지는 종종 미국과 소련 사이에 긴장을 고조시켰는데, 억지가 작동했는지를 증명하는 것도 쉽지만은 않다. 거짓 원인(spurious causation)의 위험은 항상 있다. 만약 어떤 교수가 자신의 강의 때문에 코끼리가 강의실로 들어올 수 없었다고 말한다면, 코끼리가 강의실에 실제로 한 번이라도 들어오지 않는 한 그런 주장을 반증하기는 어려울 것이다. 그러한 주장을 가상사실들을 이용해 시험해보자. 코끼리가 교실에 들어올 개연성은 얼마나 높은가?

억지의 개념은 봉쇄정책과도 연관되어 있었다. 냉전시대에 봉쇄란 미국이 정치적 · 경제적으로 자유주의적인 세계질서를 추구하기 위해 소련의 공산주의를 봉쇄한 일련의 정책을 가리켰다. 그러나 억지와 마찬가지로, 봉쇄가 그런 뜻으로 사용되기는 했어도 냉전에서 기원한 것은 아니었다. 봉쇄는 몇 세기 동안 외교정책의 주요 도구였다. 18세기 유럽의 보수적인 군주제 국가들은 프랑스혁명이 추구한 자유와 평등의 이데올로기를 억누르려고 했고, 그보다 더 오래 전에 가톨릭교회는 종교개혁의 전파와 마르틴 루터의 이상을 막기 위해 반종교개혁에 나섰다. 봉쇄에도 여러 가지 다른 형태가 있다. 그것은 공격적일 수도 있고 방어적일 수도 있다. 그것은 전쟁 또는 동맹 형태의 군사적인 것일 수도 있고 무역 블록이나 제재 형태의 경제적인 것일 수도 있다. 냉전시대에 미국은 공산주의를 봉쇄하는 확장된 봉쇄정책과 소련을 봉쇄하는 좀 더 제한적인 정책 사이를 오락가락했다.

냉전에 대한 세 가지 접근

누가 또는 무엇이 냉전을 일으켰는가? 냉전이 시작되자마자 이 질문은 학자들과 정책결정자들 사이에서 격렬한 논쟁의 주제가 되었다. 그리고 그 논쟁 속에는 '전통주의자(traditionalist)', '수정주의자(revisionist)', '탈수정주의자(postrevisionist)'라는 중요한 세 학파가 있었다.

전통주의자들은 누가 냉전을 시작했는가라는 질문에 대한 대답은 아주 간단하다고 주장한다. 바로 스탈린과 소련이다. 제2차 세계대전이 종결되었을 때 미국의 외교는 방어적이었지만 소련은 공격적이었고 팽창적이었다. 미국인들은 서서히 소련의 위협의 본질을 깨닫게 되었다.

전통주의자들은 어떤 증거를 들고 있는가? 전쟁 직후, 미국은 유엔을 통한 보편적 질서와 집단안보를 제시했다. 그러나 소련은 팽창을 원했고 자신의 영향권에 있던 동유럽 국가들을 지배하길 원했기 때문에 유엔을 진지하게 받아들이지 않았다. 전쟁이 끝난 후 미국은 군대를 해산시킨 반면 소련은 동유럽에 대군을 주둔시켰다. 미국은 소련의 권익을 인정했다. 예컨대 1945년 2월 얄타에서 루스벨트와 스탈린, 처칠이 만났을 때, 미국인들은 소련의 권익을 인정하기 위해 최선을 다했다. 그러나 스탈린은 특히 폴란드에서 자유선거를 허용하지 않음으로써 자신의 합의를 지키지 않았다.

소련의 팽창주의는 전쟁이 끝난 후 이란 북부에서 소련군이 철수를 지연시킴으로써 다시 한 번 확인되었다. 결국 소련군은 물러났지만 단지 압력에 의한 것일 뿐이었다. 1948년 체코슬로바키아에서 공산주의자들이 정권을 잡았다. 1948년과 1949년에 소련은 서방 정부들을 궁지에 몰기 위해 베를린을 봉쇄했다. 1950년 북한 공산군은 남한을 침공했다. 전통주의자들에 의하면 이와 같은 일련의 사건이 미국이 소련의 팽창주의적인 위협을 깨닫게 했고 또한 냉전을 촉발했다.

1960년대와 1970년대 초반에 주로 저술활동을 한 수정주의자들은 냉전이 소련의 팽창정책보다는 미국으로 인해 시작되었다고 믿는다. 그들이 제시하는 증거는 제2차 세계대전이 막을 내렸을 때 미국은 전쟁을 통해 강력해지고 소련에게 없는 핵을 보유한 반면 소련은 미국보다 훨씬 약했기 때문에 세계는 진정한 양극체제가 아니었다는 것이다. 소련은 3,000만 명에 가까운 인구를 잃었고, 산업생산은 1939년 당시 수준의 절반밖에 되지 않았다. 1945년 10월 스탈린은 미국 대사 해리먼(Averell Harriman)에게 소련은 전쟁으로 입은 피해를 복구하기 위해 국내 문제에 집중하겠다고 말했다. 더욱이 수정주의자들은 전후 초반에는 스탈린의 대외적 행동이 상당히 온건했다고 말한다. 스탈린은 중국에서 마오쩌둥 휘하의 공산주의자들이 권력을 잡는 것을 억제하려고 했다. 그리스 내전에서도 그는 그리스 공산주의자들을 억제하려고 했다. 또한 그는 헝가리, 체코슬로바키아, 핀란드에서 비공산주의적 정부의 존속을 허용했다.

수정주의자들은 '온건파'와 '강경파'의 두 부류로 나뉜다. 온건파 수정주의자들은 개인의 중요성을 강조하면서 1945년 4월 루스벨트의 사망을 중요한 사건으로 본다. 그의 뒤를 이어 트루먼(Harry S. Truman)이 대통령이 된 후에 미국의 대소련정책이 더욱 강경해졌기 때문이다. 1945년 5월 미국이 소련의 전쟁을 지원하기 위한 무기 대여를 너무나 갑작스럽게 중단하는 바람에 소련 항구를 향하던 미국 선박들은 바다 한가운데서 되돌아와야 했다. 1945년 7월 베를린 근교 포츠담에서 열린 회의에서 트루먼은 핵무기를 거론하며 스탈린에게 겁을 주려 했다. 미국 내 민주당의 성향은 점차 좌파와 중도파에서 우파로 바뀌었다. 1948년 트루먼은 소련과의 관계 개선을 촉구한 농무부 장관 월러스(Henry Wallace)를 파면했다. 당시 트루먼의 신임 국방부 장관인 포레스털(James Forrestal)은 강경한 반공주의자였다. 온건파 수정주의자들은 이와 같은 인적 변화가 미국이 소련을 강력하게 반대한 이유를 파악하는 데 도움이 된다고 말한다.

그러나 강경파 수정주의자들은 다른 대답을 가지고 있다. 그들은 개인이 아니라 미국 자본주의에 문제의 본질이 있다고 본다. 예를 들면 콜코 부부(Gabriel and Joyce Kolko)와 윌리엄스(William A. Williams)는 미국 경제가 팽창을 원했으며, 미국은 민주주의를 위해서가 아니라 자본주의를 위해서 세계를 안전하게 만들고자 했다고 주장한다. 미국의 경제적 패권은 독자적인 경제권을 조직하려는 그 어떤 국가도 용인할 수가 없었다. 미국 지도자들은 대외 무역이 없이는 또 다른 대공황이 발생할 수도 있기 때문에 1930년대의 상황이 재현되는 것을 우려했다. 대유럽원조를 내용으로 하는 마셜 플랜은 미국 경제를 확대하기 위한 방법에 불과했다. 소련이 마셜 플랜을 자신의 영향권 아래 있는 동유럽에 대한 위협이라며 거부한 것은 올바른 선택이었다. 윌리엄스의 표현을 빌자면, 미국은 국제 경제에서 항상 개방정책을 선호했는데 그것은 이를 통해 이익을 얻을 것으로 예상했기 때문이다.

예일대학 역사학자인 개디스(John Lewis Gaddis)로 대변되는 1970년대와 1980년대의 탈수정주의자들은 구조적 차원에 초점을 맞추는 또 다른 견해를 가지고 있었다. 그들은 냉전의 시작에는 누구의 책임도 없기 때문에 전통주의자와 수정주의자 양쪽 모두가 틀렸다고 주장한다. 냉전시대의 도래는 전후 세력균형의 양극체제 때문에 거의 불가피한 것이었다. 1939년의 세계는 7개의 강대국이 존재하는 다극체제였으나, 제2차 세계대전으로 인한 파괴 때문에 전후에는 미국과 소련이라는 두 초강대국만

남게 되었다. 양극체제와 전후 유럽 국가들의 약화로 생겨난 힘의 진공상태는 미국과 소련을 빨아들였다. 탈수정주의자들은 미소 양국이 분쟁에 말려들 수밖에 없었고, 따라서 누군가에게 책임을 묻는 것은 무의미하다고 말한다.

소련과 미국은 전후에 서로 다른 목표를 가지고 있었다. 소련은 영토라는 실체적인 자산을 원했다. 미국은 무형의, 또는 환경적 목표를 가지고 있었다. 미국인들은 국제 정치의 일반적 환경에 관심이 있었다. 미국이 지구적 유엔체제를 추구하고 소련이 동유럽에서 자신들의 영향권을 강화하려고 할 때, 미국의 환경적 목표는 실체적 자산을 얻고자 하는 소련의 목표와 충돌했다. 그러나 탈수정주의자들은 이는 스타일의 차이일 뿐 미국인들의 목표를 신성한 것으로 생각할 이유는 없다고 말한다. 왜냐하면 미국은 유엔을 통해서 이득을 얻었으며, 다수의 우방들이 투표권을 가지고 있는 상황에서 거의 제한을 받지 않았기 때문이다. 소련이 동유럽을 영향권 아래 두고 있었을지 모르지만, 미국 또한 서반구와 서유럽에 영향력을 가지고 있었다.

미국과 소련은 모두 팽창을 할 수밖에 없었지만, 탈수정주의자들은 그것이 수정주의자들의 말처럼 경제적 필연성 때문이 아니라 무정부체제의 전통적인 안보딜레마 때문이라고 강조한다. 아테네로서는 코린트가 코르키라의 해군을 확보하는 일을 허용할 수 없었듯이 미국이나 소련 모두 상대방이 유럽을 지배하는 것을 용납할 수 없었던 것이다. 탈수정주의자들은 그 증거로, 1945년에 스탈린이 유고슬라비아의 지도자였던 질라스(Milovan Djilas)에게 했던 말을 인용한다. "이 전쟁은 과거와는 다릅니다. 영토를 점령한 그 누구든지 자신의 사회체제를 강요하지요. 모두가 자신의 군대가 닿을 수 있는 곳까지 자신의 체제를 강요합니다."[1] 다시 말하면 이데올로기적 양극체제에서 국가는 안보를 확보하기 위해 자신과 유사한 사회를 만드는 데 군사력을 사용한다. 1944년 가을 루스벨트도 스탈린에게 이와 비슷한 말을 했다. "이 지구적 전쟁에서 정치적으로든 군사적으로든 미국이 관심이 없는 문제는 문자 그대로 없소."[2] 이런 양극체제에서는 적개심의 악순환이 생긴다. 한 국가의 강경노선은 다른 국가의

1 Milovan Djilas, *Conversations With Stalin*, trans. Michael B. Pertovich(San Diego: Harcourt Brace Jovanovich, 1962), p. 114.
2 Ralph B. Levering, *The Cold War, 1945~1972*(Arlington Heights, IL. Harlan Davidson, 1982), p. 15.

강경노선을 낳는다. 양자 모두 상대방을 1930년대의 히틀러와 비슷하다고 인식하기 시작했다. 그런 인식이 강화되자 냉전은 더욱 깊어만 갔다.

냉전의 종식 이후, 예전에는 접근이 불가능했던 소련의 옛 기록들이 조금씩 드러나면서 어느 쪽이 대결을 시작했는지에 대한 논쟁이 새로이 활기를 띠었다. 예를 들면 개디스는 소련이 슈퍼파워 대결의 시작과 그 성격에 대부분의 책임이 있었다는 주장에 점점 설득되었다. 그는 자신의 영향권에서 공식적인 제국을 유지하려는 크렘린의 경직된 집념뿐만 아니라, 스탈린이나 다른 소련 지도자들에게서도 동일하게 나타나는 이데올로기적 경직성을 지적했다. 개디스가 전통주의 시각으로 회귀하자 일부 학자들은 비판을 가했고 적어도 당분간은 논쟁이 계속될 것이 분명하다.

루스벨트의 정책

프랭클린 루스벨트는 제1차 세계대전 때의 실수를 되풀이하고 싶지 않았기 때문에 베르사유조약과 같은 평화 대신 독일의 무조건 항복을 요구했다. 그는 세계경제에 타격을 주고 전쟁을 야기한 1930년대의 보호주의를 피하고 자유무역체제를 원했다. 미국은 1930년대에 너무나 많은 피해를 남긴 고립주의적 경향에서도 벗어나고자 했다. 미국은 힘 있는 안전보장이사회를 가진 국제연합(UN)이라는 형태의, 더 새롭고 강력한 국제연맹에 가입하기로 했다. 전쟁 중 대부분의 기간에 국무장관을 지낸 코델 헐(Cordell Hull)은 독실한 윌슨주의자였고, 미국의 여론은 유엔을 강력하게 지지했다.

이 위대한 계획을 추진하려면 루스벨트는 자신의 국제적 입지를 위해 국내에서 지속적인 초당적 지지를 얻어야 했다. 대외적으로는 스탈린의 안보 요구가 유엔에 가입함으로써 해결될 수 있다고 그를 설득할 필요가 있었다. 루스벨트는 전후 계획에 너무 순진한 접근법을 가지고 있었다는 비판을 받아왔다. 그의 계획은 순진하지 않았지만, 전술은 사실 어느 정도 순진했다. 그는 유엔을 과신했고, 미국이 고립주의로 회귀할 가능성을 과대평가했으며, 무엇보다도 스탈린을 과소평가했다. 루스벨트는 스탈린을 정치인 대 정치인으로서 포용하면서 미국 정치인들을 대하는 방식으로 대할 수 있다고 생각했다.

> 전쟁 기간에, 그리고 전후에 대통령은 미국인이 이해하고 있는 의미의 진정
> 한 협동이 가능한 것처럼 행동했다. 루스벨트가 잊고 있었던 것은, 그가 한
> 번이라도 알았는지조차 의문이지만, 스탈린이 볼 때는 루스벨트나 히틀러나
> 별 차이가 없다는 것이다. 둘 다 힘 있는 자본주의국가의 지도자들이고 그들의
> 장기적인 야망은 크렘린의 그것과 상충되는 것이었다.
> — 윌리엄 토브먼(William Taubman), 『스탈린의 대미정책』[3]

루스벨트는 스탈린과 그의 부하들이 "인민의 이름으로 몇 백 만 명을 죽이고,
히틀러를 막기 위해 그와 협정을 맺고, 그와 함께 전리품을 나누고, 그와 마찬가지로
이웃 국민들을 몰아내고, 몰살시키고, 노예화했으며, 독일이 서쪽을 공격하자 멀찍이
떨어져서는 민주주의국가들을 맹렬히 비난하고, 다시 히틀러가 동쪽으로 진군해오자
이번에는 자신을 충분히 돕지 않는다고 비난한"[4] 전체주의자들임을 깨닫지 못했다.

루스벨트는 스탈린을 오판했지만, 그 후 몇몇 사람들이 주장한 것처럼 1945년
얄타회담에서 미국의 이익을 배반하지는 않았다. 루스벨트의 정책이 모든 면에서
순진했던 것은 아니다. 그는 경제적 원조를 소련의 정치적 양보와 결부시키려 했고,
소련과 원자폭탄의 비밀을 공유하기를 거부했다. 그는 다만 종전 무렵에 누가 군대를
동유럽에 주둔시키고 있을 것이며, 따라서 그 지역에서 누가 유리할 것인지에 대해
현실적이었다. 루스벨트의 실수는 스탈린이 세상을 자신과 같은 방식으로 보고 있다
고 생각하고, 그가 미국의 국내정치를 이해하고 있다고 믿었으며, 차이점을 가리면서
우정에 호소하는 미국적 정치기술이 스탈린을 상대할 때도 통할 수 있다고 생각한
것이었다.

스탈린의 정책

전후 스탈린이 당면한 계획은 내부 통제를 강화하는 것이었다. 제2차 세계대전은
위에서 언급한 엄청난 생명과 산업에서뿐만 아니라 공산주의 이데올로기 면에서도

---

3 William Taubman, *Stalin's American Policy* (New York: Notton, 1982), p. 36.

4 Levering, *The Cold War*, p. 37.

소련에 엄청난 피해를 입혔다. 소련의 많은 국민들이 공산주의의 가혹한 통치에 대한 증오 때문에 독일인들에게 협력했다. 독일의 침공은 스탈린의 통제력을 심각하게 약화시켰다. 전쟁 기간에 스탈린은 약해진 공산주의 이데올로기로는 국민을 움직이기에 불충분했기 때문에 러시아 민족주의에 더 많이 호소해야 했다. 종전 무렵에 스탈린의 고립정책은 유럽과 미국의 외부적 영향을 차단하기 위해 계획되었다. 스탈린은 미국을 주적으로 이용하여 소련 국민들을 바싹 죄고 결속하며, 외부 사람들을 믿지 말라고 했다. 그러나 그렇다고 해서 스탈린이 실제로 전개된 냉전을 원했다고 볼 수는 없다.

스탈린은 약간의 협력을 원했다. 특히 그것이 유럽에서 그가 추구하는 목표에, 그리고 미국으로부터 어느 정도 경제적 지원을 얻는 데 도움이 된다면 더더욱 그러했다. 철저한 공산주의자인 그는 자본주의체제란 국내의 불충분한 수요로 인해 자본을 수출해야 하기 때문에 미국이 경제적 원조를 할 수밖에 없다고 믿었다. 스탈린은 또한 10년 또는 15년 내에 자본주의체제에 또 다른 위기가 올 것이고, 그때쯤이면 소련은 회복되어 있을 것이며, 자본주의자들과의 피할 수 없는 분쟁에서 유리한 고지를 점할 준비가 되어 있으리라고 믿었다.

외교정책 면에서 스탈린은 1939년에 히틀러와의 협정으로 얻은 동유럽에서의 이득들을 유지하면서 동시에 국내적으로 자신을 보호하고 싶었다. 스탈린은 또한 위기가 없을 때 더 나은 발전을 위해 약한 고리가 어디인지 시험하고 싶어 했다. 1941년에 스탈린은 영국의 외무장관인 앤서니 이든(Anthony Eden)에게 자신이 대수보다 산수를 선호한다는 말을 한 적이 있다. 다시 말하면 그는 이론적인 쪽보다 실용적인 쪽을 선호한 것이다. 전후 윈스턴 처칠이 발칸을 세력분할 방식으로 일부는 영국의 지배하에, 또 다른 일부는 소련의 지배하에, 나머지는 50대 50으로 나누자고 제안했을 때, 스탈린은 그 아이디어를 받아들일 준비가 충분히 되어 있었다. 중국, 체코슬로바키아, 헝가리의 공산주의정부를 즉각적으로 지원하지 않은 초기 스탈린의 신중함은, 그가 목적을 이루는 데 대수적 접근을 하기보다 산술적 접근을 한다는 논리와 잘 맞아떨어진다. 스탈린은 비록 공산주의의 틀 안에서 세계를 바라본 철저한 공산주의자였지만 종종 실용적인 전술을 구사했다.

분쟁의 단계

냉전의 초기 시기는 1945~1947년의 점진적 개시기, 1947~1949년의 냉전 선언기, 그리고 1950~1962년 절정기의 세 단계로 나눌 수 있다.

스탈린도 트루먼도 냉전을 원하지는 않았다. 종전이 가까워지면서 트루먼은 루스벨트의 전직 보좌관이었던 홉킨스(Harry Hopkins)를 모스크바에 보내 어떤 형태의 조정들이 가능할지 알아보게 했다. 포츠담회담 이후에도 트루먼은 스탈린을 계속 온건주의자로 보았다. 1949년까지도 그는 스탈린을 그의 옛 친구였던 캔자스 시의 보스 펜더개스트(Boss Pendergast: 미주리 주와 민주당에서 커다란 영향력을 행사한 정치가, 세금포탈 혐의로 실각했다 - 옮긴이)에 비유했다. 1946년에 모스크바 주재 미국 대사관의 대리대사인 조지 케넌 같은 이는 그의 글을 통해 스탈린의 본질과 진정한 목적에 대해 미국의 정책결정자들에게 경고하려고 했고, 윈스턴 처칠은 미주리 주 풀턴에서 유럽 전역에 '철의 장막'이 쳐지고 있다는 유명한 연설을 했다. 국무장관인 제임스 번스(James Byrnes)가 소련과 전후조약을 협상하고 있는 동안, 트루먼은 그의 보좌관인 클리포드(Clark Clifford)에게 소련이 진정으로 무엇을 계획하고 있는지에 대한 보고서를 준비하라고 지시했다. 클리포드는 여러 사람과 논의한 결과 케넌이 옳다는 결론에 도달했다. 소련은 손쉬운 기회가 생기면 언제든지 팽창하려 할 것이다. 1946년 12월에 그 보고서를 받은 트루먼은 클리포드에게 그 내용을 공개하지 말라고 지시했다. 왜냐하면 그는 아직도 루스벨트의 '위대한 계획'을 추종하고 있었고 새로운 전략을 개발하지 못했기 때문이었다.

다음의 여섯 가지 이슈는 미국 전략의 변화와 냉전의 시작에 기여했다. 첫 번째 이슈는 폴란드와 동유럽이었다. 물론 폴란드는 제2차 세계대전의 촉발원인 중 하나이기도 했으며, 미국인들은 스탈린이 전후에 폴란드에서 자유선거를 허용하겠다는 명백한 약속을 위반했다고 믿었다. 그러나 스탈린이 무엇에 동의했는지는 명백하지 않다. 스탈린과 루스벨트가 1943년에 테헤란에서 만났을 때, 루스벨트는 폴란드 문제를 제기했지만 그것은 1944년에 있을 미국 내 선거와 관련한 맥락에서 스탈린에게 호소한 것이었다. 임박한 선거를 위해 루스벨트는 미국 내의 많은 폴란드계 미국인들에게 전후 폴란드에서 자유선거가 치러질 것이라고 말할 필요가 있었다. 소련에서 선거라는 것에 대해 한 번도 걱정을 해본 적이 없는 스탈린은 루스벨트의 걱정을 심각하게 받아들이지 않았다. 1945년 2월에 체결한 얄타조약의 내용도 다소 모호한 데다, 스탈린은 독일군을 몰아낸 후 그 조약의 의미를 최대한 확대해석하여 바르샤바에 꼭두각시 정부를 세웠다. 미국인들은 배신당했다고 느꼈으나 스탈린은 폴란드를 해방시킨 것은 소련군이라는 현실을 미국인들이 받아들일 것이라고 생각했다.

두 번째 이슈는 1945년 5월에 원조프로그램이 갑자기 중단됨에 따라 미국과 소련의 경제관계가 악화된 것이었다. 원조프로그램의 갑작스런 종료는 어느 정도는 관료적인 실수라고도 할 수 있지만, 1946년 2월 미국이 소련의 차관 요청을 거절했을 때도 전체적인 상황은 나아지지 않았다. 소련은 그와 같은 미국의 행동을 적대적인 목적을 위한 경제적 수단으로 해석했다.

세 번째 이슈는 독일이었다. 얄타회담에서 미국과 소련은 독일에게 전쟁배상금으로 200억 달러를 물게 하고 그 절반은 소련이 받기로 하는 데 동의했다. 비록 나중에 협의를 갖기로 했지만, 얄타회담에서는 어떻게 그리고 언제 배상금이 지급되는지에 대한 구체적인 계획은 마련되지 않았다. 1945년 7월의 포츠담회의에서 소련은 그들의 몫인 100억 달러를 요구했다. 더욱이 소련은 그 돈을 미국, 영국, 프랑스가 점령하고 있던 독일의 서쪽 구역에서 받기를 원했다. 독일을 어떻게 재건해야 할지 걱정하고 있던 트루먼은 만약 소련이 그들의 몫인 100억 달러를 원한다면 그들이 점령하고 있는 동쪽 구역에서 받아가야 한다고 답했다. 트루먼은 만약 서쪽 지역을 재건한 후에 남는 것이 있으면 그때 소련에게 알려주겠다고 말했다. 독일을 어떻게 재건할지에 대한 미국과 소련의 일련의 불화는 이런 식으로 시작되었다. 영국, 프랑스, 미국은 서쪽 지역에 단일통화체제를 구축하여 서독 통합과정을 시작했고, 그런 움직임은 소련이 동독에 대한 지배를 강화하도록 만들었다.

동아시아 또한 쟁점이었다. 소련은 전쟁의 마지막 주까지도 태평양전쟁에 대해 중립을 지키고 있었다. 그러다가 소련은 일본에 선전포고를 하면서 만주와 일본 북부에 있는 섬 네 곳을 빼앗았다. 포츠담회담에서 소련은 독일에서 미국이 점령한 지역처럼, 일본에서 소련이 점령한 지역을 요구했다. 트루먼의 대답은 소련이 파티에 너무 늦게 도착했으므로 얻을 영토는 없다는 것이었다. 미국의 시각에서 볼 때 이 대답은 완벽하게 합리적이었으나, 그 상황은 미국이 소련군이 먼저 도착한 동유럽에

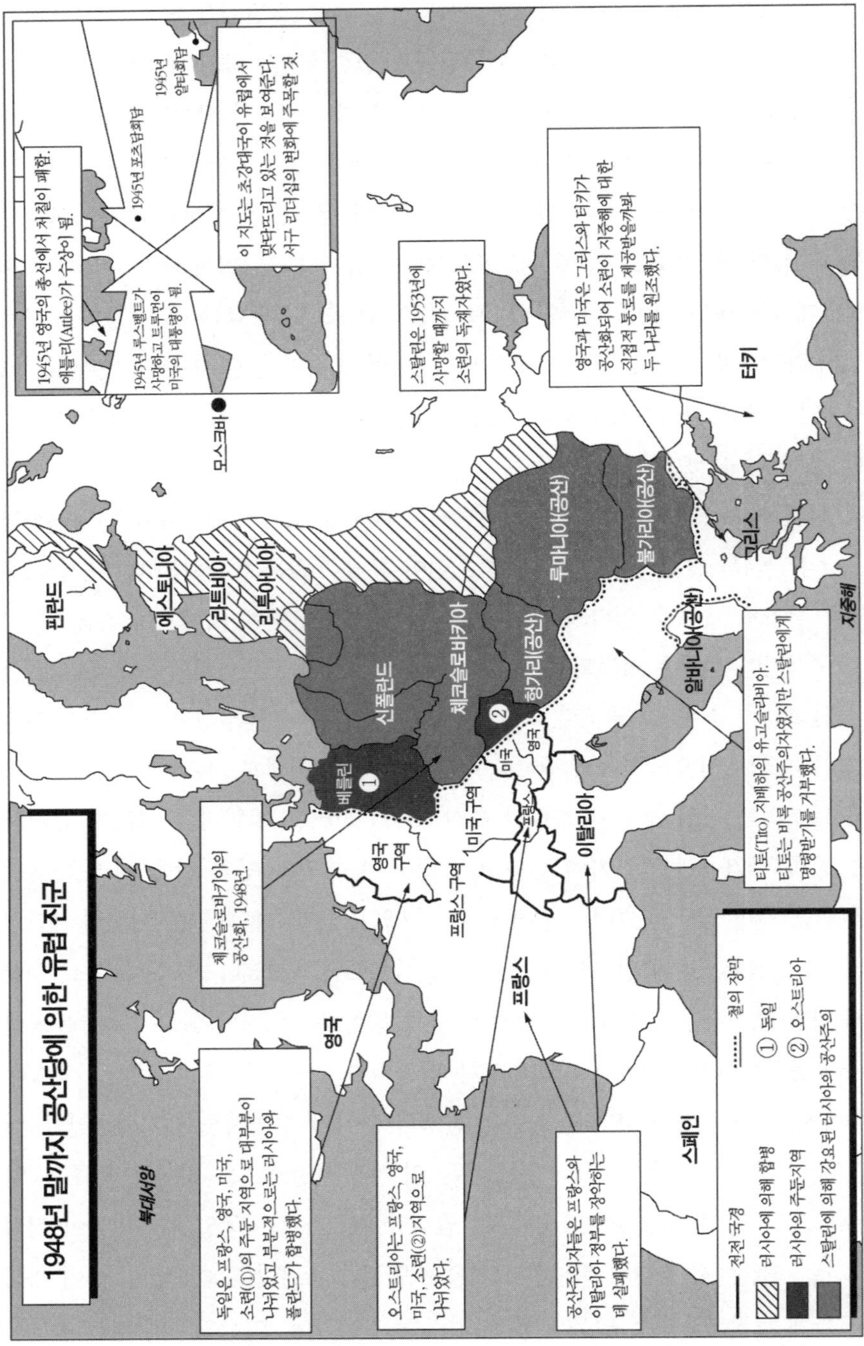
1948년 말까지 공산당에 의한 유럽 진군
독일은 프랑스, 영국, 미국, 소련(①)의 주둔 지역으로 대부분이 나뉘었고 부분적으로는 러시아와 폴란드가 합병했다.
체코슬로바키아의 공산화, 1948년.
오스트리아는 프랑스, 영국, 미국, 소련(②)지역으로 나뉘었다.
공산주의자들은 프랑스와 이탈리아 정부를 장악하는 데 실패했다.
1945년 영국의 총선에서 처칠이 패함. 애틀리(Attlee)가 수상이 됨.
1945년 루스벨트가 사망하고 트루먼이 미국의 대통령이 됨.
1945년 포츠담회담
1945년 얄타회담
이 지도는 초강대국이 유럽에서 맞닥뜨리고 있는 것을 보여준다. 서구 리더십의 변화에 주목할 것.
스탈린은 1953년에 사망할 때까지 소련의 독재자였다.
영국과 미국은 그리스와 터키가 공산화되어 소련이 지중해에 대한 직접적 통로를 제공받을까봐 두 나라를 원조했다.
티토(Tito) 지배하의 유고슬라비아. 티토는 비록 공산주의자였지만 스탈린에게 명령받기를 거부했다.
전전 국경
러시아에 의해 합병
러시아의 주둔지역
스탈린에 의해 강요된 러시아의 공산주의
철의 장막
① 독일
② 오스트리아
북대서양
영국
프랑스
스페인
이탈리아
영국 구역
프랑스 구역
미국 구역
베를린
신폴란드
체코슬로바키아
헝가리(공산)
루마니아(공산)
불가리아(공산)
알바니아(공산)
그리스
터키
지중해
핀란드
에스토니아
라트비아
리투아니아
모스크바

그림 5.1 유럽에서의 냉전 초기.

서 자유선거를 실시하고 영향력을 행사하고 싶어 하고 있다는 사실을 환기시켰다. 따라서 소련은 동아시아의 상황을 동유럽과 유사하다고 보았던 반면, 미국은 이를 소련이 팽창을 시도하는 또 한 가지 사례로 보았다.

다섯 번째 이슈는 핵무기였다. 루스벨트는 핵무기의 비밀을 소련과 공유하지 않기로 결정했다. 오늘날 대부분의 역사가들은 트루먼이 히로시마와 나가사키에 핵무기를 떨어뜨린 것은, 일부 수정주의자들의 주장처럼 소련을 위협하기 위해서가 아니라, 일본과의 전쟁을 빨리 끝내기 위해서였다는 데 동의한다. 그러나 그는 분명 핵무기를 통해 어떤 정치적 효과를 기대했다. 포츠담회담에서 트루먼이 스탈린에게 미국이 핵무기를 가지고 있다고 말했을 때, 스탈린은 무표정했고 충격을 받은 기색이 없었다. 물론 스탈린은 스파이를 통해 핵무기에 대해 이미 알고 있었지만, 그의 침착함은 미국인들에게 다소 충격적이었다. 1946년 미국이 핵무기를 유엔의 통제하에 두는 바루크플랜(Baruch Plan)을 제시했을 때, 스탈린은 독자적으로 핵무기를 개발하고 싶었기 때문에 이를 거절했다. 그가 생각하기에 국제적 통제하에 있는 폭탄은 미국의 폭탄이었다. 왜냐하면 미국만이 그것을 어떻게 만드는지 알고 있었기 때문이다. 소련의 안보를 위해서는 자신들만의 폭탄을 가지는 편이 훨씬 나았다(소련은 1949년에 마침내 핵폭탄을 보유했다).

여섯 번째 이슈는 제2차 세계대전 이전에 영국의 영향권 아래 있었던 지중해 동부의 국가들과 중동에 관련된 것이었다. 전쟁 이후 몇 가지 일들이 벌어졌다. 첫째, 소련은 1946년 3월 이란 북부에서 군대의 철수를 거부했다. 미국은 유엔에서 벌어진 논쟁에서 이란을 지지했다. 소련은 결국 철수했지만, 그 사건으로 상당한 원한을 품게 되었다. 소련은 남쪽에 인접한 터키에 압력을 가하기 시작했고, 동시에 그리스에서는 공산주의자들이 내전에서 승리하는 것처럼 보였다. 다시 한 번 서구는 소련이 팽창하고 있다고 믿게 되었다.

위의 여섯 가지 쟁점은 비록 거의 대부분의 경우에 오해가 개입되어 있기는 했지만 모두가 현실이었다. 협상과 유화정책으로 위의 문제들이 해결될 수 있었을까? 유화정책은 성공했을까? 아마도 그렇지 않았을 것이다. 케넌은 스탈린이 약점이 보이는 곳이면 어디든 찌를 의도를 가지고 있었다고 주장했다. 1946년 6월 소련의 전 외상이었던 막심 리트비노프(Maxim Litvinov)는 미국에게 양보를 하지 말라며 주의를 주었는

데, 그것은 긴장의 근본원인이 "공산주의와 자본주의 세계의 충돌은 불가피하다는 소련 내의 일반적인 이데올로기 관념"이기 때문이라는 것이었다. 양보는 단지 서구 세계가 "얼마 지나지 않아 다음 요구사항들에 직면하는"[5] 상황으로 이끌 것이기 때문이다. 유화정책은 아마 성공하지 못했겠지만, 좀 더 강하게 협상을 했다면 냉전의 발단에 기여한 일부 사건들을 제한하는 데는 기여했을 것이다. 미국이 확고한 입장을 가지고 스탈린의 실용주의에 전술적으로 호소하며, 협상하려는 의지가 있었다면 1945~1947년의 냉전 초창기 사정은 훨씬 나아졌을지도 모른다.

두 번째 단계인 1947~1949년의 냉전 선언기는 그리스와 터키 사건에 뒤이어 시작되었다(그림 5.1 참조). 제2차 세계대전으로 심각하게 약화된 영국은 더 이상 지중해의 동쪽 지역에 안보를 제공할 수 없다고 느꼈다. 미국은 진공상태가 되도록 내버려둘 것인지 아니면 그리스와 터키를 원조함으로써 영국의 권력 공백을 대신할 것인지를 결정해야 했다. 그와 같은 결정은 전통적인 미국 외교정책과의 단절을 의미했다. 트루먼은 미국 여론이 그런 정책을 지지할지 확신하지 못했다. 그에게는 고립주의가 전후 미국 외교정책의 대들보가 되리라는 두려움이 남아 있었다. 트루먼은 미시건 출신의 공화당 지도자인 반덴버그(Arthur Vandenberg) 상원의원에게 의회가 그리스와 터키에 원조를 보내는 데 찬성할 것인지를 물었다. 반덴버그는 트루먼이 미국의 전통적 정책과의 단절을 의미하는 이런 선택에 대해 의회의 지지를 얻어내려면 "그들에게 겁을 주어야 한다"라고 말했다. 그래서 트루먼은 정책의 변화를 설명하면서 그리스와 터키에 원조를 함으로써 지중해 동쪽의 세력균형을 유지할 필요가 있다고 말하지 않았다. 대신 그는 전 세계 자유 인민을 보호해야 한다고 말했다. 미국의 원조를 위한 이와 같은 도덕적이고 이데올로기적인 설명은 이후 트루먼 독트린으로 불리게 되었다.

그 시점에 국무부로 다시 돌아온 조지 케넌은, 외교정책을 이데올로기적으로 공식화하는 것이 지나치게 노골적이어서 미국에 문제가 될 수 있다고 주장하며 반대했다. 실제로 트루먼독트린에서 비롯된 봉쇄정책에는 대단히 모호한 점들이 있었다. 미국의 관심은 소련의 힘을 봉쇄하는 것이었는가 아니면 공산주의 이데올로기를 봉쇄하

---

5 Ibid., p. 131.

는 것이었는가? 처음에는 소련의 힘을 봉쇄하는 것과 공산주의 이데올로기를 봉쇄하는 것이 동일한 것처럼 보였다. 그러나 공산주의운동이 분열되었던 냉전 후반기에는 그 모호함이 중요한 문제가 되었다.

트루먼이 위협의 정도와 정책변화에 대한 이데올로기적 이유를 과장한 것은 잘못이었는가? 일부 비평가들은 전체주의체제에서 정책을 바꾸는 것보다 민주주의국가에서 여론을 바꾸는 것이 더 힘들다고 말한다. 그들은 과장이 민주주의에서 변화를 촉진한다고 주장한다. 제멋대로 가려는 말들의 방향을 틀려고 할 때는 말고삐를 강하게 당길 필요가 있다. 과장이 필요했는지 아닌지에 상관없이, 그것은 냉전의 본질을 바꾸는 데 일조했다.

1947년 6월 미국 국무장관인 조지 마셜(George Marshall)은 유럽에 대한 경제원조계획을 발표했다. 마셜 플랜에 담긴 첫 제안은 소련과 동유럽도 원한다면 그 플랜에 참가하도록 초대하고 있었다. 그러나 스탈린은 동유럽에 압력을 넣어 그렇게 하지 못하도록 했다. 스탈린은 마셜 플랜을 미국의 자비로움의 표시가 아니라 동유럽에 둘러 처진 자신의 장벽을 부수고 들어오는 경제적 망치로 여겼다. 체코슬로바키아가 미국의 원조를 희망한다는 의사를 보였을 때 스탈린은 동유럽에 대한 통제를 강화했고, 1948년 2월 체코슬로바키아에서는 공산주의자들이 정권을 장악했다.

트루먼은 이와 같은 사건들에서 1930년대의 메아리를 듣는 듯했다. 그는 스탈린이 또 한 사람의 히틀러가 될까 봐 두려워하기 시작했다. 미국은 서독의 통화개혁을 위한 계획을 진행했고 스탈린은 베를린 봉쇄로 응답했다. 미국은 이에 공중보급으로 대응했고 북대서양조약기구(NATO)의 창설을 계획하기 시작했다. 적개심이 '이에는 이 눈에는 눈'으로 증폭되기 시작했다.

냉전이 가장 경직된 시기는 1949년에 있었던 두 번의 충격적 사건 이후 도래했다. 소련은 일부 미국 지도자들이 생각한 것보다 훨씬 빨리 핵무기를 개발해냈고, 중국 공산당은 국민당을 타이완으로 몰아내고 대륙을 장악했다. 워싱턴의 충격은 소련이 세계지배전략의 일환으로 4~5년 내에 공격해올 것이라고 예측한 NSC-68(National Security Council Document 68)이라는 비밀정부문서에 잘 나타나 있다. NSC-68은 미국이 국방비를 크게 증가시킬 필요가 있다고 지적했다. 예산 문제로 곤란에 처해 있던 트루먼 대통령은 북한군이 남한을 침략한 1950년 6월까지 NSC-68을 거부했다.

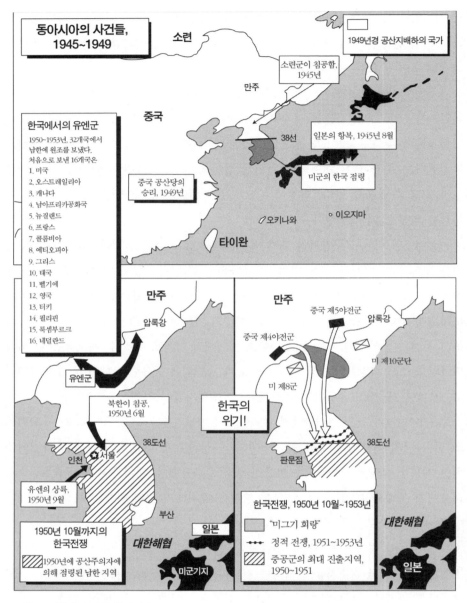

그림 5.2 냉전 초기의 동아시아.

한국전쟁의 효과는 모닥불에 가솔린을 부은 것과도 같았다. 한국전쟁은 스탈린의 팽창야욕에 대해 서구가 품고 있는 모든 최악의 의심들이 옳았다는 확신을 심어주었고, 트루먼은 그때까지 거절하고 있던 미국 방위예산의 엄청난 증가를 실행했다.

왜 스탈린은 북한이 남한을 침공하도록 허락했을까? 흐루쇼프는 그의 회고록에서 이에 대한 한 가지 설명을 제공한다. 북한의 지도자였던 김일성은 한반도를 통일할 수 있는 기회를 달라고 스탈린을 압박했다. 미국은 한국이 그들의 방위선 밖에 있다고 밝힌 상태였다. 국무장관이었던 애치슨이 그와 같은 입장을 표명했고, 합동참모본부는 이에 따른 계획을 수립했다. 스탈린에게는 한국이 허술한 곳처럼 보였다. 그러나 북한이 실제로 한국을 침공하자 트루먼은 계산적이기보다는 원칙적으로 대응했다. 트루먼은 히틀러가 라인란트로 진군한 과거를 기억했고 그 어디에서도 침략은 막아야 한다는 원칙을 회상했다. 방위선에 대한 계산된 계획은 북한의 침략이 상기시킨 역사적 유사성으로 인해 빛을 잃었다. 미국은 안전보장이사회가 집단안보를 지지할 수 있도록 했고(당시 소련이 안전보장이사회에 참가를 거부하고 있었기 때문에 가능했다), 한반도를 반으로 나누는 38선 이북으로 공산군을 몰아내기 위해 유엔의 깃발 아래 한국으로 군대를 보냈다.

처음에는 북한군이 한반도의 거의 끝까지 밀고 내려갔다. 그러나 1950년 9월에 미군이 한반도 중간에 있는 인천에 상륙하면서 북한군은 패주했다. 만약 미국이 거기서 멈추었다면 침략 전의 상태를 복원하고 승리를 선언할 수도 있었으나, 트루먼은 38선 위로 후퇴하는 북한군을 추격하라는 국내의 압력에 굴복하고 말았다. 미군이 중국과 한국의 국경인 압록강에 접근하자 중국 공산당이 개입했고 미군은 한반도의 중간까지 밀려 내려갔다. 거기서 1953년 정전이 이루어지기까지 3년 동안 피비린내

　　NSC-68의 목적은 대통령이 결정을 내릴 수 있을 뿐만 아니라 그 결정이 곧바로 실행될 수 있다고 하는 '강력한 정부'에 대한 대중의 사고를 불식시키는 것이었다. 그렇다 하더라도 소련이 남한에 대한 공격을 부추기고 '반미' 운동을 시작할 정도로 멍청하지만 않았다면, 실제로 전쟁 이후 이루어진 많은 일들이 가능했을지 의심스럽다.

　　　　　　　　　　　　　　　　　　　—미 국무장관 딘 애치슨, 『창조물의 현재』[6]

---

6 Dean Acheson, *Present at the Creation* (New york: Norton, 1969), p. 375.

나는 교착상태가 이어졌다. 미국은 중국과 싸우게 되었고 공산주의는 하나가 된 듯 보였다. 이 실망스러운 전쟁은 미국 국내에서는 여론 분열과 매카시즘의 출현을 가져왔다. 매카시즘은 위스콘신 주 상원의원 조지프 매카시(Joseph McCarthy)의 이름을 따서 만들어진 말인데, 그는 가혹하고 졸렬하게도 국내 공산주의자들의 체제전복 시도라는 죄목을 만들어 사람들에게 덮어씌웠다. 냉전의 각 진영은 견고해졌고 대화는 거의 단절되었다.

냉전은 필연적이었는가

냉전의 시작은 필연적이었는가? 만약 필연적이라는 것이 '높은 개연성'을 의미한다면 탈수정주의자들의 말이 맞다. 양극구조는 양쪽 모두가 유럽에서 나타난 힘의 진공 속으로 빨려 들어갈 가능성을 높였고 거기서 벗어나기 어렵게 만들었다. 치열한 이데올로기적 환경은 유엔의 작동을 방해했고, 투명한 소통을 제한했으며, 국제체제의 과정이 절도를 잃게 만들었다. 그와 같은 체제적 상황에서 분쟁은 분명 위에 거론한 여섯 가지 이슈나 또 다른 문제들로부터 발생했을 것이고 해결하기도 어려웠을 것이다.

그러나 탈수정주의자들은 체제적 설명에 지나치게 의존한다. 어떤 종류의 냉전은 필연적이었을지도 모르지만 그 정도까지 그러한 것은 아니다. 요컨대 적대감이라도 여러 단계가 있을 수 있는데, 1989년까지 양극체제는 변하지 않았기 때문에 구조적 설명만으로는 그 시기에 있었던 적대감의 여러 깊이나 단계를 말해주지 못한다. 여기서 루스벨트와 트루먼, 스탈린과 흐루쇼프라는 개인과 국내정치에 대한 분석이 중요한 의미를 갖는다. 냉전을 완전히 이해하려면 국내정치를 고려해야 한다. 국내 문제에 초점을 맞춘 수정주의는 옳았지만, 경제적 결정론에 지나치게 초점을 맞춘 점은 틀렸다. 더욱 중요한 점은 국내정치적 측면에서의 과장과 이데올로기의 역할이었다. 스탈린은 전쟁 이후 소련의 국내 문제 때문에 이데올로기를 사용했으고, 트루먼은 미국 외교정책의 변화에 대한 지지를 얻기 위해 공산주의자들의 위협을 과장했다. 1930년대의 경험을 상기시키는 비유들의 사용은 양쪽 모두를 더욱 경직되게 했다.

아이러니하지만 전략을 실행한 시기가 달랐다면 적개심의 정도를 누그러뜨렸을지도 모른다. 예를 들어 미국이 케넌의 충고를 받아들여 1945~1947년에는 좀 더 강력하게 대응하고 1947~1950년에는 좀 더 실용적인 협상과 대화를 시도했더라면, 냉전의 긴장은 1950년대 초반 당시의 수준까지는 도달하지 않았을지도 모른다.

분석의 차원

냉전의 기원은 그림 5.3에서 볼 수 있듯이 다른 이미지들 또는 분석의 차원으로 묘사될 수 있다.

19세기에 토크빌(Alexis de Tocqueville, 1805~1859)은 러시아와 미국이 거대한 대륙적 스케일을 가진 두 강국이 될 수밖에 없다고 예측했다. 현실주의자들은 두 국가가 어떤 형태로든 분쟁에 빠져들 수밖에 없다고 예측하기도 했다. 물론 1917년의 볼셰비키혁명도 분쟁에 이데올로기적 차원을 더해주었다. 우드로 윌슨이 처음 러시아혁명 소식을 들었을 때, 그는 러시아 국민의 민주적 정신을 치하했다. 그러나 미국이 볼셰비키의 황제 시해, 토지 몰수, 제1차 세계대전에서 독일과의 협력 등 일련의 행동을 비판하기까지는 오랜 시간이 걸리지 않았다. 미국은 제정 러시아를 대독전쟁에 계속 묶어두기 위해 볼셰비키혁명에 개입하려 하는 서구 연합군 부대에 소수의 미군 분견대를 파견했지만 소련은 이를 공산주의를 요람에서 목 졸라 죽이려는 시도라고 보았다. 이와 같은 불화들에도 미국과 소련은 양 대전 사이의 시기에 심각한 분쟁을 회피했고, 1940년대 초에는 동맹국이 되었다. 그러나 제2차 세계대전에서 다른 강대국들의 몰락으로 발생한 양극체제와 힘의 진공은 양국의 관계를 변화시켰다. 전에는 양국 간에 불신이 있기는 했으나 서로 멀리 떨어져 있었다. 제2차 세계대전 전에는 양자가 서로를 피할 수 있었으나 1945년 이후에는 정면으로 맞닥뜨리게 되었고, 유럽은 분열되었으며 1947년 이후부터는 심각한 갈등이 시작되었다. 어떤 사람들은 양극구조가 이런 결과를 가질 수밖에 없는가에 의문을 품는다. 소련은 대륙세력이었고 미국은 해양세력이었다. 왜 곰과 고래 사이에 분업이 불가능했는가, 각자가 자기의 지역에 머물러 있을 수는 없었는가?

그 대답은 세계정치의 주요 국가들, 세력균형을 깨뜨릴 수 있는 국가들, 특히 유럽과 일본이 소련의 주변부에 위치해 있었기 때문이다. 조지 케넌이 전후의 당시

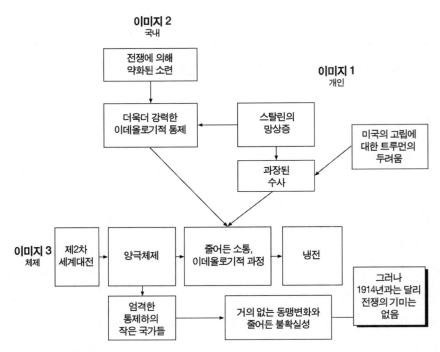

그림 5.3 냉전의 원인.

상황을 묘사한 것처럼, 세계에는 기술적·산업적 창조력이 뛰어난 네 곳의 중요 지역이 있었고, 그 지역들이 어느 쪽과 동맹을 맺느냐에 따라 세계적 세력균형이 깨질 수 있었다. 그 네 곳은 바로 미국, 소련, 유럽, 일본이었다. 그리고 유럽과 일본이 미국과 동맹을 맺어 소련에 대항했다는 사실은 상당히 중요한 일이었다.

체제적 설명은 분쟁을 예측했지만, 그것이 얼마나 깊어질 것인가에 대해서는 예측하지 못했다(그림 5.3 참조). 그 부분을 설명하기 위해서는 체제적 설명에 그칠 것이 아니라 사회적·개인적 분석차원을 보고 구성주의적 설명까지 참조해야 한다. 사회적 차원에서 보면 두 나라는 상당히 달랐다. 소련의 정치문화와 외교정책적 표현의 이력은 소련의 뿌리가 러시아와 공산주의에 있음을 보여주고 있다. 구성주의자들은 러시아의 정치문화에 민주주의보다는 전제주의적 경향이 있고, 강력한 지도자에 대한 갈망, 무정부상태에 대한 두려움(러시아는 다스리기 힘든 거대한 제국이었고, 무정부상태와 정부에 대한 반대가 제국의 분열로 이어질 수 있다는 두려움은 근거가 있었다), 침략에 대한 두려움(러시아는 몇 세기 동안 침략을 하기도 하고 침략을 받기도 한, 지리적으로 공격받기 쉬운 대륙세력이었다), 후진성에 대한 걱정 또는 열등감(표트르 대제 이후 러시아는 국제경쟁에서 자신의 생명력을 증명하려고 노력해왔다), 그리고 비밀주의(러시아 인들은 삶의 어두운 면을 숨기고 싶어 했다)가 있다고 지적한다. 여기에 공산주의체제는 개인적 인권보다는 계급을 정의의 기초로 삼았다. 개인이나 사회의 올바른 역할은 프롤레타리아 또는 노동자계급을 지배계급으로 만드는 것이었다. 그것이 역사의 진로라고 전제되었기 때문이다.

이데올로기적 색채가 덧씌워지면서 전통적인 러시아 제국주의에 새로운 추동력이 더해졌고 그 결과 비밀스럽고 일사불란한 외교정책과정이 전개되었다. 그 과정의 강점과 약점을 알아보는 것은 흥미로운 일이다. 강점은 1939년에 스탈린이 히틀러와 신속하게 불가침협정을 체결할 수 있었던 데서 나타난다. 여론은 그를 제지하지 못했고, 그는 관료정치가 그를 막을까 봐 걱정할 필요가 없었다. 그는 영국과 프랑스 가 히틀러를 상대할 것인가 말 것인가를 두고 고민하고 있을 때 거리낌 없이 그리고 신속하게 히틀러와 협정을 체결했다. 약점은 1941년에 히틀러가 소련을 공격했을 때 나타났다. 스탈린은 히틀러가 그런 일을 벌였다는 사실을 믿을 수가 없었고 1주일 이 넘게 심한 우울증에 빠져 있었다. 그 결과 전쟁의 초기 국면에서 소련의 방어에 초래된 피해는 엄청났다.

반면 미국의 정치문화는 자유민주주의, 다원주의, 그리고 권력의 분산을 강조했다. 후진성에 대한 열등감 대신에 미국은 기술력과 팽창하는 경제에 대한 자부심을 갖고 있었다. 침략에 대한 두려움 대신, 미국은 자국 역사의 대부분 동안 양 대양 사이에서 고립될 수 있었고(따라서 영국의 해군으로부터 자유로울 수 있었다) 더 약한 이웃국가들 을 침략할 수 있었다. 비밀주의라는 면에서 미국은 너무나 개방되어 있어서 정부문서 가 며칠 내지는 몇 주 안에 언론에 공개되곤 했다. 계급에 기초한 정의 개념 대신에 개인의 정의를 강력하게 강조했다. 이 같은 정치문화에서 기인하는 외교정책은 도덕 적이고, 공적이고, 대내지향적 태도와 대외지향적 태도를 오락가락 하는 성향을 가지 고 있었다. 그 결과 표면적으로는 미국의 많은 외교정책과정이 종종 일관성이 없었고 앞뒤가 맞지 않았다. 그러나 이것도 강점인 측면을 갖고 있었다. 개방성과 다원주의는 종종 미국이 더 중요한 실수를 하지 않게 해주었다.

따라서 구성원리가 너무나 다르고 그만큼 다른 외교정책과정을 가진 이 두 사회가 서로에게 오해를 불러일으키는 것은 구성주의자들에게는 놀라운 일이 아니다. 우리는 그 예로 1940년대에 트루먼과 루스벨트가 스탈린을 상대한 방식을 보았다. 냉전시대에 미국인들은 소련이 마치 블랙박스와 같아서 이해하기 힘들다고 생각했다. 미국 지도자들은 그 박스에 무엇이 들어가고 나오는지는 볼 수 있었으나, 안에서 무슨일이 일어나는지는 볼 수가 없었다. 미국인들 또한 소련인들을 혼란에 빠뜨렸다. 미국인들은 너무나 많은 잡음을 내는 투명하고 시끄러운 기계와도 같았기 때문에 진정한 주파수를 감지하기가 힘들었다. 너무나 많은 사람들이 너무나 많은 말들을 했다. 따라서 소련은 미국이 진정으로 원하는 것이 무엇인지를 잘 알 수가 없었다.

냉전에서 미 · 소의 목표

소련은 종종 혁명국가로서 현상 유지보다는 팽창주의를 추구한다는 비난을 받았다. 소련은 또한 영토와 같은 실질적인 목표나 소유물을 원하는 경향이 있었던 반면, 미국은 국제정치의 일반적 환경을 수립하는 식의 무형의 혹은 상황적인 목표를 추구하는 경향이 있었다. 우리는 이를 스탈린, 처칠, 루스벨트가 얄타의 협상테이블에서 요구한 바를 통해 알 수 있다. 스탈린은 얄타에서 독일과 폴란드라는 명백한 목표를 가지고 있었다. 처칠은 미국이 물러간 후에 소련의 힘을 견제하는 데 도움이 되도록 프랑스의 재건을 원했다. 루스벨트는 유엔과 개방된 국제 경제체제를 원했다. 이와 같은 목표들은 실질적인 면에서도 상당히 다른 것이었다. 어떤 면에서 스탈린의 전후 목표는 전통적인 러시아 제국주의의 목표였다. 그는 히틀러와 맺은 조약으로 얻은 것들을 지키기를 원했다. 그의 희망사항은 표트르 대제의 그것과도 비슷했을 것이다.

일부 미국인들은 소련이 세계 지배를 원한다는 면에서 히틀러만큼이나 팽창주의적이라고 생각했다. 또 다른 이들은 소련이 기본적으로는 안보지향적이라고 말했다. 그들에게 팽창은 방어적 차원의 것이었다. 적어도 두 가지 면에서 소련의 팽창은 히틀러의 경우와는 달랐다. 첫째, 소련의 팽창은 호전적이지는 않았다. 즉 소련은 전쟁을 원하지는 않았다. 히틀러가 폴란드를 침공했을 때, 그는 파시즘의 영광을 위해 전쟁을 원했으며 뮌헨회의에서와 같은 또 다른 협상안이 제공될까봐 걱정했다.

또 다른 차이는 소련은 무분별하게 모험적이지는 않았고 조심스럽고 기회주의적이었다는 점이다. 모험주의는 공산주의에 대한 죄악으로 간주되었다. 그것은 예정된 역사의 방향을 방해할 수도 있기 때문이다. 냉전시기에 소련은 절대 히틀러처럼 호전적이거나 무분별하지 않았다.

그럼에도 소련의 행동을 완전히 방어적인 것으로 묘사하는 것은 문제가 있다. 펠로폰네소스전쟁을 통해서 알 수 있듯이, 양극체제에서 공격과 방어를 구분하기는 상당히 힘들다. 특정한 행동이 방어적 동기를 가졌다 하더라도 상대방은 이를 상당히 위협적인 행동으로 볼 수 있다. 더욱이 방어적 팽창 또는 제국주의라는 오랜 전통이 존재해왔다. 예를 들어 19세기에 영국은 애초에는 인도 항로를 보호하기 위해 이집트에 진군했다. 이집트를 점령한 후 영국은 이집트를 방어하기 위해 수단을 가져야 한다고 생각했고 다음에는 수단을 보호하기 위해 우간다를 가져야 했다. 우간다를 가진 후에는 우간다를 보호할 철도를 건설하기 위해 케냐를 가져야 했다. 식욕은 먹을수록 커지고 안보딜레마는 계속되는 팽창을 정당화하는 데 사용되었다. 소련의 공산주의는 거기에 만국의 노동자계급을 해방시킨다는 이데올로기적 동기를 보탰으며 그것은 팽창을 더욱더 정당화했다. 요컨대 냉전시대에 소련은 팽창주의적이었지만, 조심스럽게 그리고 기회주의적으로 그러했다.

봉쇄

미국의 목표는 어떠했나? 냉전시대에 미국 정부는 소련을 봉쇄하고자 했다. 그러나 봉쇄정책은 두 가지 점에서 상당히 모호했다. 하나는 봉쇄의 목적과 관련한, 즉 소련의 힘을 봉쇄하느냐 공산주의를 봉쇄하느냐의 문제였다. 두 번째는 수단, 즉 소련의 힘의 자그마한 증가도 막기 위해 자원을 소비할 것인가, 아니면 세력균형에 결정적이라고 생각되는 주요 지역에만 자원을 동원할 것인가의 문제였다. 봉쇄의 목표와 방법에서의 이 두 가지 모호성은 한국전쟁이 발발하기 직전에 뜨겁게 논의되었다. 조지 케넌은 트루먼이 선언한 광범위한 봉쇄정책에 반대했다. 봉쇄에 대한 케넌의 생각은 전통적인 외교정책에 가까웠다. 그것은 더 적은 군사적 수단을 동원하고 좀 더 선별적이었다. 그 좋은 예가 티토(Joseph Tito)가 이끄는 공산주의 전제정부하

> 　오직 미국 자신의 독자적인 행동만이 공산주의운동을 능가하는 삶과 죽음
> 의 힘을 보여주고 러시아에서 소비에트 권력을 조기에 몰락시킬 것이라고
> 말하는 것은 과장일 것이다. 하지만 미국은 원하기만 한다면 소련이 피할
> 수 없는 긴장을 막대하게 증가시키고 크렘린이 최근에 보여온 것보다는 더
> 절도 있고 신중하게 행동하도록 강제할 수 있으며, 이런 방식으로 소련의
> 붕괴든 점진적인 약화든 자신의 나아갈 길을 찾아나갈 수 있다.
> 　　　　　　　　　　　　　　　　　─조지 케넌, 「소련의 행위의 근원」[7]

의 유고슬라비아였다. 1948년에 티토는 그리스 공산주의에 대한 소련의 지원을 포함하여 유고슬라비아의 외교정책을 좌지우지하려는 소련의 시도들에 반대하면서 스탈린과 결별했다. 이데올로기적으로 추진되는 봉쇄정책이라면 미국은 공산주의국가인 유고슬라비아를 도울 수 없을 것이다. 반면 세력균형을 고려하는 봉쇄정책이라면 미국은 소련의 힘을 약화시키는 방법으로 유고슬라비아를 도와야 한다. 실제로 후자가 미국이 취한 정책이었다. 트루먼독트린이 세계의 모든 자유 국민을 방어한다는 목표를 선언했음에도, 미국은 전체주의적인 공산당정부에 군사지원을 제공했다. 미국은 세력균형이라는 이유를 위해 이와 같은 조치를 취했으며, 그 정책은 유럽에서 소련의 패권에 큰 상처를 남겼다.

　그러나 한국전쟁 이후 봉쇄에 대한 케넌의 접근법은 입지를 잃었다. 그러자 소련 팽창에 대한 NSC-68의 예측이 증명된 것처럼 보였다. 중국이 한국전쟁에 개입한 후 공산주의는 하나인 것처럼 보였고, 봉쇄에 대한 수사(修辭)들은 공산주의의 확산을 저지한다는 이데올로기적 목표를 강조했다. 이런 상황에서 미국은 베트남 내전에 개입하게 된 것이다.

베트남전쟁

　20년에 가까운 세월(1955~1973) 동안 미국은 미국인 5만 8,000명과 100만 명이 넘는 베트남인들의 생명, 6,000억 달러, 그리고 봉쇄정책 자체에 대한 지지를 약화시

---

7 George Kennan, "The Sources of Soviet Conduct", *Foreign Affairs* 25:4 (July 1947), p. 581.

미국은 지역적 분쟁의 결과를 뒤집으려고 베트남에 파병했고, 그것은 베트남 국민들에게 사망과 고통으로 가득 찬 무시무시한 희생을 안겨주는 것을 의미했다. 결과적으로 미국은 최종 판결을 뒤집지 못했다. 단지 정점에 달하는 것을 연기했을 뿐이다.

미국의 개입에는 반대했지만 그렇다고 공산주의의 승리도 원하지 않았던 이들은 어떤 해피엔딩도 보지 못하는 어려운 입장에 처했다. 그것이 한 번이라도 가능했는지는 모르지만, 더 이상 해피엔딩이 가능하지 않다는 슬픈 이유 때문이다. 그리고 전쟁옹호자든 반대자든 대부분의 미국인들이 맹목적인 단순함을 원하고 있을 때, 우리는 상대적으로 복잡한 주장을 촉구하는 어려운 입장에 있었다.

—어빙 하우(Irving Howe)와 마이클 월저, 「베트남에 대해 우리가 틀렸는가?」[8]

킨 국내적 소요라는 대가를 감수하면서까지 베트남의 공산화를 저지하려 했다. 미국은 그 전쟁의 패배로 말미암아 남베트남에서의 공산주의 봉쇄에 실패하는 것은 물론이고, 미국에 의한 전 지구적 군사안보에 대한 신뢰가 약화되어 결과적으로 다른 지역에서의 봉쇄까지 약화될 것을 두려워했다. 제2차 세계대전 이후 베트남은 이 나라를 재식민지화하려는 프랑스의 시도를 호치민(胡志明)의 지도 아래 성공적으로 물리쳤다. 1954년 제네바 국제회의에서 베트남은 하노이를 수도로 하는 공산주의국가 북베트남과 사이공(오늘날의 호치민 시)을 수도로 하는 비공산주의국가인 남베트남으로 분할되었다. 베트남전쟁은 '나라를 통일하려는' 북베트남의 노력에 남베트남 정부가 반발함으로써 일어난 내전으로 시작되었다. 미국의 지원으로 남베트남은 제네바 국제회의에서 합의된 통일에 대한 국민투표를 막는 데 성공했던 것이다.

냉전 상황에서 미국은 베트남전쟁을 비공산주의정부에 대한 공산주의정부의 침략으로 이해했다. 만약 남베트남이 공산주의의 수중에 떨어지면, 동남아시아의 다른 비공산주의정부들이 도미노처럼 무너질지도 모른다고 우려한 것이다. 반면 북베트남 정부와 그들의 남부동맹군(베트콩)은 그 전쟁을 독립과 민족자결을 위해 프랑스를 상대로 벌였던 투쟁의 연속으로 보았다. 15년간 전쟁을 치른 후 1973년 파리에서

---

8 Irving Howe and Michael Walzer, "Were We Wrong About Vietnam?" *The New Republic*, August 18, 1979. p. 18.

평화조약이 체결되면서 미국의 직접적인 개입은 중단되었다. 남북 간의 전쟁은 1975년 북베트남이 통일에 성공할 때까지 계속되었다. 그러나 그 결과는 비공산주의정부들이 도미노처럼 붕괴되는 것이 아니라 오히려 통일베트남이 캄보디아, 중국과 같은 이웃 공산주의국가들과 전쟁을 치르는 것으로 이어졌다. 만약 미국이 베트남전쟁을 공산주의보다 민족주의와 민족자결에 무게를 두어 올바르게 해석했다면, 미국은 그 전쟁을 세력균형의 관점으로 이해했을 것이고 정책을 유도하는 데도 도미노보다는 서양장기의 비유를 활용했을 것이다. 아이러니하게도 오늘날 베트남 공산정부와 미국은 좋은 관계를 유지하고 있다.

동기, 방법, 결과

베트남전쟁을 판단하는 데는 어떤 원칙들이 사용될 수 있을까? 동기, 방법, 결과라는 세 가지 판단의 차원은 정당한 전쟁의 전통(이에 대해서는 6장에서 더 구체적으로 논의할 것이다)과 연관되어 있다. 개입을 한 가지 차원만으로 판단하는 것은 분쟁을 제대로 이해하지 못하게 하며 세 가지 차원 모두가 중요하다. 예를 들어 결과로만 개입을 판단하면 "힘이 정의를 만든다"라고 말하는 것과 같다. 당연히 결과 외의 많은 것들도 고려해야 한다.

한편 좋은 동기만으로 개입이 정당화되지는 않는다. 예컨대 저술가인 노먼 포드호레츠(Norman Podhoretz)는 미국이 남베트남을 전체주의의 지배에서 구하려 했기 때문에 베트남에 개입한 것은 옳았다고 주장했다. 여기서 한 가지 유추를 해보자. 어느 날 밤 친구가 당신의 자녀를 집까지 태워다 주겠다고 제안했다고 하자. 그날은 비가 오는 날이었고, 당신의 친구는 과속을 했으며, 차는 길에서 미끄러져 당신의 딸이 죽고 말았다. 당신의 친구는 "나는 정말 좋은 의도에서 그런 거야. 그 아이가 수능시험 전날 충분히 잘 수 있도록 빨리 집에 데려다주고 싶었다고"라고 말한다. 하지만 당신이 그의 행동의 결과를 더 중요하게 여기리라는 데는 의심의 여지가 없다. 마찬가지로 베트남에서 미국의 행동은 "무분별했으나 도덕적이었다"라는 포드호레츠의 주장은 결과를 고려하는 데 실패하고 있다. 개입을 평가하려면 동기 이상의 것이 고려되어야 한다. 바로 적절한 방법이었는지, 그리고 좋은 결과를 내었는지 또한 고려해야 하는 것이다.

연표: 미국의 베트남 개입(1954~1975)[9]	
1954년	아이젠하워 대통령이 디엔비엔푸(Dien Bien Phu)의 프랑스군 패배에 대한 반응으로 만약 베트남이 공산주의의 수중에 떨어지면 다른 동남아국가들도 그 뒤를 따르게 될 것이라는 '도미노이론'을 피력함
1956년 여름	프랑스군이 베트남에서 철수한 후 미국 군사지원고문단이 남베트남군을 훈련시키기 시작함
7월	베트남이 1954년의 제네바협정에서 규정한 남북 베트남의 단일선거를 실시하는 데 실패함
1961년	연말이 되자 남베트남에 대한 미국 원조액이 하루 100만 달러를 넘음
1월	소련 총리 니키타 흐루쇼프가 '민족해방전쟁'들을 지원하겠다고 발표. 호치민은 이것을 남베트남에 대한 공산주의자들의 공격을 단계적으로 확대할 수 있는 청신호로 해석함
5월	존 F. 케네디 대통령이 대게릴라전을 치르고 있는 남베트남군에 대한 '군사고문관'으로 400명의 그린베레를 배치
1963년 11월 1일	미국의 묵인 아래 남베트남군이 사이공의 대통령궁을 포위. 11월 2일 디엠 대통령이 암살당함
11월 22~24일	케네디 대통령이 암살당한 후 존슨 부통령이 대통령직을 승계하여 자신이 대통령으로 있는 동안 미국이 베트남을 '잃지 않을 것'이라고 공언함.
12월 31일	약 1만 6,000명의 미군 고문단이 베트남에 주둔
1964년	베트남군에 대한 미국의 원조금 액수가 하루 200만 달러를 초과. 12월 31일까지 2만 3,000명의 미군 고문관이 남베트남에 배치됨
8월 2일	3대의 북베트남 순찰함이 통킹 만에서 미국 군함 매독스 호를 공격하는 '통킹 만 사건'이 일어남
8월 7일	미국 의회가 통킹 만 결의안을 압도적으로 통과시켜 존슨 대통령에게 "북베트남의 추가공격을 예방하기 위해 무력행사를 포함한 모든 필요한 조치를 취할 수 있는" 권한을 위임함
1965년 1월	미국 여론의 약 80%가 미국의 베트남 개입을 지지. 연말까지 베트남 주둔 미군은 18만 4,000명에 이름

3월	존슨 대통령이 3년간의 폭격활동인 '롤링선더(Rolling Thunder)' 작전의 개시를 명령함, 지상전투정찰대 활동을 승인함
12월	맥나마라 국방장관이 존슨 대통령에게 시간은 북베트남 편이며 미군의 사망자 수가 월 1,000명에 이를 수 있다고 경고함. 그달 말에 제2차 폭격중지기간 시작
1966년	연말까지 약 39만 명의 미군 병사들이 베트남에 주둔함
1월 말	미군이 베트콩의 준동을 뿌리 뽑기 위한 6주간의 '수색과 섬멸' 작전 개시. 미군 폭격 재개. 4월에 B-52 선보임
1967년	연말까지 현지 주둔 미군의 수는 약 46만 3,000명에 이름. 총 전사자 수가 약 1만 6,000명으로 집계됨
11월 29일	맥나마라가 부분적으로는 존슨 대통령의 베트남전쟁 정책에 대한 불만 때문에 국방장관직을 사임함
1968년	연말까지 현지 주둔 미군 숫자는 49만 5,000명에 이름. 매달 1,000명 이상의 미군이 전사하고 총 전사자 수가 3만 명에 이름
1월	북베트남, 신년공세 시작. 사이공을 비롯한 남베트남 도시들을 공격함. 미군이 공산 게릴라를 물리치기는 했지만 적의 공격규모가 의외로 커 적이 거의 섬멸되었다는 펜타곤의 주장에 미국의 언론과 여론이 의문을 표시함. 신년공세 후 미국인들의 26%만이 존슨 대통령의 베트남정책을 지지하는 것으로 나타남
3월 31일	존슨 대통령이 재선에 나서지 않을 것이라고 발표. 아울러 미군의 북베트남 폭격을 일부 중지시켜 북베트남이 평화회의에 참석하도록 유도함
5월 10일	파리평화회담 시작. 미국 대표로는 해리먼(Averell Harriman)이, 북베트남 대표로는 외상인 수안 투이(Xuan Thuy)가 참석, 양측 사이의 협상은 이후 5년 동안 간헐적으로 계속됨
11월	리처드 닉슨, 대통령에 당선됨
1969년	미군의 총 전사자 수가 약 4만 명에 이름
1월 말	파리평화회담 재개
3월 17일	닉슨 대통령이 캄보디아에 있는 북베트남 보급창에 대한 비밀폭격을 명령
4월	현지 주둔 미군 숫자가 54만 3,400명으로 정점에 달함
6월	닉슨 대통령과 레어드(Melvin Laird) 국방장관이 미국은 점차 철군을 시작하고 남베트남군에게 더 큰 책임을 맡긴다는 미국의 '베트남화' 정책 발표

1970년	
2월	키신저가 레둑토(Le Duc Tho)와 2년간의 비밀회담 시작
4월 30일	닉슨 대통령, 미국의 전쟁노력이 캄보디아로 확대될 것임을 발표
6월 24일	미국 상원, 통킹 만 결의안 폐기
12월 22일	미 의회, 라오스나 캄보디아에서 미군 작전에 소용되는 방어시설의 사용을 금지하는 쿠퍼-처치(Cooper-Church) 수정안을 통과
12월 31일	베트남 주둔 미군 수가 28만 명으로 줄어듦
1971년	연말경에 주둔 미군 수가 약 15만 6,000명으로 줄어듦. 총 전사자 수는 4만 5,000명 이상으로 집계됨
6월 18~22일	미 상원, 연말까지 베트남에서 모든 미군 병력의 철수를 요구하는, 구속력 없는 결의안을 통과시킴
1972년	
4월	닉슨 대통령, 평화회의에서 북베트남의 추가양보를 얻어내기 위해 하노이와 하이퐁에 대한 B-52기 폭격을 명령함
7월	파리평화회담 재개
10월	키신저가 레둑토와 광범위한 합의에 이른 후 "평화는 가까이에 있다"라고 발표함. 하지만 남베트남의 티우(Thieu) 대통령은 공산군의 남베트남 잔류를 허용하기로 한 미국의 제안을 거절함
12월	티우 대통령이 제출한 수많은 수정안을 북베트남이 반대함으로써 평화회의가 중지됨. 닉슨 대통령은 북측을 협상테이블로 끌어내기 위해 일련의 '크리스마스폭격'을 지시
1973년	연말까지 모든 미군 병력이 베트남에서 철수함. 총 전사자 수가 4만 7,244명으로 집계됨
1월	키신저와 레둑토가 수정안 합의에 이름. 미국이 티우에게 수정안을 수락하도록 압박함. 티우는 이 합의안을 '항복에 버금가는 것'이라고 말함
3월 29일	베트남에서 미군 병력 철수 완료
1974년	
12월	북베트남, 메콩델타 지역을 장악하며 남베트남에 새로이 공격을 시작. 미국은 외교적으로 대응함
1975년	
4월 30일	북베트남군, 사이공 입성. 마지막 남은 미 정부 관리들이 현지 대사관에서 철수. 그로부터 몇 시간 후에 북베트남이 베트남전 종료를 선언함

미국의 베트남전 참전은 북베트남에 의해 자행된 잔혹행위로부터 남베트남을 구하려 했다는 동기만으로는 충분하지 않다. 설사 동기가 정의로웠다 하더라도 사용된 방법은 별개의 문제이다. 던져야 할 질문은 다음과 같은 것들이다. 다른 방법은 없었는가? 개입이 최후의 수단이었는가? 무고한 생명을 보호하려는 노력이 있었는가? 균형 잡힌 것이었는가? 다시 말해 벌이 죄에 합당한 것이었는가, 아니면 너무 과했는가? 공평함을 보장해줄 수 있는 절차가 있었는가? 상황을 자신에게 유리하게 몰고 가려는 경향을 제한하는 다자적 국제절차에는 얼마나 신경을 썼는가? 결과는 어떠한가? 성공가능성은 어떠한가? 지역적 상황을 충분히 이해하지 않았기 때문에 또는 민간인과 게릴라를 구분하기가 어렵다는 점으로 인해 발생할 수 있는, 의도하지 않은 결과가 발생할 위험은 어떠한가? 이것이 분명해 보인다 하더라도, 상당한 복잡성과 인과관계의 긴 고리가 존재하는 상황을 유의해야 함은 여전히 강조할 필요가 있다. 판단을 내리기 전에 동기, 방법, 결과를 모두 고려해야 한다.

봉쇄정책이 어떻게 베트남에 대한 개입으로 발전하게 되었는지 검토해보자. 앞에서 살펴보았듯이, 제2차 세계대전 직후의 초기 이슈는 터키와 그리스를 소련의 침입 가능성에서 보호하기 위해 미국이 지중해 동쪽에서 영국을 대신할 것인가의 문제였다. 미국의 정책결정자들은 이러한 개입계획을 국민들에게 어떻게 설명할 것인지 고민했다. 국무장관인 조지 마셜은 이 문제에 상당히 신중하게 접근했다. 반면 국무차관인 딘 애치슨이나 아서 반덴버그 상원의원 같은 이들은 자유를 향한 보편적 권리에 대한 미국 국민의 신념에 호소하는 도덕적 논조를 촉구했다. 그리하여 트루먼 대통령도 자신의 행위들을 트루먼독트린으로 규정할 때, 전 세계의 자유민을 보호한다는 기치를 내걸게 되었다.

스탈린의 호전적 계획을 경고한 조지 케넌은 봉쇄가 너무나 이데올로기적으로 변질되자 환멸을 느꼈다. 그는 미국이 해야 할 일은 소련의 힘을 봉쇄하는 것이라고 주장했다. 따라서 미국 군사력이 직접적으로 개입하지 않으면서 소련의 힘을 견제할 수 있는 일이라면 무엇이든지 좋은 일이었다. 그러나 좀 더 이데올로기적인 견해를

---

9 주요 출처: The History Place, "Vietnam War Timeline"; PBS, The American Experience, "Vietnam Timeline."

가진 이들은 미국이 공산주의를 더욱 직접적이고 과감한 방법으로 봉쇄해야 한다고 말했다. 시간이 지나면서 소련의 힘을 견제한다는 주장은 공산주의로부터 자유세계를 지켜야 한다는 좀 더 넓은 의미의 봉쇄개념에 자리를 내주었다. 베트남 문제에서 이러한 시각은 지도자들이 공산주의국가들 간의 차이를 과소평가하게 만들었다. 미국은 중국 및 소련의 힘과 공산주의 이데올로기의 확산을 봉쇄해야 한다고 생각하기 시작했다. 봉쇄 독트린이 1947년의 지중해 동쪽에서 1950년대의 동남아시아로 옮겨가면서, 그것은 과대한 야심과 불행을 가져올 개입에 대한 정당화로 변해 있었다.

냉전에 대한 나머지 이야기

1952년 아이젠하워(Dwight Eisenhower)는 한국전쟁을 종식시키고 공산주의를 격퇴한다는 선거공약을 내걸고 대통령에 당선되었다. 공화당은 봉쇄가 공산주의에 대한 비겁한 양보라고 주장했다. 올바른 접근은 공산주의의 격퇴라는 것이었다. 그러나 당선된 지 6개월도 안 돼, 공산주의를 격퇴한다는 목표는 핵전쟁을 유발할 수도 있다는 점에서 너무 위험하다는 것이 분명해졌다. 1953년 스탈린이 사망한 후 냉전의 얼어붙었던 관계가 다소 해빙기를 맞는 듯했다. 1955년 제네바에서 정상회담이 있었고, 양국은 오스트리아를 중립국으로 만드는 데 동의했다. 1956년 흐루쇼프는 제20차 소련공산당회의에서 스탈린의 범죄를 폭로하는 비밀연설을 했다. 이 비밀은 지켜지지 않았고, 소련 영향권 내의 동유럽 국가들은 혼란의 시기를 보냈다. 헝가리에서 혁명이 일어났지만, 소련은 헝가리를 공산주의진영에 묶어두기 위해 군사적으로 개입했다.

흐루쇼프는 동유럽에서 소련의 입지를 확고히 하고 제3세계에서 일어나고 있는 독립운동을 새로이 이용하기 위해 미국인들을 베를린에서 몰아내고 제2차 세계대전의 잔재를 청산하기로 결심했다. 그러나 미국의 협상에 임하는 흐루쇼프의 스타일과 시도들은, 1914년 이전에 영국에 협상을 강요하려 했던 빌헬름 2세를 연상시키는 것으로 허세와 속임수로 가득 차 있었다. 미국을 소련에게 유리한 협상의 장으로 이끌려는 흐루쇼프의 노력은 정반대의 결과를 가져왔다. 흐루시초프는 1958~1961년의 베를린 위기에서, 그리고 1962년의 쿠바 미사일 위기에서 연달아 실패했다.

뒤에서 다시 살펴보겠지만, 소련과 미국은 쿠바 미사일 위기 때 핵전쟁에 너무나 가까이 간 나머지 서로에게 경각심을 갖게 되었고 양국 관계는 새로운 국면을 맞게 된다. 1963년부터 1978년까지 점진적인 데탕트, 곧 긴장의 완화가 이루어졌다. 쿠바 미사일 위기의 여파로 일련의 군축협상은 1963년 대기권에서의 핵실험을 제한하는 제한적 핵실험금지조약(Limited Test Ban Treaty)과 1968년의 핵무기 비확산조약 (Nuclear Non-Proliferation Treaty)을 도출해냈다. 양국 간의 무역이 점진적으로 증가했고 데탕트도 확대되는 것처럼 보였다. 베트남전쟁으로 미국의 관심은 중국 공산주의의 위협에 더 쏠리게 되었다.

1969년부터 1974년까지 닉슨 행정부는 봉쇄라는 목표를 추구하기 위한 수단으로 데탕트를 사용했다. 쿠바 미사일 위기 이후 소련은 대대적으로 군사력을 강화했고, 핵무기 면에서도 미국과 대등한 수준이 되었다. 베트남전쟁으로 미국의 여론은 냉전 개입에 환멸을 느끼게 되었다. 닉슨의 전략은 ① 핵 보유량을 비교적 평형을 이룬 상태에서 동결하는 내용으로 전략적 군축조약을 맺는다, ② 중국과의 외교관계를 수립하고 이에 따라 (소련과 중국을 모두 압박하기보다는) 아시아에서 3개국 간에 세력 균형을 창출한다, ③ 무역을 강화함으로써 미소 관계에서 채찍뿐만 아니라 당근이 존재하도록 한다, ④ 정책의 다양한 부분들을 한데 묶기 위해 '연관외교(linkage)'를 사용한다는 것이었다. 데탕트는 1972년과 1973년에 절정에 이르렀으나 오래가지는 않았다.

1973년의 중동전쟁과 아프리카의 반(反)서구운동에 대한 소련의 지원은 누가 누구를 호도하는가 하는 문제에서 악감정을 불러 일으켰다. 미국의 국내정치는 데탕트의 쇠퇴에 일조했다. 헨리 잭슨(Henry Jackson) 같은 미국 의회의원들은 세력균형의 차원보다는 소련의 유대인 대우와 같은 인권문제를 소련과의 무역에 연계시키려 했다. 1975년 포르투갈이 식민지이던 앙골라와 모잠비크를 해방시키자 소련은 그곳에서 공산주의 성향의 정부들이 권력을 유지할 수 있도록 쿠바의 군대를 보냈다. 1976년 대선에서 제럴드 포드(Gerald Ford) 대통령은 데탕트라는 단어를 절대 사용하지 않았다. 그의 후임자였던 지미 카터(Jimmy Carter)는 임기 초반 2년 동안은 소련과의 데탕트를 지속하려고 시도했다. 하지만 소련은 쿠바와 함께 에티오피아 내전에 개입했고, 군사력을 계속 증강하는가 하면, 1979년 12월에는 아프가니스탄을 침공함으로써 마침내 데탕트의 숨통을 끊어놓았다.

왜 적개심이 다시 고조되었는가? 한 가지 주장은 데탕트가 항상 과대평가되었고 너무나 많은 기대가 있었다는 것이다. 좀 더 자세히 말하면, 1970년대에는 데탕트를 약화시킨 세 가지 경향이 있었다. 그중 하나는 소련의 군비 증강이다. 소련은 그들의 국방예산을 거의 매년 4%씩 증가했으며, 특히 미국 국방기획자들의 우려를 낳은 신형 중량급 미사일을 선보였다. 둘째는 앙골라와 에티오피아, 아프가니스탄에 대한 소련의 개입이다. 소련은 이른바 역사 속에서 변화하는 '힘의 상호관계', 즉 역사가 마르크스–레닌주의가 예견하는 방향으로 전개된다는 믿음 때문에 그들의 개입이 정당하다고 생각했다. 셋째, 미국 국내정치의 변화, 즉 민주당 지지세력을 분열시킨 보수화 경향이 나타났다. 소련의 행동과 미국의 정치적 동향이 상호작용한 결과 냉전이 지속되고 데탕트는 계속될 수 없다는 견해가 굳어졌다. 그러나 1980년대에 다시 발흥한 적대감은 1950년대 냉전으로의 회귀는 아니었다. 수사(修辭)는 1950년대로 회귀하기도 했지만 행동은 그때와는 상당히 달랐다. 소련을 '악의 제국(Evil Empire)'으로 평하던 로널드 레이건(Ronald Reagan) 대통령조차도 군축협상을 추진했다. 무역(특히 곡물무역)은 증가했고 미국인과 소련인들 사이의 접촉도 지속되었다. 초강대국들은 서로에 대한 행동에서 다음과 같은 분별력 있는 규칙을 발전시키기까지 했다. 즉 직접적으로 전쟁을 하지 않고, 핵무기를 사용하지 않으며, 군축에 대한 논의와 핵무기의 통제를 계속한다는 것이다. 1980년대의 냉전은 1950년대의 냉전과는 다른 종류의 것이었다.

냉전의 종식

냉전은 언제 끝났는가? 냉전의 기원이 미국과 소련에 의한 유럽의 분할에 매우 깊게 연관되어 있었으므로 냉전 종식의 시기 또한 그 분할이 끝난 시점인 1989년으로 기록될 수 있을 것이다. 소련이 동독의 공산정부를 유지하기 위해 힘을 사용하지 않았을 때, 그리고 1989년 11월 베를린 장벽이 기쁨에 찬 군중들에 의해 무너졌을 때 냉전은 끝났다고 말할 수 있을 것이다.

그러나 냉전은 왜 끝났는가? 이 점에 관한 한 가지 주장은 봉쇄가 효과적이었다는 것이다. 제2차 세계대전 직후 조지 케넌은 만약 미국이 소련의 팽창을 막을 수만 있다면 이데올로기는 지탱될 수 없을 것이고, 점진적으로 소련의 공산주의는 온건해질 것이라고 주장했다. 새로운 사상들이 나타날 것이고 사람들은 공산주의가 미래의 물결이 아니라는 것과 역사는 공산주의의 편이 아님을 깨달을 것이라는 말이었다. 크게 보아 어떤 점에서는 케넌의 예측이 맞았다. 미국의 군사력은 소련의 팽창을 저지하는 데 일조했고 그동안 미국의 문화, 가치, 사상들은 공산주의 이데올로기를 잠식해 들어갔다. 그러나 설명의 핵심은 타이밍에 있다. 왜 1989년인가? 왜 40년이나 지속되었는가? 공산주의가 온건해지는 데는 왜 그렇게 오랜 시간이 걸렸는가? 반대로 왜 냉전이 10년쯤 더 지속되지는 않았는가? 봉쇄가 효과를 낸 것은 사실이지만 그것은 모든 질문에 대한 대답이 되지는 않는다.

또 다른 설명은 '제국적 과대팽창(imperial overstretch)'이다. 역사가인 폴 케네디(Paul Kennedy)는 제국은 내부적 힘을 모두 소진할 때까지 팽창을 멈추지 않는다고 주장한다. 경제의 4분의 1 이상을 국방과 외교정책에 쏟아 붓던(1980년대 미국의 6%와 비교해보라) 소련은 과대팽창했다고 할 수 있었다. 그러나 케네디는 역사상 그 어떤 과대팽창한 다국적 제국도 강대국 간의 전쟁을 통해 패배하거나 약화되기 전까지는 그들 민족 고유의 터전으로 후퇴하지 않았다고 말했다. 그런데 소련은 강대국과의 전쟁에 의해 패배하거나 약화된 바가 없다. 세 번째 설명은 1980년대에 이루어진 미국의 군사력 강화가 냉전에서 소련을 항복하게 만들었다는 것이다. 로널드 레이건 대통령의 정책들이 소련의 제국적 과대팽창의 수준을 극적으로 두드러지게 만들었다는 점에서 위의 설명은 어느 정도는 사실이지만, 그것은 근본적인 질문에 대한 진정한 대답을 제공하지는 못한다. 요컨대 그전 시기에는 미국의 군사력 강화가 그와 같은 효과를 가지지 못했기 때문이다. 왜 하필 1989년인가? 1980년대 미국의 수사(修辭)와 정책이 소련을 쇠퇴시킨 주요 원인이라고 생각하는 것은 새벽닭의 울음이 태양을 뜨게 했다고 생각하는 것과 같다고 할 것이며, 그것은 또 다른 거짓 원인(spurious causation)의 오류의 한 가지 예라고 할 수 있을 것이다.

우리는 세 가지 종류의 — 촉발, 중간, 그리고 근본 — 원인을 조사하면서 냉전의 종식 시기에 대한 좀 더 정확한 통찰을 얻을 수 있다. 냉전 종결의 가장 중요한 촉발원인은 미하일 고르바초프(Mikhail Gorbachev)라는 개인이었다. 그는 공산주의를 대체하는 것이 아니라 개혁하기를 원했다. 그러나 개혁은 위에서 조정되기보다는 아래로부터 움직이는 혁명으로 눈덩이처럼 커졌다. 국내정책과 대외정책 양면에서 고르바초프는 이미 진행되어온 소련의 쇠퇴를 가속화하고 냉전의 종결을 앞당기는 일련의 행동을 시작했다. 1985년에 처음 정권을 잡았을 때, 고르바초프는 기존의 경제침체를 극복하기 위해 소련 국민을 훈련시키고자 했다. 훈련이 문제해결에 충분하지 않자 그는 페레스트로이카(Perestroika, 구조개혁)라는 아이디어를 실행하기 시작했으나 관료들이 사사건건 그의 명령에 불복했기 때문에 위로부터의 구조개혁을 할 수가 없었다. 관료들에게 압력을 넣기 위해 그는 글라스노스트(Glasnost, 개방)와 민주화 전략을 사용했다. 고르바초프는 현재 체제가 작동하는 방식에 대한 국민들의 불만을 표출시키면 관료들이 압력을 받게 될 것이고 페레스트로이카가 작동할 것이라고 믿었다. 그러나 글라스노스트와 민주화가 국민들에게 그들이 생각하는 것을 말할 수 있게 하고 이를 투표로 표현하게 했을 때, 많은 사람들은 "우리는 벗어나고 싶다. 더 이상 소비에트 시민의 새로운 형식이란 없다. 소련은 제국적 왕조에 불과하고 우리는 이 제국에 속해 있지 않다"라고 말했다. 고르바초프는 소련의 해체를 시작했고 1991년 8월 강경파 공산주의자들의 쿠데타가 실패한 후 그 해체는 더욱더 명백해졌다. 1991년 12월에 이르러 소련의 운명은 그 종지부를 찍었다.

고르바초프가 '신사고'라고 부른 그의 외교정책 또한 냉전의 종식에 일조했다. 이 정책은 두 가지 중요한 요소를 가지고 있었다. 하나는 안보를 제공하기 위해 서로 협력함으로써 고전적 안보딜레마를 탈출한다는, 구성주의자들이 말하는 공동안보개념과 같은 변화된 생각들이었다. 고르바초프와 그의 측근들은 상호의존성이 커지는 세계에서 안보는 제로섬 게임이 아니며 협력을 통해 모두가 이익을 얻을 수 있다고 말했다. 핵 위협이 존재한다는 것은 경쟁이 너무 격화되면 모두가 사라져버릴 수 있음을 의미했다. 고르바초프는 가능한 한 많은 핵무기를 갖기보다는 방어를 위한 최소한의 수만을 보유하는, '충분(sufficiency)'의 원칙을 선언했다. 고르바초프의 외교정책적 변화의 또 다른 면은 팽창은 전체적으로 계산했을 때 이익이라기보다는 손해라는 관점이었다. 동유럽 제국에 대한 소련의 지배는 많은 지출을 필요로 한 반면에 너무나 적은 이익을 안겨주었으며, 아프가니스탄 침공은 값비싼 실패였다. 더 이상 소련 국경의 안보를 확보하기 위해 공산주의 사회체제를 강제할 필요가 없었다.

그리하여 1989년 여름이 지나면서 동유럽인들은 더 많은 자유를 얻게 되었다. 헝가리는 동독인들이 자국 영토를 통해 오스트리아로 탈출하는 것을 허용했다. 동독인들의 집단 탈출은 동독 정부에 엄청난 압박이 되었다. 동유럽 국가의 정부들은 더 이상 시위를 진압할 용기(또는 소련의 후원)가 없었다. 11월에 베를린 장벽이 무너진 것은 단기간 내에 벌어진 사건들의 점증 속에서 벌어진 극적인 결말이었다. 우리는 이런 사건들이 고르바초프의 오산에서 비롯되었다고 주장할 수도 있다. 그는 공산주의가 개량될 수 있다고 생각했지만, 실은 고치려고 하다가 구멍을 내고 말았다. 댐에 생긴 구멍처럼, 억눌려 있던 압력들은 탈출을 시작하자 개방을 더욱 증대시켰고 급기야 체제를 무너뜨려버렸다.

그러나 아직도 질문은 남아 있다. "왜 1989년인가?", "왜 고르바초프 아래서 그런 일이 일어났는가?" 고르바초프의 등장은 어느 정도 역사의 우연이었다. 1980년대 초반에 세 명의 연로한 소련 지도자들이 연달아 사망했다. 1985년이 되어서야 흐루쇼프 시절에 성장한 소위 '1956년 세대'로 불리는 더 젊은 세대가 기회를 잡았다. 그러나 만약 1985년에 공산당 정치국원들이 고르바초프가 아니라 그의 보수적인 경쟁자들 중 한 명을 뽑았다면 쇠퇴하고 있던 소련이 10년 정도는 더 존속했을 가능성이 높다. 소련이 갑자기 망해야 할 이유는 없었다. 고르바초프의 개인적 성향은 왜 하필 그 시기인가라는 문제의 대부분을 설명해준다.

중간원인의 면에서 볼 때는 케넌과 케네디 둘 다 적중했다. 두 개의 중요한 중간원인은 구성주의적 설명에서 강조하는 자유주의사상이라는 소프트파워와 현실주의자들이 강조하는 제국적 과대팽창이다. 고르바초프가 활용한 개방과 민주주의와 신사고는 '1956년 세대'들이 받아들인 서구의 사상이었다. 페레스트로이카와 글라스노스트의 핵심 설계자의 한 사람인 야코블레프(Alexandr Yakovlev)는 미국에서 교환학생으로 수학했으며 미국의 다원주의이론에 매료되었다. 초국가적 통신과 접촉의 증가는 철의 장막에 구멍을 뚫었고 서구 대중문화와 자유주의사상을 확산시켰다. 서구의 경제적 성공이 가진 전시효과는 그들에게 또 다른 매력을 주었다. '하드파워'가 소련의 팽창주의를 막고 있는 동안, '소프트파워'가 철의 장막 뒤에서 공산주의에 대한 신념을 갉아먹고 있었다. 1989년 마침내 베를린 장벽이 허물어진 것은 포격에 의해서

▌1987년 뉴욕에서 부시, 레이건, 고르바초프.

가 아니라 시민들의 망치와 불도저에 의해서였다.

　제국적 과대팽창 면에서 볼 때, 소련의 엄청난 방위예산은 소련 사회의 다른 부문들에 영향을 미치기 시작했다. 보건 환경은 낙후되었고 사망률이 증가했다(선진국에서 사망률이 증가한 것은 소련뿐이었다). 결국 군부도 제국적 과대팽창으로 인한 엄청난 부담을 인식하게 되었다. 1984년에 소련 참모총장이었던 오가르코프(Ogarkov) 원수는 소련에게 좀 더 나은 민간 경제 기반과 서구의 무역 및 기술에 대한 더 많은 접근이 필요하다는 것을 깨달았으나 침체기의 늙은 지도자들은 이 말에 귀 기울이기를 거부했고, 오가르코프는 해임되었다.

　그러므로 궁극적으로는 공산주의 이데올로기의 쇠퇴(구성주의적 설명)와 소련 경제의 실패(현실주의적 설명)라는 근본원인을 다루어야 하지만, 소프트파워와 제국적 과대팽창이라는 중간원인은 중요하다. 전후 시기에 공산주의의 정통성은 매우 극적으로 상실되었다. 초기인 1945년 직후 공산주의는 폭넓은 매력을 갖고 있었다. 많은 공산주의자들이 유럽에서 파시즘에 대한 저항을 주도했고, 많은 사람들이 공산주의야말로 미래의 물결이라고 믿었다. 소련은 그들의 공산주의 이데올로기로부터 상당한 '소프트파워'를 얻었지만 그것을 헛되이 낭비했다. 소련의 소프트파워는 스탈린의

> 대부분의 역사서술과는 달리, 냉전시대의 역사가들은 1980년대 말까지 그들이 묘사하고자 하는 역사의 이후가 아니라 그 속에서 작업했다. 우리는 최종적인 결과를 알 방법이 전혀 없었고, 일부 — 결코 전부가 아닌 — 주요 행위자들의 동기를 확정할 수 있었을 뿐이다. …… 참신한 표현을 쓴다면, 우리는 이제는 안다. 아니면 적어도 우리가 과거에 알았던 것보다는 훨씬 많이 안다. 우리는 절대 완전한 이야기를 들을 수는 없다. 아무리 먼 과거라 할지라도 그 어떤 역사적 사건에 대해서도 완전한 이야기는 들을 수 없다. 역사가들은 지도가 실재하는 것들을 그리는 것처럼 실제 일어난 일을 재구성할 수는 없다. 그러나 우리는 지도제작자가 지형을 가늠하는 것처럼 과거를 재현해볼 수는 있다. 냉전이 종결되고 (적어도 부분적이나마) 구소련, 동유럽, 중국의 문서가 공개되면서 우리의 재현과 그 문서들이 묘사하는 현실은 과거보다는 훨씬 가까이에 있게 되었다.
>
> — 존 L. 개디스(John L. Gaddis), 「새로운 냉전의 역사」[10]

죄상을 폭로한 1956년의 스탈린 비판, 1956년 헝가리 사태, 1968년 체코슬로바키아 사태, 1981년 폴란드 사태, 그리고 자유주의사상에 대한 초국가적 커뮤니케이션의 증가로 인해 급격히 약화되었다. 이론상 공산주의는 계급적 정의가 구현된 체제를 주입하는 데 목적을 두고 있지만, 레닌의 후계자들은 실은 교정캠프나 강제수용소, 광범위한 검열, 밀고자 등을 이용한 냉혹한 국가안보체제를 통해서 권력을 유지했다. 러시아 국민에 대한 이와 같은 억압적 수단들로 인해 지하 저항문학과 인권운동가들에 의한 반대운동의 물결은 높아져 갔고 체제에 대한 신뢰도 전반적으로 상실되었다.

그 배경에는 또한 소련의 중앙계획체제가 변화하는 세계경제에 대한 대응능력이 떨어졌기에 소련의 경제가 뒤떨어지게 되었다는 사실도 존재한다. 스탈린은 중공업 중심의 굴뚝산업을 강조하는 중앙경제 중심의 체제를 만들었다. 그것은 손가락이 모두 엄지손가락인 손처럼 유연성이 매우 부족했다. 그 체제는 성장하는 서비스업 쪽으로 노동력을 이동시키기보다는 그저 쌓아놓는 경향이 있었다. 경제학자인 슘페터(Joseph Schumpeter)가 지적하듯이, 자본주의는 중요한 기술적 변화의 물결에 유연

---

10 John L. Gaddis, "The New Cold War History", *Foreign Policy Research Institute Footnotes* 5:5 (June, 1998).

하게 대응하는 창조적 파괴이다. 20세기 종반에 있었던 세 번째 산업혁명에서 나타난 주요한 기술적 변화는 정보가 경제에서 가장 희소가치가 높은 자원으로 등장하며 그 역할이 증대된 점이다. 소련 체제는 특히 정보를 다루는 데 부적절했다. 소련 정치체제의 뿌리 깊은 비밀주의는 정보의 흐름이 늦고 불편하다는 것을 의미했다. 여기에 로널드 레이건의 군비 증강은 이미 경제적으로 압박을 받고 있던 정치체제에 압력을 가중시켰다.

소련의 제품과 서비스는 세계적 표준을 맞출 수가 없었다. 20세기 종반 세계 경제에는 상당한 혼란이 있었지만 시장체제를 갖춘 서구 경제는 노동자들을 서비스업종으로 이동시킬 수 있었으며, 중공업을 재편하고, 컴퓨터 산업으로 전환할 수 있었다. 소련은 그 변화를 따라갈 수가 없었다. 예를 들면 1985년 고르바초프가 권좌에 올랐을 때 소련에는 5만 대의 개인 컴퓨터가 있었던 반면, 미국에는 이미 3,000만 대가 있었다. 4년 뒤 소련에는 40만 대의 개인용 컴퓨터가 있었고 미국은 4,000만 대가 되었다. 시장 중심의 경제와 민주주의는 스탈린이 1930년대의 굴뚝산업을 위해 만든 소련의 중앙집권체제보다 기술의 변화에 대응하는 데 더 유연하다는 사실이 증명되었다. 한 소련 경제학자에 의하면, 1980년대 후반에 이르러서는 소련의 산업 중 8%만이 세계적 기준에서 볼 때 경쟁력이 있었다. 나머지 92%의 산업이 표준 이하라면 슈퍼파워로 남기는 힘든 일이다.

냉전의 종식은 20세기의 위대한 전환적 사건 중의 하나였다. 그 사건은 국제체제 구조에 대한 영향 면에서는 제2차 세계대전에 버금가지만 전쟁 없이 일어난 것이었다. 다음 장에서 우리는 이것이 미래의 국제정치에 무엇을 의미하는지 알아볼 것이다.

소련이 해체된 후 러시아는 중요한 변화를 겪었다. 탈냉전시대의 러시아는 소련의 계획경제를 단념하고 잠정적으로 민주화와 경제적 자유화의 길로 나아갔다. 그러나 그 길은 위험으로 가득 찬 길이었다. 러시아 정부는 처음에는 국제통화기금(IMF)의 충고에 따라 경제적 독재에서 자유민주주의로 전환하는 방법으로서 경제적 '충격요법'을 기꺼이 채택했다. 그러나 그 충격요법은 러시아 사회를 너무나 혼란에 빠뜨렸기 때문에 곧 폐기하고 좀 더 점진적 접근을 택하게 되었다. 경제적 상황이 악화되자 러시아 민족주의가 다시 고개를 들었다.

도일(Michael Doyle)과 같은 이론가들은, 자유민주주의국가들은 서로 전쟁을 하지 않는다는 가정하에 러시아가 민주주의로의 전환에 성공한다면 국제평화 면에서는 좋은 일이 될 것이라고 결론지었다. 러시아의 외교정책이 민주적 평화라는 모델로 갈 것인지 아니면 러시아식 권위주의와 민족주의의 부활로 미국과 서유럽에 도전하게 될 것인지는 두고 보아야 할 것이다.

미래가 어떻게 되든 아직도 커다란 퍼즐이 하나 남아 있다. 냉전이 왜 끝났는지에 대한 질문이 중요한 만큼 왜 그것이 열전으로 발전하지 않았는지에 대한 질문도 중요하다. 왜 냉전은 두 초강대국 간의 '열전'으로 발전하지 않고 오랫동안 지속되었는가? 왜 제3차 세계대전으로 발전하지 않았는가?

핵무기의 역할

일부 분석가들은 발전된 선진 사회들이 제1, 2차 세계대전으로부터 교훈을 배웠고, 쉽게 전쟁을 시작하기에는 너무 성숙해졌다고 믿는다. 다른 이들은 20세기 후반의 '긴 평화'가 슈퍼파워들의 제한적인 팽창목표에서 비롯된 것이라고 믿는다. 또 다른 이들은 두 개의 국가(두 개의 견고한 동맹이 아니라)가 지배하는 순수한 양극체제가 본질적으로 안정성을 가지고 있음을 원인으로 꼽는다. 그러나 대부분의 분석가들이 내놓는 대답 중 가장 많은 것은 핵무기의 특수한 성격과 핵 억지이다.

물리학과 정치

핵무기의 엄청난 파괴력은 상상을 초월한다. 1메가톤급의 핵폭발은 태양 중심부 온도의 4~5배인 섭씨 1억 도에 달하는 온도를 만들어낸다. 1945년에 히로시마에 떨어진 핵무기는 TNT 1만 5,000톤 정도에 해당하는 상대적으로 작은 폭탄이었다. 오늘날의 핵미사일은 그것의 100배 또는 더 큰 폭발력을 가질 수 있다. 사실 제2차 세계대전에 사용된 모든 폭발물을 합하면 3메가톤급의 폭탄 한 개를 만들 수 있고, 그 폭탄을 하나의 커다란 대륙간 탄도미사일의 노즈콘(원뿔형 두부)에 장착할 수도 있다. 1980년대에 이르러 미국과 소련은 5만 개 이상의 핵무기를 가지고 있었다.

핵폭발의 물리적인 영향 중 어떤 것은 확실하지 않다. 예를 들면 핵겨울이론은 핵전쟁이 너무나 많은 탄소와 먼지로 대기를 뒤덮어 식물이 광합성을 할 수 없도록 햇빛을 차단할 것이며, 그것이 생명의 종말로 이어질 것이라고 주장한다. 국립과학아카데미(National Academy of Sciences)는 연구를 통해 핵겨울이 있을 수도 있지만 그가능성은 너무 불확실하다는 보고를 내놓았다. 핵무기가 다른 핵무기를 목표로 하지않고 도시를 목표로 했는가에 따라 많은 것이 좌우될 것이다. 불타는 도시는 태양을차단하는 많은 양의 탄소 연기를 뿜어내겠지만 그 연기가 얼마나 오래 공중에 머무를것인지는 불확실하다. 만약 핵무기가 북반구에서 폭발한다면 연기가 남반구까지이동할 것인가? 일부 회의론자들은 최악의 결과는 핵겨울이 아니라 그다지 위로는되지 않는 핵가을일 것이라고 주장했다. 확실한 것은 대규모의 핵전쟁이 적어도북반구에서는 문명을 파괴할 것이라는 점이다. 1983년 미국의 가톨릭 주교들이 핵무기에 대한 보고서에서 "우리는 신의 피조물을 파괴할 수 있는 능력을 가진 창세이후 최초의 세대이다"[11]라고 말했을 때, 그 주장에 과장은 별로 없었다.

핵무기는 전쟁의 성격을 바꾸어놓았지만, 세계가 조직되는 방식을 근본적으로바꾸지는 못했다. 국가 상위의 국가가 존재하지 않는 무정부상태의 세계는 핵 시대에도 계속되었다. 1946년 미국이 핵무기의 국제적 통제를 위해 바루크플랜을 제안했을때, 소련은 이를 미국의 또 다른 음모라고 간주했다. 이 계획의 실패 이후, 알베르트아인슈타인은 우리의 생각을 제외한 모든 것이 변했다고 탄식했다. 실제로 그가한 말이 아닐 수도 있지만 그는 "물리학이 정치보다 쉽다"라고 말했다고 한다.

1945년 이후 핵무기가 좀 더 극적인 효과를 갖지 못했던 데는 군사적 이유와정치적 이유가 있었다. 그중 하나는 초기의 핵무기가 대부분의 치명적인 재래식대량학살무기를 사용하는 것보다 더 결정적인 결과를 낳지는 않았다는 점이다. 독일의 드레스덴 시에 대한 소이탄 공격은 히로시마의 핵 공격보다 더 많은 사람의인명을 앗아갔다. 비록 한 개의 핵무기가 재래식 폭탄을 사용하는 모든 공중공격을대신했지만, 처음에 미국은 그다지 많은 핵무기를 갖고 있지 않았다. 미국은 1947년에겨우 2개를 가지고 있었고 1948년에는 50개를 가지고 있었다. 많은 군사전문가들은핵무기가 재래식 전투의 연장선에 불과하며, 완전히 다른 것은 아니라고 생각했다.

---

11 United States Catholic Conference, "The Challenge of Peace: God's Promise and Our Response", origins 13:1(May 19, 1983), p. 1.

미소 간 경쟁의 시작은 또한 정치적 사고의 변화를 둔하게 했다. 소련은 유엔이 미국에 너무 의존한다는 의심을 버리지 않았다. 미국은 유럽이라는 인질이 소련과 미국 사이에 있었기 때문에 소련에게 협력을 강요하지 못했다. 만약 미국이 핵을 가지고 소련을 위협하면, 소련은 유럽을 재래식 무기로 공격하겠다고 위협할 수 있는 상황이었다. 초창기에 핵 기술의 획기적인 물리적 효과는 무정부체제에서 국가들의 행동방식을 바꿀 만큼 충분하지 못했다.

핵 혁명의 두 번째 무대는 수소폭탄을 처음으로 실험한 1952년에 열렸다. 수소폭탄은 그전의 핵분열 대신 원자들이 하나로 융합하는 과정에서 발생하는 핵융합 에너지에 의존했다. 수소폭탄은 폭탄 한 개의 파괴력을 막대하게 증가시켰다. 지구 표면에서 인간이 만들어낸 가장 큰 폭발은 1961년 소련이 제2차 세계대전에서 사용된 전체 폭발력의 20배에 달하는 60메가톤급 수소폭탄을 터뜨렸을 때 일어났다.

아이러니하게도 수소폭탄의 발전과 동시에 일어난 더 중요한 변화는 핵무기의 소형화였다. 핵융합은 아주 작은 용기로 엄청난 양의 파괴력을 전달할 수 있게 했다. 핵무기를 목표지점에 보내던 초창기 시스템은 폭탄의 규모가 커질수록 점점 더 커졌고, 더 많은 공간을 필요로 했다. B-36 폭격기는 단 한 개의 핵폭탄을 실을 수 있는 커다란 공동(空洞)을 가진 거대한 8발 엔진 항공기였다. 반면 수소폭탄은 똑같은 파괴력을 훨씬 작은 용기에 담을 수 있었다. 일단 그 파괴력이 탄도미사일의 노즈콘에 장착되면 대륙 간 핵전쟁은 경고를 발한 지 30분 만에 발발할 수 있게 되었다. 이것을 B-36이 동일한 거리를 8시간 동안 비행해야 했던 것과 비교해보라.

수소폭탄의 증가된 파괴력은 또한 핵전쟁의 결과를 극적으로 만들었다. 전쟁은 이제 단순히 정치적 수단의 연장선상에서 생각될 수 없었다. 19세기 프로이센의 장군이며 군사전략가였던 클라우제비츠(Karl von Clausewitz, 1780~1831)는 전쟁은 정치적 행위이므로 무제한적인 전쟁은 어리석은 짓이라고 했다. 핵무기의 엄청난 파괴력은 오늘날 군사적 수단과 사실상 국가가 추구할 수 있는 모든 정치적 목표 사이에 불균형이 존재하고 있음을 의미했다. 이와 같은 목표와 수단 사이의 괴리는 대부분의 상황에서 최후의 무기를 사용할 수 없는 마비상태를 초래했다. 1945년 이후 핵무기는 사용되지 않았으며, 따라서 핵무기는 유연성이 없다고 보였다. 요컨대 핵무기는 너무나 강력하고 너무나 불균형적이었다.

수소폭탄은 비록 세계가 움직이는 무정부적 방식을 개편하지는 않았지만, 다섯 가지 중요한 정치적 결과를 가져왔다. 첫째, 제한적 전쟁 개념을 부활시켰다. 20세기의 첫 반세기에 19세기의 제한적 전쟁은 수천만 명의 인명을 앗아간 양차 대전으로 변했다. 20세기 중반에 분석가들은 20세기를 '총력전의 세기'라고 지칭했다. 그러나 20세기 후반의 전쟁은 18세기나 19세기의 전쟁들과 더 유사했다. 예를 들면 한국전쟁과 베트남전쟁에서는 각기 5만 5,000명 정도의 미국인이 희생되었지만, 전쟁의 범위와 규모는 제한적이었다. 베트남과 아프가니스탄에서 미국과 소련은 최후의 무기를 사용하지 않고 각자 패배를 받아들였다.

둘째, 결정적인 순간으로서 위기가 전쟁을 대체했다. 과거에는 테이블 위에서 모든 카드가 펼쳐지는 순간은 전쟁의 순간이었다. 그러나 핵 시대에 전쟁은 너무나 파괴적이고 전통적인 의미의 결정적 순간은 너무나 위험했다. 냉전시대에는 베를린 위기나 쿠바 미사일 위기, 1970년대 초반의 중동위기 등이 (군사적인 면에서 힘의 진정한 상관관계를 드러내어) 전쟁에 상응하는 역할을 했다. 셋째, 핵무기는 억지(두려움을 일으켜 의지를 꺾는 것)를 주요 전략으로 만들었다. 이제는 공격을 억지하기 위해 사전에 두려움을 야기하는 방향으로 군사력을 조직하는 것이 결정적으로 중요해졌다. 제2차 세계대전 당시 미국은 군비를 동원하고 계속 생산할 수 있는 능력에 의존했지만, 이제 핵전쟁이 몇 시간 만에 끝나버릴 수 있는 상황에서 그러한 동원식의 접근은 더 이상 필요가 없었다.

네 번째 정치적 결과는 슈퍼파워들의 분별력이 사실상 레짐을 이루고 발전했다는 점이다. 두 슈퍼파워는 극단적인 이데올로기적 대립에도, 핵전쟁을 회피한다는 중요한 공통의 이익을 고려했다. 냉전시기 동안 미국과 소련은 대리전쟁 또는 간접적인 전쟁을 했지만, 그 어떤 경우에도 서로 직접 전쟁을 하지는 않았다. 나아가 양쪽은 각자의 세력권을 형성했다. 비록 미국이 1950년대에 동유럽에서 공산주의를 격퇴하는 것에 대해 언급하기는 했지만, 실제로 미국은 핵전쟁에 대한 두려움 때문에 1956년에 헝가리인들이 소련의 지배자들에게 반란을 일으켰을 때 헝가리를 도우려고 달려가지는 않았다. 그와 비슷하게 소련도 쿠바의 경우를 제외하고는 서반구에 침입하는데는 상대적으로 신중을 기했다. 양국은 핵무기를 사용하지 않는다는 규범을 지켰다. 마지막으로 슈퍼파워들은 커뮤니케이션을 배웠다. 쿠바 미사일 위기 이후, 워싱턴과 모스크바는 소련과 미국 지도자들 간의 즉각적인 소통이 가능하도록 핫라인을 개통했다. 기술은 양쪽의 지도자들 간에 유연하고 개인적인 소통이 가능하게 함으로써 위기의 시기에 협력을 더욱 용이하게 만들었다. 동시에 그들은 1963년의 제한적 핵실험금지조약을 필두로 하여 여러 군축조약을 체결했으며, 빈번한 군축협상은 핵무기체제의 안정을 논의하는 길이 되었다.

다섯째, 대부분의 관료들은 일반적으로 핵무기, 특히 수소폭탄은 전쟁에서 사용될 수 없다고 여겼다. 그것은 단순히 수소폭탄의 잠재적 파괴력 때문만은 아니었다. 핵무기의 사용에는 재래식 무기의 사용에는 적용되지 않던 낙인이 들러붙어 있었다. 1960년대 후반에 이르면, 사실 엔지니어와 과학자들이 핵탄두의 폭발력을 줄이는 데 성공했기 때문에, 미국은 베트남전과 걸프전에서, 또 소련은 아프가니스탄에서 수소폭탄과 같은 정당화될 수 없는 파괴를 초래하는 유형이 아닌 일부 핵무기를 사용할 수도 있었다. 그런데도 미국과 소련은 모두 소형 핵무기의 사용조차 자제했고, 대신에 네이팜탄이나 소이탄, 기타 각종 재래식 무기를 선택했다. 부분적으로는, 재래식 무기와 얼마나 비슷한 파괴력을 가졌는지에 상관없이, 그런 핵무기의 사용조차 모든 핵무기의 사용을 격발하는 계기가 될 수 있다는 두려움이 있었고, 그런 위험을 감수할 수는 없었다. 또 다른 면도 있었다. 미국이 히로시마에 첫 번째 원자폭탄을 떨어뜨린 이후, 핵무기는 비도덕적이며 전쟁에서 허용될 수 있는 범위를 넘어서는 것이라는 정서가 계속 남아 있었다. 그와 같은 규범적인 자제는 (그것이 어느 정도나 영향을 끼쳤는지 명백하게 가늠하기는 어렵지만) 핵무기에 대한 논쟁에 불을 붙였으며 국가들이 핵무기의 사용을 꺼리게 만든 한 가지 원인이 되었다.

공포의 균형

핵무기는 '공포의 균형(balance of terror)'이라고 불리는 특이한 형태의 세력균형을 만들어냈다. 힘의 시험은 물리적인 것이기보다는 심리적인 것이었다. 양쪽은 모두 상대방이 절대 우위를 점하는 것을 저지하기 위한 정책을 추구했으나, 결과는 과거의 체제와는 달랐다. 5개의 주요 국가들이 동맹의 이합집산을 벌인 19세기의 세력균형체제와는 달리, 냉전시대의 균형은 각자가 서로를 순식간에 파괴할 수 있는 두 강대국을 중심으로 매우 분명하게 조직되었다.

전통적 안보딜레마에 의해 제기되는 문제들이 핵무기에 대한 공포로 인해 해결된 것은 아니지만, 슈퍼파워들은 그들의 이데올로기적 차이에도 분별 있게 행동했다. 그들의 분별력은 19세기 다극체제의 세력균형 관리과정에서 발생한 지속적인 대화의 결과와 유사한 것이었다. 동시에 지도자들이 영토, 보병, 대포를 비교하던 시대처럼 슈퍼파워들은 힘의 균형을 계산하려 했다.

공포의 핵 균형의 시기는 양극체제의 시기와 일치했다. 케네스 월츠와 같은 일부 신현실주의자들은 양극체제를 두 개의 큰 국가가 거의 모든 힘을 가지고 있는 상황이라고 정의하지만, 그렇게 완벽한 양극체제는 드물다. 오히려 역사 속에서는 펠로폰네소스전쟁의 경우처럼 동맹들이 너무나 경직되어 유연성을 상실하게 되었을 때 양극체제가 더 자주 발생했다. 비록 동맹국들은 독립국가였지만, 아테네와 스파르타를 중심으로 양극으로 나뉘어 뭉쳤다. 이와 유사하게 제1차 세계대전 직전에도 동맹국가들은 양극체제로 뭉쳐 경직되어갔다.

월츠는 양극체제가 소통과 계산을 단순화하기 때문에 특히 안정적인 체제라고 주장한다. 반면 양극체제는 유연성이 없고 베트남전쟁과 같은 주변부 분쟁의 중요성

핵무기와 베트남전쟁

케네디 대통령이 1962~1963년에 베트남 주둔 미군의 수를 크게 늘리기로 처음 결정했을 때 …… 그의 머릿속에는 두 가지 생각이 있었다. 그것은 바로 만약 흐루쇼프가 1961~1962년 사이의 베를린 위기 때 그를 믿지 않았다면 어떻게 되었을 것인가와, 1962년의 쿠바 미사일 위기 때 그를 믿지 않았으면 어떻게 되었을 것인가였다.

나는 1950년 한국전쟁 당시 중국이 개입하지 않을 것이라고 결론지은 것은 우리의 실수였다고 생각하고, 그 결정이 북베트남을 침공하지 않기로 한 미국의 결정에 영향을 미쳤다고 본다. 군부는 중국이 개입하지 않을 것이라고 말했지만 만약 개입한다면 그것은 곧 핵전쟁의 발발로 이어질 것이고, 그 가능성만으로도 결론은 났던 것이다.

－국무장관 딘 러스크(Dean Rusk)[12]

---

12 Secretary of State Dean Rusk, *The New York Times*, April 30, 1985, p. 6.

이 부각된다. 과거의 관습적인 상식에 기초하자면 양극체제는 부식되거나 폭발한다. 그렇다면 제2차 세계대전 이후에 양극체제는 왜 폭발하지 않았는가? 아마도 그 대답은 핵전쟁의 위험에 의해서 생겨난 분별력이 될 수 있을 것이며, 월츠의 주장처럼 순수한 양극체제로 인해 발생하는 안정도 사실은 핵무기 때문인지도 모른다. 핵무기의 공포는 '수정구 효과(crystal ball effect)'를 통해 안정을 창출하는 데 도움을 주었을 수 있다. 1914년 8월에 카이저, 차르, 오스트리아-헝가리의 황제가 수정공을 통해 1918년의 장면을 미리 보았다고 상상해보라. 그들은 그들이 왕좌를 잃고, 제국이 분할되고, 몇 백 만 명의 국민이 희생되는 참상을 보았을 것이다. 그래도 그들은 1914년에 전쟁을 했을까? 아마도 아닐 것이다. 핵무기의 물리적 효과에 대한 지식은 1945년 이후의 지도자들에게 수정구를 안겨준 것과 마찬가지였을 수 있다. 그러한 파괴와 맞바꾸고라도 쟁취해야 할 정치적 목표는 사실상 존재하지 않기 때문에 그들은 엄청난 모험을 하지는 않았을 것이다. 물론 수정구는 우연과 오산에 의해 산산이 깨질 수도 있겠지만, 이 비유는 왜 양극체제와 핵무기의 조합이 근대국가체제(종전 기록은 1871년부터 1914년까지였다)의 시작 이후 주요 강대국들 사이에 최장기간의 평화를 만들어냈는지를 설명해준다.

핵 억지의 문제

핵 억지는 일반적 억지의 부분집합이지만, 핵무기의 독특한 특성은 슈퍼파워들이 냉전시기에 국제관계에 접근하는 방식을 바꾸어놓았다. 핵 억지는 "만약 당신이 나를 공격하면 나는 당신의 공격을 막지 못할지는 모르지만, 아주 강력하게 보복할 수는 있기 때문에 당신은 애초에 공격하지 않기를 원할 것이다"라는 논리를 갖게 한다. 따라서 핵무기는 기존의 개념을 바꾸어놓았다.

핵 억지의 효과를 평가하는 한 가지 방법은 가상사실적 분석을 통하는 것이다. 핵무기가 없었다면, 냉전이 열전으로 바뀌었을 가능성은 얼마나 높은가? 정치학자인 밀러(John Mueller)는 핵무기는 상관이 없었으며, 새벽닭의 울음소리에 불과했다고 주장한다. 그는 유럽의 국민들은 제1차 세계대전의 참상을 본 이후, 전쟁을 정책의 도구로 이용하는 것을 외면하게 되었다고 주장한다. 적어도 선진국에서 평화의 원인은 전쟁의 참상에 대한 인식이 높아진 데 있다는 것이다. 밀러에 의하면, 히틀러는

"중대한 문제들"

1962년 10월 중순경, 냉전은 예측하지 못한 방향으로 격화되었다. 오랫동안 사실상 미국의 식민지였던 쿠바가 그 무렵 소련의 위성국이 된 것이다. 9월 말에 미국의 신문들은 소련 무기의 쿠바 반입을 보도하기 시작했다. 존 F. 케네디 대통령은 미국 국민들에게 그가 알고 있는 바로는 그 무기들은 공격용이 아닌 방어용이라고 말했다. 소련의 서기장인 니키타 흐루쇼프는 케네디에게 그 말이 옳다고 단언했다. "만약 그것이 사실이 아니라면 가장 중대한 문제들이 발생할 것이다"라고 케네디는 말했다.

10월 16일 화요일 오전 9시 직전, 케네디의 국가안보보좌관인 번디(McGeorge Bundy)는 대통령의 침실에 '중대한 문제들'이 발생했음을 보여주는 사진들을 들고 들어왔다. U-2 정찰기가 고공에서 찍은 이 사진들은 소련이 쿠바에 미 대륙의 도시를 목표로 하는 핵탄두를 장착한 탄도미사일을 설치하는 장면을 담고 있었다.

케네디에게 이 미사일들의 존재는 용인할 수 없는 것이었다. 흐루쇼프가 그에게 거짓말을 했다는 것 또한 마찬가지였다. 그 후 13일 동안, 케네디와 그의 측근 보좌관들은 도전에 어떻게 대응할 것인지를 논의했다. 그들은 잠재적 결과 중 하나가 핵전쟁임을 알고 있었고, 그들의 토론 와중에 케네디의 민간방위전문가는 미국 국민이 소름이 끼칠 정도로 위험에 가까이 노출되어 있다는 끔찍한 정보를 제공했다.
　　　　　　　　　　—어니스트 메이와 필립 젤리코(Philip Zelikow), 『케네디 테이프』[13]

제1차 세계대전을 통해 교훈을 얻지 못하고 여전히 전쟁을 원한 예외적인 인물이었다. 제2차 세계대전 이후 전쟁에 대한 일반적 혐오감은 예전보다 훨씬 강해졌다. 그러나 대부분의 분석가들은 그동안 제3차 세계대전을 피해온 데는 핵무기가 많은 역할을 했다고 믿는다. 베를린이나 쿠바, 중동에서의 위기들은 핵무기가 수정구 효과를 통해 가르쳐준 분별력이 아니었다면 통제불능의 단계까지 확대되었을 것이다.

위의 논의에 대해서는 몇 가지 질문이 있을 수 있다. 하나는 무엇이 억지하느냐 하는 문제이다. 효과적인 억지를 위해서는 피해를 줄 수 있는 능력(capability)과 무기가 사용되리라는 신뢰성(credibility) 두 가지가 모두 있어야 한다. 신뢰성은 분쟁에 걸린 사안에 따라 좌우된다. 예를 들면 핵무기에 대한 보복으로 모스크바를 폭격하겠다는 미국의 위협은 아마도 신뢰할 수 있을 것이다. 그러나 만약 미국이 1980년에 소련이 아프가니스탄에서 철수하지 않으면 모스크바를 폭격하겠다는 위협을 했다고 가정해보자. 미국은 확실히 그럴 능력을 가지고 있었지만, 이해관계가 그다지 깊지 않았기 때문에 그 위협은 신뢰성이 없었을 것이고, 소련은 바로 워싱턴을 폭격하겠다고 맞받아쳤을 것이다. 따라서 억지는 능력뿐만 아니라 신뢰성과도 관련되어 있다.

신뢰성의 문제는 자국 영토에 대한 위협의 억지와 동맹국에 대해서도 적용되는 확장된 억지개념 사이를 구분하는 문제로 이어진다. 예를 들어 미국은 핵 억지를 통해 소련이 아프가니스탄을 침공하는 것을 막지는 못했지만, 40년의 냉전시기 동안 소련이 서유럽의 나토 회원국을 침공할 경우에는 핵무기를 사용하겠다고 위협했다. 따라서 확장된 억지를 실시할 때 핵무기의 효과가 제대로 나기 위해서는 이해관계가 깊은 중요한 위기상황이 있어야 한다.

역사로부터 핵무기의 효과에 대한 이 같은 질문들의 대답을 얻을 수 있는가? 완전한 답은 아니더라도 도움을 얻을 수는 있다. 1945년부터 1949년까지 미국은 홀로 핵무기를 가지고 있었지만 사용하지는 않았다. 따라서 상호 핵 억지가 형성되기 이전부터 어느 정도의 자제가 있었다고 할 수 있다. 그 이유 중 일부는 핵무기의 적은 비축량, 이 신무기에 대한 이해의 부족, 그리고 소련이 막대한 재래식 무기로 전 유럽을 점령할 것이라는 미국의 두려움에 있었다. 1950년대에는 미국과 소련 모두 핵무기를 가지고 있었고, 미국의 지도자들이 핵무기의 사용을 고려한 몇몇 위기가 있었다. 핵무기는 한국전쟁에서 사용되지 않았고, 1954년과 1958년에 중국 공산당이 국민당 집권하의 타이완을 침공하고자 병력을 동원했을 때도 사용되지 않았다. 트루먼과 아이젠하워 대통령은 몇 가지 이유에서 핵무기의 사용을 거부했다. 한국전쟁 당시에는 핵무기를 투하함으로써 중국을 멈추게 할 수 있을지가 불분명했고, 미국은 소련의 대응이 걱정스러웠다. 위협이 확대될 위험은 상존하고 있었고, 소련이 동맹국인 중국을 돕기 위해 핵무기를 사용할지도 모르는 상황이었다. 미국은 비록 핵무기의 수에서 우위를 점하고 있었지만, 한국과 중국이 개입한 것 이상의 더 큰 전쟁으로 발전할 위험이 있었다.

게다가 도덕과 여론도 일정한 역할을 했다. 1950년대에 미국 정부는 핵무기 사용으

---

13 Ernest R. May and Philip D. Zelikow(eds.), *The Kennedy Tapes: Inside the White House During the Cuban Missile Crisis* (Cambridge MAL Belknap & Harvard University Press, 1997), p. 1.

로 희생될 시민이 너무 많다고 보고 그러한 생각을 저만치 치워놓았다. 핵무기를 사용하는 문제에 대해 질문을 받았을 때 아이젠하워 대통령은 "하느님! 그 끔찍한 것들을 아시아인들에게 10년 사이에 두 번이나 사용할 수는 없습니다"[14]라고 대답했다. 1950년대에 미국은 소련보다 더 많은 핵무기를 소유했지만, 여러 복합적인 원인들 때문에 그것을 사용하지는 않았다.

쿠바 미사일 위기

1962년 10월의 쿠바 미사일 위기는 냉전시대 핵 억지의 결정적인 사례였다. 이 13일의 기간은 아마도 핵 시대에 핵전쟁으로 발전할 가능성이 있었던 일련의 사건 중에서 가장 위험한 순간이었을 것이다. 만약 완전히 외계인인 '화성에서 온 사람'이 그 상황을 보았다면, 미국이 17대 1이라는 핵의 우위를 가지고 있었음을 보았을 것이다. 지금에 와서야 우리는 당시 소련이 미국에 도달할 수 있는 핵폭탄 장착 대륙간 탄도미사일을 20기 정도밖에 가지고 있지 않았음을 알고 있으나, 당시 케네디 대통령은 그 사실을 알지 못했다. 그렇다면 미국은 왜 당시 상대적으로 공격하기 쉬웠던 소련의 미사일 기지를 선제공격하지 않았는가? 대답은 바로 한두 개의 소련 미사일이 선제공격을 피해 미국의 도시로 발사될 수 있다면, 그 가능성만으로도 미국의 공격은 충분히 억지될 수 있었다는 것이다. 게다가 케네디와 흐루쇼프 모두 합리적 전략과 조심스러운 계산에도 상황이 그들의 통제를 벗어나 감당할 수 없는 단계로 발전할까 봐 두려워했다. 흐루쇼프는 케네디에게 보낸 한 편지에서 이 점에 대한 적절한 비유를 사용했다. "전쟁의 매듭을 만드는 로프의 끝을 잡아당길 때는 우리 모두 조심합시다."[15]

사건이 발생한 지 25년이 지난 후 플로리다의 한 회의에서 쿠바 미사일 위기를 재해석하고자 하는 학자들이 사건 당시 케네디 대통령의 국가안보위원회 엑스콤 (ExComm: Executive Committee of the National Security Council)에 소속되었던 사람들과

---

14 Stephen E. Ambrose, *Eisenhower* (New York: Simon & Schuster, 1983), p. 184.

15 Ronald R, Hope(ed.), *Soviet Views on the Cuban Missile Crisis: Myth and Reality on Foreign Policy Analysis* (Washington, DC: University Press of America, 1982), p. 48.

만났다. 그 후에는 쿠바 미사일 위기에 관련되었던 소련인들이 포함된 회의가 두 차례 더 있었다. 참가자들 사이에서 가장 두드러진 이견 중 하나는 양쪽이 얼마나 위험을 감수하려고 했느냐 하는 부분이었다. 그것은 각자가 핵전쟁의 개연성이 얼마나 높은지를 어떻게 생각했는가에 달려 있었다. 케네디의 국방장관이었던 로버트 맥나마라(Robert McNamara)는 위기가 전개되자 점점 조심스러워졌다. 그는 쿠바 미사일 위기에서 핵전쟁의 확률은 50대 1 정도라고 생각했다고 말했다(그 후 1990년대에 와서 그는 당시 소련이 쿠바에 이미 핵무기를 반입해 두었다는 사실을 알고는 그 위험확률을 훨씬 더 높였다). 재무장관이었던 더글러스 딜런(Douglas Dillon)은 핵전쟁의 가능성은 0에 가깝게 생각했다고 말했다. 그는 상황이 어떻게 핵전쟁으로 발전할 수 있는지를 알지 못했고, 따라서 소련을 더 강력하게 밀어붙이고 맥나마라의 경우보다 더 큰 위험을 감수할 용의가 있었다. 합동참모본부 의장이었던 맥스웰 테일러(Maxwell Taylor) 장군 또한 핵전쟁의 위험은 낮다고 생각했고, 미국이 쿠바 미사일 위기에서 소련을 너무나 쉽게 놓아주었다고 불평했다. 그는 케네디가 훨씬 더 강력하게 밀어붙여야 했으며 쿠바 대통령인 피델 카스트로의 축출을 요구했어야 했다고 주장했다. 테일러 장군은 "나는 우리가 그들을 궁지에 몰아넣었음을 확신했고, 최종적인 결과에 대해서는 절대 걱정하지 않았다"[16]라고 말했다. 그러나 통제력을 상실할 수 있다는 위험은 매우 조심스러운 입장을 취한 케네디 대통령에게 무거운 부담이 되었다. 실로 그는 일부 참모들이 원했던 수준보다 훨씬 신중한 입장을 취했다. 이 일화의 교훈은 작은 핵 억지가 큰 효과를 갖는다는 것이다. 이것이 소위 제한적 억지 혹은 실체적 억지이다. 쿠바 미사일 위기에서 그러한 핵 억지가 차이를 만들었다는 것은 명백하다.

그럼에도 쿠바 위기에는 모든 결과가 핵무기 때문이라고 보기에는 어려운 몇 가지 모호한 부분이 여전히 남아 있다. 당시 국민적 공감대는 미국이 승리했다는 것이었다. 그러나 미국이 얼마나 승리했고 왜 승리했는가가 '과대결정(overdetermined)'되었다. 이 부분은 적어도 세 가지 방법으로 설명할 수 있다. 그중 한 설명은

---

16 James Blight and David Welch, *On the Brink: Americans and Soviets Reexamine the Cuban Missile Crisis* (New York: Hills & Wang, 1989), p. 80.

┃1961년 빈에서 케네디와 흐루쇼프의 만남.

미국이 소련보다 더 많은 핵무기를 가지고 있었기 때문에 소련이 항복했다는 것이다. 두 번째 설명은 그 위기 속에서 양 슈퍼파워가 가진 상대적 이해관계가 중요했다는 설명이다. 쿠바는 미국의 뒷마당이었고 소련에게는 장거리 도박이었다. 따라서 미국이 쿠바에서 소련보다 더 높은 이해관계를 가졌을 뿐만 아니라, 가까운 거리가 재래식 무기라는 세 번째 요소 또한 개입될 수 있게 했다. 미국의 해양봉쇄와 쿠바에 대한 미국의 침략가능성도 작용했다. 더 강력한 이해관계와 쉽게 사용될 수 있는 재래식 군사력 때문에 미국은 억지를 위한 입지에서 더 높은 신뢰를 가질 수 있었고, 따라서 심리적 부담은 소련 쪽에 있었다.

마지막으로 쿠바 위기는 미국의 승리로 일컬어지기는 하지만 그것은 또한 타협이기도 했다. 미국은 쿠바 미사일 위기에서 세 가지 선택의 여지를 가지고 있었다. 하나는 무력행사, 즉 미사일 기지를 폭격하는 것이다. 둘째는 쿠바가 소련에게 미사일을 들고 나가달라고 설득하도록 하기 위해 쿠바를 봉쇄하여 쥐어짜는 것이었다. 셋째는 소련이 원하는 무엇인가 — 예를 들면 터키에서 미국 미사일을 철수하는 것과 같은 — 를 제공하여 교환하는 매수작전이었다. 오랫동안 당사자들은 해결책 중 매수라는 안에 대해서는 별로 언급하지 않았지만, 뒤이은 증거는 미국이 터키에서 쓸모없게 된 미사일을 제거하겠다고 조용히 약속한 것이 당시의 생각보다 더 중요했음을 보여주고 있다. 우리는 핵 억지가 위기에서 중요했으며, 핵 문제가 케네디의 생각에 틀림없이 영향을 미쳤다는 결론을 내릴 수 있다. 반면 핵무기의 수는 그다지 중요한 것이 아니었다. 핵무기의 비율보다는 단 몇 개의 핵무기로도 엄청난 파괴를 빚어낼 수 있다는 공포 자체가 중요했다.

도덕적인 문제

쿠바 미사일 위기 이후 냉전의 긴장은 상대적으로 완화되었다. 미국과 소련은 마치 우연히 절벽의 낭떠러지까지 걸어갔다가 아래를 내려다보고는 겁이나 뒷걸음질을 친 것 같았다. 1963년에는 워싱턴과 모스크바 간의 직접적인 소통을 가능하게 하는 핫라인이 개설되었고, 대기권에서의 핵실험을 제한하는 군축조약이 체결되었으며, 케네디는 미국이 소련과의 무역을 확대할 용의가 있음을 발표했고, 긴장도 일부 완화되었다. 1960년대 후반까지 미국은 베트남전쟁에 몰두했지만 여전히 군축에 대한 노력은 전개되었다. 1979년 소련이 아프가니스탄을 침공한 후 핵전쟁에 대한 극도의 공포가 재현되었다. 1980년부터 1985년까지의 '작은 냉전(little cold war)' 기간에 전략군축회담은 정체되었고, 수사(修辭)는 더더욱 거칠어졌으며, 군사 예산과 핵무기의 수는 늘어났다. 로널드 레이건 대통령은 핵전쟁을 언급했고, 평화 단체들은 핵무기의 동결과 궁극적인 폐기를 위해 압력을 넣었다.

불안이 고조된 상태에서 많은 사람들이 근본적인 질문을 던졌다. "핵 억지는 도덕적인가?" 앞에서 보았듯이, '정당한 전쟁' 이론은 도덕적 판단을 하는 데는 일정한

1962년 케네디 대통령은 국가안보위원회의 모든 멤버들에게 바바라 터크먼(Barbara Tuchman)이 쓴 『8월의 포성(The Guns of August)』을 읽도록 했다. 그 책은 유럽의 국가들이 어떻게 제1차 세계대전에 빠지는 실수를 하게 되었는지에 대한 이야기이다. 저자는 서두에서 "발칸에서 어떤 멍청한 일이" 다음번 전쟁에 불을 붙일 것이라는 비스마르크의 논평을 인용했다. 나아가 그녀는 1914년 6월 28일에 세르비아의 민족주의자가 오스트리아의 황태자 프란츠 페르디난트를 암살한 후에 발생한, 그 자체로는 작고 중요하지 않은 일들이 세계 역사상 가장 끔찍한 군사적 충돌로 발전하는 일련의 단계를 이야기한다. 전쟁의 언저리에서 각 국가의 참모들은 계속 뒷걸음치려고 했으나 사건들의 힘은 그들을 앞으로 끌어당겼다.

케네디 대통령은 그 전쟁의 기원에 대해 1914년에 독일의 두 수상이 나눈 대화를 상기시켰다. 한 사람은 "어떻게 이런 일이 일어났지?"하고 물었고, 그의 후임자는 "아, 그걸 알았더라면"이라고 대답했다. 이것은 항상 있을 수 있는 오판의 위험을 강조하는 케네디의 스타일이었다.

— 로버트 맥나마라, 『실수로 인한 참사』[17]

조건들이 충족되어야 한다고 주장한다. 자기방어는 보통 정당한 동기로 간주되고, 전쟁을 수행하는 데 수단과 결과는 똑같이 중요하다. 방법적인 면에서 시민은 전투원과는 구별되어야 한다. 결과 면에서는 목적과 수단 간에 어느 정도 균형이 있어야 한다.

핵전쟁이 정당한 전쟁 이론에 부합할 가능성이 있을까? 기술적으로는 부합할 수 있다. 파괴력이 약한 핵무기는 포탄이나 폭뢰처럼 레이더 시스템이나 해상의 선박, 지하 깊숙한 곳에 있는 사령부 벙커 등에 한정하여 사용될 수도 있다. 그와 같은 경우 우리는 전투원과 비전투원을 구별할 수 있고 효과를 상대적으로 제한할 수도 있다. 만약 전쟁이 거기서 끝난다면, 핵전쟁을 정당한 전쟁 이론에 부합하게 할 수 있을 것이다. 그러나 싸움이 거기서 멈출 것인가 아니면 확대될 것인가? 확대된다면 엄청난 위험이 따른다. 그 무엇이 수억 명의 생명만큼 혹은 지구의 운명만큼 가치가 있겠는가?

냉전시기에 어떤 사람들은 "죽는 것보다는 공산주의가 되는 것이 낫다"라고 대답했다. 그러나 질문을 하는 방식이 틀린 것이었는지도 모른다. 위와 같은 질문 대신 다음과 같은 질문을 할 수도 있다. 큰 재앙의 가능성이 있는 적은 위험을 감수하는 것이 한 번이라도 정당화될 수 있는가? 존 케네디는 쿠바 미사일 위기에서 재래식 전쟁의 가능성은 3분의 1 정도라고 생각한다는 말을 했다고 알려져 있다. 핵전쟁의 가능성은 그보다 더 적었다. 그가 그러한 위험을 감수하는 것이 정당화될 수 있는가? 우리는 다음과 같은 가상사실을 질문할 수 있다. 만약 케네디가 쿠바에서 위험을 감수할 의지가 없었다면, 흐루쇼프는 더 위험한 일을 시도했을까? 만약에 쿠바에서 소련이 성공함으로써 나중에 핵 위기가 초래되었거나, 아니면 베를린이나 파나마 운하 같은 곳에서 더 큰 재래식 전쟁이 야기되었다면 어땠을까?

핵무기는 냉전이 열전으로 전환되는 것을 막는 데 중요한 역할을 한 것 같다. 1980년대에 미국 가톨릭주교협회는 핵 억지는 그보다 더 나은 것이 전개되기 전까지 용인할 수 있는 잠정적 조치로서 조건부로만 정당화될 수 있다고 말했다. 그러나 얼마나 길어야 잠정적인 것인가? 핵에 대한 지식이 있는 한, 어느 정도의 핵 억지는 존재할 것이다. 비록 핵무기가 냉전시기에 분별력을 갖게 했지만, 안심하는 것은 위험하다. 소련과 미국이 핵무기를 어떻게 통제할지를 배우는 데는 어느 정도의 시간이 필요했고, 핵 보유를 추구하는 북한과 이란 같은 새 지망국들 간에 그와 같은 통제체제가 가능할지는 너무 불분명하다. 더욱이 테러단체들은 통제 자체가 필요 없다.

핵 확산에 대한 걱정도 남아 있다. 비록 189개 국가들이 핵 비확산조약을 체결했지만, 1998년 인도와 파키스탄은 핵실험을 했고 이라크, 이란, 리비아, 북한과 같은 국가들은 그 조약에 서명했음에도 핵무기를 보유하려 하고 있다. 그밖에도 걱정되는 것은 생화학무기와 같은 비재래식 무기의 확산이다. 예를 들어 리비아와 이라크는 화학무기 생산시설을 지었으며, 이라크는 그것을 이란과의 전쟁(1980~1988)에서 사용했다. 1991년의 걸프전쟁 후에 유엔 감독관들이 이라크의 주요 핵무기, 생화학무기 프로그램들을 적발하여 폐기했다. 그 같은 프로그램들이 복원되었을 수 있다는 우려가 2003년 이라크전쟁의 원인 중 하나였다. 핵물질이 구소련에서 국제 암시장으로

---

17 Robert McNamara, *Blundering into Disaster: Surviving the First Century of the Nuclear Age* (New York: Pantheon, 1986), p. 14.

유출되었다는 언론의 보도는 이런 무기들이 아직도 긴장을 일으킬 힘을 가지고 있으며 국가들을 전쟁의 벼랑 끝으로 몰고 갈 수 있음을 보여주고 있다. 2004년에 파키스탄의 핵 과학자인 칸(A. Q. Khan)이 리비아, 이란, 북한을 비롯한 일부 국가에 핵무기 제조 비밀을 판매한 사실이 밝혀졌다. 더욱이 일본의 옴 진리교(Aum Shinrikyo) 숭배자들과 오사마 빈 라덴의 알카에다 조직망이 핵무기와 생물학무기 생산을 모색하고 있다는 보도는 그런 무기들이 언젠가는 비국가행위자들의 손에도 들어갈 수 있음을 시사하고 있다.

대량살상무기에 대한 계속되는 국제적 우려는 도덕적 차원과 현실적 차원을 모두 가지고 있다. 핵무기를 만들 능력이 없거나 가질 욕망을 가지고 있지 않은 국가들뿐만 아니라 미국, 프랑스, 러시아와 같이 그것을 계속 생산하는 국가들도 핵무기에 대한 비난에 동참하고 있다. 독가스의 사용이 동맹국과 추축국 모두에서 광범위한 항의를 받았던 제1차 세계대전 이후부터 생화학무기는 계속 비난을 받아왔다. 현실적 차원은 간단하다. 대량살상무기는 분쟁을 확대시킬 위험이 크며 잠재적 파괴력 또한 엄청나다. 이런 무기들이 존재할 때는 언제든지 분쟁의 역학이 바뀐다. 핵무기 또는 비재래식 무기를 가진 약소국은 강대국을 더 많이 위협할 수 있고, 위의 무기들을 가진 강대국은 더 효과적으로 적국을 위협하거나 억지할 수 있다. 그리고 9장에서 보게 될 것처럼 만약 위기가 걷잡을 수 없는 상황으로 치닫게 되면 이러한 무기들이 사용될 것이라는 위험은, 그것이 미국과 북한 간의 관계가 되었든 인도와 파키스탄, 또는 이스라엘과 이란 간의 관계가 되었든 간에 긴장의 수준을 고조시킨다. 테러리스트들이 이러한 무기들을 사용하는 위협은 억지가 충분한 대응이 될 수 없다는 소름끼치는 차원을 더하게 된다. 냉전은 끝났을지 모르지만, 핵과 비재래식 무기의 시대는 아직 끝나지 않았다.

연표: 냉전의 시기	
1943년	스탈린, 처칠, 루스벨트의 테헤란회의

1944년
7월   브레턴우즈회의: 국제통화기금(International Monetary Fund)과 세
            계은행(World Bank)의 창설
8월   덤바턴오크스(Dumbarton Oaks)회의: 유엔의 창설.
10월   처칠과 스탈린의 모스크바회의: 발칸국가들에 대한 영향권 문제
            협의
1945년
2월   스탈린, 처칠, 루스벨트의 얄타회담
4월   루스벨트 사망
5월   독일의 항복
4~6월   샌프란시스코회의: 유엔헌장 제정
7월   최초의 핵무기 실험, 트루먼과 처칠/애틀리와 스탈린의 포츠담회담
8월   원폭에 의해 히로시마와 나가사키 파괴. 소련의 아시아 참전.
            일본의 항복
1946년   처칠의 '철의 장막' 연설, 그리스 내전의 재개
1947년
3월   트루먼독트린 선언
6월   마셜 플랜 선언
10월   모스크바에 의한 코민포름(Cominform) 창설
1948년
2월   체코 공산당의 쿠데타
3월   베를린에 대한 부분적 봉쇄 시작
6월   베를린에 대한 공수(airlift) 시작. 코민포름에서 유고슬라비아 축
            출
11월   트루먼 재선됨
1949년
4월   워싱턴에서 북대서양조약 체결됨
5월   베를린 봉쇄의 종결
8월   소련 최초 핵실험
9월   독일연방공화국(Federal Republic of Germany) 탄생
10월   중화인민공화국 선포. 독일인민공화국 선포
1950년
2월   모스크바에서 중소협정 체결
4월   NSC-68의 초안 작성됨
6월   한국전쟁 시작

1952년	미국, 첫 수소폭탄 실험. 아이젠하워가 대통령으로 당선. 덜레스, 국무장관에 취임
1953년	
3월	스탈린 사망
6월	동베를린 폭동
7월	한국에서의 휴전
8월	소련 최초의 수소폭탄 실험
9월	흐루쇼프, 소련 공산당 서기장 취임
1954년	중국의 퀘모이(Quemoy)와 마츠(Matsu) 폭격
1955년	서독의 NATO 가입. 바르샤바조약의 체결. 오스트리아 국가조약의 체결. 오스트리아의 중립화
1956년	
2월	제20차 당회의에서 흐루쇼프가 스탈린을 비난
6월	폴란드의 포즈난(Poznan) 봉기
10월	헝가리 봉기의 시작
11월	부다페스트에 소련이 개입
1957년	
8월	최초의 소련 ICBM 발사
10월	스푸트니크(Sputnik) 위성 발사
1958년	
2월	최초의 미국 위성 발사
8월	중국이 타이완을 위협함
1959년	
1월	쿠바에서 피델 카스트로의 승리
9월	흐루쇼프가 미국을 방문함
1960년	
2월	프랑스의 첫 번째 핵실험
5월	소련 영내에서 미국 U-2 정찰기가 격추됨. 파리정상회담의 실패
1961년	
4월	쿠바에서 피그만 상륙작전의 실패
6월	흐루쇼프와 케네디의 빈 회담
8월	베를린 장벽의 건설
10월	베를린 찰리 검문소 사건. 긴장이 고조됨
1962년	
10월	쿠바 미사일 위기

1963년	
6월	케네디가 베를린을 방문. 결속의 제스처로 "나는 베를린의 시민이다"라고 선언
10월	케네디, '제한적 핵실험금지조약'에 서명. 소련, 미국, 영국이 대기권, 수중 및 우주 핵실험을 금지
11월	케네디 암살됨. 존슨 대통령 취임
1964년	
8월	미국의 베트남 개입을 확대하는 통킹 만 결의안 의회 통과
10월	흐루쇼프 실각. 브레즈네프와 코시긴으로 소련 지도부 대체
11월	중국 첫 핵실험
1966년	
3월	미국과 유럽에서 반베트남전 집회들이 개최됨
4월	중국 문화혁명 시작
1967년	
1월	미국과 소련 외 60개국이 우주의 군사적 이용을 제한하는 우주조약 체결
1967년	
6월	중국 첫 수소폭탄 실험
1968년	
1월	체코슬로바키아에서 '프라하의 봄' 개혁 시작, 베트콩 신년공세
7월	미국과 소련 외 58개국이 핵무기 비확산조약(NPT) 체결
8월	소련, 체코슬로바키아 침공
11월	닉슨, 대통령에 당선
12월	베트남 주둔 미군 53만 5,000명으로 최대치에 달함
1969년	미국과 소련 간에 전략무기제한회담(SALT) 개최
1970년	
2월	파리에서 미국과 북베트남 간 평화회담 시작
4월	미군, 캄보디아 침입. 미 대학생 4명, 켄트 주립대학 반전집회에서 주방위군에게 피살됨
1971년	중화인민공화국 유엔 가입
1972년	
2월	닉슨, 중국 방문
5월	대륙간 탄도미사일과 잠수함 발사 탄도미사일 수를 5년간 동결하는 SALT I 합의

1973년	
1월	베트남전의 휴전과 정치적 해결을 위한 파리협정 체결
5월	동서독이 정식으로 외교관계 수립
9월	살바도르 아옌데의 칠레 사회주의정부가 미국의 후원을 받은 군사쿠데타로 붕괴
10월	이스라엘과 아랍 국가들 사이에 욤키푸르전쟁 발발. 미국과 소련이 이 전쟁에 말려들 뻔함. 아랍 국가들, 1974년 4월까지 미국에 석유 수출 금지
1974년	닉슨, 워터게이트 사건으로 대통령직 사임. 제럴드 포드가 승계
1975년	
4월	미국, 사이공 함락으로 베트남에서 철수
7월	미국과 소련 우주인, 우주에서 도킹. 미국과 소련, 유럽의 현 국경선 존중 및 인권 보호를 서약한 헬싱키협정 체결
1976년	지미 카터, 대통령에 당선
1979년	
1월	미국과 중국, 수교
6월	카터와 브레즈네프, 장거리 미사일과 폭격기를 제한하는 SALT II 협정 체결
7월	니카라과의 산디니스타 반군이 소모사 독재정권을 전복
12월	소련, 아프가니스탄 침공. 미국, 소련에 제재를 가하고 모스크바 올림픽 불참 시사
1980년	페르시아 만이 미국의 국익에 지극히 중요하다는 카터 독트린 선언
1981년	
1월	레흐 바웬사, 연대자유노조의 비합법투쟁 지도. 로널드 레이건, 대통령에 취임. 이란이 미국 인질들을 석방
12월	폴란드에서 계엄령 선포
1982년	레이건, 미소 양측에서 대륙간 탄도미사일과 전략 핵무기 숫자를 줄이기로 하는 전략무기감축조약(START) 개요 발표
1983년	
3월	레이건, '스타워즈'로 널리 알려진 미사일 방어기술을 개발하기 위한 전략방위구상(SDI) 제안
11월	미국, 서독에 INF(중거리 핵전력) 퍼싱 II 미사일 배치 시작
1985년	미하일 고르바초프, 소련 공산당 서기장에 취임. START 모델에 근거하여 제네바에서 핵무기 및 우주 회담(NST) 개최

1986년	
10월	아이슬란드의 라이캬비크 정상회담에서 레이건이 고르바초프의 제의를 거절. 이 회담에서 고르바초프는 미국이 전략방위구상(SDI)을 포기한다면 대폭적인 무기감축안을 내놓겠다고 제안
11월	니카라과 반군의 비밀자금이 이란에 대한 무기 판매 대금임이 드러남
1987년	워싱턴 정상회담에서 레이건과 고르바초프가 INF를 제거하고 START 합의의 완성을 계속 추구하기로 합의
1988년	
4월	소련이 1989년 2월까지 아프가니스탄에서 소련군을 철수하기로 합의
6월	고르바초프가 공산당 지도자들에게 공산주의의 본질이 변해야 한다고 이야기함
8월	쿠바군, 앙골라에서 철수
11월	조지 H. W. 부시, 대통령에 당선
1989년	
6월	중국군, 천안문 광장의 민주화 시위 분쇄
11월	베를린 장벽 무너짐. 수만 명의 동독인이 서독으로 건너옴
1990년	
5~6월	부시와 고르바초프 간의 워싱턴 정상회담 개최
10월	독일 통일
11월	유럽의 재래식 전력 감축. 지상군 규모 축소
12월	레흐 바웬사, 폴란드 대통령에 당선
1991년	
7월	부시와 고르바초프, START에 서명. 수천 개의 핵무기를 파기하기로 약속
8월	반(反)고르바초프 쿠데타 실패. 그러나 보리스 옐친 러시아 대통령이 권력 장악
9월	전략공군사령부 산하 모든 폭격기, 탱크, 미니트맨 II 대륙간 탄도 미사일에 경고 발동
12월	소비에트 연방 해체. 미국이 아르메니아, 벨로루시, 카자흐스탄, 키르기스스탄, 러시아, 우크라이나 승인

1. 언제 냉전이 시작되었는가? 언제, 왜 끝났는가? 현실주의, 자유주의, 구성주의 시각은 당신의 대답에 어떤 도움을 주는가?

2. 냉전은 불가피했는가? 만약 그렇다면, 왜 그리고 언제 불가피했는가? 만약 그렇지 않다면 언제, 어떻게 냉전을 피할 수 있었는가?

3. 제2차 세계대전 이후 지도자들은 왜 협력체제를 복원할 수 없었는가? 어떤 종류의 체제가 발전했는가?

4. 냉전의 전개에서 첫 번째와 두 번째 이미지는 얼마나 중요했는가? 소련과 소련의 국제적 야심에 대한 미국과 유럽 지도자들의 견해는 무엇이었는가? 미국과 나머지 서구국가들에 대한 소련의 견해는 무엇이었는가?

5. 일부 역사가들은 "진정한 질문은 왜 냉전이 일어났는가가 아니고 왜 그것이 '열전'으로 확대되지 않았는가"라고 주장한다. 거기에 동의하는가? 왜 열전은 시작되지 않았는가?

6. 봉쇄란 무엇인가? 미국의 이 정책은 어떻게 나타났으며 어떻게 실행되었는가? 그에 대한 소련의 반응은 무엇이었는가?

7. 핵무기는 재래식 무기와 어떻게 다른가? 핵무기의 출현은 국가들이 행동하는 방식을 근본적으로 바꾸었는가?

8. 핵무기가 선진국들 간의 대규모 전쟁을 위축시킨 원인이 아니었다는 뮐러의 주장은 옳은가? 그는 다른 어떤 요소들을 고려하는가?

9. 핵 억지는 도덕적으로 정당화될 수 있는가? 또는 도덕적으로 볼 때 (한 이론가의 말을 빌리자면) 자동차 사고를 막기 위해 자동차의 앞 범퍼에 어린아이를 묶어놓는 것과 유사한 것인가? 어떤 억지전략들은 다른 것보다 더 윤리적일 수 있을까?

10. 핵 억지를 떠나서 볼 때, 핵무기와 국제정치의 관계는 어떠한가? 핵무기는 얼마나 유용한가?

11. 냉전은 왜 종식되었는가? 하드파워와 소프트파워는 어떤 역할을 했는가?

■■ 읽을 자료

1. Kennan, George F., "The Sources of Soviet Conduct." *Foreign Affairs* 25:4(July 1947). pp. 566~582.

2. Schlesinger, Arthur, Jr., "The Origins of the Cold War." *Foreign Affairs* 46:1(October 1967), pp. 22~53.

3. Yergin, Daniel. *The Shattered Peace* (Boston: Houghton Mifflin, 1977), pp. 69~86.

4. Gaddis, John L., *Russia, the Soviet Union, and the United States* (New York: Wiley,

1978), Chapter 6, 7.

5. Muller, John, "The Essential Irrelevance of Nuclear Weapons"; Jervis, Robert, "The Political Effects of Nuclear Weapons", *International Security* 13:2(Fall 1988), pp. 80~90.

6. Khong, Yuen F., "The Lessons of Korea and the Vietnam Decision of 1965", in George W. Breslauer and Philip E. Tetlock(eds.), *Learning in U.S. and Soviet Foreign Policy* (Boulder, CO: Westview Press, 1991), pp. 302~349.

7. Gaddis, John Lewis, *We Now Know: Rethinking Cold War History* (New York: Oxford University Press, 1997).

▖▖ 더 읽을 자료

Allan, Charles T., "Extended Conventional Deterrence: In from the Cold and out of the Nuclear Fire?", *The Washington Quarterly* 17:3(Summer 1994). pp. 203~233.

Allison, Graham T., *Essence of Decision: Explaining the Cuban Missile Crisis* (Boston: Little, Brown, 1971).

Beschloss, Michael, *The Conquerors* (New York: Simon & Schuster, 2002).

Blight, James G., and David A. Welch, *On the Brink: Americans and Soviets Reexamine the Cuban Missile Crisis* (New York: Hill and Wang, 1989).

Bundy, McGeorge, *Danger and Survival* (New York: Random House, 1988).

Dallek, Robert, *An Unfinished Life: John F. Kennedy, 1917~1963* (Boston: Little, Brown, 2003).

Fursenko, Aleksandr, and Timothy Naftali, "One Hell of a Gamble", *Khrushchev, Castro & Kennedy, 1958~1964* (New York: Norton, 1997).

Gaddis, John, *We Now Know: Rethinking Cold War History* (Oxford University Press, 1997).

_____, *Strategies of Containment: A Critical Appraisal of Postwar American National Security Policy* (New York: Oxford University Press, 1982).

Gray, Colin S., *Weapons Don't Make War: Policy, Strategy, and Military Technology* (Lawrence, KS: University Press of Kansas, 1993).

Herring, George C., *America's Longest War: The United States and Vietnam, 1950~ 1975*, 3rd ed.(New York: McGraw-Hill, 1996).

Kagan, Donald, *On the Origins of War* (New York: Doubleday, 1995).

Kennan, George F., *Memoirs 1925~1950* (Boston: Little, Brown, 1967).

Kennedy, Robert, *Thirteen Days* (New York: Norton, 1968).

Kolko, Gabriel, and Joyce Kolko, *The Limits of Power: The World and United States Foreign Policy, 1945~1954* (New York: Harper & Row, 1972).

Lafeber, Walter, *America, Russia, and the Cold War 1945~1996* (New York: McGraw-Hill, 1997).

Larson, Deborah W., *Origins of Containment: A Psychological Explanation* (Princeton, NJ: Princeton University Press, 1985).

Lebow, Richard Ned, and Thomas Risse-Kappen(eds.), *International Relations Theory and the End of the Cold War* (New York: Columbia University Press, 1995).

Legvold, Robert, "Soviet Learning in the 1980s", in George W. Breslauer and Philip E. Tetlock(eds.), *Learning in U.S. and Soviet Foreign Policy*. Boulder (CO: Westview Press, 1991), pp. 684~732.

Mandelbaum, Michael, *The Nuclear Revolution*. Cambridge (England: Cambridge University Press, 1986).

Mastny, Vojtech, *Russia's Road to the Cold War: Diplomacy, Warfare, and the Politics of Communism, 1941~1945* (New York: Columbia University Press, 1979).

May, Ernest R., and Philip D. Zelikow(eds.), *The Kennedy Tapes: Inside the White House During the Cuban Missile Crisis* (Cambridge, MA: Belknap & Harvard University Press, 1997).

Nye, J. S., "Nuclear Learning and U.S.-Soviet Security Regimes", *International Organization* 41:3(Summer 1987).

Remnick, David, *Lenin's Tomb: The Last Days of the Soviet Empire* (New York: Random House, 1993).

Taubman, William, *Stalin's American Policy: From Entente to Detente to Cold War* (New York: Norton, 1982).

Williams, William A., *The Tragedy of American Diplomacy* (Cleveland: World, 1959).

Wohlforth, William C.(ed.), *Witnesses to the End of the Cold War* (Baltimore: Johns Hopkins University Press, 1996).

Yergin, Daniel, *Shattered Peace: The Origins of the Cold War and the National Security State* (Boston: Houghton Mifflin, 1977).

6장

냉전 후의 분쟁: 개입과 제도

이라크의 미군.

냉전이 종식된 후 대규모 전쟁의 가능성은 줄어들었지만, 국지적·국내적 분쟁은 지속되고 있고 외부 국가와 국제기구의 개입압력 또한 계속될 것이다. 냉전이 끝난 후 새로운 세기가 시작될 때까지 발생한 116개의 분쟁 중 89개가 순수한 의미에서의 내전이었으며 다른 20개는 외국이 개입한 내전이었다.[1] 여기에는 80개국 이상이 관련되었고, 또한 2개 지역조직과 200개 이상의 비정부단체들이 연관되었다.[2]

민족분쟁

이 같은 공동체 구성원들끼리의 분쟁을 종종 민족전쟁이라 부르는데, 이 전쟁에서 전투원들은 부분적으로 언어, 종교, 기타 유사한 특징과 같은 문화적 경향에 따라 스스로를 규정한다. 소수민족 집단은 집단의 이름, 공동의 역사적인 기억, 그리고 공동의 표상으로 연대하고 있다.

대부분의 민족전쟁은 갈등을 조정하는 메커니즘이 고장 난 곳에서 일어난다. 그리고 갈등 조정에 대한 정부의 그러한 무능력은 종종 아프리카의 유럽 식민 제국들, 코카서스 및 중앙아시아에서의 소련 제국의 경우처럼 제국들이 붕괴한 이후에 나타난다. 그처럼 '실패한 국가들'은 강력한 정부를 가지지 못했거나 경제적 사정, 정통성의 부재 또는 외부의 간섭으로 약화되거나 했다. 아프가니스탄, 캄보디아, 앙골라, 소말리아에서는 냉전의 양극 갈등이 종식되어 외국군이 철수했는데도 구성원들 간의 전쟁은 계속되었다. 냉전의 양극 세계에서 여러 민족이 함께 하나의 독립국가를 유지해왔던 구유고슬라비아에서는 티토 대통령이 죽고 냉전이 종식되자 민족 간의 갈등을 조정할 중앙정부의 능력이 약화되었다.

구성주의자들은 민족성이 필연적으로 전쟁을 일으키는 요인은 아니라고 말한다.

---

1 Mikael Eriksson and Peter Wallenstee, "Armed Conflict, 1989~2003", *Journal of Peace Research* 41:5 (September 2004), p. 626.

2 Peter Wallensteen and Margareta Sollenberg, "Armed Conflict, 1989~2000", report no. 60, in Margareta Sollenberg(ed.), *States in Armed Conflict 2000* (Uppsala, Sweden: Uppsala University, Department of Peace and Conflict Research, 2001), pp. 1~12.

그러한 주장은 민족적 표상과 신화와 기억은 세월이 지나면 변할 수 있다는 의미에서 사회적으로 뒷받침되고 있다. 예컨대 1994년에 집단학살을 경험한 르완다에서 사람들은 같은 언어를 사용하고 피부색이 같았으나, 수세기 이전에 목축 기반 문화를 갖고 이 지역으로 이주한 투치(Tutsi)족과 농업을 주업으로 하는 더 많은 인구를 가진 후투(Hutu)족 사이에는 경제적 신분 차이가 있었다. 세월이 지나면서 상호 간의 결혼과 사회의 변화로 이들 종족 간의 차이점은 얼마간 흐려졌지만, 식민통치기간에 그 차이가 강화되었다. 1994년의 집단학살 때는 75만 명의 투치족이 살해되었으며, 온건한 주장을 했거나 투치족처럼 보였던 후투족도 수없이 살해되었다.

1991년에 유고슬라비아연방이 붕괴되자 역시 민족분쟁이 일어났다. 최악의 싸움 중 일부는 유고슬라비아의 여러 공화국 중 가장 이질적인 집단들이 모여 있는 보스니아의 세르비아인, 크로아티아인, 무슬림 사이에서 일어났다. 1991년 여름, 슬로베니아와 크로아티아가 유고슬라비아 연방을 탈퇴하여 독립을 선언하자 세르비아인들과 크로아티아인들이 서로 싸우기 시작했다. 유엔은 옛 유고슬라비아 연방의 모든 공화국들에 대한 무기금수조치를 취했다. 다음해에 보스니아-헤르체고비나(이 지역은 무슬림이 44%, 세르비아계가 31%, 크로아티아계가 17%였다)가 독립을 선언했고, 서방으로부터 이를 승인받았다. 보스니아 내의 세르비아인들이 독립적인 세르비아공화국을 선포하자 민족적 긴장상태가 마침내 전쟁으로 폭발했다. 1992년과 1993년에 '인종청소', 또는 보스니아의 무슬림 추방에 관한 보도들이 터져 나왔다. 더욱이 세르비아군은 무슬림을 보호하기 위해 파견된 유엔 인도주의 호송대의 활동을 방해했다. 세르비아인들은 또한 민족에 따른 보스니아의 분할을 거부했다. 크로아티아인들이 세르비아계와 싸우는 대신 무슬림과의 싸움을 선택했기 때문이다. 1994년, 보스니아 정부군은 나토의 지원을 받아 세르비아군과 싸우게 되었다. 전투는 1995년에도 계속되었으며, 세르비아군은 스레브레니차(Srebrenica)에서 6,000명의 무슬림을 학살했고, 크로아티아군은 대대적인 인종청소작전을 벌여 크라지나(Krajina)에 사는 세르비아인들을 몰아냈다. 그해 말쯤에 보스니아, 세르비아, 크로아티아는 보스니아전쟁을 종식시키기 위해 데이턴 평화협정을 체결했고, 나토 평화유지군이 현지에 파견되었다.

1998년에 세르비아 대통령 밀로세비치(Slobodan Milosevic)는 코소보 주의 불온한 정세를 억누르기 위해 군대를 파견했다. 그 결과 코소보 해방군과의 게릴라 전쟁이 일어났고, 9월에 나토는 밀로세비치에게 코소보의 알바니아인들에 대한 탄압을 중지하지 않으면 세르비아에 공습을 감행하겠다는 최후통첩을 했다. 1999년 나토는 78일간 유고슬라비아(세르비아)를 공습했고 대규모의 난민이 발생했다. 나토군의 공습이 계속되자 밀로세비치는 코소보에서 세르비아군을 철수시켰고, 유엔 특별재판소에 의해 전범으로 기소되었다. 2000년 대선 이후 그는 대대적인 반밀로세비치 시위로 권좌에서 물러났다. 그로부터 1년 후 밀로세비치는 체포되어 헤이그에 있는 국제사법재판소로 넘겨졌다. 2002년에 밀로세비치의 심리가 시작되었지만 4년 후 감옥에서 자연사함으로써 끝내 판결을 받지 못하고 말았다. 발칸에서 민족 간 지위 문제는 완전히 해결되지 못한 채로 있고 국제 평화유지군은 계속 주둔하고 있다.

그러나 혹자는 이 분쟁을 옛 정체성과 신화에 대한 믿음이 강렬했던 농촌지역과, 많은 사람들이 민족을 초월하여 서로 결혼하고 자신을 크로아티아인이나 세르비아인이나 무슬림으로서보다는 '유고슬라비아인'으로 인식해온 도시공동체 사이의 분쟁으로 간주할 수도 있을 것이다. 일단 유고슬라비아가 붕괴되고 민족 간에 싸움이 벌어지자, 그들의 일부는 그들에게 강요된 새로운 정체성을 가지게 되었다. 1993년에 어떤 사람이 내게 이렇게 이야기했다. "일생동안 나는 나 자신을 무슬림이 아닌 유고슬라비아 사람으로 생각해왔습니다. 그런데 지금 나는 무슬림입니다. 그렇게 여기도록 강요당하고 있기 때문입니다." 또한 모스타르(Mostar)에서 전투가 벌어지고 있는 동안 내가 보스니아의 한 크로아티아인 군사령관에게 사람들이 다 비슷하게 보이는데 누구를 향해 총을 쏘아야 하는지를 어떻게 아느냐고 물었을 때, 그의 대답은 전쟁이 아니라면 당연히 그들의 이름을 물어야 하겠지만 지금은 제복을 보고 쉽게 구별한다는 것이었다. 일부 이론가들은 민족분쟁을 깊고 오래된 증오나 문명의 거대한 충돌 탓으로 돌리고 있지만, 민족 간의 차이는 프로이트(Sigmund Freud)가 말한 '작은 차이의 나르시시즘(narcissism of small differences)'에 의해 더 잘 설명된다.

왜 사람들은 작은 차이를 없애려 하는가? 그들이 곧잘 그렇게 하는 것은 아니다. 인간은 항상 자신을 집단으로 구별하는 버릇이 있으며 종종 그 구별은 편견과 집단 증오를 동반한다. 그러나 그러한 구별은 좀처럼 대규모 폭력으로 발전하지는 않는다. 위에서 설명한 두 가지 분쟁이 꼭 같은 것은 아니지만, 둘 다 민족적 표상과 신화가 분열을 만들어낸다. 경제적 경쟁이 치열해지거나 정부의 권위가 약화되면 집단의 생존에 대한 공포가 생긴다. 그때 집단의 엘리트나 지도자들은 민족적 표상에 호소하여 지지자들을 결집하며, 몇 가지 사건(예컨대 1992년의 보스니아 독립선언이나 같은 해 4월 비행기 추락으로 르완다 대통령이 사망한 것과 같은)이 전쟁으로 점화될 수 있다.

정치학자인 뮐러는 민족적 신화와 공포를 조작하여 목적을 달성하는 폭력집단의 역할을 강조한다. 그는 민족전쟁(ethnic warfare)이라는 전체적인 개념은 오도되고 있다고 주장한다. 왜냐하면 그 개념이 만인의 만인에 대한 홉스적인 전쟁을 의미하는 반면, 소위 민족분쟁(ethnic conflict)은 "어떤 더 큰 실체의 이름으로 싸우고 죽이고자 하는 작은 규모의 호전적인 그룹들에 의해 수행되기"[3] 때문이다. 뮐러는 폭력에 호소하는 소수가 온건중도를 위한 공간을 파괴하고 그 결과 일어나는 대혼란 속에 병적이고 범죄적인 분자들이 날뛰게 된다고 주장한다. 카우프만(Stuart Kaufman)은 표상적인 정치의 역할을 강조한다. 정치꾼들과 과격그룹들은 더 큰 그룹의 선호를 재구축하기 위해 정서에 호소하는 민족적 표상의 힘을 이용한다. 1장에서 설명한 고전적인 안보딜레마는 합리적인 행위자들 사이에서 일어나며, 무정부적 상황 아래서 신뢰의 부족과 합의를 이행할 수 없는 무능력이 심각한 갈등을 유발시킬 때 생긴다. 그러나 카우프만의 견해에 따르면, "많은 인종분쟁들은 한쪽 또는 양쪽이 협조보다 갈등을 선호했기 때문에 일어났다."[4] 시에라리온과 라이베리아처럼 실패한 국가에서는 배우지 못하고 직업도 없던 젊은이들이 약탈과 횡령으로 경제적 이득을 취했다. 합리적인 행위자들이 구조적인 무정부상황에 직면하는 문제 외에도, 인종갈등의 초기에 수반되는 안보딜레마는 종종 폭력을 선호하는 사람들에 의한 정서적 표상의 조작에서 생겨난다.

개입과 주권

일부 분석가들은 실패한 국가가 있거나 집단학살의 위험이 있는 곳에서는 외부인들이 인도주의적인 목적을 위해 주권을 무시하고 개입을 하게 된다고 믿고 있다.

---

3 John Mueller, "The Banality of Ethnic War", *International Security* 25(Summer 2000), p. 42.

4 Stuart Kaufman, *Modern Hatreds* (Ithaca, NY: Cornell University Press, 2001), p. 220.

2005년에 '위협, 도전 및 변화에 대한 유엔 고위급 패널'은 "전쟁의 영향과 인권 학대로부터 시민을 보호하는 데는 국제적인 공동책임이 있다는 규범"에 배서했다. 유엔 패널에 따르면, 이 책임은 "대량학살과 기타 대규모 학살과 인종청소, 또는 자주적 정부가 보호할 힘을 잃었거나 그럴 의향이 없는 것으로 증명된 인권법에 심각한 침해가 있을 때는 최후의 수단으로서 안전보장이사회의 승인하에 군사적 개입을 행사할 수 있다"는 것이다.

개입은 부분적으로는 그 용어가 서술적인 동시에 규범적이기 때문에 혼란스러운 개념이다. 개입은 무슨 일이 일어나는지를 설명할 뿐만 아니라 가치 판단을 내린다. 따라서 개입에 대한 토론에는 종종 도덕적 문제가 개입한다. 주권국가의 국내 문제에 개입하지 않는 것은 국제법의 기본 규범이다. 불개입은 강력한 규범이다. 그것이 질서와 정의 양쪽 모두에 영향을 미치기 때문이다. 질서는 혼란의 한계를 정한다. 만약 기본 원칙들이 지켜지기만 한다면, 더 상위의 정부가 없는 국제적 무정부상태가 곧 혼란을 의미하는 것은 아닐 것이다. 주권과 불개입은 무정부적 국제체제에서 질서를 보장하는 두 가지 원칙이다. 또한 불개입은 정의에도 영향을 미친다. 민족국가는 그 자신의 국경 내에서 공동의 삶을 발전시킬 권리를 가질 자격이 있는 국민들의 공동체이다. 외부인들은 그들의 주권과 영토적 존엄성을 인정해야 한다. 그러나 모든 국가가 이러한 이상에 들어맞는 것은 아니다. 주권은 이러한 이상에 잘 들어맞지 않는 많은 국가들에 적용되어왔다. 예를 들면 21세기 초에 시에라리온, 라이베리아, 그리고 소말리아 같은 나라에서 파벌과 씨족 간에 분쟁이 난무했다는 사실은 어떤 정부도 그곳을 효과적으로 통제하지 못했다는 것을 의미한다. 어린아이들조차 전쟁으로 내몰렸다. 따라서 정의와 질서 사이에는 개입할 것이냐 아니면 개입하지 않을 것이냐 하는 문제에서 비일관성을 띠게 되는 긴장이 종종 발생한다.

개입에 대한 정의

가장 넓은 의미에서 '개입'은 다른 주권국가의 국내적 사건에 영향을 미치는 외부적 행위를 가리킨다(그림 6.1 참조). 일부 분석가들은 개입이라는 용어를 다른 국가가 국내적 사건에 '강력하게' 간섭하는 좀 더 좁은 의미의 행위를 가리키는 것으로 사용한다. 이 좁은 의미의 정의는 낮은 강제부터 높은 강제에 이르는 영향력 스펙트럼에서

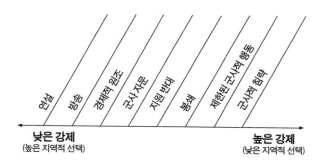

낮은 강제
(높은 지역적 선택)

높은 강제
(낮은 지역적 선택)

그림 6.1 개입의 정의.

한쪽 끝을 나타내는 것에 불과하다(그림 6.1 참조). 이 척도의 낮은 쪽 끝에 해당되는 개입은 단순히 다른 국가의 국내정치에 영향을 미치기 위한 연설일 수도 있다. 예를 들어 1990년 부시 대통령은 이라크 국민에게 사담 후세인을 몰아내라고 호소했고, 1999년 사담은 몇몇 아랍 국가의 국민들에게 그들의 지도자를 몰아내라고 호소했다. 그와 같은 연설은 대개 별 효과는 없지만 다른 국가의 국내정치에 개입하기 위해 의도된 것이다. 1980년대에 미국 정부는 쿠바의 피델 카스트로에 반대하는 메시지를 방송하기 위해 라디오 마티(Radio Marti)를 세웠으나 카스트로는 새로운 세기로 바뀔 때까지도 계속 권좌에 있었다.

경제적 원조 또한 다른 국가의 국내 문제에 영향을 미칠 수 있다. 예컨대 냉전시기에 엘살바도르에 대한 미국의 경제적 지원과 쿠바에 대한 소련의 지원은 그 국가들의 국내적 문제에 영향을 주려고 의도된 것들이었다. 불법적인 경제원조의 한 형태이기는 해도, 고위 외교관들을 매수하는 것은 그들이 제3자가 선호하는 정책을 추구하게 할 수 있다. 냉전시기에 미국과 소련의 정보부서들은 원하는 결과를 도출하기 위해 종종 외국의 선거에 자금을 쏟아부었다. 1970년대에 한국 정부는 자신의 이익에 더 우호적인 미국 정치인들을 당선시키려고 상당한 돈을 썼다.

강제의 스펙트럼을 따라 조금 더 이동하면 군사고문(military advisers)을 제공하는 방법이 있다. 베트남전쟁 초기인 1950년대 말에 미국은 먼저 경제원조로, 그 다음에는 군사원조로 개입하기 시작했다. 이와 유사하게 소련과 쿠바는 니카라과와 기타 '의존' 국가들에게 군사원조와 고문단을 제공했다. 또 다른 형태의 개입은 반대파에 대한 지원이다. 예를 들면 1970년대 초반에 미국은 칠레에서 민주적으로 당선된 살바도르 아옌데(Salvador Allende) 대통령의 반대파들에게 자금을 댔고, 소련은 서유럽 국가의 평화단체들에게 여러 번 돈을 보냈다. 더 최근에 미국은 우크라이나를 비롯한 몇몇 구소련 세력권 내의 국가들의 민주적 활동을 고무하기 위해 재정지원을 했다. 시리아는 레바논에 깊이 개입해왔으며, 베네수엘라는 라틴 아메리카 여러 나라들의 선거에 영향을 미치기 위해 그들의 석유자산을 이용했다.

강제 스펙트럼의 더 높은 쪽 끝에는 제한된 군사적 행동이라는 방법이 있다. 가령 1980년대에 미국은 테러 지원에 대한 대응으로 리비아를 폭격했다. 1998년 미국은 동아프리카의 미국 대사관들에 테러리스트들이 공격을 가하자 이에 대한 보복으로 수단과 아프가니스탄에 크루즈 미사일 공격을 감행했다. 그리고 미국은 2001년 9월 테러리스트들의 공격 후에 아프가니스탄의 탈레반 정부를 전복시키기 위해 현지 반군에 대한 공중 및 지상지원을 했다. 전면적인 군사적 침략이나 점령은 강제 스펙트럼의 가장 높은 쪽에 해당한다. 그 예로는 1965년의 도미니카 공화국, 1983년 그레나다, 1989년 파나마, 2003년 이라크에서 보인 미국의 행동과 1956년 헝가리, 1968년 체코슬로바키아, 1979년 아프가니스탄에서 보인 소련의 행동 등이 있다. 무력으로 개입하는 것은 강대국만 하는 일이 아니다. 예컨대 1979년에 탄자니아는 우간다에 군사를 파견했고, 베트남은 캄보디아를 침공했다. 1997년에 조그마한 국가 르완다는 더 큰 국가이지만 혼란상태에 있던 콩고 문제에 군사적으로 개입했다. 어떤 개입은 다자적(multilateral)이지만 종종 한 국가가 주도한다. 예를 들어 미국은 1995년 아이티에 대한 유엔의 개입, 그리고 코소보에 대한 1999년 나토의 개입을 주도했고, 나이지리아는 1990년대에 라이베리아와 시에라리온에 개입한 서아프리카 국가들을 주도했다.

그러므로 넓은 의미의 개입의 정의는 그다지 강제적이지 않은 것부터 상당히 강제적인 것까지의 전 범위를 모두 포함한다. 개입에서 강제의 정도가 어느 정도인지는 중요하다. 왜냐하면 그 문제는 해당 지역의 국민들이 어느 정도 선택권을 갖는지와, 따라서 해당 지역의 자주권이 외부의 힘에 의해 위축되는 정도와 관련되기 때문이다.

주권

주권은 베스트팔렌체제의 결정적 개념이었으며, 국제연맹의 규약과 유엔헌장에 의해 더욱 강화되었다. 주권은 또한 개입의 정통성에 관한 논쟁의 심장부에 있다. 주권은 비록 법적 의미에서는 영토에 대한 절대적 지배를 의미하지만, 사실상 영토 내에서 정부의 지배는 종종 정도의 차이가 있다.

몇 가지 이유에서 인기 있고 효율적인 정부조차 그들의 국경 안에서 벌어지는 모든 일에 대해 완전한 지배권을 가지기는 어렵다. 그 한 가지 이유는 바로 경제적 상호의존성이다. 예를 들면 1981년 프랑스에서 사회당이 정권을 잡았을 때 사회당은 프랑스 경제정책에서 중대한 변화를 추구하고 싶어 했다. 그러나 사회주의자들은 프랑스의 경제가 다른 유럽 국가들의 경제와 너무나 밀접하게 상호연관되어 있어서 그들이 독자적으로 변화를 추구하면 자본이 외국으로 유출되고 프랑스 프랑화의 가치가 떨어진다는 점을 깨닫게 되었다. 그래서 결국 프랑스의 사회주의자들은 다른 유럽 국가들과 공통된 정책으로 되돌아왔다. 상호의존은 프랑스의 법적 주권을 제한 하지는 않았지만 분명 실질적 지배를 제한했다. 프랑스는 완전한 자주적 경제정책을 가지기에는 경제적으로 상호의존도가 너무 높았다. 그와 유사하게 1998년 아시아의 금융위기는 러시아와 브라질처럼 아시아에서 물리적으로 멀리 떨어진 주권국가들도 그들의 통화를 절하하고 경제정책을 변화시키게 할 정도로 전 세계시장에서 불확실 성을 유발했다. 다음 장에서 우리는 경제적 세계화가 주권에 도전하는 모습을 보게 될 것이다.

경제적 상호의존은 주권을 침해하는 여러 요소 중 하나에 불과하다. 난민의 대량 유입은 안정적인 국가조차도 혼란에 빠뜨릴 수 있다. 1993년과 1994년에 미국으로 탈출한 아이티와 쿠바의 난민들은 워싱턴에 정치적 문제를 야기했고, 르완다에서 이웃의 브룬디와 콩고로 흘러 들어간 난민들은 민족분쟁을 격화시켰다. 마약과 무기 밀매 또한 주권을 약화시킬 수 있다. 파키스탄과 아프가니스탄 사이의 국경을 넘나드 는 무기 유입은 양국 정부의 자국 영토 통제능력을 약화시킨 반면, 외국에서 미국으로 불법 유입되는 마약은 국내의 법과 질서에 문제를 야기했다. 이라크전쟁으로 국외로 탈출한 이라크 난민들은 이웃국가들에게 부담을 주었다. 국가는 법적으로는 주권을 가지고 있을지 모르지만, 국내적 사건에는 외부 행위자들의 영향이 미친다.

반대로 개입은 때로는 자주권을 증가시킬 수도 있다. 일부 빈곤한 국가는 부족한 역량 때문에 실질적인 자주권도 약화될 수 있다. 어떤 종류의 개입은 실질적으로 역량을 증대시킬 수 있고, 따라서 장래에 실질적인 자주권을 강화할 수도 있다. 경제적 또는 군사적 원조는 한 국가가 장기적으로 좀 더 독립적이 되도록 도울 수 있다. 예컨대 1990년대에 유엔은 수십 년간 내전을 겪은 캄보디아와 동티모르가 제도적 능력을 배양하는 것을 돕기 위해 개입했다. 이런 것들은 주권과 자치권과 개입의 관계에서 나타나는 어떤 복잡성을 보여주고 있다.

개입에 대한 판단

회의론자에게는 도덕적 판단이 중요하지 않지만 '현실주의자', '세계주의자', '국가 도덕주의자'는 개입에 대해 각기 다른 견해들을 가지고 있다. 현실주의자에게 국제정 치에서 중요한 가치는 질서와 평화이고, 중요한 제도는 세력균형이다. 따라서 현실주 의자에게 개입은 세력균형과 질서를 유지할 필요가 있을 경우 정당화될 수 있다. 냉전시대 내내 두 슈퍼파워는 각자의 영향권을 유지하기 위해 개입에 대한 이러한 접근법을 활용했다. 미국의 영향권은 서반구, 소련의 영향권은 동유럽이었다. 1965년 미국은 서반구에 더 이상 공산주의정부가 있어서는 안 된다는 이유로 도미니카공화 국에, 그리고 1980년대에는 중앙아메리카에 개입했고, 소련은 동유럽에서 공산주의 정부들을 유지하기 위해 개입했다. 소련은 1968년 자신의 영향권 내에서 사회주의를 유지하기 위해 개입할 권리를 가진다는 브레즈네프독트린으로 그들에게 개입의 권리 가 있음을 분명히 했다. 현실주의자들은 그와 같은 개입을 질서를 유지하고 전쟁, 특히 핵전쟁으로 발전할 수 있는 오해와 오판을 막아준다는 이유로 정당화할지도 모른다.

반면에 세계주의자에게 중요한 가치는 정의이며, 핵심적인 국제제도는 개인들의 사회이다. 따라서 개입이 만약 개인의 정의와 인권을 신장시키는 것이라면 정당화될 수 있다. 선하게 개입하는 것은 허용될 수 있는 것이다. 그러나 그 '선(good)'을 어떻게 정의할 것인가? 냉전시기에 자유주의적 세계주의자들은 필리핀에서 마르코 스 독재정부(1965~1986)와 같은 우익 정권 또는 남아프리카공화국의 인종차별체제 (1948~1990)를 상대로 개입하는 것은 정당화될 수 있다고 말했다. 반면 보수주의적 세계주의자들은 개입은 좌익 정부들을 상대로 할 때 정당화될 수 있다고 했다. 1980년 대에 일부 미국인들은, 니카라과의 산디니스타 정부나 앙골라와 모잠비크의 공산주 의정부가 민주적 권리를 침해하기 때문에 그들을 상대로 개입하는 것은 옳다고 주장 하는 레이건 독트린을 열렬히 지지했다. 1990년대에 냉전의 종결과 함께 세계주의자 들은 소말리아에서(1992년) 광범한 기아를 종식시키기 위해, 아이티에서(1994년) 민 주적으로 당선된 지도자를 복귀시키기 위해, 보스니아에서(1995년) 내전을 멈추기 위해, 코소보에서(1999년) 세르비아의 슬로보단 밀로세비치 정부에 의해 시작된 '인종 청소'를 멈추기 위해 인도주의적 개입을 강력히 권고했다. 마찬가지로 이들은 라이베 리아(2003년)와 수단 다르푸르 지역(2006년)의 분쟁에 대한 미국의 개입을 요청했다. 좌파든 우파든 세계주의자들이 공유하는 견해는 만약 개입이 개인의 정의와 인권을 신장시킨다면 정당화될 수 있다는 것이다.

'국가도덕주의자'들에게 국제정치의 주요 가치는 국가와 국민의 자주권이며, 핵심 적인 제도는 일정한 규칙들과 국제법을 가진 국가들의 사회이다. 이러한 원칙 중 가장 중요한 것은 다른 국가의 영토주권에 개입하지 않는 것이다. 따라서 국가도덕주 의자들은 외부의 침략에 대항해 영토를 보전하거나 주권을 방어하기 위한 경우에만 개입이 정당화될 수 있다고 믿는다. 그러나 현실세계는 때로는 좀 더 복잡하다. 외부로부터의 침략은 종종 애매한 면이 있다. 예를 들면 1967년 6월에 이스라엘은 이집트를 먼저 공격했다. 그것은 이스라엘이 핵심적인 해로를 사용하지 못하게 하고 국경을 따라 군대를 집결시킨다는 이집트의 결정에 대한 대응이었다. 누가 침략자인 가? 군대를 국경에 집결시키고 이스라엘에 대한 공격을 준비한 것처럼 보인 이집트인 가 아니면 이집트가 공격하기 직전에 공격한 이스라엘인가?

규칙의 예외

국가도덕주의적인 견해를 피력하는 정치학자 마이클 월저(Michael Walzer)는 『정의 로운 전쟁과 정의롭지 못한 전쟁(Just and Unjust Wars)』에서 명백한 침략이 없는 경우에도 전쟁 또는 군사적 개입을 도덕적으로 정당화할 수 있는 네 가지 상황이 있다고 했다. 엄격한 규칙의 첫 번째 예외는 1967년 이스라엘의 공격에서 나타난 선제개입(preemptive intervention)이다. 만약 국가의 영토 보전과 정치적 주권에 대해 명백하고 충분한 위협이 있다면 그 국가는 즉시 행동해야 한다. 지금 행동하지 않는다면 나중에는 기회가 없을 것이다. 그러나 그 위협은 반드시 급박한 것이어야 한다. 따라서 이 예외는 예컨대 소련의 아프가니스탄에 대한 개입을 정당화해주지는 않는다. 선제전쟁(preemptive wars)은 예방전쟁(preventive wars)과는 다르다. '선제공격'은 전쟁이 임박했을 때 일어난다. '예방전쟁'은 단지 지도자가 지금 전쟁을 하는 것이 나중에 하는 것보다 낫다고 믿을 때 일어난다. 앞에서 보았듯이, 예방전쟁으로 볼 수 있는 그 같은 관점들이 1914년 독일 참모본부에 영향을 미쳤다. 그들은 만약 1916년까지 기다리면 슐리펜계획을 실행하기에는 러시아가 너무나 강해져 있을 것이라고 두려워했다. 월저의 불개입에 대한 첫 번째 예외에 따르면, 당시 독일에 대한 명백하고 현존하는 위험이 없었기 때문에 예방전쟁은 허용되지 않을 것이다. 또한 우리가 앞에서 가상사실적 예를 통해 보았듯이 1914년부터 1916년까지 다른 많은 것들이 상황을 바꾸어놓을 수도 있었다. 2003년 이라크전쟁을 준비하는 동안 미국 관리들은 미국이나 미국의 동맹국들에 대한 이라크의 공격 위협이 임박한 것은 아닐지라도 이라크에 대한 예방공격은 선제적인 것이라고 주장하면서 이 고전적인 구별을 흐려놓았다.

개입에 대한 엄격한 규칙의 두 번째 예외는 앞서 이루어진 개입과 균형을 맞추기 위해 개입이 필요할 때 인정된다. 이 규칙의 유래는 존 스튜어트 밀과, 국민이 자신의 운명을 결정할 권리를 가진다는 19세기 자유주의의 견해까지 거슬러 올라간다. 만약 어떤 개입이 지역주민 스스로가 자신들의 운명을 결정하는 것을 막는다면 그 첫 번째 개입을 무효화하는 반대개입(counterintervention)이 정당화될 수 있는데, 그것은 그 개입이 지역주민의 결정권을 회복하기 때문이다. 밀의 주장은 이 예외의 적용을 반대개입이 그전의 개입만큼 이루어질 때만 허용한다. 그보다 많은 개입은 정당화될 수 없다. 가장 중요한 원칙은 현지 국민들이 그들 자신의 문제를 해결하게 하는 것이다. 미국은 때때로 베트남에서의 개입을 정당화하기 위해 이 논리를 이용했다. 1979년에 중국은 국경을 넘어 베트남에 개입했지만 몇 주 안에 군대를 철수했다. 중국은 그것을 캄보디아에 대한 베트남의 개입에 대응한 것이라고 주장했다.

불개입 원칙의 세 번째 예외는 대량학살의 위협을 받는 국민들을 구출할 필요가 있을 경우이다. 만약 그러한 국민들이 총체적 파멸에서 구조되지 않는다면, 그들의 자주권 또는 권리에 대한 존중으로서의 불개입은 의미가 없어진다. 1979년에 우간다에서 독재자가 많은 사람들을 살해하자 탄자니아는 우간다를 침공했고, 대량학살로 위협받는 사람들을 구한다는 명분으로 개입을 정당화했다. 베트남은 1978년 말에 비슷한 구실로 캄보디아를 침공했다. 그러나 대량학살 또는 집단학살에 국가나 국제사회가 반드시 개입하는 것은 아니다. 1994년의 르완다, 1992~1995년의 보스니아, 1996년의 라이베리아, 1999년의 시에라리온, 그리고 2003년 콩고에 군대를 파견하는 데 주저했던 미국을 상기해보라. 2005년, 유엔총회는 피할 수 없는 재난으로 고통당하는 사람들을 보호할 책임을 받아들이는 결의안을 채택했다. 하지만 인도주의적 개입에는 논란이 뒤따른다. 동란에 휩싸인 수단의 다르푸르 지역에서 여러 인종집단의 살상을 저지하기 위한 군사개입은 온건한 평화유지작전에 한정되었다.

불개입의 네 번째 예외는 분리주의자들이 대표성을 증명했을 때 그들의 분리운동을 지원할 수 있는 권리이다. 즉 한 국가 안에 분리된 국가를 원한다는 것을 명백하게 보여준 그룹이 있다면, 그들의 분리를 돕는 것은 정당하다. 그렇게 함으로써 분리주의자들의 권리를 집약하고 국가로서의 자주권을 발전시키는 데 도움을 줄 수 있기 때문이다. 그러나 분리운동은 언제 도움을 받을 자격이 있게 되는가? 성공 여부가 그 가치를 판단하는 기준이 되는가? 밀의 주장 중 일부는 정통성을 가진 국가가 되려면 민족은 자구 노력을 기울이고 스스로의 자유를 위해 싸워야 한다는 것이다. 그와 같은 견해는 적어도 불개입 원칙이나 국가들의 사회 원칙에는 부합하지만 도덕적 원칙으로서는 결함을 가지고 있다. 그런 논리는 힘이 곧 정의라고 제시하고 있기 때문이다.

(민족)자결의 문제점

분리운동을 위해 개입할 때의 문제는 민족이란 무엇인가를 정의하는 일이다. 누가 공통의 삶을 공유하는가? 민족이 그들의 권리를 하나의 공동체 또는 국가로 집결시키는 데 진정으로 동의했는지 여부를 외부인들은 어떻게 알 수 있는가? '자결주의'는 일반적으로 한 민족이 그 자신의 국가를 구성할 권리로서 정의된다. 이것은 중요한 원칙이지만, 누가 결정하는가라는 문제가 항상 따른다. 많은 다른 아프리카 국가들과는 달리, 어느 정도 같은 언어와 인종적 배경을 가지고 있던 소말리아를 생각해보라.

이웃한 케냐는 다른 언어적 배경과 관습을 가진 몇 십 개의 민족 또는 부족들이 식민통치에 의해 단일국가로 형성되었다. 북부 케냐의 일부 지역에는 소말리인들(Somalis)이 거주하고 있었다. 소말리아는 북부 케냐의 소말리인과 에티오피아 남부에 있는 소말리인들이 단일한 소말리 민족이므로 케냐와 에티오피아가 민족자결주의의 원칙에 의해 그들의 독립을 허용해야 한다고 주장했다. 케냐와 에티오피아는 자신들이 아직도 국가를 만들어가는 과정에 있다면서 그 주장을 거부했다. 그 결과 동북아프리카에서는 소말리 민족 문제를 둘러싸고 몇 번의 전쟁이 벌어졌다. 아이러니한 것은 소말리아 자체가 그 후 부족과 지방군벌들 간의 내전으로 분열되었다는 사실이다.

투표가 자결의 문제를 항상 해결해주는 것은 아니다. 첫째, 사람들이 어디서 투표하느냐 하는 문제가 있다. 아일랜드의 경우를 보자. 오랫동안 가톨릭계는 투표가 북아일랜드라는 행정구역 내에서 진행된다면 그 지역 인구의 3분의 2를 차지하는 프로테스탄트가 지배하게 될 것이라며 반대했다. 반면 프로테스탄트는 만약 투표가 섬 전체를 구역으로 하여 실시된다면 섬 인구의 3분의 2를 차지하는 가톨릭교도들이 지배하게 될 것이라고 대응했다. 몇 십 년의 분쟁 후 결국에는 외부 중재의 도움을 받았다. 하지만 이것은 언제 투표할 것인가의 문제를 다루지 않고 있다. 1960년대에 소말리인들은 즉각 투표하기를 원했다. 케냐는 국가 형성을 완료하기까지, 또는 부족의 정체성들이 케냐라는 단일한 정체성으로 변화할 40~50년 동안 기다리길 원했다.

분리는 남겨진 사람들에게 피해를 주는가? 분리주의자들이 가지고 가는 자원의 문제나 그들이 떠난 국가에 일어나는 혼란은 어떤가? 예를 들면 1918년 오스트리아 제국의 분해 이후 주데텐란트 주민들은 독일어를 사용했음에도 체코슬로바키아에 통합되었다. 1938년 뮌헨협정 이후 주데텐란트의 독일인들은 체코슬로바키아로부터 분리되어 독일과 통합되었다. 그것은 산악국경이 독일의 지배권으로 넘어가는 것을 의미했으며, 체코의 방어에 상당한 위협이었다. 그것이 체코슬로바키아의 군사적 방어를 위협하는 것이라 하더라도 체코는 주데텐란트의 독일인들에게 자결을 허용해야 했는가? 1960년대에 나이지리아 동부지역이 분리를 원하며 비아프라(Biafra)라는 국가를 형성하고자 했을 때, 다른 나이지리아인들은 부분적으로는 비아프라 지역에 나이지리아 석유의 대부분이 매장되어 있기 때문에 거부했다. 그들은 석유가 동쪽지역뿐만 아니라 나이지리아 국민 모두의 소유라고 주장했다. 인도네시아는 석유자원이 풍부한 아체(Aceh) 특별구의 분리요구에 대해 같은 주장을 했다.

1989년 이후 자결의 문제는 동유럽과 구소련에서 민감한 사안으로 대두되었다. 구소련 전역에서 여러 민족그룹들이 1917~1920년에 그랬던 것처럼 자결의 권리를 주장했다. 카프카스인, 아제르바이잔인, 아르메니아인, 그루지야인, 아브하즈인, 체첸인들이 모두 자결에 기초하여 국가를 요구했다.

앞서 보았듯이 옛 유고슬로비아에서는 인종과 종교가 다른 그룹들이 분리되어 자결을 선언했다. 슬로베니아인, 세르비아인, 크로아티아인들은 1990년대 초에 독립 공화국을 만드는 데 성공했으나 보스니아–헤르체고비나에 있는 이슬람교도들은 그다지 성공하지 못했다. 보스니아전쟁에서는 민간인들이 엄청난 피해를 당했고, 대량학살에 책임이 있는 자들에게 유죄를 선고하기 위해 1996년부터 헤이그에서 전범재판이 열렸다. 그러나 대부분의 분쟁기간에 유엔과 나토, EU는 대응방법을 놓고 입장이 갈려 있었다. 보스니아전쟁이 국제사회에서 너무나 어려운 문제였던 이유 중 일부는 그 분쟁의 어디까지가 보스니아의 크로아티아인, 세르비아인, 이슬람교도 간의 갈등에서 기인하며, 어느 정도나 세르비아의 개입으로 야기된 것인지를 평가하는 데 있었다. 그것이 세르비아의 단순한 침략이 아니라고 한다면 개입의 유일한 근거는 대량학살을 막기 위한 것이어야 했다. 르완다의 경우와 마찬가지로 국제사회는 폭력을 비난하는 데는 일치를 보였지만 분쟁의 후반기, 즉 나토의 평화유지군이 분쟁지역으로 파견된 1995년까지는 효과적인 공동행동에 대한 동의에 이르지 못했다.

자결은 결국 모호한 도덕적 원칙이다. 우드로 윌슨은 1919년에 자결이 중부 유럽의 문제들을 해결할 것이라고 생각했지만, 그만큼 문제도 많이 만들어냈다. 아돌프 히틀러는 1930년대에 허약한 국가들을 무너뜨리기 위해 그 원칙을 사용했다. 단일민족(homogeneous)국가가 세계 국가의 10%도 채 안 되는 현실을 감안할 때, 자결을 부차적이 아닌 일차적인 도덕적 원칙으로 취급하는 것은 전 세계의 많은 지역에서 비참한 결과를 초래할 것이 분명하다.

미래에 대한 가장 훌륭한 기대는 누가 결정하느냐 하는 것만큼이나 무엇이 결정되고 있느냐를 질문하는 일이다. 여러 인종집단이 함께 살아가기 어려운 상황에서는 각 집단이 내부 문제의 결정에 어느 정도의 자주권을 갖도록 허용하는 것이 좋을 것이다. 내부적인 자결은 스위스나 벨기에 같은 나라의 경우와 유사한 문화적·경제적·정치적 자주권을 허용할 수 있을 것이다. 그러한 속박의 해제가 아직 충분치 않은 곳에서는 1993년 1월 1일 체코슬로바키아가 두 주권국가로 평화롭게 나뉜 것과 같이 의좋게 서로 갈라서는 경우도 가능할 것이다. 그러나 완전한 자결에 대한 요구는 아주 조심스럽게 다루지 않으면 폭력의 근원이 될 가능성이 높다.

결론적으로 불개입이라는 단순한 절대적 원칙은 실제로는 종종 깨지기도 하지만, 그것의 규범은 여전히 중요하다. 불개입에 대한 예외는 동기, 방법, 결과의 중대성을 보아가면서 사례별로 신중히 판단해야 한다. 같은 원칙이 우리가 곧 다루게 될 이라크 전쟁에도 적용될 수 있다.

국제법과 기구

주권과 불개입은 국제법과 국제기구에서 신성한 것으로 취급된다. 사람들은 종종 국제법과 국제기구를 이해하는 데 문제를 보이는데, 그것은 국내 문제와 같은 방식으로 유추하기 때문이다. 그러나 국제기구는 국내정부와 다르고 국제법은 국내법과 다르다. 국제기구는 두 가지 이유에서 세계정부의 초기 단계가 아니다. 첫째, 회원국의 주권은 대부분의 국제기구 헌장에서 보호된다. 유엔헌장 제2조 7항은 "이 헌장의 어느 조항도 유엔이 국내 관할권에 속하는 문제들에 개입하는 것을 허용하지 않는다"라고 명시한다. 다시 말하면 국제기구는 민족국가를 대신하려는 노력이 아니다.

국내적 유추들

국제기구가 세계정부의 초기 단계라고 할 수 없는 또 다른 이유는 기구의 취약성 때문이다. 유엔이 9년 임기로 선출한 15명의 판사로 구성되는 국제사법재판소라는 형태의 국제사법부가 있으나, 이것은 세계의 대법원이 아니다. 국가들은 국제사법재판소의 사법권을 거부할 수 있고, 설사 사법권을 받아들인다 하더라도 그것이 내리는 판결들은 받아들이기를 거부할 수도 있다. 예를 들어 1980년대에 레이건 행정부는 미국이 니카라과의 항구에 지뢰를 부설하는 불법적인 행동을 했다는 국제사법재판소의 판결을 받아들이기를 거부했다.

유엔총회를 의회와 동등한 존재로 가정해보면, 그것은 상당히 이상한 종류의 입법부가 될 것이다. 그것은 1국가 1투표권의 원칙에 기초하고 있지만, 그 원칙은 민주주의도 세계의 권력관계도 반영하지 못한다. 민주주의는 1인 1투표의 원칙에 기초하고 있다. 유엔총회에서는 인구 10만 명을 가진 남부 인도양의 몰디브 섬(Maldive Islands)이 한 표를, 10억 이상의 인구를 가진 중국도 한 표를 행사한다. 그것은 몰디브 섬 주민들이 유엔총회에서 중국인들보다 만 배나 큰 투표력을 가짐을 의미하고, 그런 양상은 입법부에 대한 민주적 기준에 부합하지 않는다. 몰디브 섬이 유엔총회에서 미국, 인도, 또는 중국과 같은 투표권을 가진다는 점에 비추어볼 때 권력을 합당하게 반영하는 것도 아니다. 따라서 회원 국가들이 구속력 있는 법률을 통과시키는 데 반대하는 유엔총회의 기이함이 여기에서 비롯된다. 유엔총회의 결의안은 그저 결의안일 뿐이다. 법이 아닌 것이다.

마지막으로 우리는 유엔 사무총장이 새로운 세계대통령의 초기 단계라고 상상해볼 수 있지만 그것 또한 오해이다. 사무총장은 약한 행정관일 뿐이다. 사무총장이 권력을 가지고 있다면 그것은 대통령이 가지고 있는 하드파워와 소프트파워의 결합이라기보다는 교황의 소프트파워와 비슷할 것이다. 국제기구를 국내정부로부터 유추하여 이해하려는 것은 잘못된 답들에 이르는 확실한 길이다. 세계 국가들이 조정하고 협력하는 틀로 생각하는 것이 그것을 더 잘 이해하는 길이다.

국제법은 국내법과 다르다. 국내법은 종종 관습법이라고도 불리는 입법과 관습의 산물이다. 국내법에는 집행법규가 있고, 개인들에 의한 판결이 있고(당신은 스스로 법정에 갈 수 있고 소송을 제기할 수 있다), 법률에 의한 질서정연한 개정이 있다. 국제공법은 국가 간 협약인 조약과 국가 간에 일반적으로 수용되는 관례인 관습으로 구성된다는 점에서는 국내법과 유사하다. 그러나 국제공법은 집행과 판결에서 국내법과는 전혀 다르다. 집행 면에서 볼 때, 국가가 국제사법부의 판결을 받아들이게 할 행정부가 없다. 국제정치는 자구체제이다. 국제법의 고전적인 집행방식은 강대국이 나서는 것이다. 예컨대 해양법에서는 국가가 해상에서 3마일까지 사법권을 가질 수 있다는 관습이 형성되어 있었다. 19세기에 우루과이가 그들의 연안 어장을 보호하기 위해 광범위한 영해를 주장했을 때, 당시 강력한 해군 세력이었던 영국은 우루과이 연안의 3마일 안쪽까지 포함을 보냈다. 그 결과 관습법은 강대국에 의해서 집행되었다.

"영국이 법을 어겼을 때는 누가 영국을 상대로 법을 집행하는가?"라는 질문이 있을 수 있다. 그 대답은 자구체제에서의 집행은 일방통행이라는 것이다.

국제법의 판결은 개인이 아니라 국가에 의해서 내려진다(스트라스부르의 유럽법정은 지역적 예외이긴 하지만). 세계의 몇 십 억의 사람들 중 아무나 국제사법부에 소송을 제기할 수 있는 것이 아니라 국가만이 할 수 있고, 어느 정도의 승산이 있다고 생각하지 않는다면 소송을 벌일 가능성은 적다. 따라서 국제사법부가 처리하는 사건의 양은 국내 사법부에 비해 상대적으로 적다. 1990년대에 보스니아 분쟁과 르완다 분쟁의 전범을 재판하기 위한 특별재판소가 설치되었고, 2002년에는 많은 국가들이 그들의 정부가 처리하지 못하는 전쟁 및 집단학살 범죄를 심리하는 국제형사법원을 설립했다. 그러나 미국과 중국을 포함한 몇몇 주요 국가들은 그것이 그들의 주권을 침해한다고 느꼈기 때문에 협정에 대한 비준을 거부했다. 더욱이 어떤 원칙이 합의에 이르렀다 하더라도 관습법이 어떻게 해석되어야 하는가라는 문제는 남아 있다. 몰수(expropriation)의 원칙을 보자. 국가는 자국 영토 안에서 영업하는 다른 국가의 기업을 국영화할 수 있다고 받아들여지고 있지만, 그 회사의 가치에 상응하는 보상을 해야 한다. 그러나 그것이 정당한 보상인지를 누가 결정할 것인가? 많은 개도국들은 낮은 보상으로도 충분하다고 주장하고, 부국들은 대체로 좀 더 높은 수준의 보상을 원한다.

마지막으로 비록 유엔총회가 결의안을 통과시켰다 하더라도 그것이 무엇을 의미하는지가 상당히 모호하다는 문제가 있다. 결의안들은 구속력을 가지는 법률이 아니다. 유엔헌장 중에서 국가가 유엔의 결정을 법적으로 받아들여야 하는 유일한 부분은 평화에 대한 위협, 평화의 파괴, 침략행위를 다룬 제7장뿐이다. 만약 안전보장이사회(총회가 아니라)가 침략이나 평화에 대한 위협이 있어 그에 대해 제재가 필요하다고 결의하면, 회원국들은 제재조치를 취해야 한다. 그것이 1990년에 이라크가 쿠웨이트를 침범하고 2001년 이후 미국이 초국가적 테러리스트들의 공격목표가 되었을 때 취해진 조치이다.

때때로 새로운 법이 만들어지는 또 다른 방법은 정부들이 서명해야 할 조약의 초안을 협상하는 대규모 정부 간 회의를 통해서이다. 그와 같은 회의는 종종 규모가 크고 운영하기가 힘들다. 예를 들면 1970년대에 해양법회의에는 100개국이 넘는 국가들이 참가하여 12마일 영해의 원칙, 200마일까지의 배타적 경제수역, 심해에 있는 망간단괴(manganese nodule)를 인류 공동 유산으로 결정하는 것에 대한 초안을 작성하려고 했다. 문제는 일부 국가가 조문의 일부에만 동의함으로써 그 결과물을 국제법으로서는 불확실하게 만들었다는 것이다. 그럼에도 1995년 미국이 남사군도 주위 바다에 대한 중국의 영유권 주장을 가능한 한 방해하려고 했을 때, 미국은 국제해양법에 호소했다.

국제법은 기본적으로 국제정치의 분열된 본질을 반영한다. 약한 공동체의식은 의무감 또는 권위에 대한 인정에서 나오는 자제심이나 복종의식이 약하다는 것을 의미한다. 힘을 합법적으로 사용할 수 있는 독점권을 가진 공통의 행정부가 부재하다는 것은 주권국가가 자구, 힘, 생존의 영역에 존재함을 의미한다. 또한 생존이 달린 문제가 발생하면 법은 대체로 뒷자리로 물러나게 된다.

예측가능성과 정통성

그럼에도 국제법과 국제기구는 정치 현실의 중요한 부분이다. 그것이 국가의 행동에 영향을 미치기 때문이다. 국가들은 예측가능성과 정통성이라는 두 가지 이유에서 국제법에 관심을 가진다.

국가들은 항상 분쟁관계에 있다. 공적인 거래와 사적인 거래를 포함한 방대한 국제거래는 무역, 관광, 외교적 임무, 국경을 넘나드는 인적 교류를 포함한다. 상호의존이 증대될수록 그와 같은 접촉은 증가하고 마찰의 소지 또한 증가한다. 국제법은 그와 같은 마찰이 발생했을 경우 정부들이 높은 수준의 분쟁을 피할 수 있도록 한다. 예를 들어 미국의 관광객이 멕시코에서 마약을 반입하려다 체포되고, 북해에서 영국의 배가 노르웨이 배와 충돌하고, 또는 일본 회사가 자신들의 특허권을 인도 회사가 침해했다고 주장할 때, 각국 정부들은 이와 같은 민간 충돌 때문에 다른 관계를 망치고 싶어 하지 않을 수 있다. 그와 같은 쟁점들을 국제법 그리고 합의된 원칙들로 처리하는 것은 그것들을 비정치화하고 예측가능하게 한다. 그리고 예측가능성은 거래가 활발해지고 여기에 필연적으로 수반되는 분쟁들을 질서 있게 처리하는 데는 필수적이다.

정통성은 정부가 국제법에 관심을 가지는 두 번째 이유이다. 정치는 물리적 권력을 위한 단순한 투쟁이 아니고 정통성에 대한 경쟁이기도 하다. 힘과 정통성은 반대되는 개념이 아니라 상호보완적이다. 인간은 완전히 도덕적이지도 않지만 완전히 냉소적이지도 않다. 옳고 그름에 대한 믿음이 사람들의 행동에 영향을 미친다는 것은 정치적 사실이고, 따라서 정통성은 힘의 원천이다. 만약 국가의 행위들이 불법적이라고 인식되면 어떤 정책이 치러야 할 비용은 더 높아질 것이다. 국가는 자신의 정책을 정당화하기 위해 또는 상대방을 불법화하기 위해 국제법과 국제기구에 호소하고, 그것은 종종 그들의 전술과 결과에 영향을 미친다. 그리고 정통성은 국가의 소프트파워를 향상시킨다.

이익과 관련한 커다란 분쟁들에서 국제법은 국가들을 제재하지는 못할지라도 정책의 흐름이 형성되는 데 도움을 주는 경우가 많다. 법은 권력투쟁의 일부이다. 냉소주의자들은 법이 변호사들의 게임에 불과하다고 말할지도 모른다. 그러나 정부가 법적 주장을 펼치는 것, 또는 국제기구의 결의안에 대한 고려를 중요하게 본다는 사실은 법률이나 결의안이 완전히 무의미한 것은 아님을 증명한다. 이를 격언으로 표현하자면 "악(인)이 선을 행했다고 주장할 때, 우리는 적어도 선이 가치가 있다는 것을 안다". 요컨대 정부들은 그들 자신의 법적 해명으로 인해 함정에 빠질 수 있다.

또 다른 예는 유엔 안보리 결의안 242호이다. 그 결의안은 1967년 중동전쟁 말기에 통과된 것으로서 전쟁 전 국경으로의 회복을 요구했다. 시간이 지나면서 결의안은 이스라엘이 중동전쟁 기간에 점령한 영토의 지배에 대한 정통성을 부정하는 효과를 낳았다. 그 결과 이스라엘은 유엔에서 수세에 처했다. 아랍 국가들은 전쟁에서는 패했음에도 이스라엘을 압박할 수 있었다. 1976년에 아랍연합이 이스라엘을 유엔에서 축출하려고 했을 때, 미국은 이스라엘의 축출을 막기 위해 유엔총회에서 상당한 정치적 자본을 사용해야 했다. 그것은 국제기구에서 정통성이 권력투쟁의 일부임을 보여주는 또 다른 예였다.

생존이라는 결정적인 문제가 걸렸을 때, 국가는 가장 효과적인 형태의 힘인 군사력을 사용할 것이다. 그리고 그것은 국제법과 국제기구가 힘의 사용이라는 문제를 다루는 데는 제한적인 성과밖에 거두지 못한다는 것을 의미할 수도 있다. 국제법에 따라 마약 밀매, 해양에서의 선박 충돌, 특허 위반 등의 문제를 다루는 것과 국제법을 지킴으로써 자국의 생존이 위협받는 것은 별개의 문제이다. 그것은 1930년대의 집단안보가 가지고 있던 문제이기도 했다. 그러나 유엔헌장을 통해서 재창조된 것은 약간 수정된 형태의 집단안보였다.

유엔: 집단안보와 평화유지

전통적 세력균형은 전쟁을 불법화하지 않았다. 군사력의 사용이 인정되었고 그것은 종종 체제의 안정을 보장해주었다. 19세기에 전쟁을 더 파괴적으로 만든 기술의 변화, 그리고 민주주의 및 평화운동의 부상으로 국가들이 전쟁에 반대하도록 조직화하려는 몇 번의 시도가 있었다. 1899년에는 26개국이 헤이그에서 평화회의를 가졌다. 1907년에는 44개국이 참가한 또 한 번의 헤이그회의가 열렸다. 이 회의들에서 채택된 방식은 상당히 법적인 것이었다. 회의 참석국들은 분쟁이 무력이 아닌 중재에 의해 해결되도록 하기 위해 모든 국가들이 중재조약에 서명하도록 설득하려 했다. 그들은 또한 중재가 실패했을 경우 지켜야 할 전쟁의 규칙을 성문화하려 했다.

앞에서 보았듯이 제1차 세계대전 이후 국제연맹은 침략자를 억지하고 처벌하기 위한 국가들의 연합을 발전시키려는 시도였다. 우드로 윌슨이나 그와 같은 생각을 가진 이들의 눈에는 제1차 세계대전은 세력균형 때문에 발발한, 많은 부분에서 우연적이고 불필요한 전쟁이었으며, 집단안보를 통한 모든 국가들의 연합으로 막을 수 있는 것이었다. 국제연맹이 제1차 세계대전이 끝난 후에 그와 같은 전쟁을 막기 위해 계획된 것이라면, 유엔은 1943~1945년에 제2차 세계대전 같은 전쟁을 막기 위해 계획되었다. 1945년에 49개국이 국제연맹의 문제점을 보완하고 더 개혁한 유엔헌장에 서명하기 위해 샌프란시스코에 모였다. 19세기의 세력균형체제와는 달리 유엔헌장에 서명한 국가들에게 공격을 위한 무력의 사용은 불법이 되었다. 무력의 어떠한 사용도 자기방어, 집단적인 자기방어, 또는 집단안보를 위한 것이어야 했다.

유엔의 창설자들은 또한 5개의 상임이사국과 순환식으로 선출되는 비상임이사국들의 풀(pool)로 구성된 안전보장이사회(Security Council)를 만들었다. 안전보장이사회는 19세기 세력균형의 개념이 유엔의 집단안보 틀에 통합된 것이라고 볼 수 있다. 안전보장이사회는 유엔헌장 제7장에 따라 구속력이 있는 결의안을 통과시킬 수 있다. 강력한 힘을 가진 다섯 경찰이 합의하지 않으면 안 되게끔 각자는 집안의 두꺼비집 같은 역할을 할 수 있는 거부권을 가지고 있었다. 유엔 창설자들은 강대국들이 전쟁을 벌여 집안을 모두 태우는 것보다는 집안의 전기를 나가게 하는 거부권이 낫다고 주장했다.

냉전시기에는 유엔의 집단안보체제가 작동하지 않았다. 냉전의 이데올로기적 분열 속에서 무엇이 정당한 무력 사용인지에 대한 동의는 거의 이루어지지 않았고, 침략을 정의하는 데서부터 커다란 문제들이 발생했다. 예를 들면 먼저 국경을 넘은 적을 분쇄하기 위한 비밀침투작전을 어떻게 평가할 것인가? 앞서 보았듯이 1956년에 이스라엘은 이집트의 지원 아래 이루어진 게릴라들의 공격으로 고통을 겪었으나, 국경을 먼저 넘은 쪽은 이스라엘 정규군이었다. 냉전시대에는 누구 편인가에 따라 누가 최초의 침략자였는가에 대한 견해가 달라졌다. 냉전기간 중 20년 동안 유엔의 각종 위원회들은 침략을 정의하려 했다. 그러나 그들은 막연하고 별 역할을 하지 못하는 규칙을 생각해냈을 뿐이다. 침략행위를 적은 목록 뒤에는 안전보장이사회가 또 다른 행위들을 침략행위로 간주할 수 있다는 조건이 붙었다. 군사력이 사용되었다 하더라도 안전보장이사회는 그것이 침략이라고 선언하지 않을 수 있다. 유엔의 입장에서는 침략행위가 발생하는 시기란 안전보장이사회가 이를 선언하는 때이다. 모든 것은 안전보장이사회의 합의에 달려 있고, 그 합의는 냉전시기에는 거의 이루어지지 않았다.

집단안보의 곤경은 유엔 예방외교(UN preventive diplomacy)와 평화유지군의 개념을 대두시켰다. 유엔은 집단안보의 핵심인 침략자를 밝히고 처벌하는 것보다도 독자적인 군대를 조직하여 전쟁 중인 세력들 사이에 투입하는 데 역점을 두곤 했다. 이 모델은 1956년의 수에즈운하위기 때 개발되었다.

1956년 7월에 이집트의 가말 나세르(Gamal Nasser)는 수에즈운하를 국영화했다(그림 6.2 참조). 영국 총리 앤서니 이든 경(Sir Anthony Eden)은 이것을 영국에 대한 중대한 위협으로 간주했다. 그는 나세르를 새로운 히틀러로 여겼고, 1930년대의 상황을 상기했다. 영국은 나세르가 소련에게서 무기를 받았다는 사실 — 이 시기는 물론 냉전의 절정기였다 — 을 걱정했다. 영국은 프랑스와 비밀계획을 짜고, 이스라엘이 (이스라엘 국경을 넘어 게릴라들을 투입시키던) 이집트를 침공하면 이스라엘을 지원하기로 했다. 유엔 안전보장이사회는 휴전을 요구했지만, 영국과 프랑스는 휴전을 막기 위해 거부권을 사용했다. 그들은 나세르를 제거할 수 있을 때까지 계속 개입하려고 했다.

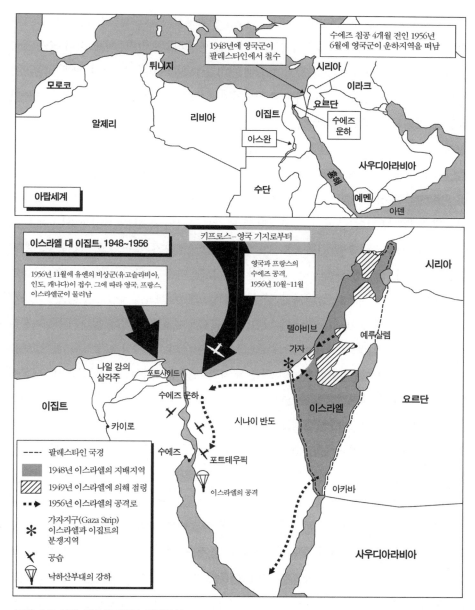

그림 6.2 유엔 평화유지군과 집단안보.

유엔 사무총장인 다그 함마르셸드(Dag Hammarskjöld)는 캐나다 외무장관인 레스터 피어슨(Lester Pearson)과 함께 유엔 평화유지군을 투입함으로써 이스라엘과 이집트인들을 분리시키는 계획을 세웠다. 거부권이 없는 유엔총회 결의안은 시나이 지역에 대한 유엔군의 개입을 승인했다. 미국은 유럽의 동맹국들을 지지하지 않았다. 왜냐하면 그들의 개입이 아랍 민족주의자들의 적개심을 불러일으키고, 이에 따라 중동에서 소련의 기회가 증가되는 것을 걱정했기 때문이다. 11월 15일에 첫 번째 유엔 원정군은 양쪽 군대 사이에 위치한 시나이에 투입되었고, 그 뒤 12월에 유엔은 운하에서 침몰된 배들을 처리하는 임무를 맡았다.

이 평화유지모델은 유엔의 중요한 역할이 되었다. 지난 반세기 동안 두 번에 그친 집단안보작전(1950년의 한국과 1991년의 이라크)에 비해 이 모델은 61번이나 활용되었다. 2006년 초에는 약 8만 명의 병력으로 15개의 유엔 평화유지작전이 전개되고 있었다. 비록 냉전이 유엔의 공식적인 집단안보교의의 집행을 저지하기는 했지만, 국제적 군사력을 이용해 양쪽 사이를 떼어놓는다는 획기적 변화를 막지는 못했다. 집단안보에서는 만약 한 국가가 선을 넘으면 모든 다른 국가들이 그 국가를 상대로 연합해야 하고 그 국가를 물리쳐야 한다. 예방외교와 평화유지에서는 만약 한 국가가 선을 넘으면 유엔이 개입하여 누가 맞았느냐 틀렸느냐에 대해서는 말하지 않고 개입 당사자들을 떼어놓는다. 냉전기간에 유엔평화유지군의 기본 원칙 중 하나는 평화유지군 병력을 소련이나 미국이 아닌 작은 국가들로부터 소집하는 것이었으며, 그렇게 함으로써 강대국이 직접적인 충돌에 개입되지 않도록 하고자 했다. 예방외교와 평화유지는 아직도 국제분쟁을 조절하는 데 상당한 역할을 하는 중요한 혁신이었다. 하지만 그것은 집단안보는 아니며, 오늘날 많은 평화유지군은 국내 분쟁에서 당사자들을 서로 떼어놓으려고 노력하고 있다.

1990년 이라크의 쿠웨이트 침공은 탈냉전 이후 첫 번째 위기였다. 소련과 중국이 거부권을 행사하지 않았기 때문에 40년 만에 처음으로 유엔 집단안보가 가동될 수 있었다. 이와 같은 유엔의 주목할 만한 부활에는 세 가지 이유가 있었다. 첫째, 이라크는 너무나 명백한 침략을 저질렀고 많은 지도자들에게 집단안보가 실패했던 1930년대의 경험을 상기시켰다. 두 번째 이유는 만약 유엔의 집단안보가 그와 같은 명백한 경우에조차 실패한다면 집단안보는 탈냉전세계에서 질서를 위한 원칙이 될 수 없다는 것이었다. 셋째, 유엔의 작은 국가들은 이 조치를 지지했는데, 대부분이 취약한 국가들이었고 식민지 통치 이후 논란의 여지가 많은 국경을 가지고 있었기 때문이다. 사담 후세인이 쿠웨이트 침략을 정당화하는 데 사용한 주장은 대부분의

드와이트 아이젠하워 대통령에게 보낸 편지

　1930년대에 히틀러는 신중하게 계획한 일련의 행동을 통해 자신의 지위를 확립했습니다. 이것은 라인란트에 대한 점령으로 시작하여 오스트리아, 체코슬로바키아, 폴란드, 그리고 서유럽에 대한 연속적인 침략행위로 이어졌습니다. 그의 행동들은 대부분의 서구 유럽 국민들에 의해 묵인되고 용서되었습니다.

　그와 유사하게 수에즈운하의 강탈은 아랍 국가들로부터 서구의 모든 영향력과 이익을 빼앗으려는 나세르의 계획된 캠페인의 첫 번째 책략이라고 우리는 확신합니다. 그는 자신이 만약 이 사건을 아무 문제없이 처리한다면, 또한 성공적으로 18개국에 도전할 수 있다면 아랍에서 자신의 명성이 매우 높아져서 사우디아라비아, 요르단, 시리아, 이라크에서 젊은 장교들이 혁명을 일으키게 할 수 있을 것이라고 믿습니다(우리는 그가 이미 가장 안정적이고 발전한 이라크에서 혁명을 준비하고 있음을 알고 있습니다). 혁명에 의한 새 정부들은 이집트 아니면 러시아의 위성국이 될 것입니다. 그들은 그들의 연합 아래 있는 석유자원을 이집트가 주도하는 아라비아 연합의 지배와 러시아의 영향권 밑에 두게 될 것입니다. 그렇게 되면 나세르는 서유럽에 석유의 공급을 거부할 수 있고, 우리는 그의 자비만 구하게 될 것입니다.

　　　　　　　　　　　　　　　　　　　　　　　　　　　　　　　－앤서니 이든 총리, 1956년[5]

다른 약소국들에게 위협이 될 수 있었다. 앞에서 인용한 국제연맹에 파견된 아이티 사절단의 말을 바꿔 말하자면, 그들은 누군가의 쿠웨이트가 되고 싶지 않았던 것이다.

　유엔의 집단안보는 신세계질서의 기초가 될 것인가? 부분적으로만 그렇다고 할 수 있다. 예컨대 안전보장이사회 상임이사국들은 1999년의 코소보전쟁과 2003년의 이라크전쟁을 승인하는 결의안에 합의할 수 없었다. 여기에 중요한 문제가 있다. 첫째, 유엔체제는 명백한 침략이 있을 경우 제일 잘 작동한다. 내전의 경우에는 적용하기가 훨씬 더 어렵다. 둘째, 집단안보는 거부권이 없는 경우에는 작동하겠지만 미국, 러시아, 중국, 영국 또는 프랑스가 합의에 도달할 수 없다면 다시 무력화될 것이다. 게다가 1945년 당시 유엔 집단안보체제는 안전보장이사회에서 거부권을 가진 5개 강대국을 상대로는 적용될 수 없게끔 고안되었다. 셋째, 집단안보는 회원국

---

5 Anthony Eden, quoted in Robert R. Bowie, *Suez 1956* (New York: Oxford University Press, 1974), p. 124.

들이 자원을 제공할 경우에는 작동하지만, 만약 군사적 강국들이 자원을 제공하지 않을 경우 잘 작동하리라고 상상하기는 힘들다. 1930년대에 집단안보는 비참한 실패를 경험했고, 냉전기간에는 작동하지 않다가 1990년 걸프전쟁을 통해 마치 나사로처럼 죽음에서 부활했다. 그러나 그것은 작은 기적에 불과하다. 9장에서 보게 될 것처럼 집단안보는 미래의 세계질서에 필요한 것의 일부에 지나지 않기 때문이다.

집단안보가 적용될 수는 없다고 하더라도 유엔은 일정한 정치적 효과를 가지고 있다. 유엔헌장에 명시된 무력에 대한 반대는 힘을 사용하기 원하는 자에게 자신의 정당성을 증명할 의무를 지우기 때문이다. 구성주의자들이 이야기하듯이, 무력 사용에 관한 규범적인 사고의 그러한 변화는 2003년에 미국이 알게 된 것처럼 국가의 소프트파워에 영향을 미친다. 미국이 이라크 침공을 위해 제출한 두 번째 안보리 제출안건에 대해 유엔이 결의안을 채택하지 않은 것(과거 걸프전쟁 때 제출한 안건은 통과되었다)이 이라크와의 전쟁을 막지는 못했지만, 그 실패로 인해 국제적인 지원은 줄어들었고 전쟁과 그 이후의 비용을 증가시켰다. 그 밖에 국제 폭력에 대한 안전보장이사회의 논의는 집단안보의 실행에 힘을 불어넣고, 위기의 순간에 중요한 문제들에 관심을 집중시킨다. 그것은 무력을 침략적 방법으로 사용하는 데 수반되는 비용을 높이며 때로는 외교를 위한 안전밸브로도 작동한다. 마지막으로 유엔평화유지군의 역할은 비록 제한적일지라도 유용하다. 국가들은 그와 같은 인계철선(trip wires)과 완충지역이 자국에게 유리하게 작동하는 장치라는 것을 여러 번 발견했다.

냉전의 종결과 함께 유엔에게는 더 많은 기회가 생겼다. 유엔은 나미비아의 탈식민지화에, 엘살바도르에서의 인권 감시에, 니카라과 선거에, 캄보디아의 행정에, 그리고 평화유지군의 감독에 많은 역할을 했다. 최근의 평화유지 기록에는 성패가 엇갈려 있다. 유엔평화유지군은 1990년대에 아이티와 캄보디아에서는 도움이 되었지만, 르완다와 수단에서 대량학살을 막거나 앙골라에서 내전을 멈추는 데는 실패했다. 평화유지군은 키프로스에서 30년 동안 결정적 역할을 했지만, 보스니아에서는 더 강력한 나토군이 투입되어야 했다. 민족분쟁에서는 중립적인 병력투입이 반드시 잘 작동하는 것은 아니다. 사실 몇몇 정치학자들은 중립적인 개입이 더 큰 유혈참사와 살상의 원인이 되어 내전을 지속적으로 강화시킬 수도 있다고 주장한다. 다른 한편으로, 호주를 비롯한 몇몇 국가들이 병력을 제공하여 동티모르의 혼란스런 상황을 안정시킨 것처럼 유엔은 여전히 중요한 합법적 역할을 하고 있다. 미국과 영국은 2003년에 그들의 무력 사용을 확실하게 뒷받침해주는 두 번째 안보리 결의안 획득에 실패했기 때문에 이라크 점령비용이 크게 증가했다.[6] 비록 집단안보의 기본적 교의들이 기대했던 것만큼 완벽하게 실현되어온 것은 아니지만, 그렇다고 국제법과 유엔을 무시하는 것 또한 잘못일 것이다. 국제법과 유엔은 무정부체제의 정치적 현실의 일부이다. 국제기구와 국제법에 대해 너무 냉소적이거나 너무 순진한 태도를 갖는 것은 실수이다. 국가는 법만 가지고 살지는 않지만 법 없이 살지도 않는다.

21세기 초엽의 유엔은 1945년 탄생될 때 일부 창설자들이 바랐던 '인류의 의회 (parliament of man)'는 분명 아니다. 연간 약 40억 달러의 정기예산으로 1만 4,000명의 본부 직원들을 거느린 이 기구는 여러 대도시들보다도 더 적은 재원을 갖고 있다. 평화유지작전을 위한 특별예산(약 30억 달러)과 모든 전문기구들의 연간 예산 및 개발자금을 합산한다 해도 총액은 약 120억 달러로 미국이 국방에 지출하는 금액의 약 2%에 지나지 않는다. 인권활동을 위한 예산은 취리히 오페라 하우스의 예산보다 더 적으며, 유엔 세계보건기구(WHO)의 예산은 커다란 대학병원 시스템의 그것 정도에 불과하다.[7]

다수의 비평가들은 유엔 제도의 개혁을 주장해왔다. 안전보장이사회의 15개 이사국은 무력 사용을 위임할 법적 권한을 가지고 있으며, 5개 상임이사국(중국, 미국, 러시아, 영국, 프랑스)은 1945년 이래 거부권을 보유해왔다. 2005년에 코피 아난(Kofi Annan) 사무총장이 지명한 한 고위 패널은 안보리 이사국을 24개국으로 늘리고 인도, 브라질, 일본, 독일을 상임이사국으로 지정해야 한다고 제안했다. 하지만 그 계획은 중국이 일본의 지정을 거부하고, 지역 경쟁국들이 이의를 제기하며, 아프리카 국가들이 더 많은 의석을 요구하는 바람에 실패로 돌아갔다. 그 패널은 개혁을 위한 다른 유용한 제안들도 많이 했는데, 그 가운데는 실패한 국가들의 재건을 감독할 평화수립위원회(Peacebuilding Commission), 인권침해국가들을 배척하도록 하는 인권위원회 규

---

6 "Binding the Colossus", *The Economist* (November 22, 2003), pp. 25~26.

7 Linda Fasulo, *An Insider's Guide to the UN* (New Haven, CT: Yale University Press, 2004), p. 115.

정 수정안, 사전 무력 사용과 인도주의적 개입을 위한 더 분명한 기준, 그리고 테러리즘에 대한 합의된 정의 등이 포함되어 있었다. 회원국들은 평화수립위원회와 온건한 새 인권위원회에 관한 것을 제외하고는 그 권고들을 실행하는 데 소극적이었다.

유엔은 192개 주권국가들로 구성되어 있으며, 회원국들은 자국의 이익을 보호하려 안간힘을 쓰는 한편으로 외교를 통해 국제 문제를 해결하기 위한 공통분모를 찾으려 하고 있다. 유엔은 또한 안보, 국제 개발, 인도주의적 지원, 환경 파괴, 마약, 초국가적 범죄, 의료 및 질병, 그리고 국제적인 협조를 필요로 하는 지구 공동의 장들과 같은 쟁점에 초점을 맞추기 위한 중심점을 의미한다. 유엔은 결함도 갖고 있지만 국제외교를 위한 하나의 초점을 창출하는 유일한 만국 기구이다. 흔히들 유엔은 설사 존재하지 않았다 해도 결국 창설되었을 것이라고 말한다. 그러나 오늘날 세계 문화와 국익의 다양성을 감안할 때, 그러한 창설이 과연 가능했을지는 분명하지 않다.

중동분쟁

지난 반세기 동안 분쟁으로 몸살을 앓았던 중동은 분명 세계에서 가장 악명 높은 지역분쟁의 무대일 것이다. 중동은 국제정치에 대한 현실주의적 시각이 가장 잘 맞아떨어지는 곳이지만, 또한 국제법과 국제기구가 지대한 역할을 한 곳이기도 하다. 이 많은 분쟁의 원인은 무엇인가? 그 대답 중에는 민족주의, 종교, 그리고 세력균형의 정치가 있다.

이란-이라크전쟁(1980~1988년)이 좋은 사례이다. 이라크는 왜 이웃의 강국을 침공했는가? 그 한 가지 이유는 이란의 샤(Shah, 국왕)를 축출한 이슬람 혁명이다. 샤의 통치하에서 이란은 이란과 이라크 사이에 있는 수로(샤트 알 아랍 수로) 전체를 자기 것이라고 주장했다. 그러나 1979년 이란 혁명으로 샤가 쫓겨난 후 이란은 국내분쟁으로 혼란상태에 빠졌고, 이라크의 대통령인 사담 후세인은 절호의 공격기회를 잡았다. 더욱이 이란의 혁명은 이라크 내에서도 문제를 일으켰다. 이라크의 이슬람교도들은 수니파(Sunnis)와 시아파(Shi'ites)로 나뉘어 있었고 사담 후세인은 세속적인 지배자였다. 이란의 시아파 원리주의자들은 이라크의 시아파들에게 사담 후세인을 몰아내라고 강력히 촉구했다. 이와 같은 초국가적인 종교적 호소는 사담 후세인이 이라크의 많은 시아파 지도자들에 대한 살상으로 화답함으로써 실패하고 말았다. 그러나 이라크의 계산도 틀린 것이었다. 이란인들은 아랍인이 아니었고 이라크에 인접한 이란 지역에는 아랍어를 사용하는 많은 소수민족이 있었다. 이라크는 이란 내의 아랍어 사용지역에서 해방자로 환영받을 것으로 기대했으나 실제로는 그렇지 않았다. 오히려 이라크의 공격은 이란인들의 단결에 일조했다.

이와 같은 일련의 오산의 결과로, 전쟁은 사담 후세인이 의도한 단기간의 효과적인 전쟁이 아니라 정체된 장기전의 수렁으로 빠져들어 갔다. 이라크는 빠져나오고 싶었지만 이란이 가만히 내버려두지 않았다. 침략을 받은 입장에서 이란은 이라크가 언제 그만둘지를 결정하게 내버려둘 리가 없었다. 이란의 정신적 지도자인 아야툴라 호메이니는 사담 후세인 정권이 붕괴될 때까지 전쟁을 끝내지 않을 것이라고 공언했다. 세계의 다른 국가들은 거의 10년 동안이나 사태를 방관했다. 사우디아라비아와 요르단 같은 보수적인 아랍 국가들은 이란을 적대하며 이라크를 지원했다. 그들은 이란 혁명의 힘을 더 두려워했기 때문이다. 그러나 앞에서 언급한 바와 같이 이라크와 많은 부분에서 유사하며 세속적이고 급진적인 체제를 가진 시리아는 세력균형을 이유로 이란을 지지했다. 시리아는 좀 더 멀리 있는 이란보다는 가까운 이웃인 이라크의 힘이 커지는 것을 더 두려워했다.

외부 국가들도 가담했다. 이란의 힘의 증가를 우려한 미국은 이라크를 비밀리에 원조했다. 이스라엘은 비록 이란의 원리주의자들이 이스라엘의 축출을 주장했지만, 비밀리에 미국산 무기를 이란으로 보냈다. 이스라엘의 은밀한 무기 원조는 세력균형에 대한 고려 때문으로 설명할 수 있다. 이스라엘은 이라크와 이란 양국을 모두 두려워했으나, 이라크가 좀 더 가까운 위협이었으므로 "적의 적은 나의 친구다"라는 원칙에 의해 이란에 원조를 제공한 것이다. 따라서 종교, 민족주의, 야망에서 기인한 오판으로 시작된 전쟁은 세력균형에 대한 고려가 함께 작용함에 따라 걷잡을 수 없는 거의 10년간의 분쟁으로 발전했다.

민족주의 문제

민족주의는 어떻게 전쟁을 야기하는가? 실로 민족주의란 무엇이며 민족이란 무엇인가? 구성주의자들은 민족이라는 개념에 문제가 있다고 지적한다. 사전적 의미에

의하면 '민족'이란 공통의 정체성과 하나의 국가(state)를 이룰 권리를 주장하는 그룹이다. 그러나 그것은 어떤 종류의 그룹들을 망라하는가? 공통의 정체성의 원천은 무엇인가? 인종적 유사성이 그 답이라는 견해도 있지만, 미국은 인종적으로 다양함에도 하나의 민족을 이루고 있다. 다른 한편으로 언어적 유사성을 내세우는 견해도 있지만, 스위스는 언어적으로 다양함에도 하나의 민족이다. 또 다른 이들은 종교가 민족의 기초가 될 수 있다고 말하고, 실제로 이스라엘이나 파키스탄 같은 일부 국가들은 많은 부분에서 종교적 정체성에 기초한다. 문제는 공통의 정체성을 가진 사람들의 그룹이 스스로를 민족이라고 부를 때 그 정체성에는 다양한 원천이 있을 수 있다는 것이다. 프랑스의 사상가인 에른스트 르낭(Ernest Renan)이 말한 바와 같이 "민족의 기본적 요소는 민족 내의 모든 개인들이 많은 공통점을 가지고 있어야 한다는 것이다. 그러나 그들은 또한 많은 것들을 잊어야 한다."[8] 민족은 또한 구성원이 서로 모두 알기에는 너무나 크기 때문에 '상상 속의 공동체(imagined community)'라고 불리기도 하며, 이때 그 상상은 아주 큰 역할을 한다.

민족주의는 서술적 용어일 뿐만 아니라 규범적 용어이기도 하기 때문에 다루기 힘든 면이 있다. 한 단어가 서술적이면서 동시에 규범적으로 사용되면 권력투쟁에서 정치적 용어로 사용될 수 있다. 민족주의는 근대 세계에서 국가 정통성의 결정적 자원이 되었다. 따라서 자주독립에 대한 주장은 강력한 도구가 되었다. 만약 한 민족이 국가가 되고자 한다는 자신의 요구를 다른 이들이 받아들이게 할 수 있다면, 그 민족은 국가로서의 권리를 요구할 수 있으며 그와 같은 요구를 그 자신의 적에 대한 무기로 사용할 수도 있다. 예컨대 1970년대에 아랍 국가들은 유엔총회에서 성공적으로 로비를 벌여 시오니즘(Zionism)을 인종차별주의로 규정하는 결의안이 통과되도록 했다. 그들의 의도는 이스라엘이 자신을 한 민족이라고 주장할 수 있는 정통성을 박탈하는 것이었다. 인종차별주의자라고 분류되는 것은 명백히 나쁜 일이지만, 민족주의자라고 분류되는 것은 대체적으로는 좋은 일이다. 이스라엘이 민족이 아니라고 주장하는 것은, 그 단어를 이스라엘의 정통성을 박탈하고 그들의 소프트파

---

8 Ernest Renan, quoted in Hans Kohn, *Nationalism: Its Meaning and History* (Princeton, NJ: Van Nostrand, 1953), p. 137.

위를 약화시키는 무기로 사용한 본보기라고 할 수 있다.

그 주장의 분석적인 문제는 종교가 민족적 정체성의 기초가 될 수 있다는 것이다. 종교적 기초는 그 종교를 믿지 않는 소수가 민족적 정체성을 공유하기 어렵게 할 수 있는 것 또한 사실이다. 파키스탄에 사는 힌두교도들이 무슬림보다 살기 어렵듯이 이스라엘에서 무슬림의 삶은 그곳의 유대인보다는 어려울 것이다. 그러나 국민들이 스스로를 한 민족이라고 부르는 근거로 종교를 이용한다고 해서 그 국가가 인종차별주의적이라고 단정하는 것은 비논리적이다. 유엔총회는 결국 1991년에 2차 투표까지 간 끝에 위의 결의안을 폐기했다.

18세기에는 민족주의가 별로 중요하지 않았다. 그런데 왜 오늘날에는 민족주의적 요구가 이렇게까지 중요하게 되었을까? 요컨대 구성주의자들이 말하는 바와 같이, 인간은 국가적 차원보다 높거나 낮은 다수의 복합적인 충성심(multiple crosscutting loyalties)을 가질 수 있으며 이 충성심은 변화할 수 있다. 충성심은 삶의 일상적 패턴이 단절되었을 때 변화하는 경향이 있다. 민족이라는 개념은 종종 혼란 속에서, 그리고 그 문화권의 주변부에 있으며 정체성에 대한 확신이 적은 사람들로부터 시작된다. 그들은 대개 삶의 일상적 패턴으로부터 심각하게 소외되고, 회의를 갖기 시작한 사람들이다. 민족에 대한 요구는 지식인들이나 비정상적인 종교그룹으로부터 시작되는 경우가 많다. 예를 들어 19세기 초의 아랍 민족주의자들은 무슬림이 아니라 기독교인인 경우가 종종 있었다. 산업화와 도시화가 점차 지방사회의 전통적인 패턴과 충성심을 붕괴시키면서 새로운 정체성에 대한 그들의 관심은 커졌다.

사람들이 새로운 정체성을 추구하도록 만드는 혼란은 국내외적 힘으로부터 시작될 수도 있다. 근대 민족주의는 프랑스 혁명에서 많은 자극을 받았다. 중산계급의 부상은 전통적인 정치적·사회적 패턴의 붕괴를 가져왔다. 새로 출현한 정치그룹들은 프랑스라는 국가가 더 이상 왕이 아니라 민족에 의해서 정의되기를 희망했다. 또한 대외적으로 나폴레옹의 군대는 유럽 전역에 진군하면서 기존의 사회를 파괴했으며, 독일어 사용권의 사람들과 나머지 다른 이들에게까지 민족주의적 감정을 전파했다. 19세기 중반에는 각 민족이 하나의 국가를 가져야 한다는 사상이 지지의 폭을 넓혀가고 있었다. 이와 같은 이상은 독일과 이탈리아의 통일로 절정에 이르렀다. 2장에서도 보았지만 아이러니하게도 비스마르크는 모든 독일어 사용권을 통일하고자 하지는 않았고, 다만 프로이센의 왕권을 위해 지배할 수 있는 만큼만 통일하고자 했던 보수주의자였다. 그런데도 그는 민족주의를 자신의 목적을 위해 이용했으며, 독일과 이탈리아의 통일은 성공적인 모델이 되었다.

제2차 세계대전은 유럽의 식민지 제국들을 약화시켰고, 식민지의 해방은 그 후 30년 동안 아시아와 아프리카에서 아주 중요한 움직임 중 하나가 되었다. 본국의 사회는 전쟁에 의해 약화되었으며, 식민지 지역의 엘리트들은 유럽 제국들을 상대로 민족주의라는 개념을 이용하기 시작했다. 만약 탈식민지시대의 세계를 조직하는 데 언어와 인종을 기초로 한 19세기의 국가모델을 사용했다면, 아프리카와 아시아의 많은 지역에서는 작은 국가들이 수천 개나 생겨났을 것이다. 그러나 식민지 해방운동의 엘리트들은 19세기의 패턴과는 정반대로 국가가 민족을 만들 수 있는 권리를 주장했다. 지역 지도자들은 작은 부족그룹들을 한 민족으로 만들기 위해서는 식민통치자들이 만들어놓은 재정, 경찰, 공무원 등의 국가기구를 사용할 필요가 있다고 주장했다. 그러한 민족주의 이데올로기는 민족이 국가를 만든다, 또는 국가가 민족을 만든다는 거의 정반대의 두 가지 개념을 정당화하는 데 사용되었다. 민족주의란 수단적으로 사용되는 정치적 용어이기 때문이다. 그런 면에서 민족적 정체성은 사회적으로 구성된다고 할 수 있다. (비록 분명히 "민족이 국가를 만든다"는 경우에 해당되는 것으로 보이는 프랑스조차도 국가는 브르타뉴와 같은 이질적인 지역을 끌어안기 위해 교육과 경찰을 이용했다.)

식민지 해방운동의 낭만주의적인 초기에 등장한 여러 '범(pan)' 운동들은 이러한 차이점들을 성공적으로 희석시켰다. 19세기와 20세기 초반 유럽에는 슬라브어를 사용하는 모든 사람들의 공통의 정체성을 주장하는 범슬라브운동이 출현했다. 근대 중동에서는 범아랍주의가, 아프리카에서는 범아프리카주의가 등장했다. 외부세력의 지배에 반대한 초창기의 지도자들은 식민지화된 사회의 시민들이 모두 외부의 통치자들로부터 똑같이 고통받았기 때문에 범아프리카 또는 범아랍 민족국가를 만들어야 한다고 주장했다. 그러나 실제 통치업무에 이르러서는 식민통치에 대한 반대나 저항을 막아온 기존 국가의 통치도구인 재정, 경찰, 공무원 등이 필요했다. 그리고 그와 같은 도구들은 '범' 운동에 기초해 존재하기보다는 식민통치에 의해서 만들어진 인공적인 국경을 기초로 존재했다. 따라서 낭만주의는 점차 사라지고 국가에 기초한 정체성이 '범' 운동에 기초한 정체성을 대체하기 시작했다. 그럼에도 '범' 운동의 낭만주의는 파괴적 힘으로 오래도록 남아 있곤 했다.

중동에는 범아랍주의에 대한 호소가 지속적으로 나타나고, 국가들이 갑자기 연합국을 형성한다고 발표하는 기묘한 상황이 연출되곤 했다. 1958년에 이집트와 시리아는 아랍연합공화국(United Arab Republic)을 형성했고, 1989년에는 리비아와 모로코처럼 판이한 국가들이 연합국을 선언했다. 그러나 시간이 흐르면서 국가의 힘이 이와 같은 범민족주의적 운동을 대체했다. 예를 들어 국가에 초점을 둔 이집트의 민족주의는 점차 범아랍주의보다도 더 많은 여론의 지지를 받게 되었다. 그러나 점진적인 과정은 온통 들쑥날쑥했다. 대부분의 탈식민지화된 세계에서는 경제적 변화와 근대적 커뮤니케이션으로 인해 삶의 일상패턴에 엄청난 파괴가 있었다. 정치지도자들은 이 같은 탈식민지화 과정에서 나오는 불만을 이용하려 했다. 일부는 민족주의에 호소하고, 다른 일부는 범아랍주의에 호소했으며, 또 다른 이는 종교적 원리주의에 호소했는데, 이 모든 것들이 중동지역에 분쟁을 일으키는 복잡한 힘으로 작용했다. 이 지역 국가들이 효율적인 현대화에 실패한 것은 왜 그들 국민의 일부가 알카에다 조직망이 조장하는 원리주의와 테러리즘에 경도되는지를 설명해준다.

아랍-이스라엘 분쟁

아랍-이스라엘 분쟁은 서로 다른 민족적 정체성을 갖고 있지만 양쪽 다 코딱지만 한 작은 땅에 대한 권리를 주장하는 두 그룹 간에 일곱 차례의 전쟁을 야기했다. 이스라엘의 주장은 그 땅을 로마인들이 지배했던 기원전 1세기경 이전에 유대인이 이미 차지하고 있었다는 성서시대로 거슬러 올라간다. 또한 그들은 근대 역사에서 이스라엘의 존재를 정당화하기 위해 제1, 2차 세계대전과 관련이 있는 몇 가지 사건을 지적해왔다. 제1차 세계대전 중에 영국은 밸푸어 선언(Balfour Declaration)을 했다. 그것은 영국 정부가 영국 시오니스트협회의 로스차일드(Rothschild) 경에게 쓴 편지로서 영국 정부가 팔레스타인에 유대인의 조국을 만들어주도록 노력하겠다는 내용을 담고 있었다. 제2차 세계대전이 끝난 후, 이스라엘인들은 히틀러가 저지른 대학살의 참사를 통해 유대국가가 존재할 필요성이 증명되었다고 주장했다. 1948년에 유대 이주민들은 팔레스타인의 분할을 받아들일 용의가 있었지만, 그 지역에 사는 아랍인들은 그렇지 못했다. 유엔은 이스라엘을 인정했으나, 이스라엘인들은 그것을 지키기 위해 아랍의 공격을 막아내야 했다. 이스라엘인들은 이것이 이스라엘 국가의 역사적 기원이며 정당성이라고 말한다.

팔레스타인의 아랍인들은 그들 또한 그 지역에서 몇 천 년 동안 살았다고 응수한다. 제1차 세계대전 당시 밸푸어 선언이 발표되었을 때, 팔레스타인 주민의 90%는 아랍인이었으며 1932년까지도 주민의 80%는 아랍인들이었다. 그들은 영국에게는 아랍인들을 희생시키며 유대인들에게 그 땅을 약속할 권리가 전혀 없다고 주장한다. 더욱이 대학살은 역사상 최대의 죄악 중 하나였을지 모르지만 그것은 유럽인들이 저지른 것이었다. 왜 아랍인들이 그 대가를 지불해야 하는가?

양쪽 모두 타당한 논점을 가지고 있는 것으로 보인다. 제1차 세계대전 당시 지금의 팔레스타인 지역을 지배하던 오스만제국은 독일과 동맹을 맺고 있었다. 그 후 패전으로 제국은 해체되었고 오스만제국의 영토이던 아랍 지역은 국제연맹의 위임통치하에 들어갔다. 프랑스는 시리아와 레바논을 지배했다. 영국은 자국이 차지한 땅 중에서 요르단 강과 지중해 사이의 지역을 '팔레스타인'이라고 불렀고, 요르단 강 너머를 '트랜스 요르단(Trans-Jordan)'이라고 불렀다.

1920년대에 팔레스타인으로 이주하는 유대인의 수는 서서히 증가했으나, 1930년대에 히틀러가 출현하고 유럽에서 반유대주의 운동이 강화되면서 이주가 급격히 늘어나기 시작했다. 1936년에는 팔레스타인 인구의 거의 40%가 유대인이었고, 이러한 유입으로 아랍계 주민들은 폭동을 일으켰다. 영국은 왕립위원회(royal commission)를 설치했고 위원회는 2개 국가로의 분할을 권고했다. 1939년 5월 제2차 세계대전이 임박한 시점에서 영국은 히틀러의 독일을 상대하기 위해 아랍의 지지를 필요로 했다.

폐하의 정부는, 팔레스타인에 현재 거주하는 비유대공동체들의 인권 및 종교에 관한 권리 또는 다른 국가에 있는 유대인들의 권리 및 정치적 지위에 피해를 끼치는 그 어떤 행위도 행해지지 않을 것이 명백하다는 전제하에, 유대민족의 조국을 팔레스타인에 세우는 것을 긍정적으로 고려하며 이 목표의 달성을 앞당기기 위해 최선을 다할 것이다.

— 밸푸어 선언, 1917년 11월 2일

그래서 영국은 아랍인들에게 유대인의 이주를 제한하겠다고 약속했다. 그러나 종전 이후, 그 제한은 강제하기가 어려웠다. 대학살 때문에 유럽의 많은 사람들은 유대인의 조국 건설이라는 아이디어에 동정적이었고, 유대계 난민의 밀항도 상당히 많았다. 더욱이 팔레스타인의 유대계 정착민 중 일부는 그들의 영국인 통치자들을 상대로 테러를 가했다. 그 사이 영국은 제2차 세계대전과 인도의 탈식민지화로 인해 재정적 으로나 정치적으로 너무나 지쳐 있었기 때문에 1947년 가을에는 팔레스타인을 1948 년 5월에 유엔에 넘기겠다고 선언했다.

1947년에 유엔은 팔레스타인의 분할을 권고했다. 아이러니하게도 아랍인들로서는 유엔의 이 분할계획을 받아들였다면 더 좋을 뻔했는데 그들은 이를 거부했다. 그 결과 지역분쟁이 일어났다. 1948년 5월 이스라엘은 독립을 선포했고 이웃의 아랍 국가들은 독립을 파기시키기 위해 공격했다. 1차 전쟁은 휴전을 거듭하면서 8개월 동안 계속되었다. 아랍인이 이스라엘인에 비해 40 대 1로 많았지만, 제대로 조직화되 지 않았고 불협화음도 잦았다. 정전과 유엔에 의한 중재 이후, 요르단이 웨스트뱅크 (West Bank) 지역을, 이집트는 가자(Gaza)를 지배하게 되었으나 팔레스타인 내 위임통 치지역의 나머지 대부분은 이스라엘이 지배하게 되었다. 사실 아랍인들이 1947년 유엔의 계획을 받아들였다면 더 많은 지역을 가질 수 있었을 것이다.

그 전쟁은 팔레스타인 난민의 홍수와 많은 아랍인들의 모욕감, 영구적 평화를 뜻하는 모든 견해에 대한 광범위한 반대를 낳았다. 아랍은 이스라엘에게 정통성을 부여하고 싶지 않았기 때문에 전쟁의 결과를 받아들이기를 거부했다. 그들은 시간이 그들의 편이라고 생각했다. 아랍 지도자들은 범아랍적 정서와, 다음 전쟁에서는 이스라엘을 이길 수 있다는 믿음을 조장했다. 실제로 요르단의 압둘라 왕은 1951년에 이스라엘과의 분리평화조약에 서명하려고 했을 때 암살되고 말았다. 그 바람에 아랍 국가들과 새 이스라엘 정부 사이에 평화가 정착될 가능성은 더욱 줄어들었다.

1956년에 2차 아랍-이스라엘 전쟁이 발발했다. 1952년에 이집트의 나세르와 다른 소장파 민족주의 성향의 장교들은 파루크(Farouk) 왕을 몰아내고 권력을 탈취했다. 그들은 즉각 소련으로부터 무기를 지원받았고, 책략을 써서 유럽과 아시아를 잇는 지극히 중요한 해로인 수에즈운하의 지배권을 획득했다. 이집트는 연속적인 게릴라 공격으로 이스라엘을 괴롭혔다. 앞서 본 바와 같이, 영국과 프랑스는 수에즈운하

사태에 격분하고 나세르의 중동 지배를 우려하여 이스라엘과의 협력하에 이집트를 공격하기로 했다. 그러나 미국은 영국에 대한 지원을 거부했고, 유엔 결의안과 양군을 분리시킨 평화유지군에 의해 전쟁은 끝났다. 그러나 평화조약은 없었다.

3차 전쟁인 1967년 6월의 6일 전쟁은 오늘날의 중동평화의 핵심인 영토 문제의 골격을 결정했기 때문에 가장 중요하다. 나세르와 팔레스타인인들은 게릴라 공격으로 이스라엘을 계속 괴롭혔고, 이집트는 티란(Tiran) 해협을 봉쇄했으며, 이로써 홍해를 통해 이스라엘로 들어가는 수송로를 차단했다. 나세르는 아직 전쟁 준비가 되지 않았지만 시리아와 이스라엘 간에 전쟁이 발발할 가능성이 다가오고 있다고 생각했고, 그때가 오면 참전하리라고 마음먹고 있었다. 나세르는 유엔에 이집트 국경에서 평화유지군을 철수시키라고 요구했다. 나세르가 전쟁을 준비하는 것을 본 이스라엘은 더 이상 기다리지 않고 선제공격을 하기로 결정했다. 이스라엘은 지상에 대기하고 있던 이집트의 공군기들을 불시에 습격하여 거의 파괴했고 시나이 반도 전체뿐만 아니라 시리아의 골란 고원(Golan Heights)과 요르단의 웨스트뱅크까지도 점령했다.

그 시점에 양 전쟁 당사자가 정전을 받아들이게 하기 위해 슈퍼파워들이 개입했다. 1967년 11월에 유엔 안전보장이사회는 이스라엘에 평화와 국가에 대한 승인을 보장하는 대신 점령한 영토에서 철수하라는 내용의 제242호 결의안을 통과시켰다. 그러나 제242호 결의안은 어느 정도 의도적인 모호성을 띠고 있었다. 어느 나라 언어로 작성된 결의안을 읽느냐에 따라 결의안은 '모든' 영토라고 말하는 대신 그냥 '영토'라고만 말함으로써 일부는 돌려주지 않아도 된다는 듯한 암시를 주었다. 결의안 중 팔레스타인인들의 지위에 관한 부분 또한 그들을 명백히 국가로 인정하지 않고 난민으로만 표현하여 모호한 구석을 남겼다. 또다시 근본적인 쟁점은 해결되지 않았다.

소모전이었던 4차 전쟁은 좀 더 온건했다. 1969~1970년에 나세르는 소련의 도움을 얻어 수에즈운하 도하와 기타 도발을 준비했다. 그 결과 이스라엘과 이집트 공군 사이에 몇 번의 공중전이 발생했고 결국 교착상태에 빠졌다.

5차 전쟁은 1973년 10월의 욤키푸르(Yom Kippur, 속죄일)전쟁이었다. 이집트에서는 나세르가 사망한 후 안와르 사다트(Anwar Sadat)가 후임자가 되었는데, 그는 이집트가 이스라엘을 절멸시키는 것이 불가능함을 알고 있었다. 그는 평화를 향한 그 어떤 화해의 움직임을 취하기 전에 모종의 심리적 승리가 필요하다고 결정했다.

사다트는 수에즈운하를 건너 공격하기로 했지만 시나이 반도 전체를 재점령하려고 하지는 않았다. 그는 시리아와 협조했고 효과적인 기습공격을 가하는 데 성공했다. 초기 단계에서는 이집트인들에게 전쟁이 유리하게 전개되었지만 이스라엘인들은 강력한 반격을 개시했다.

다시 한 번 슈퍼파워들이 개입했고 정전을 요구했다. 국무장관인 헨리 키신저는 모스크바로 날아갔지만 그가 모스크바에 머무르는 동안 이스라엘은 이집트 군대를 포위했다. 소련은 배신당했다고 생각했다. 소련은 자국의 남부지역에 군대를 동원했고 미국에도 편지를 보내 양국의 군대가 직접 개입하도록 하자고 제안했다. 미국은 미국 내 핵 경보수준을 높임으로써 대응했고 소련은 그들의 요구를 포기했다. 미국의 압력으로 이스라엘 또한 물러났고 이집트군의 목에 걸린 올가미를 풀어주게 되었다.

전쟁 이후, 일련의 외교적 조치가 뒤따랐고 그 과정에서 미국은 이스라엘의 부분적 철수에 대한 협상을 벌었다. 유엔 감독관들이 시나이 반도와 골란 고원에 파견되었다. 그러나 전쟁의 가장 극적인 결과는 그 뒤에 있었다. 1977년에 사다트는 이스라엘을 방문하여 이집트가 분리평화를 협상할 준비가 되어 있다고 선언했다. 1978년과 1979년에 지미 카터 대통령의 중재로 이스라엘과 이집트는 이스라엘이 시나이 반도를 이집트에 반환하기로 하고 웨스트뱅크의 자치에 대해 논의한 캠프데이비드협정 (Camp David Accords)을 체결했다. 캠프데이비드협정은 아랍 최대강국이 이스라엘에 대항하는 연합을 포기했다는 것과 이집트의 민족주의가 범아랍주의에 앞섰다는 것을 의미했다. 사다트는 범아랍연합을 파기했으나 그로부터 몇 년 뒤 그의 정책에 반대하는 이슬람 극단주의자들에게 암살되었다.

6차 전쟁은 1982년의 이스라엘의 레바논 침공이었다. 초창기에 레바논은 기독교와 아랍계 무슬림들이 미묘한 균형을 이루고 있었다. 그리고 무슬림들은 수니파, 시아파, 드루즈(Druzes)파로 나뉘어 있었다. 팔레스타인해방기구(PLO)는 레바논에서 중요한 존재였으며, 기독교인들 또한 여러 분파로 나뉘어 있었다. 레바논은 한때 중동에서 진정한 다원주의와 다양성이 존재하는 유일한 지역으로서 안정된 안식처였으나, 내전으로 분열되기 시작하면서 외부세력이 개입하는 데 좋은 빌미를 주었다. 시리아는 북쪽에서 간섭을 하기 시작했고, 이스라엘은 1978년에 남부 레바논으로 진군하여 리타니 강(Litani River)에 이르렀다.

1982년 6월, 이스라엘의 국방장관 샤론(Ariel Sharon)은 진군을 계속하기로 결정했다. 앞서 그는 이스라엘의 북부를 보호하기 위해 레바논 국경에서 25마일까지만 진군하겠다고 말했으나, 실제로는 그보다 더 진군했고 10주 동안 베이루트를 포위했다. 그 포위로 인해 PLO는 베이루트에서 철수했고 레바논의 기독교 지도자인 게마엘(Bashir Gemayel)은 이스라엘과 평화협정을 맺었다. 그러나 게마엘은 곧 암살되었고 조약은 파기되었으며, 레바논은 더 깊은 혼란으로 빠져들었다. 1985년 이스라엘은 레바논의 대부분 지역에서 철수했으나 남쪽에 있는 완충지대는 계속 점령했다. 그리고 2000년에야 마침내 그 완충지대에서 철수했다. 그러나 2007년에 이스라엘과 헤즈볼라(Hezbollah, 레바논인들의 무장조직)는 레바논에서 또 다른 전쟁을 벌였다.

최근의 폭력적인 중동사는 인종, 종교, 민족주의에 기초한 국지적 분쟁이 한층 더 비참하고 해결하기가 어려운 것이 되었음을 가르쳐준다. 강경주의자들은 서로를 더욱 강경하게 만든다. 아랍 정부들은 이스라엘에게 정통성을 부여하고 싶지 않았기 때문에 평화를 이루는 데 주저했고, 평화에 대한 그들의 거부는 아랍과 평화관계를 맺고 싶어 하지 않는 이스라엘 강경파의 국내적 입지를 더욱 강화시켰다. 극단주의자들은 사실상 초국적인 연합을 형성하여, 타협점을 찾고 싶어 하는 온건주의자들을 매우 곤란하게 했다. 1973년과 1977년에 사다트는 위험을 감수했지만 궁극적으로 그 대가로 목숨을 내놓았다. 10년 후 이스라엘의 라빈(Yitzhak Rabin) 총리 역시 위험을 감수하며 평화를 추구하다가 유대교 극단주의자에게 암살당했다. 이와 같은 극단의 세계에서는 믿음과 협동이 이루어지기가 어렵고, 수인의 딜레마가 지역정치에 적합한 모델로 떠오르게 된다.

양극적인 냉전시대에 중동전쟁이 주로 단기전이 된 데는 슈퍼파워의 역할이 너무 컸다는 점도 작용했다. 한편 각 슈퍼파워는 자신들의 피보호국들을 지원했다. 하지만 그 피보호국들이 슈퍼파워들을 핵의 벼랑 끝으로 몰고 갈 듯하면 슈퍼파워는 다시 그들을 견제했다. 정전 압력은 외부에서 가해졌다. 1956년에 유엔을 통해 그 압력을 넣은 것은 미국이었고, 1967년에 미국과 소련은 정전을 끌어내기 위해 핫라인을 이용했으며, 1973년에도 미국과 소련이 개입했고, 1982년에는 미국이 이스라엘에게 레바논에서 철수하라고 압력을 넣었다. 냉전은 비록 많은 경우에 국지적 분쟁을 악화시켰지만, 또한 안전망을 쳐놓고 있었다. 냉전의 종식과 함께 작은 국가들은

▌2007년 중동 평화회의에서 올메르트, 부시, 압바스.

유엔을 바라보며 안전망을 제공해달라고 요청하고 있지만, 유엔의 안전망이 얼마나 효과적일지는 두고 보아야 할 것이다. 유엔은 1990~1991년에 이라크의 쿠웨이트 침공에 대응하면서 탈냉전시대의 첫 번째 관문을 통과했다. 걸프전(다음 절에서 설명한다)의 여파로 이스라엘 정부와 PLO는 평화와 관계정상화에 상당한 진전을 보았다. 전쟁으로 생긴 정치적 영향력을 이용하여 부시 행정부는 PLO와 샤미르(Yitzhak Shamir) 정부가 1991년 후반에 마드리드, 1992년에는 워싱턴에서 다른 아랍 정부들과 함께 만나도록 압력을 가했다. 이와 같은 회담들이 지연되고 있는 동안 이스라엘 각료들과 PLO 지도부는 노르웨이 오슬로에서 막후회담을 열어 PLO와 라빈 정부가 1993년 9월 워싱턴에서 '원칙선언(Declaration of Principles)'에 서명할 수 있도록 작업을 벌였다. 그 선언 이후 가자 지구와 웨스트뱅크 내의 팔레스타인 도시 및 마을에서 이스라엘 군대를 철수시키기로 하는 일련의 합의가 있었다. PLO는 이스라엘로부터 팔레스타인인들의 목소리를 대변하는 정통성을 인정받았고, 1994년 이후에는 경찰권을 포함한 지역자치권이 몇 단계를 거쳐 야세르 아라파트(Yasir Arafat)와 PLO에 이양되었다. 동시에 요르단의 후세인 국왕은 라빈 정부와 협상했고, 1994년 워싱턴에서 평화협정을 체결했다.

평화협정에도, 대다수 이스라엘인들은 점령 중인 영토를 반환하는 정책에 대해 여전히 회의적이었다. 극단적 보수주의자들은 라빈 수상을 배신자라고 여겼고, 그중 한 사람이 1995년 11월에 라빈을 암살했다. 일부 팔레스타인인들은 PLO 정부와 아라파트를 부패하고 독재적이라고 인식했으며, 이런 대중적 인식은 평화협정을 방해하고자 하는 원리주의자들인 하마스(Hamas)와 같은 반대그룹들에게 힘을 실어 주었다. 평화협정에 반대하는 아랍 극단주의자들에 의한 폭탄 테러는 1996년 이스라엘 선거에 영향을 미쳤으며, 네타냐후(Benjamin Netanyahu)가 이끄는 신 리쿠드(new Likud) 정권(1996~1999년)은 평화로 가는 발걸음을 늦추었다. 하지만 1998년에 이 정권은 결국 PLO와 와이 강(Wye River) 협정에 서명했으며, 뒤이어 들어선 바라크(Elud Barak) 수상의 노동당 정부는 2000년 여름 캠프데이비드에서 열린 아라파트와의 협상에서 중요한 양보를 했다. 그러나 이 협상은 실패했고 그 후 회담 재개를 위한 노력에도 2000년 9월, 폭력이 다시 등장했다. 캠프데이비드회담이 시작될 때 클린턴 대통령은 아라파트와 바라크 두 정상에게 만약 그들이 합의에 도달하면 그들 양측의 극단주의자들에 의해 죽임을 당할 위험이 있고, 만약 합의에 실패하면 그들보다 더 젊은 양측의 많은 사람들이 죽게 될 위험이 있다고 말했다. 불행히도 그의 예언이 옳았다. 대통령 임기 말기에 클린턴은 바라크와 아라파트 사이의 화해를 중재하기 위해 사력을 다했다. 그러나 그것은 2001년 1월 말에 열린 타바(Taba) 회담에서 결국 실패로 막을 내렸다.

이스라엘-팔레스타인의 분쟁상황은 다음 해를 넘기면서 크게 변화했다. 2001년 2월, 저돌적인 군사전략으로 명성을 떨쳐 추앙받던 전쟁영웅 샤론이 바라크에 이어 이스라엘 수상으로 취임했다. 샤론을 선택함으로써 이스라엘 국민들은 협상에 대한 피로감을 나타내고, 2000년 9월 이후 국내에서 벌어지고 있는 팔레스타인인들의 자살폭탄테러에 대해 더 과감한 대응을 주문한 것이다. 샤론은 즉각 자신은 아라파트를 테러리스트로 간주하고 있으며 아라파트와의 협상으로는 평화 정착이 가능하지 않다는 점을 분명히 했다. 2001~2002년 겨울에 있었던 몇 차례의 테러 공격에 대한 보복으로, 이스라엘군은 웨스트뱅크의 마을과 도시들을 다시 점령했고 2002년 봄에는 몇 개월간 포위 공격을 벌이고 있던 라말라(Ramallah)의 아라파트 공관을 접수했다.

그해 봄 내내 폭력이 계속되자, 미국을 위시한 '4인방(미국, EU, 러시아 및 유엔)'은 이스라엘-팔레스타인 양쪽 모두가 협력적이고 호혜적인 방법으로 이행해야 할 평화를 위한 '로드맵'을 만들었다. 그러나 이스라엘은 자살폭탄 공격자들의 잠입을 막기 위해 이스라엘과 웨스트뱅크를 분리하는 방벽의 건설은 일방적으로 진행될 것이라고 말했다. 미국은 그해 6월에 '로드맵'에 대한 지지를 분명히 했다. 그때 부시 대통령은 미국이 2005년까지 이스라엘-팔레스타인 분쟁을 해결할 수 있는 영구적인 '2국가 해법(two-state solution)'을 추구하고 있다고 말했지만 그 목표는 이루어지지 않았다.

미국과 이스라엘 모두가 수용할 수 있는 조처로, 아라파트는 아부 마젠(Abu Mazen)으로 알려지기도 한 마흐무드 압바스(Mahmoud Abbas)를 팔레스타인 자치정부의 총리로 임명했다. 때를 같이 해서 이스라엘의 합법성을 부인하는 파벌인 하마스는 팔레스타인 내에서 세력을 강화하기 시작했다. 2국가 해법을 추구하고 그 목표를 달성하기 위한 3단계 과정의 윤곽을 그린 '4인방 로드맵'의 내용이 드러났다. 압바스는 팔레스타인 무장단체들 사이에서 3개월 휴전협상에 나섰고, 2003년 6월 샤론, 압바스, 그리고 부시가 요르단의 아카바에서 만나 평화회담을 열었다. 이것은 부시와 샤론이 권좌에 오른 후 이스라엘과 팔레스타인 지도자 간에 열린 최초의 대좌회담이었다. 하지만 휴전을 계속 유지하는 데는 실패했고 2차 회담 개최계획도 취소되었다. 이스라엘은 방벽 건설을 계속했다.

2003년 가을에 이스라엘과 팔레스타인의 비공식 협상대표들이 포괄적인 평화안 모델을 찾기 위해 제네바에서 만났다. 제네바 협정으로 알려진 이 합의는 캠프데이비드와 타바 회담에서 클린턴이 제의한 내용의 개요를 따른 것이지만, 예루살렘의 지위, 이스라엘 정착지, 그리고 1948년에 다른 곳으로 이주했던 팔레스타인 난민 가족들의 제한적인 '귀향권'에 대한 난제들을 해결함으로써 한 걸음 더 나아갔다. 이 제네바 협정은 법적 지위를 갖고 있지는 않지만, 양쪽의 식견 있는 관계 당사자들이 가장 해결하기 어려운 문제들에 합의할 수 있었다는 것에 의미를 부여할 수 있다. 미국 국무장관 파월(Colin Powell)은 이스라엘 정부의 강력한 항의에도 이 제네바 협정 협상자들과 만났다.

2004년 11월 PLO 지도자인 아라파트가 죽은 후 압바스가 팔레스타인 자치정부의 수반으로 당선되었다. 샤론은 정착지 철거주민들의 반대를 완강하게 물리쳐 리쿠드

당을 분열시켰으며 2005년 여름에는 가자에서 이스라엘군을 철수시켰다. 이런 일련의 움직임은 진전을 의미하긴 했으나 그것이 로드맵의 이행이나 여러 해에 걸친 분쟁 문제의 해결책이 되지는 못했다. 2006년 1월, 샤론이 뇌졸중으로 쓰러지고 하마스가 의회 선거에서 승리해 정치적 불안이 더욱 고조되었으며 평화에 대한 합의는 지연되었다. 3월에 샤론 내각의 부총리였던 올메르트(Ehud Olmert)가 새로운 중도 정당인 카디마당(Kadima party)을 이끌고 선거에서 승리했으나, 이스라엘과 팔레스타인 모두 분쟁해결방법을 놓고 내부적으로 분열되어 있었다. 2006년 7월에 레바논 무장단체인 헤즈볼라가 남부 레바논에서 이스라엘 북부 마을들을 향해 로켓탄을 발사하여 이스라엘 병사와 시민들을 죽였다. 이 외에 헤즈볼라는 2명의 이스라엘 병사를 납치하여 제2의 레바논 전쟁을 촉발시켰다. 이스라엘은 헤즈볼라의 로켓탄 공격을 잠재우고 아울러 이 단체로부터의 위험을 아예 근절하기 위해 레바논 내의 목표물들에 대한 공습과 포격을 가했다. 이스라엘의 보복 폭격과 지상군 침입으로, 헤즈볼라가 그동안 그들의 전투원과 로켓 무기들을 레바논 민간인들 사이에 숨겨놓고 있던 소문은 사실로 증명되었다. 유엔이 중재한 휴전협상으로 2006년 8월, 34일간의 전쟁이 끝나고 다국적 평화유지군이 배치되었다.

2007년 초에 파타(Fatah)와 하마스 대표들이 사우디아라비아에서 만나 새 팔레스타인 통일정부 수립에 합의하고 그해 3월에 정부가 구성되었다. 하지만 2007년 말 그들 사이에 분란이 일어나 하마스는 파타를 배제하고 단독정부를 수립하기 위해 가자 지역을 접수했다. 가자에서 팔레스타인인들이 서로 싸우고 있는 동안 파타는 웨스트뱅크에서 하마스를 배제한 채 계속 지배권을 행사했다. 2007년 11월, 부시 대통령은 메릴랜드 주의 아나폴리스에 이스라엘 총리, 팔레스타인 대통령, 그리고 다른 지역의 대표들을 불러 모아 새로운 중동평화회담을 주도했으나 근본적인 의견의 차이를 불식시킬 수는 없었다.

1991년과 2003년의 걸프전쟁

아랍-이스라엘 분쟁에는 때때로 외부세력이 개입했으나 대부분 간접적이고 비공식적인 관여였다. 냉전시대에 미국은 이스라엘을 지지했고 소련은 아랍 국가들을 지원했지만, 미국과 소련은 다음과 같은 두 가지 이유 때문에 이스라엘-아랍 전쟁에 휘말리는 것을 극구 회피했다. 첫째, 슈퍼파워 중 누구도 궁극적으로 핵전쟁을 불러올지도 모를 분쟁에 빠져들어 가지 않으려고 했다. 둘째, 미국은 베트남전쟁의 악몽이 아직도 생생하기 때문에 해외에서 큰 전쟁을 벌이길 꺼려했다. 마찬가지로 소련은 1970년대 말 이후 아프가니스탄 전쟁에서 이미 값비싼 대가를 치르고 있었다. 하지만 냉전이 종식되고 소련이 소멸하면서 중동에 대한 대규모 군사개입이 되풀이되는 패턴이 나타나고 있다.

제1차 걸프위기는 1990년 8월 2일 사담 후세인이 쿠웨이트를 침공했을 때부터 시작되었다. 이라크는 항상 쿠웨이트가 식민지시대의 인공적인 피조물(artificial creation)이라면서 분리된 국가로 존재해서는 안 된다고 주장했다. 1961년에도 이라크는 쿠웨이트를 차지하려고 했지만 영국에 의해 저지당했다. 그러나 앞에서 보았듯이 식민지시대에 그어진 국경이 무의미하다는 사고는 탈식민지화된 세계에서는 분명 엄청난 혼란을 초래할 것이며, 그것이 그렇게나 많은 유엔의 회원국들이 이라크의 논리를 거부한 이유일 수 있다.

어쨌든 걸프위기에는 더 깊은 경제적·정치적 이유가 있었다. 이라크는 이란과의 8년 전쟁을 통해 경제적으로 황폐화되었다. 이라크에는 800억 달러의 빚이 있었고 그 빚은 매년 100억 달러씩 증가했다. 또한 이라크의 곁에는 엄청난 석유와 적은 인구를 가진 쿠웨이트라는 금광이 있었다. 더욱이 이라크는 쿠웨이트의 석유정책에 분노하고 있었다. 이라크는 쿠웨이트가 석유생산에 대한 OPEC의 합의를 어기고 배럴당 1달러를 인하한 것이 이라크에게 매년 10억 달러라는 손해를 안겨주고 있다고 주장했다. 그러므로 쿠웨이트를 차지함으로써 이라크의 경제문제는 해결될 수 있을 것으로 보였다.

정치적으로, 사담 후세인은 이라크의 안보를 걱정했다. 그는 모두가 이라크를 약화시키려 한다고 믿었다. 따지고 보면 1981년에 이스라엘은 이라크의 연구용 핵원자로를 폭격했고, 미국과 이스라엘은 소련의 몰락과 함께 전례 없이 더 강해 보였다. 1990년 2월 요르단 암만에서 한 연설에서 사담은 쇠퇴하고 있는 소련이 더 이상 미국과 이스라엘을 상대할 수 없다고 말했다. 사담은 자신이 소련의 역할을 해야 한다고 믿었다. 그는 미국을 시험하기 위해 몇 가지 의도적인 행동을 했다. 아이러니하지만 미국은 사담 후세인을 달래고 그를 책임 있는 국가들의 공동체 안으로 돌아오게 하려 했으며, 그 지역에서 이란의 힘을 효과적으로 견제하기 위해 이라크를 이용하려 했다. 이 같은 미국 정책의 비일관성은 사담 후세인을 잘못된 길로 인도했고, 그는 쿠웨이트를 침공해도 치명적인 보복은 받지 않을 것으로 믿게 되었다.

그러나 사담의 생각은 잘못된 것이었다. 일련의 유엔 결의안은 이라크의 행위에 대해 집단안보교의를 적용했다. 왜 미국과 다른 국가들은 그렇게 대응했는가? 한 가지 답은 모든 것이 석유 때문이라는 것이다. 물론 미국과 여러 서방 선진국들에 대한 석유 수출은 페르시아 만의 중요성을 비정상에 가까울 정도로 높였지만, 1990년 위기의 원인 속에는 석유 외에 다른 것들도 있었다. 예를 들어 영국은 전쟁에 깊이 개입했지만 석유 수입국은 아니었다. 원인 중에는 1930년대의 독일 침략에 대한 대응과 집단안보에 실패한 경험의 반향도 있었다. 세 번째로 예방전쟁이라는 현실적인 고려도 있었다. 당시 사담 후세인은 대량살상무기를 개발하고 있었다. 그는 비밀리에 수입한 원료를 가지고 핵무기 프로그램을 만들었고, 화학무기를 가지고 있었으며, 생물학무기를 개발하고 있었다. 그가 현재 가지고 있는 것에 쿠웨이트의 석유에서 나오는 수입까지 더해진다면, 세계는 나중에 더 크고, 더 강하고, 더 파괴적인 이라크를 상대해야 할 것이었다. 일부 사람들은 만약 전쟁을 치러야 한다면 나중보다는 지금이 낫다고 판단했다.

그러나 다른 이들은 경제적 제재만으로도 이라크군을 쿠웨이트에서 철수시킬 수 있었을 것이기 때문에 전쟁은 필요하지 않다고 주장했다. 이러한 가상사실을 증명하기는 힘들지만 역사적으로 경제적 제재가 짧은 시간 내에 소기의 성과를 거둔 적은 거의 없었다. 11월에 미국은 전쟁의 서곡으로 사우디아라비아에 있는 미 주둔군을 두 배로 증가시켰다. 왜 마지막 순간에 사담 후세인은 철수하겠다고 선언하거나 다른 계략을 찾아내 피하지 않았을까? 그의 오산은 어느 정도는 그가 1990년 8월에 미국 대사에게 말한 바와 같이 미국이 많은 사상자와 지루한 장기전을 감당할 용기가 없다고 생각한 데서 비롯된 듯하다. 그 점에서 그는 당시 상황을 베트남전쟁을 통해 잘못 유추했다고 할 수 있다. 또한 부분적으로는 세계무대의 중심에 선 후 물러날 수 없다는 자존심 때문이었는지도 모른다.

1991년의 걸프전은 무엇을 해결했는가? 그 전쟁은 유엔의 집단안보교의를 간단히 부활시켰지만, 앞서 본 바와 같이 이것이 얼마나 전형적인 지역분쟁인지에는 의문이 있다. 그 전쟁은 정전 후에 유엔의 감독관들이 이라크를 사찰하여 핵시설과 화학설비들을 파괴하는 전례를 남겼다. 그러나 걸프전은 사담 후세인을 권좌에 그대로 남겨두었다. 부시 대통령은 바그다드를 점령하지 않기로 결정했다. 사담이 이라크 국민들에 의해 축출될 것이고, 또한 미국 여론이나 유엔의 이름으로 다국적군에 참여한 연합국들도 비용이 많이 드는 이라크 점령을 달가워하지 않으리라 생각했기 때문이다.

10년 후, 새 대통령 조지 W. 부시는 처음에는 중국과 러시아 같은 강대국과의 관계를 중요시하는 현실주의적 외교정책 의제를 장려했다. 부시는 클린턴이 지나치게 중동의 평화협상에 매달리고 있었다고 비판하고 분쟁에 개입하지 않을 것임을 분명히 했다. 그러나 8개월이 지난 2001년 9월 11일 테러리스트들의 공격 이후, 부시의 외교정책은 극적으로 전환되었다. 정책의 초점이 오직 테러와의 전쟁에 맞춰졌다.

2001년 10월부터 12월까지 아프가니스탄에서 미 공군과 지상군 특수부대가 투입되면서 내전의 형세가 일변했다. 미군의 개입은 아프간의 북부동맹(Northern Alliance)이 이슬람 원리주의 정부인 탈레반을 타도하게 만들었다. 탈레반 정부는 9월 11일 뉴욕과 워싱턴에 테러를 감행한 오사마 빈 라덴과 알카에다 테러 조직망에 은신처를 제공해왔었다. 아프간에서의 미국의 행동은 나토 동맹국들로부터 폭넓게 지지를 받았으며 유엔 결의안에 의해 정당화되었다.

하지만 2002년 부시 행정부가 이라크에 대한 전쟁 준비에 들어가자 미국의 행동에 대한 국제적 지지는 바래지기 시작했다. 이 장 앞부분에서 구별한 용어들로 표현하자면, 미국은 이라크에 대한 자신의 행동을 '선제(preemptive)'공격으로 불렀지만, 대다수 국가들은 미국이 계획한 침략을 선택의 여지가 있는 '예방(preventive)'전쟁으로 보았다. 이라크에 의한 위협이 절박한 것이 아니었기 때문이다. 2002년 9월, 이라크에 대한 종전의 안보리 결의안을 강화해줄 것을 유엔에 요청한 부시 대통령의 연설이 있은 후, 미국은 새로운 유엔 안보리 결의안 하나를 얻어냈다. 이 새 결의안은 사담 후세인이 핵무기와 생화학무기 프로그램을 포기했다는 것을 보증하게 한 10년 전의 유엔 결의안에 충실히 따르고 있음을 증명하기 위해 국제 감독관들의 조사에 성실하게 협조할 것을 요구하는 것이었다. 사담 후세인은 4년 만에 처음으로 국제 감독관들이 이라크에 돌아오는 것을 허용했다. 그와 동시에 미국은 이라크의 이웃국가들인 쿠웨이트와 카타르에 대규모 병력을 전진배치시켰고, 미국 의회는 사담 후세인에 대한 무력 사용을 승인하는 결의안을 통과시켰다. 2002년 12월에, 그리고 다시 2003년 2월에 국제 감독관들은 이라크가 부분적으로 협조하는 바람에 완벽한 조사를 할 수 없었다고 보고하며 그들의 임무를 완료하기 위해 더 많은 시간을 달라고 요청했다. 다가올 뜨거운 여름철에 전쟁을 치르는 일과 군사적 즉응력의 감소를 우려한 미국은 더 이상 지체하다간 그들의 노력이 여세를 잃게 될 것이라고 생각했다. 2003년 3월, 이라크 공격을 승인하는 두 번째 안보리 결의안을 얻는 데 실패한 후 미국과 영국, 그리고 군소 연합국들은 앞서 나온 안보리 결의안이 이미 법적 근거를 마련해주었다고 주장하며 이라크를 침공했다. 공격 후 3주 반 만에 바그다드가 함락되었고 사담은 도주했다.

그러나 전쟁에 이기는 것이 평화를 얻는 것보다 훨씬 쉽다는 사실이 증명되었다. 처음에 이라크 점령은 일부 시아파와 쿠르드족 지역에서 환영을 받았지만, 전(前) 수니파 지배층 대다수와 일부 시아파는 점령에 저항하는 반군 조직을 만들었다. 이들 반군은 요르단 태생의 알카에다 공작원인 알 자르카위(Abu Musab al-Zarqawi)와 같은 외국 테러리스트들의 도움을 받았다. 이들 테러리스트들은 이라크 국경을 넘어와 미국에 대한 과격한 지하드를 계속 펼쳤다. 부시 행정부는 사담 정권의 붕괴에 따라 일어날지 모를 약탈이나 침략에 따른 반군들의 준동을 다룰 충분한 병력의 주둔을 사전에 계획하지 않았다. 잇따라 일어난 폭력사태는 이라크 국민들의 지지와 소프트파워를 얻는 데 도움을 줄 수 있는 재건노력을 지연시켰다. 더욱이 두 번째 유엔 안보리 결의안을 획득하는 데 실패한 것은 많은 국가들이 이번 침략이 정당성을 결여하고 있다고 믿게 했으며, 그 결과 이라크의 재건 노력에 대한 그들의 참여는 제한적이 되었다.

미국의 소프트파워를 대가로 한 전쟁비용은 전쟁이 끝난 후 국제 감독관들이 어떤 대량살상무기도 발견하지 못함으로써 배가되었다. 이라크 침공 이전에 제시했던 전쟁의 세 가지 이유 중 두 가지(사담 후세인의 대량살상무기 보유 및 사담과 9·11 테러 사건과의 연계 혐의)는 그릇된 정보와 정치적 과장에 근거한 것으로 판명되었다. 그러므로 이제 세 번째 이유, 즉 사담의 잔학한 독재정권을 제거하면 이라크가 민주주의국가가 될 것이며 이로 인해 중동 전체가 민주주의국가로 전환하기 시작할 것이라는 희망만이 남았다. 2005년에 이라크는 세 차례의 국가적 선거를 성공적으로 치렀지만 앞서 보았듯이 사회가 인종과 종교에 따라 분열되어 있고, 제도가 취약하고, 소수를 다수의 통치에 기꺼이 따르게 하며, 무엇보다도 중요한 공동체적 분별력이 거의 없는 곳에서 선거는 자유민주주의를 꽃피울 충분한 조건이 되지 못했다. 이라크 전쟁의 최종결과를 판단하는 데는 10년 또는 그 이상이 걸리겠지만, 여론조사들에서는 많은 미국인들이 비용이 이익을 크게 초과했다고 믿고 있는 것으로 나타났다. 당초 의도가 무엇이었든, 조심스럽게 계획을 세워 적절한 수단을 사용하지 못하는 바람에 부정적인 결과를 가져오게 된 것이다. 2007년 초에 부시 행정부는 이라크 내에서의 만연한 혼란 및 유혈참사는 물론 미국 내에서 커지는 정치적·사회적 압력 때문에 전략을 바꾸었다. 소위 '쇄도전략(Surge Strategy)'은 이라크에 2만 2,000명의 미군을 추가로 주둔시켜 2008년에 폭력사태를 진압하는 데 약간의 군사적 효과를 보긴 했지만, 이라크 내 주요 파벌들 간의 폭력을 막는 데 필요한 정치적 양보를 이끌지는 못했다.

중동은 우리가 다른 분쟁지역에서 보았던 것과 꼭 같은 개인, 국가, 국제체제의 역동성을 보여준다. 어떤 차원에서는 아라파트와 라빈, 샤론, 사다트, 후세인 국왕과 사담 후세인이라는 개인이 평화냐 전쟁이냐를 결정했다. 테러리스트와 암살자들 역시 핵심적인 역할을 했다. 중동지역의 국가들은 종종 다른 국가들과 경쟁하여 권력과 안보를 추구하는 현실주의모델에 부합하는 방식으로 행동했다. 그러나 국제법과 국제기구도 개인 및 비국가행위자와 마찬가지로 정치적 투쟁의 형태를 결정하는 데 영향을 미쳤다. 동시에 종교, 인종, 경제적 후진성, 인구 증가의 압력과 같은 쟁점들도 계속해서 중동정치를 동요하게 했다. 중동 전역의 독재정부들은 그들의 권위에 대한 원리주의자들의 도전에 직면해 있고, 많은 경우 알제리나 수단에서처럼 내전으로 치달을 위험에 처해 있다. 우리는 중동에서 더 많은 분쟁이 일어나리라 예상할 수 있다.

연표: 아랍–이스라엘 분쟁	
1897년	허즐(Herzl)의 『유대국가(The Jewish State)』 출판, 최초의 세계시오니스트회의 개최
1915년	영국이 독립 아랍 국가를 인정하는 대신 아랍인들이 오스만제국을 상대로 반란을 일으키기로 하는 맥마흔–샤리프 후세인 합의 (MacMahon-Sharif Husain agreements)
1916년	중동에서 영국–프랑스의 영향권을 비밀리에 합의한 사이크스–피콧(Sykes-Picot) 협정
1917년	영국 정부가 "팔레스타인에 현재 거주하는 비유대공동체들의 인권과 종교에 관한 권리에 피해를 끼치는 그 어떤 행위도 행해지지 않을 것이 명백하다면 …… 유대민족의 조국을 팔레스타인에 창설하는 것"을 찬성한다는 밸푸어 선언
1922년	국제연맹이 영국에 팔레스타인 위임통치권 부여
1936년	유대인의 주장에 반대하며 모든 아랍인의 통일을 목표로 하는 아랍고등위원회(Arab High Committee) 창설
1937년	영국의 통치에 반대하는 팔레스타인 아랍인들이 반란을 일으킴. 필 위원회(Peel Commission) 보고서가 팔레스타인을 아랍, 이스라엘, 영국 통치지역의 세 국가로 분할할 것을 제안함. 세계시오니스트회의는 이 제안을 수용하고 범아랍회의는 거부함
1939년	『영국 백서』가 10년 안에 팔레스타인을 독립시킬 것을 요구함
1945년	이집트, 이라크, 요르단, 레바논, 사우디아라비아, 예멘이 아랍연맹을 창설함
1947년	영국 정부가 팔레스타인 분쟁을 유엔에 위탁함. 유엔총회는 예루살렘을 유엔의 신탁통치하에 두고 팔레스타인을 유대국가와 아랍국가로 분할하는 안을 투표에 부침. 유대인들은 유엔의 분할계획에 찬성한 반면 아랍은 거부함
1948년	팔레스타인에서 아랍과 유대인들의 분쟁. 영국의 위임통치 종결. 다비드 벤–구리온(David Ben-Gurion) 휘하의 유대 임시정부가 이스라엘 국가를 선언함. 미국과 소련은 이스라엘을 인정
1948~1949년	이스라엘과 아랍연맹 간의 전쟁
1949년	이스라엘의 유엔 가입
1952년	이집트에서 가말 압둘 나세르 주도하에 자유장교(Free Officer) 혁명 일어남
1955년	소련과 이집트의 무기협상 타결. 영국, 이란, 이라크, 터키, 파키스

	탄을 회원으로 한 바그다드조약기구 창설
1956년	수에즈 위기: 이스라엘 군대가 시나이 반도 침공. 영국과 프랑스가 폭격과 함께 낙하산부대를 수에즈운하 지역에 투입함
1957년	아이젠하워 독트린: 중동에서 공산주의의 침략이 있을 경우 미국이 개입에 대해 의회에 맡김
1958년	이라크에서의 반(反)군주제 반란. 레바논과 요르단의 위기. 미국 해병대가 베이루트에 상륙
1964년	팔레스타인해방기구(PLO) 창설
1967년	6일 전쟁: 이스라엘이 시나이 반도, 가자 지구, 웨스트뱅크, 골란 고원을 점령. 유엔이 협상에 의한 영구적인 평화 보장을 대가로 이스라엘이 점령 중인 아랍 영토에서 철수할 것을 요구한 제242호 결의안 채택. 팔레스타인인들의 요구는 '난민(refugee)' 문제로만 간주됨
1969년	소모전(War of Attrition)
1970년	요르단의 '검은 9월(Black September)': 요르단 군대가 팔레스타인 특공대를 요르단에서 축출함. 나세르 사망. 사다트가 이집트 대통령에 취임
1973년	욤키푸르전쟁: 이집트와 시리아가 이스라엘을 상대로 기습공격을 감행
1973~1974년	아랍의 석유금수조치
1974년	이스라엘과 이집트/시리아 간의 휴전조약
1975년	수에즈운하의 재개방을 허용하는 이스라엘과 이집트 간의 시나이 협약
1977년	이집트의 사다트가 이스라엘을 인정하고 아랍 국가의 지도자로서는 최초로 이스라엘 국회에서 연설
1978년	카터, 베긴, 사다트 간의 캠프데이비드 정상회담
1979년	이란 혁명의 절정: 샤의 망명과 이란의 새로운 지도자 아야툴라 호메이니의 귀국. 워싱턴에서 이집트—이스라엘 평화협정이 체결. 이란인들의 미국 대사관 침입과 미 대사관 직원들의 억류. 소련군의 아프가니스탄 침공
1980년	카터 독트린: 미국이 페르시아 만에서 소련의 침략에 대항하여 무력을 사용할 것임을 천명. 이라크군이 이란 영토를 침공. 이란—이라크 전쟁의 시작
1981년	카이로에서 사다트가 피살됨
1982년	이스라엘군이 레바논을 침공

1983년	다국적 평화유지군이 베이루트에 도착. 미국 대사관과 해병대 병영이 공격을 받음
1987년	가자 지구와 웨스트뱅크에서 팔레스타인 반란(인티파다) 시작
1988년	요르단의 후세인 국왕이 웨스트뱅크에 대한 요르단의 주권을 포기. PLO가 웨스트뱅크와 가자에서 팔레스타인 독립국가를 선언
1990년	이라크가 쿠웨이트를 침공. 유엔 안전보장이사회가 제재를 결의
1991년	쿠웨이트에서 이라크가 축출됨
1991~1992년	마드리드와 워싱턴에서의 아랍-이스라엘 평화회담
1993년	이스라엘과 PLO의 오슬로 회담과 '원칙선언'.
1994년	워싱턴에서 요르단-이스라엘이 평화조약을 체결. 팔레스타인의 가자와 제리코 지배에 대한 PLO-이스라엘 합의
1995년	텔아비브에서 라빈이 피살됨
1996년	이스라엘 도시에 대한 폭탄 테러로 라빈의 노동당 후계자인 페레스의 지지가 떨어지자 리쿠드당 지도자인 네탄야후가 총리로 당선됨
1997년	이스라엘이 웨스트뱅크의 도시인 헤브론의 80%를 팔레스타인에게 양도함
1998년	웨스트뱅크의 13%를 추가로 팔레스타인에게 양도하는 이스라엘-PLO 와이 강 협정(Wye River Accords)을 미국이 중재. 클린턴 미국 대통령이 가자에 있는 팔레스타인 국회에서 연설
1999년	요르단의 후세인 국왕 사망. 노동당 당수인 바라크가 이스라엘의 총리로 당선
2000년	캠프데이비드협상 실패. 2차 인티파다(이스라엘 점령지에서의 팔레스타인인들의 봉기) 시작
2001년	아리엘 샤론이 이스라엘 수상으로 선출됨
2002년	이스라엘이 웨스트뱅크와 가자의 마을들을 재점령하여 웨스트뱅크와 이스라엘 사이에 방벽 건설 시작. 유엔 안보리가 팔레스타인 마을들에서 이스라엘군의 철수를 요구하는 결의안을 통과시킴
2003년	미국, EU, 러시아, 유엔이 2005년까지 독립 팔레스타인 국가를 창설하고 완전한 평화를 이룰 것을 요청하는 3단계 '로드맵' 공개. 아라파트가 마흐무드 압바스(아부 마젠으로도 알려져 있음)를 총리로 임명. 압바스, 샤론, 부시가 6월에 평화회담차 요르단에서 만남. 휴전이 깨지고 회담이 결렬된 후 압바스 사임. 미국이 이라크를 침공. 사담 후세인이 3주 만에 패배함. 그러나 그 후 기나긴 폭동과 내전을 만나게 됨

2004년	아라파트 사망. 압바스가 팔레스타인 자치정부의 대통령으로 선출됨
2005년	이스라엘이 가자에서 일방적인 철수. 팔레스타인 땅을 침범하고 있다는 항의에도 방벽 건설을 계속함
2006년	샤론이 뇌졸중으로 쓰러짐. 하마스가 의회 선거에서 승리. 에후드 올메르트와 신(新)카디마당이 이스라엘 선거에서 승리함
2007년	이스라엘이 핵미사일을 보관하고 있는 것으로 의심되는 시리아의 한 시설을 폭격했다는 보도가 나옴. 11월에 메릴랜드 주 아나폴리스에서 중동평화회담이 열림. 미국은 이라크의 군사적 상황을 개선할 목적으로 2만 2,000명의 미군을 추가로 파병했으나 이라크 내 주요 파벌들 간의 정치적 갈등은 여전히 해결되지 않고 있음

■■ 학습문제

1. 민족분쟁은 어떤 것인가? 언제 그것이 잘 일어나는가?

2. 개입은 언제 정당화되는가? 민족자결은 항상 정당화되는가? 인도주의적 개입의 한계는 무엇인가?

3. 국제법과 도덕에는 차이가 있는가? 국제법은 얼마나 중요한가?

4. 유엔은 국제연맹과 어떻게 다른가?

5. 이스라엘이 현재 점유하고 있는 영토에 대한 팔레스타인과 이스라엘의 주장은 무엇인가? 어느 그룹이 더 설득력 있는가? 당신의 생각으로는 둘 다 똑같이 설득력이 있는가?

6. 유엔의 팔레스타인 분할계획은 무엇이었는가? 아랍은 왜 이 계획을 거부했는가?

7. 1956년, 1967년, 1973년, 1982년에 있었던 중동전의 원인은 무엇이었는가? 그 전쟁들은 필연적이었는가? 만약 그렇다면 언제 그리고 왜 필연적인 것이 되었는가? 아랍과 이스라엘의 또 다른 전쟁은 필연적인가?

8. 1967년 전쟁은 아랍-이스라엘 간 갈등의 현재 양상을 초래했다. 그 전쟁에서는 어떤 일이 일어났는가? 유명한 안전보장이사회의 제242호 결의안이란 무엇인가?

9. 사다트는 1973년에 이스라엘과 전쟁을 한 후에 평화를 추진해야 한다고 주장했다. 이 주장을 평가하라. 1956년 나세르의 성공과 1973년 사다트의 성공에서 어떤 유사점을 발견할 수 있는가?

10. 중동지역에서 유엔평화유지군의 작전은 얼마나 성공적이었는가? 평화유지군의 한계는 무엇이었는가?

11. 1991년 걸프전과 2003년 이라크전쟁은 어떻게 다른가? 각 전쟁의 이유는 무엇이었는
    가? 선제적 전쟁과 예방전쟁의 차이는 무엇인가?
12. 중동분쟁을 이해하는 데 현실주의, 자유주의, 구성주의는 각각 어떤 도움을 주는가?

▒ 읽을 자료

1. Mill, John Stuart, "A Few Words in Non-Intervention", in John Stuart Mill, *Collected Works*, vol. 21(Toronto: University of Toronto Press, 1963), pp. 109~124.

2. Fauso, Linda, *An Insider's Guide to the UN* (New Haven, CT: Yale University Press, 2004), pp. 1~89.

3. Kaufman, Stuart, *Modern Hatreds* (Ithaca, NY: Cornell University Press, 2001), chaps. 1, 2, and 6.

4. McGarry, John, and Brendan O'Leary(eds.), *The Politics of Ethnic Conflict Regulation* (London: Routledge, 1993), pp. 1~38.

5. Ross, Dennis, *Statecraft* (New York, Farrar, Straus & Giroux, 2007), pp. 73~132, 259~285.

▒ 더 읽을 자료

Anderson, Benedict, *Imagined Communities* (London: Verso, 1983).

Bowie, Robert R., *Suez 1956* (New York: Oxford University Press, 1974).

Chayes, Abram and Antonia Handler Chayes, *The New Sovereignty: Compliance with International Regulatory Agreements* (Cambridge, MA: Harvard University Press, 1995).

Cordesman, Anthony, *The Iraq War* (Washington, DC: Center for Strategic and International Studies, 2003).

Couldon, Jocelyn, *Soldiers of Diplomacy: The United Nations, Peacekeeping and the New World Order* (Toronto: University of Toronto Press, 1998).

Crocker, Chester, Fen Osler Hampson and Pamela Aall(eds.), *Leashing the Dogs of War: Conflict Management in a Divided World* (Washington, DC: US Institure for Peace Press, 2007).

Deutsch, Karl W., *Nationalism and Its Alternatives* (New York: Knopf, 1959).

Diamond, Larry, *Squandered Victory: The American Occupation and the Bungled Effort to Bring Democracy to Iraq* (New York: Times Books, 2005).

Doyle, Michael W., and Nicholas Sambanis. *Making War and Building Peace: United Nations Peacekeeping Operations* (Princeton, NJ: Princeton University Press, 2006).

Finnemore, Martha, *The Purpose of Intervention* (Ithaca, NY: Cornell University Press, 2003).

Gause, F. Gregory, "Sovereignty, Statecraft, and Stability in the Middle East", *Journal of International Affairs*, 45:2(Winter 1992), pp. 441~469.

Gellner, Ernest, *Nations and Nationalism* (Oxford: Blackwell, 1983).

Goodrich, Leland M., Edvard Hambro and Anne Patricia Simons(ed.), *Charter of the United Nations: Commentary and Comments* (New York: Columbia University Press, 1969).

Gordon, Michael, and Bernard Trainor, *The Generals' War: The Inside Story of the Conflict in the Gulf* (Boston: Little Brown, 1995).

Gordon, Philip, and Jeremy Shapiro, *Allies at War: America, Europe and the Crisis Over Iraq* (New York: McGraw-Hill, 2004).

Haas, Ernest, "Nationalism: An Instrumental Social Construction", *Millennium* 22:3 (Winter 1993). pp. 505~545.

Hehir, J. Bryan, "World of Faultlines: Sovereignty, Self-Determination, Intervention", *Commonwealth*. 119:16(25 September 1992). pp. 8~10.

Henkin, Louis, *How Nations Behave: Law and Foreign Policy*, 2nd ed.(Now York: Columbia University Press, 1979).

Herring, George. *America's Longest War: The United States and Vietnam, 1950~1975* (New york: Knopf, 1986).

Hurd, Ian, *After Anarchy: Legitimacy and Power in the United Nations Security Council* (Princeton, NJ: Princeton University Press, 2007).

Ignatieff, Michael, *Virtual War: Kosovo and Beyond* (New York: Holt, 2000).

Ikenberry, G. John, *Liberal Order and Imperial Ambition* (Cambridge, MA: Plity, 2006).

Jacobson, Harold K., *Networks of Interdependence: International Organizations and the Global Political System* (New York: Knopf, 1979).

Kohn, Hans, *Nationalism: Its Meaning and History* (Princeton, NJ: Van Nostrand, 1955).

Krasner, Stephen D., *Sovereignty: Organized Hypocrisy* (Princeton, NJ: Princeton University Press, 1999).

Mayall, James, *Nationalism and International Society* (Cambridge, UK: Cambridge University Press, 1990).

Moynihan, Daniel P., *On the Law of Nations* (Cambridge, MA: Harvard University Press,

1990).

Murray, William, and Robert Scales, *The Iraq War: A Military History* (Cambridge, MA: Harvard University Press, 2003).

Nye, Jeseph S., and Roger K. Smith(eds.), *After the Storm: Lessons of the Gulf War* (Queenstown, MD: Madison Books and Aspen Strategy Group, 1992).

Podhoretz, Norman, *Why We Were in Vietnam* (New York: Simon & Schuster, 1982).

Quandt. William B.(ed.), *The Middle East: Ten Years After Camp David* (Washington, DC: Brookings Institution, 1988).

Safran, Nadav, *From War to War: A Study of the Arab-Israeli Confrontation 1948~ 1967* (New York: Pegasus, 1969).

Sifry, Micah L., and Christopher Cerf, *The Gulf War Reader: History, Documents, Opinions* (New York Times Books, 1991).

Traub, James, *The Best Intentions: Kofi Annan and the UN in the Era of American World Power* (New York: Farrar, Straus &Giroux, 2006).

Vincent, R. J., *Nonintervention and International Order* (Princeton, NJ: Princeton University Press, 1974).

Walzer, Michael, *Just and Unjust Wars: A Moral Argument with Historical Illustrations* (New York: Basic, 1977).

Walzer Michael, *Arguing About War* (New Haven, CT: Yale University Press, 2004).

Woodward, Bob, *Plan of Attack* (New York: Simon & Schuster, 2004).

Woodward, Susan L., *Balkan Tragedy: Chaos and Disillusion After the Cold War* (Washington, DC: Brookings Institution, 1993).

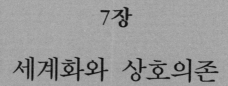

7장

세계화와 상호의존

싱가포르 항의 화물 컨테이너들.

많은 비평가들은 1989년 냉전의 종식으로 인해 국제정치에서 경제 문제가 더욱 중요해질 것이라고 주장했다. 통신과 운송의 비용이 절감되고, 거리 효과가 축소되면서 전 지구에 걸친 경제적 상호의존 네트워크가 확대되었다. 정부 및 국가의 역할 변화와 함께 새로운 정보와 운송기술에 의해 시장의 역할 또한 커졌다. 오늘날 생산되고 있는 모든 공산품 중 거의 절반은 다국적기업들에 의한 것으로, 어디에 그 생산기지를 세울 것인가 하는 다국적기업의 결정은 국내 경제와 정치에 막대한 영향을 미치고 있다. 경제학자인 다니 로드릭(Dani Rodrik)이 지적하듯이, 세계화는 "세계시장에서 번영할 수 있는 기술 및 기동성을 가진 그룹들과 그것을 가지지 못한 노동자, 연금수령자, 환경운동가 사이에 존재하는 깊은 단층을 드러내는 것이다".[1] 일부 이론가들은 경제제재와 금수조치가 국제정치에서 결정적인 도구가 됨으로써 국가 간의 지경학(geo-economics)이 지정학(geo-politics)을 대체하는 새로운 경쟁이 나타났다고 보고 있다.

이와 같은 관점의 변화는 중요하다. 현실주의자들은 우리에게 평화시기에는 안보가 당연하게 여겨질 수 있지만, 모든 시장은 실은 정치적 틀 안에서 작동하고 있다는 점을 상기시킨다. 지구적 시장은 권력의 국제적인 구조에 의존하고 있다. 안보는 산소와도 같아서 없어지기 전에는 당연한 것으로 받아들이기 쉽고, 잃어버리고 난 다음에는 다른 아무것도 생각할 수 없다. 마찬가지로 경제적 제재는 무력의 사용을 회피하기 때문에 인기 있는 방법이었으나 그 효과는 복합적이다. 여러 연구들은 경제적 제재 사례의 절반 이하만이 소기의 성과를 거둔 것으로 지적하고 있다. 다국적 제재는 남아프리카공화국의 인종차별정책을 종식시키고 1990년대에 세르비아와 리비아에 압력을 가한 한 요소였지만, 쿠웨이트에서 이라크군을 몰아내거나 아이티와 같은 빈곤한 국가에서조차 선거로 당선된 대통령을 권좌에 복귀시키는 데는 실패했다. 더욱이 세계화와 경제적 상호의존은 19세기에 국가들이 무역이나 투자, 이민에 대해 상대적으로 자유주의적인 정책을 추구했을 때 이미 급격히 증가하고 있었다. 그리고 이것은 이러한 장기적 추세의 돌발적이고 매끄럽지 않은 요소들에서 나온

---

1 Dani Rodrik, *Has Globalization Gone Too Far?* (Washington, DC: Institute for International Economics, 1997), p. 2.

20세기 전반의 양차 대전과 대공황을 멈추지 못했다.

세계화의 차원

세계적인 상호의존 네트워크로 정의되는 세계화는 만인에게 공통적인 것은 아니다. 예를 들어 21세기가 시작되었을 때 미국 인구의 절반이 월드와이드웹(www)을 이용하고 있었던 반면 남아시아에서는 인구의 0.01%만이 그것을 이용했다. 오늘날 세계 대부분의 사람들은 전화 없이 살아간다. 휴대전화기가 저렴한 시대인데도, 수억 명의 사람들이 세계시장이나 지식의 지구적인 흐름과는 그다지 연계를 갖지 않은 채 후미진 마을에서 농부로 살아가고 있다. 사실 세계화는 여러 면에서 빈부격차의 증가를 수반한다. 그것은 균질화나 공평성을 수반하지 않는다.

부국들 가운데는 겉보기에 비해 세계화가 덜된 국가들이 많다. 세계시장이 진정으로 지구화되면 상품, 사람, 자본의 흐름이 자유로워지고 국가 간 금리도 비슷해진다. 사실 우리는 먼 길을 가야 한다. 예컨대 북미에서도 토론토는 미국의 시애틀보다 자국 밴쿠버와의 교역이 10배나 더 많다. 토론토와 두 도시 간의 거리가 같고 캐나다와 미국 간의 관세는 미미한데도 그렇다. 세계화는 국경의 투과성을 더 높이기는 했지만 그것을 무시할 수준에 이르지는 못했다. 세계화는 세계 단일 공동체의 창설을 의미하는 것이 아니다. 사회적으로 볼 때 종교적 믿음과 근본적인 가치관이 다른 사람들 사이의 접촉은 종종 갈등이나 분쟁을 일으킨다. 중동의 일부 이슬람 원리주의자들이 중세(11세기에서 13세기까지)의 십자군이나 현재의 미국을 '대(大)사탄'으로 생각하는 것이 그것을 잘 보여준다. 세계화가 경제적인 의미에서뿐만 아니라 사회적인 의미에서도 반드시 균질화를 가져오는 것이 아님은 분명하다.

세계화는 여러 차원을 가지고 있지만, 경제학자들은 너무나 자주 세계화와 세계경제가 하나이며 동일한 것처럼 취급하고 있다. 그러나 세계화의 다른 형태들 역시 우리의 일상생활에 중대한 영향을 미친다. 가장 오래된 형태의 세계화는 환경적인 것이다. 예컨대 천연두는 BC 1350년에 이집트에서 최초로 유행한 것으로 기록되고 있다. 그것이 AD 49년에는 중국에, 700년 후에는 유럽에, 1520년에는 미국에, 그리고 1789년에는 호주에까지 이르렀다. 흑사병은 아시아에서 시작되었지만, 14세기에 유럽에서 유행하여 유럽 인구의 4분의 1 내지 3분의 1을 앗아갔다. 유럽인들은 15세기와 16세기에 아메리카 대륙에 질병을 옮겨 토착민 인구의 95%를 죽음에 이르게 했다. 1918년에 일종의 조류 바이러스에 의한 독감이 세계 도처에서 약 4,000만 명의 목숨을 앗아갔는데 이는 최근에 추단된 제1차 세계대전 사망자 숫자보다 훨씬 많다. 오늘날 일부 과학자들은 조류독감이 다시 세계를 휩쓸 것으로 예측하고 있다. 1973년 이후, 이전에는 알려진 적이 없는 서른 가지의 전염성 질병이 생겨났으며, 다른 유사한 질병들이 약에 대해 내성을 가진 새로운 형태로 온 세계에 확산되었다. 인체면역결핍바이러스(HIV)/에이즈가 1980년대에 처음으로 확인된 후 20년 동안 2,000만 명이 죽었으며, 온 세계에 또 다른 4,000만 명이 감염되어 있다. 일부 전문가들은 2010년까지 이 숫자가 2배가 될 것으로 예측한다. 외래종의 식물군과 동물군이 새로운 지역으로 확산되면서 각 지역의 토종생물들이 절멸되었으며 그 결과 경제적 손실이 연간 수천억 달러에 이른다. 그러나 환경적 세계화가 모두 해로운 결과를 가져오는 것은 아니다. 예를 들어 유럽과 아시아는 감자, 옥수수, 토마토와 같은 신세계 농작물을 수입재배하여 혜택을 입었으며, 지난 몇 십 년간의 '녹색혁명' 농업기술은 온 세계의 가난한 농민들에게 도움을 주었다.

　지구의 기후변화는 전 세계 인간들의 삶에 영향을 준다. 최근 100개의 나라에서 수천 명의 과학자들이 지난 50년간 관측된 온난화의 대부분이 인간의 활동 탓이라는 새롭고 강력한 증거가 있다고 보고했으며, 21세기 지구의 평균기온은 화씨 2.5~10도 정도 상승할 것으로 예상했다. 그 결과 일부 지역에서는 비가 너무 많이 오고, 다른 지역에서는 너무 적게 오는 등 가혹한 기후변화가 닥칠 수 있다. 북아메리카에서 기후변화의 영향은 더 강력한 폭풍, 허리케인, 홍수, 가뭄, 산사태를 동반하게 될 것이다. 지구 기온의 상승은 많은 지역에서 얼음이 얼지 않는 기간을 늘렸으며, 1960년대 이후 지구의 적설량을 10% 줄였다. 빙하는 녹고 있다. 지난 세기의 해수면 상승률은 지난 3,000년간의 평균 상승률보다 10배나 높았다. 하버드대학의 과학자인 매카시(James McCarthy)는 이렇게 이야기하고 있다. "현재 달라진 것은 지구에 60억의 인구가 살고 있으며, 우리에게 음식, 연료, 옷감을 제공해주는 자연과 인간의 체계가 기온의 영향을 크게 받고 있다는 점이다."[2] 기후변화가 가속화됨에 따라 "미래의 변화는 과거처럼 순조롭게 일어나지 않을 것이다". 이산화탄소가 중국에서 뿜어져

나오는가 미국에서 뿜어져 나오는가는 문제가 아니다. 그것은 여전히 지구 전체를 따뜻하게 만들고 있다.

군사적 세계화는 무력이나 무력 위협이 사용되는 상호의존 네트워크로 이루어진다. 20세기의 두 세계대전이 적절한 사례이다. 냉전시대에 미국과 소련 사이의 지구적인 전략적 상호의존은 첨예했고 충분히 인식되고 있었다. 지구적인 전략적 상호의존은 전 세계를 반으로 가른 동맹들을 만들어냈을 뿐 아니라 양쪽 다 대륙간 탄도미사일로 상대방을 30분 내에 절멸시킬 수 있었다. 그것은 완전히 새롭다는 점에서가 아니라 군사적 상호의존에서 발생하는 잠재적 분쟁의 규모와 속도가 너무나 엄청나다는 점에서 독특했다. 오늘날 알카에다와 기타 초국가행위자들은 전통적인 국가방어수단들에 도전하는 지구적 작전 네트워크를 형성했으며, 이는 비대칭전쟁(Asymmetrical warfare)으로 불리고 있다.

사회적 세계화는 사람, 문화, 이미지와 사상의 확산을 말한다. 이민이 구체적인 예가 될 수 있다. 19세기에는 약 8,000만 명의 사람들이 새 보금자리를 찾아 대양을 건넜는데, 이는 20세기보다 훨씬 많은 숫자였다. 21세기 초에는 3,200만 명의 미국 거주자(인구의 11.5%)가 외국 태생이었다. 더욱이 매년 약 3,000만 명의 방문객(학생, 사업가, 관광객)이 미국에 입국하고 있다. 사상 역시 사회적 세계화의 중요한 양상이다. 세계 4대 종교— 불교, 유대교, 기독교, 이슬람교— 는 지난 2,000년 동안 거리를 불문하고 온 세계로 퍼져나갔으며, 지난 몇 세기 동안 과학적 방법과 계몽주의적 세계관 역시 그러했다. 정치적 세계화(사회적 지구화의 일부분)는 헌법제도의 확산, 민주화되어가는 국가의 증가, 그리고 국제규칙과 국제제도의 발전으로 나타난다. 국제 공동체에 관해 말하는 것이 의미가 없다고 생각하는 사람들은 정치사상의 지구적 확산의 중요성을 무시한다. 구성주의자들이 지적하듯이, 19세기의 노예제도 반대운동, 제2차 세계대전 이후의 반식민지주의, 그리고 오늘날의 환경 및 페미니즘 운동은 세계정치에 심대한 영향을 미쳤다. 물론 씨족, 종족, 국가에 대한 구성원들의 충성을 대체할 만한 지구적 공동체를 만드는 데는 오랜 시간이 걸리겠지만, 그러한 초국가적인

2 James J. McCarthy, "The Scope of the IPCC Third Assessment Report." *Climate Report* (Winter 2001), p. 3.

정치사상은 국민들이 자신의 국가적 목표를 구축하고 소프트파워를 사용하는 방법에 영향을 미친다.

21세기 세계화에서 새로운 것은 무엇인가

세계화는 여러 세기 동안 계속되어왔지만, 현대에는 "더 짙고 더 빠르다". 오늘날의 세계화는 19세기의 그것과는 다르다. 그때는 유럽 제국주의가 정치구조의 많은 부분을 규정하고 있었고 값비싼 수송비와 통신비로 인해 다른 문화권의 사람들이나 사상과 접촉이 많지 않았다. 그러나 가장 중요한 차이점의 대부분은 정보화혁명과 밀접한 관련이 있다. 프리드먼(Thomas Friedman)이 주장하듯이, 현대의 세계화는 '더 멀리, 더 빠르게, 더 싸게, 더 깊숙이'[3] 진행된다.

경제학자들은 어떤 상품의 가치가 높아져 다른 많은 사람들 또한 그것을 사용하는 상황을 가리킬 때 '네트워크 효과'라는 용어를 쓴다. 한 대의 전화기는 쓸모가 없지만, 네트워크가 생기면서 그 가치가 증가한다. 인터넷이 그토록 빠른 변화를 일으키고 있는 것은 이 때문이다. 노벨상을 수상한 경제학자인 스티글리츠(Joseph Stiglitz)는 지식기반경제가 "때때로 불처럼 확산되고 더 큰 혁신을 유발하며 새로운 발명의 연쇄반응을 촉발하는 강력한 일출(溢出)효과"를 만들어낸다 …… 그러나 상품은 — 지식에 대립되는 것으로서 — 반드시 불처럼 확산되지는 않는다"[4]라고 주장한다. 더욱이 상호의존성이 더 짙어지고 더 빨라짐으로써 여러 네트워크들 사이의 관계는 더 중요해졌다. 네트워크들 사이에 더 많은 상호접속이 생기는 것이다. 그 결과 '체계효과(system effect)' — 그에 의해 한 부문의 작은 혼란이 체계 전체로 확산될 수 있다 — 가 더 중요해진다.

정부 관리들은 외교정책을 처리하면서 점점 커져가는 지구주의(globalism)의 두께(상호의존 네트워크의 조밀도)와 조우하게 된다. 이것은 어떤 지역에서 일어난 사건, 아니면 경제적 또는 생태적 차원의 사건의 결과가 다른 지역에서 군사적·사회적

---

3 Thomas Friedman, *The Lexus and the Olive Tree: Understanding Globalization* (New york: Farrar, Strauss & Giroux, 1999), pp. 7~8.

4 Joseph Stiglitz, "Weightless Concerns", *Financial Times* (London), February 3, 1999, p. 14.

차원에 중대한 영향을 미칠 수 있음을 의미한다. 이 같은 국제적인 네트워크들은 점점 더 복잡해져서 그 영향을 예측하기가 점점 불가능해지고 있다. 더욱이 인간 세계에서 사람들은 종종 경제적, 사회적 또는 군사적 이득을 확실히 얻어내기 위해 예측할 수 없는 방식으로 행동하여 상대의 허를 찌르려고 노력한다. 그 결과 세계화는 불확실성으로 점철된다. 증가한 복잡성과 불확실성 사이에는 경쟁이 계속될 것이며, 다른 한편 이같이 더욱 복잡하게 상호연결된 체계를 그들의 이익으로 파악하고 솜씨 있게 처리하는 정부, 기업 등의 노력 사이에도 경쟁은 계속될 것이다. 빈번한 금융위기나 실업의 급속한 증가는 상호의존을 제한하려는 대중운동을 촉발할 수도 있다.

신속성 또한 불확실성을 증가시키고 정책 대응의 구체화를 더욱 어렵게 한다. 앞서 말했듯이 현대의 세계화는 이전의 그것보다 훨씬 빠른 속도로 진행되고 있다. 천연두는 1775년에야 호주에 도달함으로써 전 세계 인간 거주지에 퍼지는 데 거의 3,000년이 걸렸다. 에이즈는 아프리카에서 전 세계로 퍼지는 데 30년도 걸리지 않았다. 비유적인 바이러스로 얘기를 돌려보면, 2000년에 필리핀 해커들은 컴퓨터 바이러스인 '러브 벅(Love Bug)'을 3일 만에 온 지구상에 퍼뜨렸다. 3,000년에서 30년으로, 그리고 다시 3일로 변한 것이다. 이것이 가속화되고 있는 세계화의 속도이다.

부유한 국가에서는 지구적인 문제에 대한 대중의 직접 참여 또한 늘어났다. 평범한 사람들이 외국의 뮤추얼 펀드에 투자하고, 해외 인터넷 사이트에서 도박을 하며, 여행을 하고 이국적인 요리들을 맛본다. 프리드먼은 이 같은 변화를 과학기술, 금융, 정보의 '민주화'라고 불렀다. 비용의 감소로 더 많은 사람들이 이전에는 엄두를 못 내던 것을 마음대로 이용할 수 있게 되었기 때문이다. 하지만 시장에서는 돈이 모든 것을 좌우하고 사람들은 불공평한 위치에서 출발하기 때문에 '민주화'라는 말이 꼭 옳은 표현은 아니다. 더 많은 사람들의 참여를 허용하는 새로운 금융기법들에도, 예컨대 자본시장에서는 균등이란 없다. 대형 헤지펀드(hedge fund) 투자자로 가입하는 데 드는 비용은 종종 수백만 달러를 넘는다. 이 경우, 지구적인 네트워크에 참여하는 이들이 수적으로 엄청나게 증가하고 질적으로 다양해진 점을 감안하면 '다원화 (pluralization)'라는 말이 더 적절한 표현인지도 모르겠다. 영국의 경제학자인 케인스에 따르면, 1914년에 "런던의 거주자들은 아침에 침대 위에서 차를 홀짝이며 전 세계에서 생산되는 다양한 상품을 원하는 만큼, 그리고 당연히 그의 현관 계단 앞으로 신속하게 배달되리라는 기대를 하며 전화로 주문을 했다".[5] 그러나 케인스 시대의 영국인이 지구적인 소비자가 되기 위해서는 부유해야 했다. 오늘날 탈산업사회에서 슈퍼마켓과 인터넷 소매점들은 대부분의 사람들에게 그러한 능력을 부여하고 있다.

초국가적인 채널과 여러 대륙 간의 접촉이 이처럼 크게 확대된 것은 이전에는 정부의 특권으로 간주되었던 규칙과 실행들— 제약 실험에서 회계, 그리고 생산표준에서 금융규정에 이르는— 을 포함하여 많은 정책들이 국제적으로 더 많은 사람들의 손에 달려 있음을 의미한다.

정보화혁명이 현대의 세계화에 더한 것은 그것들을 더 복잡하게 만드는 상호접속 네트워크의 신속성과 조밀성이다. 그러나 그런 '조밀한 세계화'는 균일하지 않다. 그것은 지역과 지방에 따라, 그리고 쟁점에 따라 다양하다.

세계화에 대한 정치적 반동

국내적 정치채널은 변화에 대응하고 있다. 일부 국가들은 한국과 동유럽 국가들에서 나타난 민주적 자본주의사회의 성공을 모방하고 있다. 일부는 변화에 독특하고 교묘한 방법으로 순응한다. 예컨대 네덜란드와 스칸디나비아 국가들 같은 규모가 작은 유럽 국가들은 비교적 큰 정부를 유지하면서 불리한 처지에 있는 부문들을 위해 보상하는 데 중점을 둔 반면, 영미 계열 선진공업국가들은 일반적으로 시장, 경쟁, 그리고 규제의 철폐를 강조해왔다. 자본주의는 전혀 획일적이지 않으며, 유럽과 일본과 미국의 자본주의 사이에는 큰 차이가 있다. 지구적인 시장에 대응하고 자본주의 경제를 영위하는 데는 여러 가지 길이 있다.

이란, 아프가니스탄, 수단과 같은 여러 나라에서는 보수적인 단체들이 세계화에 강력하게, 심지어 폭력적으로 저항해왔다. 세계화에 대한 반동은 원리주의를 고무하는 데 일조한다. 국내의 경제적이고 인종적인 제도와 분할은 격심하고 때로는 예기치 않은 방법으로 인종적 · 정치적 정체성을 다시 공식화하는 내부 분쟁으로 비화될 수 있다. 우리가 6장에서 보았듯이, 보스니아의 정치지도자들은 도시지역에서 발전

---

5 John Maynard Keynes, *The Economic Consequences of the Peace* (New york: Penguin, 1988), p. 11.

해왔던 세계주의적인 정체성을 압도하고 없애버리기 위해 농촌지역 사람들의 전통적인 정체성에 호소하여 파멸적인 결과를 초래했다. 이란에서는 이슬람 원리주의자들과 그에 반대하는 자유주의자들(이슬람교도들이지만 서구사상에 좀 더 공감하는 사람들) 사이의 갈등이 있어왔다.

앞서 논했듯이 불평등의 심화는 20세기 초반에 경제적 세계화의 물결을 정지시킨 정치적 반동의 주요 원인이었다. 최근의 세계화 역시 제1차 세계대전 이전 반세기의 경우처럼 일부 국가들 내에서는 불평등을 심화시킨 측면이 있다. 가장 부유한 국가에서 살고 있는 세계 인구 20%의 소득은 가장 가난한 국가에서 살고 있는 20%의 그것에 비해 1960년에 30배이던 것이 1997년에는 74배로 늘어났다. 옛날의 경우와 비교해보면, 예컨대 1870년에서 1913년 사이에는 7배에서 11배로 늘어난 바 있다. 아무튼 불평등은 설사 그것이 늘어나지 않는다 하더라도 정치적 영향을 미칠 수 있다. 경제학자인 웨이드(Robert Wade)에 따르면 "그 결과 수많은 성난 젊은이들이 새로운 정보화기술을 이용하여 그들이 살고 있는 사회의 안정을 위협하고 심지어 부유한 국가들의 사회적 안정까지도 위협하게 되었다".[6] 정보의 유동성이 증가하면서 사람들이 불평등을 더 잘 인식하게 되었기 때문에, 일부 사람들이 항의에 나선다고 해서 놀랄 일은 아니다.

불평등에 대한 이러한 태도의 변화가 미치는 정치적 영향들은 해결하기 어려운 문제를 제기한다. 그러나 경제사가인 폴라니(Karl Polanyi)는 그의 고전적인 연구서인 『거대한 변환(The Great Transformation)』에서 19세기에 산업혁명과 세계화에 의해 속박이 풀린 시장의 힘은 막대한 경제적 소득뿐 아니라 커다란 사회적 분열과 정치적 반동을 유발했다고 강력하게 주장했다. 불평등과 정치적 반동 사이에 '필연적인' 관계는 없지만, 전자가 후자의 근원이 될 수 있다. 특히 불평등이 사람들을 직장에서 쫓아내는 금융위기나 일시적 경기후퇴와 같은 불안정성과 결합할 때 그러한 반동은 결국 세계경제의 세계화 속도를 제한할 수 있다.

세계화에 대한 항의는 부분적으로는 경제적 상호의존이 만들어낸 변화에 대한

---

6 Robert Wade, "Winners and Losers" and "Of Rich and Poors", *The Economist*, April 28, 2001, pp. 72~74, 80.

반동이다. 경제학자의 관점에서 불완전한 시장은 비효율적이지만, 정치적 관점에서 국제시장의 일부 불완전성은 정치적 변화를 늦추고 충격을 완화하기 때문에 '쓸모 있는 비효율성'으로 간주될 수 있다. 세계화는 그러한 비효율성을 제거하기 때문에, 시장은 경제적 성공의 정치적 포로가 된다. 게다가 지구적인 네트워크가 더욱 복잡해지면서 알력을 유발할 수 있는 쟁점들 사이에는 더 많은 연결고리가 생기고 있다.

권력과 상호의존

자유주의자들은 종종 상호의존이 평화와 협동을 의미한다고 생각하지만 불행히도 그 문제는 그렇게 단순하지가 않다. 상호의존의 세계에서조차 분쟁은 계속된다. 연합은 더 복잡하고 권력의 다양한 형태들이 사용되기 때문에 종종 분쟁은 장기를 여러 판 위에서 동시에 두는 것과도 비슷하다. 21세기의 분쟁에는 총과 버터가 모두 등장한다. 중국의 마오쩌둥(1893~1976년)은 권력은 총구에서 나온다고 말했다. 1973년의 석유위기 이후 세계는 권력이 석유통에서도 나온다는 것을 알게 되었다.

상호의존의 개념

'상호의존'은 다른 정치적 단어인 '민족주의', '제국주의', '세계화'와 마찬가지로 여러 면에서 상충되는 방식으로 사용되는 애매한 용어이다. (사실 앞서 논의한 바와 같이, 지구화는 전 세계에서 발생하는 상호의존의 부분집합이다). 지도자와 분석가들은 정치적 단어들을 사용할 때 각기 다른 동기를 가지고 있다. 지도자들은 가능한 한 많은 이들이 그의 깃발 아래 나아가기를 바란다. 그래서 그들은 의미를 모호하게 하고 그것이 어떤 공공선에 해당한다는 암시를 던지려고 한다. "우리는 모두 같은 배를 타고 있다. 따라서 우리는 협력해야 한다. 나를 따르라"라는 식이다. 반면 분석가는 세계를 더 잘 이해하기 위해 구분한다. 그들은 많고 적음의 문제에서 선과 악의 문제를 뽑아낸다. 그는 우리 모두가 함께 타고 있는 배가 어느 한 승객만의 항구로 향하거나, 누군가가 노 젓는 일만 하고 있을 때 다른 사람은 키를 잡고 있거나 무임승선하고 있음을 지적할 것이다.

분석적 용어로서 '상호의존'이란 체제의 다른 부분들에 있는 행위자나 사건이 서로에게 영향을 미치는 상황을 가리킨다. 간단히 말하면 상호의존은 서로 의존하는 것을 의미한다. 그러한 상황은 그 자체로는 좋지도 나쁘지도 않고, 상호의존의 많고 적음이 있을 뿐이다. 개인적 관계에서 상호의존은 '부유할 때나 가난할 때나, 좋을 때나 나쁠 때나' 배우자가 서로에게 의존하는 결혼서약과 같은 것이라고 요약할 수 있다. 그리고 국가 간의 상호의존은 때로는 부유하고, 때로는 가난하고, 때로는 좋고, 때로는 나쁜 것을 의미한다. 18세기에 장 자크 루소는 상호의존과 함께 마찰과 분쟁이 나타난다고 지적했다. 그의 '해법'은 고립과 분리였다. 그러나 지구화된 세계에서 이것은 거의 불가능하다. 북한이나 미얀마처럼 국가가 고립을 시도하면 엄청난 경제적 희생을 감수해야 한다. 국가가 나머지 전 세계와 이혼하기란 쉽지 않다.

상호의존의 근원

근원, 이익, 상대적 비용, 대칭(symmetry)의 네 가지 구분을 통해 상호의존의 여러 차원을 알 수 있다. 상호의존은 물리적(자연적) 또는 사회적(경제적, 정치적, 또는 인지적) 현상에서 기원할 수 있다. 대체로 이 두 가지 기원은 동시에 존재한다. 이와 같은 구분은 호혜적 또는 상호의존적 상황에서 선택의 정도를 명확히 해준다.

군사적 상호의존은 군사적 경쟁에서 발생하는 상호의존이다. 군비에는 물리적인 상호의존의 측면이 있으며, 이는 특히 핵무기가 개발되고 그 결과 상호확증파괴(mutually assured destruction)의 가능성이 생긴 후 극적으로 나타났다. 그러나 상호의존에는 인지(perception)라는 또 하나의 중요한 요소가 포함되어 있고, 인지 또는 정책의 변화는 군사적 상호의존의 강도를 줄일 수 있다. 5장에서 보았듯이 냉전시대에 미국인들은 영국이나 프랑스의 핵무기 때문에 잠을 설치지 않았다. 그 핵무기들이 미국 땅에 떨어질 것이라고 인식하지 않았기 때문이다. 마찬가지로 1980년대 후반 고르바초프가 소련의 외교정책에서 '신사고'를 천명하자 서구인들은 좀 더 편하게 잠자리에 들 수 있었다. 그런 차이를 만든 것은 소련 무기의 숫자가 아니라 소련의 의도나 적대감에 대한 인식의 변화였다. 실제로 20세기 종반에는 제대로 관리되지도 않는 수천 기의 소련제 핵탄두가 테러리스트와 이란이나 북한과 같은 국가들의 수중에 들어갈 수 있는 상황인데도, 소련 핵무기에 대한 미국 대중의 걱정은 소련이 최종적으로 몰락한 이후 하루아침에 사라져버렸다.

일반적으로 볼 때 경제적 상호의존은 전통적인 국제정치의 재료라는 점과 현저하게 사회적, 특히 인지적인 기원을 가지고 있다는 점에서 군사적 상호의존과 유사한 면이 있다. 경제적 상호의존에는 가치와 비용에 대한 정책결정이 개입된다. 예를 들면 1970년대 초반에는 세계의 식량공급량이 세계의 인구수를 감당하지 못할 것이라는 우려가 있었다. 많은 국가들이 미국의 곡물을 사들였고 그 결과 미국 내 슈퍼마켓의 식료품 값이 올라갔다. 인도에서 계절풍이 불지 않고 소련이 수확물을 잘못 취급하는 바람에 미국에서 빵의 원가는 더욱 올라갔다. 1973년에 미국은 국내의 가격 인상을 막기 위해 일본에 대한 콩 수출을 중단했다. 그 결과 일본은 브라질에 콩 생산에 관련된 투자를 했다. 몇 년 뒤 미국 내의 수급사정이 나아졌을 때 일본인들은 이미 브라질에서 더 싼 콩을 수입하고 있었기 때문에 미국의 농부들은 과거의 금수조치를 한탄했다. 마찬가지로 2008년에는 부국들이 에탄올 연료를 생산하기 위해 많은 농토를 사용함으로써, 곡물가격이 국제적으로 급등했다. 사회적 선택은 물리적 결핍과 함께 장기적으로 경제적 상호의존에 영향을 미친다. 단기적 선택을 하려면 항상 장기적 전망을 고려해야 한다.

상호의존의 이익

상호의존의 이익은 때때로 '제로섬(zero sum)', 또는 '비제로섬(nonzero sum)'으로 표현된다. 제로섬 상황에서는 상대의 손해가 나의 이익이고 거꾸로 나의 손해가

---

7 UK Special Representative for Climate Change John Ashton, Speech at the School of Oriental and African Studies(SOAS) in London, September 27, 2006.

상대의 이익이다. 포지티브섬(positive sum)의 상황에서는 모두가 이익을 본다. 네거티브섬(negative sum) 상황에서는 모두가 잃는다. 파이를 나누는 것은 제로섬이고, 더 큰 파이를 굽는 것은 포지티브섬이며, 파이를 땅에 떨어뜨리는 것은 네거티브섬이다. 상호의존에는 제로섬과 비제로섬의 양면이 존재한다.

일부 자유주의적 경제학자들은 상호의존을 공동의 이익, 즉 모두가 이득을 보고 더 나아지는 포지티브섬의 상황으로만 생각하는 경향이 있다. 이익의 불균등과 상대적 이익의 배분으로 인한 분쟁을 고려하지 않는 것은 그러한 분석가들이 상호의존의 정치적인 면을 간과하게 할 것이다. 가령 일본과 한국이 컴퓨터와 텔레비전을 무역을 통해 사고팔아서 양쪽이 모두 이익을 얻는 것은 사실이지만 무역을 통한 이익은 어떻게 배분할 것인가? 비록 일본과 한국이 모두 이득을 본다고 하더라도 일본이 많이 이득을 보고 한국은 조금만 이득을 보는가, 아니면 그 반대인가? 공동의 이익을 누가 얼마만큼 갖느냐 하는 이익 분배의 문제는 한쪽의 이익이 상대방의 손해로 직결되는 제로섬 상황에서 제기되는 문제이다. 그 결과 경제적 상호의존에는 거의 항상 일정한 정치적 갈등이 존재하기 마련이다. 설사 더 큰 파이가 있다 하더라도 사람들은 누가 가장 큰 조각을 가질 것인가로 다툴 수 있다. 상호의존적인 국가들이 공동의 이익을 향유한다고 하더라도 공동의 이익을 누가 더 많이 또는 적게 가질 것인가를 가지고 갈등이 발생할 수 있는 것이다.

일부 자유주의적 분석가들은 세계화가 세계를 더욱 상호의존적으로 만들면 협력이 경쟁을 대체할 것이라고 생각하는 실수를 범한다. 그들의 논리는 상호의존이 공동의 이익을 창출하고, 공동의 이익은 협력을 북돋는다는 것이다. 그 말은 사실이지만, 경제적 상호의존은 무기로 사용될 수도 있다. 세르비아나 이라크, 리비아를 상대로 사용된 무역제재조치를 그 예로 들어보자. 어떤 경우에는 경제적 상호의존이 훨씬 섬세하며 비용도 적게 들기 때문에 무력보다 더 유용할 수 있다. 또한 국가는 어떤 상황에서는 상호의존에 의한 자국의 절대적 이익이 얼마나 되는가보다는 경쟁 국가가 가져가는 상대적으로 더 큰 이익이 자국에 얼마나 해를 끼칠 수 있는가에 더 관심을 가진다.

일부 분석가들은 전통적 국제정치가 항상 제로섬 게임이라고 믿는다. 그러나 그것은 과거에 대한 잘못된 생각이다. 행위자의 의도에 따라 전통적 국제정치도 포지티브

섬 게임이 될 수 있다. 예를 들어 독일을 이끈 이가 비스마르크인가 히틀러인가에 따라 차이가 있었다. 히틀러의 경우처럼 한쪽이 확장을 추구했을 때, 정치는 실로 한쪽의 이익이 상대방의 손해가 되는 제로섬이었다. 그러나 모든 당사자들이 안정을 원했다면 세력균형을 통해 공동의 이익을 얻을 수도 있었다. 반대로 경제적 세계화의 정치는 협동적 포지티브섬과 경쟁적 제로섬의 양면을 모두 가지고 있다.

상호의존의 정치에서는 국내와 국외의 구분이 모호해진다. 예컨대 앞에서 언급한 콩 문제에는 미국과 일본, 브라질 간의 관계뿐만 아니라 미국 내의 인플레이션을 잡는다는 국내 문제가 관련되어 있다. 다른 한편으로 1990년 후반 아시아의 금융위기는 세계의 물가를 하락시켰고 이로 인해 미국 경제는 인플레이션의 압력 없이 지속적으로 성장할 수 있었다. 2005년 미 재무장관 스노(John Snow)가 중국을 방문했을 때 그는 중국 지도자들에게 소비자 신용(consumer credit)을 확대해달라고 요청했다. 미국은 중국이 그렇게 하지 않는다면 "우리 대부분이 염두에 두고 있는 그것 — 지구적인 불균형 — 으로 직행할 것으로" 보았기 때문이다. 중국 지도자들은 "미국은 그들의 재정적자를 줄여 집안 정리부터 해야 할 것"[8]이라고 응수했다. 스노와 그의 중국 상대자들은 국내정책을 이야기한 것일까, 외교정책을 이야기한 것일까?

또 다른 예를 들면 1979년 이란 혁명으로 석유생산이 감소되자 미국 정부는 시민들에게 시속 55마일로 달리고 실내 온도를 낮춤으로써 석유소비를 줄이라고 강력히 권고했다. 그것은 국내 문제였는가 아니면 외교정책문제였는가? 미국은 석탄을 수출하려고 할 때 노천 채굴(strip mining)을 허용해야 하는가? 그 석탄을 수입하는 사람들은 채굴로 인한 웨스트버지니아의 환경 파괴에 따른 초과비용을 지불해야 하는가? 상호의존은 국내 문제와 국외 문제들을 완전히 섞어놓고, 더욱 복잡한 연합과 더욱 뒤얽힌 분쟁 패턴, 그리고 과거와는 다른 이익의 배분을 초래한다.

상호의존은 국내정치에 또 다른 방법으로 영향을 미친다. 1890년에 상대적인 경제적 이익에 관심을 두고 있던 프랑스의 한 정치인은 독일을 억제하는 정책을 추구했다. 오늘날 독일의 경제성장을 늦추는 것은 프랑스를 위해 좋은 정책이 아니다. 프랑스와

---

8 Edmund Andrews, "Snow Urges Consumerism on China Trip", *The New York Times*, October 14, 2005, p. 1.

독일의 경제적 상호의존이 의미하는 바는, 프랑스가 경제적으로 나아지는 가장 정확한 전조는 바로 독일의 경제적 성장이라는 것이다. 오늘날 두 국가가 공통의 통화를 사용하고 있는 상황에서 독일이 경제적으로 잘되는 것은 프랑스 정치인들의 이익이며 그 반대의 경우도 마찬가지이다. 국가는 상대국가가 강력한 힘을 얻지 못하도록 하기 위해서만 행동할 것이라고 예측하는 고전적인 세력균형이론은 이제 잘 맞지 않는다. 국가들은 경제적 상호의존으로 다른 국가들에 대한 상대적 이익은 물론 절대적 이익에도 관심을 가지게 되었다.

상호의존의 비용

상호의존의 비용에는 단기적 민감성(sensitivity) 또는 장기적 취약성(vulnerability)이 포함될 수 있다. '민감성'은 의존효과의 양과 속도를 가리키는 개념이다. 즉 체제 일부의 변화가 다른 부분의 변화를 얼마나 빨리 가져오는가 하는 것이다. 가령 1987년에 뉴욕의 주식시장은 미국의 이자율에 대한, 그리고 국채 및 주식 가격이 어떻게 변할 것인가에 대한 외국인의 우려 때문에 갑자기 폭락했다. 모든 일은 너무나 갑자기 일어났다. 시장은 외국 자본의 철수에 극도로 민감했다. 1998년 아시아 신흥시장의 취약함은 지리적으로 멀리 떨어져 있는 러시아와 브라질의 신흥시장을 약화시킨 전염효과를 가지고 있었다. 2008년에 발생한 미국의 모기지(mortgage) 금융문제는 다른 나라들의 주택가격에 영향을 미쳤다.

그러나 높은 민감성이 높은 취약성과 같은 것은 아니다. '취약성'은 상호의존체제의 구조를 변화시킬 때 드는 상대적 비용을 가리킨다. 그것은 체제에서 탈출하는, 또는 게임의 법칙을 바꾸는 데 드는 비용이다. 두 국가 중에 덜 취약한 국가란 덜 민감한 국가를 말하는 것이 아니고, 단지 그 국가가 상황을 변화시킬 때 비용이 덜 들어간다는 뜻이다. 1973년의 석유파동 당시 미국은 총에너지사용량의 16%만을 수입에 의존했다. 반면 1973년에 일본은 95% 정도를 수입에너지에 의존하고 있었다. 미국은 1973년 국내 유가가 폭등했다는 점에서 아랍의 석유 보이콧에 민감했지만 일본처럼 취약하지는 않았다. 1998년에 미국은 아시아의 경제상황에 민감했지만 취약하지는 않았다. 아시아의 위기는 미국의 경제성장률을 0.5% 감소시켰지만 경제가 호황을 누리는 상황에서 미국은 비용을 지불할 능력이 있었다. 반면 인도네시아는 세계 무역과 투자 패턴의 변화에 민감하면서 동시에 취약했다. 인도네시아 경제는 상당한 고통을 겪었고 그것은 국내적 정치분쟁으로 발전했다.

　　취약성에는 정도(degree)의 문제가 있다. 1979년 이란의 샤가 축출되었을 때, 석유 수요는 많고 시장 상황에 이미 여유가 없는 시점에 이란의 석유생산이 중단되었다. 이란이 석유를 공급하지 못함에 따라 전 세계 석유생산량의 5% 정도가 줄어들었다. 시장은 민감했고 공급 결핍에 대한 즉각적 반응은 유가 상승이었다. 그러나 미국인들은 단지 실내 온도를 낮추고 자동차 속도를 55마일 이내로 유지함으로써 에너지 소비량의 5%를 절약할 수 있었다. 미국은 민감했지만, 그런 간단한 조치로 문제를 해결할 수 있었다면 심각하게 취약하지는 않았다고 할 수 있다.

　　그러나 취약성은 총수치 이상의 것에 의해 좌우된다. 그것은 사회가 변화에 빨리 대응할 수 있는가에 의해서도 좌우된다. 예를 들면 미국은 석유시장의 변화에 대응하는 데 일본보다 적응력이 떨어졌다. 더욱이 사적 행위자, 대기업, 시장의 투기꾼들은 각자 시장 상황을 바라보면서 석유부족사태가 더 악화될 것이라고 생각하여 사재기를 할 수도 있다. 그들의 행위는 석유부족량을 더 늘릴 것이고 시장의 수요를 증가시킬 것이기 때문에 가격은 더욱 오를 것이다. 따라서 취약성의 정도는 얼핏 보기와는 달리 그렇게 단순하지 않다.

　　취약성은 또한 대체물(substitute)이 있느냐 없느냐와 다양한 공급원이 있느냐 없느냐에도 달려 있다. 1970년에 세계감시기구(World Watch Institute)의 레스터 브라운(Lester Brown)은 수입 천연자원들에 대한 미국의 의존성 증가와 그에 따른 취약성의

---

9 Lester Brown, *World Without Borders* (New York: Random, 1972), p. 194.

증가에 대해 경종을 울렸다. 미국은 13개의 기본적인 산업 원자재 가운데 알루미늄과 크롬, 망간, 니켈의 약 90%를 수입에 의존하고 있었다. 그는 1985년이 되면 미국이 13개의 기본 항목 중 10개를 수입에 의존하게 될 것이라고 예측했다.[10] 그는 이에 따라 그 원자재를 생산하는 개도국들의 힘이 급격하게 증가할 뿐만 아니라 미국의 취약성도 급격하게 증가할 것이라고 생각했다.

그러나 1980년대에 원자재의 가격은 상승하기는커녕 오히려 하락했다. 어떻게 된 것일까? 브라운은 취약성을 판단할 때 생산자들이 가격 인상을 마음대로 하지 못하도록 하는 원자재의 대체물과 다양한 공급원을 고려하지 않았다. 더욱이 과학기술은 계속 발전하고 있다. 어제의 쓰레기가 오늘은 새로운 자원이 된다. 새로운 기술 덕분에 오래전에 고갈되었다고 생각했던 광맥에서 구리를 뽑아낼 수 있게 되었으며, 이에 따라 기업들은 버려진 광물 부스러기들도 채굴하고 있다. 기본 원천이 모래인 실리콘으로 만든 광섬유케이블이 출현함에 따라 구리의 사용량도 감소했다. 요컨대 기술과 대체물에 대해 충분히 고려하지 않았기 때문에 원자재의 부족 때문에 발생할 수 있는 미국의 취약성에 대한 예측은 빗나갔던 것이다.

일부 분석가들은 컴퓨터, 통신, 인터넷이 경제성장에 지배적인 요소가 되고 있다는 의미에서 오늘날의 선진경제를 정보기반경제로 보고 있다. 그러한 경제는 정보의 가치에 기반을 둔 제품이 종종 원자재의 가치가 중요한 제품보다 훨씬 가치 있기 때문에 '경량급(light weight)' 경제라고도 불린다. 그러한 변화는 국제정치에서 원자재의 가치를 더욱 떨어뜨린다. 몇 안 되는 예외가 바로 대부분의 선진경제에서, 특히 운송부문에서 아직도 중요한 역할을 하고 있는 석유이다. 이 점이 결국 지금까지 알려진 원유 매장량의 상당 부분을 차지하고 있는 페르시아 만의 전략적 중요성에 기여하고 있다.

상호의존의 대칭성
'대칭성'은 불균형적인 의존과는 반대되는, 상대적으로 균형이 잡힌 상황을 가리킨

---

10 Rakesh Mohan, Valedictory Address, Reserve Bank of India, Asia Regional Economic Forum, September 20, 2007.

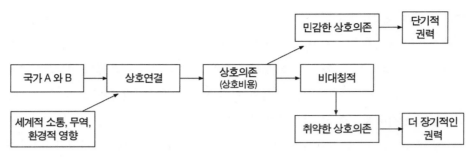

그림 7.1 상호의존의 비대칭적 특성.

다. 덜 의존적이라는 것은 권력의 원천이 될 수 있다. 만약 두 당사자들이 상호의존적이기는 하지만 한쪽이 덜 의존적이라면 양자가 모두 상호의존적 관계를 가치 있다고 생각하는 한 덜 의존적인 쪽은 권력의 원천을 가지고 있는 것이다. 상호의존의 비대칭을 이용하는 것은 국제정치에서 권력의 원천이 될 수 있다. 상호의존이 대등한 의존관계에서만 일어난다고 말하는 분석가는 상호의존을 정의하면서 가장 흥미로운 정치적 행위를 빠뜨리고 있는 것이다. 그러한 완벽한 대칭은 드물다. 또한 한쪽이 완전히 의존적이고 다른 쪽이 전혀 의존적이지 않은 완전한 불균형(imbalance)의 경우도 드물다. 비대칭(asymmetry)은 상호의존정치의 심장부에 있다(그림 7.1 참조).

비대칭은 종종 이슈에 따라 다르게 변한다. 1980년대에 미국이 세수를 줄이고 지출을 늘렸을 때, 미국은 연방정부 예산의 재정적 균형을 맞추기 위해 일본에서 차입한 자금에 의존하게 되었다. 어떤 이들은 이로써 일본이 미국에 대해 엄청난 권력을 가지게 되었다고 주장했다. 그러나 그 이면에는 만약 일본이 미국에 대한 대출을 중단하면 미국뿐만 아니라 일본 자신도 다친다는 사실이 있었다. 또한 이미 미국에 많은 투자를 한 일본인 투자자들은 만약 일본이 갑자기 미국에 대한 대출을 중단하면 그로 인해 미국이 입을 피해가 자신들의 투자에도 손실을 가져온다는 것을 알았다. 일본 경제의 규모가 미국 경제 규모의 50%를 약간 넘는 정도라는 사실은 비록 양국이 서로를 필요로 했으며 서로가 상호의존에서 이득을 보고는 있었지만 일본 쪽이 수출을 위해 미국 시장을 더 필요로 하고 있음을 의미했다. 오늘날은 미국과 중국 사이에서 이와 유사한 관계가 전개되고 있다. 미국은 중국 제품을 수입하고 있고 중국은 미국의 달러와 채권을 갖고 있어 사실상 미국에 대출을 해주고 있는 셈이 되고 있다. 중국은 그들이 보유하고 있는 달러를 매각하겠다고 위협하여 미국 경제에 손해를 입힐 수 있는 반면, 그로 인해 미국 경제가 타격을 입으면 중국의 수출시장이 더 작아지게 되며 미국 정부는 중국 상품에 대해 관세 인상으로 대응할 수도 있다. 어느 쪽도 그들의 취약성 상호의존의 대칭성을 서둘러 깨뜨리려 들지는 않고 있다.

더욱이 안보는 종종 마-일 간의 관계에서 다른 이슈들과 연계되었다. 제2차 세계대전 이후 일본은 무역국가 정책을 추구했고, 강력한 군사력을 키우거나 핵무기를 개발하지도 않았다. 일본은 동아시아 지역에서 소련과 중국의 힘을 견제하는 데 미국의 안보보장에 의존했다. 그러므로 일본은 1990년에 무역을 둘러싸고 마-일 간에 분쟁이 악화되고 있다고 느꼈을 때, 전체적인 안보관계가 약화되는 것을 막기 위해 양보했다.

이슈가 되는 다른 영역에서 상호의존의 비대칭이 있을 때 국가는 쟁점들을 연계시키거나 분리시키려고 한다. 만약 각 쟁점이 분리된 포커게임으로 생각될 수 있고 모든 포커게임이 동시에 진행된다면, 한 국가는 대부분의 칩을 한 테이블에 가지고 있을 수 있으며 다른 국가도 대부분의 칩을 다른 테이블에 가지고 있을 수 있다. 한 국가의 이익과 지위에 따라 국가는 게임을 분리한 채로 유지하거나 테이블 간의 연계를 이루기를 원할 수 있다. 따라서 상호의존에 관한 대부분의 정치적 분쟁은 연계의 창출 또는 저지와 관련되어 있다. 국가는 그들이 강한 부분에서는 상호의존을 이용하려 하고 상대적으로 약한 부분에서는 이용당하는 것을 피하려 한다. 경제적 제재는 그러한 연계의 예인 경우가 많다. 예를 들면 1996년에 미국은 이란에 투자한 외국 기업들을 상대로 제재를 가하겠다는 위협을 했지만, 유럽 국가들이 다른 연계를 통해 보복하겠다고 위협하자 물러나고 말았다.

국제기구들은 종종 의제를 설정하고 쟁점이 되는 영역을 정의함으로써 상호의존관계에서 교환의 규칙들을 설정한다. 국가들은 국제기구들을 이용하여 테이블 간에 칩을 옮기는 데 영향을 미치는 규칙을 설정하려 한다. 아이러니한 일이지만, 국제기구들은 가난한 국가들이 상대적으로 좋은 상황에 있는 분쟁들을 강대국들이 지배하는 군사적 테이블과 분리함으로써 약한 참가자들에게 이익을 줄 수 있다. 그러나 일부 참가자들은 한 개 이상의 테이블을 뒤엎어버릴 만큼 강하기 때문에 여전히 위험은 남아 있다. 통화, 해상 운송, 공해, 무역에 대한 별도의 독립된 기구들은 군사적으로 강한 참가자가 너무 심하게 지면 다른 테이블을 차서 넘어뜨릴 수도 있는 위험을 안고 있다. 그럼에도 1973년에 미국과 유럽이 석유 테이블에서 졌을 때 그들은 강력한 군사력을 사용하여 그 석유 테이블을 차서 엎어버리지는 않았는데, 그것은 뒤에서 보게 될 것처럼 연계의 복잡한 그물이 그들을 저지했기 때문이다.

가장 큰 국가가 경제적 상호의존의 이용에서 항상 이기는 것은 아니다. 만약 더 작거나 약한 국가가 특정한 쟁점에 더 큰 관심을 가지고 있다면 상당히 잘할 수도 있다. 예를 들면 미국은 캐나다의 전체 무역량에서 거의 4분의 3을 차지하고 있는 반면, 캐나다는 미국의 전체 무역량의 4분의 1 정도밖에 차지하지 않기 때문에 (그 반대의 경우보다는) 캐나다가 미국에 더 의존하고 있다. 그런데도 캐나다는 미국과의 몇몇 무역분쟁에서 승리를 거두었다. 그것은 캐나다가 관세나 무역제한과 같은 보복 조치를 취하겠다는 위협으로 미국을 억지했기 때문이다. 만일 캐나다의 행동이 전면 적인 분쟁으로 발전했다면 캐나다가 미국보다 훨씬 많은 고통을 받았겠지만, 캐나다 는 그들이 항상 질 수밖에 없는 규칙들에 동의하기보다는 가끔 보복을 시도하는 위험을 감수하는 편이 낫다고 느꼈다. 경제적 상호의존의 조정을 통한 억지는 효과적 으로 피해를 주는 능력과 신뢰할 수 있는 의도에 기초한다는 점에서 핵 억지와 어느 정도 유사하다. 작은 국가들은 종종 더 확고한 의지와 더 큰 신뢰가능성을 이용하여 비대칭적 상호의존에서 그들의 상대적인 취약성을 극복할 수 있다.

상호의존의 증가에 자연적으로 수반되는 부산물은 무역협정의 확산이다. EU는 그런 협정들 중에서 가장 정교한 것으로서 회원국들에게 경제적 주권의 일부뿐만 아니라 정치적 주권까지도 포기할 것을 요구한다. 1994년에는 미국, 멕시코, 캐나다 가 북미자유무역협정(NAFTA: North American Free Trade Agreement)을 비준했다. 멕시 코와 캐나다의 입장에서 NAFTA는 자국 경제를 더 큰 미국 경제와 밀접하게 묶어주고, 그렇게 함으로써 미국 시장에 더 쉽게 접근하며 미국에 대한 그들의 수출 능력을 증대시킬 것으로 보았기 때문에 매력적이었다. 미국 입장에서 NAFTA는 미국 수출의 영역을 넓히고 미국 회사들이 캐나다와 멕시코에서 더 수월하게 사업할 수 있게 해주는 것이었다.

NAFTA와 같은 지역적 협정은 상호의존을 증가시키고 관계의 비대칭성을 약화시킬 수도 있을 것이다. 멕시코 경제와 미국 경제를 섞는 데 동의함으로써 미국은 멕시코 경제에 좀 더 쉽게 접근할 수 있는 이익을 가짐과 동시에 멕시코 경제가 안고 있던 부채의 일부를 떠맡았다. 1995년 초에 멕시코의 페소화가 폭락하자 클린턴 행정부는 약화된 통화를 떠받치기 위해 애썼고 몇 십 억 달러에 달하는 원조 패키지를 제공했다. 미국 의회는 당시 보건과 같은 서비스의 국내적 비용증가 문제를 둘러싸고 교착상태에 빠져 있었지만, 클린턴 행정부는 페소화를 구하지 않을 수 없다고 생각했다. 상호의존이 증가함에 따라 강력한 국가들조차 그들 국경 밖의 경제적 발전에 민감해진다. 1997년에 동남아시아 국가들이 경제위기를 겪을 때, 미국은 멕시코의 경우보다는 덜 취약했으며 주로 다자적 제도들을 통해 대응했다. 그럼에도 일부 개도국 경제가 다른 국가의 신용체제를 무너뜨리는 경제적 도미노 효과에 대한 두려움은 미국과 다른 선진국들이 계속 빈둥거리며 지켜볼 수만은 없다는 것을 의미했다.

세계경제에서의 리더십과 경제기구

대체로 국제 경제의 규칙은 가장 큰 국가들의 정책을 반영한다(표 7.1 참조). 19세기에 대영제국은 주요 세계경제대국 중 가장 강력한 국가였다. 통화시대(monetary era)에 영국은행은 세계 통화의 안정적 틀을 제공한 금본위제를 고수했다. 영국은 또한 항해와 통상을 위해 해상의 자유를 강제했고, 1932년까지 세계 무역을 위한 크고 개방된 시장을 제공했다. 빌헬름 2세가 이끄는 독일과 싸운 제1차 세계대전 이후 영국은 현저하게 약화되었다. 이제는 미국이 세계 제1의 경제강국이 되었으나 1930년대에 미국은 국제 문제에 등을 돌렸다. 세계경제의 가장 큰 참가자가 크기에 걸맞은 리더십을 제공하기보다는 여전히 무임승차를 할 수 있는 듯이 행동했다. 일부 경제학자들은 1930년대의 대공황이 잘못된 통화정책과 미국의 리더십 부재로 악화되었다고 믿고 있다. 영국은 개방된 국제 경제를 유지하기에는 너무 약했고 미국은 새로운 책임에 걸맞은 삶을 살지 않았다.

제2차 세계대전 이후 미국 지도자들의 머릿속에는 1930년대의 교훈이 남아 있었고, 그들은 1944년에 뉴햄프셔의 브레턴우즈에서 국제회의를 열어 개방된 국제 경제를 유지하기 위한 기구들을 만들었다. 국제통화기금(IMF)은 개도국이나 신흥시장의 국가들이 재정적자에 처해 있거나 차관에 대한 이자를 지불하는 데 어려움을 겪을 때 도움을 받을 수 있도록 돈을 빌려주는 일을 맡았다. IMF는 일반적으로 수혜국이 경제정책을 개혁하는 조건으로 차관을 공여한다. 예를 들면 재정적자와 가격보조금을 줄이는 것이다. IMF의 정책이 때로는 논란거리가 되고 항상 효과적인 것은 아니지만, IMF는 1990년대 초반에 러시아가 경제위기를 극복하는 데, 그리고 1990년대 후반에 아시아 국가들이 금융위기를 극복하는 데 도움을 주었다. '국제부흥개발은행(세계은행)'은 가난한 국가와 새로운 시장경제의 개발 프로젝트들을 위해 돈을 빌려준다. (그밖에 아시아, 라틴아메리카, 아프리카, 동유럽을 위한 지역발전은행들도 있다).

나중에 '세계무역기구(WTO)'로 발전한 '관세와 무역에 관한 일반협정(GATT)'은 자유무역을 위한 규칙들을 세우고 무역장벽을 낮춘 일련의 다자적 협상회담의 중심 역할을 했다. '경제협력개발기구(OECD)'는 30개 선진국들이 그들의 국제 경제정책을 조정하는 포럼 역할을 한다. 1970년대 중반부터는 세계 생산의 3분의 2를 차지하는 7개의 선진경제국가 지도자들이 세계경제를 논의하기 위해 연례 정상회담을 개최해왔다(1990년대에는 러시아가 포함되었다). 이와 같은 기구들은 민간의 초국가적인 상호작용을 급속하게 증가시키는 정부정책들을 강화하는 데 일조했다. 그 결과 경제적 상호의존은 급속하게 증가했다. 1945년 이후 대부분의 기간에 무역은 세계 생산량의 증가속도보다도 빠르게 매년 3~9%씩 증가했다. 1960년에 미국 GDP의 10%밖에 되지 않던 국제무역 비중은 1990년이 되어서는 미국 GDP의 22%, 그리고 2004년엔 25%가 됨으로써 2배 이상 증가했다. 세계 전략을 가지고 있는 거대한 다국적기업들은 국제적 투자가 매년 거의 10%씩 증가하면서 그 중요성이 더욱 커졌다.

표 7.1 주요 국제 경제기구

국제통화기금(IMF)(자료출처: IMF)
소재지	워싱턴 DC
설립연도	1945년, 1944년 브레턴우즈에서 열린 국제통화 및 금융회의에서 설립 결정
회원국	185개국

직원 수   143개국에서 파견된 약 2,635명

자산   3,380억 달러(USD)(할당제로 회원국들이 갹출)

조직 구성

- 각 회원국 대표 1명씩으로 운영위원회를 구성하여 연례적으로 회의를 개최한다
- 24개 회원국 대표들로 구성된 국제통화 및 금융위원회는 연간 두 차례 회합한다
- 24개 회원국 대표들로 구성되는 집행위원회는 IMF의 일상 업무를 관장한다

의결제도   다수결, 회원국 할당량(납입금)에 따라 투표권이 배분된다

기본 목표

- 국제 통화협력 증진
- 국제 무역의 확대와 균형성장 촉진
- 환율 안정
- 다자적 지불체제 확립 지원
- 국제수지에 어려움을 겪는 회원국들에게 (적절한 보호 아래) IMF 자금을 이용할 수 있게 함

세계은행(The World Bank)(자료출처: 세계은행)

소재지   워싱턴 DC

설립연도   1945년, 1944년 브레턴우즈에서 열린 국제통화 및 금융회의에서 설립 결정

회원국   185개국

직원 수   약 10,000명. 세계 여러 곳에서 근무하고 있음

예산   110억 달러(USD). (회원국들의 기여와 투자에 의해 조성된) 신탁자금과 기부금. 2007년의 경우 약 247억 달러를 대출받아 지출함

조직구성

- 각 회원국 대표 1명씩으로 운영위원회를 구성하여 연례적으로 회의를 개최한다
- 기금을 가장 많이 출연한 국가(미국)에서 매 5년마다 총재를 선출하며, 총재는 이사회의 지휘감독을 받는다
- 24개 회원국 대표로 이사회를 구성하며 매주 2회 회합한다
- 집행이사들이 일일업무와 이사회 결정사항을 관장한다

의결제도   다수결, 회원국들의 경제 규모에 따라 투표권이 배분된다

보조기관

- 국제부흥개발은행

- 국제개발협회
- 국제금융공사
- 국제투자분쟁조정센터

기본 목표
- 경제성장과 고용증진 노력을 통한 빈곤의 감소
- 개발도상국과 저개발국에 대한 부채 지원
- 통치의 질과 정부기구들의 능력 개선
- 에이즈와 말라리아를 비롯한 질병 확산 예방
- 아동들의 초등교육 접근기회 확대
- 환경 파괴의 감소

세계무역기구(WTO) (자료출처: WTO)

소재지　　　제네바

설립연도　　1995년. 다자적 무역협상(1948년에 시행한 GATT로 알려진) 우루과
　　　　　　이라운드의 결과로서 탄생

회원국　　　151개국

직원 수　　　625명(사무국 직원)

예산　　　　1억 8,200만 스위스프랑(약 1억 6,100만 달러). 개별 회원국들이
　　　　　　세계 무역에서 차지하는 비율에 따라 지불하는 회원국 갹출금에
　　　　　　의해 유지

조직 구성
- 각 회원국 대표 1명씩으로 구성되는 일반이사회는 연간 몇 차례 회합을
  가져 합의안을 도출함, 또한 분쟁조정기구와 무역정책검토기구로서 회합함
- 7개 상임회원국 대표들로 항소기구(Appellate Body)가 구성되어 분쟁조정
  기구가 보고하는 분쟁을 심리함
- 사무총장이 관장하는 사무국은 공식적인 결정권은 없고 일반이사회와 각
  종 산하기구의 활동을 지원

의결제도　　합의제, 1개 회원국이 1투표권을 가짐

기본 목표
- WTO 무역합의안 집행
- 다자적 무역협상을 위한 포럼 마련
- 무역분쟁 처리
- 국가별 무역정책 감시
- 개발도상국들에게 기술지원 및 훈련 제공
- 다른 국제개발기구들과 협력

경제협력개발기구(OECD)(자료출처: OECD)

소재지   파리

설립연도   1960년, 군사기구인 나토와 쌍벽을 이루는 경제기구로 설립, 제2
차 세계대전 후 마셜플랜을 조정하기 위해 창설된 유럽경제협력
기구(OEEC)의 후신기관임

회원국   30개국(대부분이 선진국임)

직원 수   2,500명(사무국 직원)

예산   3억 4,000만 유로(약 4억 9,900만 달러)(각 회원국의 경제 규모에
따라 출연됨)

조직 구성
- 회원국 대표 1명씩으로 구성되는 이사회, OECD 활동에 관한 지침과 기구의
연간예산 수립
- 이사회와 사무국을 관장하는 사무총장 1명, 사무국은 기구의 일상 업무
관장

의결제도   합의제

기본 목표
- 훌륭한 거버넌스의 증진
- 경제조사 시행 및 경제정책 권고
- 경제개발 증진
- 세계화와 관련된 경제, 개발, 사회, 거버넌스의 도전요소들에 대한 다자적
토론의 장 마련

비평가들은 주요 국제 경제기구들이 빈국들보다는 부국들에게 지나치게 우호적이라고 주장해왔다. 예를 들어 IMF와 세계은행은 미국, EU, 일본에 압도적으로 유리한 영향을 미치는 결정을 해왔다. IMF는 항상 유럽인이, 세계은행은 미국인이 총재로 선출되어왔다. 미국은 재정적자와 무역적자에 대해 가장 관대한 비판만 받고 빠져나갈 수 있지만, 빈국들이 이와 유사한 적자에 직면하면 IMF 관리들은 지원의 대가로 시장에 구조조정을 요구한다. 그 한 가지 이유는 빈국들은 종종 돈을 빌리는 데 IMF의 지원을 필요로 하지만, 미국은 IMF의 지원 없이도 돈을 빌릴 수 있다는 것이다. 바꾸어 말하면 IMF는 금융시장의 비대칭적인 상호의존의 이면에 있는 권력을 반영하고 있다. IMF 제도를 폐지한다고 해서 금융시장 이면에 있는 그와 같은 힘의 실체가

변화하지는 않을 것이다. 어느 쪽인가 하면, 민간 은행과 펀드매니저들에게 남아 있는 문제들이 빈국들이 돈을 빌리는 데 훨씬 더 어려움을 줄 수 있다는 것이다.

세계무역기구(WTO)는 가중투표를 하지 않는다. 이 기구는 151개 회원국들이 무역 분쟁의 중재를 위한 조사단과 규정을 협의할 뿐만 아니라 비차별적인 토대 위에서 무역 합의를 도출할 수 있는 장을 제공하고 있다. 비평가들은 그 틀 안에서 국가들이 협상을 벌이는 조약들— 현재의 다자간 무역회담인 도하 '개발 라운드'와 같은— 이 농업 과 섬유와 같은 분야에서 부국들을 개발도상국과의 경쟁에서 보호해주며, 따라서 이것은 빈국들에게 불공정한 처사라고 주장한다. 이들 비평가들의 주장은 옳으며 그러한 보호주의정책은 빈국들에게 해를 끼친다. 그러나 그 같은 보호주의의 동기는 부국들의 국내정치에 있으며 만약 WTO가 일정한 역할을 하지 않으면 보호주의는 훨씬 더 심해질지도 모른다. 다시 말하거니와, 국제기구들은 문제를 얼마간 해결해주 기는 하지만 이면에 있는 힘의 실체를 제거해주지는 않는다. 그런데도 미국과 유럽 국가들이 WTO 조사단에 의해 그들에게 불리하게 내려진 타격이 큰 결정들에 따랐다 는 사실은 WTO가 비록 한계가 있기는 해도 큰 역할을 할 수 있다는 것을 뜻한다.

독립 국가들로 이루어진 세계에서 초국가적 경제를 다루는 데는 부유한 강국들 사이에서도 문제가 많다. 1980년대에, 그리고 다시 2001년 이후에, 미국은 국내의 청구서들을 세금을 걷어서 갚는 것을 거부하고 대신 외국에서 돈을 빌려와 갚음으로 써 순채무국이 되었다. 일부 분석가들은 이로써 1930년대의 재현을 위한 상황이 조성되었으며, 미국은 영국이 겪었던 것처럼 쇠퇴를 경험하리라고 믿었다. 그러나 미국은 쇠퇴하지 않았으며 다른 나라들은 계속 미국에 돈을 빌려주려 하고 있다. 그들이 미국의 경제를 신뢰하고 거기서 이익을 볼 수 있다고 생각하고 있기 때문이다. 예컨대 중국은 그들의 대미 수출을 촉진하는 방편으로 엄청난 양의 달러를 계속 보유하고 있다.

하지만 금융시장의 휘발성이 잠재적인 문제점으로 남아 있다. 1999년에 대부분의 EU 회원국들은 유로라는 단일 통화를 사용하는 유럽통화권을 창출했다. 일부에서는 이것이 또 다른 세계적 준비통화로서 달러의 라이벌이 될지도 모른다고 생각하고 있다. 더욱이 지구적 금융시장은 최근에 들어 크게 성장했으며, 시장의 변덕은 안정에 위협이 되고 있다. 많은 것이 국제 경제체제에서 안정유지정책을 추구하는 정부의 의지에 달려 있을 것이다. 어쨌든 지구적인 정치경제체제는 예전보다 더욱 어렵고 복잡해졌다. 더 많은 분야, 더 많은 국가, 더 많은 쟁점, 더 많은 개인 행위자들이 상호의존관계의 복잡성에 연관되어 있다. 국제정치를 오직 큰 국가들이 딱딱한 당구공처럼 세력균형 속에서 서로 충돌하는 가운데 일어나는 것으로 분석하는 것은 점점 비현실적이 되어가고 있다.

현실주의와 복합적 상호의존

만약 현실주의의 세 가지 주요 가정을 반대로 뒤집어보면 세계는 어떻게 보일까? 그 세 가지 가정이란 국가가 유일한 주요 행위자이고, 군사적 힘은 지배적인 도구이며, 안보가 지배적인 목표라는 것이다. 이를 뒤집으면 우리는 국제정치를 다음과 같이 아주 다르게 가정할 수 있다. ① 국가가 유일한 주요 행위자가 아니고 국경을 넘어 활동하는 초국가적 행위자들 또한 주요 참가자이다. ② 무력만이 주요 수단이 아니고 경제적 조정과 국제제도의 사용이 유력한 수단이 된다. ③ 안보가 아니라 복지가 지배적인 목표이다. 우리는 이러한 반현실주의적 세계에 복합적 상호의존이란 명칭을 붙일 수 있다. 사회과학자들은 복합적 상호의존을 '이상적 유형(ideal type)'이라고 부른다. 이것은 실제 세계에서는 존재하지 않는 상상의 개념이지만, 앞에서 보았듯이 현실주의도 현실 세계와 완벽하게 맞아떨어지는 것은 아니다. 복합적 상호의존은 세계정치의 다른 유형을 상상할 수 있게 해주는 사고 실험이다.

현실주의와 복합적 상호의존은 모두 단순한 모델 혹은 이상적 유형이다. 현실 세계는 둘 사이의 어디에선가 존재한다. 우리는 특정 국가가 처한 관계가 현실주의와 복합적 상호의존 사이의 스펙트럼에서 어디쯤에 있는지를 질문해볼 수 있다. 중동은 스펙트럼의 현실주의 쪽 끝부분에 가깝지만 미국과 캐나다의, 또는 오늘날 프랑스와 독일의 관계는 스펙트럼의 복합적 상호의존 쪽 끝부분에 훨씬 가깝다. 국가들 간의 관계가 스펙트럼의 어디에 위치하느냐에 따라 다른 정치와 다른 형태의 권력투쟁이 벌어진다. 사실 국가들은 스펙트럼에서 자신의 위치를 변경시킬 수 있다. 냉전시기에 미-소의 관계는 명백하게 스펙트럼에서 현실주의 쪽 끝부분의 근처에 있었으나 냉전의 종결로 미-러 관계는 현실주의와 복합적 상호의존의 중간에 가깝게 이동했다.

현실 세계에서 복합적 상호의존과 현실주의의 상호작용의 가장 중요한 사례는

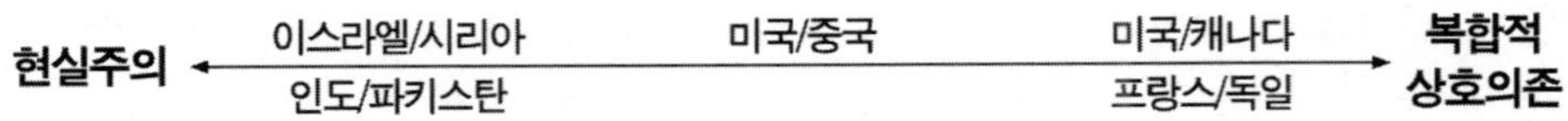

현실주의 ←——————————————————————————→ 복합적
상호의존

이스라엘/시리아   미국/중국   미국/캐나다
인도/파키스탄   프랑스/독일

그림 7.2 현실주의에서 복합적 상호의존까지의 스펙트럼.

중국과 미국의 관계이다(그림 7.2 참조). 일본의 경우와 마찬가지로, 중국으로부터의
수입은 미국의 대중 수출보다 훨씬 많다. 그 결과 대규모 무역적자가 발생하고 있다.
비록 미국과 중국 사이의 무역관계는 중국에게 유리한 비대칭적인 것이지만, 미국은
중국의 잠재적인 수출금지 행위에 별로 취약하지 않다. 미국은 중국이라는 공급원을
상실하더라도 다른 나라에서 수입하여 이를 대체할 수 있으며, 중국은 대미 수출에
강한 국내적 인센티브를 갖고 있기 때문이다. 더욱이 앞서 보았듯이, 중국이 대미
수출로 벌어들인 막대한 양의 달러를 매각함으로써 미국에 위협을 가하는 것은 중국
의 대미 수출에 타격을 주게 될 것이다. 그럼에도 미국 상품을 위한 중국의 잠재적인
시장 규모와 중국 상품에 대한 미국의 국내 수요는, 중국을 압박할 수 있는 미국의
능력이 중국의 불공정한 무역관행과 인권탄압을 이유로 중국에 제재를 가하지 못하
도록 미국 정부에 압력을 넣는 미국의 다국적기업들을 포함한 초국가적 행위자들에
의해 어느 정도 제한을 받게 됨을 의미한다. 동시에 중국의 경제력과 군사력의 급속한
신장은 동아시아의 세력균형에 대한 미국의 인식에 강한 영향을 주었고, 1995년에
시작된 미일 안보동맹의 재활성화에 기여했다.

2003년 이라크전쟁 이전에 칼럼니스트인 케이건(Robert Kagan)은 많은 유럽 국가들
이 사담 후세인과 같은 위험한 독재자들과 대결하고 싶어 하지 않는다고 주장했다.
유럽 국가들은 유럽 내에 팽배해 있는 복합적 상호의존이라는 평화에 익숙해져 그들
이 전유해본 적이 없는 유럽 바깥의 현실주의적 세계에 자신들을 일반화시키는 경향
이 있기 때문이라는 것이다. 그의 말에 따르면 "미국인들은 화성에서 온 사람들이고,
유럽인들은 금성에서 온 사람들이었다". 물론 이 재치 있는 표현은 지나치게 단순한
것이기는 하지만(이라크전쟁에서 영국이 한 역할을 보라), 대서양 양편의 상이한 인식을
잘 꼬집고 있다. 그 표현은 또한 더 큰 논점을 지적해주었다. 이들 모두는 서로
관계를 맺어가며 이를테면 홉스적인 현실주의의 바다에 떠 있는 평화로운 칸트적
자유주의의 섬에서 민주주의를 발전시켰던 것이다. 캐나다, 유럽, 그리고 일본과의

관계에서는 미국인들도 금성에서 온 사람들이 된다. 전 세계가 홉스적인 현실주의나 칸트적인 복합적 상호의존성에 의해 대표되는 듯이 상정하는 것은 똑같이 잘못된 일인 것이다.

석유정치

앞서 지적했듯이 석유는 경제적·정치적 양면으로 세계에서 가장 중요한 원자재이며, 21세기에도 여전히 핵심적인 에너지원이 될 것 같다. 미국은 세계 석유생산량의 4분의 1을 소비한다(석유소비가 급속히 증가하고 있기는 하지만 아직은 세계 생산량의 8%를 소비하는 중국과 비교해보라). 중국이 빠르게 성장하고 있지만, 세계가 미구에 석유를 바닥낼 것 같지는 않다. 매장량은 1조 배럴 이상인 것으로 밝혀지고 있고, 그보다 더 많은 양이 발견될 듯하다. 그러나 밝혀진 매장량의 3분의 2가 페르시아 만에 있기 때문에 정치적 혼란에 취약하며 세계경제에 파괴적인 영향을 줄 수 있다. 석유는 그것을 지배하고 소유한다는 단순한 의미에서 양차 걸프전쟁의 주요 원인은 아니었지만, 중동 산유국들의 안정과 세계경제의 안정 사이에 있는 견고한 실제적 관계가 정책입안자들이 이라크 정책을 논의할 때 주요 고려사항이었던 것만은 분명하다. 누군가가 빗댄 것처럼, 만약 중동이 석유 대신 브로콜리를 생산하고 있었다면 전쟁은 일어나지 않았을지도 모른다. 따라서 석유는 그 자체로도 중요할 뿐만 아니라 현실주의와 복합적 상호의존의 양면이 개입되는 쟁점이 되기도 한다.

일정한 영역에서의 상호의존은 '레짐(regime)'이라고 불리는 규칙, 규범, 제도의 틀 안에서 발생한다. 지난 수십 년 동안 국제적 석유 레짐은 극적으로 변화해왔다. 1960년에 석유 레짐은 주요 소비국가의 정부들과 긴밀한 관계를 맺어오던 사적 과점(private oligopoly) 상태였다. 당시에는 석유가 배럴당 2달러에 팔렸고 때로는 '칠공주(seven sisters)'라고 불리는 7개의 거대한 다국적 석유회사들이 석유생산량을 결정했다. 석유가격은 큰 회사들이 얼마나 생산하느냐와 대부분의 석유를 수입하는 선진국의 수요에 달려 있었다. 다국적기업들이 생산율을 조정했고 가격은 선진국들의 상황에 의해 결정되었다. 때로는 전통적인 군사적 의미에서 강력한 국가들이 체제를 유지하기 위해 개입했다. 예를 들면 1953년에 민족주의 운동으로 이란의 샤가 축출당하게 되자 영국과 미국은 샤를 복귀시키기 위해 비밀리에 개입했다. 그러자 석유 레짐은 거의 변화되지 않았다.

앞에서도 거론했듯이, 1973년 이후 석유를 관장하는 국제 레짐에 중요한 변화가 있었다. 선진국들의 시장에서만 가격이 결정되는 것이 아니라 산유국들이 생산율을 직접 결정함으로써 석유가격에 강력한 영향력을 미쳤다. 엄청난 권력과 부가 선진국에서 상대적으로 가난했던 나라들로 이동했다. 2004년에 비밀해제된 문건들은 1973년 아랍 국가들의 석유금수조치에 대한 대응으로 미국이 페르시아 만의 유전을 장악하기 위해 무력 사용을 고려했음을 보여주었다. 현실주의적 이론이 예측했음직한 일이 일어날 뻔한 것이다. 그러나 그런 일은 일어나지 않았고, 체제는 더 취약한 국가들에게 유리한 쪽으로 변화했다. 그와 같은 극적인 변화를 어떻게 설명할 것인가?

그 답으로는 산유국들이 함께 뭉쳐 OPEC(석유수출국기구)을 형성했다는 설명이 가장 많이 제시된다. 이런 설명의 문제점은 OPEC이 1960년에 형성되었는데도 극적인 변화는 1973년까지 일어나지 않았다는 것이다. OPEC의 존재에도 석유가격은 하락했다. 따라서 다른 무엇인가가 있다. 국제 석유 레짐의 위와 같은 변화를 설명하는 방법으로는 전반적인 세력균형, 오일 문제에서의 세력균형, 국제제도라는 세 가지가 있다.

현실주의자는 세력균형의 변화가 주로 군사력에 의해 좌우되는 것으로 본다. 세계의 주요 석유수출지역인 페르시아 만에서는 특히 그렇다는 것이다. 민족주의의 성장과 탈식민지화라는 두 가지 변화가 세력균형에 영향을 미쳤다. 1960년에는 OPEC 국가들의 절반이 유럽의 식민지였다. 1973년에는 그들 모두 독립국가가 되어 있었다. 민족주의의 성장에 따라 군사적 개입의 대가는 커졌다. 1953년 영국과 미국이 이란에 개입했을 때는 비용이 많이 들지 않았지만, 만약 미국이 1979년에 샤를 계속 권좌에 있게 하려고 했다면 그 비용은 엄청났을 것이다.

미국과 영국의 상대적인 변화 또한 페르시아 만의 세력균형에 영향을 미쳤다. OPEC이 창설된 후, 초기에는 영국이 실질적으로 페르시아 만의 경찰이었다. 1961년에는 쿠웨이트를 합병하려 했던 이라크의 초기 시도를 막았다. 그러나 1971년에 영국은 경제적으로 약화되었고 영국 정부는 국제적 방어공약들을 줄이려고 노력 중이었다. 1971년 영국은 '수에즈의 동쪽'이라고 불리던 역할을 끝냈다. 이 부분은 영국이 지중해 동쪽에서 강대국의 역할을 유지하지 못했던 1947년 당시와 비슷하게 보일지도 모른다. 당시 미국은 그리스와 터키를 돕기 위해 개입했고 트루먼독트린을 천명했다. 그러나 1971년에는 1947년처럼 미국이 영국을 대신하여 개입할 수 있는 상황이 아니었다. 미국은 베트남에 깊이 개입해 있었고 페르시아 만에서 또 다른 중요한 군사적 책임을 떠맡을 의지가 없었다. 그 결과 닉슨 대통령과 당시 국가안보 좌관이었던 키신저는 지역 내 강대국에 의존하는 전략을 개발해냈다. 그들이 선택한 도구는 이란이었다. 그들은 이란을 지역 패권으로 활용하면 떠나가는 영국 경찰을 값싸게 대체할 수 있다고 생각했다. 따라서 현실주의자는 석유 레짐의 변화를 설명하기 위해 이러한 전체 권력구조의 변화, 특히 페르시아 만 지역의 군사적 세력균형의 변화에 주목할 것이다.

변화를 설명할 수 있는 두 번째 방법은 특정한 문제 영역 내에서 여러 국가들의 상대적인 경제적 대칭성에 초점을 맞추는 현실주의의 수정된 형태이다. 1950년에서 1973년 사이에 지구적인 석유소비에 중대한 변화가 일어나 미국의 해외석유의존도를 변화시켰다. 1971년까지 미국은 분명히 세계에서 석유를 가장 많이 생산하는 국가였으나 그해가 석유생산의 정점이었고, 그 후부터는 석유수입이 증가하기 시작했으며 더 이상 잉여분의 석유를 가지지 못하게 되었다. 1956년과 1967년 두 번의 중동전쟁에서 아랍 국가들은 석유금수조치를 시도했지만 그들의 노력은 쉽게 무산되었다. 미국이 아랍 국가들이 감산한 만큼의 석유를 충분히 생산하여 유럽에 공급할 수 있었기 때문이다. 그러나 일단 1971년에 미국의 석유생산이 정점에 다다른 후 미국이 석유를 수입하기 시작하자 석유시장에서 세력균형의 권력은 사우디아라비아나 이란 같은 나라들로 이동했다. 미국은 더 이상 줄어든 석유를 제공해줄 수 있는 마지막 보루가 아니었다.

1973년 이후 석유 레짐의 차이를 설명하는 세 번째 방법은 현실주의보다는 국제적인 기구들, 특히 자유주의와 구성주의적 접근법에 의해 강조되는 다국적기업과 OPEC의 역할 변화에 의존한다. '칠공주'는 이 시기에 점차 힘을 잃어갔다. 그 한 가지 이유는 산유국들과의 '협상의 쇠퇴(obsolescing bargains)' 때문이었다. 다국적기업이 자원이 풍부한 국가에 가서 투자를 하면, 그로 말미암은 공동이익의 큰 부분을 차지할 수 있는 협상을 할 수 있다. 가난한 국가의 입장에서는 다국적기업이 들어와 자원을 개발하면 잘살게 될 수 있을 것으로 보인다. 가난한 국가가 이익의 20%를 가지고 다국적기업이 80%를 가진다고 하더라도 예전보다는 많이 갖는 것이다. 따라서 다국적기업은 자본, 기술, 국제시장에 대한 접근을 독점하는 초기 단계에는 자신들이 이익의 상당 부분을 차지하는 협약을 맺게 된다. 그러나 시간이 지나면서 다국적기업은 자비 때문이 아니라 정상적인 사업과정 속에서 본의 아니게 가난한 국가에 부의 원천들을 이전하게 된다. 그들은 지역 국가들을 훈련시킨다. 사우디아라비아, 쿠웨이트, 그리고 다른 국가들은 유전, 급유장, 선적항을 어떻게 운영하는지 배우게 된다. 지역 국가들은 시장과 다른 여러 가지 일들에 대해 전문적인 능력을 가지게 된다.

마침내 가난한 국가들은 더 나은 이익의 분할을 원한다. 다국적기업은 철수하겠다고 위협할 수도 있지만 이제는 그 국가들이 사업을 직접 운영하겠다고 위협할 수 있게 되었다. 따라서 시간이 지나면 그 국가와의 협상에서 다국적기업의 힘은 특히 원자재 부문에서 줄어들게 된다. 그것이 '협상의 쇠퇴'이다. 1960년대부터 1973년까지 다국적기업들은 본의 아니게 가난한 국가들이 그들 스스로 원전을 운영할 역량을 길러주는 기술과 기법들을 이전시켰다.

또 다른 발전도 있었다. 새로운 다국적기업들이 석유시장에 진입함으로써 '작은 사촌들(little cousins)'이 칠공주와 같은 대열에 합류했다. 비록 칠공주만큼은 아니었지만 그들 역시 거대한 기업이었고 산유국들과 독자적으로 계약을 체결하기 시작했다. 따라서 산유국이 칠공주의 손에서 벗어나고 싶을 때는 더 작고 독립적인 다국적기업과 계약을 맺으면 되었다. 이로 인해 다시 한 번 거대 다국적기업들의 협상력이 줄어들었다.

제도적으로 볼 때, OPEC은 카르텔로서의 효율성이 다소 좋아진 점이 있었다. 오랫동안 석유산업에서 전형적인 카르텔은 공급을 제한하는 형태였지만, 과거에는 그것이 칠공주 간의 사적 합의에 의해 이루어졌다. 카르텔은 시장에 여유가 있고 가격이 떨어지면 생산할당량을 속이는 경향이 있기 때문에 일반적으로 문제가 있었다. 카르텔은 석유가 부족할 때 가장 잘 작동하지만 공급과잉이 있을 때 사람들은 자신의 석유를 팔고 싶어 하고 시장점유율을 높이기 위해 가격을 인하하는 경향이 있다. 또한 시간이 지나면 시장의 힘은 카르텔을 부식시키는 경향이 있다. OPEC은 사적 카르텔을 산유국 정부 주도의 카르텔로 바꾸려는 시도를 상징하는 것이었다.

초창기에는 석유가 풍부했기 때문에 OPEC이 권력을 행사하는 데 문제가 있었다. 석유가 과잉공급되고 있는 한 OPEC 국가들은 시장점유율을 높이기 위해 서로를 배신할 동기가 있었다. OPEC은 창설된 1960년에서 1970년대 초기까지 가격통제를 강제하지 못했다. 그러나 석유공급량이 부족하게 되자 OPEC은 생산자들의 협상력을 조정하면서 그 역할이 증대되었다.

1973년의 중동전쟁은 OPEC에 힘을 실어주었으며 그것은 이제 권력을 사용할 수 있다는 뜻이었다. 아랍 국가들은 1973년의 전쟁에서 정치적인 이유로 석유공급을 줄였지만, 이로 인해 OPEC이 효과적일 수 있는 상황이 조성되었다. 비아랍 국가인 이란은 페르시아 만을 감시하는 미국의 앞잡이라는 말도 들었지만, 이란의 샤가 석유가격을 4배나 인상시키자 다른 OPEC 국가들도 이를 따랐다. 장기적으로 OPEC은 시장의 힘 때문에 고유가를 계속 유지할 수는 없었지만, OPEC 연합의 결과로 가격이 급격히 하락하지는 않았다.

더 중요한 제도적 요소는 위기에서 '고통을 경감시키는' 역할을 한 석유회사들이다. 위기의 시점에서 국무장관이 된 헨리 키신저는 만약 미국이 '교살(strangulation)'당할 위기에 처한다면 무력을 사용해야 할지도 모른다고 말했다. 석유 교역의 15%가 감소했고, 아랍의 금수조치는 미국에 대한 석유 수출의 25%를 줄였다. 그러나 석유회사들은 어느 한 국가가 다른 국가보다 더 많이 고통받지는 않도록 했다. 그들은 세계의 거래된 석유들을 재분배했다. 미국이 아랍으로부터의 석유 수입의 25%를 잃었을 때, 석유회사들은 미국에게 베네수엘라와 인도네시아산 석유를 더 공급해주었다. 그들은 전체적인 석유공급 감소량이 선진국들이 교살당할 지경보다는 훨씬 낮은 수준인 7~9% 정도가 되도록 금수조치의 고통을 완화시켰다. 그들은 경제적 분쟁이 군사적 분쟁으로 발전하는 것을 막았다.

왜 그들은 이와 같은 행동을 했는가? 그것은 분명 자선에서 비롯된 행동은 아니다. 다국적기업은 장기이익 최대주의자들이다. 그들은 장기적으로 그들의 이익을 극대화하고 싶어 한다. 이를 위해 그들이 원하는 것은 안정과 시장에 대한 접근이다. 다국적기업들은 그들이 석유를 팔기를 거부한다면 국가가 기업을 국유화하는 상황을 맞게 될까 봐 두려워했다. 예를 들어 영국 총리인 에드워드 히스(Edward Heath)는 브리티시 페트롤륨(British Petroleum)에게 영국에만 석유를 팔고 다른 국가에는 팔지 말라고 요구했다. 브리티시 페트롤륨의 회장은 만약 그가 그런 명령을 따른다면 다른 국가들이 회사를 국유화할 것이고 그것은 브리티시 페트롤륨을 파산시킬 것이라고 대답했다. 영국 총리는 후퇴했다. 기본적으로 석유회사들은 장기적 이익의 극대화를 원하는 행위자들이었기 때문에 고통이 한 나라에 집중되도록 하기보다는 시장을 안정시키려 했다. 그들은 교살의 위협을 줄이면서 무력이 사용될 확률을 줄였다.

요컨대 석유는 현실주의와 복합적 상호의존의 이상적 유형 사이에 깃든 쟁점의 본보기이다. 전체적인 군사적 세력균형, 경제력이라는 쟁점 구조 내에서 상호의존의 대칭성, 그리고 석유가 쟁점이 되는 영역 내의 제도들이라는 세 차원의 변화가 1960년대의 석유 레짐과 1973년 이후 석유 레짐의 극적인 변화를 설명할 수 있게 한다.

권력자원으로서의 석유

1973년의 전환점에서 석유라는 무기는 얼마나 강력했는가? 생산을 줄이고 이스라엘에 호의적인 국가들에게 석유 판매를 금함으로써 아랍 국가들은 그들의 문제가 미국이 다루는 의제의 중심에 부각되게 할 수 있었다. 그들은 또한 일본, 유럽, 미국의 동맹에 일시적으로 혼란을 가져왔다. 석유공급을 보호하기 위해 프랑스와 일본은 독자적인 입장을 표명했다. 석유라는 무기는 욤키푸르전쟁(5차 이스라엘-아랍 전쟁) 이후의 아랍-이스라엘 분쟁을 해결하는 데 미국이 아랍에 보다 우호적인 역할을 하도록 유도했다. 그러나 석유 무기는 중동에 대한 미국의 기본 정책을 바꾸지는 못했다. 미국인들은 이스라엘과의 동맹에서 아랍의 대의를 지지하는 쪽으로 갑작스럽게 입장을 바꾸지는 않았다. 석유는 효과적인 권력자원이기는 했지만 그 효과는 미국의 정책을 뒤바꿀 만큼 강한 것은 아니었다.

왜 석유 무기는 더 효과적이지 못했는가? 그 대답의 일부는 상호의존의 호혜성에 있다. 석유시장에서 주요 국가로 발전한 사우디아라비아는 미국에 상당한 투자를 하고 있었다. 만약 사우디인들이 미국의 경제를 지나치게 많이 망가뜨린다면 그들은 그들 자신의 경제적 이익을 망치게 될 것이었다. 더욱이 사우디아라비아는 안보분야에서도 미국에 의존하고 있었다. 장기적으로는 페르시아 만 지역에서 미국만이 안정적 세력균형을 유지할 수 있는 국가였고, 사우디아라비아는 이것을 알고 있었다. 따라서 그들은 자신의 석유 무기를 어느 정도나 사용할 것인지에 신중을 기했다.

1973년 석유파동에서 권력자원으로서 무력의 역할은 무엇이었는가? 공공연한 무력의 사용은 없었다. 상황이 '미국을 교살하는 상태'로 발전하지 않았기 때문에 군사적 개입은 없었다. 뿐만 아니라 사우디아라비아는 미국이 제공하는 장기적 안보 보장의 이익을 누리고 있었다. 따라서 무력은 이면에서 작용했다. 안보의 상호의존과 석유의 상호의존 간에는 간접적인 연계가 있었다. 무력은 이를 공공연하게 사용하기 에는 그 대가가 너무 컸지만, 배후에서 권력자원으로서의 역할을 했다.

이와 같은 복잡한 요소들은 계속 존재하고 있다. 석유는 원자재 중의 예외로 계속 남아 있으며, 이것은 부분적으로 양차 걸프전쟁이 발발하고 페르시아 만에서 강력한 미 해군이 계속 주둔하는 원인이 되었다. 그러나 유가는 세계시장의 힘에 민감하고, 중앙아시아와 다른 지역에서 새로운 공급원을 찾기 위한 다국적기업들의 탐사로 석유공급은 증가되었다. 20세기 말이 되자 유가는 획기적으로 낮아져서 1973년 위기 이전의 가격으로 되돌아왔다.

1970년대에 예상되었던 시나리오의 악몽은 실현되지 않았다. 예를 들어 미국 에너 지부는 2000년경엔 유가가 100달러 이상이 될 것이라고 예측했다.[11] 유가는 2008년에 그 선을 넘어섰지만, 1990년대 말에는 배럴당 11달러까지 떨어진 적이 있었다. 몇 가지 요인들이 예전의 시나리오들이 실현되지 않도록 했다. 수요자 측에서 보면, 정책 수단과 가격 인상은 더 효율적인 에너지 사용으로 이어졌다. 예컨대 미국의 「기업 평균 유류 효율(Corporate Average Fuel Efficiency)」법」은 자동차 회사들이 최소 한의 연비 기준에 맞게 자동차를 만들도록 요구했다. 이것은 외교정책에 분명하게 소기의 영향을 미친 국내정책의 사례이다(게다가 고유가의 위기를 확실히 인식하고 비용절감에 노력한 운전자들 또한 이 영향에 기여했다.)

공급자 측에서 보면 냉전시대에는 가능하지 않았던 비(非)OPEC 산유국들의 출현 으로 OPEC은 세계시장에서 더 큰 경쟁에 직면하게 되었다. 1990년대 말에 러시아는 서방의 주요 석유공급국이 되었다. 카스피 해의 석유매장량 또한 OPEC의 통제를 벗어나는 또 다른 유망한 출구를 제공했다. 과학기술의 발전은 지구의 석유매장량에 대해 1970년대에 만들어졌던 연구들의 한계를 드러내면서 지질학자들이 이전에는

---

11 "Still Holding Customers Over a Barrel", *The Economist*, October 25, 2003, pp. 61~63.

탐사가 불가능했던 곳에 매장된 석유에도 접근할 수 있게 만들었다.

그러나 2005년 이후 유가는 다시 오르기 시작했다. 부분적으로는 전쟁, 허리케인, 테러리스트의 위협에서 오는 혼란 때문이었고, 또한 수요가 급증하리라는 예측 때문이기도 했다. 석유와 가스 가격의 인상은 1990년대에 저유가로 고통을 받았던 러시아, 베네수엘라, 이란 같은 에너지 생산국의 정치적 입지를 높였다. 중국과 인도라는 새로운 두 거대 소비국은 에너지 시장의 미래에 영향을 미치고 있다. 둘 다 세계에서 가장 인구가 많은 국가들로서 현대화와 산업화를 추진하면서 에너지 수요가 급속하게 증가하고 있는 것이다. 양국 모두 해외 원유공급량의 확보와 통제를 위해 중상주의적 노력을 기울였다. 1970년대 석유위기의 교훈은 그들에게 석유는 대체가능상품이고, 시장은 공급자를 확대하는 경향이 있으며, 누가 석유를 소유하든 상관없이 고통은 똑같이 느껴진다는 점을 가르쳐주고 있는데도 그러했다. 중국 역시 엄청난 석탄매장량을 갖고 있으며 서부 신장성에서는 천연가스도 생산하고 있지만, 경제성장 수요에 맞추기 위해 석유수입 의존도를 점점 높이고 있다. 또한 중국과 인도 모두 화석연료의 사용으로 심각한 환경적 도전에 직면하고 있다. 그것은 우리가 9장에서 보게 될 공기오염과 기후변화의 측면에서 지구적인 영향을 미치게 될지도 모른다. 아무튼 이들 양국의 급속한 경제성장은 지구적으로 석유의 수요를 크게 높이게 될 것이다.

또한 미국은 자연을 보호하려는 그들의 노력에도 에너지 수요를 맞추기 위해 계속 석유수입에 의존하게 될 것이며, 이것은 페르시아 만과 같은 지구상에서 가장 큰 석유생산지역이 지정학에서 핵심적인 역할을 하게 될 것이라는 의미이기도 하다. 러시아와 같은 새로운 산유국이 있기는 하지만, 전문가들은 사우디아라비아와 그 이웃국가들이 지금부터 2030년 사이에 발생할 지구 전체 석유수요의 3분의 2를 담당하게 될 것으로 예측하고 있다.[12] 사우디아라비아는 세계 제1의 석유생산국이기 때문에, 이 나라의 정치적 안정에 가해지는 어떤 큰 변화는 극적인 결과를 유발할 수도 있다.

만약 어떤 분쟁으로 페르시아 만에서의 석유공급이 일시에 중단되면, 빈국과 부국을 가릴 것 없이 유가가 갑자기 치솟을 수 있다. 석유와 관련된 드라마는 아직 끝나지

---

12 Ibid.

않았다. 정보화시대의 경제에서 원자재는 산업시대보다는 덜 중요하기는 하지만, 석유는 여전히 중요하다. 그리고 점점 커지고 있는 경제의 지구적인 상호의존성은 공동의 이익을 생산하는 한편으로 정치적 문제들을 일으킬 수 있다. 힘의 정치는 경제적 세계화의 시대에 더욱 복잡해지고 있는 것이다.

■■ 학습문제

1. 세계화의 주요 형태들에는 어떤 것이 있는가? 세계화는 되돌릴 수 없는 과정인가? 현재의 세계화는 과거 시대의 세계화와 어떻게 다른가?

2. 문화적 영역에서 세계화의 의미는 무엇인가? 세계화는 필연적으로 지구적인 문화의 균등화를 가져오는가? 더 구체적으로, 세계화는 결국 보편적인 '미국화'로 이어지게 될 것인가?

3. 어떤 종류의 정치적 대응이 세계화를 고무해왔는가? 국제적인 영역에서 반세계화 감정과 경제적 불평등 사이에는 어떤 관계가 있는가?

4. 복합적 상호의존이란 무엇인가? 그것은 서술적 모델인가? 오늘날 복합적 상호의존이 가장 발전된 예를 어디에서 찾을 수 있는가?

5. 무엇이 경제적 상호의존을 권력자원으로 만드는가? 민감성과 취약성은 어떻게 다른가?

6. 1973년 석유위기의 근원적 원인과 직접적 원인은 무엇이었는가? 그것은 왜 더 일찍, 예를 들면 1967년에 일어나지 않았는가? 그것은 특이한 사건이었는가 아니면 국제정치에서 혁명의 시작이었는가? 왜 무력은 사용되지 않았는가? 지금이라면 무력이 사용될 수 있겠는가?

7. 자유주의이론은 국제 무역의 증대가 국제정치 도구로서의 군사적 힘의 매력을 현저히 줄일 것이라고 본 점에서 낙관적이었다. 국제 석유 레짐은 이 주장을 지지하는가 아니면 반박하는가?

8. 전통적 현실주의의 가정하에서는 무정부상태에서 국가 간의 협력을 기대할 수 없다. 그렇다면 국제적 경제관계들에서 국가들이 성취한 협력수준을 어떻게 설명할 수 있는가? 제도는 역할을 하고 있는가?

■■ 읽을 자료

1. Robert O. Keohane and Joseph S. Nye, Jr. *Power and Interdependence*, 2nd ed. (Glenview, IL: Scott Foresman, 1989), Chapter 1~3.

2. David Held et al., *Global Transformations: Politics, Economics and Culture* (Stanford,

CA: Stanford University Press, 1999), Chapter 1~3.

3. Thomas Friedman, *The World is Flat: A Brief History of the Twenty-First Century* (New York: Farrar, Strauss & Giroux, 2003), Chapter 1, 11~13.

4. Joseph S. Nye, Jr. and John D. Donahue(eds.), *Governance in a Globalizing World* (Washington, DC: Brookings Institution, 2000), Chapter 1~2.

5. Dasiel Yergin, "Ensuring Energy Security", *Foreign Affairs* (March/April 2006), pp. 28~36.

▟▛ 더 읽을 자료

Adler, Emmanuel, and Peter Haas, "Epistemic Communities, World Order, and the Creation of a Reflective Program", *International Organization*, 46:1(1992). pp. 367~390.

Baldwin, David A., *Economic Statecraft* (Princeton, NJ: Princeton University Press, 1985).

Bhagwati, Jagdish, *In Defense of Globalization* (New York: Oxford University Press, 2004).

Cairncross, Frances, *The Death of Distance: How the Communication Revolution Will Change Our Lives* (Boston: Harvard Bsuiness School Press, 1997).

Castaneda, Jorge, "Can NAFTA Change Mexico?", *Foreign Affairs*, 72:4(October 1993), pp. 66~80.

Coglianese, Cary, "Globalization and the Design of International Institutions", in Joseph S. Nye, Jr. and John D. Donahue(eds.), *Governance in a Globalizing World* (Washington, DC: Brookings Institution, 2000).

Cohen, Benjamin J., *The Question of Imperialism: The Political Economy of Dominance and Dependence* (New York: Basic, 1973).

Collier, Paul, *The Bottom Billion* (Oxford: Oxford University Press, 2007).

Diamond, Jared, *Guns, Germs and Steel: The Fates of Human Socities* (New York: Norton, 1998).

Falk, Richard, and Andrew Strauss, "Toward Global Parliament", *Foreign Affairs* 80:1 (January/February 2001).

Florida, Richard, "The World is Spiky", *Atlantic Monthly* (October 2005), pp. 48~51.

Foreign Affairs Editors' Choice, Globalization: Challenge and Opportunity (New York: Council on Foreign Relations, 2002).

Galtung, Johan, "A Structural Theory of Imperialism", *Journal of Peace Research* 18:2

(1971), pp. 81~118.

Giddens, Anthony, *Runaway World: How Globalization is Reshaping Our Lives* (New York: Routledge, 2000).

Gilpin, Robert, *The Political Economy of International Relations* (Princeton: Princeton University Press, 1987).

Grieco, Joseph, "Anachy and the Limits of Cooperation" *International Organization* 42:2 (Summer 1988), pp. 485~508.

Haggard, Stephan, *Pathways from the Periphery* (Ithaca, NY: Cornell University Press, 1990).

Held, David(ed.), *Debating Globalization* (Cambridge, UK: Polity, 2005).

Held, David, and Anthony G. McGrew, *Governing Globalization: Power, Authority, and Global Governance* (Cambridge, UK: Polity, 2002).

Hufbauer, Gary C., Jeffrey J. Schott and Kimberly A, Elliott(eds.), *Sanctions Reconsidered*, 2nd ed.(Washington, D.C.: Institute for International Economics, 1990).

Inkeles, Alex, *One World Emerging? Convergence and Divergence in Industrial Societies* (Boulder, CO: Westview, 2008).

Jervis, Robert, *System Effects: Complexity in Political and social Life* (Princeton, NJ: Princeton University Press, 1997).

Joy, Bill, et al., "Why the Future Doesn't Need Us", *Wired* (April 2000).

Kapur, Devesh, "The IMF: A Case or a Curse?", *Foreign Policy*, no. 111(Summer 1998), pp. 114~129.

Kaul, Inge, and Pedro Concericao, Karell Le Goulven, Ronald U. Medosa(eds.), *Providing Global Public Goods: Managing Globalization* (New York, Oxford University Press, 2003).

Keohane, Robert O., *After Hegemony* (Princeton, NJ: Princeton University Press, 1984).

Kindleberger, Charles P., *The World in Depression, 1929~1939* (Berkeley: University of California Press, 1973).

Krasner, Stephen D.(ed.), *International Regimes* (Ithaca, NY: Cornell University Press, 1983).

Krugman, Paul, *Pop International* (Cambridge: MIT Press, 1996).

LaFeber, Walter, *Michael Jordan and the New Global Capitalism* (New york: Norton, 1999).

Lake, David A., "Leadership, Hegemoney, and the International Economy", *International Studies Quarterly*, 37:4(Winter 1993~1994), pp. 459~490.

Liosa, Mario Vaggas, "Globalization at Work: The Culture of Liberty", *Foreign Policy* (January/February 2001).

Longworth, Richard, "Government Without Democracy", *American Prospect* (Summer 2001).

Mallaby, Sebastian, *the World's Banker: A Story of Failed States, Financial Crises, and the Wealth and Poverty of Nations* (New york: Penguin, 2004).

Narlikar, Amrita, *The World Trade Organization: A Very Short Introduction* (Oxford: Oxford University Press, 2005).

Polanye, Karl, *The Great Transformation* (New York: Rinehart, 1944).

Reich, Robert B., *The Work of Nations: Preparing Ourselves for 21st-Century Capitalism* (New York: Knopf, 1991).

Rodrik, Dani, *Has Globalization gone Too Far?* (Washington, DC: Institute for International Economics, 1997).

_____. "Sense and Nonsense in the Globalization Debate", *Foreign Policy* (Summer 1997), pp. 19~37.

Sassen, Sakia, *Losing Control? Sovereignty in an Age of Globalization* (New York: Columbia University press, 1996).

Scholte, Jan Aart, *Globalization: A Critical Introduction* (New york: St. Martin's, 2000).

Stiglitz, Joseph, *Globalization and Its Discontents* (New York: Norton, 2002).

Strange, Susan, *The Retreat of the State* (Cambridge: Cambridge University Press, 1996).

Thompson, Dennis, "Democratic Theory and Global Society", *Journal of Political Philosophy* (June 1999).

Vedrine, Hubert, and Dominique Noisi, *France in an Age of Globalization* (Washington, DC: Brookings Institution, 2001).

Vernon, Raymond, *Sovereignty at Bay: The Multinational Spread of U.S. Enterprises* (New York: Basic, 1971).

Yergin, Daniel, *The Prize: the Epic Quest for Oil, Money, and Power* (New York: Simon & Schuster).

Yergin, Daniel, and Joseph Stanislaus, *The Commanding Heights: How the Battle Between Government and the Marketplace Is Remaking the Modern World* (New York: Simon & Schuster, 1998).

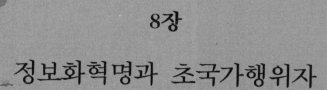

8장

정보화혁명과 초국가행위자

우주망원경.

권력과 정보화혁명

정보화혁명은 지금 세계정치를 변형시키고 있다. 4세기 전에 영국의 정치가이며 철학자이던 베이컨(Francis Bacon)은 '아는 것(지식)이 힘(권력)'이라고 했다. 21세기에 들어와서 세계 인구의 상당수가 나라 안에서는 물론 나라들 사이에서 이 권력에 접근하고 있다. 각국 정부는 늘 정보의 흐름과 통제를 우려한다. 정보기술의 변화가 큰 영향을 미친 것이 지금이 처음은 아니다. 15세기에 성경을 인쇄하여 많은 유럽인들이 그것을 쉽게 접할 수 있게 한 구텐베르크(Johann Gutenberg, 1398~1468)의 가동활자(movable type) 발명은 종종 종교개혁의 시작에 중요한 역할을 한 것으로 평가받는다. 팸플릿과 연락위원회(committees of correspondence)는 미국 독립혁명에 이르는 길을 닦았다. 구성주의자들이 지적하듯이 정보 흐름의 급속한 변화는 정체성과 이해관계에 중요한 변화를 야기할 수 있다.

현재의 정보화혁명은 정보처리비용과 전달비용을 극적으로 감소시켜온 컴퓨터, 통신, 소프트웨어의 급속한 기술 발전에 기초를 두고 있다. 컴퓨터의 용량은 30년 동안 매 18개월마다 2배로 증가해왔으며 21세기가 시작될 무렵의 가격은 1970년대 초의 1,000분의 1로 줄어들었다. 만약 자동차 가격이 반도체 가격만큼 빠르게 떨어졌다면, 오늘날 자동차 한 대의 값은 5달러가 되었을 것이다.

1993년에 세계에는 약 50개의 웹 사이트가 있었다. 1990년대 말에 그 수는 500만 개가 넘었다. 2000~2005년에 전 세계 인터넷 사용량은 170% 성장했으며, 아프리카와 중동의 증가세가 가장 컸다. 통신 대역폭(bandwidths)은 신속하게 확장되고 있으며, 통신 비용은 컴퓨터 용량이 증가하는 속도보다 더 빠르게 떨어지고 있다. 1980년대 후반만 해도 구리 전선을 사용하는 전화선은 고작해야 초당 책 한 쪽 분량 정도의 정보를 전달할 수 있었다. 오늘날 가느다란 광섬유 한 가닥은 초당 책 9만 권을 전달할 수 있다. 현재의 달러 가치로, 1930년대에 대서양을 사이에 둔 간단한 통화 비용이 250달러이던 것이 21세기에 들어와서는 1달러 미만으로 떨어졌다. 지금 인터넷을 통한 음성 통화는 사실상 무료에 가깝다. 웹캠(Webcam)은 본사에서 원거리에 있는 사람들과 화상회의를 주재할 수 있게 해준다. 1980년에 1기가바이트의 기억장치는 방 하나를 차지할 정도로 컸다. 오늘날 160기가바이트의 기억장치를 장착한

애플 아이팟(Apple iPod)은 호주머니에 들어갈 수 있다.

정보화혁명의 중요한 특징은 부국과 강국 사이의 통신 '속도'가 아니다. 130년 이상 유럽과 북미 사이에는 사실상 동시적인 통신이 가능했다. 결정적인 변화는 정보전달'비용'의 엄청난 절감이다. 사실상 정보전달비용은 없는 것이나 마찬가지이다. 앞으로 전 세계에 전달될 수 있는 정보의 양은 사실상 무한대가 될 것이다. 그 결과 정보의 폭발이 일어나며 서류는 아주 적게 사용될 것이다. 어떤 계산에 따르면, 2006년에만 1,610억 기가바이트의 디지털 정보가 만들어져 이용되었다(이것은 지금까지 기록된 모든 책에 담긴 정보의 약 300만 배에 해당한다). 2010년에는 디지털 정보의 연간 성장률이 6배 이상 증가하여 9,880억 기가바이트가 될 것으로 예상하고 있다. 21세기 초에 컴퓨터 이용자들은 연간 약 25조 개의 이메일 메시지를 발송했으며, 2010년경에는 세계에서 생산되는 모든 정보의 70%가 이메일, 온라인 비디오, 월드와이드웹을 통해 전달될 것으로 보고 있다. 때때로 '제3의 산업혁명'으로 불리기도 하는, 컴퓨터 사용과 통신 간 연계기술의 이러한 극적인 변화는 정부와 주권의 성격을 변화시키고 있으며 권력의 확산을 창출하고 있다.

과거로부터의 교훈

우리는 선진국 세계의 과거를 되돌아봄으로써 앞으로 나아갈 곳에 대한 약간의 통찰을 얻을 수 있다. 19세기 초에 일어난 제1차 산업혁명은 공장과 수송 수단에 증기를 응용하여 경제, 사회, 그리고 정부에 큰 영향을 미쳤다. 생산, 작업, 생활조건, 사회계급, 정치권력의 패턴들이 변화했다. 점점 복잡해지고 잠재적인 위험으로 가득 찬 공장을 가동하기 위해서는 노동자들을 훈련시켜야 했기 때문에 공교육이 필요해졌다. 도시화에 대처하기 위해 런던의 '바비스(순경)'와 같은 경찰력이 생겨났다. 운하와 철도 같은 필요한 사회간접자본시설을 건설하기 위한 특별교부금이 마련되었다.

20세기에 일어난 '제2차 산업혁명'(전기, 합성화학, 내연기관)은 제1차 산업혁명 때와 유사한 경제적·사회적 변화를 일으켰다. 미국은 유력한 농업국가에서 주요 산업 및 도회 국가로 변했다. 1890년대에 대부분의 미국인들은 아직 농장에서 일을 하거나 개인 피고용인으로 근무했다. 몇 십 년 후 미국인 대다수는 도시에서 살며 공장에서 일했다. 도시 노동자와 직종별 노동조합의 영향력이 더욱 커짐으로써 사회계급과

정치적 이합집산에 큰 변화가 일어났다. 그리고 어느 정도 시간이 지나자 정부의 역할도 변화하기 시작했다. 초당파적인 진보주의적 운동이 반트러스트법, 식품의약국(FDA)의 예고에 의한 초기의 소비자보호 규정, 그리고 연방준비이사회(FRB)에 의한 경제 안정화를 선도했다. 미국은 세계정치에서 강국으로 떠올랐다. 일부 사람들은 제3의 혁명이 경제, 사회, 정부 및 세계정치에서 유사한 변화들을 일으킬 것으로 예상하고 있다.

이 같은 역사적인 유추는 21세기의 세계정치를 구체화할 힘의 일부를 이해하게 해준다. 경제와 정보 네트워크들은 정부의 네트워크보다 더 빠르게 변화해왔다. 주권과 권위라는 정치적 잣대는 여전히 이를 따라잡지 못하고 있다. 사회학자인 벨(Daniel Bell)의 말마따나 "탈산업사회에서 — 특히 과도기의 관리에 — 단 하나의 가장 중요한 사회학적 문제가 있다면 그것은 잣대의 관리이다."[1] 더 간단히 말하면, 세계정치의 기본 구성물들이 새로운 기술에 의해 변화하고 있다. 만약 우리가 국가의 하드파워에만 초점을 맞춘다면 새로운 실체를 놓치게 될 것이다.

우리는 아직 정보화혁명의 초기 단계에 들어와 있으며 그것이 경제와 정치에 미치는 영향은 균일하지 않다. 18세기 말에 증기기관이, 19세기 말에 전기가 이용되기 시작했을 때처럼, 사회는 새로운 기술을 충분히 활용하는 법을 배워야 하기 때문에 생산성의 증가는 한발 늦기 마련이다. 사회제도들이 기술보다 훨씬 늦게 변화한다. 예컨대 전기 모터는 1881년에 발명되었지만, 헨리 포드가 전력의 이점을 충분히 활용하여 공장의 조립 라인을 최초로 재편하기까지는 그로부터 거의 40년이 걸렸다. 이와 유사한 지연이 정보화기술과 컴퓨터에서도 일어났다. 미국 경제의 생산성 증가는 1990년대 중반에 들어와서야 나타나기 시작했다.

1세기 이전에 새로 등장한 값싼 전기에 의해 촉진된 매스컴과 방송의 출현은 오늘날 가능한 사회적·정치적 효과에 대해 얼마간 교훈을 준다. 그것은 대중문화의 시대를 선도했다. 비록 전화는 그렇지 않았지만, 대중매체와 방송의 영향은 집중적인 정치적 결과를 낳는 경향이 있었다. 정보가 더욱 확산되면서, 그것은 민주주의국가에

---

1 Daniel Bell, *The Coming of Post-Industrial Society: A Venture in Social Forecasting* (New York: Basic, 1999), pp. 94~97.

▌뉴욕상업거래소의 트레이더들.

서는 지역신문시대보다 더 큰 영향을 미쳤다. 1930년대에 루스벨트 대통령의 라디오 활용은 미국 정치를 극적으로 변화시키는 데 한몫했다. 이러한 효과는 대중매체와 방송이 경쟁적인 정보 원천들을 억압할 수 있었던 전체주의 정권의 부활과 결합된 국가들에서 특히 두드러졌다. 사실 일부 학자들은 전체주의는 제2차 산업혁명에 수반된 대중매체가 없었다면 가능하지 않았을 것이라고 믿고 있다.

20세기 중반에 사람들은 컴퓨터와 통신이 조지 오웰(George Orwell)의 소설 『1984년』에서 극적으로 표현된 중앙정부의 통제를 가능하게 하지 않을까 우려했다. 메인프레임 컴퓨터들은 중앙정부의 계획을 강화하고 통제 피라미드 꼭대기에 있는 사람들의 감시능력을 증대시키는 것으로 생각되었다. 국영 텔레비전은 뉴스를 지배할 것으로 보였다. 분명히 컴퓨터는 중앙 데이터베이스를 통해 정부가 더 쉽게 사람들의 신원을 확인하고 그들을 감시할 수 있게 했으며, 상업화는 이미 인터넷 초기의 자유로운 문화와 규약을 변경시켰다. 하지만 암호화 기술은 발전하고 있으며 그누텔라(Gnutella)와 프리넷(Freenet) 같은 프로그램은 사용자들이 익명으로 디지털 정보를 거래할 수 있게 해준다. 이런 것들은 초기의 비관주의자들이 내다본 것보다 훨씬 더 큰 공간을 개인에게 약속하고 있으며, 인터넷은 제2차 정보화혁명을 불러온 기술이 개발되었을 때보다 정부의 통제를 더 어렵게 하고 있다.

컴퓨터의 가격이 인하되고, 크기가 작아지고, 더 널리 보급됨으로써 중앙집중 배제효과가 중앙집중효과를 압도하게 되었다. 인터넷은 정보에 기반을 둔 권력이 훨씬 더 광범하게 분배되는 시스템을 만들어낸다. 편집자와 방송인들에 의해 통제되는 라디오, 텔레비전, 신문과 비교하여 인터넷은 개인 대 개인(이메일을 통해), 개인 대 다수(홈페이지나 블로그를 통해), 다수 대 개인(인터넷 방송을 통해) 그리고 아마도 가장 중요한 다수 대 다수(온라인 채팅방이나 게시판을 통해) 사이에서 무제한의 커뮤니케이션을 창출한다. 정치학자인 노리스(Pippa Norris)는 이 같은 전자 커뮤니케이션 방식을 이전의 소통방식의 진보와 비교하여 "인터넷 메시지는 더 멀리, 더 빨리, 그리고 더 적은 중개자를 통해 흘러가는 능력을 갖고 있다"라고 말했다.[2] 중앙의 감시는 가능하지만, 인터넷의 통제를 통해 정보의 흐름을 통제하고 싶어 하는 정부는 값비싼 대가를 치러야 한다. 새로운 정보기술은 중앙집중화와 관료제를 강화하기보다는 네트워크 조직, 새로운 유형의 공동체, 그리고 정부의 다른 역할이 필요한 수요들을 촉진하는 경향을 보여왔다.

이것이 의미하는 것은 세계정치가 각국 정부들만이 참여하는 부문이 되지는 않으리라는 것이다. 기업에서 NGO와 테러리스트에 이르기까지 개인과 민간단체 모두가 세계정치에서 직접적인 역할을 할 수 있게 될 것이다. 정보의 확산으로 권력은 더 폭넓게 배분되고 비공식적인 네트워크가 전통적인 관료조직의 독점권을 약화시킬 것이다. 인터넷의 속도가 빨라지는 만큼 국내외 모든 정부는 그들의 의제에 대한 통제가 어려워지게 될 것이다. 정치지도자들은 그들이 대응해야 할 사건 앞에서 더 큰 제약을 받게 될 것이며, 게다가 더 많은 행위자들과 무대를 공유해야 할 것이다. 구성주의자들은 우리가 '세력균형'과 '패권'과 같은 용어에, 그리고 중앙집중화된 정부에 의해 작동되는 국가의 하드파워에만 비견될 수 있는 권력수단들에 매료되지 말아야 할 것이라고 경고한다. 그들은 당구공처럼 서로 붙었다 떨어졌다 하는 주권국가들이라는 현실주의적 이미지가 우리의 눈을 가려 새로운 세계정치의 복잡성을 보지 못하게 할 것이라고 말한다.

---

2 Pippa Norris, *The Digital Divide: Civic Engagement, Information poverty, and the Internet Worldwide* (New York: Cambridge University Press, 2001), p. 232.

새로운 세계정치 탄생?

정보화혁명의 영향은 아직도 초기 단계에 있다. 그것이 실제로 세계정치를 바꾸고 있는가? 현실주의자들은 그렇지 않다고 말할 것이다. 국가는 가장 중요한 행위자로 남을 것이며 정보화혁명은 가장 강하고 부유한 국가들에게 이익을 줄 것이다. 정보화혁명은 좋은 방향이든 나쁜 방향이든 비정부행위자들에게 권력을 배분함으로써 그리고 중앙정부의 통제력을 약화시킴으로써 세계정치를 더 복잡하게 만들 뿐 아니라 국가들 간의 힘에도 영향을 주고 있다. 여기서 부국들은 이익을 얻고 많은 빈국들은 더욱 뒤떨어지게 된다. 중국, 인도, 말레이시아 같은 일부 빈국들은 정보화경제에 들어와 괄목할 만한 발전을 이루긴 했지만, 2005년 인터넷 사용자의 절반 이상이 유럽과 북미에 살고 있는 사람들이었다. 세계경제는 농업, 공업, 그리고 서비스 중심 경제로 혼합되어 있다. 정보화시대에 가장 크게 영향을 받은 탈산업사회와 정부는 지금까지 정보화혁명에 덜 영향을 받은 국가들과 공존하고 서로 영향을 주고 있다.

이러한 정보격차는 지속될까? 비용 감소는 빈국들을 일정한 발전 단계로 뛰어오르게 할지도 모른다. 예를 들어 무선 통신은 비용이 많이 드는 지상 통신선을 이미 대체하고 있으며, 음성인식기술은 문맹자들도 컴퓨터 커뮤니케이션에 접근할 수 있게 한다. 과학기술은 시간이 지날수록 더 널리 퍼지고 있으며, 많은 국가들이 그들 자신의 실리콘밸리 건설에 열중하고 있다. 그러나 실제 대문을 열기보다는 하이테크 왕국으로 들어가는 대문의 열쇠를 확인하는 것이 더 쉽다. 잘 발달된 통신 인프라, 잘 보장된 지적 재산권, 훌륭한 정부정책, 새로운 사업의 형성을 고무하는 환경, 강력한 자본시장, 그리고 영어(웹페이지의 80%가 영어로 되어 있다)를 할 줄 아는 많은 숙련 노동력이 몇몇 빈국들을 언젠가 도약하게 하겠지만, 빠른 시일 안에 이를 기대할 수는 없다. 상기 기준의 일부를 충족하고 있는 인도에서도 소프트웨어 회사들이 수많은 사람들을 고용하고 있지만 10억 인도인들의 절반은 여전히 문맹이다.

정보화혁명은 전반적으로 분권화와 평준화의 효과를 가지고 있다. 그러나 그것이 국가들 간의 힘 역시 평준화시킬까? 원칙적으로 정보화혁명은 그것이 비용을 줄이고 시장에 진입하는 장벽을 낮추는 것처럼 대국의 힘을 줄이고 소국과 비정부행위자들의 힘을 북돋아주어야 할 것이다. 그러나 실제 국제관계는 그러한 기술적 결정론보다 더 복잡하다. 정보화혁명의 일부 양상은 소국들에게 도움이 되고는 있지만 다른 일부 양상은 기존 강대국들에게 도움이 되고 있다. 현실주의자들은 이에 대한 몇 가지 이유를 대고 있다.

첫째, 규모는 여전히 중요하다. 경제학자들이 진입장벽이라고 부르는 것과 규모의 경제는 정보와 관련된 어떤 힘의 양상으로 남아 있다. 예를 들어 소프트파워는 영화나 TV프로그램으로 상연되거나 방송되는 문화 콘텐츠에 크게 영향을 받는다. 대규모 엔터테인먼트 산업은 종종 콘텐츠 제작과 배급에서 상당한 규모의 경제를 누린다. 영화와 TV프로그램의 세계시장을 지배하고 있는 미국의 엔터테인먼트 산업이 적절한 사례이다. 인도의 '발리우드(Bollywood)'가 부지런히 따라오고 있기는 하지만, 새로운 참가자들이 할리우드와 경쟁하기는 어렵다. 게다가 정보화경제에서는 규모가 커질수록 이익이 점점 늘어나는 '네트워크 효과'가 있다. 한 대의 전화기는 쓸모가 없다. 네트워크가 있어야만 비로소 부가가치가 생기는 것이다.

둘째, 현존하는 정보를 제공하는 것은 저렴하지만, 새로운 정보의 수집과 제작은 종종 큰 투자를 필요로 한다. 치열한 경쟁 속에서는 '새로운' 정보가 가장 중요하다. 어떤 면에서 정보는 비경쟁적인 공공선이다. 한 사람의 소비가 다른 사람의 소비를 감소시키지 않는다. 토머스 제퍼슨(Thomas Jefferson)은 '촛불의 비유'를 사용했다. 내가 나의 촛불을 당신의 초에 붙여준다 해도 나의 촛불이 줄어들지 않는다는 것이다. 그러나 경쟁 상황에서는 전혀 달라진다. 내가 먼저 촛불을 켜 당신보다 먼저 주위를 보게 되면 더 유리해지는 것이다. 정보 수집이 좋은 사례이다. 미국, 러시아, 영국, 프랑스는 다른 나라 사람들을 위축시킬 정도의 정보 수집 및 생산 능력을 갖고 있다. 발표된 바에 따르면 미국은 정보(intelligence)에 연간 약 440억 달러를 쓴다. 일부 상업적인 상황에서는 재빠른 추종자가 선도자보다 더 나을 수 있다. 그러나 국가 간의 힘이라는 상황에서는 일반적으로 재빠른 추종자보다 선도자가 더 낫다. 기업들이 거리를 의미 없게 만드는 인터넷을 논의하기 위해 아직도 샌프란시스코 남쪽의 혼잡한 지역인 실리콘밸리에 몰려 있는 것은 아이러니하지만 우연은 아니다. 이른바 '칵테일 파티 효과' 때문이다. 새로운 정보가 공개되기 전에 그것에 비공식적으로 접근할 수 있다면 성공할 가능성이 대단히 높은 것이다. 맥그레이(Douglas McGrray)는 이렇게 쓰고 있다. "새로운 기술이 끊임없이 노후화되는 상황에 직면해 있는 산업에서 기업들은 수요와 안정적인 자본을 감안하여 재빨리 시장에 상품을

출하해야 하며, 그렇지 않으면 경쟁회사에 지고 만다."[3] 시장의 규모와 경쟁회사, 공급자, 소비자에 대한 접근성은 정보화경제에서 여전히 중요하다.

선도자들은 종종 표준 규격과 정보시스템 설계의 창안자들이다. 프로스트의 유명한 시(「가지 않은 길(The Road Not Taken)」 - 옮긴이)에서 말하고 있는 것처럼, 숲속에 두 길이 있어 일단 어느 한 길을 택하게 되면 다른 길로 돌아오기는 어려운 것이다. 때때로 조잡한 저비용의 기술이 선도자를 추월할 수 있게 하는 지름길을 열어주기도 하지만, 여러 사례를 볼 때 경로의존적인 정보시스템 개발은 선도자의 이익으로 귀결된다. 인터넷에서의 영어 사용과 최고 수준의 도메인 이름 패턴은 그 적절한 사례이다. 부분적으로는 1980년대 미국 경제의 변화 때문에, 부분적으로는 냉전시대의 군비 경쟁으로 인한 대규모 투자 때문에, 미국은 종종 선도자의 자리에 있었으며 여전히 다양한 정보기술의 응용을 선도하고 있다.

마지막으로, 앞서 보았듯이 군사력은 국제관계의 결정적인 영역에서 여전히 중요한 역할을 한다. 정보기술은 무력의 사용에 얼마간 영향을 미치며, 이는 소국에게도 이롭지만 이미 강력한 국가에도 유리하게 작용할 수 있다. 한때 값비싼 군사기술의 상업적인 유용성은 소국과 비정부행위자들에게 이로우며 대국들의 취약성을 증폭시킨다. 예를 들어 오늘날은 누구든 다른 나라에서 무슨 일이 벌어지고 있는지를 알기 위해 약간의 비용으로 혹은 무료로 민간 회사에 위성사진을 요구하거나 구글어스(Google Earth) 소프트웨어를 이용할 수 있다. 불과 몇 년 전만 해도 일급비밀이자 정부가 수십억 달러의 비용을 들여야 했던 위성사진에 민간 회사와 개인이 인터넷을 통해 접근할 수 있는 것이다. 몇 년 전 미국의 대북한정책이 지나치게 호들갑을 떠는 것이라고 생각한 어떤 비정부단체는 북한 로켓발사대를 촬영한 민간 위성사진을 공개했다. 분명히 다른 나라들은 미국의 군사기지를 담은 유사한 사진을 구매할 수 있을 것이다.

한때 군사적 자산으로만 이용되었던, 정확한 위치를 알려주는 위성 위치추적장치는 이제는 월마트 같은 상점에서 마음대로 살 수 있다. 그뿐 아니라 정보시스템은 테러리스트 단체(국가가 지원하는 단체를 포함하여)가 유리한 목표물을 표적으로 삼을

---

3 Douglas McGray, "The Silicon Archipelago", *Daedalus* 128:2, p. 167.

수 있게 함으로써 부국들의 취약성을 만들어내기도 한다. 교활한 적(사이버전쟁자원을 가진 소국과 같은)이 대국을 협박하여 소기의 목적을 달성하려고 덤비는 일도 상상할 수 있다. 프리랜서가 사이버 공격을 감행할 가능성도 있다.

하지만 이미 강한 국가들을 더욱 강하게 만들고 있는 다른 추세들이 있다. 정보화기술은 군사부문에서 혁명을 일으켰다. 우주 공간에 떠 있는 감지장치, 직접 송출장치, 고속 컴퓨터, 복잡한 소프트웨어는 광범위한 지역에서 발생하는 복잡한 사건들에 대한 정보를 수집하고, 분류하고, 조사하고, 전달하고, 널리 보급하는 능력을 갖고 있다. 군사시스템들의 정밀한 표적화와 네트워크화와 결합된 이 압도적인 전투공간 인식능력은 전투에서 크나큰 이점을 제공한다. 두 번의 걸프전쟁이 보여주듯이, 탱크나 비행기 같은 무기 플랫폼의 균형에 대한 전통적인 평가는 그러한 무기들과 정보를 통합할 수 있는 능력이 포함되지 않는 한 무의미하다. 그것이 사담 후세인이 저지른 실수였다(동시에 미국 의회도 1990년 걸프전 때 엄청난 미군 희생자가 날 것으로 예측하는 실수를 저질렀다). 관련 기술 대부분은 상업시장에서 구입이 가능하며, 약소국들도 그 대부분을 구매할 수 있을 것으로 예상된다. 그러나 중요한 것은 환상적인 하드웨어나 첨단 시스템을 소유했는가가 아니라 시스템들의 시스템을 통합하는 능력의 유무일 것이다. 그런 차원에서 보면 미국은 지도자적 지위를 계속 유지할 가능성이 높다. 정보전쟁에서는 아주 작은 우세가 전쟁의 결과에 결정적인 차이를 초래한다. 현실주의자들은 세계정치에서 시류의 변화는 읽고 있지만 세계정치의 근본적인 변화는 보지 못하고 있다.

자유주의자들은 국가들이 세계정치의 기본 단위로 남을 것이라는 데 동의하지만, 정보화혁명이 민주국가들의 역할을 증대시켜 결국 칸트식의 민주적 평화가 찾아올 것이라고 주장한다. 국가에 관한 한, 대부분의 정보를 형성하는 요소는 민주주의이다. 이것은 우연이 아니다. 민주주의국가의 사회는 정보의 자유교환에 익숙해져 있고 그 통치기구들은 그로 인해 위협을 받거나 하지 않는다. 그들은 정보를 보유할 수 있기 때문에 형성할 수도 있다. 독재국가(대체로 후진국들이다)들은 훨씬 더 많은 문제를 안고 있다. 중국 정부와 유사한 입장에 있는 정부들은 인터넷 서비스와 야후, 구글과 같은 콘텐츠 제공회사들을 관리하는 방식으로, 그리고 이용자들을 감시하는 방식으로 국민들의 인터넷 접근을 통제할 수 있다. 그러한 규제를 회피하는 것은 가능하지만 비용이 많이 들고, 효과적인 정치적 목표를 위해서라면 통제가 완벽할 필요도 없다. 정치적 통제와 경제적 자유주의가 섞여 있는 싱가포르는 지금까지 증가하는 인터넷의 역할에 정치적 통제를 결합시켜왔다. 그러나 싱가포르 같은 사회가 더 광범위한 지식노동자들이 네트워크에 대한 제한의 축소를 원하는 단계에 도달하게 되면, 정보경제의 경쟁에 필요한 가장 희소한 자원인 창조적 지식노동자들을 잃는 위험을 감수해야 한다. 따라서 싱가포르는 정보경제가 필요로 하는 개인의 창의성을 강조하는 교육체제를 뜯어고치면서 동시에 정보의 흐름에 대한 기존의 사회적 통제를 완화하려고 노력하는 딜레마와 씨름하고 있다. 폐쇄된 세계는 점점 더 고비용이 되어가고 있다.

폐쇄된 체제들이 더욱 고비용이 되는 또 다른 이유는, 중요한 결정에 투명성이 보장되지 않는 독재국가에 외국인들이 자본금을 투자하는 것이 위험하기 때문이다. 자유주의자들은 투명성이 투자를 원하는 국가에게는 매우 중요한 자산이라는 점을 지적한다. 한때 독재정권에게 너무나 소중해 보였던, 정보의 자유로운 이동을 방해하는 힘은 세계 경쟁 측면에서 투자를 유치하기 위해 필요한 신뢰성과 투명성을 훼손한다. 이 예는 1997년 아시아 금융위기에서 나타났다. 투명성이 없는 국가는 그들이 제공하는 정보에 편견이 개입되어 있고 선별적이기 때문에 신뢰할 수가 없다. 더욱이 경제 발전이 진행되고 중산층 사회가 발전하면 억압적 수단들은 국내뿐만 아니라 국제사회에서의 평판 면에서도 비싼 값을 치르게 된다. 1980년대 후반에 타이완과 한국은 모두 민주주의와 언론자유에 대한 증대되는 요구를 억압하는 것이 평판과 소프트파워 면에서 비싼 대가를 치르게 한다는 사실을 발견했다. 그 후 그들은 민주화를 시작하여 경제적 위기에 대처하는 능력을 강화했다.

쌍방향 참여와 가상공간의 공동체가 장래에 가질 효과가 무엇이든, 다양한 경로를 통한 정보의 자유로운 흐름이 증가하는 데 따른 정치적 영향 중 하나는 이미 명백하다. 즉 국가들이 자기 사회의 정보에 대한 통제권을 많이 잃었다는 것이다. 발전을 추구하는 국가는 외국 자본과 기술 그리고 그에 맞는 체제가 필요하다. 지리적 공동체는 아직도 가장 중요하지만, 신속한 발전을 원하는 정부들은 외부의 감시에서 관료들을 보호해온 정보의 흐름에 대한 장벽 중 일부를 포기해야 한다는 점을 깨닫게 될 것이다. 고도의 발전을 원하는 정부는 더 이상 그들의 재정적·정치적 상황을 국가의 블랙박스 안에 숨겨둘 수 없게 되었다. 자유주의자들은 개방과 민주주의의 확산으로 국가 간 관계의 본질이 변화하고 있음을 알고 있다.

구성주의자들은 정보화혁명이 세계정치를 바꿀지 여부에 대해 더 급진적인 전망을 하고 있다. 일부는 심지어 베스트팔렌국가체제의 종식이 시작된 것으로 보고 있다. 드러커(Peter Drucker)와 헤이디(Berry Heidi), 그리고 토플러(Alvin Toffler)는 정보화혁명이 산업혁명시대를 상징하는 위계적인 관료체제의 종언을 가져오고 있다고 주장한다.[4] 시민사회에서 분권화된 조직과 가상공동체가 인터넷상에 발전하고 있듯이, 정보화혁명은 영토의 경계를 초월하여 그들 자신의 지배 패턴을 발전시키고 있다.

만약 이 같은 제창자들이 옳다면, 그 결과는 정체성과 충성의 층이 다양한 시민들의 요구에 부응하는, 중복되는 공동체와 관할권을 가진 새로운 사이버봉건주의일 것이다. 한마디로 말해 이 같은 변형은 지난 350년 동안 세계정치를 지배해온 근대 중앙집권국가의 파기를 시사한다. 우리는 '국제정치(international politics)' 대신 더 폭넓은 '세계정치(world politics)'를 갖게 될지도 모른다. 중세 유럽인들은 지역 영주, 대공, 왕, 그리고 교황에게 동등한 충성을 표해야 했을 것이다. 미래의 유럽인들은 종교, 직업, 다양한 이해관계와 관련이 있는 몇몇 사이버 공동체는 물론이고 브르타뉴, 파리, 브뤼셀에도 충성을 표시해야 할 것이다.

주권국가체제는 아직도 국제관계에서 지배적인 패턴이지만 구성주의자들은 1648년에 국가체제의 틀을 만든 베스트팔렌평화조약 이전의 상황과도 다소 유사한, 공동체와 통치가 얽혀 있는 패턴을 발견할 수 있다. 정치적 국경을 가로지르는 초국가적인 접촉은 봉건시대에는 예사로운 일이었지만, 중앙집권적인 민족국가의 부상으로 점차 억제되었다. 지금 주권은 변화하고 있다. 30년 전에 이미 초국가적인 접촉이 증가하고 있었지만, 다국적기업, 과학연구 종사 단체, 학술기관에 관련된 상대적으로 적은 수의 엘리트들끼리의 접촉이 주를 이뤘다. 오늘날 인터넷은 저렴한 비용으로 수백만 명의 사람들에게 개방적인 초국가적 커뮤니케이션의 기회를 만들어내고 있다.

---

4 Alvin Toffler and Heidi Toffler, *The Politics of the Third Wave* (Kansas City, MO: Andrews & McMeel, 1995); Peter Drucker, "The Next Information Revolution", *Forbes*, August 24, 1998, pp. 46~58.

주권과 통제

오늘날 주권의 문제는 세계정치에서 뜨거운 논쟁거리가 되고 있다. 많은 정치지도자들은 국가의 자율권을 축소시키는 것처럼 보이는 어떠한 것에도 저항하고 있다. 그들은 무력 사용을 제한하는 유엔의 정치적 역할, 세계무역기구(WTO)가 내리는 경제적 결정, 그리고 환경기구와 조약들을 발전시키려는 노력에 대해 우려한다. 정치지도자들이 보기에 여론의 국제공동체라는 개념은 환상에 불과하다.

그러나 주권국가의 운명에 대한 논쟁은 엉성한 이론들로 짜여 있었다. 구성주의 정치학자인 러기(John Ruggie)는 이런 말을 하고 있다. "여기에는 국가 시스템에 대한 장기적 도전을 제도적으로 국가를 대체할 수 있는 실체라는 측면에서만 구체화하는 아주 따분한 접근법이 작동하고 있다."[5] 더 좋은 역사적 비유는 초기 봉건시대의 시장과 마을생활의 발달이다. 중세의 견본시장(trade fair)은 봉건적 권력기구를 대신하는 것이 아니었다. 그것들은 성벽을 헐거나 지역 영주를 제거하거나 하지 않았지만 새로운 부, 새로운 연합, 그리고 "마을의 공기가 자유를 가져온다"라는 금언에 요약된 새로운 자세를 갖게 했다.

중세 상인들은 주로 사업에 필요한 일련의 사적 규칙으로서, 그들이 맺는 관계들을 관장하는 '상인법(Lex Mercatoria)'을 발전시켰다. 마찬가지로 오늘날 해커에서 대기업에 이르기까지 누구나가 부분적으로는 공식적인 정치기구들의 통제 바깥에서 인터넷의 규약과 규범들을 개발하고 있다. 방화벽과 암호로 보호되는 초국가적인 기업 인트라넷(내부 인터넷 통신망)의 발전은 "공적 공간의 사적 전유"[6]를 의미한다. 이 같은 사적 시스템들은 기업의 인트라넷, 또는 환경 같은 구체적인 문제에 전념하는 전 세계의 뉴스그룹들처럼 주권국가의 정부에 정면으로 도전하지 않는다. 그들은 주권국가들이 효율적으로 통제하지 않는 관계들의 한 가지 층을 추가할 뿐이다. 사람들은 충실한 시민이길 포기하지 않으면서 초국가적인 인터넷 공동체에 참여할 것이지만, 그들의 시각은 인터넷을 사용하기 이전의 충실한 시민의 전형적인 시각과

---

5 John G. Ruggie, "Territoriality and Beyond: Problematizing Modernity in International Relations", *International Organization* (Winter 1993), pp. 143, 155.

6 Saskia Sassen, "On the Internet and Sovereignty", *Indiana Journal of Global Legal Studies* (Spring 1998), p. 551.

는 분명 달라질 것이다.

인터넷 시대에도 정치기구들의 역할은 점진적으로 변할 것으로 보인다. 영토국가의 부활 이후, 이탈리아 도시국가나 북유럽의 한자동맹과 같은 중세적 통치의 다른 계승자들은 세금을 거두거나 투쟁을 할 수 있는 다양한 대안으로서 거의 2세기 동안이나 지속되었다. 오늘날 실질적인 쟁점은 주권국가의 지속 여부가 아니라 그것의 중앙집중성과 기능들이 어떻게 대체될 것인가에 있다. "국가의 권력이 미치는 범위는 일부 영역에서는 확대되었지만 다른 영역에서는 축소되었다. 통치자들은 그들이 해결할 수 없는 일부 쟁점들로부터 벗어남으로써 효율적인 통제가 가능할 수 있다는 점을 인정해왔다."7 강대국을 포함한 모든 국가들은 금융의 흐름, 마약 거래, 기후변화, 에이즈, 난민, 테러리즘, 문화적 침입 등 주권의 경계 내에서는 통제하기 힘든 문제들이 점점 늘어나는 사태에 직면하고 있다. 국가 통치업무가 복잡해지는 것은 주권이 침해당하는 것과는 다르다. 정부는 환경에 순응한다. 하지만 순응과정에서 정부는 주권의 범위, 통제, 민간 행위자들의 역할 등의 의미를 바꿔나가게 된다.

미국 국경선을 통제하는 문제를 예로 들어보자. 1년에 4억 7,500만 명의 사람들, 1억 2,500만 대의 차량, 2,100만 척의 수입 화물선이 301개 항구의 3,700개 터미널을 통해 미국 국내로 들어온다. 40피트 높이의 컨테이너에 가득 찬 수입 상품을 검사하는 데는 다섯 시간이 걸리는데, 이러한 컨테이너가 일 년에 500만 개 이상 들어온다. 게다가 수백만 명의 밀입국자들이 멕시코와 캐나다 국경을 통해 그냥 걸어서 혹은 차를 타고 들어온다. 2001년의 9·11 사태가 예증하듯이 테러리스트들은 쉽게 잠입할 수 있으며 몇 파운드의 치명적인 생화학물질을 반입하는 것은 연간 수 톤의 불법 헤로인과 코카인을 밀수하는 것보다 더 쉽다. 국토안전부가 이러한 상황에 대처하는 가장 좋은 방법은 다른 나라들과 정보를 공유하고, 관할권 내에서의 협조를 확대하며, 국제적인 교역의 흐름을 추적하는 투명한 시스템을 발전시키기 위해 민간 기업에 대한 의존도를 높이는 것이다. 그러면 담당 관리들은 수입 화물이 도착하기 전에 '사실상의' 검사를 할 수 있게 된다. 현재 미국의 세관 관리들은 라틴아메리카

---

7 Stephen Krasner, "Sovereignty", *Foreign Policy* (January/February 2001), p. 24; Linda Weiss, *The Myth of the Powerless State* (Ithaca, NR. Cornell University Press, 1998).

전역에서 마약 밀수업자들에게 이용당할 위험을 줄이는 안전 프로그램의 수행을 돕고 있으며, 마약 거래의 흐름을 감시하기 위한 국제적인 협조 메커니즘들이 개발되고 있다. 주권국가는 환경에 순응하지만, 그러는 동안 정부는 정부 관할권에 대한 의미와 그것의 배타성을 변형시킨다. 법적인 의미에서의 국경선은 변하지 않았지만, 실제로 그 경계는 희미해지고 있다.

국가안보(중요한 가치들에 대한 위협이 없는 것)는 또 다른 예이다. 기후변화나 유입된 바이러스에 의한 손상은 물적 및 인적 손실로 치면 몇몇 전쟁의 결과보다도 더 클 수 있다. 그러나 사람들이 국가안보의 정의를 조직화된 폭력에 대한 것으로 더 좁게 제한한다 하더라도 군사적 안보의 성격은 변화하고 있다. '21세기 국가안보위원회'가 지적하듯이, 미국은 1814년 이후 외국군에게 점령당한 적이 없으며 미군은 미국 해안으로부터 멀리 떨어진 곳에서 무력을 행사하고 전투를 벌이도록 되어 있다. 그러나 미군은 민간 항공기를 대량살상무기로 이용하는 테러리스트들에 의한 본토 공격에 대해 국민들을 잘 보호할 수 있는 준비를 갖추지 못했다. 미국은 1941년 일본 정부에 의한 진주만 공격 때보다 2001년 9월 11일 초국가적 테러리스트들의 공격으로 더 많은 인명을 잃었다. 오늘날에는 정부, 단체, 개인 또는 이들의 어떤 결합체가 공격자가 될 수 있다. 2001년 9월 11일 미국을 공격한 알카에다는 여러 나라에서 온 개인과 그룹들로 구성되어 있으며, 50군데(미국을 포함하여) 정도에 세포 조직을 갖고 있는 것으로 알려져 있다. 그러나 일부 공격자들은 세상에 알려져 있지 않으며, 공격목표로 삼은 국가 근방에 오지 않을 수도 있다. 앞으로 보게 되겠지만, 사이버 공격은 안보에 대한 진정한 초국가적 위협이 될 수 있다. 그러므로 핵 억제, 국경 순찰, 지역적 세력균형을 위한 미군의 해외 주둔은 정보화시대에도 계속 중요하지만, 그것으로는 국가안보를 보장하기에 충분하지 않다.

주권에 대한 해석 다툼은 법의 영역에서도 일어나고 있다. 1945년 이래 유엔헌장에서 인권규정은 국가의 주권을 보호하는 조항과 함께 공존하고 있다. 6장에서 보았듯이 유엔헌장 2조 7항은 헌장의 어떠한 규정도 유엔에 어떤 국가의 국내 관할권 내 문제에 간섭할 권한을 부여하지 않는 것으로 규정하고 있다. 하지만 남아프리카공화국의 인종차별행위에 대해 반인종차별주의라는 지구적 규범이 인식되고 혐오감이 조성된 결과 이 원칙을 축소해야 한다는 데 대다수 회원국들이 동의하게 되었다.

더 최근에는 1999년 코소보에 대한 나토의 개입이 국제 법률가들 사이에서 뜨거운 논쟁의 주제가 되었는데, 일부 법률가들은 이것이 유엔 안보리에 의해 분명하게 위임되지 않았기 때문에 불법이라고 주장한 반면, 다른 법률가들은 국제인도주의법의 진전된 측면에서 본다면 그 개입은 합법이라고 주장했다. 이 복잡한 문제의 또 다른 사례는 1998년 영국의 피노체트(Augusto Pinochet) 장군 구금사건이다. 당시 영국은 피노체트가 칠레 대통령 재임 시절 저지른 인권 침해와 범죄에 근거하여 스페인이 범인 인도를 요청해옴에 따라 체류 중이던 그를 구금했다.

정보기술, 특히 인터넷은 조정이라는 일을 쉽게 할 수 있게 해주었으며 인권 활동가들의 입지를 강화시켜주었다. 그러나 법적 주권 보호에 집착하는, 특히 예전에 식민지였던 국가의 정치지도자들은 외부의 개입에 대비해야 했다. 앞으로 한동안 세계는 부분적으로 서로 상충되는 국제법의 이러한 두 가지 실체가 계속 공존하는 모습을 보게 될 가능성이 높다.

많은 사람들에게 민족국가는 귀중한 정치적 정체성의 원천을 제공하고 있다. 6장에서 보았듯이 사람들은 가족, 마을, 민족그룹, 종교, 국적, 세계인과 같은 다양하게 교차하는 정체성을 가질 수 있으며 어느 것이 우선인지는 종종 상황이 결정한다. 많은 전산업화 국가의 부족과 씨족 수준에서는 준국가적 정체성이 우세하다. 미국과 유럽 국가들을 포함한 탈산업국가에서는 '세계 시민', 또는 '지구의 관리인'과 세계주의적인 정체성이 부상하고 있다. 인터넷의 효과를 충분히 알기에는 아직 너무 이르지만, 정체성의 형성은 상황에 따라 동시에 서로 모순되는 방향으로 진행될 수 있다.

소프트파워를 행사하기 위한 매력적인 인터넷 이용은 국외 이주자(diaspora) 공동체의 정치에서 찾아볼 수 있다. 커뮤니케이션 전문학자인 볼리어(David Bollier)는 이런 말을 하고 있다. "인터넷은 국외 이주자들에게는 하느님이 주신 선물이었다. 공통의 역사를 가지고 지리적으로 고립되어 있는 수많은 사람들에게 대규모 가상공동체를 구성할 수 있게 해주기 때문이다."[8] 인터넷은 그들이 고국에 돌아가는 것에 대한 매력적인 대안책들을 가질 수 있게 하고 있다. 해외의 교포와 고국의 시민들

---

8 David Bollier, "The Rise of Netpolitik"(PDF document), pp. 21, 23, 24, The Aspen Institute, http://www.aspeninstitute org(accessed March 15, 2006).

사이의 인터넷 접속은 1998년 인도네시아에서 일어난 반화교 폭동에 대한 베이징의 항의를 불러일으키는 데 도움을 주었다. 인도네시아에 거주하는 화교들의 좌절감이 놀라운 속도로 베이징에 전달된 것이다. 비슷한 사례로, 짐바브웨에서 인터넷은 시비가 끊이지 않았던 대통령 선거 기간에 정부의 선거 조작에 관한 뉴스를 확산시키는 데 결정적인 역할을 했다. 그와 동시에 휴대전화와 인터넷이 정부의 인권 억압과 침해에 대해 세계 여론에 호소하는 데 도움을 주기는 했지만, 그것만으로 정권의 교체를 이끌지는 못했다. 이러한 새로운 기술들은 미얀마 정부가 불교 승려와 다른 시위자들을 탄압했던 2007년에도 그 억압을 끝내지는 못했다.

인터넷은 위계질서를 갖춘 조직이 아닌 무정형 단체들의 자유로운 저항을 가능하게 했다. 베트남전쟁 시절에는 반전 집회를 계획하는 데만 몇 주가 걸렸으며, 팸플릿과 포스터를 만들고 전화 연락을 하여 준비하는 데는 몇 달이 걸렸다. 최초의 2만 5,000명 규모의 시위에서 1969년 50만 명 규모로 커지는 데는 4년이 걸렸다. 이와는 달리 2003년 2월의 어느 주말, 급박해지고 있는 이라크전쟁에 항의하기 위해 미국에서는 80만 명이 모였고, 유럽에서는 150만 명이 모였다.[9] 이러한 항의들은 '국제 공동체'를 대표하지는 않지만 종종 논설기자들, 의회 의원들, 그리고 어정쩡한 관점을 갖고 있던 중요 국가들의 다른 유력 인사들에게 영향을 미친다.[10] 정당성에 대한 계속되는 논쟁들은 소프트파워의 중요성을 반증한다.

그 결과는 어느 한 방향으로의 일관성 있는 움직임이라기보다는 오히려 더 큰 휘발성으로 나타날지도 모른다. 인터넷의 '다수 대 다수'와 '개인 대 다수'라는 특성은 "사이버 문화의 불손한 평등주의적·자유주의적 특성으로 아주 잘 전도되는" 것 같다. 한 가지 결과는 특별한 쟁점이나 사건에 의해 유발되는 '번개운동(flash movement)'이다. 여기에는 반세계화 운동, 2000년 가을 유럽 정치를 사로잡았던 반유류세 연합의 돌연한 봉기, 또는 2003년 이라크전쟁 기간에 전 세계에서 일어난 항의 등이 포함된다.[11] 정치는 더 극적으로 변해가고 전 세계의 관객을 겨냥한다. 멕시코 치아파

9 Jennifer Lee, "How Protesters Mobilized So Many and So Nimbly," *The New york Times*, February 23, 2003, "Week in Review", p. 4.

10 이것이 의미하는 바에 대한 다양한 관점에 대해서는 "What Is the International Community?", *Foreign Policy* (September 2002)를 보라.

스의 사파티스타(Zapatista) 반군은 멕시코 정부에 개혁 압력을 가하는 데 총알보다는 오히려 대부분 인터넷을 통한 초국가적 선전에 더 의존했다. 2004년에 활동가들은 그루지야와 우크라이나 같은 구소련 국가들에서 평화혁명을 준비하기 위해 휴대전화를 이용했다. 정치학자인 로즈나우(Jame N. Rosenau)는 더 큰 정체성을 향한 통합과 더 작은 공동체로의 분열이 동시에 일어날 수 있다는 개념을 표현하기 위해 분합(fragmegration)이라는 신조어를 만들어 그러한 경향을 요약하려고 했다. 그러나 우리는 명백하게 서로 모순되는 움직임이 동시에 일어날 수 있다는 사실을 이해하기 위해 새로운 말을 만들 필요는 없다. 그것들은 주권국가의 종식을 초래하기보다는 국가적 틀 안에서 정치를 더 휘발성이 강하고 덜 자기충족적인 것으로 만들고 있다.

초국가행위자

우리가 보아왔듯이 지구적인 정보화시대의 특징은 국경을 넘어 활동하는 비국가적 존재인 초국가행위자들의 역할이 증대되었다는 것이다(그림 8.1 참조). 전통적 국제정치는 국가를 중심으로 논의된다. 우리는 "독일이 알자스를 원했다", 또는 "프랑스가 영국을 두려워했다"라는 식의 표현을 사용한다. 그와 같은 단순화는 특히 고전적인 국제정치시대에 유용했다. 18세기에 왕은 국가를 대변했다. 만일 프리드리히 대왕이 프로이센을 위해 무엇인가를 원했다면, 프리드리히는 곧 프로이센 자체였다. 19세기에는 좀 더 광범위한 엘리트 계급이 외교정책의 결정들을 지배했다. 그러나 제1차 세계대전 직전까지만 해도 유럽의 외교는 상대적으로 한정된 내각 수준의 직무였다. 더욱이 고전적인 국제정치시대에 의제는 한정되어 있었다. 군사안보문제들이 의제의 대부분을 차지했고 그것들은 주로 외무부가 다루었다.

질적인 면에서 초국가적 행위자는 여러 세기 동안 어떤 역할을 해왔지만, 20세기 후반에 있었던 양적 증가는 국제체제의 중대한 변화를 나타낸다. 지구적인 상호의존의 세계에서 국제정치의 의제는 더 광범위해졌고, 모두가 참여하고 싶어 하는 듯이 보인다. 예를 들면 미국에서는 거의 모든 국내 정부기관들이 어느 정도 국제적인

---

11 Norris, *The Digital Divide*, p. 191.

역할을 한다. 농무부는 국제식량문제에, 환경보호국은 산성비와 지구온난화에, 해양 경비대는 바다에 쓰레기를 버리는 것을 막는 일에, 상무부는 무역에, 재무부는 환율에 관심이 있다. 국무부는 이와 같은 모든 이슈들을 통제하지 않는다. 미국 정부의 모든 부서에는 각각 작은 외무부가 있다. 실제로 외국에서 미국을 대표하는 사람들을 살펴보면 대부분의 대사관에서 국무부 출신은 소수에 불과하다.

복합적 상호의존의 측면에서 사회 집단들은 많은 부문에서 상호 교류한다. 하나의 교차로만 두기에는, 또는 하나의 교차로에 한 명의 경찰만 두기에는 교통량이 너무나 많다. 외교정책기관의 중앙통제를 벗어난 국경을 넘나드는 상호작용을 초국가적 관계라고 한다. 초국가적 관계는 주민의 이주, 주식시장과 자금시장에서 매일 벌어지는 한 국가에서 다른 국가로의 신속한 자본 이전, 불법적인 무기와 마약 밀매, 일정한 형태의 테러리즘 등을 포함하나 그것에 제한되지도 않는다. 정부는 이와 같은 행위들을 통제하려 할 수 있고 테러리즘이나 밀수의 경우에는 그렇게 해야 하지만, 통제는 종종 매우 큰 비용을 수반한다. 예를 들면 소련은 초국가적 관계를 세밀하게 통제했고 소련 경제는 그로 인해 심각한 고통을 받았다. 상호의존도가 높고 초국가행위자가 많은 상황에서 우리는 고전적인 시대에는 너무나 유용했던 표현으로 인해 잘못된 길로 인도될 수도 있다. 우리는 "일본이 더 많이 수입하기로 합의했다", 또는 "미국이 대륙붕에 대한 광범위한 요구들에 직면했다"는 등의 말을 하지만, 좀 더 자세히 들여다보면 일본 기업들이 수출을 늘리기 위해 초국가적으로 행동하고 일부 미국인이 미 해군의 반대 속에서 대륙붕의 더 광범위한 개념정의를 위해 국제적으로 로비를 벌였음을 발견하게 된다.

이와 같은 이해관계의 복잡성은 항상 존재했지만, 그것은 전통적인 군사안보 문제 보다는 경제와 사회 문제에서 더 크다. 안보 문제는 종종 더욱 집단적으로 공유된다. 한 민족 전체의 생존은 당연히 집단적인 선(collective good)이다. 반면 사회적·경제적 이슈들은 대개 공유의 폭이 좁다. 이해의 차이가 더 많은 것이다. 따라서 경제적 상호의존이 증대되고, 국제정치의 의제에서 경제적 쟁점이 증가함에 따라 우리의 전통적 표현으로는 정치과정을 묘사하는 데 불충분함을 발견하게 된다.

7장에서 고찰한 석유를 가지고 이 문제를 다시 한 번 살펴보자. 앞서 1973년에 소비국들은 저유가를, 산유국들은 고유가를 원했다고 말한 바 있다. 그러나 정치는 그보다 훨씬 더 복잡했다. 소비국가 내의 생산자들은 고유가를 원했다. 텍사스의 소규모 석유생산자들은 뉴잉글랜드에서 추워서 떨고 있는 소비자가 아니라, 아랍과 같은 이해관계를 가지고 있었기 때문에 OPEC이 유가를 인상하는 것에 별로 불만이 없었다. 핵에너지 생산자도 유가 인상이 핵에너지가 좀 더 경쟁력 있는 에너지 자원이 되는 데 도움을 줄 수도 있기 때문에 불만이 없었다. 유럽의 쇠퇴하는 석탄업계와 실업상태의 광부들 또한 유가 인상에 불만이 없었다. 고유가가 소비와 공해를 줄일 것이라고 믿었던 환경생태학자들도 불만이 없었다. 따라서 석유소비국 내에서도 유가에 대한 이해관계에는 현격한 차이가 존재했다. 상호의존하는 상황에서 국가이익과 국가안보라는 베일을 벗겨내면 정치는 상당히 다르게 보인다. 소비국들이 무력과 같은 좀 더 극단적인 수단을 쓰지 않은 이유 중 하나는 소비국가 내의 주요 정치행위자들이 비싼 에너지 가격을 초래한 민감성 상호의존을 좋은 것으로 여겼기 때문이다. 고유가에 불만이 없는 사실상의 초국가적 동맹이 존재했던 것이다.

물론 국가 내에 모순된 이해관계가 존재한다는 것은 새로운 사실이 아니다. 19세기 미국의 정치에는 남부의 농부들과 북부 산업가들의 관세에 대한 견해차이라는 특색이 있었다. 2002년에 조지 W. 부시가 외국산 철강제품에 대한 관세를 올렸을 때, 그는 철강제품을 생산하는 국내 기업과 노조를 기쁘게 했지만 그것을 사용하는 자동차 제조회사 같은 기업에게는 고통을 주었다. 2장에서 보았듯이 국내정치는 외교정책에 항상 중요한 역할을 해왔지만, 국내정치에 대한 참여가 확대되면서 더욱더 그러하게 되었다. 게다가 일부 국내 이익집단들은 다른 국가의 이익집단들과 직접 소통하고 교류할 수 있는 능력을 키우면서 세계정치의 또 다른 형태를 만들어내고 있다.

그림 8.1에는 세계정치의 두 가지 형태가 나타나 있다. 국제정치의 전통적 형태는 그림의 왼쪽 도표와 같다. 전통적 국제정치에서는 사회1의 사람들이 정부2에 압력을 넣고 싶으면 정부1이 정부2에게 이야기하도록 요구해야 한다. 그러나 초국가적 관계에서는 사회1의 사람들이 정부2에게 직접적으로 압력을 넣거나 사회1의 사람들이 사회2의 사람들에게 직접 압력을 넣을 수 있다. 왼쪽 도표에는 없으나 오른쪽 도표에 더 그어진 선들은 개인 또는 비정부기구들이 국경을 넘어 상호작용하는 것을 나타낸다. 상호의존의 정치를 논의할 때, 우리는 모든 것이 정부 대 정부의 전통적 모델로 포섭될 수 있다고 가정해서는 안 된다. 복합적 상호의존의 두드러진 특징 중 하나는

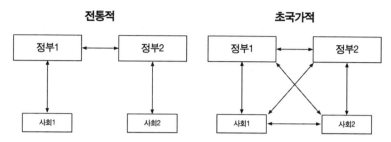

전통적		초국가적	

그림 8.1 전통적 세계정치 대 초국가적 세계정치.

국가뿐만 아니라 다른 행위자들도 중요하다는 것이다.

전통적인 축약 표현이 틀린 것은 아니다. 그것은 상호의존의 정치에서도 여전히 가장 중요한 접근이다. 국가는 대개 주요 행위자이다. 그러나 관심을 국가에만 한정하면 상호의존의 정치를 오판하게 된다. 국가는 난공불락인 것처럼 보일 수도 있지만, 좀 더 주의 깊게 보면 국가의 어떤 부분은 그렇지 않다 하더라도 다른 부분은 상당히 취약함을 알 수 있다. 그리고 그 취약한 부분은 그러한 상황을 극복하기 위해 초국가적으로 행동할 수 있다. 요컨대 국제정치에서 국가는 가장 중요한 행위자로 남아 있지만, 그것이 상호의존의 정치와 분쟁에 대해 알아야 할 모든 중요한 것을 다 말해주지는 않는다.

비정부기구(NGO)

민간조직들 역시 국경을 점점 더 많이 넘나들고 있다. 초국가적인 종교단체들은 1775년에 노예제에 반대했고 19세기에는 사회주의인터내셔널, 적십자, 평화운동 단체들, 여성참정권 단체들, 국제법률협회 등의 창립이 있었다. 제1차 세계대전 이전에 176개의 국제 비정부기구들이 있었다. 1956년에 그 수는 거의 1,000개, 1970년에는 2,000개에 이르렀다. 더 최근인 1990년대에는 NGO의 숫자가 급증하여 6,000개에서 거의 2만 6,000개로 늘어났다. 그리고 이 숫자가 전부가 아니다. 정식으로 설립된 단체만 계산한 것이기 때문이다. 수많은 NGO들은 개별국가들의 이해범위를 넘어서는 또는 국가들이 곧잘 무시하는 광범위한 공공이익을 대변하면서 '지구적 양심(global conscience)'으로 행동할 것을 요구한다. 그들은 민주적으로 선출되지는 않았지만 종종 정책을 바꾸기 위해 정부와 기업 지도자들에게 직접 압력을 행사함으로써,

표 8.1 주요 NGO 개관

휴먼라이츠워치(Human Rights Watch)(자료출처: 휴먼라이츠워치)

웹사이트	http://www.hrw.org
설립연도	1978년
본부소재지	뉴욕
예산	3,000만 달러(USD)(개인 기부)

업무

- 미국에 근거지를 둔 가장 큰 인권단체
- 70개국 이상에서, 인권학대 사실을 입증하고 학대에 대한 언론의 관심을 불러일으키며 각국 정부 및 국제기구와 교섭하여 인권침해국가들에 외교적으로 압력을 가하도록 하여 '부끄럽게' 만들고 있다
- 지뢰금지운동을 벌인 공로로 1997년에 노벨평화상을 수상한 단체와 개인 연합체의 일부이다

국제위기감시기구(International Crisis Group)(자료출처: 국제위기감시기구)

웹사이트	http://www.crisisgroup.org
설립연도	1995년
본부소재지	브뤼셀
예산	약 1,200만 달러(USD)(40%는 정부 보조, 43%는 민간재단 보조, 16%는 개인과 기업 보조)

업무

- "폭력적인 분쟁이 일어나거나 확대되거나 재발할 위험이 있는" 국가들을 분석하여 위기를 해소하고 분쟁을 해결할 정책들을 정책 입안자들에게 권유한다
- 이사회는 이 단체 운영에 도움을 주고, 권고된 정책의 실행을 교섭할 수 있는 정치, 외교, 기업 및 언론계 사람들을 포함하고 있다

국제앰네스티(Amnesty International)

웹사이트	http://www.amnesty.org
설립연도	1961년
본부소재지	런던
예산	4,890만 달러(USD)(민간 기부)

업무

- "육체와 정신의 고결함을 지킬 권리, 양심과 표현의 자유, 차별로부터의

자유에 대한 심각한 침해"의 예방 및 종식을 돕고 있다. 150개국 이상에서 180만 명의 회원 네트워크를 가동하고 있다

국경없는의사회(Doctors Without Borders)(자료출처: 국경없는의사회)

웹사이트	http://www.msf.org
설립연도	1971년
본부소재지	제네바
예산	714만 달러(USD)(89% 민간 기부, 11% 정부 보조)
업무	

- 70개국 이상을 지원하는 국제 인도주의 단체
- "재난을 당한 주민들, 자연 또는 인간에 의한 재앙의 희생자, 무력분쟁의 희생자들에게 인종, 종교, 신조, 정치적 관계를 불문하고" 도움을 제공한다

빌 앤드 멜린다 게이츠 재단(Bill and Melinda Gates Foundation)(자료출처: 빌 앤드 멜린다 게이츠 재단)

웹사이트	http://www.gatesfoundation.org
설립연도	2000년
본부소재지	시애틀
직원	457명
자산	376억 달러(USD)(기부)
업무	

- 마이크로소프트사 창업자인 빌 게이츠와 그의 아내 멜린다가 설립함
- "의료, 교육, 공공도서관, 위기에 처한 가정 지원이라는 네 가지 분야에서 더 큰 평등을 촉진하기 위해" 일함

옥스팸(Oxfam International)(자료출처: 옥스팸)

웹사이트	http://www.oxfam.org
설립연도	1942년
본부소재지	영국 옥스퍼드
예산	약 26억 달러(USD)(40% 정부 보조, 43% 민간재단, 16% 개인 및 기업 기부)
업무	

- "빈곤, 고통, 불의에 대한 해결책을 찾기 위해 1,000개 지역 이상에서 온 3,000명 이상의 사람들이 함께 일하는 12개 단체의 연합체"이다

국제적십자위원회(International Committee of the Red Cross: ICRC)(자료출처: ICRC)

웹사이트　　　http://www.icrc.org

설립연도　　　1863년

본부소재지　　제네바

예산　　　　　9억 2,090만 달러(정부기금, 개인과 기업과 여타의 기부)

업무

- "무력분쟁기간에 포로 방문, 구조작전 전개, 이산가족 재결합 및 이와 유사한 인도주의적 활동"을 보장하는 제네바 협정에 의한 업무
- "전쟁과 내부폭력 희생자들의 생명과 존엄성을 보호하고 그들을 지원하기 위해 배타적으로 인도주의적 임무를 수행하는 공평하고 중립적이며 독립적인 단체"

그린피스(Greenpeace)

웹사이트　　　http://www.greenpeace.org

설립연도　　　1971년

본부소재지　　암스테르담

예산　　　　　1억 6,000만(민간 기부)

업무

- 기후변화, 해양 오염, 고래 포획, 유전자공학을 막기 위해 40개국 이상의 국가에서 280만 명의 후원자들이 조직되어 있다
- 원시림을 보존하고 독극 물질들을 제거하며 지속가능한 무역을 장려하기 위한 지원 노력

그리고 간접적으로는 정부와 기업이 무엇을 해야 하는지에 대한 국민의 인식변화를 유도함으로써 새로운 규범을 개발한다. 권력자원의 관점에서 이러한 새 그룹은 하드 파워는 거의 갖고 있지 않지만 정보화혁명은 그들의 소프트파워를 크게 강화했다.

정부는 지금 비정부행위자들과 무대를 공유해야 하는 입장이다. 비정부행위자들은 정보를 이용하여 자기들의 소프트파워를 향상시킬 수 있고, 지지하는 대중을 동원하여 직접적·간접적으로 정부에 압력을 가할 수 있다. 인터넷 시대에 이용가능한 정보의 눈사태를 헤쳐 나갈 수 있는 신뢰받는 편집자와 의견제공자(cue giver)들의 힘을 고려하면, 초국가단체들의 증가하는 중요성을 측정하는 대략적인 한 가지 방법은 주류 매스컴에서 이들 단체들을 언급하는 횟수를 보는 것이 될 것이다. 이에

따르면, 가장 큰 NGO들은 유력한 편집자들의 주의를 끌기 위한 싸움에서 정평 난 플레이어들이 되었다. 예를 들어 휴먼라이츠워치(Human Rights Watch)가 테러와의 전쟁을 수행하던 미국 정부에 대한 강한 비난을 포함한 「2003년 세계보고서」를 발표한 이후 10일 동안 288개의 신문과 잡지에 이에 관한 기사가 실렸다.[12]

지난 10년간의 뉴스 보도는 이 같은 일반 부문의 성장을 반영해왔다. 1992년 이후 '비정부기구' 또는 NGO라는 용어의 사용은 17배로 늘어났다. 휴먼라이츠워치 외에도 국제앰네스티, 국제적십자위원회, 그린피스, 국경없는의사회, 국제투명성기구(Transparency International)와 같은 NGO들이 주류 언론의 보도에서 큰 각광을 받았다. 정보화혁명이 지구적인 커뮤니케이션의 비용을 낮췄기 때문에 세계정치에 개입하는 장벽도 낮아졌다.

초국가적 접촉은 그 수가 엄청나게 증가했을 뿐만 아니라 종류도 변화했다. 예전의 초국가적 흐름은 대부분 규모의 경제에서 이득을 얻을 수 있는 초국가적 기업이나 가톨릭교회와 같은 거대한 관료적 기구들에 의해 통제되었다. 그런 기구들은 여전히 중요하지만, 인터넷 시대에 커뮤니케이션 비용이 절감되면서 이 영역은 직원들도 얼마 없는 느슨하게 구성된 조직과 심지어는 개인에게도 개방되었다. 이와 같은 비정부기구와 네트워크는 국경에 상관없이 국가에 침투하는 데 특히 효과적이다. 이들 조직과 네트워크에는 종종 몇몇 나라의 국내정치에서 좋은 위치에 있는 사람들이 함께하고 있기 때문에, 그들이 선호하는 쟁점에 대해 언론과 정부의 관심을 끌 수 있다. 앞서 언급한 지뢰금지조약은 캐나다같이 중간 정도의 힘을 가진 정부와 영국의 고 다이애나 비 같은 일부 정치인이나 유명인과 함께 일하는, 인터넷에 기반을 둔 잡다한 조직들의 흥미로운 연합의 결과였다. 지구적인 빈곤 문제에 대해서는 인기 록 음악 가수, NGO, 정치지도자들이 많은 부채를 지고 있는 빈국에게 부채를 탕감해주도록 함께 역설하는 노력을 기울이기도 했다.

환경문제는 또 다른 사례이다. NGO들은 1998년 교토에서, 그리고 2007년 발리에서 열린 지구온난화에 대한 토론에서 각국 대표들 간의 커뮤니케이션 채널로서 중요한 역할을 했다. 산업계, 노동조합, NGO들은 세계정치 의제에 대한 초국가적 투쟁을

---

12 Search of Factiva/Dow Jones database, January 14~25, 2003.

벌이며 주요 국가 언론들의 주목을 받기 위해 경쟁했다. 예를 들어 미국의 전 부통령인 앨 고어의 지구 살리기(Live Earth) 연합은 2007년에 세계 8대 도시에서 (시차에 따라) 24시간 동안 계속되는 콘서트를 열었다. 이 이벤트는 각국 정부가 기후변화에 대해 적절한 조치를 취하게끔 설득하도록 온 지구의 청중들을 불러 모았다.

지역 공동체와 주권국가들은 앞으로 장기간 세계정치에서 계속 중요한 역할을 하겠지만, 덜 자기충족적일 것이며 더 많은 허점을 보이게 될 것이다. 그들은 비정부 행위자들과 무대를 함께 사용해야 할 것이다. 비정부행위자들은 정보를 이용하여 자기들의 소프트파워를 고양시킬 수 있고 정부에 직간접적으로 압력을 넣기 위해 대중을 동원할 수 있다. 신속한 발전을 바라는 정부는 역사적으로 외부의 엄격한 감독으로부터 관료들을 보호해온 정보 흐름의 장벽을 일부 포기해야 한다는 점을 알게 될 것이다. 높은 수준의 발전을 소망하는 정부치고 미얀마와 북한이 해온 것처럼 자신들의 재정 및 정치 상황을 블랙박스 안에 꼭꼭 감추어놓고 있을 정부는 더 이상 없을 것이다. 미얀마와 북한 같은 형태의 주권은 비용이 지나치게 비싼 것으로 증명되고 있다. 미국처럼 하드파워를 가진 강대국들마저 새로운 비정부행위자들과 무대를 공유해야 할 처지에 있으며 그들의 국경을 통제하기가 점점 더 어려워지고 있다는 점을 알고 있다. 가상공간은 지리적 공간을 대신하거나 국가주권을 소멸시키지는 않겠지만, 봉건시대의 마을 시장(市場)처럼 주권과 함께 공존하고 주권국가나 강력한 국가의 의미를 복잡하게 만들 것이다.

정보혁명과 복합적 상호의존

정보혁명은 국가 간의 힘을 평등하게 만들지 못했다. 만약 정보혁명이 오히려 그와 반대의 효과를 가졌다면 현실주의자들은 자신들의 옳음이 증명되었다고 생각했을 수도 있다. 그러나 정부의 역할과 모든 국가의 권력이 줄어든 것은 어떠한가? 여기서 우리는 변화의 방향이 자유주의자나 구성주의자들의 주장과 더 일치함을 알 수 있다. 복합적 상호의존은 분명히 사회집단들 간 접촉의 다양한 채널들이라는 차원에서 더욱 커지고 있다.

정보의 폭발은 '풍요의 패러독스(paradox of plenty)'를 낳았다.[13] 정보의 풍요는 관심의 빈곤을 야기한다. 사람들이 그들 앞에 나타나는 정보의 엄청난 양에 압도되면 세계는 마치 다양한 제도와 권위의 원천이 있는 일종의 신(新)중세주의에 이른 것 같다. 템플 기사단의 지도자들 또는 프란체스코 수도회의 명령이 가장 강한 군주들을 제외한 모두의 위에 군림했듯이 국제앰네스티의 사무총장과 로열 더치 셸의 CEO는 국제무대에서 몰다비아, 나미비아, 나우루의 지도자들보다 훨씬 큰 영향력을 미치고 있다. 국가는 아직 시들지 않았을지 모르지만, 더 이상 예전 같지는 않다.
　　　　　　　　　　　　　　　　　　　　　　　　　　－피터 스피로(Peter J. Spiro)[14]

어디에 초점을 맞춰야 할지 분별하기가 어려워진다. 정보보다도 관심이 희소 자원이 되고 온갖 잡다한 정보 속에서 가치 있는 정보들을 구분할 수 있는 이들이 권력을 가진다. 편집자와 의견제공자의 수요는 더 늘어나고, 이는 우리에게 어디에 초점을 맞춰야 하는지 말해줄 수 있는 사람들에게 권력의 원천이 된다. 브랜드 이름과 국제적 '굿 하우스키핑 인증(Good Housekeeping seal: 구매한 물건에 하자가 있을 경우 교환과 환불을 보증하는 인증－옮긴이)'을 수여하는 능력이 점점 더 중요하게 될 것이다.

더구나 대중은 선전활동(propaganda)에 대해 더 민감해지고 더 경계하고 있다. 자유로운 정보의 한 형태로서의 선전활동은 새로운 것이 아니다. 1930년대에 히틀러와 스탈린은 그것을 효과적으로 사용했다. 1990년대에 밀로세비치의 TV 통제는 그가 세르비아에서 권력을 유지하는 데 결정적인 역할을 했다. 신뢰는 결정적인 자원이며, 소프트파워의 주요 원천이다. 평판은 과거보다 훨씬 중요해지고 있으며 정치적 갈등은 신뢰의 창조와 파괴를 둘러싸고 벌어진다. 정부는 다른 정부들뿐 아니라 뉴스 매체, 기업, 비정부단체, 정부 간 조직과 과학공동체 네트워크 등을 포함한 광범위한 대안조직들과도 신뢰를 둘러싼 경쟁을 벌이고 있다.

정치는 신뢰 경쟁의 경연장이 되었다. 내러티브는 더욱 중요해지고 있다. 전통적인

---

13 Herbert A. Simon, "Information 101: It's Not What you Know, It's How You Know It", *Journal for quality an Participation* (July/August 1998), pp. 30~33.

14 Peter J. Spiro, "New Global Communities, Nongovernmental Organizations in International Decision-Making Institutions", *Washington Quarterly* 18:1(Winter 1995), pp. 45~46.

15 "Defense Secretary Urges More Spending for U.S. Diplomacy", *The New York Times*,

무력 외교의 세계는 대개 어느 나라의 군대와 경제가 이기느냐에 관한 것이다. 각 정부는 그들 자신의 신뢰도를 높이고 반대자의 신뢰도를 약화시키고자 다른 정부들, 그리고 다른 조직들과도 경쟁을 벌인다.

1999년 코소보에서의 사건과 이듬해 세르비아에서의 사건들에 대한 해석을 둘러싼 세르비아와 나토 사이의 씨름이 이를 증명한다. 2000년 10월에 밀로세비치 정권을 무너뜨린 시위가 일어나기 전에 세르비아 성인들의 45%가 '라디오 자유 유럽'과 '미국의 소리' 방송을 청취했다. 반대로 31%만이 국영 라디오 방송인 '라디오 베오그라드'를 청취했다.[16] 더욱이 세르비아 국내의 대안 라디오 방송국인 'B92'는 서구의 뉴스를 보도했으며, 밀로세비치 정부가 이 방송국을 폐쇄하려고 하자 인터넷을 통해 계속 그러한 뉴스를 내보냈다. 2006년에 이스라엘과 비정부 무장단체인 헤즈볼라 사이에 벌어진 전쟁에서, 이스라엘은 공군력으로 상대를 제압했지만 이스라엘군의 폭격으로 죽은 어린이들의 TV 영상은 헤즈볼라에게 선전상의 승리를 안겨주었다.

단순히 선전으로 보이는 정보는 경멸의 대상이 될 뿐 아니라 국가의 신뢰에 손상을 줄 경우 역효과를 일으킨다. 2003년에 사담 후세인의 대량살상무기와 알카에다의 연계에 관한 과장된 주장이 이라크전쟁에 대한 국내의 지지를 모으는 데는 도움이 되었는지 모르지만, 그 뒤 그것이 과장된 것으로 밝혀지자 여론조사는 영국과 미국의 국가적 신뢰에 값비싼 타격을 안겨주었다. 오늘날의 상황에서는 과거 어느 때보다도

November 27, 2007.

16 Edward Kaufman, "A Broadcasting Strategy to Win Media Wars", *The Battle for Hearts and Minds* (Washington, DC: Center for Strategic and International Studies, 2003), p. 303.

점잖은 판매방식이 강매에 가까운 판매방식보다 훨씬 효과적인 것으로 증명될 것이다.

　이라크의 사례는 권력이 반드시 정보를 움켜쥘 수 있는 사람들에게 흘러가는 것은 아님을 말해준다. 어떤 상황 아래서는 비공식적인 정보가 그것을 가지고 있는 이의 신뢰성에 상처를 주게 된다. 노벨상 수상자인 애컬로프(George Ackerloff)는 중고차 판매자들이 잠재적 구매자보다 차의 문제점을 더 많이 알고 있다는 점을 지적한다. 더욱이 나쁜 차의 주인이 좋은 차의 주인보다 차를 팔 확률이 더 높다. 이와 같은 사실들은 잠재적 구매자가 알려지지 않은 차의 문제점에 대비하여 그들이 지불할 금액을 깎게 한다. 따라서 판매자의 정보 우위의 결과는 그들이 받는 대가를 평균적으로 올리는 것이 아니라, 좋은 중고차를 그 가치에 맞는 가격에 팔 수 없도록 만드는 것이다. 무역관계를 중단하거나 깨뜨리는 쪽에 권력이 흘러가는 무역에서의 비대칭적 상호의존과는 달리 정보권력은 옳고 중요한 것을 정리하여 편집하고 신뢰할 수 있는 것으로 확인해주는 이들에게 흐른다.

　다수의 자유로운 정보 출처와 신뢰성의 역할이 한 가지 암시하는 바는 소프트파워가 예전과 달리 단순히 물질적 자원의 기능을 하지 않는다는 점이다. 정보를 생산하고 확산시키는 능력이 희소 자원일 때 제한 변수에는 인쇄기, 라디오 기지국, 신문 용지 등에 대한 통제가 포함된다. 예를 들면 라디오 기지국을 점령하는 데 사용하는 힘인 하드파워가 소프트파워를 만들어낼 수 있다. 세계적인 TV의 경우 부(富)는 소프트파워를 만들어낼 수 있다. 예컨대 CNN은 산업과 기술에서의 미국의 선도적 위치 때문에 암만이나 카이로가 아닌 애틀랜타에 근거지를 두었다. CNN이 기본적으로 미국 회사였다는 사실은, 1990년에 이라크가 쿠웨이트를 침공했을 때 그것이 식민시대의 굴욕을 씻으려는 정당한 시도(인도가 1960년대에 포르투갈 식민지였던 고아를 광범위한 동의를 얻어 '해방'시킨 것과 유사하게)가 아니라 침략으로 전 세계를 상대로 문제화하는 데 도움을 주었다(1930년대 히틀러의 행동과 유사하다). 그러나 2003년에 중동지역에 알자지라(Al Jazeera)와 아라비야(Arabiya)와 같은 케이블방송국이 설립됨으로써 미국의 독점이 약화되었고, 이라크전쟁과 관련된 쟁점을 현지의 틀을 통해 볼 수 있게 했다. 정보화시대에 이라크 점령과 그 사후관리는 미국의 소프트파워에 값비싼 대가를 치르게 했다.

　하드파워와 소프트파워의 이와 같은 긴밀한 관계는 정보화시대의 복합적 상호의존

상황하에서는 어느 정도 약화될 가능성이 높다. 방송의 힘은 지속되겠지만 다양한 소통 채널을 가진 인터넷의 보조를 점점 더 많이 받게 될 것이다. 인터넷은 힘을 사용하여 서로를 통제할 수 없는 다양한 행위자들이 지배하고 있다. 분쟁은 텔레비전 방송국, 라디오 방송국, 그리고 웹사이트 — 일단 이러한 공급원들의 과잉이 존재한다면 — 를 소유한 행위자들에 의해서뿐만 아니라, 정보와 오보의 원천들에 관심을 기울이는 사람들에 의해 영향을 받게 될 것이다.

방송은 여론에 오랫동안 영향을 미쳐온 정보 보급의 한 형태이다. 방송인들은 일부 분쟁과 인권문제를 강조함으로써 정치인들이 다른 분쟁이 아닌 어느 특정한 분쟁에 대응하도록 압력을 가한다. 1990년대에 남수단 대신 소말리아에 개입하도록 만든 것이 그 예이다. 당연한 일이지만 정부는 TV와 라디오 방송국에 영향력을 행사하고 조정하고 통제하려 했고, 동일한 메시지를 많은 이들에게 전달하는 방송국들은 상대적으로 몇 안 되었기 때문에 상당히 성공적으로 그러한 목적을 이룰 수 있었다. 그러나 방송(broadcasting)에서 협송(narrowcasting)으로의 변화는 매우 중요한 정치적 함의를 가진다. 케이블방송국과 인터넷은 방송자가 시청자를 구분하고 지정할 수 있게 해준다. 정치적으로 더 중요한 것은 상호작용하는 인터넷의 역할이다. 인터넷은 관심을 집중시킬 뿐만 아니라 국경을 넘는 협력을 용이하게 한다. 유튜브 (YouTube) 비디오는 정치적 쟁점들이 파악되고 구성되는 방식에 영향을 줄 수 있다. 상호작용의 비용이 저렴해진 것은 서로가 물리적으로 얼마나 떨어져 있는지에 상관없이 동일한 그룹의 일부라고 상상하는 사람들로 이루어진 새로운 가상공동체의 발전을 가능하게 하고 있다. 초국가적인 커뮤니케이션은 국경의 투과성을 더 높였다.

결론

우리는 정보혁명의 너무나 초창기에 있기 때문에 그 어떤 결론도 잠정적일 수밖에 없다. 그럼에도 현재의 증거를 통해 네 가지의 주요 주장을 확인할 수 있다. 첫째, 현실주의자들은 국가 간의 세력 배분에서 정보와 통신혁명이 국가들을 평준화하는 효과를 가질 것이라는 일부 예측에 올바르게 도전하고 있다. 부분적으로 그것은 상업적 · 전략적 정보 면에서 규모의 경제와 진입장벽이 계속 존재하기 때문이고,

또한 자유로운 정보라는 측면에서 큰 국가들이 종종 신뢰성의 경쟁에서 유리한 고지에 있기 때문이다. 둘째, 정보의 값싼 이동은 국경을 넘나드는 교류수단에 엄청난 변화를 만들어냈다. 이것은 시간이 갈수록 자유주의적인 결과를 가져올 수 있다. 초국가적으로 영업하는 비정부적 행위자들은 그들의 견해를 조직하고 퍼뜨리는 데 훨씬 더 많은 기회를 가지고 있다. 국가들은 더 쉽게 침투되고 블랙박스 같은 성격은 더 엷어지고 있다. 정치지도자들은 외교정책의 쟁점들에 대한 일관된 지침을 유지하기가 더 힘들어질 것이다. 셋째, 정보혁명은 신뢰성이라는 결정적 권력자원을 획득하는 데 개방적인 민주사회가 독재국가들보다는 더 성공적으로 경쟁할 수 있도록 정치과정을 변화시키고 있다. 마지막으로 신뢰성이 정부와 NGO 모두에게 결정적인 권력자원이 되면서 소프트파워는 하드파워와 관련하여 과거에 비해 더 중요하게 되었다. 다원주의적이고 투과성이 강한 국가는 비록 정부정책의 일관성은 줄어들지 모르지만 신뢰성과 소프트파워 면에서는 더 나은 위치에 있을 수 있다. 요컨대 정보화시대에도 현실주의자들이 강조하는 지리적 기반을 가진 국가들이 계속 정치를 구조화할 것이지만, 구성주의자들의 주장처럼 그 구조 안의 세계정치과정은 심오한 변화를 겪고 있다. 국가는 여전히 세계정치에서 가장 중요한 행위자들이지만, 정보화시대에 국가는 더욱 혼잡해졌다.

■■■ 학습문제

1. 제3차 산업혁명이란 무엇인가? 그것은 이전의 산업혁명과 어떻게 다른가?
2. 정보화혁명과 인터넷은 세계정치에 어떤 영향을 미치고 있는가?
3. 정보화기술의 발전은 중앙집중적인 영향과 분권적인 영향 중 어느 쪽을 더 강하게 갖는가?
4. 정보화혁명은 국가주권에 어떤 충격을 주었는가? 국가들의 국제체제와 지구적인 통치에는 어떤 변화가 일어나고 있는가?
5. 정보화혁명은 국가 간의 권력과 부를 평준화하는 결과를 가져왔는가?
6. '정보 격차(digital divide)'란 무엇인가? 특히 개발도상국에 대해서 그것은 어떤 함의를 가지는가?
7. 현실주의자, 자유주의자, 구성주의자들은 정보화혁명의 주요 효과를 무엇이라고 보고

있는가?

8. 초국가행위자들이란 무엇인가? 그들이 중요하게 될 것으로 보이는가? 정보화시대에 초국가행위자들이 권력을 행사한 사례에는 어떤 것이 있는가?

9. 국제 경제를 관리하는 데 강대국들이 하는 역할은 무엇인가? 국제기구들의 역할은 무엇인가?

10. 정보화혁명과 민주주의의 관계는 어떠했는가? 세계화와 정보화혁명이 비민주적인 국가에서 시민 사회를 강화시켰는가? 그것들은 정치적 참여에 어떤 영향을 미쳤는가?

읽을 자료

1. Keohane, Robert O. and Joseph S. Nye, Jr., *Power and Interdependence* (2nd ed.) (Glenview, IL: Scott Foresman, 1989), Chapter 1~3.

2. Simon, Herbert A., "Information 101: It's Not What You Know, It's How You Know It", *Journal for Quality and Participation* (July/August 1998).

3. Meyer-Schönberger, Viktor and Deborah Hurleu, "Globalization of Communication", in Joseph S. Nye, Jr. and John D. Donahue(eds.), *Governance in a Globalizing World* (Washington, DC: Brookings Institution, 2000), pp. 135~151.

4. Matthews, Jessica T., "Power Shift", *Foreign Affairs* (January 1997), pp. 50~66.

5. Florini, Ann(ed.), *The Third Force* (Washington, DC: Carnegie Endowment, 2000).

더 읽을 자료

Adams, James, "Virtual Defense", *Foreign Affairs* (May/June 2001). pp. 98~112.

Arquilla, John, and David Ronfelder, *The Emergence of Neopolitik: Toward an American Information Strategy* (Santa Monica, CA: Rand Corporation, 1999).

Bell, Daniel, *The Coming of Post-Industrial Society: A Venture in Social Forecasting* (New York: Basic, 1999).

Brown, I. David, and Mark H. Moore, "Accountability, Strategy, and International Non-governmental Organizations", *Nonprofit and Voluntary Sector Quarterly* 30.3 (September 2001), pp. 569~587.

Drucker, Peter, "The Next Information Revolution", *Forbes* (24 August 1998) pp. 46~58.

Dyson, Esther, *Release 2.1: A Design for Living in the Digital Age* (New York: Broadway, 1998).

Edwards, Michael, *NGO Rights and Responsibilities* (London: Foreign Policy Centre, 2000).

Eriksson, Johan, and Giampiero Giacomello(eds.), *International Relations and Security in the Digital Age* (New York: Routledge, 2007).

Feldman, Noah, *After Jihad: America and the Struggle for Islamic Democracy* (New York: Farrar, Straus & Giroux, 2003).

Florini, Ann(ed.). *The Third Force* (Washington, DC: Carnegie Endowment, 2000). chap. 1.

Flynn, Stephen, "Beyond Border Control", *Foreign Affairs* (November/December, 2000). pp. 57~68.

Guetzkow, Harold, *Multiple Loyalties: Theoretical Approach to a Problem in International Organization* (Princeton, NJ: Princeton University Press, 1995).

Hill, Kevin, and John Hughes, *Cyberpolitics* (New York: Rowman & Littlefield, 1998).

Hoge, James, and Gideon Rose(eds.), *How Did This Happen? Terrorism and the New War* (New York: Public Affairs, 2001).

Kaldor, Mary, Helmut Anheier and Marlies Glasius(eds.), *Global Civil Society 2003* (Oxford: Oxford University Press, 2003).

Kamarck, Elaine, and Joseph S. Nye. Jr(eds.), *Governance.com: Democracy in the Information Age* (Washington, DC: Brookings Institution, 2002), chap. 1.

Keane, John, *Global Civil Society?* (Cambridge, UK: Cambridge University Press, 2003).

Keck, Margaret, and Kathryn Sikkink, *Activists Beyond Borders: Advocacy Networks in International Politics* (Ithaca, NY: Cornell University Press, 1998).

Keohane, Robert O., and Joseph S. Nye, Jr., *Transnational Relations and World Politics* (Cambridge, MA: Harvard University Press, 1972).

Khagram, Sanjeev, James V. Riker and Kathryn Sikkink(eds.), *Restructuring World Politics: Transnational Social Movements, Networks, and Norms* (Minneapolis: University of Minnesota Press, 2002).

LaFeber, Waleter, *Michael Jordan and the New Global Capitalism* (New York: Norton, 1999).

Lennon, T. J.(ed.), *The Battle for Hearts and Minds: Using Soft Power to Undermine Terrorist Networks* (Cambridge, MA: MIT Press, 2003).

Lessig, Laurence, *Code and Other Laws of Cyberspace* (New York: Basic, 2000).

Litan, Robert, "The Internet Economy", *Foreign Policy* (March/April, 2001).

Matthews, Jessica T., "Power Shift", *Foreign Affairs* (January, 1997). pp. 50~66.

Norris, Pippa, *The Digital Divide: Civic Engagement, Information Poverty, and the Internet Worldwide* (New York: Cambridge University Press, 2001).

Nye, Joseph S., Jr., *Soft Power: The Means to Success in World Politics* (New York:

Public Affairs, 2004).

Pells, Richard, *Not Like Us* (New York: Basic, 1997).

Petritt, Henry H., Jr., "The Internet as a Threat to Sovereignty?", *Indiana Journal of Global Legal Studies* (Spring 1998). pp. 423~442.

Quinlan, Joseph, and Marc Chandler, "The U.S. Trade Deficit: A Dangerous Illusion", *Foreign Affairs* (May/June 2001).

Roberts, Adam, "The So-Called 'Rights' of Humanitarian Intervention", *Yearbook of International Humanitarian Law* (May/June 2001), pp. 98~112.

Roy, Olivier, *Globalized Islam: The Search for a New Ummah* (New York: Columbia University Press, 2004).

Ruggie, John G., "Territoriality and Beyond: Problematizing Modernity in International Relations", *International Organization* (Winter 1993).

Rugh, William A., *American Encounters with Arabs: The 'Soft Power' of U.S. Public Diplomacy in the Middle East* (Westport, CT: Paeger, 2006).

Saich, Tony, "Glabalization, Governance, and the Authoritarian State: China", in Joseph S. Nye, Jr. and John D. Donahew(eds.), *Governance in a Globalizing World* (Washington, DC: Brookings Institution, 2000).

Sassen, Saskia, "On the Internet and Sovereignty", *Indiana Journal of Global Legal Studies* (Spring 1998).

Simon, Herbert A., "Information 101: It's Not What You Know, It's How You Know It", *Journal for Quality and Participation* (July/August, 1998).

Smith, Gordon, and Moises Naim, *Altered States: Globalization, Sovereignty and Governance* (Ottawa: International Development Research Centre, 2000).

Sola Pool, Ithiel, *Technologies of Freedom* (Cambridge, MA: Belknap, 1983).

Spiro, Peter, "the New Sovereigntists", *Foreign Affairs* (November/December, 2000).

Spruyt, Hendryk, *The Sovereign State and Its Competitors* (Princeton: NJ: Princeton University Press, 1994).

Strange, Susa, *The Retreat of the State* (Cambridge, UK: Cambridge University Press, 1996).

Stern, Jessica, *The Ultimate Terrorists* (Cambridge, MA: Harvard University Press, 1999).

Vogler, John, *The Global Commons: A Regime Analysis* (New York, NY: J. Wiley & Sons, 1995).

Williamson, Jeffrey, *Globalization and Inequality Then and Now: The Late 19th and Early 20th Centuries Compared* (Cambridge, MAL National Bureau of Economic Research, 1996).

9장

신세계질서?

2001년 영상연설 중인 오사마 빈 라덴.

미래를 위한 대안적 구상

국제정치는 아직도 국가들이 안보딜레마에 직면하고 국력이 상당한 역할을 하는 자구의 영역이다. 그런 면을 약화시키는 도구로서 세력균형, 국제 규범, 국제법, 국제기구와 같은 것들이 있으나, 그런 것들이 모든 전쟁을 막지는 못했다. 투키디데스가 묘사한 국제분쟁의 논리 — 수인의 딜레마에 해당하는 — 는 오늘날의 세계에서 아직도 부분적으로 적용된다.

냉전의 종결과 함께 신세계질서의 미래에 대한 상당한 논의가 진행되었다. 뒤에 살펴보겠지만, 신세계질서가 무엇을 의미하는지는 명확하지 않다. 제2차 세계대전 이후의 양극체제가 무너졌다는 점에서는 신세계질서가 형성되었다고 할 수 있다. 그러나 그것은 무정부체제 안에서의 질서였고 그 질서가 반드시 정의로운 것은 아니었다. 혹자는 신세계질서가 무정부적 국가체제의 문제점들에서 벗어나는 것을 의미한다고 생각했다. 그러한 세계는 가능한가? 영국의 역사가 토인비(Arnold Toynbee)는 냉전 초기에 민족국가와 핵무기는 같은 행성에서 공존할 수 없다고 적고 있다. 전쟁이 방어의 궁극적 형태이고 핵무기가 궁극적 무기인 주권국가의 세계에서 그는 무엇인가가 없어져야 한다고 생각했고 그것이 국가인 편이 좋겠다고 보았다. 7장과 8장에서 보았듯이, 세계화와 정보화혁명은 국가주권에 좋은 방향이든 나쁜 방향이든 새로운 도전을 제공하고 있다.

영토국가가 과거에 항상 존재했던 것은 아니기 때문에 미래에도 반드시 존재해야 할 이유는 없다. 파편적인 구성단위와 국가체제들은 투키디데스의 시대부터 존재해 왔지만, 국제정치의 가장 근본적인 기초로서의 거대한 영토국가는 13~14세기의 르네상스 시대 이후에 와서야 발전했다. 17세기의 30년 전쟁(1618~1648)조차도 어느 정도 봉건 전쟁의 형태를 띠었으며, 그것은 봉건시대의 마지막 전쟁인 동시에 영토국가시대의 첫 번째 전쟁이었다. 오늘날 우리가 알고 있는 근대 세계정치의 지배적인 제도로서 거대한 영토국가는 그 역사가 300~400년밖에 되지 않았다. 몇몇 미래학자들은 영토국가의 쇠퇴를 예측했다. 그들이 주장하는 신세계질서는 무정부적 딜레마를 극복할 수 있는 구조를 담고 있다. 제2차 세계대전 이후 세계정치의 모델로서의 민족국가를 극복할 대안을 발전시키고자 한 시도들은 크게 다음과 같이 다섯 가지로 구분할 수 있다.

세계연방주의(World Federalism). 유럽적 사고의 가장 오래된 전통 중 하나인 연방주의는 국제 연방이라는 방식으로 무정부상태의 문제점을 해결하고자 한다. 국가가 무기를 버리는 데 동의하고 일정한 형태의 중앙정부를 받아들이는 것이다. 연방주의자들은 종종 18세기에 13개 미국 식민지 주들이 연합한 방식에서 이 구상을 유추해낸다. 혹자는 역사가 더 큰 구성단위로 나아가는 발전의 기록이라고 말한다. 하지만 연방주의는 지구적인 수준에서는 그다지 성공적인 계획이 아님이 증명되었다. 사람들이 가치 있게 여기는 것은 평화만이 아니다. 사람들은 평화 외에도 정의와 복지, 자치를 원하고, 세계정부가 그들을 보호해줄 것이라고 믿지 않는다. 나아가 연방이라는 치료가 효과를 거둘 것이라고, 즉 전쟁의 문제에 대한 치료법이 되리라고 확신하는 사람은 거의 없다. 국가들의 무정부체제가 전쟁의 원인 중 일부라고 하더라도, 독립국가를 없애는 것이 반드시 전쟁의 종언을 가져다주지는 않는다는 것이다. 최근의 전쟁 대부분은 국가 내에서 발생한 것이었다.

기능주의(Functionalism). 연방주의의 불충분함 때문에 국제기능주의라는 개념이 발전했다. 1940년대에 인기를 끌었던 기능주의는 경제적·사회적 협력이 국경을 넘어선 공동체를 만들어낼 수 있고, 따라서 전쟁을 제거할 수 있다고 시사했다. 그렇게 되면 주권의 중요성은 약해질 것이고, 국가라는 공식적인 껍데기는 존재한다 하더라도 그 안의 호전적인 본질은 모두 제거된다는 것이다. 제2차 세계대전 이후 기능주의적 사고는 식량농업기구(Food and Agricultural Organization), 세계보건기구(World Health Organization) 등과 같은 일부 전문적인 유엔기구들이 창설되는 밑거름이 되었다. 초국가적 이익, 비정부기구, 다국적기업 등으로 가득 찬 세계에서 기능주의는 오늘날에도 어느 정도 존재하고 있다. 그러나 기능주의는 세계질서를 위한 충분한 구상으로 증명되지는 못했으며, 대부분의 국가들은 자국이 지나치게 상호의존적이 되어 다른 국가들에 대한 취약성이 높아지는 것을 꺼리고 있다.

지역주의(Regionalism). 1950년대와 1960년대에 지역 통합은 매우 인기가 있었다.

프랑스 계획위원회(French Planning Commission)의 위원장이었던 모네(Jean Monnet)는 지역적 차원의 기능주의적 접근이 독일과 프랑스를 한데 묶을 수 있으며, 따라서 제1, 2차 세계대전으로 이어진 분쟁의 부활을 막을 수 있을 것이라고 생각했다. 유럽은 서유럽의 석탄과 철강 산업을 통합하는 슈만플랜(Schumann Plan)으로 그 과정을 시작했다. 1957년 이후 로마조약은 EC(유럽공동시장)를 창설했고, EC는 무역 장벽을 착실하게 철폐해나가고 농업 및 경제정책에서 전 방위적인 조화를 이루어냈으며, 이러한 움직임은 1992년 EU 창설로 절정을 이루었다. 앞에서 살펴본 바와 같이, 다른 지역들 또한 유럽의 지역주의를 열심히 모방하려고 했고 NAFTA는 서반구에서 나타난 그 중요한 예이다.

그러나 1965년에 당시 프랑스의 대통령이었던 드골과 더 나중인 1980년대의 영국 수상 마거릿 대처(Margaret Thatcher)는 지역 통합이 얼마나 진전될 수 있는가에 대한 한계를 설정했다. 1990년대 중반에 많은 EU 국가들은 지역 정부에 얼마나 많은 주권을 양보할 것인가를 놓고 고민하고 있었다. 새로운 공동통화인 유로가 2002년에 유통되기 시작했지만, 서유럽 모든 국가에서 사용하는 것은 아니었다. EU를 위한 새 헌법을 제정하려던 노력은 프랑스와 네덜란드가 제시된 헌법 초안을 2005년 국민투표를 통해 부결시킴으로써 멈칫거렸다. 그러나 더 위대한 통합을 향해 가는 길에 놓인 이 같은 과속방지턱에도, 그리고 몇몇 동유럽 국가들의 가입으로 인한 조직상의 문제에도, 유럽은 우리가 검토한 이전 시대에 비해 더 좋은 방향으로 변화했다. EU는 국제관계에 관한 역동적이고 현재진행형인 실험을 하고 있는 셈이다. 회원 국들이 농업 부문에서 공동방위군 창설에 이르는 쟁점들을 다룰 다자적 기구들의 얽히고설킨 문제들을 계속 공들여 협상해 나감으로써 분명히 유럽적인 단일정체성이 생겨나고 있다. 정책입안 수준에서는 민족적 차이가 아직도 분명하지만, 공식 여론조사를 보면 유럽 각국의 대다수 국민들은 자신들을 프랑스인, 독일인, 스페인인이자 동시에 '유럽인'으로 생각하고 있다. 이것은 정치적 정체성과 신념의 구축에서 역할개념과 문화활동을 강조하는 구성주의이론과 맞아떨어진다. EU 회원국들은 비용편익 비율(cost/benefit ratio)이 완전한 민족적 독립을 넘어 서로 협력해야만 커질 수 있다는 신념을 갖고 그들의 복잡한 상호의존을 확대해나가는 길을 선택했다. 오늘날 유럽에서는 모두가 한 배를 타고 있지는 않을지 몰라도 예전 시대와는 상당히 다른 다양한 방법으로 배들이 한데 묶여 있다. 예컨대 현재 EU의 여러 지역에서 EU법은 개별국가의 법률을 대신하고 있다. EU는 국제정치의 새로운 유형을 대표하지만 그것은 분명 유럽이라는 지역의 것일 뿐이다.

생태주의(ecologism). 1970년대에 생태주의는 세계질서의 다른 유형을 위한 새로운 희망의 이름을 제시했다. 포크(Richard Falk)는 『이 위험에 처한 혹성(This Endangered Planet)』에서 초국가적·비영토적 행위자의 증가와 희소성(scarcity)으로 인한 상호의존의 증대가 신세계질서의 기초를 제공할 수 있다고 주장한다. 포크는 민족국가를 대체하는 민중적 가치가 점차 발전할 것이라고 했다. 반식민주의, 반인종주의, 평등의 증진, 생태적 균형 등이 유엔의 다수 국가들에서 강해질 뿐만 아니라 세계적인 자원 감소라는 문제를 처리할 수 있는 새로운 체제를 창출한다는 것이다. 그 결과 평화, 정의, 생태적 균형이라는 국제 규범과 세계질서의 새로운 형태가 등장한다는 것이다.

기술적 변화와 경제적 성장은 생태 문제를 부각시켰다. 지구의 자원이 남용되고 생물학적 다양성이 감소함에 따라 지구적 공유물인 대양과 대기는 더 많은 피해를 보게 되었다. 지난 세기 동안 각국 정부는 어업, 산성비, 오존층 파괴, 멸종위기종 보호, 남극, 해양 오염 등을 포함한 공동의 관심사에 관한 170개가 넘는 환경조약에 서명했다. 그중 3분의 2가 1972년 스톡홀름에서 개최된 첫 번째 유엔환경회의 이후에 서명되었다. 1992년에는 브라질에서, 1997년에는 일본에서 환경문제와 지구온난화에 대한 중요한 유엔회의가 개최되었다. 환경문제는 또한 초국가적 로비를 벌이는 수많은 비정부기구를 탄생시켰다. 선진국의 시민들과 정치가들도 환경오염 및 환경보호와 관련하여 높아진 인식과 관심을 표현하고 있다.

그러나 포크는 자원이 얼마나 희소해질 것인가를 과대평가했으며, 반면 신기술이 희소자원을 얼마나 많이 대체할 수 있을지는 과소평가했다. 많은 국가에서 생태적 관심은 급속한 경제성장에 대한 열망보다 중요하게 취급되지 않고 있다.

사이버봉건주의(Cyber-Feudalism). 앞장에서 살펴본 바와 같이, 피터 드러커와 토플러 부부(Alvin and Heidi Toffler) 같은 정보화시대의 조직이론가들은 정보혁명이 위계질서를 없애고 궁극적으로는 네트워크 조직들이 그 위계질서를 대체할 것이라고 주장한다. 그들은 20세기의 중앙집권적인 관료정부가 21세기에는 분권적 조직이 되고, 정부의 더 많은 직무가 민간 시장과 비영리단체에 의해 행해질 것이라고 예측한다. 나아가 다이슨(Esther Dyson)은 인터넷에서 발전하는 분권적인 조직들과 가상공동체들은 갈수록 영토적 관할권을 침해하고 자체의 통치 패턴을 발전시킬 것이라고 주장한다. 민족국가는 존속하겠지만 사람들의 삶에 훨씬 덜 중요하고 덜 중심적이 될 것이다. 사람들은 다수의 자발적 계약에 의해 살아갈 것이며, 마우스의 클릭으로 공동체에 가입하고 탈퇴할 것이다. 얽히고설킨 공동체와 통치의 새로운 패턴은 국가 중심의 베스트팔렌체제 이전에 존재했던 봉건세계 — 물론 더 근대적이고 문명화되겠지만 — 와도 유사할 것이다.

우리는 이러한 경향을 띤 시류를 확인할 수 있지만, 민족국가의 초월에 관한 이런 비전은 가상공동체와 지역공동체의 요구들이 어떻게 상호작용할 것인가와 폭력과 안보라는 쟁점이 어떻게 다루어질 것인지에 대한 분명한 대답을 제공하지는 못한다. 더욱이 앞장에서 보았듯이 새로운 정보화기술은 선은 물론 악을 위해서도 사용될 수 있다. 오늘날 테러리스트들은 단원을 모집하고, 무력을 사용하라는 지시를 받고, 비밀자금을 보내고, 그들의 조직망을 확대하는 데 컴퓨터와 인터넷을 이용한다. 그리고 해커들은 국경을 넘지 않고 먼 곳에서 다른 나라에 피해를 줄 수 있다. 그 같은 상황에서 시민들은 정부가 안전을 지켜줄 수 있는 더 강력하고 더 이상 무력하지 않은 국가를 원할지도 모른다. 토머스 홉스가 수세기 전에 지적했듯이, 국가의 무정부 상태는 위험하지만 비국가행위자들로부터 국민을 보호해주는 정부가 존재하지 않는 다른 종류의 무정부상태 유형들보다는 덜 위험하다.

이상의 다섯 가지 모델의 예측과는 달리, 민족국가는 아직 무용지물이 되지 않았다. 그렇게 믿는 이들은 종종 단순한 유추를 사용한다. 그들은 오늘날의 민족국가는 국경을 한순간에 넘을 수 있는 로켓과 전자메시지들에 의해 침투될 수 있다고 말한다. 화약과 보병이 중세의 성에 침투하고 그것을 파괴했듯이 핵미사일과 인터넷이 민족국가를 무용지물로 만들었다는 것이다. 그러나 사람들은 그들의 정치제도에서 물리적 안보, 경제적 복지, 공동체적 정체성이라는 세 가지를 원한다. 국제적 과정에서 변화는 이와 같은 가치들의 구심점을 천천히 이동시키고 있지만, 적어도 지금까지는 민족국가가 그 어떤 다른 제도보다 세 가지 면 모두에서 더 많은 것을 제공하고 있다. 다국적기업, NGO, 국제기구들은 공동체적 정체성의 핵심이 될 만한 안보와 정통성을 제공할 수 있는 힘이 결여되어 있다. 더욱이 인간의 역사에서 민주주의는 민족국가라는 환경 내에서만 번창해왔다. 가상공동체는 아직은 지리적인 공동체보다 약하다. 따라서 대안을 구상해내려는 오랜 노력에도 영토국가와 그 과제들은 세계정치의 중심으로 남아 있다.

국가는 지속되겠지만, 세계정치의 환경은 변하고 있다. 기술의 혁명적인 변화는 세계를 더 작고 긴밀하게 보이게 한다. 그러나 동시에 많은 사람들이 급속한 변화에 대해 불화와 갈등을 일으키는 경향이 있는 인종적·종교적·민족국가적 반응을 보인다. 7장에서 보았듯이 세계화는 경제적 통합과 정치적 분열을 동시에 일으킬 수 있다.

통신은 세계를 변화시키고 있다. 외교정책은 실시간으로 실행된다. 걸프전에서 사담 후세인과 조지 H. W. 부시는 모두 최신 뉴스를 접하기 위해 CNN을 보고 있었다. 아프가니스탄전쟁 기간에 오사마 빈 라덴과 조지 W. 부시 둘 다 CNN과 아랍 방송인 알자지라(Al Jazeera)를 시청했다. 이라크전쟁 기간에 TV 방송국 기자들은 전선의 병사들 틈에 끼어 전 세계 시청자들에게 전쟁을 실시간으로 중계했다. 지구의 먼 곳에서 일어나는 인권문제와 대량고통(mass suffering)은 TV에 의해 우리의 거실로 전달된다. 가난한 나라에서 하루에 1달러로 살아가는 사람들은 1년에 수백만 달러를 버는 사람들의 생활양식을 더 잘 알게 되고 있다. 국제통화기금의 전 수석경제학자인 로고프(Kenneth Rogoff)에 따르면, 전 세계의 기업과 소비자 심리 사이의 높은 상관관계는 지구적 경제활동을 이전보다 더 일반적인 불황 쪽으로 몰고 갈지도 모른다. "우리가 더 많은 동시성을 갖게 된 한 가지 이유는, 우리 모두가 CNN을 청취하기 때문이다"[1]라고 그는 말했다.

그러나 경제적 통합이 정치적 통합을 의미하지는 않는다. 알자지라 방송을 통해 아프가니스탄전쟁과 이라크전쟁을 시청한 대부분의 사람들은 CNN을 통해 그것을

---

1 Joseph Karn, "The World's Economics Slide Together into Recession", *The New York Times*, November 25, 2001.

본 사람들과는 전쟁에 대한 견해가 달랐다. 이와 마찬가지로 월드와이드웹은 더 많은 사람들에게 더 많은 정보를 제공하지만, 사람들은 항상 같은 유형과 원천을 가진 정보를 찾는 것은 아니다. 인터넷, 케이블방송, 위성방송은 전형적인 TV 네트워크 방송의 특질을 나타내는 정보의 공통분모보다는 특수한 그룹들에게 정보를 한정하여 전달하는 '협송'을 권장한다. 캐나다의 커뮤니케이션이론가인 매클루언(Marshall McLuhan)은 현대의 커뮤니케이션이 그가 말하는 '지구촌(global village)'을 만들어내고 있다고 주장했다. 그러나 지구촌이라는 비유는 지구적 정치의 정체성이 약하기 때문에 오해를 불러일으킬 수도 있다. 전 세계 대부분의 지역에서는 국가적, 종교적, 그리고 민족적 정체성이 약해지기는커녕 강해지고 있는 듯하다. 지구촌 대신에 지구 곳곳에는 서로에 대해 더욱 많이 알고 있는 마을들이 존재하게 되었다. 그리고 그 마을들은 공동체성과 함께 향리주의(parochialism)를 내포하고 있다. 통합과 분열의 이 같은 동시적인 진행은 냉전 이후 세계정치의 미래에 대한 인기 있고 지나치게 단순화된 두 가지 비전을 만들어냈다.

역사의 종언이냐 문명의 충돌이냐

1989년에 후쿠야마(Francis Fukuyama)는 「역사의 종언(The End of History)」이라는 제목의 논문을 발표했다. 그는 글자 그대로 역사가 종말을 맞았다는 의미에서가 아니라 공산주의의 소멸로 우리가 이데올로기적 진화의 종점에 도달했으며 "인간이 만든 정부의 최종적인 형태로서 서구 자유민주주의가 출현한 것"이라고 주장했다. 뿌리 깊은 이데올로기적 분열은 20세기 국제분쟁의 동인이었으며 파시즘이나 공산주의와 같은 거대한 이데올로기 운동은 근대화로 파괴된 전통적 삶에 대한 대응이었다. 그러나 시간이 지나면서 자유주의적 자본주의는 높은 수준의 복지와 시민의 참여를 만들어내는 데 더 성공적임이 증명되었다. 냉전의 종식은 자유주의적 자본주의의 승리를 시사했다. 어떤 의미에서 후쿠야마의 주장은 옳다. 포괄적인 이데올로기로서 자유주의적 자본주의에 필적할 만한 이데올로기는 더 이상 존재하지 않는다. 부유한 자본주의국가들 사이의 관계는 크게 변화했다. 독일과 프랑스도, 그리고 미국과 일본도 서로 전쟁을 벌이리라고 예상하거나 계획하는 일은 더 이상 없다. 그들의 복합적 상호의존은 칸트가 예언한 자유주의적 노선을 따라 현대 세계에서 민주주의적 평화의 커다란 안전지대를 형성하고 있다.

그러나 다른 의미에서 탈냉전세계는 '역사의 종언'이라기보다는 역사의 복귀(return of history)라고 표현할 수 있다. 역사의 복귀란 하나의 이데올로기적 분열이 국제정치의 거대한 분쟁들을 만들어내지 않는 더 정상적인 상황을 의미한다. 자유주의적 자본주의에는 비록 분열되어 있기는 하지만, 많은 경쟁자가 있다. 중국과 러시아는 자본주의와 세계시장을 이용하기는 하지만 둘 다 자유주의적이지도 완전히 자본주의적이지도 않다. 다른 영역에서는 종교적 원리주의가 자유주의적 자본주의의 규범과 관습에 도전한다. 우리는 때로 모든 종교적 원리주의를 한데 묶어서 논하지만, 그 안에는 많은 종류의 원리주의들이 있다. 그들이 공유하는 것은 세속적인 자유주의적 자본주의에 대한 반대와 저항이다. 냉전 이후의 자유주의적 자본주의에 대한 중대한 반작용이자 경쟁자는 인종적, 종교적, 국가적인 공동체주의이다.

1993년에 헌팅턴(Samuel P. Huntington)은 「문명의 충돌(The Clash of Civilizations)」이라는 제목의 논문(후에 책으로 나왔다)을 발표했는데, 후쿠야마의 견해에 대한 반대 시각으로 널리 알려졌다. 헌팅턴은 새로운 세계에서 분쟁을 일으키는 중요한 원인은 근본적으로 이데올로기나 경제적인 것이 아니라 문화가 될 것이라고 주장했다. 헌팅턴은 영국 역사가인 토인비의 연구를 토대로 하여, 세계를 8개의 대'문명(서구와 라틴아메리카, 아프리카, 이슬람, 중국, 힌두, 동방정교, 불교, 일본 문명)'으로 나누었다. 그는 이들 문명의 단층선을 따라 분쟁이 일어날 것으로 예상했다. 세력균형이론을 이용하여 국가 간의 분쟁이 독일과 그 이웃국가들 사이에 다시 발생할 것으로 예상하는 현실주의자들이나, 민주주의적 평화가 지구상에 확산될 것으로 예상한 자유주의자들의 주장과는 반대로, 헌팅턴은 분쟁의 원인으로서의 문화에 초점을 맞춰 예리하게 파헤쳤다.

그러나 헌팅턴은 다소 임의적이라 할 수 있는 토인비의 문명 분류를 적용하여 자기의 견해를 지나치게 단순화시킨 점이 있다. 구성주의자들이 지적하듯이 문화는 순수하게 동질적이거나 정적이지 않으며, 서로 부분적으로 겹치고 유동적인 것이다. 분쟁은 세계지도상의 '문명' 사이에서보다는 오히려 그 안에서(예를 들면 아프리카나 이슬람 내에서) 더 많이 일어났다. 일부 비평가들은 오사마 빈 라덴의 테러 공격과 서구에 대한 그의 이슬람 지하드[聖戰] 요구는 헌팅턴의 주장이 옳다는 것을 증명한다고 주장하지만, 어떤 이들은 2001년 9·11 이후에 일어난 사건들이 이슬람 과격 원리주의자들과 주류 무슬림들 사이의 내전에 더 가깝게 보인다고 주장한다. 다수의 신실한 무슬림들은 오사마 빈 라덴보다는 온건한 기독교도 및 유대교도와 공통점을 더 많이 갖고 있다.

후쿠야마와 헌팅턴의 견해 둘 다 탈냉전세계를 이런저런 패턴에 억지로 끼워 맞추려고 애를 쓰고 있다. 그러나 한 가지 규격이 모든 것에 맞을 수는 없다. 앞서 보았듯이 다양한 문화가 있을 뿐 아니라 경제적 근대화의 수준에서 볼 때 아주 많은 유형의 국가가 있다. 후쿠야마가 주장한 자유주의적 자본주의와 민주적 평화의 성공 사례는 탈산업사회의 경우 잘 들어맞는다. 문화적 갈등에 관한 헌팅턴의 초점은 산업화 이전 세계와 여타 세계와의 관계에 더 잘 들어맞는다.

앞에서 보았듯이 인종적·문화적 갈등은 현대화와 세계화를 수반하는 주요 사회적 변화에 정체성이 도전을 받을 때 일어나는 경향이 있다. 유사한 인종적 특성을 가지고 있으면서 공통의 정체성을 주장하는 사람들은 매우 강력한 개념을 가진 사람들이며, 그들이 국가를 통제하려고 모색할 때 우리는 그것을 민족주의라고 부른다. 현실주의자들이 헌팅턴을 비난할 때 지적하는 것은 이 같은 민족국가들이 그가 초점을 맞추는 초국가적 문명과 종교적 문화와 마찬가지로 긴장 속에 있다는 점이다. 중동에서 볼 수 있었듯이, 이집트, 시리아 같은 국가들의 민족주의는 범아랍주의보다 더 강력함을 증명했으며 지금은 초국가적 이슬람 원리주의와 싸우는 중이다.

국가가 우세할 때도 민족주의의 강도는 다양하다. 동유럽과 서유럽의 차이를 살펴보는 것은 많은 도움이 된다. 동쪽의 공산주의 통치 아래서 민족주의적·인종적 분쟁들은 반세기 동안 얼어붙어 있었다. 냉전이 종식되고 소련의 패권이 소멸됨에 따라 그 분쟁들 중 많은 부분이 해동되었다. 예를 들면 냉전이 종식되고 공산정부가 해체되면서 구유고슬라비아에서는 세르비아, 크로아티아, 무슬림, 코소보계 알바니아인들 간의 경쟁이 전면에 부각되면서 무시무시한 결과를 가져왔다. 구소련 전역에는 많은 인종집단들이 국경을 가로질러 분포되어 있어, 더 많은 인종분쟁이 일어나고 민족주의가 재현될 가능성이 높아졌다. 이것은 과거에는 강력한 민족적 적대감을 갖고 있던 국가들이 거대한 EU를 형성한, 국가 간 분쟁이 거의 없는 서유럽과는 대조적이다. 이것을 어떻게 설명할 수 있을까?

그에 대한 설명의 많은 부분은 자유주의적 이론과 잘 들어맞는다. 사람들이 더 잘살면 적대감은 덜해질 수 있다. 민주주의 때문이라고도 말할 수 있을 것이다. 사람들이 분쟁을 공개적으로 해결할 기회를 갖는다면, 격렬한 감정은 더 잘 극복될 수 있기 때문이다. 서구의 적대감 중 일부는 민주적 과정에 의해 해소되었다. 제2차 세계대전 이후 독일에서 계속된 논쟁은 교과서의 수정과 독일 역사에 대한 새로운 이해를 낳으며 이를 입증했다. 그리고 더욱 극단적인 민족주의적 견해들을 억제하고 서유럽인들을 더 큰 틀 안에 통합한 지역적 제도들 또한 원인이라고 할 수 있다. 다행히도 EU에 가입하고 싶어 하는 많은 동유럽 국가들의 열망이 (동유럽의) 지도자와 국민들에게 중요한 완화효과를 주었다. 사실 EU의 소프트파워는 동유럽의 중요한 경제적·정치적 개혁에 이전 같으면 도무지 달성할 수 없을 속도로 박차를 가하게 했다.

그러나 서유럽이라고 해서 민족주의가 사망하고 사라진 것은 절대 아니다. 많은 유럽인들은 그들의 민족적 정체성이 유럽 전체의 정체성 안에 완전히 잠기는 것을 원하지 않는다. 프랑스와 독일 사이에는 아직도 두려움이 남아 있다. 프랑스가 유럽통합을 지지하는 이유 중 하나는 독일을 묶어두기 위해서이다. 게다가 많은 서유럽인들은 이민자들이 그들의 문화에 미칠 영향을 우려한다. 그들은 동유럽뿐만 아니라 북아프리카로부터의 이주를 두려워한다. 전문가들은 9·11 테러 공격, 그리고 그 뒤 마드리드와 런던에서의 공격이 유럽 시민과 지도자들이 유럽에 사는 대규모 무슬림 이주공동체의 정치적·경제적 불만을 적절히 다루는 데 실패한 증거라고 말한다. 그리고 프랑스에서의 이민자 폭동은 수많은 북아프리카 출신 이민자들이 프랑스의 경제와 사회 속으로 제대로 흡수되지 못했음을 증명했다. 동시에 서유럽의 우익 정당들은 점점 더 외국인혐오증(xenophobia)에 호소하는 경향이 늘고 있는데, 이는 우리에게 민족주의 문제와 인종적 긴장이 서유럽에서 완전히 사라진 것이 아니라는 경고 신호를 보내고 있다. 그러나 출산율이 낮아지고 있고 국경의 경비가 허술한 유럽은 지중해 건너의 가난한 이웃 국가들로부터 몰려드는 이민을 막아낼 방도가 없다. 따라서 유럽적인 정체성을 보존하려는 욕구와 이민자들을 사회 속으로 더 잘 통합해야 할 필요성 사이의 긴장을 해소하는 것이 유럽이 직면할 도전이 될 것이다.

	민간	공공	제3부문
초국가적	다국적기업 (IMB, 셸 등)	정부 간 조직 (UN, WTO 등)	비정부조직 (옥스팸, 그린피스 등)
국가적	국민 기업들 (US 항공 등)	↖ ↑ ↗ ← 21세기 중앙정부 → ↙ ↓ ↘	국가 비영리단체 (미국 적십자사 등)
준국가적	지역 기업들	주/지역 정부	지역 단체들

그림 9.1 21세기 통치의 분산.

과학기술과 권력의 분산

미래에 대한 세 번째 전망은 후쿠야마와 헌팅턴의 전망보다는 덜 명확하지만 현실에 더 가깝게 다가온다. 즉 과학기술, 특히 정보화기술이 중앙정부로부터 권력을 분산시키는 데 주도적인 역할을 한다는 것이다(그림 9.1 참조). 소련과 나치 독일의 전체주의 정부로 절정을 이루었던, 국가의 중심지에 힘을 집중시킨 시대였던 20세기와 마찬가지로, 경제와 정보 네트워크는 정부보다 더 높은 차원 혹은 더 낮은 차원으로 일부 통치기능을 옮기고 있으며, 그림 9.1이 보여주듯이 일부는 공식적인 정부에서 민간 및 비영리적인 부문으로 옮아가고 있다.

8장에서 보았듯이 정보는 권력에 영향을 준다. 21세기에 모든 종류의 정부는 정보화기술이 점점 확산되고 그 비용이 계속 줄어들면서 그들의 지배력이 서서히 잠식당하고 있음을 발견할 것이다. 20세기 중반에 사람들은 컴퓨터가 조지 오웰의 소설 『1984년』에 나오는 중앙집중적이고 권위주의적인 세계를 만들어낼까봐 걱정했지만, 컴퓨터는 분권적인 효과를 더 강하게 내는 것으로 입증되었다.

분권화를 야기하는 정보화혁명은 너무 크게 그리고 너무 빨리 국가들을 변화시키고 있어서 그에 대한 반작용이 일어날 수도 있다. 그러나 정부가 외교정책에 대한 독점적 지위를 잃거나, 8장에서 서술한 것과 같이 세계정치 무대를 비국가행위자들과 공유하게 될 가능성은 아주 크다.

이 같은 권력의 분산은 긍정적인 결과와 부정적인 결과를 모두 가져올 수 있다.

긍정적인 전망은 기술이 경제 발전을 촉진하고 독재체제를 약화시킨다고 보는 것이다. 그 결과는 민주주의적 평화라는 오아시스가 빠른 속도로 확대되는 일이 될 것이다. 부정적인 전망은 파괴적인 개인, 테러 단체, 아니면 약해진 국가가 국가 간 체제의 무정부상태가 아닌 진정한 무정부상태를 만들어 대량살상무기에 접근할 수 있는 새로운 봉건주의를 상정한다. 그 같은 불안정한 세계에서는 어떤 부정적인 반작용이 경제적 세계화의 속도를 줄이거나 후퇴시킬 수도 있다. 그리고 이런 세계에서 국민들은 근본적으로 개인의 안전을 보장해주는 홉스적인 독재정부를 지지함으로써 민주주의적 자유를 희생시킬지도 모른다.

긍정적 전망은 초국가적인 소통 때문에 지구의 다른 한편에서 어떤 일이 일어나고 있는지를 더 잘 알게 되었고, 더 쉽게 지구적 차원의 그룹을 조직할 수 있게 되었다는 점을 지적한다. 이미 보았듯이 NGO들은 환경권과 인권을 위한 초국가적인 캠페인을 벌일 수 있다. 인터넷은 국민에게 정보를 제공하여 독재체제의 지배력을 약화시킨다.

가장 인상적인 초국가행위자는 물론 다국적기업이다. 세계에 투자를 확대하고 세계시장의 곳곳에서 이익을 창출하는 초국가적 기업들은 새로운 세계경제를 창조하고 있다. 각국의 정부들은 국제 자본을 유치하기 위해 경쟁한다. 국제무역 중 많은 부분은 다국적기업의 내부에서 행해지고 있다. 혼다는 이제 일본보다는 미국에서 더 많은 자동차를 생산하고 미국에서 만든 차들을 다시 일본으로 실어온다. 미국 정부는 미국에서 만든 혼다자동차를 받아들이도록 EU에 압력을 가한다. 다시 말하면 미국은 유럽으로 수출되는 미국산 일본차들을 미국의 국익으로 규정했다. 비슷한 예로 IBM은 일본에서 메인프레임 컴퓨터의 최대 생산자이다. IBM일본은 일본에서 연구개발하고 일본인 직원을 채용한다. 2004년에 IBM은 자사의 개인컴퓨터 부문을 중국 컴퓨터 업체인 레노보(Lenobo)에 매각하여 컴퓨터 산업의 지구적인 특성을 더욱 강화했다. 미국인이 미국에서 무료 장거리전화서비스 번호로 전화를 걸면 인도의 방갈로르에서 미국인 악센트로 말할 수 있도록 배운 인도인이 그 전화를 받게 될 것이다.

이와 같은 사실은 전 노동부 장관인 로버트 라이히(Robert Reich)에게 '우리는 누구인가'라는 의문을 갖게 했다. 분석가들은 회사 본부의 정체성에 초점을 두어야 할까 아니면 어디든 연구와 생산이 실제로 이루어지는 곳에 초점을 두어야 할까? 라이히는 미국의 국경 안에서 사는 사람들에게 무엇이 좋은가라는 관점에서, 미국에서 활동하고 있는 외국 회사가 일본에서 활동하고 있는 미국 회사보다 더 중요할 수 있다고 주장한다. 비평가들은 라이히가 현재 상황에서 정당화되는 것보다 훨씬 먼 미래를 논하고 있다고 답했다. 대부분의 다국적기업은 뚜렷한 민족주의적 정체성을 가지고 있고 미국 생산의 4분의 3은 미국에 본부를 둔 회사들에 의해서 이루어진다. 그럼에도 그것은 미래를 생각하는 재미있는 방법이다. 초국가적 투자는 정체성을 혼란시키고, '우리는 누구인가'라는 질문을 혼란스럽게 하며, 생태적 상호의존과 함께 지구적인 문제들에 대한 장기적 관점들에 영향을 줄 수 있다.

만약 미국의 대응책들이 미국 시장에서 활동하고 있는 외국 회사들을 몰아내는 것이라면, 미국은 더 이상 세계적 기준에서 경쟁할 수 없는 비효율적인 회사들을 만들어내게 될 것이다. 보호주의적 대응의 문제점은 상대방에게 피해를 주는 만큼 자신도 해를 입을 수 있다는 점이다. 따라서 1990년대에 미국과 일본은 교역에 방해가 되는 국내적 장애들에 대해 협상을 벌였다. 미국은 일본의 사법권에 관한 문제들에 완강하게 압력을 가했다. 일본에는 슈퍼마켓의 규모를 제한하는 법률과 외국 기업들이 유통과정에 참여하는 것을 제한하는 다른 관행들이 있었다. 많은 일본 정치인과 소비자들은 이와 같은 미국의 압력이 일본의 소비자에게 이득이 되기 때문에 이를 환영했다. 어떤 면에서는 미국의 생산자와 일본의 소비자들 간에 초국가적 동맹이 존재했다고 할 수 있다. 이에 대응하여 일본 정부는 미국의 무역적자가 정부의 재정적자와 관계가 있음을 정확하게 지적하면서 미국에게 재정적자를 줄이라고 압력을 가했다. 다시 말해서 미국과 일본의 관리들은 물가 문제가 아니라 상대방의 주권 관할권이라는 깊숙한 문제들을 놓고 서로를 상대하고 있었다.

대량살상무기의 확산

권력 분산에 미치는 기술의 영향에 대한 부정적인 전망은 초국가적인 기술 확산의 다른 차원에 초점을 맞춘다. 석유의 경우에서 보았듯이, 기업들은 기술과 함께 기능을 전파한다. 기술은 또한 무역, 이민, 교육, 그리고 지식의 흐름을 통해서도 확산될 수 있다. 이와 같은 확산은 안보에 어떤 영향을 미칠까? 이미 대량살상능력을 가진 핵무기, 화학무기, 생물무기를 만들 수 있는 잠재력을 보유한 국가들이 40개국이나 된다. 화학무기 기술의 역사는 약 100년이나 되었다. 핵과 탄도미사일은 50년이 된 기술이다. 비확산정책은 어느 정도 핵무기의 확산 속도를 늦추었다. 그러나 소련이 붕괴하고 그 후계국가들이 기술 유출을 제대로 통제하지 못함으로써 확산의 문제는 악화되었다.

소련이 붕괴하기 이전에는 8개국이 핵을 보유했다. 그중 미국, 소련, 영국, 프랑스, 중국 5개국은 1968년 핵 비확산조약(NPT)에서 핵보유국으로 공식 선언했다. 나머지 이스라엘, 인도, 파키스탄 3개국은 조약에 포함되지 않았지만 비밀리에 핵무기를 개발해왔다는 설이 널리 퍼져 있었다. 1998년에는 인도와 파키스탄 모두 공개적으로 핵무기를 실험했다. 또 다른 3개국(이라크, 이란, 북한)은 NPT에 가입했지만 어떤 식으로든 핵무기를 개발하려 하는 것으로 인식되었다. 북한은 결국 NPT에서 탈퇴하고 작은 핵 장치를 폭발시켰다. 다른 5개국(남아프리카공화국, 한국, 아르헨티나, 브라질, 리비아)은 개발을 시작했다가 마음을 바꾸었다. 흥미로운 사실이지만 핵무기를 생산할 능력이 있는데도 생산하지 않는 국가는 30개국이나 더 있다. 즉 실제로 핵을 보유하고 있는 국가보다 3, 4배나 많은 국가들이 핵무기를 가질 능력이 있다는 것이다. 이 부분은 케네디 대통령이 1963년에 제한적 핵실험금지조약에 서명하면서 1970년대가 되면 25개국이 핵무기를 가지게 될 것이라고 우려한 것과는 상당히 대조적이다.

왜 더 많은 핵확산이 벌어지지 않았는가? 따지고 보면 주권국가들의 무정부적 세계에서 핵무기는 자구의 궁극적 형태이다. 그런데도 왜 핵은 확산되지 않았을까? 그에 대해서는 크게 네 가지의 대답이 있다. 현실주의자들은 각 슈퍼파워가 동맹국들에게 안보보장을 약속한 냉전시기의 동맹체제를 지적한다. 예를 들어 독일과 일본이 핵무기를 개발하지 않은 이유는 미국이 그들의 안보를 보장했기 때문이다. 어떤 국가도 자신의 동맹국들을 상대로 핵 위협을 하지 못하게 한다는 미국의 약속은 일본과 독일이 핵무기를 개발하지 않아도 되도록 안심시켰다. 동맹은 또한 몇몇 더 작은 국가들에게 중요한 역할을 했다. 예를 들면 1970년대 베트남전쟁의 여파로 미국이 아시아에서 철수할 수도 있을 것처럼 보이자 한국과 타이완은 각각 핵무기를 개발하기 시작했다. 하지만 미국이 이에 항의하고 지속적인 보호를 약속하자 개발 시도를 중단했다. 이와 유사한 방법으로 소련도 동유럽의 동맹국들과 제3세계 의존국가들의 핵무기 개발을 제한했다.

자유주의자들이 선호하는 또 다른 설명은 슈퍼파워들의 협력과 비핵확산체제 규범 및 제도의 발전이다. 핵 시대 초창기에 핵무기에 대한 슈퍼파워들의 태도는 대단히 경쟁적이었다. 슈퍼파워들은 이데올로기 경쟁에서 점수를 따기 위해 핵 기술을 사용하려 했다. 1953년에 아이젠하워 대통령은 다른 국가들의 평화로운 목적을 위한 핵 기술 개발을 돕겠다는 '평화를 위한 핵 프로그램(Atoms for Peace program)'을 요란하게 선언했다. 이와 비슷하게 소련도 중국에 핵 개발을 지원했다. 그러나 미국과 소련은 1968년에 이르러서는 양국 모두 핵 비확산조약에 동의할 만큼 협력할 수 있게 되었다. 1977년에 미국, 소련, 그리고 핵 기술을 제공하던 13개의 다른 국가들은 어떤 종류의 핵 기술을 수출할 수 있는가에 대한 가이드라인을 결정하기 위해 핵 공급자 그룹(Nuclear Suppliers Group)을 만들었다.

　자유주의자들은 조약과 제도에 의해 핵 확산이 억제되었다고 지적한다. 핵무기를 개발하거나 이전하지 않겠다는 데 동의하는 핵 비확산조약에 현재 약 190개국이 서명했다. 이로써 비핵국가들은 2005년에 노벨평화상을 수상한 빈의 유엔 국제핵에너지기구(International Atomic Energy Agency) 사찰단이 핵이 잘못 사용되고 있지 않은지 확인하기 위해 평화적 목적의 핵 시설을 방문하는 데 동의했다. 우리가 이미 알고 있듯이 이스라엘, 인도, 파키스탄과 같은 몇몇 국가들만 핵 비확산조약에 서명하지 않았다. 몇몇 서명국은 속임수를 썼다. 1991년 걸프전에서 이라크가 패배한 후 다국적군과 유엔 감독관들은 이라크의 핵 프로그램을 제거했다. 구성주의자들은 1945년 이래로 핵무기의 사용을 금기시하는 의식의 발전이 핵확산금지조약과 제도의 효과를 강화하는 데 도움이 되었다는 말을 덧붙일 것이다.

　핵 확산과 관련한 두 가지 문제는 첫째는 동맹, 제도, 안전 보장의 미래와 관련된 것이고 둘째는 과연 핵 기술이 러시아와 파키스탄과 같은 국가에서 핵을 원하는 국가와 테러리스트 단체로 넘어갈 것인가 하는 문제이다. 케네스 월츠와 같은 신현실주의자들은 억지력이 작동할 것이기 때문에 핵 확산의 상황은 안정적일 수 있다고 주장했다. 만약 핵 확산이 냉전이 열전으로 변하는 것을 막는 데 도움이 된다면 핵무기의 수정구 효과가 왜 중동과 남아시아 같은 세계의 다른 지역에서는 분별력과 질서를 창출할 수 없겠느냐는 것이다. 이와 같은 시각의 문제점은 이 견해가 일관된 단일 행위자들 사이의 억제라는 합리적 모델에 거의 완전히 의존하고 있다는 점이다.

하지만 탈냉전시대에 핵무기의 진정한 위험요소는 통제의 상실일 가능성이 크다고 한다면, 확신에 찬 예측에 근거를 제공하는 이러한 합리적 모델들은 완전히 무의미한 것이 될 수도 있다. 다음에 핵무기를 개발할 많은 국가들이 쿠데타나 군부의 분열로 인한 불안정한 역사를 가지고 있다. 그리고 보복할 수 있는 고정된 장소를 갖고 있지 않은 테러리스트 그룹들을 이런 방식으로 억제하는 것은 어렵다.

안보에 대한 초국가적 도전

미국과 소련의 핵무기는 그 무기에 접근하기 위해 더 높은 당국자로부터 암호를 요구하는 정교한 기술적 장비들 — 허가제 핵탄두 안전장치 해제기구 — 을 갖추고 있다. 그러나 새로이 핵무기를 개발하는 많은 국가들은 이와 같이 정교한 기술적 장비들을 가지지 않을 것이다. 냉전이 종식되고 기술이 초국가적으로 확산됨에 따라 핵 경주에 참가하려는 일부 신생국들이 핵무기를 사용할 가능성은 지난 반세기에 비해 높아질 수도 있다. 또한 미래의 가장 큰 위협 중 하나는 초국가적 테러리스트가 대량살상무기를 획득하는 문제일 것이다. 우리는 오사마 빈 라덴과 알카에다 조직망이 그러한 무기들을 손에 넣으려고 노력하고 있으며 파키스탄의 핵 프로그램에 관여하고 있는 과학자들과 접촉해왔다는 것을 알고 있다.

핵분열 원료는 생산하기가 어렵고 비싸지만, 테러리스트들은 구소련 국가들에게서 이를 훔치거나 밀수된 원료를 얻을 수 있을지도 모른다. 더구나 위협적인 것은 핵무기만이 아니다. 생물학적 물질들이 몇몇 나라에 의해 개발되어왔다. 그 무기들은 전장에서 신뢰할 수가 없다[탄저병 포자(anthrax spores)의 연무가 실린 바람이 어떤 결과를 낳을지 생각해보라]. 그럼에도 생물학적 무기는 핵무기보다 만들기도 쉽고(제조방법은 인터넷에서도 입수할 수 있다), 무방비상태의 민간인들 사이에 공포를 조성하는 데도 사용될 수 있다. 1993년에 뉴욕의 월드 트레이드 센터(World Trade Center) 건물 지하주차장에서 트럭 폭탄을 터뜨린 초국가적 테러리스트가 폭탄과 함께 탄저 또는 화학약품인 사린(sarin)을 사용했다면 몇 천 명의 사상자가 났을 것이다. 2001년에 테러리스트들은 민간 항공기를 공중 납치하여 거대한 크루즈 미사일처럼 사용함으로써 그들의 목적을 달성했다. 하지만 만약 9·11 테러리스트들이 핵무기를 손에 넣었다면, 수십 만 명을 죽일 수 있었을 것이다. 대량살상무기를 입수하려는 초국가행위자들에 관한 더 우려할 만한 문제는 알카에다 조직망이 제거된다 해도 그 같은 조직이 또다시 생길 수 있다는 것이다. 1995년에 사이비 종교집단인 일본의 옴 진리교는 도쿄의 지하철에서 사린을 사용하여 열두 명의 목숨을 앗아갔다. 그 집단은 당시 이미 초국가적으로 팽창하고 있었고 생물무기를 개발하기 위한 실험을 하고 있었으며 핵무기를 구하고 있었다.

테러리스트 그룹들은 또한 병원, 비행관제탑 레이더, 또는 은행 거래에 필요한 전기를 통제하는 정보시스템들을 공격함으로써 대혼란을 일으킬 수 있다. 그러한 공격은 주요 서버 컴퓨터들이 설치된 장소를 폭파함으로써 가능한데, 몇 천 마일 떨어져 있는 컴퓨터 해커들에 의해 초국가적으로 실행될 수도 있다.

아프가니스탄의 탈레반 정권의 경우처럼 어떤 외국 정부가 테러리스트들을 지원했다는 증거를 찾을 수 없으면 보복할 곳을 찾기 힘들기 때문에, 억지는 초국가적 테러리스트의 위협에 대해서는 별로 도움이 되지 않는다. 2001년 사태 이전, 미국에서 최악의 테러 사례였던 1995년의 오클라호마 시 연방건물 폭파는 순전히 국내적인 사건이었다. 또 다른 경우, 범죄 그룹이 정부의 통제권을 탈취한 다음, 표면적으로는 국제법을 준수하면서 그들의 국내 문제에 외부세력이 개입하지 못하도록 주권보호의 권리를 주장할 수도 있다. 그와 같은 상황에서 어떤 다른 국가들은 개입하는 것이 정당하다고 생각할 것이다. 라틴아메리카와 카리브 해에서 벌어진 일부 상황은 그 경우에 매우 근접했다. 1989년에 미국이 파나마를 침공한 사건과 파나마의 대통령인 마누엘 노리에가를 체포한 사건, 그를 마약밀매 혐의로 미국의 법정에 세운 사건이 이를 증언해준다. 2002년에 조지 W. 부시 대통령은 테러리스트의 위협에 직면하여 선제공격을 옹호하고, 테러리스트 집단을 지원하고 피난처를 제공하는 테러리스트 체제와 정부 모두를 공격하겠다고 천명한 신국가안보전략을 발표했다. 그러나 정보기관들은 뒤이은 이라크 침공 이후 초국가적 테러리스트들의 수가 줄기는커녕 오히려 늘어났다고 추산하고 있다.

초국가적 테러리즘. 테러리즘은 세계정치에서 새로운 현상이 아니며, 역사적으로도 아득한 옛날에 뿌리를 내리고 있는 폭력의 한 방식이다. 테러는 거대한 공포를 의미하며, 프랑스 제1공화국(1792~1804)에서 스탈린 치하의 소련에 이르는 여러 정부들이 국민을 통제하는 수단으로 그것을 이용했다. 테러리즘은 3장에서 보았듯이 19세기에 무정부주의자들과 기타 초국가적 혁명가들에 의해 이용되기도 했다. 그들은 여러 명의 국가수반을 죽였으며, 제1차 세계대전도 부분적으로는 그러한 테러리스트의 암살에 의해 발발했다.

오늘날 새로워진 것은 과학기술이 이들 상궤를 벗어난 개인과 단체들의 손에 본래 정부가 갖고 있어야 할 파괴적인 힘을 쥐어주고 있다는 점이다. 20세기에는 스탈린과 히틀러 같은 국가수반들이 수많은 사람을 죽일 수 있었다. 21세기에 만약 테러리스트들이 대량살상무기들을 입수할 수 있게 되면, 그들은 히틀러나 스탈린과 유사한 짓을 하게 될 것이다. 일부 비평가들이 테러리즘을 전쟁의 사유화라고 말하는 것은 이 때문이다. 더욱이 과학기술은 현대 사회의 복잡한 시스템을 대규모 공격에 취약하게 만들어놓았다. 라케르(Walter Laquer)가 주장하듯이 "이처럼 취약성이 점점 커져가고 있는 경향은 인터넷이 그것을 촉진하기 이전에도 발생하고 있었다".[2]

현재의 폭력적인 이슬람 극단주의 세대는 사람들에게 이슬람교의 왜곡된 7세기경 판본을 수용하도록 강요하는 목표를 갖고 있는지 모르지만, 그들은 그들의 메시지를 퍼뜨리는 데 인터넷을 매우 적절하게 이용하고 있다. 이는 국경을 몰래 통과해도 거칠 것이 없고 잡힐 염려가 거의 없음을 의미한다. 테러리즘은 관객을 위한 연극이나 경기와 같다. 충격적인 사건은 주의를 끌고, 분열시키고, 그들의 표적으로부터 과도한 행동을 유발하기 위해 고안된다. 유술(柔術)이라는 격투기처럼, 테러리스트는 더 강한 상대 경기자의 힘을 역이용하여 승리하는 작은 경기자와 같다. 2004년 5월에 이라크에서 알카에다의 아부 무사브 알 자르카위(Abu Musab al Zarqawi)가 미군 병사 니콜라스 버그(Nicholas Berg)를 참수하는 충격적인 비디오는 인터넷을 통해 수백만 번이나 다운로드되고 다른 테러리스트 단체들에 의한 모방 참수를 부추겼다. 현대의 테러리스트들은 한 웹사이트가 폐쇄되면 일시적으로 강탈한 일부 사이트들을 포함한 다른 사이트로 전환하는 데 탁월하다.

---

2 Walter Laquer, "Left, Right, and Beyond: The Changing Face of Terror", in James F. Hogue and Gideon Rose(eds.), *How Did This Happen? Terrorism and the New War* (New York: Council on Foreign Relations, Public Affairs, 2001), p. 73.

테러리스트들에게 가장 어려운 일 중 하나는 첩보기관과 경찰기관에 덜미 잡히지 않을 수 있는 확실한 세포조직을 국경 너머에 만드는 일이다. 테러리스트들은 1990년대의 물리적인 은신처에서 지금은 인터넷상에 있는 가상의 은신처로 옮겨감으로써 위험도를 줄이고 있다. 이제 더 이상 사원이나 감옥 같은 물리적 장소에서만 새 단원을 모집하지 않는다. 그 대신 고립된 민족적 지위를 갖고 살아가는 소외된 개인들은 전 세계에 널려 있는 동료 신자들의 새로운 가상공동체와 접촉할 수 있다. 성전(聖戰)주의자들의 웹사이트 수는 1990년대 말에 10여 개에서 지금은 4,500개가 넘는 것으로 보고되고 있다. 그런 웹사이트는 새 단원의 모집뿐 아니라 훈련도 담당한다. 거기에는 폭탄 제조 방법, 국경을 통과하는 방법, 군인과 시민을 죽이기 위해 잠입하여 폭탄을 설치하고 터뜨리는 방법에 관한 구체적인 지시가 포함되어 있다. 그리고 전문가들은 테러 훈련을 받고 있는 신참들의 질문에 채팅룸과 게시판을 이용하여 답한다. 그러고 나서 테러 계획과 지시가 암호화된 메시지를 통해 전달된다. 물론 그 같은 웹사이트들은 정부에 의해 감시될 수 있다. 일부 사이트는 폐쇄되고 일부는 당국의 감시 아래 놓인다. 그러나 경찰 당국과 테러리스트 사이의 이 '고양이와 쥐' 게임은 호각지세라 할 수 있다.

약 3,000명의 목숨을 앗아간 알카에다 테러리스트 조직망의 9·11 미국 공격은 테러의 치사율이 (공격횟수는 줄어들었는데도) 점점 증가하고 있는 경향과 맞아떨어졌다. 1985년 에어 인디아 항공기 폭파와 같은 이전의 테러 사건들에서는 325명이 죽었으며, 1995년 오클라호마 시 연방빌딩의 (트럭에 의한) 폭파사건에서는 168명이 죽었다. 1970년대와 1980년대의 테러리즘은 주로 이데올로기나 민족주의가 원인이었지만, 1990년대에 들어와서는 극단적인 종교적 신앙이 그 배경이 되고 있다. 좌익이든 우익이든, 또는 민족주의자이든 분리주의자이든 전통적인 테러리스트들은 무차별적으로 무고한 시민을 죽이는 것에 대해 종종 얼마간 양심의 가책을 느껴 주저하는 기색을 보이곤 했다. 그러나 '적'과 무고한 시민 사이의 그 같은 구분은 오늘날에는 덜 강조되는 것 같다. 그런 자세가 자신의 목숨을 기꺼이 희생하려는 의지와 결합될 때, 이러한 새로운 테러리스트들은 엄청난 파괴를 가할 수 있다.

테러리즘이란 무엇인가? 미국 법률에서 테러리즘은 준(準)국가적 단체가 비전투적인 목표물에 대해 정치적 동기를 가지고 미리 계획된 폭력을 가하는 것으로 되어 있다. 유엔은 테러리스트의 폭탄 공격, 암살, 인질, 그리고 테러 행위에 대한 자금 지원을 금하는 협약을 통과시켰다. 어떠한 회원국도 테러리스트들에게 안전한 피난처를 제공해서는 안 된다는 2001년 9월의 유엔 안보리 결의안은 미국의 아프가니스탄에서의 활동을 정당화하는 데 도움을 주었다. 그런데도 유엔총회는 테러리즘을 규정짓는 결의안 통과가 어렵다는 것을 알게 되었다. 이집트와 시리아가 주동이 된 아랍 정부들은 팔레스타인과 같은 단체들이 테러리스트의 범주에서 제외되지 않는 어떠한 문구도 거부했다. 그들이 보기에 웨스트뱅크의 이스라엘 점유에 대한 팔레스타인의 저항은 정당한 민족적 저항이며, 그에 대한 이스라엘 정부의 대응은 무고한 팔레스타인 시민들을 죽이는 것이었다. 회의론자들이 종종 주장하듯이 "누군가의 테러리스트는 다른 누군가에게는 자유의 투사가 되는 것"이다.

조지 W. 부시 대통령은 2001년 유엔총회에서 연설하면서 "세계는 하나가 되어 일부가 아닌 모든 테러리스트들에게 대항해야 합니다. 민족적 열망도 과거의 잘못도 무고한 사람들에 대한 의도적인 살인을 절대로 정당화할 수 없습니다"라고 말했다. 부시 대통령의 이 말은 6장에서 논의한 '정당한 전쟁' 규범, 그리고 국제법과 일치한다. 일부 비정부단체의 정치적 저항활동을 테러리즘으로 간주해서는 안 된다. 예컨대 남아프리카공화국의 많은 반인종차별주의 투쟁들은 시민을 죽이지 않았다. 그러나 변화를 위한 민주적 절차의 부재가 '민족해방전쟁'에서 불가피하게 폭력을 수반하게 한다고 어떤 정치단체가 주장한다 하더라도, 무고한 생명을 죽이는 일은 도덕적으로도, 또한 '정당한 전쟁'의 규범하에서는 법적으로도 용납되지 않는다. 마찬가지로 국가가 주민을 협박하기 위해 고의적으로 비전투원을 죽인다면, 그것은 전쟁범죄가 된다. 테러리즘이 정치적 목적을 위한 준국가적 폭력 사용으로 규정되면, 국가는 정의상으로는 제외되지만 만약 비슷한 부도덕하고 비합법적인 행위에 관여했다면 죄를 면할 수 없다. 테러리즘을 정의하는 데 여러 가지 어려움이 따르기는 하지만, 정치적 목적으로 무고한 사람들을 고의로 죽이는 근본적인 악행은 국제법은 물론 모든 주요 국가들의 도덕률에 의해 광범위하게 규탄받는다. 2004년에 유엔 사무총장이 임명한 고위 자문위원회는 테러리즘이 시민이나 비전투원을 협박하기 위해 고의로 죽음에 이르게 하거나 육체적 손상을 끼치는 모든 행위라는 데 만장일치로 동의했다.

21세기의 초국가적 테러리즘은 다소간은 옛 시대의 해적행위와 비슷하다. 옛날에 몇몇 나라들은 수익을 올리거나 적국을 괴롭히기 위해 해적과 사략선(私掠船)에 안전한 피난처를 제공했다. 오늘날 일부 국가들은 적국을 공격하기 위해 테러리스트 단체들에게 피난처를 제공하기도 하고, 또는 그들을 통제하기에는 너무나 약해서 그렇게 하는 경우도 있다. 아프가니스탄의 탈레반 정부에 대한 미국의 군사행동과 각종 유엔 결의안들은 앞으로 국가가 지원하는 테러리즘을 어느 정도 줄여줄지도 모른다. 동시에 폭발물의 소형화 기술, 항공 여행과 같은 현대적인 시스템의 취약점, 그리고 점점 간편해지고 있는 인터넷을 통한 커뮤니케이션은 비국가행위자들이 어떤 정부의 지원 없이도 국경을 넘어 막대한 손상을 끼칠 수 있게 하고 있다. 아이러니하게도 그러한 일반적인 위협은 많은 사람들에게 안보 제공이라는 측면에서의 국가의 역할과 자신들의 협력의 중요성에 대한 이해를 증진시킬지도 모른다. 국가 간 체제의 무정부상태는 일반적으로 비국가행위자들의 만인의 만인에 대한 전쟁이라는 무정부상태의 혼돈보다는 나은 편이다.

사이버전쟁. 정보화혁명과 관련된 또 다른 위협은 정부와 초국가행위자들을 서로 협력하게 한다. 사이버 위협과 잠재적인 사이버전쟁은 현대 사회의 늘어난 취약점과 통제의 상실을 말해준다. 정부는 주로 관료조직의 정보기술(IT) 기간시설에 대한 해커들의 공격을 우려하고 있지만, 전문가들은 정부 컴퓨터의 범위를 훨씬 넘어선 사회적 취약점을 지적한다. "전력, 금융, 통신, 의료, 수송, 상수도, 방어시설과 인터넷을 포함한 미국의 주요 기간시설은 사이버 공격에 매우 취약하다. 국가적인 재앙을 피하기 위해서는 신속하고 단호한 대처가 필요하다."[3] 그리고 모호한 인터넷 세계에서 공격자들을 확인하기란 어려운 일이다.

현대의 상호연결된 세계에서 비정부 기간시설에 대한 미확인된 사이버 공격은 심각한 손상을 줄 수 있다. 예컨대 일부 전문가들은 전력의 고압 송전망이 특히 공격받기 쉬운 목표가 될 것으로 믿고 있다. 전력회사가 사용하는 통제 시스템은 공격에 취약한 것으로 보이는데, 이것이 공격을 받게 되면 며칠 또는 몇주 간 한

---

3 Professionals for Cyber Defense, "Letter to President Bush", http://www.uspcd.org/History.html(검색일: September 2, 2007).

도시나 지역 전체가 마비될 수 있다. 더욱이 사이버 공격은 금융시장에 해를 가하고 상업용 웹사이트를 폐쇄시켜 막대한 경제적 손실을 끼칠 수 있다.

 '전자 진주만 공격'을 포함한 일부 시나리오는 기우로 보이지만, 중앙정부에서 개인에 이르는 권력의 분산을 예증해준다. 1941년에 강력한 일본 해군은 여러 자원을 이용하여 수천 마일 떨어져 있는 적에게 피해를 입혔다. 오늘날 악성 프로그램을 이용하는 개인 컴퓨터 해커들은 아주 적은 비용으로 먼 장소에 막대한 손상과 혼란을 조성할 수 있는 잠재력을 갖고 있다. 2000년, 필리핀의 한 해커가 만들어 퍼뜨린 소위 '러브 벅 바이러스'는 정보시스템에 수십억 달러의 손실을 낸 것으로 보인다. 사보타주(설비 파괴)는 새로운 현상은 아니지만, 개인들은 정보화혁명으로 전례 없는 속도와 범위로 사보타주를 할 수 있게 되었다. 앞서 보았듯이 테러리스트들은 정부와 비대칭적 전쟁을 벌일 수 있으며 사이버 공간의 새로운 취약성을 이용할 수 있다.

 1998년, 워싱턴이 펜타곤과 NASA의 기밀 절취에 개입한 7개의 모스크바 인터넷 주소에 대해 러시아에 항의하자, 러시아 정부는 사이버 공격을 감행한 것으로 나타난 문제의 전화번호들이 이미 작동하지 않는 번호들이었다고 답해왔다. 미국은 러시아 정부가 이 절취 사건에 개입했는지 여부를 알 길이 없었다. 더 최근인 2007년에 중국 정부는 미 국방부 및 기타 미국의 민간 부문 컴퓨터 시스템뿐만 아니라 독일 연방정부에까지 침입한 수천 회의 해킹을 지원했다는 비난을 받았다. 그러나 해킹 공격의 출처를 확인하기는 어려웠으며, 미 국방부는 그들의 컴퓨터 시스템 일부를 폐쇄하지 않을 수 없었다. 2007년, 에스토니아 정부가 제2차 세계대전의 러시아 전몰자들을 기리는 조상(彫像)을 철거하자 해커들이 에스토니아의 인터넷 접속을 중단시키는 심각한 '네트워크 마비 공격'을 감행하여 에스토니아에 복수했다. 이 같은 초국가적인 공격이 러시아 정부의 지원을 받은 것인지, 민족주의자들의 자발적인 대응인지, 아니면 둘 다인지 증명해낼 길은 없었다.

 세계가 점점 더 밀접하게 연결되고 상호의존적이 되어가면서 새로운 분쟁의 무대들도 점점 더 늘어나고 있다. 각국 정부는 어디서 사이버 공격을 해오는지, 상대가 적대국인지, 아니면 외국 정부로 가장하고 있는 범죄 집단인지를 알아내기가 힘들어질 것이다. 사이버 위협을 더 분명하게 정의하는 국제적인 법 규정을 통해, 그리고 해커의 공격을 피하기 위한 상호협력을 통해 사이버 공격 문제를 심층적으로 다룰 몇 가지 가능한 방법이 있기는 하지만, 그러한 해결법으로는 충분하지 않다. 각국 정부는 전자방벽을 설치하고 민감한 시스템에는 중복장치(redundancy)를 두어야 하겠지만, 이것 역시 그 같은 초국가적인 도전을 억제하는 데는 충분한 방법이 되지 못할 것이다.

대유행병. 3장에서 보았듯이 제1차 세계대전은 유럽을 황폐화시켰으며, 세계적으로 1,500만 명 이상의 사람들을 희생시켰다. 종종 잘 기억되지 않는 일은 1918년에 세계적으로 유행한 독감이 제1차 세계대전으로 희생된 이들보다 더 많은 수의 사람들을 희생시킨 것이다. 독감은 매년 되풀이되고 있지만 이따금씩 새로운 변종이 무역, 여행, 또는 철새들에 의해 국경을 넘어 전염되어 참화를 일으킨다. 다국적 대유행병은 세계대전보다도 더 많은 시민들을 희생시킬 수 있기 때문에 각국 정부는 이러한 위협에 대처하기 위해 더 폭넓은 국가안보 개념과 새로운 일련의 정책을 개발해야 한다.

미생물은 언제나 과학과 경쟁하고 있다. 잘 알려진 병원균이 약물에 대한 내성을 키울 뿐 아니라 지난 30년 동안 매년 거의 하나씩 새로운 질병이 생겨났다. 에이즈 바이러스는 1980년대에 아프리카에서 확인되었는데 몇 십 년 만에 전 세계로 번졌으며 줄잡아 2,500만 명의 생명을 앗아갔다. 이 같은 다국적 도전에 대처하기 위해서 각국 정부는 외교정책을 새로운 방식으로 생각할 필요가 있다. 다른 나라들의 공공의료시스템에 대한 원조는 질병을 막는 데 드는 비용을 가장 절감할 수 있는 형태일 것이다. 미생물에 대한 데이터베이스와 감시체제를 개선하는 작업이 이루어져야 한다. 백신과 항생제의 비축량을 늘리고 공급체계를 개선해야 한다. 자연적인 위협과 인공적인 위협이 부분적으로 일치하는 것과 마찬가지로, 국가적인 공공보건시스템과 지구적인 공공보건시스템도 직간접적으로 너무나 밀접하게 연결되어 있다.

미생물 세계에는 국경이 없다. 서부 나일 강 바이러스는 1990년대에 뉴욕에서 처음으로 발견된 이후 수년 만에 미시시피 동부의 모든 주들로 확산되었다. 그 바이러스는 비행기로 옮겨 다니는 모기 또는 한 지역의 모기에 계속 물려온 승객들의 피를 통해 다른 주로 옮겨갈 수 있었다. 매년 약 1억 4,000만 명의 사람들이 비행기로 미국에 들어온다. 적어도 미국에서 유행하는 결핵균의 절반은 외국에서 들어오고 있으며, 일부는 외국의 잘못된 의료시스템으로 인해 항생제에 대한 내성을 갖고 있다. 그리고 물론 테러리스트들은 제대로 관리되지 못하는 외국의 실험실에서, 또는 러시아 세균전 체제의 잔여 시설에서 박봉의 과학자들을 매수하여, 또는 자연적인 원천에서 미생물과 바이러스를 손에 넣을 수 있다. 세계보건기구(WHO)는 최근 몇 년간 10여 번 이상 자연적으로 탄저균이 발생한 적이 있었다고 보고하고 있다.

이 같은 전염성 질환에 대한 효과적인 대응은 감시, 발견, 소통, 대응을 위한 지구적인 공중보건시스템에 있다. WHO는 193개 회원국들의 국제적인 공중보건 규정과 보고시스템을 개발했다. WHO의 경보망은 '국경없는의사회'와 같은 비정부단체의 보고에 의해 보완된다. 이 기구는 전염병 조기발견 작업을 하는 각국의 국립연구소 사이에 네트워크를 만들었으며 이 모든 업무에 연간 약 30억 달러의 예산을 적절하게 집행하고 있다. 국가적 공중보건시스템과 지구적인 공중보건시스템 간에는 간접적인 관계도 있다. 많은 빈국들은 전염병에 대한 감시, 발견, 소통, 대응을 위한 실험실과 시설 마련에 원조를 필요로 한다. 인도주의적 관심을 제쳐두고라도, 빈국들의 전염병 퇴치능력을 증진시키는 것은 전염병을 조기에 발견할 뿐만 아니라 부적절한 치료로 병원균의 내성이 생겨나지 않게 한다는 점에서도 부국들에게 이익이 된다. 더 발전된 공중보건시스템을 가진 나라들도 원조가 좁은 의미의 전염병에 대한 관심사는 물론 더 넓은 의미의 의료적 필요를 충족시킬 경우에 더욱 많은 협력을 하고 싶어질 것이다. 개선된 공중보건시스템이 빈국의 경제 발전과 더 높은 안정성에도 기여한다는 증거가 점점 늘어나고 있기 때문에, 지원국 정부의 현명한 정책은 자국의 이익과 타국의 이익에 동시에 기여할 수 있다. 초국가적인 위협이 상존하는 상황에서 안보를 증진하는 정책은 자국의 국경에서 시작되거나 멈추지 않는다.

몇 년 전만 해도 세계의 보건상태를 개선하는 데 주요한 장애요소는 자금 부족이었다. 민간 및 공공 기부(예컨대 게이츠 재단 같은) 덕분에 지금은 더 많은 돈을 의료에 쓸 수 있게 되었다. 그러나 이런 자금은 종종 사람들의 이목을 끄는 중대한 질병과 전염병에 사용되고 일반적인 공중위생과 기간의료시설의 개선에는 사용되지 않는 경향이 있다. 지출이 더 많아진다 해도 그것이 비체계적이고 비조직적인 방법으로 계속된다면 개선을 기대하기는 어려울 것이다.[4]

▌2006년 그린란드의 녹아내리는 빙하.

기후변화. 7장에서 우리는 세계화의 환경적 차원으로 기후변화를 소개했다. 공적인 논의에서 이 쟁점은 주로 경제적 의미를 가진 환경문제로서 간주되어왔다. 하지만 미래의 기후변화를 예상하는 과학적 모델들이 더 믿을 수 있고 정확해지면서 지구온난화는 점점 더 초국가적인 위협과 잠재적인 국제적 안보문제가 되고 있다. 2007년, 전 미국 부통령 앨 고어와 유엔의 '기후변화에 관한 정부 간 패널(Intergovernmental Panel on Climate Change)'이 공동으로 노벨평화상을 수상하면서 기후변화는 "국가 내 또는 국가 간에 점증하는 폭력분쟁의 위험"의 원천 중 하나로서 부각되었다.[5]

주요 과학자들의 견해에 따르면, 오늘날 지구온난화는 대부분 인간의 활동에 의해 일어난다. 대기에 축적되어 기온 상승의 주요 원인이 되는 온실가스인 이산화탄소는 일상의 폭넓은 경제활동에 의해 배출된다. 이산화탄소 배출은 경제학자들이 '음의

4 Garrett, Laurie, "The Challenge of Global Health", *Foreign Affairs* (Jan/Feb. 2007), vol. 86, issue 1, p. 14.

5 Michael R. Klare, "Global Warming Battlefields: How Climate Change Threatens Security", *Current History*, vol. 106, no. 703(November 2007), p. 355.

외부효과'라고 부르는 것에 해당한다. 이것은 배출자가 자신이 끼치는 피해에 대해 비용 전액을 부담하지 않기 때문에 너무 많은 이산화탄소를 배출하게 된다는 의미이다. 국내적인 유추를 하자면 흡연을 들 수 있다. 흡연자들은 그들의 흡연 행위에 대해 비용 전액을 부담하는 사태에 직면하지 않는다. 사회가 흡연으로 인해 증가하는 건강관리비용의 일부를 부담해야 하기 때문이다. 그 결과 정부는 세금과 규제를 통해 흡연을 줄이려고 하게 된다. 그러나 지구온난화의 경우에 이런 조치를 취하기는 훨씬 더 어렵다. 과도한 이산화탄소 배출을 규제할 수 있는 세계정부가 없는데다 국가들이 무임승차를 하고 그에 대한 값비싼 구제책은 다른 국가들에게 떠맡기려 하기 때문이다. 더욱이 시베리아가 더 따뜻해지면 경제적으로 이익을 볼 러시아와 같은 일부 국가들은 지구온난화에 수반되는 해수면 상승으로 나라가 물에 잠길지도 모르는 방글라데시 같은 가난한 나라들과는 다른 인센티브를 갖고 있다. 2001년에 미국은 온실가스 배출을 억제하기로 합의한 교토의정서를 비준하지 않았다. 그 의정서가 미국 경제를 크게 위축시키는 반면, 중국 같은 저개발 국가들의 이산화탄소 배출에 대해서는 제한을 가하지 않을 것이기 때문이었다.

예상되는 기후변화의 결과는 어떤 것인가? 일부 과학자들은 기후 관련 자연재해, 가뭄, 그리고 막대한 인명 손실을 가져올 기근과 같은 심각한 혼란을 예상한다. 앞으로 30년 동안 지구 기온이 섭씨 1.6~2.8도가 더 올라가면, 해수면이 50cm 높아질 것이라고 한다. 이것은 줄잡아 추산한 것이고, 만약 극지방 빙산이 반사력을 상실하거나 녹고 있는 영구동토층에서 이산화탄소와 메탄가스가 방출되어 기후 온난화의 속도가 더 빨라지면, 해수면은 저지대 섬들을 바다 밑으로 가라앉힐 정도로 높아질 것이고 몇몇 국가들의 경우 존립 자체가 위협받게 될 것이다. 동시에 아프리카와 중앙아시아 같은 다른 지역에서는 물이 더욱 부족해질 것이고 가뭄으로 곡물 생산이 줄어들 것이다. 기후변화가 몰고 올 이 같은 외부적인 충격들은 선진국 경제에 직접 영향을 미칠 뿐 아니라, 선진국과 개발도상국들 사이의 불균형을 악화시키고 기후변화의 영향을 덜 받거나 좀 더 잘 적응하는 부유한 지역으로 거대한 이민의 물결이 밀어닥치는 등의 간접적인 타격 또한 가하게 될 것이다. 더욱이 기후변화는 빈국들의 허약한 정부에 모진 시련을 안겨주어 붕괴한 국가들의 수를 더 증가시킬 것이다.

이 모든 사태는 기후변화를 잠재적으로 막대한 경제적 · 환경적 비용과 인명 손실을 가져오는 초국가적인 문제로 만든다. 하지만 이 사태가 국제 안보라는 관점에서도 초국가적인 위협인가? 우리가 안보를 결정적인 이해관계를 보호하는 것으로 생각한 다면, 기후변화는 안보에 직접적인 영향과 간접적인 영향을 모두 끼친다고 볼 수 있다. 만약 섬나라 몰디브(Maldive)가 바다 밑으로 가라앉아 소멸된다면 기후변화의 영향은 핵폭탄만큼 파멸적일 것이며, 미국의 경우에도 플로리다, 체서피크(Chesa-peake) 지역, 샌프란시스코 만 지역에서의 피해는 핵폭탄이 터진 것만큼 클 수 있다. 인간 활동에서 오는 이 같은 직접적인 결과는, 테러리즘이나 사이버전쟁처럼 의도적 인 악행은 아니지만 우리가 안보개념을 확장하고 새로운 정책을 채택할 것을 촉구하 고 있다. 그러나 기후변화는 국제적인 분쟁의 간접적 원인이 될 수도 있다. 반기문 유엔사무총장은 2007년 다르푸르분쟁이 "부분적으로 기후변화 때문에 발생하고 있 는 생태학적 위기로 시작되었다"라고 말했다. 일부 학자들은 기후변화가 국가 간 전쟁과 내전, 테러리즘과 범죄를 일으킬 것이며, 식량과 물이 점점 부족해져 폭력적인 분쟁이 일어나고 빈국에서 부국으로 거대한 이민의 물결을 일으킬 것이라고 주장한 다. 기후변화의 영향을 과소평가하고, 기후를 그저 분쟁을 일으키는 많은 요소 중 하나로 보는 학자들도 있다. 그리하여 일부 현실주의자들은 기후변화가 과학적 · 기 술적 도전 과제이기는 하지만, 국제적이고 조직적인 폭력분쟁과 혼동해서는 안 된다 고 주장한다. 그러나 다른 학자들, 그리고 일단의 미군 퇴역장성들처럼 전통적인 안보문제와 관계된 전문가들은 그 같은 간접적인 영향에 더 주의를 기울이며, 기후변 화를 "세계에서 가장 폭발하기 쉬운 일부 지역에서 불안정을 증폭시키는 위협적인 요소"라고 주장한다.[6] 부시 행정부의 국가안보전략보고서는 초국가적 테러리즘 시대 에 미국이 강대국들보다 실패한 국가들로부터 더 큰 위협을 받게 될 것이며 기후변화 가 국가의 실패를 촉진한다는 점에서, 안보전략을 수립할 때 그것의 직간접적인 영향을 참작해야 한다고 주장한다.

이산화탄소 배출을 억제하여 지구온난화를 완화하는 상당한 잠재력을 가진 두 가지 근본적인 방법이 있다. 바로 기술 혁신과 경제적 수단의 이용이다. 예를 들어

---

6 Center for Naval Analyses, "National Security and the Threat of Climate Change", http://securityandclimate.cna.org(accessed August 28, 2007), p. 6.

탄소 격리(carbon sequestration)는 탄소를 지하와 심해에 지질학적 형태로 가두어 보관하는 기술로서 이산화탄소의 대기 배출량을 줄일 수 있다. 하지만 기술 혁신만으로는 충분하지 않다. 다른 근본적인 수단에는 경제적 유인요소와 반유인요소 둘 다가 포함되어 있다. 소위 이산화탄소 배출 거래시스템은 배출을 억제하기 위해 탄소 거래를 허용하고 배출 목표치를 할당한다. 이 같은 접근법은 다른 환경오염의 경우에도 이용되어 성공해왔다. 다른 방법은 에너지 자원의 사용에 세금을 부과하는 탄소세(稅)로, 만약 정확히 부과되면, '음의 외부효과'의 비용에 영향을 미칠 것이다. 이것은 사람들이 특히 이산화탄소 배출량이 큰 화석연료를 덜 사용하게 할 것이다.

초국가적인 기후변화를 안보문제로 인식하게 되면 안보정책의 재구성이 필요해진다. 예컨대 2007년에 중국은 미국을 따돌리고 세계 제1의 이산화탄소 배출국가가 되었다. 하지만 중국은 머릿수로 따지면 국민 1인당 배출량이 미국인의 5분의 1밖에 되지 않는다고 주장한다. 중국은 이산화탄소 배출량이 특히 높은 연료인 석탄 사용량이 상업 에너지 공급량의 70%를 차지하는 반면, 미국은 총에너지의 3분의 1에 지나지 않는다. 중국은 석탄 화력발전소를 매주 1기 이상 건설하고 있다. 중국에서 석탄은 값이 저렴하고 매장량이 풍부하여 많은 에너지 집약산업의 주에너지원으로 중요한 역할을 한다. 미국은 이 같은 안보 위협에 대해 어떤 조치를 취할 수 있을까? 전통적인 안보정책인 무력 사용이나 통상 정지는 부적절하다. 국제에너지기구(International Energy Agency)(선진공업국에 에너지에 관한 정책 조언을 제공하기 위해 1973년 석유위기 때 창설되었다)의 2007년 보고서는 중국과 인도가 더 높은 에너지 효율국가가 되도록 선진국들이 협력적인 접근법을 취할 것을 촉구했다. 다시 말해 미국은 자신의 안보를 증진하기 위해 중국과 손잡고 위험한 기후변화를 예방하기 위한 창의적인 아이디어, 기술, 그리고 정책을 발전시켜야 한다는 것이다.

현실주의자들의 주장처럼, 국제체제의 무정부적 특징은 기후변화 문제를 광범위하게 다루기 어렵게 하고 있다. 상당수 국가들이 지구온난화를 늦출 목적으로 자국 경제에 비용을 부과하기로 결정한다면, 다른 불참 국가들은 아무 비용도 지불하지 않으면서 더 나아진 기후로 이익을 얻게 될 것이다. 이는 무임승차 문제의 전형적인 사례이며, 우리는 국제정치에서 다른 다양한 상황도 관찰할 수 있다. 무임승차는 개별국가의 관점에서는 종종 합리적인 행동으로 비친다. 더욱이 국가지도자들은 자기 나라 국민들에게 제일 먼저 그리고 가장 많이 책임을 질 뿐, 기후변화로 더 심각한 영향을 받게 될지도 모를 다른 나라 국민들에게는 책임을 지지 않는다. 따라서 어떤 지도자는 이산화탄소 완화정책에 참여하지 않는 무임승차를 선택하면서 다른 국가들의 노력으로 얻게 될 이익은 챙기려 할 것이다.

하지만 전반적으로 기후변화의 문제는 점차 가장 중대한 환경적, 경제적, 그리고 아마도 안보적인 의미를 가진 초국가적인 도전의 하나로 인식되어가고 있다. 많은 정부들이 수행하는 강력한 지구환경운동은 항상 지구의 기후변화에 대응하는 일에 역점을 두어야 한다고 강조한다. 이러한 환경적인 문제와 다른 초국가적인 도전들은 앞으로 훨씬 더 중요한 문제가 될 것이며 제한적인 군사적 차원을 넘어서는 국제분쟁에 대한 새로운 사고방식을 갖게 할 것이다. 어쨌든 초국가적 도전은 이미 터무니없이 복잡해진 이 시대 국제정치의 성격을 더욱 복잡하게 만들 것이다.

초국가적 도전과 위협이 증가할수록 국가들은 무엇이 국내 문제이고 무엇이 국제 문제인지 명확히 구분한 베스트팔렌의 규범에 의문을 가질 뿐만 아니라, 안보와 방어의 개념들을 확장시키게 될 것이다. 새로이 등장한 많은 위협들은 군대가 폭탄을 터뜨려 해결할 수 있는 것들이 아니다. 정보기관, 세관, 경찰청은 서로 밀접하게 협력하면 지구 경제에 결정적으로 중요한 시설들을 보호하는 비군사적 수단으로서 중요한 역할을 하게 될 것이다. 민주주의가 이러한 과업들에 실패하면, 그리고 대량살상무기를 이용하는 테러리스트들이 국가가 아닌 개인들의 무정부상태를 조성하게 되면, 미래에 관한 후쿠야마의 전망은 별 의미가 없게 될 것이다. 그러나 정부들이 도전에 얼른 대응하여 초국가적인 위협을 억제한다 하더라도, 국가 간 질서에 대한 더 많은 전통적인 문제점들은 여전히 남게 될 것이다.

신세계질서?

대립적인 힘들이 작용한다는 가정하에서 21세기의 초기 수십 년간의 세계질서의 모습은 어떠할까? 냉전의 종식은 국제체제를 명백하게 바꾸어놓았지만, 그것이 '신세계질서'의 시작이라던 주장은 사람들이 '질서'라는 말을 다른 심오한 방식들로 해석함으로써 그 입지가 약화되었다. 현실주의자들은 국가들이 무정부상태에서 권력과 안보를 획득하려고 노력하기 때문에, 또는 자구와 무기의 힘 외에는 질서의 궁극적인 중재자가 존재하지 않기 때문에 전쟁이 발생한다고 주장한다. 이 같은 견해에서 '질서'는 주로 구조 또는 국가 간의 힘의 분포를 가리킨다. 자유주의자와 구성주의자들은 분쟁과 그것의 방지가 세력균형에 의해서만 결정되는 것이 아니라 국가의 국내 구조, 가치, 정체성, 문화, 그리고 분쟁을 해결하기 위한 국제적 제도들에 의해서 결정된다고 주장한다. 현실주의자와는 반대로 자유주의자는 유엔과 같은 제도들이 안정적인 예상을 가능하게 하고 따라서 지속감과 현재의 협동이 미래에 보답될 것이라는 느낌을 줌으로써 분쟁을 막고 질서를 세운다고 주장한다. 그리고 자유주의자에게 질서는 제도뿐만 아니라 민주주의, 인권과도 결합된 것이다. 한편 구성주의자들은 우리에게 어떤 질서든 다양한 집단들이 이의를 제기하기 때문에 절대로 가치중립적인 용어가 아니라는 점을 상기시킨다.

또 다른 이들에게 질서는 좀 더 나쁜 의미를 가진다. 이민 배척주의자(nativist) 또는 미국의 팻 로버트슨(Pat Robertson)이나 프랑스의 르펜(Jean-Marie Le Pen)과 같은 이들이 이끄는 민족주의 그룹의 견해에 따르면 '신세계질서'는 세계를 지배하려는 금융 및 정치 엘리트들의 음모를 암시한다. 이들이 보기에 다국적기업들은 월스트리트, 런던, 도쿄의 금융시장과 결탁하여 나머지 모든 사람들의 희생으로 그들의 배를 불리려 한다. 일부 이슬람 원리주의자들의 시각에서 볼 때 질서는 비서구세계를 지배하기 위해 고안된 순전히 서양의 개념일 뿐이다.

질서에 대한 이러한 다른 개념들은 '신세계질서'를 한 마디로 정의하기 어렵게 만든다. 어떤 학파도 현 세계의 분쟁 원인을 이해하는 데 그 자체만으로 충분하지는 않다. 장기적인 사회변화가 국가주권이라는 규범을 침식하고 있는 상황에서 세력균형에 대한 현실주의의 강조는 필요하기는 하나 충분하지는 않다. 주요 자유민주주의 국가들 사이에서 평화가 싹텄다는 시각은 옳지만, 그것은 일부 강대국을 포함한 많은 국가들이 자유민주주의국가가 아닌 지금의 상황에서 만병통치약이 될 수 없다. 오래전에 양극의 냉전 질서는 일종의 안정을 제공했다. 냉전은 제3세계의 몇몇 분쟁들을 악화시켰지만 미국, 유럽, 일본 간의 경제적 분쟁들은 소련의 군사적 위협에 대한 공동의 걱정 때문에 둔화되었으며, 동유럽에서 격렬한 인종적 분열은 소련의 존재로 인해 엄격히 단속되었다. 양극 질서의 종결과 함께 분쟁이 끝나지는 않았다.

그러나 분쟁의 원인은 달라졌다.

미래의 권력 배치

투키디데스 이후의 역사가들과 정치 분석가들이 지적한 바와 같이, 급격한 권력이동(power transition)은 강대국 사이에 분쟁이 일어나는 가장 큰 원인 중 하나였다. 그 권력이동은 양차 대전 이전 독일의 등장과 제2차 세계대전 이후 미국과 소련의 상대적 흥기(興起) 및 그 결과 발생한 대립을 포함해 근대사의 강대국 간 권력분쟁의 뿌리 깊은 구조적 원인이었다. 냉전 이후의 시기가 미국과 중국은 흥기하고 러시아는 쇠퇴한 급격한 권력이동의 시기라는 데는 확고한 합의가 있다. 그러나 그 이동의 방향과 크기에 대해서는 상당한 논쟁이 진행되고 있고, 이와 같은 논쟁들은 그러한 이동에 분쟁의 잠재적 원천이 되는 예측불허의 일면이 있음을 시사하고 있다.

한 가지 대안은 '다극체제(multipolarity)'이다. 예컨대 전 프랑스 대통령이었던 자크 시라크(Jacques Chirac)는 다극적인 세계로의 복귀를 촉구했다. 만약 다극체제라는 단어에서 19세기의 체제를 유추한다면 그것은 매우 잘못된 것이다. 19세기의 다극체제는 대체로 동등한 5개 힘 간의 세력균형에 기초하고 있었다. 그러나 냉전 이후의 강대국들은 전혀 동등하다고 말할 수 없다. 러시아는 비록 엄청난 핵무기를 보유하고 있고 최근에는 고유가의 덕을 보고 있지만 1991년 이후부터 거의 아무도 예상하지 못했을 만큼 더 빠르게 그리고 더 많이 쇠퇴했다. 중국은 오랫동안 두 자릿수의 경제성장을 거듭하면서 대부분의 사람들이 예측한 것보다 훨씬 더 빨리 성장했지만 여전히 선진국에 진입하지는 못했다. 일본과 독일은 1990년에 일부 논자들이 예측했던 것과는 달리 완전한 슈퍼파워로 성장하지 못했다. 그리고 인도는 지난 10년간 고도의 경제성장을 이룩했는데도 세계 주요 강국으로서 충분한 잠재력을 실현하기 위해서는 몇 가지 장애물을 뛰어넘어야 한다. 비록 EU가 경제적 규모 면에서 필적하고 있기는 하지만 미국이야말로 유일한 군사적 슈퍼파워라 할 수 있다.

일부 현실주의자들은 빌헬름 2세의 독일이 제1차 세계대전 직전에 영국을 곤란하게 만들었던 것을 21세기식으로 유추하여, 중국의 빠른 흥기가 미국에 대한 패권도전으로 나타나게 될 것이라고 경고한다. 그러나 역사적 유추는 오류를 갖고 있다. 독일은 1900년이 지나면서 이미 산업력에서 영국을 능가했지만, 현재 중국의 경제

규모는 공식 환율로 계산하여 미국 경제 규모의 약 8분의 1밖에 되지 않는다. 설사 중국이 연간 9%의 빠른 성장을, 미국이 연간 3%의 성장을 계속한다고 해도 2025년에 중국의 경제 규모는 아직도 미국의 절반에 미치지 못할 것이다. 만약 양국 정부가 그들의 관계를 잘못 다루면 분쟁이 일어날 수도 있겠지만, 패권 분쟁과는 거리가 멀 것이다. 일부 분석가들은 세계가 유럽, 아시아, 북아메리카라는 세 개의 경제 블록으로 조직될 것이라고 예측한다. 그러나 세계적으로 기술이 변화하고 다국적기업이나 인종집단과 같은 비블록/비국가행위자들이 증가함에 따라 비블록/비국가행위자들은 이 세 개의 블록이 그들의 행동을 제한하는 것에 저항할 것이다. 우리는 이미 문명들의 하나로서의 세계질서를 서술하면서 이 문제를 논한 바 있다.

2003년 이라크 침공의 여파로 일부 다른 분석가들은 국제 질서를 미국의 세계제국(American world empire)으로 기술했다. 여러 가지 면에서 제국이라는 비유는 매력적이다. 미군은 세계 도처에 널려 있는 기지에 파견되어 있으며 그 지역의 미군 사령관들은 때때로 식민지 총독처럼 행동한다. 영어는 한때 라틴어가 그랬던 것처럼 세계의 공용어(lingua franca)가 되었다. 미국 경제는 세계에서 가장 큰 규모를 자랑하며, 미국의 문화는 세계인의 마음을 사로잡고 있다. 그러나 으뜸 국가의 정치를 제국의 정치와 혼동하는 것은 잘못이다. 미국은 분명히 우리가 19세기와 20세기 유럽의 식민지 제국들에 대해 생각하는 식의 그러한 제국이 아니다. 유럽식 제국주의의 핵심적인 특징은 정치적 통제였다. 미국과 약소국들 사이에는 불평등한 관계가 분명 존재하고 그것이 착취로 이어질 수도 있지만, 공식적인 정치 통제는 없으며 '제국주의적'이라는 용어는 부적절할 뿐 아니라 오도할 수 있다.

미국은 영국이 제국의 절정에 있었을 때보다 더 강력한 권력자원들을 갖고 있다. 그러나 미국은 다른 나라들 안에서 일어나는 움직임을 직접 통제한다는 의미에서 영국이 지구의 4분의 1을 통치했을 때 휘둘렀던 것보다 적은 권력을 갖고 있다. 예를 들어 식민지 시절 케냐의 경우 외교관계는 말할 것도 없고 학교, 세금, 법률 및 선거에 대해 영국 관리들의 통제를 받았다. 오늘날 미국은 그 같은 통제를 거의 하지 않는다. 2003년, 미국은 이라크 침공을 승인받기 위한 유엔의 두 번째 안보리 결의안 투표에서 멕시코와 칠레의 지지표조차 얻어낼 수 없었다. 제국이라는 말을 곧잘 사용하는 분석가들은 '제국'이라는 용어는 단지 비유일 뿐이라고 대꾸한다.

▎2003년 이라크전쟁.

그러나 그 비유가 문제가 되는 이유는 그것이 워싱턴으로부터의 통제를 의미하기 때문이며, 오늘날 권력이 배분되는 복잡한 방식과 제대로 일치하지 않기 때문이다. 6장에 보았듯이 미국은 이라크전쟁에서 초반 전투에서 이기는 것보다 점령한 후의 관리가 더 어렵다는 점을 절실히 깨달았다.

　지구적인 정보화시대에 권력은 수직적으로도 혹은 수평적으로도 둘 수 있는 복잡한 3차원 체스 게임을 닮은 패턴으로 국가들 사이에 배분되어 있다. 정치–군사 문제라는 가장 위에 있는 체스판에서 군사력은 사실상 유일한 초강대국인 미국의 일극체제이다. 그러나 경제 문제의 중간 체스판에서 미국은 패권을 장악하고 있거나 제국인 것은 아니다. 미국은 유럽이 통일된 방식으로 행동할 때는 동등한 조건으로 그들과 교섭해야 한다. 예컨대 독점규제 문제나 교역 문제로 미국은 유럽과 만나 중간 지점에서 합의를 도출해야 한다. 은행가부터 테러리스트까지 다양한 행위자들을 포함하고, 국경을 가로질러 존재하며, 정부의 통제 범위를 벗어난 초국가적 관계라는 맨 아래의 체스판에서 권력은 혼란스럽게 분산되어 있다. 테러리즘 외에 몇 가지 예를 들자면, 지구적 자본시장에서 민간 행위자들은 미국이 자국 경제를 관리하기 위해 이자율을 활용하는 것을 제약한다. 그리고 마약 거래, 전염병, 이민, 기후변화와 같은 몇 가지 주요 국제적 이슈는 여러 국가에 걸친 사회적 뿌리를 가지고 있으며 미국 정부의 통제권 밖에서 일어난다. 이러한 초국가적인 쟁점들을 서술하기 위해서는 '일극체제'나 '패권' 또는 '미 제국'과 같은 전통적인 용어들을 사용하는 것은 무의미하다.

미국을 전통적인 군사력에 기반을 둔 제국으로 표현하는 사람들은 1차원적 분석에 의존한다. 그러나 3차원적 게임에서는 만약 하나의 체스판에만 집중하여 다른 체스판들이 있고 그들 사이에 수직적 관계가 있다는 것을 모르게 되면 질 수밖에 없을 것이다. '맨 위의 체스판'에서 벌어지는 군사적 행동들 — 미국은 이라크의 압제자를 몰아냈다 — 과 동시에 초국가적 관계라는 '맨 아래의 체스판'에서 알카에다 조직망이 새로운 대원을 모집하며 능력을 키우고 있는 점은 이를 잘 보여주고 있다. 세계화의 어두운 면을 대변하는 이러한 쟁점들은 본질적으로 다자적이며 그것들을 해결하기 위해서는 상호 협조가 필요하다. '미국의 제국'이라는 식으로 세계를 서술하려고 하면 미국이 직면하고 있는 세계의 진정한 특징을 포착하지 못한다.

'제국' 모델의 발의자들이 종종 무시하는 또 다른 쟁점은 미국 국민이 고전적인 제국의 역할을 너그럽게 받아들일지 여부다. 미국은 1898년 세계 강국으로 두각을 나타냈을 때 잠시 진짜 제국주의국가가 되는 데 대한 유혹을 받았지만, 명실상부한 제국주의국가로서의 그러한 막간은 오래가지 않았다. 영국인들과는 달리 제국주의는 미국인들에게는 편안한 경험이 아니었다. 여론조사는 미국인들이 시종일관 제국에 대해 별로 흥미를 보이지 않는다는 것을 보여왔다. 그 대신 미국민들은 계속 다국간 상호 자유무역(multilateralism)과 유엔의 활용을 선호하는 것으로 나타났다. 아마도 이것이 캐나다의 마이클 이그나티예프(Michael Ignatieff)가 제국이란 말을 비유로서 사용해야 한다고 주장한 이유일 것이다. 그는 세계에서의 미국의 역할을 '경량 제국(Empire Lite)'(이그나티예프의 저서명으로, "다른 나라를 정복하거나 식민지화하거나 직접 통치하는 대신 외교적 수단과 단기간의 군사개입을 통해 세계의 문제를 정리하는 제국주의의 한 형태"로 해석하고 있다 – 옮긴이)으로 표현함으로써 미국에 제국이란 명칭을 붙일 자격을 부여한다.

현재 권력의 분포는 다중 차원의 상호의존(multilevel interdependence)을 보여주고 있다고 할 수 있다. 그 어떤 하나의 위계(hierarchy)도 3차원의 체스게임과 같은 세계정치를 충분히 표현하지 못한다. 만약 군사력이 돈만큼 대체성이 있고 모든 분야의 결과를 결정할 수 있었다면 그 어떤 복잡성도 별로 중요하지 않았을 것이다. 그러나 군사적 역량은 오늘날의 세계정치에서 경제라는 초국가적 놀이판을 예측하는 데 적절한 지표가 되지 못한다. 미국은 그 어떤 다른 국가보다 권력의 다양한 포트폴리오를 가지고 있으므로 유리한 위치에 있으나, 현재의 세계질서는 전통적인 어떤 의미에서도 미 제국의 시대는 아니다. 이 세계 유일의 초강대국은 세계 문제를 혼자 힘으로 처리할 여유가 없다. 세계화는 국제적인 의제에 대한 쟁점들의 수위를 높이고 있다. 가장 강력한 국가라 해도 그것들 — 국제금융시장의 안정, 지구의 기후변화, 대유행병의 확산, 그리고 초국가적인 마약·범죄·테러조직망 같은 문제들 — 을 혼자서 처리할 수는 없는 일이다. 21세기 미국의 힘이 가진 역설은 로마 이후 세계에서 가장 강력한 군사력을 보유한 나라가 단독으로는 그들의 국민들에게 안전을 보장할 수 없다는 것이다.

낡은 개념들의 감옥

냉전 이후의 세계는 독특한 것(sui generis)이다. 기계적 양극성에 대한 전통적 비유라는 '프로크루스테스의 침대'에 우리의 이해를 강제적으로 짜 맞추려고 함으로써 스스로를 지나치게 제약해서는 안 된다는 구성주의 이론가들의 주장은 옳다. 권력은 더욱 다차원적이 되고, 권력의 구조는 더욱 복잡해지며, 국가는 더욱 투과성이 커지고 있다. 이와 같이 날로 커지는 복잡성이 의미하는 바는 세계질서가 전통적 군사적 균형 이상의 것에 기초해야 한다는 것이다.

세계질서에 대한 현실주의적 시각은 필요하기는 하지만 베스트팔렌체제로부터 서서히 벗어나고 있는 세계의 장기적인 사회적 변화들을 고려대상에 넣지 않고 있다는 점 때문에 충분하지는 않다. 종교 문제를 둘러싸고 30년 동안 서로를 갈기갈기 찢어놓은 후, 1648년에 유럽 국가들은 베스트팔렌평화조약에서 국민의 선호에는 관계없이 지배자가 실질적으로 국가의 종교를 결정한다는 데 동의했다. 질서는 인민의 주권이 아니라 국가들의 주권에 기초했다. 그러나 당구공으로 취급되던 기계적

국가들의 균형은 세월이 흐르면서 민족주의와 민주주의적 참여의 증대로 인해 서서히 파괴되었다. 하지만 그래도 국가주권이라는 규범은 유지되었다. 오늘날에는 초국가적 커뮤니케이션, 이민, 경제적 상호의존의 급격한 성장으로 질서와 국가통제라는 고전적 개념들의 침식은 가속화되고 있으며 규범과 현실의 틈은 더욱 벌어지고 있다.

이와 같은 진화는 국가들의 세계정치일 뿐 아니라 인민의 세계정치라는, 그리고 가치와 제도에 기초한 질서의 세계정치라는 자유주의적 개념을 더욱 타당성 있게 한다. 정치학자들이 민주주의국가 간에 전쟁을 벌인 경우는 사실상 거의 없었다고 말하는 것을 보면 한때 구제불능의 이상주의자로 치부되었고 평화적인 민주주의 동맹을 호소한 임마누엘 칸트와 같은 자유주의자들의 견해는 덜 황당해 보인다. 예를 들면 독일 통일의 효과에 대한 논의에서, 유럽이 장차 과거로 회귀할 것이라고 본 현실주의자들의 견해보다, 새로운 독일은 민주적이고 EU의 제도를 통해 서구 이웃들과 깊이 맺어져 있다는 사실을 지적한 자유주의자들의 견해가 더 많은 지지를 받았다. 하지만 정치학자인 맨스필드(Edward Mansfield)와 스나이더(Jack Snyder)가 지적하듯이, 민주주의 역사가 일천한 국가들은 전쟁을 더 쉽게 벌일 수 있다. 그래서 중동과 같은 소란스런 지역에서 민주화의 확산으로 당장 안보이익이 생길 것으로 기대해서는 안 된다.

물론 질서에 대한 자유주의적 개념은 완전히 새롭거나 모든 나라에 적용되는 것은 아니다. 냉전 질서도 규범과 제도를 가지고 있었으나 제한적인 역할을 했을 뿐이다. 제2차 세계대전 동안 루스벨트, 스탈린, 처칠은 권력의 다극적 배분을 상정한 유엔에 동의했다. 5대 강국이 거부권에 의해 보호되기는 하지만, 유엔 안보리는 그 외의 작은 국가들을 상대로 한 집단안보와 비침략 교의를 강화했다.

그러나 이러한 우드로 윌슨식 제도적 접근의 결정판은 예측하지 못했던 양극체제의 출현으로 곤경에 처하게 되었다. 슈퍼파워들은 상대방의 발안에 대해 거부권을 행사했고, 국제기구의 역할은 침략자를 몰아내기보다는 정전을 감독하기 위해 평화유지군을 파견하는 것으로 좀 더 약화되었다. 소련 권력의 쇠퇴로 인해 소련이 미국과의 협력을 추구하는 새로운 정책을 채택하면서 유엔이 이라크를 상대로 하여 집단안보라는 유엔의 교의를 적용했을 때, 그것은 신세계질서의 출현이라기보다는 1945년에 나타났어야 할 자유주의적인 제도적 질서의 일면이 재현된 것에 가까웠다.

그러나 걸프전은 세계질서에 대한 자유주의적 접근의 일면을 부활시킴과 동시에 자유주의적 개념의 중요한 약점 또한 노출시켰다. 유엔헌장에 성문화된 집단안보의 교의는 국가중심적이다. 즉 국경을 침범하는 경우에는 적용이 되지만, 한 국가 안에서 민족들끼리 무력을 사용하는 데는 적용되지 않는다. 자유주의자들은 민주주의와 민족자결주의의 원칙에 호소함으로써 이 문제점에서 벗어나려고 한다. 한 국가 안의 민족들이 기존의 국경 안에서 보호받기를 원하는지 자신들의 투표를 통해 스스로 결정하게 한다는 것이다. 그러나 앞에서 살펴본 바와 같이 자결주의는 그렇게 간단한 것이 아니다. 누가 자결을 결정할 것인가? 오늘날 세계의 국가들 중에서 단일민족국가는 10%도 되지 않는다. 세계 국가의 절반만이 한 인종집단이 전체 인구의 75%를 차지하고 있는 국가들이다. 대부분의 구소련 국가들에는 상당수의 소수민족들이 있으며, 많은 국가들의 국경에 대해 논란이 있다. 아프리카는 대략 1,000여 개의 민족을 50여 개의 국가에 밀어 넣은 대륙이라고 생각하면 된다. 캐나다에서는 퀘벡 주에서 프랑스어를 쓰는 다수 인구가 특별한 지위를 요구하고 있고 그중 일부는 캐나다로부터의 독립을 선동한다. 그와 같은 다중인종·다중언어 국가들에 대해서 한번 문제를 제기하기 시작하면 그 과정이 어디에서 끝날지 가늠하기 어렵다. 그런 세계에서 지역 자치와 소수민족의 권리에 대한 국제적 감시는 어느 정도 성공할 가능성은 있지만, 민족자결주의에 대한 무조건적인 지지정책은 엄청난 세계적 혼란으로 이어질 수 있다.

복합적 세계질서의 진화

주권국가들 간의 권력의 배분이라는 전통적 형태의 질서를 어느 정도 유지하면서 동시에 '민족들 간의 정의'에 기초한 제도로 접근하는 것은 어떻게 가능한가? 국제제도들은 점차 그와 같은 탈베스트팔렌의 방향으로 진화하고 있다. 인권과 인류 안보에 대한 더 폭넓은 개념이 점점 더 중요시되고 있다. 국제인도주의법(International Humanitarian Law)과 그 안에 담겨 있는 국가개념, 즉 독재적인 통치자의 대량 수탈에 대항해 개인의 권리를 보호할 의무를 지닌 국가라는 개념은 그 영향력이 점점 커지고 있다. 국가들은 1945년에 이미 유엔헌장 제55조와 제56조를 통해 인권과 근본적 자유의 준수라는 집단적 책임을 약속했다. 유엔 안전보장이사회가 1991년 이라크에 대한 전후 개입안을 통과시키기 이전에도 남아프리카공화국의 인종차별정책에 대한 유엔의 제재권고안은 주권에 대한 유엔헌장의 진술에 엄격하게 구애받지 않는 선례를 남겼다. 유럽에서는 1975년 헬싱키협정에 의해 소수민족의 권리가 성문화되었고, 이를 위반하는 행동은 유럽안전보장협력회의(European Conference on Security and Cooperation)에 넘겨질 수 있게 되었다. 국제법은 점차 진화하고 있다. 1965년에 미국법률협회(American Law Institute)는 국제법을 "국가와 국제기구의 행동에 대해 다루는 …… 규칙과 원칙들"이라고 정의했다. 20년 후에 협회 소속의 변호사들은 그 정의에 "그것들과 사람들 간의 관계뿐만 아니라"라는 말을 보탰다. 개인과 소수의 권리는 점차 국가적 관심 이상의 것으로 취급되고 있다. 2005년 유엔총회는 국가가 국민의 권리를 보호할 일차적인 책임을 지되, 만약 국가가 그렇게 할 수 없거나 할 의향이 없을 때 이에 대한 책임은 국제공동체가 져야 한다는 의안을 통과시켰다.

세계의 많은, 아마도 대부분의 지역에서 인권은 아직도 경멸받고 있으며 인권침해가 처벌받지도 않는다. 그런 모든 잘못을 바로잡기 위해 다자적인 무력 개입을 선택하는 것은 무질서의 또 다른 엄청난 원칙이 될 것이다. 그러나 앞에서 살펴본 바와 같이, 스펙트럼의 낮은 쪽 끝에 있는 성명 및 제한적인 경제조치에서 스펙트럼의 높은 쪽 끝에 있는 전면적 침공에 이르기까지 개입은 정도의 문제이다. 국가 간의 권력 분배를 갑작스럽게 깨뜨리지 않는 제한적인 개입이나 주권에 대한 다자적 침해는 점차 증가할 것으로 보인다.

좀 더 큰 규모에서 보면, 만약 국내적 폭력 또는 대량살상무기의 개발이 그 지역의 평화에 대한 전반적 위협이 될 만큼 넘쳐날 것이라고 판단할 경우, 안보리는 유엔헌장 제7장에 따라 행동을 개시할 수 있다. 그와 같은 정의는 어느 정도 융통성을 가지고 있으며, 시간이 지남에 따라 점차 확대될 것으로 보인다. 또 다른 경우 나이지리아와 다른 국가들이 1990년대에 서아프리카경제공동체의 틀 안에서 라이베리아와 시에라리온에 파병했듯이, 또는 나토가 1999년에 코소보에서 그랬듯이 국가들의 그룹이 지역을 기초로 행동할 수도 있다.

그런 불완전한 원칙과 제도들은 국내적 폭력과 민족들 간의 불공평이라는 문제점들을 해결하지 못한다. 하지만 도덕적 공포는 정책입안자들이 무력을 통해 모든 잘못된 것을 바로잡으려 하거나, 반대로 애초의 베스트팔렌체제로 회귀하려고 하는 경우보다는 덜할 것이다. 자유주의자들은 베스트팔렌체제를 넘어서는 신세계질서의 진화는 몇 십 년, 몇 백 년이 걸리는 문제임을 깨달아야 한다. 현실주의자들은 순전히 군사적인 관점에서만 권력과 구조를 정의하는 전통적 견해가 지구적 커뮤니케이션과 초국가적 관계로 이루어진 세계에서 일어나는 변화를 감지하지 못함을 깨달아야 한다.

분명한 것 한 가지는 세계정부가 지척에 있는 것이 아니라는 점이다. 세계에는 너무 많은 사회적 · 정치적 다양성이 존재하며 세계정부를 뒷받침할 충분한 공동체 의식이 없다. 국가들이 서로 협조하고 아울러 비국가행위자들의 협력을 촉진할 새로운 길을 찾기 위해서는 유엔을 개혁하고 새로운 기구들을 세워야 한다. 예를 들어 정부 관리들의 초국가적 네트워크는 그런 협력을 촉진할 것이다. 어떤 경우에는 정부와 민간 행위자들이 뒤섞인 연합체가 그런 일을 해낼 수 있을 것이다. 그러나 이것이 민주주의에 대해 의미하는 것은 무엇인가?

민주정치는 비록 개인과 소수자들에 대한 보호조항들이 있기는 하지만 관할 구역 내의 절대 다수 국민들에게 책임을 지고 그들에 의해 해임될 수 있는 관리들에 의한 통치이다. 지구적 차원의 정치적 정체성이 매우 취약한 세계에서 '우리 국민(we the people)'은 누구인가? 유엔의 '1국가 1투표권'은 민주적이 아니다. 6장에서 보았듯이 그러한 방식을 이용하게 되면, 몰디브 섬의 국민은 중국 국민보다 엄청나게 큰 투표력을 가진다. 반면에 세계를 하나의 지구적 선거구로 다루게 되면, 198개 나라의 국민들이 투표에서 십수 억 중국인과 십수 억 인도인들에게 계속 지게 되는 정치공동체가 되어버린다. 소수자들은 그들이 더 큰 공동체에 참여하고 있다고 느낄 때 다수에 묵묵히 따른다. 그 같은 공동체가 없으면서 국내의 투표 절차를 지구적 수준으로 확대하는 것은 비실용적이며 규범적 의미가 약하다. 더 강력한 유럽의회는 유럽공동체가 발전해감에 따라 '민주주의의 불비한 점'을 줄여가겠지만, 지구적 규모로 설득해야 하는 상황 아래서도 올바른 결정을 이끌어낼 수 있을지는 의문이다. 지금까지 세계사를 통틀어서 민주주의는 민족국가들이라는 조건 속에서 번영해왔다.

하지만 책임성(accountability)은 심지어 민주주의가 잘 시행되고 있는 국가에서조차 투표를 통해 반드시 확인된다고 볼 수는 없다. 예를 들어 미국에서 대법원과 연방준비제도이사회는 일련의 대의원단을 통해 간접적으로만 선거에 반응한다. 전문

직업인으로서의 규범과 기준은 판사와 중앙은행 간부들이 책임을 다하는 데 일조하지만, 그들이 이 역할을 잘 수행하려면 투명성은 필수적이다. 대중은 투표 외에도 편지 및 여론조사에서 항의에 이르기까지 다양한 수단을 통해 쟁점들에 대한 의견을 전달하고 관심을 환기시킨다. 이해단체와 자유언론들은 지역, 국가, 그리고 초국가적 차원에서 투명성을 제고하는 데 중요한 역할을 할 수 있다.

민간부문 역시 책임성에 기여할 수 있다. 1984년 인도 보팔(Bohpal)의 화학공장 폭발사고 이후 국제화학산업에 의해 설립된 것과 같은 민간 협회와 규약들은 공통의 기준을 만들 수 있다. 미성년 노동력을 착취하는 기업들의 이름을 공개하여 창피를 주는 NGO의 행동은 소비자들이 장난감과 의류 산업의 다국적기업들에게 책임을 물을 수 있게 해주었다. 1997년 아시아 금융위기의 여파로 사람들은 시장에 대해 불공평한 참여권을 가지게 되었지만, 시장에 대한 책임성은 부패한 정부의 투명성을 어떤 공식적인 협약에 의해서보다도 더 높였는지도 모른다. 공개시장은 특히 국회의 기능이 취약한 나라에서 비민주적인 국지적 독점을 줄일 수 있고, 복지부동하는 정부관료들의 권력을 약화시킬 수 있다. 더욱이 투명성과 적법한 예측성을 높이려는 투자자들의 노력은 정치제도에 대한 유익한 파급효과를 가져올 수 있다. 정부의, 정부 간의, 그리고 비정부 간의 대표들로 결합된 혼성네트워크는 미래에 더 큰 역할을 할 것으로 보인다.

지구적 거버넌스에 대한 이 같은 문제들에 단일한 해결책은 없다. 우리는 지구화의 거버넌스를 위한 규범과 절차에 대해 더 골똘히 생각할 필요가 있다. 문제를 부정하거나, 국내적인 유추로 오도되거나, 또는 민주정체의 결함에 대한 상투적인 말은 삼가야 할 것이다. 우리는 현대 민주국가에 존재하는 책임성의 다양한 형태들을 이용하는 과정을 바꿀 필요가 있다. 국제기구들은 국제정부는 아니지만 지구적인 정보화시대에 국제 거버넌스를 위해 매우 중요하다.

> ### 보호할 책무
>
> 소말리아, 보스니아, 헤르체고비나, 르완다, 코소보, 그리고 지금은 수단의 다르푸르에서 계속되는 인도적 재난은 주권'국가'가 외부로부터 간섭받지 않을 특권에 대해서가 아니라 해당 정부가 그들의 국민은 물론 더 광범한 국제 공동체에 책임을 져야 한다는 데 대한 관심을 높여왔다. 사람들이 피할 수 있는 재앙 — 집단학살과 강간, 강제추방에 의한 인종청소와 테러, 고의적인 기아, 그리고 질병에의 노출 등 — 을 당할 때 쟁점은 어떤 국가의 '개입할 권리'가 아닌 모든 국가의 '보호할 책무'라는 인식이 점점 더 높아지고 있다.
>
> — 유엔, 2004년[7]

미래에 대한 생각

당신은 어떤 세상에서 살고 싶은가? 당신은 이 책의 서두에 서술된 무정부상태의 세계에서 살게 될 것이다. 우리는 만인의 만인에 대한 혼돈스런 전쟁이라는 홉스적인 감각으로 미래를 보아서는 안 된다. 질서는 현실주의가 말하는 국가들 간의 세력균형에 의해서도, 자유주의가 말하는 진화하는 국제제도들에 의해서도, 구성주의자들이 말하는 새로운 규범과 생각들의 진화에 의해서도 제공될 것이다. 그러나 그 질서가 항상 정의롭지는 않을 것이다. 정의와 질서는 종종 상충하며, 자결의 문제에서조차 마찬가지이다. 국경을 건드리지 않는 것이 중요한가, 아니면 영토적 주권을 침해하더라도 인도주의적 대의와 인권보호를 추구하는 것이 중요한가? 이와 같은 선택은 질서의 원칙들에 어떤 영향을 미치는가? 정당성과 소프트파워의 역할이 더 중요해질 것인가? 이런 논쟁들은 쉽게 해소될 수 있는 것이 아니다.

그러나 변화가 일어나고 있다. 길핀(Robert Gilpin)은 국제정치가 2,000년이 지나도록 변하지 않았으므로 투키디데스도 거의 문제없이 오늘날의 세계를 이해할 수 있을 것이라고 주장한다. 만약 투키디데스가 하늘에서 갑자기 중동에 떨어진다면, 그는 아마 상황을 상당히 빨리 파악할 것이다. 그러나 그가 만약 서유럽에 떨어진다면

---

7 Report of the High-level Panel on Threats, Challenges and Change, "A more secure world: Out shared responsibility"(United Nations, 2004), pp. 65~66.

프랑스와 독일의 관계를 이해하는 데 아마 더 많은 어려움을 경험할 것이다. 세계적으로 핵무기 개발과정에서의 기술적인 혁명, 지리와 영토의 역할을 축소시킨 정보혁명, 경제적 상호의존의 엄청난 증가, 국경을 초월하는 특정 가치와 인권에 대한 의식이 높아진 지구촌 사회의 출현이 있었다. 흥미롭게도 18세기에 임마누엘 칸트의 자유주의적 국제정치에 관한 견해도 유사한 변화를 예측했다. 칸트는 장기적으로 인류가 다음의 세 가지 이유로 인해 전쟁을 초월하여 진화하리라고 예측했다. 전쟁의 파괴력 증가, 경제적 상호의존의 증대, 그리고 그가 공화정부라고 부른 것과 우리가 자유민주주의라고 부르는 것의 발전이 바로 그것이다.

오늘날의 세계를 이해하기 위해서는 세계정치에 대한 현실주의와 자유주의적 견해를 모두 이해해야 하고, 구성주의자가 강조하는 사회적 · 문화적 변화에도 민감해야 한다. 우리는 다른 이상형들을 동시에 생각할 필요가 있다. 현실주의도 복합적 상호의존도 존재하지 않는다. 둘 다 세계의 추상적 모델들이다. 현실주의자는 안보를 추구하느라 힘을 사용하는 국가들의 세계를 논한다. 이 논의를 그대로 뒤집어보면, 비국가행위자나 경제적 수단, 복지에 관한 목표가 안보보다 더 중요한 세계인 복합적 상호의존의 세계가 있다. 이 두 견해는 우리가 다른 현실세계 관계들을 설정할 수 있는 개념적 연속선상에서 양극에 위치하고 있다. 세 가지 종류의 이론 — 현실주의, 자유주의, 구성주의 — 은 모두 변화하는 세계에서 국제정치를 이해하는 데 도움이 되고 또한 필요하다. 이 책이 시도해온 것은 복잡하게 변화하는 세계정치 분야에 대해 생각하는 방식의 한 예를 제공하는 것이었다. 나는 여러분이 살아갈 세계를 설명하고(즉 원인을 입증하고), 해석하고(의미를 부여하고), 평가하기(정치적, 도덕적으로) 위해 이론과 역사를 결합시키는 방법을 보여주려고 했다. 이제 나머지는 여러분의 몫이다.

▪▪ 학습문제

1. 후쿠야마의 '역사의 종언'이란 무엇인가? 이 개념의 강점과 약점은 무엇인가?
2. 분쟁들은 큰 문명 사이에서 더 많이 일어날 것 같은가, 아니면 같은 문명 속에서 더 많이 일어날 것 같은가? 헌팅턴 이론의 강점과 약점은 무엇인가?

3. 제2차 세계대전 이후의 세계질서와 구분되는 신세계질서가 존재하는가? 그것을 다극체
   제라고 표현할 수 있는가? 아니면 양극체제 혹은 일극체제인가? 그런 구분이 중요한가?
4. 세계정치에서 민족주의의 중요성은 사라지고 있는가, 아니면 전례 없이 강한가? 그
   사례를 제시하라. 제국은 민족주의의 시대에 존재할 수 있는가?
5. 핵전쟁의 위협은 과거의 일이 되었는가? 테러리스트들이 대량살상무기를 손에 넣게
   되면 무슨 일이 일어날까?
6. 중앙정부로부터의 권력 분산에 대한 찬성 및 반대 주장은 어떤 것인가? 왜 그것이
   문제가 되는가? 그것은 민주주의에 어떤 의미를 갖는가?
7. 어떤 종류의 권력이 중요한가, 그 권력은 미래에도 중요할 것인가? 이것은 세계에서
   미국의 역할에 어떤 영향을 미칠 것인가? 1991년의 걸프전쟁, 1999년의 코소보 위기,
   2001년의 아프가니스탄 군사행동 또는 2003년의 이라크전쟁은 위의 질문들에 어떤
   답을 암시하는가?
8. 현실주의 이론은 유럽의 미래를 어떻게 예측하는가? 아시아는 어떠한가? 다른 어떤
   요소들이 사건에 영향을 미칠 것인가? 자유주의적 접근과 구성주의적 접근법들은 어떤
   영향을 미칠 것인가?
9. 지구적 정부와 지구적 거버넌스 사이의 차이점은 무엇인가? (국제)기구들은 어떤 역할
   을 하는가? 그것은 민주주의에 어떤 의미가 있는가?
10. 현 세계질서를 미 제국에 의한 질서로 표현하는 데 대한 찬성 및 반대 주장은 무엇인가?
11. 인터넷이 초국가 단체들을 강화시킨다면, 그것은 세계정치에는 어떤 영향을 미칠까?
12. 21세기의 안보는 지난 세기의 안보와 어떻게 다른가? 기후변화와 대유행병과 같은
    초국가적 도전이 세계정치의 성격을 변화시킬까?
13. 인권은 세계정치에서 더 중요해지고 있는가? 인도주의법은 베스트팔렌 법에서 구체화
    된 주권규범과 어떻게 조화시킬 수 있는가?

▪▪ 읽을 자료

1. Fukuyama, Francis, "The End of History", *The National Interest*, no. 16 (Summer
   1989), pp. 3~18; Huntington, Samuel, "No Exit: The Errors of Endism", *The National
   Interest*, no.17(Fall 1989), pp. 3~11.
2. Mearsheimer, John, "Back to the Future", *International Security*, 15:1(Summer 1990),
   pp. 5~56; Hoffmann, Stanley, Robert Keohane and Hohn Mearsheimer, "Back to the
   Future: Part II", *International Security*, 15:2(Fall 1990), pp. 191~199.
3. Huntington, Samuel, "The Clash of Civilizations!" *Foreign Affairs* 72:3(Summer 1993),
   pp. 22~49.

4. Keohane, Robert O. and J. S. Nye, "Redefining Accountability for Global Governance", in Miles Kahler and David Lake(eds.), *Governance in a Global Economy: Political Authority in Transition* (Princeton, NJ: Princeton University Press, 2003), pp. 386~411.

5. Nye, Joseph S., Jr., *The Paradox of American Power: Why the World's Only Superpower Can't Go It Alone* (New York: Oxford University Press, 2002), chap. 5.

6. Dahl, Robert A., "Can International Organizations Be Democratic? A Skeptic's View", in Ian Shapiro and Casiano Hacker-Godon(eds.), *Democracy's Edges* (Cambridge, UK: Cambridge University Press, 1999), pp. 19~36.

▓▓ 더 읽을 자료

Bacevich, Andrew, *American Empire* (Cambridge, MA: Harvard University Press, 2002).

Barnet, Richard J., and John Cavanagh, *Global Dreams: Imperial Corporations and the New World Order* (New York: Simon & Schuster, 1994).

Brown, Michael, Sean Lynn-Jones and Steven Miller(eds.), *Debating the Democratic Peace* (Cambridge, MA: MIT press, 1996).

Clark, Grenville, and Louis Sohn, *Introduction to World Peace Through World Law* (Chicago: World Without War Publications, 1973).

Deudny, Daniel, "Geopolitics and Change", in Michael W. Doyle and G. John Ikenberry(eds.), *New Thinking in International Relations Theory* (Boulder, CO: Westview Press, 1997).

Donnelly, Jack, "Genocide and Humanitarian Intervention." *Journal of Human Rights* 1:1(March 2002). pp. 93~109.

Emmot, Bill, *20:21 Vision: Twentieth Century Lessons for the Twenty-First Century* (New york: Random, 1971).

Falk, Richard A., *This Endangered Planet: Prospects and Proposals for Human Survival* (New York: Random House, 1971).

Feinstein, Lee, and Anne-Marie Slaughter, "A Duty to Prevent", *Foreign Affairs* (January/ February 2004).

Finnemore, Martha, "Constructing Norms of Humanitarian Intervention", in Peter J. Katzenstein(ed.), *The Culture of National Security: Norms and Identity in World Politics* (New York: Columbia University Press, 1996).

Friedberg, Aaron, "The Future of U.S.-China Relations: Is Conflict Inevitable", *Internal Security* (Fall 2005). pp. 7~45.

Gaddis, John L., "Towards the Post-Cold War World", *Foreign Affairs*, 70:2 (Spring 1991). pp. 102~122.

Haas, Ernst B., *Beyond the Nation-State: Functionalism and International Organization* (Stanford, CA: Stanford University Press, 1964).

Haas, Richard N., *The Opportunity: America's Moment to Alter History's Course* (New York: Public Affairs, 2005).

Huntington, Samuel P., *The Third Wave: Democratization in the Late Twentieth Century* (Norman: University of Oklahoma Press, 1991).

Ignatieff, Michael, *Empire Lite* (New York: Vintage, 2003).

_____, *The Rights Revolution* (Toronto: house of Anansi, 2000).

Kagan, Robert, *Of Paradise and Power: America and Europe in the New World Order* (New York: Vintage, 2003).

Kaplan, Robert, *The Ends of the Earth: A Journey at the Dawn of the 21st Century* (New York: Random House, 1996).

Katzenstein, Peter J., *A World of Regions: Asia and Europe in the American Imperium* (Ithaca, NY: Cornell University Press, 2005).

Kennedy, Paul M., *The Rise and Fall of the Great Powers: Economic Change and Military Conflict from 1500 to 2000* (New York: Random House, 1987).

Hampson, Fen, *Madness in the Multitude: Human Security and World Disorder* (Oxford: Oxford University Press, 2002).

Lake, David, and Donald Rothchild, *Ethnic Forces and Global Engagement: The International System and Management of Ethnic Conflict* (University of California, Institute on Global Conflict and Cooperation, 1996).

Mastanduno, Michael, "Preserving the Unipolar Moment: Realist Theories and U.S. Grand Strategy After the Cold War", *International Security*, 21:4(Spring 1997). pp. 49~88.

Mathews, Jessica A., *Preserving the Global Environment: The Challenge of Shared Leadership* (New York: Norton, 1991).

Mitrany, David, *A Working Peace System* (Chicago: Quadrangle, 1991).

Moravcsik, Andrew, *The Choice for Europe: Social Purpose and State Power from Messina to Maastricht* (Ithaca, NY: Cornell University Press, 1998).

Moravcsik, Andrew, "The Origins of Human Rights Regimes", *International Organization* 54:2(Spring 2000). pp. 217~252.

Neustadt, Richard E., and Ernest R. May, *Thinking in Time: The Uses of History for*

Decisionmakers (New York: Free Press, 1986).

Nye, Joseph S., Jr., *Bound to Lead: The Changing Nature of American Power* (New York: Basic, 1990).

Richardson, Louise, *What Terrorists Want: Understanding the Enemy, Containing the Threat* (New York: Random House, 2006).

Russett, Bruce, and James S. Sutterlin, "The U.N. in a New World Order", *Foreign Affairs*, 70:2(Spring 1991). pp. 69~83.

Sagan, Scott D., and Kenneth N. Waltz, *The Spread of Nuclear Weapons: A Debate* (New York: W. W. Norton, 1995).

Slaughter, Anne-Marie, "The Real New World Order", *Foreign Affairs* (September/October 1997).

Sorensen, Georg, *Changes in Statehood: The Transformation of International Relations* (New York: Palgrave, 2001).

Spiro, Peter J., "New Global Communities: Nongovernmental Organizations in International Decision-Making Institutions", *The Washington Quarterly*, 18:1(Winter 1995). pp. 45~56.

Vernon, Raymond, *In the Hurricane's Eye: The Troubled Prospects of Multinational Enterprises* (Cambridge, MA: Harvard University Press, 1998).

Wallace, William, *The Transformation of Western Europe* (London: Royal Institute for International Affairs, 1990), Pinter.

Weiss, Thomas George, David P. Forsythe and Roger A. Coate(eds.), *The United Nations and Changing World Politics* (Boulder, CO: Westview Press, 1994).

Williams, Phil, "Transnational Criminal Organizations: Strategic Alliances", *The Washington Quarterly*, 18:1(Winter 1995), pp. 57~72.

용어 해설

30년 전쟁
1618~1948년에 국제적·종교적·왕조적 분쟁으로 끓어오른 여러 유럽 국가들의 전쟁. '베스트팔렌조약'을 참조.

GATT(관세 및 무역에 관한 일반협정)
1947년에 발효되어 1994년 WTO에 의해 대체된 관세와 무역에 대한 국제적 협약.

IGO(정부 간 조직)
하나의 혹은 더 많은 주권국가 정부들을 연결하는 조직. UN과 IMF는 IGO의 예이다.

IMF(국제통화기금)
제2차 세계대전 이후 설립된 국제기구로 개발도상국에게 우선적으로 돈을 빌려주고 통화를 안정시키며 국제수지를 다룬다. '브레턴우즈'를 참조.

INGO(비정부 간 국제기구)
국제 부분에 초점을 맞추고 있는 NGO들의 부분집합.

NAFTA(북미자유무역협정)
1994년에 미국, 캐나다, 멕시코 사이에 체결된 협약으로 북아메리카 일대에 자유무역지대를 형성했다.

NGO(비정부기구)
가장 넓은 의미에서, 국가나 다국적기업 이외의 이해관계를 대변하는 모든 조직을 의미한다. 대부분은 초국적 혹은 다국적 그룹(때때로 INGO를 지칭함)들을 지칭한다. 유명한 NGO로는 가톨릭교회, 그린피스, 국제적십자사를 들 수 있다.

OPEC(석유수출국기구)
석유생산과 회원국들 사이의 가격정책을 조정하기 위한 세계 최대의 석유생산국기구.

WTO(세계무역기구)
1994년에 설립되어 회원 국가들 사이의 무역과 관세를 조정하는 국제기구. GATT를 참조.

가상사실
주의 깊게 선별된 사실들이 바뀐 상황을 상상하는 사고실험. 이는 종종 "만약 ~이라면"이라는 말로 표현되며, 국제관계에서 인과관계를 찾기 위해 여러 시나리오들을 분석한다.

개입
주권국가의 국내 문제에 영향을 미치는 외부의 행동들. 대부분 다른 나라의 국내 문제에 강제로 간섭하는 경우에 사용되는 용어.

게임이론

행위자들이 특정한 게임 상황에서 만족할 만한 결과를 얻기 위해 어떻게 반응할지를 예측하는 합리적 행위이론. 영화 〈뷰티풀 마인드〉를 통해 널리 알려지기도 했다.

구성주의

사상, 문화, 사회적 차원들의 중요성을 강조하는 국제관계에 대한 분석적 접근. 러기(John Ruggie), 웬트(alexander wendt), 카첸슈타인(peter katzenstein) 등이 구성주의자로 분류된다.

국가도덕주의자

국가도덕주의자들은 국제적 도덕성이 비록 언제나 지켜지는 것은 아니지만 특정한 규칙에 따라 움직이는 주권국가들의 사회에 달려 있다고 믿는다.

국가주의

특정한 그룹 — 인종, 언어, 지역, 문화, 종교에 상관없이 — 에 속하는 사람들이 주어진 영토 내에서 살아야 하고 국가를 통제해야 한다는 믿음.

국익

국제체제에서 국가들이 갖는 자신들의 목표에 대한 인식. 현실주의자, 자유주의자, 구성주의자는 모두 국가가 그들의 국가적 이익을 어떻게 형성하는지에 대해 다른 인식을 갖고 있다.

국제법

국가들의 행위를 규정하는 조약과 관습들의 조합. 국제법은 국제적인 정황하에서 행동하는 개인에게도 적용할 수 있다.

국제연맹

제1차 세계대전 이후 설립되어 집단안보를 위해 일한 국제조직. 주창자인 우드로 윌슨은 전후 그의 평화 14개 조항에서 연맹의 창설을 요구했다. 국제연맹은 제2차 세계대전으로 치달은 일련의 침공을 막아내지 못함으로써 실패하고 말았다.

권력

원하는 결과를 얻어내기 위해 다른 이들에게 영향을 미치는 능력

냉전

대략 제2차 세계대전 종전 시기부터 1989년 베를린 장벽이 무너질 때까지 지속된 미국과 소련 사이의 교착상태. 비록 전 세계에서 양쪽을 대신한 대리전쟁들이 치러졌지만, 미국과 소련 군대는 직접 전투를 벌이지는 않았기 때문에 '열전'이 아닌 '냉전'이 되었다.

다극

세 개나 그 이상의 국가 혹은 동맹이 세계정치를 지배하는 국제체제의 구조. 많은 학자들이 19세기 유럽을 다극체제로 묘사한다.

대칭성

상대적으로 균형 잡힌 힘을 가진 국가나 기관들이 서로 대립하고 있는 상황. 미국과 소련의 핵 균형은 대칭적 분쟁의 하나로 간주된다.

동맹
주권국가들 사이에 보통 서로의 안보를 보장하기 위해 맺는 공식적 혹은 비공식적 협약.

로마조약
1957년 체결된 유럽통합의 토대를 닦은 조약. 이로 말미암아 우선 유럽공동시장이 창출되었고, 이는 결국 EU와 유로 통화로 이어졌다.

민감성
상호의존의 영향이 미치는 총량과 속도. 체제의 한 부분의 변화가 얼마나 빨리 다른 부분의 변화로 이어지는가를 말한다.

민족자결
한 민족이 한 국가를 형성할 권리. 우드로 윌슨은 이것의 강력한 옹호자였다.

베스트팔렌의 평화
1648년의 베스트팔렌조약은 30년 전쟁의 종지부를 찍고 주권국가를 최상위의 권위로 두는 국제체제의 틀을 구축했다.

베스트팔렌조약
30년 전쟁을 공식적으로 끝내고 국가를 국제체제에서 최상위의 요소로서 자리 잡게 한 1648년의 평화조약.

봉쇄
잠재적인 침략국을 봉쇄하기 위한 외국의 정책. 봉쇄는 냉전기간에 소련 공산주의에 대한 미국 대외정책의 근간이었다.

브레턴우즈
1944년 IMF와 세계은행을 설립하기로 한 회의가 열린 미국 뉴햄프셔 주의 휴양지.

비대칭
불균형한 능력을 가진 국가 혹은 기관들이 서로 대립하고 있는 상황. 알카에다를 상대로 한 미국의 전쟁은 비대칭 분쟁으로 간주된다.

빈 회의
나폴레옹전쟁에 종지부를 찍고 19세기 유럽 국제체제의 일반적 틀을 만든 1815년의 협약.

사회적 자유주의
사람 대 사람의 접촉이 이해를 증진하기 때문에 분쟁을 줄인다는 믿음.

세계은행
제2차 세계대전 이후 개도국에 대한 차관 제공, 기술 지원, 정책 조언을 위해 설립된 기관.

세계주의자
세계주의자들은 주권국가보다 개인에 가치를 두고 국경이 갖는 도덕적 중요성을 제한한다. 대표적인 세계주의이론가는 비츠(Charles Beitz)이다.

세계화
가장 광범위한 의미에서 이 용어는 전 세계의 상호의존 네트워크를 가리킨다. 그것은 경제, 문화, 군사, 정치적 세계화를 포함한 여러 차원을 가지고 있다. 세계화는 새로운 현상이 아니다. 그것은 적어도 실크로드의 시대로 거슬러 올라간다. 하지만 정보혁명으로 인해 이 시대의 세계화는 그 어느 시도보다도 "더 짙고 더 빠르다".

세력균형
보통 ① 국제체제에서의 힘의 분포, ② 한 국가가 너무 강해지지 못하도록 하기 위해 외국 세력들의 균형을 잡는 정책, ③ 19세기 유럽의 다극체제에서 이루어진 군사적 힘의 균형을 서술하는 용어.

소프트파워
강제와 회유보다는 매력으로써 원하는 결과를 얻는 능력.

수인의 딜레마
각각 다른 곳에 갇힌 두 죄수는 스스로 최선의 결과를 얻기 위해 공유하고 있거나 그렇지 않은 정보에 대해 독자적으로 합리적 결정을 하려고 하는 사고행위.

신자유주의
국가들의 행동이 경제적 상호의존과 국제기구들에 의해 제한된다는 국제관계에 대한 분석적 접근. 코헤인(Robert Keohane)은 신자유주의자로 분류된다. '상호의존'과 '국제기구'를 참조.

신현실주의
국가들의 행동이 주로 군사적인 세력균형의 구조에 의해 제한된다는 국제관계에 대한 분석적 접근. 월츠(Kenneth Waltz)와 미어셰이머(Mearsheimer)는 유명한 신현실주의자이다.

양극
두 국가 혹은 두 국가의 동맹이 세계정치를 지배하는 국제체제 구조. 미국과 소련 사이의 냉전 분할은 종종 양극 체제로 언급된다.

억지
위협이나 두려움을 통해 잠재적인 침략국가가 침략을 포기하게 만드는 전략.

유화
분쟁을 막기 위해 독단적인 세력의 요구를 수용하는 행위. 1930년대 히틀러에 대한 서유럽의 유화정책은 유화의 위험성에 대한 고전적인 사례이다.

위트레흐트조약
1713년 체결된, 스페인 계승전쟁에 종지부를 찍고 북아메리카에서 영국 및 프랑스 식민지의 정당성을 확립한 조약.

일극
하나의 국가가 압도적인 힘을 행사하는 국제체제의 구조. 어떤 분석가들은 현재의 군사적 힘의 구조를 미국에 의해 지배되는 일극체제로 본다.

자유주의
국가들이 그들의 상호작용을 위한 정황이 되는 국제 사회의 일부로서 기능한다는 국제관계에 대한 분석적 접근. 고전적인 자유주의는 칸트, 벤담, 그리고 스튜어트 밀의 저술들에 지적 뿌리를 두고 있다. 주요 사상가로 리처드 로즈크랜스(Richard Rosecrance)를 꼽을 수 있다.

전쟁의 정당성에 관한 규범(*Jus Ad Bellem*)

정당한 전쟁이 되기 위해 충족해야 하는 정당화의 도덕적 규범. 이것은 전통적으로 정의로운 대의, 적절한 권위에 의한 전쟁 선포, 올바른 의도, 합리적인 기회, 결과와 조화를 이루는 수단의 사용 등의 요소를 포함한다.

전쟁행위의 적법성에 관한 규범(*Jus In Bello*)

국가나 개인이 전쟁 기간에 자신들의 수행한 행동에 책임을 진다는 도덕적 규범.

정당한 전쟁의 교의

기독교 교회에서 기원한 지적 전통으로, 국가들의 무력 사용을 승인하는 데 제재 규범을 두기 위해 도덕적 지침과 정당화를 이용한다. 성 아우구스티누스와 토마스 아퀴나스는 이 전통에 서 있는 역사적 인물들이다. 현대의 유명한 이론가로는 왈저(Michael Walzer)가 있다.

종속이론

1960~1970년대에 많은 지지를 받았던 개발이론으로 국제체제의 중심에 있는 부국들이 주변부에 있는 개발도상국들의 발전을 억제하고 있다고 보았다. 이 이론은 1980~1990년대에 싱가포르와 남한과 같은 국가들이 빠르게 발전하면서 신뢰성을 잃었다.

주권

한 국가는 자신의 영토에서 권위를 행사하는 하나의 정부를 갖는다는 개념. '베스트팔렌조약'을 보라.

지구적 공공재

경제학에서 비경합적이고 비배타적인 재화를 말하는 공공재의 확장된 개념. 지식이나 안정된 기후를 예로 들 수 있다.

지정학

국가의 위치와 근접성이 국가행동의 핵심 원인이라는 국제정치이론.

집단안보

국가들의 한 집단이 침략을 막거나 억제하기 위해 제도적 틀과 법적 메커니즘에 동의하여 평화를 유지하는 수단. 집단안보 행동의 두 가지 예는 한국전쟁과 걸프전쟁에서의 유엔의 지원을 들 수 있다.

초국가행위자

국제적인 경계들을 넘어 활동하는 모든 비국가행위자나 실체. 오사마 빈 라덴부터 적십자에 이르기까지 다양하다.

취약성

상호의존체제의 구조를 변화시키는 상대적 비용. 게임의 규칙을 회피하거나 바꿀 수 있는 비용으로도 생각할 수 있다.

쿠바 미사일 위기

1962년 소련이 쿠바에 핵미사일을 두려고 하면서 미국과 소련 사이에 벌어진 교착상태. 이 위기는 부분적으로는 미국이 터키에 미사일 기지를 두지 않겠다는 비밀협약의 대가로 소련이 미사일을 철수시키면서 해결되었다.

투키디데스
아테네와 스파르타 사이에 벌어진 펠로폰네소스전쟁의 연대기인 『펠로폰네소스전쟁사』를 쓴 아테네 사령관. 『펠로폰네소스전쟁사』는 역사와 국제관계에 대한 가장 오래된 역사서 중 하나이다.

패권
국가체제를 통제하는 능력. 미국은 종종 오늘날의 군사적 패권을 행사하고 있다고 말해진다.

펠로폰네소스전쟁
BC 431~BC 404년까지 아테네와 스파르타 사이에서 벌어진 분쟁으로, 아테네의 패배와 아테네 민주주의 황금시대의 종말로 끝이 났다. '투키디데스'를 참조.

평화 14개 조항
제1차 세계대전 후의 평화 정착을 위한 우드로 윌슨의 청사진. 가장 중요한 특징 중 하나는 집단안보를 보장할 국제기구를 요구한다는 것이다. '국제연맹'을 참조.

평화유지
어떤 국가의 평화를 유지하거나 분쟁을 막기 위해 군대를 파견하는 것. 많은 평화유지작전이 UN의 지원하에 수행된다. UN 외에도 지역조직이나 국가그룹에 의해 수행되기도 한다.

핵 억지
핵무기의 소유가 상대편에게 하나의 억지책으로서 작용한다는, 냉전시대 소련과 미국 양쪽이 모두 사용한 전략.

현실주의
주요 행위자는 국가이며 중심적인 문제는 전쟁과 무력 사용이라는 국제관계에 대한 분석적 접근. 투키디데스, 비스마르크, 카(E. H. Carr), 모겐소(Hans Morgenthau), 키신저(Henry Kissinger)가 여기에 속한다.

환경적 목표
영토와 같은 소유할 수 있는 유형의 목표와 대비되는, 민주주의나 인권과 같은 무형의 목표들.

회의주의자
회의주의자들은 권리와 의무를 확인해줄 수 있는 국제적 공동체가 없기 때문에 국제관계에 대한 논의에서 도덕적 범주는 끼어들 자리가 없다고 믿는다.

찾아보기

지은이 조지프 나이(Joseph S. Nye, Jr.)
프린스턴대학교 졸업
옥스퍼드대학교 정치학 석사, 하버드대학교 정치학 박사
하버드대학교 케네디스쿨 학장 역임
현재 동 대학원 석좌교수
저서에 *Power and Interdependence, Democracy.com, The Paradox of American Power, Soft Power* 등이 있다.

옮긴이 양준희
브라운대학교 국제관계·경제학 전공
컬럼비아대학교 정치학 석·박사
컬럼비아대학교 War and Peace Institute 연구원
동경대학교 법학부 비교법정대학 객원연구원
고려대학교 국제대학원 연구 조교수 등 역임
현재 경희대학교 국제관계·지역학과 교수
저서에 『티모스와 국제정치: 현실주의를 넘어서』(1999)가 있다.

이종삼
부산대학교 영문과, 동 대학원 영문과 졸업
현재 전문번역가로 활동 중
역서에 『소용돌이의 한국정치』, 『밀레니엄의 종언』, 『촘스키 9·11』(이상 공역), 『읽는다는 것의 역사』, 『강대국 일본의 부활』, 『나쁜 유전자』, 『한미동맹은 영구화하는가』 등이 있다.

한울아카데미 1173

(개정판) 국제분쟁의 이해 이론과 역사

지은이 ┃ 조지프 나이
옮긴이 ┃ 양준희·이종삼
펴낸이 ┃ 김종수
펴낸곳 ┃ 한울엠플러스(주)

초판 1쇄 발행 ┃ 2000년 12월 31일
개정판 1쇄 발행 ┃ 2009년 9월 4일
개정판 13쇄 발행 ┃ 2022년 9월 15일

주소 • 10881 경기도 파주시 광인사길 153 한울시소빌딩 3층
전화 • 031-955-0655
팩스 • 031-955-0656
홈페이지 • www.hanulmplus.kr
등록번호 • 제406-2015-000143호

Printed in Korea.
ISBN 978-89-460-5173-7 93340

* 책값은 겉표지에 표시되어 있습니다.